KB213120

형이상학 강의

M

metaphysics

METAPHYSICS: A Contemporary Introduction 3rd Edition

by Michael Loux

형이상학 강의

A Contemporary Introduction

전통 형이상학에 대한 분석적 탐구

마이클 루 지음 | 박제철 옮김

아카넷

■ 1판 서문

형이상학은 매우 오랜 역사를 지닌 학문이다. 그 오랜 시간 동안, 이 학문은 서로 다른 여러 방식으로 이해되어 왔다. 형이상학에 대한 서로 다른 여러 정식화들은 각자 나름의 방법론을 가지며, 또 심지어는 각자 서로 다른 주제들을 다루고 있기까지 하다. 따라서 형이상학에 관한 개론서를 쓰려고 하는 사람이라면, 형이상학에 대한 여러 정식화 중 하나를 골라야만 한다. 서론에서 그 이유가 분명해지겠지만, 나는 아주 오래된 전통 하나(아리스토텔레스까지 거슬러 올라가는 전통)를 따르기로 결정했다. 이 전통에 따르면, 형이상학은 존재로서의 존재being qua being를 탐구하고자 하는 시도이다. 이렇게 정식화한다면, 형이상학이란 모든 학문들 중 가장 일반적인 학문인 셈이다. 왜냐하면 이 학문은 존재하는 모든 것의 본성과 구조를 탐구하기 때문이다. 이러한 기획에서 가장 핵심이 되는 것은 바로 존재가 갖는 범주들을 규정하는 일이다. 범주라는 것은 존재하는 모든 것이 속하게 되는 가장 일반적인 유형 혹은 가장 높은 수준의 유형이다. 형이상학을 이렇게 정식화한다면, 형이상학자들이 해야 할 일은 다음과 같은 것이 된다. 즉 각 유형이 어떤 것인지 규정하고, 또 각 유형이 갖는 전형적인 범주적 특징이 무엇인지 규정하고, 마지막으로 각 유형이 서로 어떤 관계를 맺는지 밝히는 것.

그런데 형이상학자들은 실재가 어떤 범주적 구조를 갖는지와 관련해 의견을 달리하고 있다. 우선 그들은 어떤 범주를 허용할 것인지에 대해 의견을

5

달리한다. 또 어떤 범주를 허용할 것인지에 대해 의견 일치를 본 경우에도 그들은 각 범주가 어떤 특징을 갖는지에 대해서, 그리고 각 범주들 중 어떤 범주가 더 우선적인지에 대해서 서로 다른 의견을 내고 있다. 이러한 의견 불일치는 논쟁을 낳는다. 바로 이 논쟁들이 철학적 기획에서 핵심을 이룬다. 이 책에서 우리가 초점을 맞추게 될 것이 바로 이 논쟁들이다.

　1장과 2장에서 우리는 범주에 관한 논쟁들 중 가장 오래되었으며 또 가장 근본적인 논쟁 하나를 검토할 것이다. 그 논쟁은 바로 보편자의 존재와 그 본성에 관한 논쟁이다. 여기서 핵심적 물음은 다음과 같은 것이다. 형이상학 이론은 여러 대상이 서로 나누어 갖거나 여러 대상에 공통적인 사물[보편자]을 기본적 범주에 포함시켜야 하는가? 1장에서 우리는 이 물음에 대해 그렇다고 답하는 사람들("형이상학적 실재론자"라고 부른다.)의 견해를 검토할 것이다. 그리고 2장에서 우리는 이 물음에 대해 그렇지 않다고 답하는 사람들("유명론자"라고 부른다.)의 견해를 검토할 것이다. 3장에서 우리는 개체의 구조와 본성에 대해 살펴볼 것이다. 여기서도 질문은 다음과 같은 것이다. 대상들[개체들]은 기본적인 형이상학적 범주에 속하는가? 4장에서 우리는 복합적인 엔터티들의 존재와 본성을 둘러싼 논쟁을 살펴볼 것이다. 여기서 핵심은 철학자들이 "명제"라고 부르는 것이다. 하지만 우리는 다른 범주에 속하는 것, 즉 사실, 사태, 사건에 대한 논쟁들도 고찰할 것이다. 그 다음 장에서는 명제가 갖는 특징 하나를 고찰할 것이다. 즉 어떤 명제가 가능하다는 것, 어떤 명제가 필연적이라는 것, 어떤 명제가 불가능하다는 것, 또 어떤 명제가 우연적이라는 것 등. 다시 말해 우리는 명제가 갖는 "양상"적 특징에 초점을 맞출 것이다. 최근 형이상학적 작업은 명제가 갖는 이러한 특징을 깊이 천착하고 있는데, 이 작업에서 핵심이 되는 주제가 바로 가능 세계라는 개념이다. 5장에서 우리는 최근 형이상학자들이 가능 세계 개념을 어떻게 서로 달리 설명하고 있는지 살펴볼 것이며 또한 이 설명들이 각자의 양상 이론 속에 어떤 식으로 녹아들어가 있는지 살펴볼 것이다. 마지막 장에서는 개체라는 개념을 다시 살펴볼 것이다. 여기서 우리는 대상들[개체들]의 시간성에 초점을 맞출 것이다. 일상적인 대상들은 시간을 뚫고 지속하는 사물들이다. 여기에 흥미로운 형이상학적 질문이 제기된다. 대상들이 갖는 이러한 특징[지속]을 우리는 어떻게 이해해야 할까? 6장에서 우리는 시간적 지속을 둘러싸고 서로 대립하는 두 이론을 고찰할 것이다. 그리고 이에 더해 시간의 본성에 대한 형이상학적 설명, 그리고 시간적 존재[개체]의 본성과 그 구조에 대한 형이상학적 설명, 이 둘 사이의 관계를 살펴볼 것이다.

이 책에서 다루는 주제들은 많은 [형이상학적] 주제들 중 일부일 뿐이다. 그래서 이 주제들은 존재 범주들이 어떤 것들인지 규정하고자 하는 철학자에게만 핵심적일 수 있는 주제들이다. 그럼에도 이 주제들은 매우 중요한 주제들이다. 따라서 이러한 주제들에 대한 우리의 논의는 독자들로 하여금 범주 이론으로서의 형이상학이 어떤 것인지 잘 이해할 수 있도록 해 줄 것이다.

이 책은 노터데임 대학의 형이상학 수업을 위해 마련되었다. 나는 그 수업에 참석한 많은 학생들에게 감사의 마음을 전하고 싶다. 또 메릭스Trenton Merricks와 리아Michael Rea에게도 감사의 마음을 전한다. 이들은 이 책의 각 단락들을 읽으면서 유용한 논평을 해주었다. 잭슨Frank Jackson과 로이 Jonathan Lowe는 출판 전에 이 책을 읽어주었으며, 많은 오류를 지적해 주었다. 이들에게 감사한다. 그러나 무엇보다도 데이비드Marian David와 지머맨 Dean Zimmerman에게 감사한다. 이들은 초기 원고를 한 줄 한 줄 읽어주었으며 또 그것들을 평가해 주었다. 재능 있고 친절한 동료들이 옆에 있다는 것은 행운이다. 마지막으로 제시비치Margaret Jasiewicz에게 감사를 표한다. 그는 내 컴퓨터 파일에서 오자를 다 처리해 주었다.

■ 2판 서문

 이번 판에는 1판의 내용에서 약간 수정된 부분이 있다. 또한 참고문헌이
더 추가되었다. 그러나 이번 판의 가장 중요한 변화는 실재론자들과 반실재
론자들 사이의 논쟁에 관한 장이 새로 추가된 것이다. 새로 추가된 장에서는
진리라는 개념이 핵심을 이룬다. 이 주제에 접근하면서 나는 사유/언어와 세
계 사이의 관계에 대한 전통적 견해를 펼쳐보았다. 이러한 전통적 견해는 그
리스 시대라는 철학의 초창기까지 거슬러 올라가는데, 이 견해에 따르면 우
리 정신과 독립해 있는 세계가 있으며, 우리의 믿음/진술은 이 정신 독립적
세계와의 대응을 통해 참이 된다. [진리/참에 대한] 이러한 그림은 근대에 와
서 공격을 받게 된다. 새로 추가된 장에서 나는 전통적 견해에 대한 최근 비
판가들의 논변들을 고찰했다. 더밋Michael Dummett, 콰인W.V. Quine, 퍼트넘
Hilary Putnam이 바로 그 비판가들이다. 세 사람 모두 정신 독립적 세계라는
착상이 문제가 있다고 보고 있으며, 또 진리/참 개념을 대응 이론적으로 보
지 않고 인식적인 것으로 보려는 경향을 띤다.
 개정판 『형이상학』의 출간과 동시에 『형이상학: 최근 논문들Metaphysics:
Contemporary Readings』이 출간되었다.(이 역시 루틀리지 출판사에서 출간된 것이
다.) 이 책은 최근 형이상학 논문들을 모아놓은 것으로서, 내가 편집과 개략
적인 설명을 맡았다. 이 모음집은 주제의 폭이 약간 더 넓기는 하지만, 그
핵심 주제는 바로 이 책에서 다루어지는 것들이다. 즉 보편자, 개체화, 양상

9

과 가능세계, 시간, 시간을 뚫고 지속함, 실재론/반실재론. 이 주제들에 관한 논문들은 내가 이 책에서 다룬 문헌보다 더 많은 문헌들을 포함하고 있다. 독자들은 두 책을 서로 독립적으로 읽어도 된다. 하지만 형이상학에 대한 일반적 이해를 위해서라면 두 책을 같이 읽는 것이 좋을 것이다.

두 번째 판을 준비하는 동안 나에게 도움을 준 분들에게 감사의 마음을 전한다. 우선 나는 나의 동료 데이비드에게 감사한다. 그는 새로 추가된 장의 초기 원고를 읽고, 유용한 제안을 통해 교정을 도와주었다. 제시비치와 리드Cheryl Reed에게도 감사한다. 이들은 원고 준비를 도와주었다. 마지막으로 나는 브루스Tony Bruce와 패틴슨Siobhan Pattinson에게 감사한다. 그들은 두 번째 판을 기획해 주었으며, 많은 오류를 제거해 주었다.

이번 판에는 인과성에 관한 장과 시간의 본성에 관한 장이 추가되었다. 인과성에 관한 장(6장)에서는 필연적 연결이라는 개념에 대한 흄의 공격을 다루며, 또 인과성을 변함없는 결합으로 이해하는 그의 이론을 다룬다. 그런 다음 인과성에 관한 더욱 최근의 사유들을 다룬다. 이러한 최근 사유에는 흄적인 접근법에 대한 비판적 작업도 포함되어 있으며, 또 인과성에 대한 흄 이론을 옹호하고자 하는 작업, 다시 말해 인과성에 대한 비양상적 이론을 제공하고자 하는 작업도 포함되어 있다. 시간에 관한 장(7장)은 시간의 비실재성에 대한 맥타가르트의 논변을 고찰하며, 그런 다음에 이 논변에 대한 A-이론가들과 B-이론가들의 대답을 고찰한다. 이것 말고도 나는 2장에서 추상적 엔터티에 대한 허구주의적 입장을 새로 간략히 고찰했다. 또 8장에서 나는 개체의 지속에 대한 설명을 조금 개정했는데, 그 이유는 시간에 대한 장[7장]이 새롭게 추가되었기 때문이다. 나는 동료 리아에게 감사의 마음을 전한다. 새롭게 추가된 7장에서 논의된 몇 가지 주제와 관련해 그는 내게 도움을 주었다. 동료 그림Stephen Grimm에게도 마찬가지이다. 그는 인과성에 관한 방대한 문헌들을 제공해 주었다. 코프먼E. J. Coffman에게 특별한 감사를 표한다. 그는 새로 추가된 두 장을 읽고 이것들을 어떻게 개선할지에 관해 중요한 제안을 해주었다. 마지막으로 3판 입력 작업을 도와준 리드에게 감사의 마음을 표한다.

metaphysics

차례

서론

　형이상학metaphysics이 어떤 학문인지에 대해 철학자들은 서로 다른 여러 의견을 내왔다. 아리스토텔레스와 중세 철학자들은 형이상학에 대한 두 가지 설명을 제공하고 있다. 때로 형이상학은 제1원인, 특히 신 혹은 부동의 원동자Unmoved Mover가 무엇인지를 확립하고자 하는 시도로 규정되며, 또 때로는 존재로서의 존재being qua being에 대한 매우 일반적인 학문이라 규정되고 있다. 그러나 아리스토텔레스와 중세 철학자들은 이 두 규정 모두가 단일한 학문 분과를 가리키는 것이라 믿었다. 반면 17~18세기의 합리론자들은 형이상학의 범위를 확장했다. 그들은 형이상학이 신의 존재와 본성을 다루는 것 외에도, 정신과 물질 사이의 구분, 영혼의 불멸성, 자유의지 등의 주제도 다루는 학문이라 생각했다.

　경험론자들과 칸트는 형이상학에 대한 아리스토텔레스와 합리주의자들의 개념화를 비판했다. 이들에 따르면, 아리스토텔레스와 합리론자들은 인간 지식의 한계를 넘어서는 것을 찾고자 한 것이다. 그럼에도 불구하고, 칸트조차도 정당화된 형이상학적 지식이 가능하다고 생각했다. 그에 따르면, 형이상학의 목적은 우리가 세계에 대해 생각할 때 작동하는 가장 일반적인 [개념] 구조물을 탐색하는 것이다. 형이상학에 대한 칸트 식의 이러한 개념화는 현대 철학자들 사이에서 인기를 누려왔다. 그래서 그들은 다음과 같이 주장한다. 형이상학의 목적은 우리의 개념 도식conceptual scheme 혹은 우리의 개념 틀conceptual framework을 묘사하는 것이다. 이 철학자들은 칸트에 동의해 전형적으로 다음과 같이 말한다. 세계의 구조 그 자체에 우리가 접근할 수는 없으며 형이상학자들은 그 세계에 대한 우리 생각의 구조를 묘사하는 데 만족해야 한다.

형이상학에 대한 칸트 식의 이러한 개념화는 그리 인상적이지 못하다. 왜냐하면 만일 세계 그 자체의 성격을 규정하는 것에 문제가 있다면, 그 세계에 대한 우리 생각의 성격을 규정하는 것에도 비슷한 문제가 있을 수 있기 때문이다. 이제 만약 우리가 아리스토텔레스적인, 아니면 합리주의적인 형이상학이 그 시작부터 이미 실패한 것은 아니라는 사실에 동의한다면, 위의 두 개념화가 형이상학에 관한 책에서 매우 상이한 여러 주제를 제공한다는 점을 기대할 수 있다. 이 책에서 우리는 아리스토텔레스를 따라, 형이상학을 존재로서의 존재에 대한 탐구로 간주할 것이다. 형이상학을 이렇게 간주한다는 것은, 사물들이 속하게 되는 가장 일반적인 유형이 무엇인지, 혹은 사물들이 속하게 되는 가장 일반적인 범주가 무엇인지를 확인한다는 것이다. 또 이러한 범주들 사이에 어떠한 관계가 성립하는지를 확인해 본다는 것이다.

형이상학의 본성 : 몇 가지 역사적 고찰

형이상학이 무엇인지 말한다는 것은 쉬운 일이 아니다. 형이상학 분과에서의 여러 작업을 살펴보면, 우리는 이 분과가 매우 상이하게 특징지어지고 있음을 발견하게 된다. 어떤 경우 형이상학은 기술적descriptive인 것으로 특징지어진다. 이 경우 설명은 형이상학자라고 불리는 철학자들이 실제로 하고 있는 작업을 보여줌으로써 이루어진다. 다른 경우 형이상학은 규범적

normative인 것으로 특징지어진다. 이 경우 설명은, 형이상학이라는 작업을 할 때 철학자들이 해야만 하는 것이 무엇인지를 보여줌으로써 이루어진다. 기술적이든 규범적이든 형이상학에 대한 이러한 규정은 형이상학의 주제와 방법론에 대한 서로 아주 다른 설명들을 제공하고 있으며, 그래서 아마 제3자가 본다면 이들이 사실은 서로 다른 분과들을 규정하고 있는 것은 아닌가 하고 느끼게 될 것이다. 형이상학의 본성에 대한 이러한 의견 불일치는 분명 형이상학의 오랜 역사와 관련이 있다. 철학자들은 형이상학을, 혹은 그들이 형이상학이라 부르는 어떤 것을 2000년도 넘는 시간 동안 행해 왔으며, 그 노력의 결과 다양한 주제와 접근법을 취하는 다양한 설명이 나오게 된 것이다. 그러나 형이상학의 단일한 주제와 방법론이 무엇인지를 정하기 어려운 이유는 이 분과의 오랜 역사에만 기인하는 것은 아니다. 형이상학의 태동기부터 형이상학이 무엇이어야 하는지에는 모호한 점들이 있었다.

이 분과의 이름인 '형이상학'은 아리스토텔레스의 논문들 중 어느 한 논문의 제목에서 따온 것이다. 아리스토텔레스 자신이 이 논문에 이 제목을 붙이지는 않았다. '형이상학'이라는 제목은 후대의 사상가들이 붙인 것이다. 그 논문에서 아리스토텔레스는 이 분과를 제1철학first philosophy 혹은 신학theology이라고 불렀고, 이 분과가 추구하는 지식을 지혜wisdom라고 불렀다. 그럼에도 불구하고 나중에 형이상학이라는 제목이 사용되는 방식으로 보아 우리는 다음과 같이 생각할 수 있다. 즉 우리가 형이상학이라고 부르는 것, 바로 그것이 아리스토텔레스의 그 논문에서 펼쳐진 사상이다. 불행하게도 아리스토텔레스는 그 논문에서 자신이 수행하는 것에 대한 단일한 설명을 제공하지 않고 있다. 어떤 맥락에서 그는 그 논문에서 자신이 추구하는 것에 대해 그것은 제1원인에 대한 앎이라고 말하고 있다.[1] 이것은 다음과 같은 사실을 암시한다. 즉 형이상학이란 일종의 분과 학문으로서, 다른 분과들이 탐구하는 주제와는 전혀 다른 주제를 탐구하는 학문이다. '제1원인'이라는 표현은 어떤 주제를 가리키고 있을까? 아마도 서로 다른 여러 가지 것을 가리키고 있을 것이다. 그러나 여기서 핵심적인 것은 신 혹은 부동의 원동자*이다. 그래서 나중에 형이상학이라고 불리게 된 그 분과는 신을 다루게 된다. 이 분과에 대해 아리스토텔레스는 더 많은 것을 이야기해 준다. 그는 이 분과가 이론적 분과라고 말한다. 생산을 목적으로 하는 다양한 기술들, 그리고 인간 행위의 계도를 목적으로 하는 다양한 실용적 학문들(윤리학, 경제학, 정치학 등)과 달리 형이상학은 진리 자체를 파악하고자 하는 목적을 가진다. 이러한 관점에서 볼 때, 형이상학은 수학이나 물리학 등의 학문과 일치한다. 수학은 양(量)을 주제로 삼는다(산술의 경우 이산적 양을, 기하학의 경우 연속적 양을). 물리학은 자연 세계를 구성하는 물질적 혹은 물리적 실체들(살아 있는 것과 죽어 있는 것 모두)의 구조와 본성을 탐구한다. 반면 형이상학은 비물질적 실체를 자신의 주제로 삼는다.² 형이상학 분과와 이 분과의 주제 사이의 관계는 형이상학으로 하여금 흥미로운 지위를 갖도록 해준다. 다른 분과들과는 달리 형이상학은 형이상학의 주제가 되는 것이 그냥 존재한다고 가정해 버리지 않는다. 형이상학은 비물질적 실체가 존재함을 증명해야만 하는 것이다. 그래서 자연 세계 바깥에 부동의 원동자가 존재함을 증명하고자 하는 기획이 형이상학의 한 부분을 이루게 된다. 아리스토텔레스는 구분된 주제가 있을 때에만 구분된 분과가 있는 것이라 생각한다. 따라서 그는 다음과 같은 착상에 개입하게 된다. 즉 형이상학자들은 형이상학의 의제에 대한 여러 기획 중 하나가 성공적으로 수행되어야만[비물질적 실체의 존재에 대한 증명], 자신들이 활동할 분과의 존재를 확신할 수 있다.

  그런데 아리스토텔레스는 형이상학을 제1 원인에 대한 탐구로서만 묘사하는 데 만족하지 않는다. 그는 이렇게도 말한다. 형이상학은 존재로서의 존재

---

* 자기 스스로는 움직이지 않지만, 다른 모든 것을 움직이도록 만든 존재자.

를 탐구하는 학문이다.³ 이러한 규정에 살이 붙는다면, 형이상학이란 자신만의 특정 주제를 다루는 분과 학문이 아닌 것으로 드러난다. 형이상학이란 오히려 보편 학문으로서, 존재하는 모든 대상을 다루는 학문인 것이다. 이러한 규정에 따르면, 형이상학은 다른 학문의 주제가 되는 것들을 탐구한다. 형이상학은 이러한 대상들을 탐구하는 방식에서 다른 학문들과 구분된다. 형이상학은 이러한 대상들을 특정한 관점에서 탐구한다. 즉 이러한 대상들이 존재자beings라는 관점에서, 혹은 이러한 대상들이 존재하는 사물이라는 관점에서 말이다. 그래서 형이상학은 사물들을 존재자로서 혹은 존재하는 것으로서 고찰하며, 사물들이 존재자인 한에서 드러내는 속성 혹은 특성들이 어떠한 것인지를 밝히고자 한다. 따라서 형이상학은 단순히 존재자라는 개념만을 이해하고자 하는 것이 아니라, 매우 일반적인 다른 개념들, 즉 단일성unity 혹은 동일성/정체성identity, 차이difference, 유사성similarity, 비유사성dissimilarity 등의 개념들도 이해하고자 한다. 보편 학문으로 이해되는 형이상학에서 핵심적인 것은 아리스토텔레스가 범주categories라고 부르는 것에 대한 성격 규정이다. 범주란 사물들이 속하는 최고의 혹은 가장 일반적인 유형/종kinds이다. 그래서 형이상학자들이 하는 일이란 다음과 같은 것이다. 이러한 최고의 유형/종이 무엇인지 규정하는 것, 각 범주에 고유한 특징이 무엇인지 규정하는 것, 그리고 서로 다른 범주들을 묶어내는 관계가 어떠한 것인지 규정하는 것. 이렇게 함으로써 형이상학자들은 존재하는 모든 것의 구조에 대한 어떤 지도를 우리에게 제공하게 되는 것이다.

그래서 우리는 아리스토텔레스 안에서 형이상학에 대한 서로 다른 두 가지 설명을 보게 된다. 제1원인, 특히 신이 무엇인지 규정하고자 하는 분과 학문으로서의 형이상학이 그 하나이고, 다른 하나는 사물들을 존재의 관점에서 탐구해서 존재의 모든 영역의 성격에 대한 일반적인 규정을 제시하고자 하는 보편적이면서 완전히 일반적인 학문으로서의 형이상학이 그것이다. 첫

눈에 보기에, 형이상학에 대한 이 두 개념화 사이에는 긴장이 있는 것 같다. 한 학문이 어떻게 분과적이면서 보편적일 수 있는지 이해하기 어렵다. 아리스토텔레스는 여기에서 긴장을 깨닫고 있었고, 그래서 이 긴장이 겉보기에만 그렇다는 것을 보이기 위해 노력했다.[4] 한편에서 그는 다음과 같은 제안을 한다. 제1원인에 관한 학문은 사물들의 근본적인 특성을 지탱해 주는, 즉 사물들이 드러내는 그 밖의 다른 특성들의 바탕이 되는 근본적인 특성을 지탱해 주는 원인이 무엇인지를 규정한다. 그래서 아리스토텔레스는 다음과 같이 말할 준비가 되어 있는 것으로 보인다. 한 사물의 존재 그 자체가 바로 근본적인 것이므로, 제1원인을 탐구하는 학문은 존재로서의 존재를 탐구하는 학문이 된다. 다른 한편에서 아리스토텔레스는 다음과 같은 주장을 하고 있는 것으로 보인다. 어떤 것을 탐구할 때 그것을 존재하는 것으로서 탐구하는 학문은 신을 탐구의 대상으로 간주할 것이다.

중세의 아리스토텔레스 전통 속에서 우리는 형이상학에 대한 이러한 이중적 성격 규정을 다시 만나게 된다. 또한 중세 철학자들도 아리스토텔레스와 마찬가지로 형이상학에 대한 이러한 이중적 개념화가 단일 분과 내에서 실현된다고 믿었다. 그래서 이 분과는 실재의 범주적 구조를 기술하는 동시에 신이라는 실체의 존재와 본성을 확립하려는 목적을 가진다. 그러나 17~18세기 대륙 합리론자들의 저술들에서 우리는 그 전의 형이상학적 기획의 범위를 확장하는 형이상학적 개념화를 만나게 된다. 대륙 합리론자들이 아리스토텔레스적 형이상학 이론의 세부적인 여러 사항을 거부하기는 하지만, 그럼에도 이들은 형이상학이 무엇을 하는 학문인가에 대해서는 아리스토텔레스와 의견을 같이하고 있다. 이들에게도 형이상학은 존재하는 사물들의 가장 일반적인 유형/종의 성격을 규정하는 학문이며, 또한 신이라는 실체와 그의 인과적 역할을 규명하는 학문이다. 그럼에도 아리스토텔레스 형이상학에서는 나오지 않던 주제들이 새로이 형이상학적 탐구의 대상으로서 이해되기 시작했다. 아리스토텔레스의 경우, 변화하는 물리적 대상들에 대한 탐구, 생물과 무생물 사이의 간극에 대한 탐구, 그리고 무엇이 인간에게 고유한 것인가를 확립하려는 시도 등은 형이상학이 아니라 자연과학이나 물리학의 맥락에서 처리되어야 할 것들이었다. 그러나 합리론자들은 아리스토텔레스 물리학이 더 수학적이며 더 실험적인 새로운 물리학으로 대체되어 가는 지적 환경 속에서, 위와 같은 주제들 역시 형이상학적이라 생각하게 되었다. 이들에 따르면 형이상학이란 단순히 신의 존재와 본성만을 다루는 것이 아니라, 정신과 물질 사이의 구분, 인간 안에서의 정신과 물질 사이의 관계, 자유의지의 본성과 범위를 다루는 학문이다.

아리스토텔레스 전통 안에서 교육받은 사람이라면, '형이상학'이라는 용어를 이처럼 새로운 의미로 사용하는 것에서 혼동을 느낄 것이며 또한 합리론자들의 생각을 다음과 같이 비난할 것이다. 단일 주제를 다루는 단일 분과로서 이해되던 것이 서로 연관 없는 주제들을 뒤범벅한 것에 대한 탐구로 변해 버렸다. 분명 합리론자들은 이러한 비난에 예민했고, 그래서 그들은 철학 내에서 자신들만의 분과적 경계를 새로 긋는 것에 근거를 제공하고자 노력했다. 그래서 궁극적으로 대두된 것이 바로 형이상학 영역에 대한 일반적인 지도이다.[5] 그들의 주장은 이런 것이다. 형이상학이 갖는 단일한 주제가 있다. 그것은 바로 존재이다. 그래서 형이상학자들은 존재의 본성에 관한 설명을 제공하고자 노력한다. 그런데 이러한 설명을 제공할 수 있는 서로 다른 관점들이 존재한다. 그래서 서로 다른 관점들 각각에 대응하는 서로 다른 하부 분과들이 형이상학 내에 있는 것이다. 첫째, 우리는 존재를 그냥 존재라는 관점에서 탐구할 수 있다. 이 관점은 우리가 존재를 탐구하는 가장 일반적인 관점을 나타내므로, 이 관점에서 존재를 탐구하는 형이상학 분과를 일반 형이상학general metaphysics이라고 한다. 그러나 합리론자들은 우리가 존재를 더욱 세분화된 여러 관점에서도 탐구할 수 있다고 주장한다. 이렇게 할 경우, 우리는 합리론자들이 특수 형이상학special metaphysics이라고 부른 학문의 하부 분과들을 탐구하는 것이다. 그래서 우리는 변화하는 사물들 속에서 발견되는 것으로서 존재를 탐구할 수 있다. 즉 우리는 변화함이라는 관점에서 존재를 탐구할 수 있다. 이렇게 할 때 우리는 우주론cosmology에 종사하게 되는 것이다. 또 우리는 우리와 같은 합리적 존재자들 안에서 발견되는 것으로서 존재를 탐구할 수 있다. 존재를 이러한 관점에서 탐구한다는 것은 합리론자들이 이성적 심리학rational psychology이라고 부른 특수 형이상학 내의 한 분야에 종사하는 것이다. 마지막으로 우리는 신 안에서 드러나는 것으로서 존재를 탐구할 수 있다. 이러한 관점에서 존재를 탐구하는 것은 자연 신학natural theology의 분야에 종사하는 것이다. 다음과 같은 사실은 분명하다. 일반 형이상학이라는 합리론자들의 개념은 존재로서의 존재를 탐구하는 보편 학문으로서의 형이상학이라는 아리스토텔레스의 개념에 대응한다. 또 자연 신학이라는 합리론자들의 개념은 제1원인을 탐구하는 분과 학문으로서의 형이상학이라는 아리스토텔레스의 개념에 대응한다. 반면 형이상학이 자신의 하위 분과로서 우주론과 이성적 심리학을 포함한다는 주장은 합리주의적 틀 내에서 형이상학을 바라보는 더욱 새롭고도 넓은 관점으로의 변화를 보여준다.

그러나 합리주의 형이상학과 아리스토텔레스 형이상학은 그 주제만 다른 것이 아니다. 형이상학적 주제들에 대한 아리스토텔레스의 접근법은 매우 조심스러웠다. 범주들에 대해 논할 때 아리스토텔레스는 세계에 대한 우리의 상식적 개념화를 저버리지 않고자 노력했다. 그가 사물들을 보는 바에 따르면, 완전히 실제적인 엔터티들entities 혹은 형이상학적으로 기본적인 엔터티들은 우리의 상식과 맞닿아 있는 친숙한 대상들이다. 즉 개체적 말[馬]들, 개체적 인간들 등. 그리고 신이나 부동(不動)의 원동자를 설명하면서도 그는 세계의 인과적 구조에 대한 자신의 철학적 설명과 우리의 상식적 믿음, 이 둘 사이의 연속성을 보여주고자 노력했다. 그 결과 상대적으로 보수적인 형이상학이 나오게 되었다. 반대로 합리론자들의 형이상학적 이론들은 전혀 보수적이지 않다. 그들의 손 안에서 형이상학은 세계에 대한 상식적 그림과는 완전히 멀어진 추상적이고도 사색적인 체계가 되어버렸다. 여기서 합리주의적 형이상학의 허풍스러움을 음미해 보려면 단지 스피노자나 라이프니츠 같은 사상가들의 작품들을 대충 훑어보기만 하면 된다.

　고도로 추상적이고 사색적인 성격을 띠는 합리주의적 형이상학은 자연스럽게 경험론 사상가들의 비판의 초점이 되었다. 경험론자들은 다음과 같이 강조했다. 어떤 것이 지식이려면 그것은 감각 경험sensory experience에 근거해 정당화되어야 한다. 그래서 그들은 다음과 같이 논했다. 그 어떤 경험도 합리주의적 형이상학 체계를 구성하는 언명들을 정당화해 준 적이 없으므로, 실제의 본성에 대한 과학적 지식을 제공하겠다는 합리론자들의 주장은 완전히 가짜다.[6] 경험론자들은 종종 이보다 더 강한 주장도 한다. 즉 합리론적 형이상학의 전형적인 언명들은 의미 자체를 갖지 못한다는 것이다. 경험론자들은 다음과 같은 견해를 가지고 있었다. 우리의 모든 개념적 표상/그림은 감각 경험의 내용으로부터 얻어진 것이다. 따라서 경험론자들은 다음과 같이 주장한다. 한 언명은 그 언명 내의 용어들이 순전히 감각적인 내용물들로 분석될 수 있을 때, 혹은 그 용어들이 순전히 감각적인 내용물들에 의해 설명될 수 있을 때 진정한 의미(혹은 진정한 인지적 내용물)를 가진다. 합리주의적 형이상학자들의 주장은 이 검증 과정을 통과할 수 없다. 따라서 경험론자들은 다음과 같이 결론 내린다. 합리주의적 형이상학자들의 주장은 의미를 지니지 못한, 그냥 소리일 뿐이다.

　칸트의 저작에서 우리는 형이상학적 기획에 대한 한층 심도 있는 비판을 접하게 된다.[7] 칸트의 설명에 따르면, 우리 인간의 지식은 두 가지 것의 상호작용을 포함하고 있다. 하나는 인간의 인지 기능에 부여된 선천적 개념들이고, 다른 하나는 감각 경험에 주어지는 아직 가공되지 않은 자료들이다. 우리는 주관적 감각 기관들을 가지며, 그 감각 기관 외부에 존재하는 세계가 감각 자료라는 결과물을 그 감각 기관에 발생시킨다. 그리고 이 감각 자료는 선천적 개념들을 통해 구조화되고 조직화된다. 그 결과 지식의 대상이 주어진다. 따라서 우리가 지식의 대상이라고 부르는 것은 우리의 인지 능력 외부에 있거나 우리의 인지 능력과 독립적인 사물이 아니다. 지식의 대상이라는 것은 선천적인 개념 구조물이 우리 감각 기관의 주관적 상태에 적용됨으로써 얻어진 결과물이다. 이러한 주관적 상태를 창출해 내는 세계 그 자체는 우리가 접근할 수 없는 그 무엇이다. 세계를 파악할 때 우리는 그것을 우리에게 영향을 끼치는 것으로서만, 혹은 우리에게 나타나는 것으로서만 파악한다. 따라서 지식의 대상은 경험론자들이 말하는 감각 내용물을 필요로 하는 것이기는 하지만, 거기에는 더 요구되는 것이 있다. 감각 경험 자체에서는 그 기원을 찾아볼 수 없는 개념적 구조물이 있어야 하며, 감각 내용물은 이 개념적 구조물에 의해 통일되고 또 조직되어야만 한다. 칸트는 다음과 같이 주장하고 싶어한다. 감각 내용물들은 선천적 개념들에 의해 구조화되어야만 지식의 대상을 구성할 수 있으며, 이와 마찬가지로 선천적 개념 구조물은 자신이 통일성과 조직화의 원리를 제공하게 되는 감각 내용물에 적용되어야만 지식의 대상을 구성할 수 있다.

이제 칸트가 볼 때 형이상학이란, 그것이 합리주의자들의 형이상학이든 아니면 아리스토텔레스적인 형이상학이든, 인간 감각 경험 바깥에 무엇이 놓여 있는지를 알기 위한 시도이다. 형이상학은 감각 경험이 그 답을 제공할 수 없는 물음, 예를 들면 영혼의 불멸성에 대한 물음, 신의 존재에 대한 물음, 자유의지에 대한 물음 등에 답하고자 한다. 형이상학은 이러한 주제들에 대한 지식을 우리에게 약속한다. 그러나 약속한 대로 지식을 제공하고자 할 때 형이상학자들은 실체, 인과성, 사건 같은 것들을 말할 때 작동하는 개념적 구조물들을 채택한다. 그러나 지식을 생산해 내려면, 이 구조물들은 반드시 가공되지 않은 감각 경험 자료에 적용되어야 한다. 따라서 형이상학에서 계속되는 물음들에 답하기 위해서 이 개념적 구조물들을 사용한다면, 철학자들은 자신이 약속한 지식을 결코 제공할 수 없다. 우리의 인지 기능이 작동하는 방식을 본다면, 형이상학의 경우에는 지식이 되기 위해 필요한 조건이 절대 충족될 수 없는 것이다. 형이상학자들이 하고자 하는 주장은 인간 지식의 한계를 넘어서고 있다. 따라서 형이상학에는 진정한 학적 지식이 있을 수 없는 것이다.

전통 형이상학의 이러한 측면을 드러내기 위해 칸트는 전통 형이상학을 초월 형이상학transcendent metaphysics이라고 부른다. 칸트는 자신의 형이상학을 비판 형이상학critical metaphysics이라 부르는데, 그는 이 비판 형이상학을 초월 형이상학에 대비시킨다. 그에 따르면 비판 형이상학은 완전히 받아들일 만하고 완전히 정당한 기획이다. 초월 형이상학은 감각 경험을 넘어서는/초월하는 실재의 성격을 규정하고자 하지만 비판 형이상학은 자신의 임무를 우리의 사유와 지식의 가장 일반적인 특징들을 묘사하는 데 둔다. 비판 형이상학은 우리가 세계를 표상할 때/그릴 때 작동하는 가장 일반적인 개념들, 그 개념들 사이의 관계, 그리고 주관이 그 개념들을 사용할 때 전제하는 것 등을 밝히고자 한다. 칸트는 인간 지식의 조건들에 대한 자기 나름의 설명을 제공하고 있는데, 이 경우 칸트가 자신이 수행하고 있다고 간주하는 기획이 바로 비판 형이상학의 기획인 것이다.

형이상학적 기획에 대한 칸트의 개념화, 즉 우리 사유와 경험의 가장 일반적인 특징들을 규정하고자 하는 개념화를 자신의 임무로 삼는 사람들은 우리 시대에도 찾아볼 수 있다.[8] 이 철학자들은 다음과 같이 말한다. 형이상학이란 하나의 기술적(記述的) 기획으로서, 이것의 목적은 우리의 개념적 도식conceptual scheme이나 개념 틀conceptual framework이 무엇인지를 특징짓는 것이다. 이들에 따르면 우리가 갖게 되는 사유나 경험에는 단일하게 통일되어 있는 표상 활동/그림 그리기가 적용되어 있다. 이러한 표상 활동을 통해 사물들이 어떠어떠한가에 대한 그림 같은 것이 산출된다. 표상 활동이란 우리가 말하는 일종의 이야기로서, 이 이야기는 세계와 그 안에서의 우리 위치에 대해 말해 준다. 이 이야기는 어떤 구분된 구조를 가진다. 이 이야기는 매우 일반적인 개념들을 통해 조직화되고 또 이 개념들을 사용하는 일은 원리들에 의해 규제된다.(흔히 '틀 원리framework principles'라고 불린다.) 형이상학의 목표는 이러한 구조를 가장 일반적인 형태로 그려내는 것이다.

개념적 도식이나 개념 틀이라는 착상을 선호하는 철학자들 모두 세계에 대한 우리의 그림이 어떤 위상을 가질 것인가에 대해 의견 일치를 보이는 것은 아니다. 인간 지식에 대해 칸트가 한 설명의 세부 사항들을 받아들이지는 않지만 그럼에도 개념적 도식이라는 착상에 동의하는 어떤 철학자들은 칸트에 동의해 다음과 같이 생각한다. 인간 지식이나 경험의 밑바탕에는 변하지 않는 단일한 개념적 구조물이 있다. 또 다른 철학자들은 인간 사유의 역동적이면서 역사적인 성격을 강조해, 하나가 아닌 여러 개념 틀에 대해 이야기한다. 그들은 엄청난 개념적 변화, 예컨대 뉴턴 역학이 상대성 이론에 의해 대체되는 과학 혁명 등과 같은 개념적 변화를 언급하면서, 이러한 개념적 변화는 어느 한 개념적 도식이, 세계에 대한 전적으로 새로운 다른 어떤 개념적 도식에 의해 대체되는 경우로 간주한다. 위의 첫 번째 종류의 사상가들이 볼 때 형이상학은 매우 안정적이며 불변하는 주제를 갖고 있다. 즉 세계를 표상하는/그리는 단일하거나 고유한 방식. 위의 두 번째 종류의 사상가들이 볼 때 형이상학의 임무는 비교를 하는 것이다. 즉 우리가 세계를 그려낼 때 작동하는 개념 틀들 중 어떤 형태의 개념 틀이 역사적으로 자신의 역할을 해왔는가를 보여주는 것.

이 두 부류의 철학자들 모두 형이상학에 대한 더욱 전통적인 개념화, 혹은 형이상학에 대한 칸트 이전의 개념화를 지지하는 사람들과 정확히 대립하고 있다. 개념적 도식이라는 착상을 받아들이는 철학자들은 형이상학은 세계를 표상하는/그리는 우리의 방식(들)을 탐구하는 것이라고 생각할 것이다. 칸트 이전의 관점에서 형이상학을 바라보는 철학자들은 형이상학의 주제를 아리스토텔레스적인 기획에 한정하든, 아니면 합리론자들을 따라 형이상학의 범위를 확장해 정신–물질 문제, 영혼의 불멸성, 자유의지 같은 주제들을 다루든 간에, 형이상학은 세계 자체의 본성과 구조를 탐구하는 것이라고 생각할 것이다. 인간 사유의 구조에 대한 탐구, 세계의 구조에 대한 탐구, 이 둘은 완전히 다른 것이다. 물론 누가 우리 사유의 구조가 세계의 구조를 반영한다/그대로 그린다고 믿는다면, 그는 이 두 탐구가 같은 결과를 낳을 것이라 주장할 것이다. 그러나 전형적으로 볼 때, 개념적 도식에 관한 이야기에 매력을 느끼는 철학자들은 이렇게 믿지 않는다. 이들은 형이상학의 주제가 우리의 개념적 도식(들)의 구조에 대한 탐구라고 주장하는데, 그 핵심적 이유는 이들도 칸트와 마찬가지로 생각하는 데서 찾을 수 있다. 실제로 존재하는 그 자체로서의 세계는 우리가 접근할 수 없는 어떤 것이라 생각하는 것이다.

왜 이들은 이렇게 생각하는가? 이들이 칸트에 동의해 다음과 같은 견해를 갖기 때문이다. 세계에 대한 우리의 생각은 항상 개념적 구조물들에 의해 매개된다. 그러한 개념적 구조물들의 매개를 통해 우리는 세계를 표상하는/그리는 것이다. 이들에 따르면, 내 인지 기능 외부에 있는 사물을 생각하려면 그 사물을 이런저런 방식으로 표상하는/그리는 개념 틀이 적용되는 것이 필요하다. 이것은 그 사물이 어떤 종에 속하는지를 표상할 때/그릴 때, 그리고 그 사물이 어떤 방식으로 규정되어 있는지를 표상할 때/그릴 때에도 마찬가지이다. 그렇다면, 내가 파악하는 바로 그것이란, 나의 사유와 독립해서 실재하는 것으로서의 대상이 아닌 것이다. 내가 파악하는 것은 나에 의해 개념화되는 것으로서의 대상, 혹은 나에 의해 표상되는/그려지는 것으로서의 대상이다. 따라서 내 생각의 대상이라는 것은 적어도 부분적으로는 내가 생각할 때 지니게 되는 개념적 장치나 표상적 장치의 결과물이다. 나는 그 자체로 존재하는 것으로서의 사물을 갖는 것이 아니다. 내가 갖게 되는 것은 나의 이야기 속에 등장하는 것으로서의 사물, 혹은 내가 그린 그림 속에 등장하는 것으로서의 사물인 것이다.

이제 개념 틀이라는 착상을 선호하는 이들(이들을 개념 도식론자conceptual schemers라 부를 수 있겠다.) 중 어떤 이들은 한 걸음 더 나아가 다음과 같이 주장한다. 개념 도식, 즉 우리가 그것을 통해 우리의 표상/그림을 만들어내는 개념 도식, 이것에 독립적인 대상이나 이것과 분리된 대상이 있다는 생각은 정합적이지 못하다.[9] 이러한 급진적 견해에 따르면, 존재하는 모든 것은 개념 틀(들)일 뿐이다. 우리가 말하는 이야기들만, 우리가 그리는 그림들만 존재하는 것이다. 어떤 대상이 존재한다는 것은 단지 그것이 이야기 속에 등장한다는 것일 뿐이다. 그리고 우리가 갖는 어떤 믿음이 참이라는 것은 단지 그 이야기 속에 등장하는 여러 요소가 서로 들어맞는다는 것, 혹은 서로 정합적이라는 것일 뿐이다.

더욱 급진적인 이러한 형태의 개념적 도식 이론을 관념론idealism이라고 부른다. 이 견해는 사실 일관적으로 짜이기가 극히 어려운 견해이다. 인간이 만들어내는 이야기들만 존재한다고 주장한다면, 이야기들을 만들어낸다고 생각되는 인간들에 대해서는 어떤 말을 해야 할까? 만약 인간들이 실제로 존재하면서 이야기를 만든다면, 이야기들만 존재한다는 주장은 사실이 아니며, 또한 존재한다는 것은 단지 이야기 속의 등장인물이 된다는 것이라는 주장 역시 사실이 아니다. 반대로, 만약 우리 인간들이 이야기 속의 등장인물들이라면, 만들어져야 할 그 어떤 이야기라도 정말 있을 수 있겠는가? 모든 이야기가 만들어졌다는 것은 또 다른 이야기일 뿐인가? 그래서 이 새로운 이야기(원래의 이야기들이 만들어졌다는 이야기)조차 또 다른 이야기일 뿐인가?

내가 암시했듯이, 모든 개념적 도식론자들이 지금 논한 급진적 견해를 채택하는 것은 아니다. 어떤 사물이 개념 틀에 독립해 존재할 수 있음을 인정하는 개념 도식론자가 있다. 그러나 그렇다 하더라도, 그는 개념 틀에 독립해 존재하는 바로 그 사물이 형이상학적 탐구의 대상이 될 수 있다고는 생각하지 않을 것이다. 개념 틀에 독립해 존재한다 하더라도, 이것들은 우리가 이것들을 표상할 때/그릴 때 지니게 되는 개념적 구조물들을 통해서만 파악되는 것이다. 이 구조물들은 일종의 스크린으로서, 우리로 하여금 그 자체로서 존재하는 사물들에 접근할 수 없게 만든다. 따라서 더욱 온건한 개념 도식론자라 하더라도, 전통 형이상학자들이 하려고 한 일이 가능하다고 보지 않는다. 즉 실재가 갖는 궁극적인 구조에 대한 앎을 제공하려는 것 말이다. 이들은 다음과 같이 주장할 것이다. 철학자들이 형이상학과 관련해 주장하고자 하는 어떤 기획이 일반성, 체계성, 이해 가능성을 가지려면, 그 기획은 우리의 개념적 도식(들)의 가장 일반적인 구조의 성격을 규정하는 것일 수밖에 없다.

이러한 신칸트주의자들의 설명에 대해 전통 형이상학자들은 어떻게 대답할 수 있을까? 가장 그럴듯한 것은 그들이 다음과 같이 논하는 것이다. 개념 도식론자들의 주장이 옳다면, 그래서 그 자체로 존재하는 세계는 엄밀한 철학적 탐구의 대상이 될 수 없다면, 개념적 도식은 철학적 탐구의 대상이 될 수 있다는 그들의 주장도 잘못된 것이다. 전통 형이상학에 반대하는 개념 도식론자들의 논변을 떠받치고 있는 핵심 전제는, 우리가 사물을 표상할 때/그릴 때 적용하게 되는 개념적 구조물들이 우리로 하여금 그 사물에 접근하는 것을 막는다는 것이다. 여기서 전통 형이상학에 대한 지지자들은 다음과 같은 점을 지적할 것이다. 우리가 이러한 개념적 구조물들의 성격을 규정하려면, [이 경우에도] 우리는 개념들을 사용해야 한다. 그렇다면 다음과 같은 결론이 나오게 된다. 우리가 여기서 개념 도식론자들의 원리를 그대로 사용한다면, 개념 틀의 본성과 구조에 대한 성격 규정이라는 것은 불가능하다. 이제 전통 형이상학자들은 다음과 같이 논할 것이다. 형이상학에 대한 전통적 개념화가 문제라면, 형이상학에 대한 개념 도식론자들의 개념화도 마찬가지이다. 전통 형이상학자들은 여기에 중요한 교훈이 있다고 주장할 것이다. 그 교훈은 이런 것이다. 개념적 표상 활동에 대한 개념 도식론자들의 설명에는 뭔가 자가당착적인 면이 있다. 개념 도식론자들은 다음과 같이 주장한다. 개념적 표상 활동은 우리로 하여금 우리가 표상하고자 하는 바로 그것을 파악하지 못하게 한다. 그러나 만약 이 주장이 옳다면, 왜 우리는 개념적 표상 활동에 대한 개념 도식론자들의 주장을 그대로 받아들여야 하는가? 따지고 보면 이들의 주장은 또 다른 개념적 표상 활동일 뿐이다. 그렇다면 이들의 작업은 개념적 표상 활동의 본성을 드러내는 것일 수 없다. 이들의 주장은 자신들이 탐구하려는 것을 이해할 수 없게 만드는 것으로 보인다. 즉 개념적 표상 활동이 어떤 본성을 가지고 있는지에 대한 탐구 말이다.

　전통 형이상학자들은 한 걸음 더 나아가 다음과 같이 주장할 것이다. 우리는 사물들에 대해 말하고 생각한다. 이러한 사물들은 그 자체로 존재하는 것으로서의 사물들이지 우리가 만들어낸 이야기 속 등장인물로서의 사물이 아니다. 이들은 다음과 같이 주장할 것이다. 사물들에 대해 생각한다는 것, 혹은 사물들을 지칭한다는 것 등의 착상 자체가 다음과 같은 사실을 전제로 하고 있다. 즉 어떤 관계들이 있는데 이 관계들은 우리의 생각/말을 우리가 생각하고 말하는 정신 독립적/언어 독립적 사물들과 연결해 준다. 그리고 그들은 다음과 같이 주장할 것이다. 개념이라는 것은 우리로 하여금 사물들에 접근하는 것을 막는 것이 아니다. 우리가 생각할 때 사용하게 되는 개념이라는 것은 오히려 그 개념이 적용되는 사물들을 파악할 수 있게 해주는 매개체인 것이다. 개념들은 우리와 사물 사이에 놓인 스크린이나 장벽이 아니다. 반대로 개념들은 우리로 하여금 대상들에게 나아가게 해주는 통로이며, 대상들에게 접근하게 해주는 길이다. 전통 형이상학자들은 다음과 같이 논할 것이다. 무엇이 존재하는지, 그리고 존재하는 것들의 일반적 구조는 어떠한지에 대한 설명을 제공할 때 전통 형이상학자들이 사용하는 개념들이 바뀌어야 한다고 가정하는 것은 전혀 근거가 없다. 전통 형이상학자들은 다음과 같은 사실을 인정할 것이다. 자신이 사물을 잘못 보았을 수도 있다. 혹은 자신의 주장 중 거짓인 형이상학적 주장들이 있을 수 있다. 그럼에도 그들은 다음과 같이 주장할 것이다. 자신들의 주장이 거짓일 수도 있지만 이러한 사실은 사물들을 탐구하는 다른 분과에서도 흔한 일이다. 실재의 본성에 대한 참된 성격 규정이란 어려운 일이다. 그러나 어렵다는 것이 불가능하다는 것을 뜻하지는 않는다.

형이상학에 대한 칸트주의적 개념화를 선호하는 사람들은 이 논쟁을 둘러싼 주제들이 전통 형이상학자들이 생각하고 있는 것 이상으로 훨씬 복잡하고 훨씬 어렵다고 주장할 것이다. 처음에 우리는 전통 형이상학자들의 견해에 동조하고 있는 우리 자신을 발견하게 될 수도 있다. 그럼에도 우리는 다음과 같은 사실을 인정해야 한다. 형이상학의 적합한 방법론이 어떤 것이어야 하는지에 대한 이 논쟁은 사유와 세계 사이의 관계에 대한 더욱 넓은 주제와 맞닿아 있다. 이 주제는 존재의 성격을 규정하고자 하는 작업의 핵심부를 강타한다. 그리고 이 주제는 어느 모로 보나 형이상학적이다. 그러나 매우 중요한 주제이니만큼, 형이상학에 관한 책의 서론 부분에서 이 주제를 다룰 수는 없다. 우리의 사유/언어와 세계 사이의 관계를 규명하려면 세밀하면서도 넓게 고찰해야 한다. 그래서 이 주제는 이 책의 마지막 장에서 다룰 것이다. 거기서 우리는 사유와 세계 사이의 관계에 대한 전통적 설명에 대해, 칸트적 취향을 가진 철학자들(흔히 반실재론자anti-Realist라고 불린다.)이 어떻게 공격을 가하고 있는지 세부적으로 검토할 것이다. 그러나 당분간은 형이상학을 어떻게 개념화해야 할지 정해 둘 필요가 있다. 그러니 임시로 전통적 혹은 칸트 이전의 접근법이 바로 형이상학이라고 가정하자.

범주 이론으로서의 형이상학

실재가 어떤 본성을 가지고 있는지 규명하는 것, 사물들이 어떤 방식으로 존재하는지 이야기하는 것, 이것이 우리의 목적이다. 앞에서 보았듯이, 이러한 기획과 관련해 서로 다른 여러 전통과 서로 다른 여러 주제가 연합하고 있다. 아리스토텔레스 전통에서는 제1원인에 대한 학문이라는, 그리고 존재로서의 존재를 탐구하는 학문이라는 개념이 있었다. 이 두 개념을 충족하는 단일한 학문이 존재한다지만, 적어도 처음 볼 때 이 두 개념은 서로 다른 것으로 보인다. 존재로서의 존재를 다루는 일반 학문에 관한 개념은 합리론자들의 일반 형이상학에 대응한다. 그리고 제1원인에 관한 학문이라는 개념으로부터 제기되는 핵심적 과제는 합리론자들의 특수 형이상학 내의 한 분과인 자연 신학과 연계되어 있다. 그리고 특수 형이상학의 또 다른 두 하위 분과가 있는데, 변화하는 물질세계를 규명하고자 하는 우주론, 정신-물질 문제와 자유의지의 문제를 다루는 이성적 심리학, 이 두 분과가 그것이다.

형이상학에 대한 여러 개론서는 형이상학에 대한 합리주의자들의 분류를 따른다. 형이상학 개론서들은 합리론자들이 특수 형이상학이라고 부른 것에 초점을 맞춘다. 그래서 신의 존재와 본성의 문제, 인간 본성의 문제, 정신-물질 문제, 자유의지의 문제 등이 그 책들의 핵심을 이룬다. 개론서들의 이러한 전략은 완전히 옳은 전략이다. 17세기 이후로 이 주제들은 모두 형이상학이라는 이름으로 불려왔다. 그러나 형이상학에 대한 개론서를 구성할 때 이와는 다른 전략도 충분히 구사해 볼 만하다. 이러한 새 전략을 통해 우리는 이 책에서 논할 주제를 다음과 같은 것으로 제한할 것이다. 즉 존재로서의 존재를 다루는 아리스토텔레스 학문 내에서의 각 항목에 포함되는 것들. 혹은 일반 형이상학이라는 합리론자들의 학문 내의 각 항목에 포함되는 것들.

형이상학에 대한 이러한 접근법을 뒷받침해 주는 여러 이유가 있다. 현대 철학자들은 합리론자 식의 분과 나누기를 더 이상 존중하지 않는다. 그들은 이와 다른 방식으로 철학을 나누고 있다. 합리론자들이 특수 형이상학이라 부른 것 내의 여러 분과에서 핵심적이던 주제들은 이제 형이상학이 아닌 다른 철학 하부 분과에서 다루어진다. 예를 들어 자연 신학의 초점은 신의 존재와 본성에 맞추어져 있었다. 지금 이 주제들은 우리가 종교철학이라고 부르는 영역에서 주로 다루어지며, 종교철학은 예전의 자연 신학이 다루던 주제들보다 훨씬 넓은 범위의 주제들을 다루고 있다. 예를 들어 종교철학은 종교적(일반적 혹은 개별적) 믿음의 합리성과 같은 인식론적 물음을 다루며, 종교와 과학 사이의 관계에 대한 물음, 종교와 도덕 사이의 관계에 대한 물음 등을 다룬다. 종교철학자들은 합리주의자들이 이성적 심리학이라고 부른 분과에서의 주제들까지도 논하고 있다. 예를 들어 어떤 사람이 죽기 전에도 또 죽은 후에도 같은 사람이라는 것personal survival 혹은 영생. 이성적 심리학에서 논의되던 그 밖의 주제들은 오늘날 우리가 심리철학philosophy of mind이라 부르는 분과에서 다루어지고 있다. 심리철학자들이 정신의 존재와 본성에 관한 형이상학적 물음에 몰두하고 있기는 하지만, 그들은 그 밖의 다른 많은 것에 대해서도 골몰하고 있다. 심리철학자들은 우리 자신의 심적 상태에 관한 지식, 다른 사람들의 심적 상태에 관한 지식 등의 인식론적 물음들을 제기한다. 그리고 그들은 심리학과 인지 과학에서 설명이라는 것이 어떤 본성을 갖는지를 분명히 하기 위해 많은 시간을 보낸다. 때때로 우리는 자유의지에 대한 질문을 제기하는 심리철학자들을 보게 된다. 그러나 자유의지의 문제는 행위이론theory of action이라고 불리는 또 다른 철학 분과에서 주로 논쟁거리가 되고 있는 문제이다. 현대철학자들이 '형이상학'이라는 용어를 사용할 때 그들이 가리키는 것은 위에서 언급한 각 철학 분과와는 또 다른 분과이다. 그들이 말하는 형이상학은 합리주의자들이 일반 형이상학이라고 부른 것과 많이 다르지 않고, 또 아리스토텔레스가 존재로서의 존재를 탐구하는 학문이라고 말한 것과도 많이 다르지 않다.

따라서 형이상학에 관한 개론서들이 구성되는 방식은 오늘날 철학자들이 '형이상학'이라는 용어를 사용하는 방식을 제대로 반영하고 있지 못한다. 그 결과 우리가 요사이 형이상학이라고 부르는 분과에서의 핵심적 주제들은 개론적으로 논의되지 않고 있는 실정이다. 이것은 불행한 일이다. 왜냐하면 이러한 주제들은 다른 철학적 주제들이 그러한 것처럼 근본적인 것들이기 때문이다. 그래서 이제 존재로서의 존재를 고찰하는 형이상학 개론서가 필요한 이유 한 가지가 나왔다. 그러나 또 다른 이유도 있다. 이 책은 여러 권의 책으로 이루어진 총서의 한 부분인바, 이 총서는 종교철학을 다루는 책, 심리철학을 다루는 책 등을 포함할 것이다. 그래서 신의 존재와 본성, 그리고 정신-물질 문제 등의 주제가 이 총서 안의 각 책에 담길 것이다. 형이상학에 관한 책은 이와는 다른 주제들에 초점을 맞추어야 하며 또 그렇게 될 것이다. 그래서 형이상학에 관한 지금의 이 책은 존재하는 모든 것의 구조에 관한 일반적 설명을 제공하고자 할 때 제기되는 여러 주제에 초점을 맞추게 될 것이다.

그런데 이러한 주제들이란 어떤 주제들인가? 형이상학을 완전히 일반적인 분과로 개념화하는 아리스토텔레스를 논할 때 나는 다음과 같이 말했다. 이 분과의 핵심적 목표는 사물들이 속하게 되는 범주들의 성격을 규정하는 것이다. 요즘의 형이상학이 목표로 하는 것도 바로 이것이라 할 수 있다. 그런데 사물들이 속하게 되는 범주들의 성격을 규정한다는 것은 정확히 무엇을 뜻하는가? 앞에서 언급했듯이 아리스토텔레스는 범주를, 사물들이 그 안에서 분류될 수 있는 최상위의 혹은 가장 일반적인 유형/종이라 생각했다. 이것이 암시하는 바는 이런 것이다. 형이상학이 하는 일은 존재하는 모든 사물을 취해 그것들을 분류하고, 그래서 그것들을 가장 일반적인 유형/종에 포섭하는 것이다. 아리스토텔레스에 따르면, 한 사물이 속하는 종은 우리로 하여금 그 사물이 무엇인지를 말할 수 있도록 해준다. 그렇다면 다음과 같은 사실이 따라 나오는 것으로 보인다. 만약 형이상학자들이 최상위 종들을 가려낼 수 있다면, 그들은 "그것은 무엇인가?"라는 질문에 대한 가장 일반적인 답을 제공하게 된다. 이렇게 할 수 있는 한 가지 방식은 소크라테스 같은 친숙한 대상을 취해 "그는 무엇인가?"라는 질문을 던지는 것이다. 대답은 분명하다. 즉 "그는 인간이다." '인간'이라는 단어가 소크라테스가 속하는 종을 가리키고 있지만, "소크라테스는 어떤 종류의 사물인가?"라는 질문에 대한 더욱 일반적인 답들이 있다. 그는 영장류이고, 포유류이고, 척추동물이고, 또 동물이다. 소크라테스가 속하는 범주를 가려낸다는 것은 "그것은 무엇인가?"라는 질문에 대한, 더욱 일반으로 치닫는 답들의 목록 중에서 가장 끝에 있는 것을 가려낸다는 것이다. 그렇다면 언제 우리는 그 끝에 도달하는가? 표준적인 대답은 다음과 같다. "그것은 무엇인가?"라는 질문에 우리가 답했을 때, 그 대답보다 더 일반적인 대답은 오직 '엔터티', '존재', '사물', '존재자' 등과 같이 존재하는 모든 것에 적용되는 용어들뿐이면 우리는 한 사물이 속하는 범주에 도달한 것이다. 아리스토텔레스는 소크라테스가 무엇인지에 대한 답을 위와 같은 방식으로 낸다면, 그 답은 '실체substance'라는 용어를 통해 제공될 것이라 생각했다. 그래서 아리스토텔레스는 실체를 소크라테스와 그 밖의 다른 생명체들이 속하는 범주로 간주했다.

형이상학자들이 범주들의 완전한 목록을 만들기 원한다면, 소크라테스의 사례에서 사용된 질문-대답 과정을 다른 대상들에게도 적용하기만 하면 될 것처럼 보인다. 형이상학자들이 사물들 사이의 차이를 반영하는 방식으로 표본 대상들을 고른다면 새롭고 서로 다른 범주들에 도달할 것이다. 그러나 어느 지점에 가면, 그들은 더 이상 새로운 범주들이 나오지 않음을 발견할 것이다. 위의 과정을 반복하더라도 그들은 이미 그들이 구분해 놓은 범주들에만 도달하게 될 것이다. 이 지점에서 형이상학자들은 적합한 귀납 과정에 관한 표준적 이해를 바탕으로 자신들이 모든 최상위 유형/종 혹은 모든 존재의 범주를 다 가려냈다고 확신할 수 있다.

이것이 범주들에 대해, 그리고 형이상학적 기획 내 범주들의 역할에 대해 우리가 생각해 볼 수 있는 한 가지 방식이다. 사실 많은 철학자들은 범주들을 가려내는 일이 바로 이런 방식일 것이라 생각한다. 불행하게도 이것은 형이상학에서 이루어지고 있는 작업에 대한 설명으로서는 매우 심각한 결점을 안고 있다. 그 한 가지는 이렇다. 이것은 형이상학을 아주 지루한 작업으로 만들어버린다. 범주들의 목록을 이런 식으로 작성한다는 것은 "그것은 무엇인가?"라는 질문에 대한 가장 일반적인 답들을 발견해 내는 기계적 과정일 뿐이다. 그리고 아무런 상상력도 필요치 않은 이러한 기계적 과정에 어떻게 2000년이 넘는 세월 동안 인류의 가장 위대한 정신들이 노력을 쏟아 부었는지를 이해하기는 어려운 일이다. 또 다른 한 가지는 이렇다. 위의 설명은 형이상학 내에서 어떻게 흥미로운 불일치와 논쟁이 있을 수 있었는지 이해하기 어렵게 만든다. 위의 견해에 따르면, 만약 두 형이상학자가 서로 다른 범주 목록을 제시한다면, 그것은 단지 둘 중 하나가 매우 거친 그리고 매우 명백한 실수를 저질렀기 때문인 것이다. 귀납적 실수를 저질러 적당한 표본 대상들에게 질문-대답 과정을 적용하는 데 실패했거나, 아니면 분류 용어들이 우리 언어 내에서 작동하는 방식에 대해 혼동을 일으켰거나 한 것이다. 그러나 사실로 보자면, 논쟁과 대립만큼 형이상학에서 흔한 것도 없다. 그리고 이러한 형이상학적 논쟁의 맞수들은 전형적으로 지각 있으며, 또 분명한 정신의 소유자들이다. 이러한 사상가들이 위와 같은 거친 지적 실수를 저질렀다고 보기는 어렵다.

그러나 범주들과 형이상학의 본성에 대한 이러한 이해가 지닌 어려움은 더 근본적인 것을 향하고 있다. 이 견해에 따른다면, 형이상학자들은 문제없이 주어진 대상들을 앞에 놓고서 자신의 작업을 시작한다. 그리고 그들의 작업이란 이러한 대상들 각각을 배치할 자리를 찾아내는 것이다. 그러나 사실로 보자면, 범주들에 대해 의견을 달리하는 철학자들은 어떤 대상이 존재하는가에 대해서도 의견을 달리한다. 형이상학자들이 의견의 일치를 볼 미리 주어진 대상들의 총체란 없는 것이다. 형이상학에서의 논쟁이란 전형적으로 다음과 같은 질문에 대해 어떤 답을 낼지에 대한 논쟁이다. 즉 "어떤 대상이 존재하는가?" 서로 다른 범주 목록을 제시한다는 것은 이 질문에 대해 서로 다른 답을 낸다는 것과 일치한다.

단순한 예 하나가 형이상학적 논쟁의 본성을 이해하는 데 도움을 줄 것이다. 재주넘기를 한번 보자. '재주넘기'는 한 단어로서, 한국어로 말하는 사람들 대다수는 이 용어를 어떻게 사용하는지 안다. 우리는 어떤 상황에는 이 용어를 적용하며, 또 다른 어떤 상황에는 이 용어를 적용하지 않는다. 그리고 우리는 이 용어를 우리 모두가 공유하는 믿음들을 표현하기 위해 사용한다. 즉 재주넘기가 무엇인가에 대한 우리의 믿음, 재주넘기가 언제 일어났는가에 대한 우리의 믿음, 누가 언제 재주넘기를 잘했는가에 대한 우리의 믿음 등. 이제 우리는 '재주넘기'라는 용어와 관련한 사실들에 대해 완전히 서로 다른 방식으로 반응하는 두 철학자를 상상해 볼 수 있다. 한 사람은 이렇게 말한다. 재주넘기 같은 사물이 존재한다. 재주넘기라는 것은 인간의 신체가 완전히 한 바퀴 도는 것이다. 앞으로 돌든, 뒤로 돌든, 어쨌든 발이 머리 위쪽으로 넘어가면서 말이다. 이 사람은 또 다음과 같이 주장할 것이다. 이러한 회전은 여러 번 일어났으므로, 여러 재주넘기가 존재했다. 이 사람은 또 다음과 같이 주장할 것이다. 재주넘기와 같은 것이 존재하지 않는다고 한다면, 우리는 다음과 같은 주장이 어떻게 참일 수 있는지 설명할 방법이 없다.

(1) 조지는 목요일 오후 3시에서 4시 사이에 재주넘기를 다섯 번 했다.

그러나 다른 철학자는 이에 반대한다. 그는 재주넘기와 같은 것은 존재하지 않는다고 주장한다. 그는 사람들 혹은 어떤 동물들이 적절한 방식으로 회전함을 인정한다. 그러나 그는 이러한 사실로부터 특별한 부류의 엔터티, 즉 재주넘기가 존재한다는 것이 따라 나온다고 생각하지 않는다. 그는 ⑴과 유사한 많은 주장이 참임을 인정한다. 그러나 그는 이로부터 특별한 부류의 엔터티가 존재한다는 것이 따라 나옴을 부정한다. 그는 다음과 같이 주장한다. ⑴을 참이게끔 해주는 것은 특정 시간 동안 조지가 다섯 번 회전했다는 것밖에 없다.

이 두 철학자의 견해가 갈리는 지점은 어디인가? 세계에 대해 일상적으로, 혹은 세계에 대해 상식적으로 말할 때 우리는 '재주넘기'라는 용어를 어떻게 사용하는가에 대해 견해를 달리하는가? 분명 아니다. 혹은 ⑴과 같은 주장들이 어떤 진릿값을 갖는가 하는 것에 대해 견해가 갈리는가? 이것도 분명 아니다. 그들의 견해가 갈라지는 것은 다음과 같은 질문과 관련되어 있다. '재주넘기'라는 용어를 일상적으로 사용한다는 것, 그리고 재주넘기에 대한 상식적 주장이 참이라는 것, 이것들이 우리로 하여금 세계와 그 작동 방식에 관한 "공식적인" 철학적 이야기 속에 재주넘기라는 것을 포함시키도록 만드는가? 이 두 철학자는 존재하는 사물들에 대한 "공식적인" 철학적 목록 속에 재주넘기가 들어가야 하는지, 들어가지 말아야 하는지와 관련해 의견을 달리하고 있는 것이다. 이러한 "공식적인" 목록을 존재론ontology이라고 부른다. 이 용어를 사용해 우리는 다음과 같이 말할 수 있다. 이 두 철학자는 우리의 존재론이 재주넘기를 포함해야 하는지, 말아야 하는지에 대해 의견을 달리하고 있다. 이 둘 사이의 논쟁은 형이상학적 논쟁이다. 그러나 이 논쟁이 진지한 형이상학자들의 관심을 끌 만한 것은 아니다. 모든 철학자가 우리의 존재론에 재주넘기가 포함되어야 한다고[혹은 포함되지 말아야 한다고] 생각하는 것은 아니다. 왜냐하면 재주넘기라는 주제는 너무 특수하고 너무 지엽적이기 때문이다. 그러나 우리가 언급한 두 철학자 사이의 의견 불일치는 아주 쉽게 일반화될 수 있다. 그리고 이렇게 일반화될 때, 이 의견 불일치는 형이상학자들이 전형적으로 개입하는 종류의 논쟁이 된다. 재주넘기의 존재를 인정해야 한다고 주장하는 철학자들은 재주넘기를 특별히 좋아해서 그런 주장을 하는 것이 아니다. 분명 이 주장들은 재주넘기보다 더 일반적인 유형의 사물들이 존재한다고 하는 이들의 믿음으로부터 나온 것이다. 이들이 재주넘기에 대한 주장을 하게 된 이유는 그들이 다음과 같이 믿기 때문인 것이다. 즉 사건event이라는 것이 우리의 존재론 안에 포함되어야 한다. 마찬가지로 재주넘기 같은 것이 존재함을 부정하는 사람들은 재주넘기를 특별히 싫어해서 그렇게 하는 것이 아니다. 이들은 다음과 같이 생각하기 때문에 재주넘기의 존재를 부정하는 것이다. 즉 세계에 대한 우리의 "공식적인" 이야기는 사건에 대한 언급을 하지 말아야 한다. 이처럼 재주넘기와 관련한 논증은 더욱 일반적인 논쟁에 그 뿌리를 두고 있다. 그 논쟁이 바로 범주에 대한 논쟁이다. 한 철학자는 사건이라는 범주가 받아들여져야 한다고 믿는다. 다른 철학자는 그래서는 안 된다고 믿는다.

범주들에 대한 의견 불일치는 어떤 사물들이 존재하는가에 대한 의견 불일치이다. 그리고 형이상학에서 가장 핵심적인 논쟁들 중 많은 것이 바로 이런 종류의 논쟁이다. 재주넘기에 대한 논쟁보다는 더 일반적인 수준에서 이루어지지만 그럼에도 이 논쟁들은 특정한 형태를 띠고 있다. 우리는 다음과 같은 질문들을 둘러싸고 벌어지는 논쟁들을 볼 수 있다. 일반적인 유형의 어떤 사물이 존재하는가? 혹은 어떤 범주의 사물이 존재하는가? 예를 들어 속성이 존재하는가? 관계가 존재하는가? 사건이 존재하는가? 실체가 존재하는가? 명제가 존재하는가? 사태가 존재하는가? 가능 세계가 존재하는가? 각 경우에는 이러한 논쟁의 바탕 자료 기능을 하는 상식적 사실들이 있다. 이 논쟁의 한편에서는 다음과 같이 주장한다. 이러한 상식적 사실들을 설명하려면, 우리는 위와 같은 존재 물음에 "그렇다"라고 대답해야 한다. 이 논쟁의 다른 한편에서는 다음과 같이 주장한다. 우리의 존재론에 그러한 엔터티들을 받아들이는 것은 철학적으로 문제가 있다. 게다가 우리는 이러한 엔터티 없이도 상식적 사실들에 대해 좋은 설명을 제공할 수 있다.

범주와 관련한 논쟁이 언제나 이와 같은 형태를 띠는 것은 아니다. 논쟁자들이 언제나 "C가 존재하는가?"(여기서 'C'는 범주를 나타내는 말이다.)라는 형태의 질문에 대해서만 서로 대립하는 것은 아니다. 이러저러한 범주에 속하는 엔터티들이 존재한다는 것에는 동의하지만, 그러한 엔터티들이 다른 범주에 속하는 엔터티들로 분석되어야 하는지에 대해서는 의견을 달리하는 논쟁자들을 간혹 볼 수 있다. 물질적 대상들과 관련한 논쟁을 생각해 보자. 논쟁의 두 진영 모두 물질적 대상들이 존재한다는 데 동의한다. 그럼에도 한 진영에서는 다음과 같이 주장한다. 물질적 대상들은 모두 감각 성질의 집적체로 분석되어야 한다. 이 논쟁의 다른 진영 사람들은 다음과 같이 말할 것이다. "보시오! 당신은 진정 물질적 대상들이 존재한다고 생각하지 않고 있소. 당신은 말들을 뱉었을 뿐이오. 당신의 견해에 따르면 물질적 대상들은 존재하지 않소. 존재하는 것은 오직 감각 성질들뿐이오." 반대 진영 사람들은 분명 자신이 물질적 대상들의 존재를 믿는다고 주장하면서, 다음과 같이 대답할 것이다. "나는 물질적 대상들의 존재를 부정하지 않소. 다만 나는 당신에게 그것들이 어떤 것인지만 말하고 있을 뿐이오." '존재'라는 용어와 관련한 이 논변을 어떻게 풀어내야 할지 알기는 어렵다. 그러나 우리가 풀어냈다 하더라도 우리는 다음과 같은 사실을 인정해야만 한다. 즉 여기에는 근본적인 형이상학적 의견 대립, 다시 말해 넓은 의미에서의 존재에 대한 의견 대립이 있다. 이러한 의견 대립을 표현하는 한 가지 방법은 다음과 같이 말하는 것이다. 한쪽의 형이상학자는 물질적 대상들을 자신의 존재론 내의 기본적인primitive or basic 요소로 간주하고자 한다. 반면 다른 한쪽의 형이상학자는 물질적 대상들이 더욱 근원적인 다른 엔터티들로부터 단순히 구성된 것이라 생각한다. 두 번째 형이상학자가 물질적 대상들이 존재한다고 말하기는 하지만, 그 사람의 존재론 내의 기본적인 엔터티들을 관찰해 보면(즉 그의 존재론 내에서 더욱 기본적인 다른 엔터티들로 환원되지 않는 엔터티들을 관찰해 보면), 우리는 물질적 대상들을 찾아볼 수 없다. 오직 감각 성질들만 찾아볼 수 있을 뿐이다. 따라서 그의 존재론 저 밑에 가면, 물질적 대상들은 없는 것이다. 그의 형이상학에서 물질적 대상들은 실재를 이루는 기본 "벽돌"이 아니다. 그래서 우리는 이렇게 말할 수 있다. 한 철학자의 존재론 내에서 물질적 대상들은 기본적primitive 혹은 비파생적 범주underived category를 형성하지만, 다른 철학자의 존재론 내에서 물질적 대상들은 파생적derived 범주를 형성한다.

그래서 범주들에 대한 논쟁은 아주 일반적인 유형/종에 속하는 엔터티의 존재에 대한, 혹은 아주 일반적인 범주에 속하는 엔터티의 존재에 대한 논쟁이다. 어떤 경우 논쟁의 각 진영은 어떤 종류의 엔터티가 존재하는가를 놓고 의견을 달리한다. 또 어떤 경우 논쟁의 각 진영은 특정 범주의 엔터티가 더 기본적인 범주의 엔터티로 환원될 수 있는지를 놓고 의견을 달리한다. 이제 완전한 형이상학적 이론을 제공하는 것은 첫째, 사물들이 속하는 범주들에 대한 완전한 목록을 제공하는 것이며, 둘째, 이러한 범주들 사이에 성립하는 관계들이 어떤 것들인지를 규정하는 것이다. 이 두 번째 과제는 어떤 범주들이 기본적인 것이며 또 어떤 범주들이 파생적인 것인가를 규정하는 일을 포함할 것이며, 또한 어떻게 파생적인 범주의 엔터티들이 기본적인 범주의 엔터티들로 분석/환원될 수 있는가에 대한 명세서를 포함할 것이다. 그래서 이러한 종류의 완전한 목록은 존재하는 모든 것에 대한 일반적 설명을 제공할 것이다. 아리스토텔레스는 이러한 종류의 설명이 형이상학적 기획의 목표라고 믿었다. 그러나 요즘 형이상학자들 중에는 범주들에 대한 이런 완전한 이론을 제공하려 하는 사람이 많지 않다. 역사적으로 형이상학적 이론의 주목을 받아온 범주들 중 그 어느 하나만 떼놓고 보더라도, 그것을 둘러싼 주제들은 굉장히 복잡하다. 그래서 현대 형이상학자들은 이러한 주제들 중 다룰 수 있는 것만을 다루는 데 만족하고 있다. 이 책에서 우리는 이들을 따를 것이다. 우리는 범주들의 완전한 체계라는 야심찬 시도는 하지 않을 것이다. 대신 형이상학에서 제기되는 몇 가지 범주 물음에 대해 철학자들이 답하고자 할 때 제기되는 쟁점들이 있다면, 거기에 초점을 맞출 것이다. 우리가 고찰하고자 하는 물음들은 모두 매우 중요하며 또 매우 근본적이다. 따라서 이것들을 고찰하고 나면, 형이상학이 무엇인지 감각이 생길 것이다. 이제 이러한 물음들을 가지고 시작해 보자. 보편자 문제라고 불리는 일련의 물음에 대한 고찰이 우리의 출발점이다.

주석

1. *Metaphysics* A. 1 in R. McKeon(1941) 참조.
2. *Metaphysics* E. 1 in R. McKeon(1941) 참조.
3. *Metaphysics* Γ. 1 in R. McKeon(1941) 참조.
4. 특히 *Metaphysics* E. 1 in R. McKeon(1941) 참조.
5. 형이상학 영역의 일반적 지도에 대한 논의로는 Edwards(1967)의 볼프Christian Wolff에 관한 도입부 참조.
6. 형이상학에 대한 경험론자의 공격에 대해서는 Hume(1739) 참조. 더욱 현대적인 형태의 공격은 Ayer(1936)에서 찾아볼 수 있다.
7. Kant(1787) 참조. 특히 2판 서문과 「초월적 변증론Transcendental Dialectic」 참조.
8. 형이상학에 대한 이러한 접근법의 예로는 다음을 참조. Collingwood(1940), Körner(1974), Rescher(1973), Putnam(1981), Putnam(1987). 형이상학이라는 학문이 자신의 주요 주제로서 우리의 개념 도식을 기술/묘사하는 것이라는 주장은 Strawson(1959)의 서문에서 옹호되고 있다. 비록 언어 표현은 신칸트주의적이지만, *Individuals*에서 스트로슨이 취하고 있는 접근법은 아리스토텔레스적 접근법이다.
9. 예를 들어 Rorty(1979) 참조.

| 더 읽을 책 |

형이상학의 본성에 관한 문헌들은 방대하다. 처음 시작하는 학생들은 우선 아리스토텔레스를 읽어야 한다. 특히 *Metaphysics* A(즉 I권)의 처음 두 장과 *Metaphysics* Γ(즉 IV권), *Metaphysics* E(즉 VI권)의 첫 장을 읽어야 한다. 그런 다음 나는 Kant(1787)에서 칸트가 형이상학에 가한 비판을, 특히 두 번째 판의 서문을 보라고 권하고 싶다. 또 Ayer(1936)의 첫 장을 보기를 권한다. 최근 논의 중에서는 Körner(1974), 그리고 Strawson(1959)의 서문을 보아야 한다.

1

보편자 문제 I

형이상학적 실재론

M

metaphysics

유사함이라는 현상phenomenon of similarity 혹은 속성 일치 현상 pheno-
menon of attribute agreement이 있다. 이 현상은 실재론자들과 유명론자들 사
이에 논쟁을 불러온다. 실재론자들은 다음과 같이 주장한다. 대상들이 서로
유사하거나 속성이 일치하는 경우, 거기에는 어떤 것이 있는 것이다. 그래서
대상들은 바로 그 어떤 것을 공유하는 것이다. 유명론자들은 이를 부정하지
만, 실재론자들은 이를 인정하면서 공유되는 이 엔터티entity를 보편자
universal라고 부른다. 그들에 따르면 보편자란 어떤 엔터티로서, 서로 다른
여러 대상에 의해 동시적으로 예화되는exemplified 것이다. 이 보편자에는 사
물들이 갖는 속성properties, 사물들이 놓이는 관계relations, 사물들이 속하는
종kinds 등이 있다.

실재론자들은 보편자가 실재한다고 주장한다. 이를 보이기 위해 그들은
주-술 담론 현상phenomena of subject predicate discourse, 추상물 지칭 현상
phenomena of abstract reference 등을 지적한다. 실재론자들은 다음과 같이 주
장한다. 만약 우리가 술어의 지칭체로서의 보편자를 상정하지 않는다면, 어
떻게 주-술 문장이 참이 될 수 있는지 설명할 수 없다. 또 그들은 다음과 같
이 논한다. 추상물 지칭 용어가 포함되어 있는 어떤 문장이 참임이 설명되려

면, 그 설명은 오직 다음과 같은 전제하에서만 가능하다. 즉 추상물 지칭 용어가 규정하는 것은 보편자라는 전제.

그럼에도 실재론자들은 술어화나 추상물 지칭이라는 것들에 대해 설명하면서, 그것이 어느 정도의 일반성을 갖느냐 하는 문제를 놓고 종종 의견의 불일치를 보인다. 예를 들어 어떤 실재론자들은 술어화에 대한 자신의 설명이 '예화하다exemplifies'라는 용어를 포함하는 문장에는 적용되지 않는다고 주장한다. 또 다른 실재론자들은 자신의 설명이 오직 기본적인primitive, 혹은 정의되지 않는undefined 술어나 추상 용어에만 적용된다고 주장한다. 그 외에 어떤 실재론자들은 보편자의 존재를 인정하기는 하지만, 오직 존재하는 대상들에 대해 현실적으로actually 참이 되는 술어들에 대응하는 보편자의 존재만 인정한다. 반면 또 다른 실재론자들은 예화된 속성, 종, 관계뿐만 아니라 예화되지 않은 속성, 종, 관계도 존재한다고 믿는다.

실재론, 유명론

우리가 말하고 생각하는 대상들은 여러 방식으로 분류될 수 있다. 우리는 사물들을 색으로 분류한다. 그래서 우리는 빨간 것들, 노란 것들, 파란 것들을 가진다. 우리는 사물들을 모양으로 분류한다. 그래서 우리는 세모난 것들, 둥근 것들, 네모난 것들을 가진다. 우리는 사물들을 종으로 분류한다. 그래서 우리는 코끼리들, 참나무들, 짚신벌레들을 가진다. 이러한 사례들 각각에 작동하고 있는 분류 방식은 우리가 세계를 경험할 때 본질적인 요소를 이룬다. 우리가 말하고 생각하는 것들 중에서, 그리고 우리가 경험으로 간주하는 것들 중에서 이러한 종류의 분류화groupings를 포함하지 않는 것은 만약 있다 하더라도 극히 적다. 많은 사람들이 이렇게 주장할 수도 있다. 대상들을 분류하는 이러한 방식들 중 일부는 우리의 관심, 목적, 가치 등을 반영한다고. 그러나 사물들을 분류하는 방식들 대부분은 대상들 자체에 의해 고정됨을 우리가 부정할 수는 없을 것이다.[1] 우리가 자의적으로 어떤 사물들을 세모났다고, 둥글다고, 네모났다고 하는 것이 아니다. 그것들은 세모났고, 둥글고, 네모난 것이다. 마찬가지로 코끼리들, 참나무들, 짚신벌레들이 존재하는 것은 단지 인간의 생각, 언어 등의 결과물인 것이 아니다. 그것들은 그러한 방식으로 존재하며, 우리의 언어나 생각은 그것들에 대한 이미 주어진 사실들을 반영하는 것이다.

그래서 사물들 사이에는 객관적인 유사성들이 있다. 우리가 행하는 분류 이전에, 이 세계 내의 대상들은 그 특징들에 있어, 그들이 갖는 여러 측면 features에 있어, 그리고 속성에 있어 일치를 보이는 것이다. 이것은 어떤 형이상학적 이론으로부터 나온 주장이 아니다. 그와 반대로 이것은 상식 차원의 자명한 이치로서, 오히려 상당히 의미 있는 철학적 이론화를 추동한 것이다. 실제로 형이상학 그 자체의 기원으로까지 소급되는 문제 중 하나는 사물들이 속성 면에서 일치한다는 이러한 상식 차원의 자명한 이치에 대한 일반적 설명이 있을 수 있느냐의 문제이다. 어떤 대상들이 속성 면에서 일치한다는 것이 사실이라고 가정하자. 예를 들어 이 대상들 모두는 노랗다. 이 사실보다 더 기본적이고, 또 더 근원적인 사실이 있을까? 그래서 이 대상들이 모두 노란 것은 더 기본적이고 또 근원적인 사실이 대상들에 적용되었기 때문이라고 할 수 있을까? 다시 말해 아주 일반적인 유형의 사실 혹은 아주 일반적인 형태의 사실이 있어서, 속성 일치가 일어나는 경우마다 이러한 속성 일치가 일어나는 이유는 위와 같은 아주 일반적인 형태의 사실 때문이라고 할 수 있을까?

이러한 질문에 대한 긍정적인 대답이 플라톤의 『파르메니데스편 Parmenides』에서 제시되었다. 거기서 우리는 다음과 같은 문구를 만난다. "어떤 형상들Forms이 존재한다. 다른 사물들은 이 형상에 참여한다partake. 그렇게 함으로써 사물들은 형상들의 이름을 따라 불리게 된다. 닮음 자체

Likeness, 큰 자체Largeness, 아름다움 자체Beauty 혹은 정의 자체Justice에 참여함으로써, 사물들은 닮게 되고 크게 되고 아름다워지고 정의로워지는 것이다."[2] 여기서 제시되고 있는 것은 일반적인 설명 틀로서, 이 설명 틀은 속성 일치를 설명하고 있다. 이 설명 틀이 우리에게 말해 주는 것은 다음과 같은 것이다. a부터 n까지의 대상들이 속성 면에서 일치한다고 할 경우에 어떤 사물 Φ가 있고, 또 관계 R가 있다. 그래서 각각의 a부터 n까지의 대상들은 Φ와 관계 R를 맺는다. 대상들이 모두 아름답다든지 모두 정의롭다든지 하는 것은, 즉 a부터 n까지의 대상들이 속성 면에서 일치를 보인다는 것은 이러한 대상들이 Φ와 관계 R를 맺고 있기 때문이다. 플라톤 이래로 많은 철학자들은 이러한 설명 틀이 매력적임을 발견했다.[3] 그들이 언제나 플라톤적인 언어를 사용하는 것은 아니다. 플라톤은 사물들이 형상에 참여한다고 말하는 반면, 다른 철학자들은 사물들이 속성 혹은 성질들을 예시한다instantiate, 드러낸다exhibit, 혹은 예화한다exemplify고 말한다. 그럼에도 제기되는 설명 방식은 정확히 플라톤의 그것이다. 서로 다른 여러 사물은 어떤 성질 혹은 어떤 특성과 일정한 관계에 놓임으로써, 특정한 성질을 띠게 되며 또 그러한 특성을 보이게 된다. 속성 면에서 일치하는 대상들에게 **공통적인** 특성이나 성질, 혹은 속성 면에서 일치하는 대상들이 **공유하는** 특성이나 성질, 이것이 바로 속성 일치의 기반이 되는 것이다.

플라톤적 설명 틀을 선호하는 철학자들을 전통적으로 **형이상학적 실재론자**metaphysical realist 혹은 간단히 **실재론자**라고 불러왔다.[4] 많은 철학자들이 속성 일치를 설명할 때 그것을 공유되는/공통적인 엔터티로서 설명하는 실재론적 설명 방식이 매력적이라 생각해 왔다. 하지만 플라톤이 제기한 설명 방식은 비판도 받아왔다. 이러한 비판의 주역자들은 **유명론자**nominalist라고 알려져 왔다. 그들에 따르면, 플라톤적 설명 틀이 함축하고 있는 형이상학적 설명 도구는 커다란 개념적 문제점을 가지고 있다. 어떤 유명론자들은 이러한 문제점으로부터 실재론과는 완전히 다른 새로운 이론의 필요성이, 즉 속성 일치에 관한 새로운 이론적 설명이 필요해진다고 생각한다. 그리고 완전히 다른 그 이론적 설명이란, 공유되는 엔터티 혹은 공통적인 엔터티에 대한 지칭을 제거하는 설명이라고 생각한다. 또 다른 유명론자들은 이러한 문제점이 보여주는 바에 대해 다음과 같이 생각한다. 즉 속성 일치에 관한 그 어떤 이론적 설명도 필요치 않다. 다시 말해 속성 일치 현상 자체가 기본적이며 또 근원적인 사실이라서, 더 이상의 분석은 필요 없다는 것이다. 형이상학적 실재론자들과 유명론자들 사이에서 이루어지는 이 논쟁은 아마 형이상학 분과 내에서 가장 오래 지속된 논쟁일 것이다. 분명 이러한 논쟁이 관여하는 주제들은 형이상학 분과 내의 그 어떤 주제보다도 중요하다. 우리는 이러한 주제들에 관해 더 분명하게 파악할 필요가 있다. 그래서 이 책에서는 형이상학적 실재론이라는 이름이 붙는 그림의 주된 윤곽을 그리면서 논의를 시작할 것이다.

형이상학적 실재론이 취하고 있는 존재론

형이상학적 실재론자들은 다음과 같이 주장하고자 한다. 속성 일치에 관해 적절히 설명하기 위해서는 두 유형/범주에 속하는 대상들을 구별해야 한다고. 그 두 유형/범주에 속하는 대상들을 각각 개체particulars, 보편자 universal라고 부른다. 개체 범주에는 비철학자들이 "사물thing"이라고 생각하는 것들이 포함된다. 즉 우리에게 친숙한 구체적 대상들, 예를 들어 인간들, 동물들, 식물들, 비생명체로서 물체들 말이다. 실재론자들은 개체의 고유한 특성으로 다음과 같은 사실을 든다. 개체는 특정 시간에 어떤 단일한 공간을 차지한다. 반면에 보편자는 반복적 엔터티로 이해된다. 특정 시간에 수적으로 하나인 동일 보편자는 공간적으로 서로 떨어져 있는 서로 다른 여러 개체를 통해 전체적으로, 완전하게 드러난다. 혹은 실재론자들이 전형적으로 주장하듯이, 수적으로 하나인 동일 보편자는 공간적으로 서로 떨어져 있는 서로 다른 여러 개체에 의해 예화된다. 그래서 서로 다른 여러 사람은 특정 시간에 동일한 덕을 예화할 수 있다. 또 서로 다른 여러 자동차는 동일한 모양을 동시에 예화할 수 있다. 또 서로 다른 여러 집은 특정 시간에 문자 그대로 동일한 색깔 하나를 예화할 수 있다. 덕이라든지 모양이라든지 색깔이라든지 하는 이 모든 것이 보편자이다. 형이상학적 실재론자들의 주장은 이런 것이다. 우리에게 친숙한 개체들이 속성 면에서 일치를 보이는 것은 이 개체들이 한 보편자를 함께 예화하기 때문이다. 반복적이지 않은 엔터티들이 있고, 또 반복적인 엔터티들이 있다. 그리고 이 둘 사이에 특정한 관계가 있다. 대상들이 속성 면에서 일치를 보인다는 것은 바로 이와 같은 사실을 근거로 하는 것이다.

실재론자들은 전형적으로 다음과 같이 주장하려 한다. 즉 보편자의 종류는 여럿이다. 우리가 위에서 언급한 여러 경우의 속성 일치는 우리가 일항 보편자one-place universal 혹은 단항 보편자monadic universal라고 부르는 보편자들을 포함한다. 이 보편자는 개체들이 개별적으로 예화하는 보편자이거나 개체들이 각자 예화하는 보편자이다. 관계라는 보편자도 있다. 이 보편자는 서로 관계 맺고 있는 개체들 여럿에 의해 예화되는 보편자이다. 그래서 1마일 떨어져 있음이라는 보편자는 두 대상에 의해 예화된다. 한 대상이 다른 대상으로부터 1마일 떨어져 있는 것이다. 이것은 보편자이다. 주어진 시간에 여러 쌍의 대상이 이와 같은 관계에 놓일 수 있기 때문이다. 마찬가지로 ~옆에 있음도 여러 대상 사이의 관계로서, 이것은 공간적 관계이다. 한 대상이 다른 대상 옆에 있다는 것이다. 그리고 이것 역시 보편자이다. 여러 쌍의 대상이 이러한 관계에 놓임으로써 일치를 보이기 때문이다. 이와 같은 관계들은 우리가 대칭적 관계symmetrical relation라고 부르는 관계이다. 즉 주어진 한 쌍의 대상 a, b가 있는데 a가 b와 이러한 관계를 가지면, b도 a와 바로 그러한 관계를 가진다. 모든 관계가 대칭적 관계인 것은 아니다. 한 쌍의 대상이 특정 순서를 갖고서만 서로 관계를 맺는 관계가 많이 있다. 그래서 ~의 아버지임은 비대칭적 관계asymmetrical relation이다. 어떤 사람 a가 다른 사람 b의 아버지라면, b는 a의 아버지가 아닌 것이다. 논리학자들이 말하듯이, 이러한 관계를 드러내는 것은 순서쌍 〈a, b〉이다(a와 b는 오직 이러한 순서로만 관계를 맺는다.). 지금까지 우리가 고찰한 관계 세 가지는 모두 2항 관계이다. 그러나 분명 3항 관계, 4항 관계, 그리고 일반적으로 n항 관계도 있을 수 있다.

따라서 관계란 다항 보편자polyadic/many-place universal이다. 반면 색이나 덕, 모양은 모두 1항 보편자이다. 이것들은 대상들 각각에 의해 개체적으로만 예화된다. 이제 많은 실재론자들은 모든 단항 보편자를 '속성property'이라는 이름하에 묶는다. 반면 어떤 실재론자들(특별히 아리스토텔레스 전통에서 영향을 받은 실재론자들)은 이보다 한 단계 더 나아간 구분을 시도한다. 그들은 속성과 종kind을 구분하고자 한다. 종이란 다양한 생물학적 종species과 류genera를 일컫는다.[5] 대상은 속성을 소유함possessing으로써 그 속성을 예화한다. 반면 대상은 종에 속함 belonging to으로써 그 종을 예화한다. 이러한 구분을 행하는 철학자들은 다음과 같이 말한다. 종은 그 종을 예화하는 개체들을 그 정체성의 수준에서 구성한다. 반면 속성들은 이처럼 이미 정체성이 규정된 개체들을 단지 꾸미거나 특징지을 뿐이다. 그래서 이런 부류의 실재론자들은 다음과 같이 주장한다. 즉 종은 개체화하는 보편자individuative universal이다. 여기서 이들이 주장하는 것은 이런 것이다. 종은 그 종에 속하는 원소들을 구성하는데, 이 원소들을 개체로서, 즉 같은 종에 속하는 다른 개체들과도 구별되며, 또 다른 종에 속하는 다른 개체들과도 구별되는 개체로서 구성한다. 그래서 인간이라는 종에 속하는 모든 것은 구별된 한 개체로서 특징지어진다. 하나로 셀 수 있게 구별된 인간, 그래서 다른 인간들과도 분리되어 있고, 또 다른 종에 속하는 것들과도 분리되어 있는 구별된 한 개체로서 말이다.

그래서 서로 다른 여러 유형의 보편자들이 속성 일치에 관여한다. 여러 개체는 한 종에 속함으로써 일치를 보일 수 있다. 여러 개체는 한 속성을 소유함으로써 일치를 보일 수 있다. 그리고 두 개체의 쌍, 세 개체의 쌍, 그리고 일반적으로 n개의 개체의 쌍은 한 관계에 들어섬으로써 일치를 보일 수 있다. 실재론자들은 다음과 같이 주장하기를 원한다. 즉 이러한 속성의 일치는 정도의 차를 허용한다고. 개와 고양이는 종kind이 일치한다. 이것들은 둘 다 포유류인 것이다. 그러나 이들이 종이 일치함은 개 두 마리가 종이 일치하는 것보다는 덜하다. 실재론자들에 따르면, 일치를 보이는 것에서 이처럼 정도의 차가 나는 것은 다음과 같은 사실 때문이다. 즉 개체들이 예화하는 보편자들은 다양한 수준의 일반성을 가진다. 공유되는 보편자가 더 특수하고 더 규정적일수록 속성의 일치는 더 긴밀하다. 그렇다면 보편자는 일반성 면에서의 위계를 갖는 것이다. 한번 생각해 본다면, 이러한 위계는 완전히 규정된 보편자에서 끝을 맺을 것이다. 즉 자기 다음에 더 특수한/더 규정된 보편자가 오지 않는 보편자에서 말이다. 그래서 완전히 규정된 이 보편자를 함께 예화하는 개체들은 색에서, 모양에서, 종에서, 공간적 관계에서, 그리고 그밖의 모든 것에서 정확히 일치할 것이다.

개체들은 일반성의 정도가 다양한 여러 종류의 보편자를 예화한다. 그런데 실재론자들은 다음과 같이 주장하길 원한다. 개체들 사이의 속성 일치를 설명해 주는 보편자들 역시 속성의 일치를 보일 수 있다. 자신들보다 상위의 보편자들을 예화할 때 말이다. 그래서 빨강이라는 속성, 노랑이라는 속성, 파랑이라는 속성은 그 톤과 색조 면에서 다양한 속성을 갖지만, 그것들은 모두 색이라는 종에 속한다. 또한 이것들은 더 밝은이라는 관계, 더 어두운이라는 관계에 놓인다. 그리고 당연한 일이겠지만 이러한 색들이 예화하는 보편자들은 더 규정될 수도, 덜 규정될 수도 있다. 그래서 이러한 규정성의 차이에 의해, 예를 들어 왜 빨강이 파랑보다 더 오렌지색에 가까운지가 설명되는 것이다.

그래서 우리에게 친숙한 대상들이 한 보편자를 함께 예화하기 때문에 그것들이 속성 면에서 일치한다는 애초의 착상은 꽤 복잡한 그림 하나를 제시한다. 개체들과 개체들의 여러 쌍은 여러 종류의 보편자들을 예화한다. 속성, 종, 관계들 말이다. 그리고 이러한 보편자들은 더 상위의 속성들을 소유하고, 더 상위의 종에 속하고, 또 더 상위의 관계에 놓인다. 그리고 더 상위의 이러한 속성들, 종들, 관계들도 마찬가지로 자신들보다 더 상위의 보편자들을 예화한다. 이러한 과정은 끝없이 계속되는 것으로 보인다. 그리고 그림에 등장하는 끝없어 보이는 이러한 보편자들의 계열은 그 일반성 면에서 복잡한 위계에 놓인다. 다양한 수준의 일반성을 갖는 복잡한 유형의 속성 일치를 포함해서 말이다. 이렇게 볼 때, 상식의 단순한 확장에서 출발한 것이 결국에는 전격적인 형이상학 이론으로 꽃을 피우게 된다는 것을 알 수 있다. 존재론 중 하나로서, 사실 상식과는 거리가 먼 형이상학 이론 말이다.

어떤 이들은 이 이론의 복잡성 때문에 주저할 수도 있을 것이다. 그러나 실재론자들은, 그 구조의 복잡성은 이론적인 이점을 가진다고 주장하길 원한다. 이러한 구조는 매우 유익한 이론을 그려내는데, 이 이론은 매우 넓은 범위의 여러 현상을 설명할 수 있는 도구를 갖추고 있다. 실재론자들이 설명할 수 있다고 하는 현상들은 다양하고도 많다. 하지만 우리는 두 가지만 고찰해 볼 것이다. 둘 다 의미론적인 주제와 관련되어 있고, 또 둘 다 형이상학적 실재론의 역사에서 중요한 역할을 수행한 현상들이다. 첫 번째 것은 주-술 문장subject-predicate discourse에 관한 것이다. 두 번째 것은 추상물 지칭abstract reference에 관한 것이다. 실재론자들에 따르면, 이 두 현상은 여러 철학적 물음을 제기한다. 그리고 형이상학적 실재론과 연계된 이론적 도구는 이러한 물음에 대한 직접적이고도 만족할 만한 답을 제공한다.

실재론과 술어화

주-술 문장은 모든 담화 형식 중 가장 기본적인 것이다. 다음과 같은 문장들이 이 담화 형식의 예들이다.

(1) 소크라테스는 용감하다.

. Socrates is courageous.

(2) 플라톤은 인간이다.

Plato is a human being.

(3) 소크라테스는 플라톤의 스승이다.

Socrates is the teacher of Plato.

이러한 문장을 사용할 때 우리는 한 개체를 집어내거나pick out 한 개체를 지칭하며refer, 그런 다음에 이 개체에 대해 어떤 것을 말한다. 다시 말해 그 개체를 어떤 방식으로 특징짓거나 묘사한다. 혹은 그 개체가 어떤 종류인지를 지적한다. 혹은 그 개체를 다른 개체와 관련짓는다. 예를 들어 문장 (1)을 사용해 우리는 소크라테스를 지칭하고, 그런 다음 소크라테스에 대해 그가 용감하다고 말한다. 문장 (1)을 이렇게 규정하는 것은 다음과 같은 사실을 암시한다고 생각될 수도 있다. 즉 문장 (1) 안에서 대상을 집어내는 역할, 혹은 그 대상에 대한 지칭 역할을 수행하는 것은 오직 주어 '소크라테스' 뿐이다. 그러나 실재론자들은 이러한 설명이 불완전하다고 생각한다. 이들은 다음과 같이 주장한다. 문장 (1)을 충분히 분석하면, 우리는 술어 '용감한courageous' 역시 강한 지칭적 힘을 가짐을 알게 된다.[6]

문장 (1)이 참이라고 가정하자. 분명 이 문장이 참임은 두 가지 것에 의존한다. 첫째는 문장 (1)이 말하는 바이다. 그리고 둘째는 이 세계의 존재 방식이다. 이 두 가지 모두 구조의 문제이다. 문장 (1)이 말하는 바에서 관건은 다음과 같은 것이다. 즉 용어들이 문장의 구성 요소로서 들어가는 문제, 그리고 그 용어들이 놓이는 순서의 문제. 한편 이 세계의 존재 방식에 관한 것은 비언어적 구조에 관한 문제이다. 이것은 이 세계 내의 사물들이 어떠한 방식으로 존재하는가, 그리고 그 사물들이 서로 어떻게 연계되어 있는가 하는 문제이다. 따라서 문장 (1)이 참인 경우, 그것이 참임은 언어적 구조와 비언어적 구조 모두를 전제하고 있다. 그리고 실재론자들은 다음과 같이 설명한다. 문장 (1)이 참인 것은 이 두 구조 사이에 대응이 있기 때문이다. 문장 (1)이 참인 것은 문장 (1)의 언어적 구조가 세계의 어떤 측면의 비언어적 구조와 대응하기 때문이다. 혹은 문장 (1)이 참인 것은 문장 (1)의 언어적 구조가 세계의 어떤 측면의 비언어적 구조를 반영하기 때문이다.[7] 만약 우리가 이러한 대응을 가진다면, 고유 명사 '소크라테스'와 연계되어 있는 어떤 것이 있어야 함은 분명하다. 그러나 실재론자들은 다음과 같이 주장한다. 문장 (1)이 참이려면, '용감한' 역시 어떤 비언어적 대상과 연계되어야 한다. 문장 (1) 안에서의 '용감한'은 단순히 형식적인 역할만을 하는 것이 아니다. 다시 말해 '용감한'은 세계 내의 대상들과 그 어떤 관계도 맺지 않는 종류의 용어(이러한 종류의 용어로서 연결사 '혹은or', '만약if' 혹은 정관사나 부정관사 같은 것들을 들 수 있다.)가 아니다. 문장 (1) 안에서 '용감한'이 하는 역할은, 한 대상을 지칭하거나 골라냄으로써 이 세계와 접촉하는 것이다. 따라서 문장 (1)이 참이라면, 그 문장의 주어뿐만 아니라 술어도 지칭체를 가져야만 하며, 또 주어와 술어의 지칭체들은 문장 (1)이 말해 주는 방식대로 연결되어 있어야 한다. 그렇다고 한다면, 문장 (1) 안의 '용감한'은 어떤 엔터티를 집어내는 것이다. 그리고 그 엔터티와 연결되기 때문에 '소크라테스'의 지칭체[인간 소크라테스]는 문장 (1)이 말하는 바와 같은 존재 방식을 갖는 것이다. 즉 '소크라테스'의 지칭체는 용감한 것이다.

이 지점에서 형이상학적 실재론자들은 다음과 같은 점을 지적한다. 즉 '용감한'은 일반 용어general term이다. 이 용어는 소크라테스 외의 다른 개체들에게도 적용될 수 있다. 따라서 이 용어는 문장 (1) 말고도 다른 참인 주-술 문장들 안에서 술어로 등장할 수 있다. 예를 들어보자. 문장 (1) 말고 다음과 같은 문장도 참이라고 가정하자.

(4) 플라톤은 용감하다.

Plato is courageous.

문장 (1)에 적용된 논증이 여기에도 마찬가지로 적용된다. '용감한'은 문장 (1)에서처럼 문장 (4)에서도 지칭 역할을 수행한다. 그런데 '용감한'이라는 이 용어들의 두 지칭체 사이에는 어떤 관계가 있는가? 우리는 문장 (4)에서 플라톤에게 '용감한'이라는 술어를 붙여 플라톤에 대해 어떤 것을 말한다. 그리고 우리는 문장 (1)에서 소크라테스에게 '용감한'이라는 술어를 붙여 소크라테스에 대해 어떤 것을 말한다. 그런데 우리가 이러한 술어를 붙여 소크라테스와 플라톤에 대해 말하고자 하는 바로 그것은 정확히 일치한다. 그리고 실재론자들에 따르면 이러한 사실은 다음과 같은 점을 함축한다. 즉 문장 (1)과 문장 (4) 내에서의 '용감한'이 그 어떤 지칭체를 갖든 간에, 그것은 이 두 경우 모두에서 동일한 지칭체를 가진다. 그래서 실재론자들은 다음과 같은 결론을 낸다. 즉 문장 (1)과 (4) 안의 '용감한'들은 단일한 엔터티를 가리키는데, 그 엔터티는 소크라테스와 플라톤 모두와 연계되어 이 두 사람 모두를 용감하다고 간주할 수 있게 해주는 엔터티이다.

'용감한'이 술어 역할을 하는 그 외의 참인 주-술 문장들에도 이러한 논증은 적용된다. 이러한 모든 문장들에서 '용감한'은 지칭적 힘을 가진다. 달리 말해, '용감한'이라는 용어는 한 대상을 가리킨다. 그리고 이 모든 문장에서 이 용어는 단일한 의미로 사용되므로, 이 모든 문장에서 단일한 지칭체를 가진다. 이 모든 문장 안에서 이 용어는 단일한 엔터티를 지칭하는데, 이 엔터티와 문장 내 주어의 지칭체 사이의 특정 관계에 의해 그 문장들은 참이 되는 것이다. 그런데 (1)과 (4) 같은 문장들의 진리 조건을 이야기하기 위해 어떠한 형이상학적 도구가 필요한가? 실재론자들에 따르면, 실재론의 설명에서 핵심을 이루는 존재론적 개념 틀이 진리 조건에 대한 재료를 제공한다. 반복적 엔터티 혹은 보편자가 있다고 가정하자. 그리고 이러한 보편자를 개체와 연계하는 예화라는 관계가 있다고 가정하자. 이렇게 가정하면, (1)이나 (4) 같은 문장들의 진리 조건에 대한 설명은 매우 부드럽게 이루어진다. 문장 (1)과 (4)가 참인 이유는 술어 '용감한'이 어떤 보편자(용기라는 보편자)를 지칭하고, 또 플라톤과 소크라테스가 이 보편자를 예화하기 때문인 것이다.

실재론자들은 우리가 문장 (1)과 (4)에 대해 이야기한 내용을 확장해, 이것이 주-술 문장 일반에 대한 설명이 되게 하고자 한다. 술어는 보편자를 지칭한다. 주어의 지칭체는 어떤 보편자(즉 술어의 지칭체)를 예화한다. 이러한 경우, 한 주-술 문장은 참이 되는 것이다. 실재론자들은 전형적으로 다음과 같이 주장한다. 술어의 지칭체가 될 수 있는 보편자의 종류는 여럿이다. 문장 (1)과 같은 주-술 문장들 내의 술어, 즉 한 대상을 특징짓거나 혹은 그 대상이 어떠하다고 말하는 주-술 문장들 내의 술어는 속성을 자신의 지칭체로 가진다. 다음과 같은 또 다른 종류의 주-술 문장이 있다.

(2) 플라톤은 인간이다.

Plato is a human being.

이러한 문장은 우리로 하여금 한 사물이 무엇인지 혹은 그 사물이 어떤 종

류의 것인지를 규정할 수 있게 해준다. 마지막으로 다음과 같은 종류의 주-
술 문장이 있다.

 (3) 소크라테스는 플라톤의 스승이다.
  Socrates is the teacher of Plato.

 이러한 문장은 우리로 하여금 서로 다른 여러 대상이 서로 어떤 관계를 맺
고 있는지를 말할 수 있게 해준다. 이 문장의 술어는 관계를 지칭한다.
 그러나 이러한 분석이 완전해지기 위해서는 필요한 것이 있다. 즉 우리는
술어를 속성/종/관계와 연계시키는 지칭 관계를 설명할 필요가 있다. 지칭
관계에 관한 우리의 전형적 도식은 지칭을 다음과 같이 이해하도록 요구한
다. 즉 지칭이란 한 이름과 그 이름의 보유자 사이의 관계이다. 즉 지칭이란
'소크라테스'라는 이름을 인간 소크라테스와 연계시키는 관계이다. 그리고
어떤 실재론자들은 바로 이러한 관계에 의해 술어가 보편자와 연계된다고
주장하기를 원한다.[8] 그들이 제시하는 전형적인 예는 다음과 같은 문장이다.

 (5) 이것은 빨갛다.
  This is red.

 여기서 우리는 어떤 개체를 색으로써 특징짓는다. 실재론자들에 따르면,
문장 (5)는 '…는 …이다is'라는 계사에 의해 서로 연결되는 두 이름을 포함한
다. '이것this'은 어떤 개체의 이름이다. '빨강red'은 어떤 보편자의 이름이
다. 그리고 계사는 이들 사이의 예화 관계를 표현한다. '이것'이라는 이름을
가진 개체와 '빨강'이라는 이름을 가진 보편자 사이의 예화 관계 말이다. 이
렇게 볼 때 다음과 같은 생각, 즉 주-술 문장이 참임은 언어적 구조와 비언

어적 구조 사이의 대응을 전제로 한다는 생각은 이제 매우 강력한 그림 하나를 얻게 된다. 왜냐하면 우리는 일대일 대응을 갖기 때문이다. 다시 말해 문장 (5)를 구성하는 언어적 표현들과, 문장 (5)를 참이 되도록 만들어주는 비언어적 항목들 사이의 일대일 대응 말이다. 술어가 보편자의 이름이라는 주장은 문장 (5)의 경우에서는 잘 맞아 떨어지는 것처럼 보인다. 그러나 다른 주−술 문장을 고찰해 보면, 우리는 이러한 분석이 일반화되기 쉽지 않음을 발견하게 된다. 다시 한번 다음 문장을 살펴보자.

 (1) 소크라테스는 용감하다.

   Socrates is courageous.

이 문장의 술어가 이름이라고 하기는 어렵다. 어떤 용어가 어떤 엔터티의 이름이라면, 그 용어는 주−술 문장에서 주어 역할을 할 수 있어야 한다. 주어 역할을 수행함으로써 그 용어는 그 용어 자체를 자신의 이름으로 갖는 바로 그 항목을 지칭하는 것이다. 그러나 '용감한'은 이 테스트를 통과하지 못한다. 문법적으로 볼 때 이 용어는 주어 자리를 차지할 수 없다. 실재론자들이 술어 '용감한'과 연계하고자 하는 보편자가 어떤 이름을 가진다면, 그 이름은 '용감한'이 아니라 '용감함'일 것이다. 그러나 '용감한'이 주어 역할을 하지 못하는 것처럼, '용감함'은 술어 역할을 하지 못한다. '용감한'의 경우가 예외적으로 특별한 경우는 아니다. 다음 문장들을 보자.

 (6) 이 동전은 둥글다.

   This coin is circular.

 (7) 플라톤은 현명하다.

   Plato is wise.

(8) 알키비아데스는 지쳤다.

Alcibiades is exhausted.

이 모든 경우에서 술어가 보편자의 이름이라고 하기는 어렵다. 보편자의 이름으로 생각될 수 있는 용어들이 각 경우에 있기는 하다('둥긂', '현명함', '지침'). 문장 (1), (6), (7), (8) 내의 술어들이 보편자의 이름이라는 기능을 할 수 없다는 사실은 문장 (5)의 '빨강' 역시 그러한 역할을 수행하지 못한다는 것을 암시한다. 그리고 실제로 이것은 그러한 역할을 하지 못한다. '빨강'은 그 밖의 색깔 단어와 마찬가지로 모호함을 가진다. 이것은 명사 기능을 할 수 있다('빨강은 색이다Red is a color'의 경우에서). 그리고 이렇게 사용될 경우 이것은 어떤 색깔의 이름으로 간주될 수 있다. 그러나 이것은 형용사 기능도 한다('빨간 집red house'이나 '빨간 피부red complexion'의 경우에서). 그리고 이렇게 사용될 경우 이것은 그 어떤 것의 이름도 아니다. 문장 (5)의 경우에 이 용어는 형용사적으로 사용되고 있다. 그래서 문장 (1)의 '용감한'이 그 어떤 것의 이름도 아닌 것처럼 이 용어 역시 그 어떤 것의 이름도 아닌 것이다.

우리는 술어를 이름으로 간주고자 할 때 나타나는 문법적인 어려움에 초점을 맞추었다. 그러나 이러한 어려움은 의미론적인 뿌리를 지니고 있다. 이름은 단항 용어singular term이다. 이름은 오로지 그 이름의 보유자만을 가리킨다. 반면 술어는 일반 용어general term이다. 그래서 술어는 자신이 술어가 되는 여러 대상들 각각과 지칭적 관계에 놓이는 것이다. 의미론자들의 특수 용어로 보자면, 이러한 술어들은 대상들에 대해 참이 되며, 혹은 대상들에 의해 만족된다. 여기서 이제, 만약 술어들이 보편자의 이름이라는 기능을 할 수 없다면, 이것들이 보편자와 관계할 수 있는 또 다른 종류의 지칭적 관계가 혹 있을 수 있지 않을까? 많은 실재론자들은 그러한 지칭적 관계가 있다고 주장한다. 그들에 따르면, 술어는 대상들에 대해 참이 되거나 대상들에 의해 만족되는데, 여기에 더해서 술어는 보편자를 **표현하거나**express 보편자를 의미한다connote.[9] 그래서 '용감한'이라는 술어는 만족이라는 관계를 통해 용감한 모든 개체와 지칭적으로 연계되는데, 여기에 더해서 이 술어는 이 모든 개체가 공통적으로 갖는 바로 그 보편자를 표현하거나 의미하는 것이다. 즉 용감함이라는 보편자 말이다. 마찬가지로 '둥근'이라는 술어는 둥근 모든 개체에 의해 만족되는데, 실재론자들에 따르면 이 용어는 둥근 모든 개체가 공유하는 보편자를 표현/의미한다는 더욱 근원적인 의미론적 관계를 갖는 것이다. 공유되는 보편자, 즉 둥긂이라는 보편자와 말이다.

술어가 보편자를 표현한다는 주장을 좀 더 분명히 하기 위해 실재론자들은 다음과 같이 주장한다. 술어를 한 대상에 적용하는 것은 그 대상을 어떤 집합의 한 원소로 규정하는 것 이상의 일을 하는 것이다. 술어를 한 대상에 적용하는 것은 이미 보편자를 규정하는 일이기도 하다는 것이다. 즉 그 보편자를 예화함으로 인해 대상들이 어떤 특정 집합에 속할 수 있게 되는 바로 그 보편자 말이다. 그래서 우리가 어떤 대상이 둥글다고 말할 때, 우리가 말하는 것은 그 대상이 어떤 특정 집합에 속한다는 것 이상이다. 우리는 그 집합의 모든 원소가 공유하는 바로 그 보편자를 지적하면서, 우리가 말하는 대상이 그 보편자를 드러내고 있다고 말하는 것이다. 실재론자들은 다음과 같이 주장한다. 우리가 술어를 사용할 때 술어를 그렇게 사용하는 것은 그 술어가 참이 되는 사물들을 확인하는 것 이상의 일이다. 다음과 같은 사실을 통해 이를 보일 수 있다. (1)에서 (8)까지의 주−술 문장들은 새롭게 번역될 수 있는데, 그 번역문은 보편자에 대한 지칭을 좀 더 분명하게 드러낸다. 예를 들어 문장 (1)은 다음과 같이 번역된다.

(1′) 소크라테스는 덕을 예화한다.

Socrates exemplifies courage.

문장 (6)은 다음과 같이 번역된다.

(6′) 이 동전은 둥긂을 예화한다.
This coin exemplifies circularity.

이 두 경우 모두에서 원래의 주-술 문장은 새로운 문장으로 번역된다. 새로운 문장 안에는 단항 용어가 하나 등장하는데, 이 단항 용어는 실재론자들이 술어의 지칭체로 간주하는 보편자와 이름 관계naming relation를 맺는다. 이제 실재론자들은 다음과 같이 주장한다. 즉 이러한 번역의 가능성은 일반적이다. 그래서 'a는 F이다a is F.'라는 형식의 어떤 주-술 문장도 'a는 F-ness를 예화한다a exemplifies F-ness.'라는 형식의 문장으로 번역될 수 있다. 이러한 번역이 항상 가능하다면, 다음과 같은 결론이 나온다. 한 대상에 일반 용어 'F'를 붙여 술어화한다는 것은 그 대상이 보편자 F-ness를 예화한다고 말하는 것이다. 이것이 함축하는 바는 다음과 같다. 술어들이 보편자의 이름이 되지는 않지만, 그럼에도 주-술 문장의 맥락에서 그러한 술어들을 사용하는 것은 보편자를 담론 안에 끌어들이는 힘을 가지며, 또 보편자를 언급하거나 보편자를 지칭하는 힘을 갖는 것이다. 따라서 여기에는 지칭 관계가 있는 것이다. 좀 약하고 간접적이기는 하지만, 이름 관계를 근거로 하고 있는 지칭 관계 말이다. 이러한 관계를 실재론자들은 표현 관계expression 혹은 의미 관계connotation라고 부른다. 그리고 여기서 다시 한번 실재론자들은 다음과 같이 주장한다. 술어들은 여러 종류의 보편자를 표현하거나 의미한다. (1)과 같은 문장의 술어는 속성을 표현하거나 의미한다. 그래서 문장 (1)을 발화할 때 우리가 말하고자 하는 것은 다음과 같은 것이다. 어떤 대상이 어떤 속성을 소유하거나 가짐으로써 그 속성을 예화한다는 것. (2)와 같은 문장의 술어는 종을 표현한다. 그래서 문장 (2)를 발화할 때 우리가 말하고자 하는 것은 다음과 같은 것이다. 어떤 대상이 어떤 종에 속함으로써 그 종을 예화한다는 것. 마지막으로 (3)과 같은 문장의 술어는 2항 관계를 표현한다. 그래서 문장 (3)을 사용해 우리가 말하고자 하는 것은 다음과 같은 것이다. 한 쌍의 대상이 어떤 2항 관계에 놓임으로써 그 관계를 예화한다는 것.

그래서 술어들은 속성, 종, 관계들을 표현하거나 의미한다. 우리가 참인 주-술 문장을 가진 경우, 문장 주어의 지칭체는 술어에 의해 표현되는 보편자를 예화하는 것이다. 실재론자들은 이것이 바로 우리가 원하는 설명이라고 주장한다. 이것은 어떻게 주-술 문장이 세계와 대응하는지 설명한다. 그리고 이러한 설명은 자연스러운 방식으로, 또 직관적으로 만족스러운 방식으로 이루어진다. 실재론자들에 따르면, 이러한 설명이 그렇게 자연스러운 이유는 속성 일치에 관한 실재론자들의 해석과 이 설명이 연결되기 때문이다. 일반 용어는 술어 역할을 한다. 그리고 어떠한 경우든, 일반 용어는 속성 일치를 특징짓는다. 일반 용어가 참이 되는 모든 대상은 속성에서 일치를 보이는 것이다. 혹은 일반 용어가 참이 되는 모든 대상은 어떤 방식으로든 서로 닮은 것이다. 여기서 속성이 일치하는 모든 대상은 모두 한 보편자를 예화하고 있는 것이다. 그리고 주어진 속성 일치를 특징짓는 일반 용어는 그러한 속성 일치의 기반이 되는 바로 그 보편자를 표현하거나 의미하는 것이다. 여기서 우리는 속성 일치에 대한 우리의 설명과 하나씩 하나씩 맞아 떨어지는 술어화에 대한 설명을 갖게 된다. 그리고 이 두 설명은 우리가 주-술 문장의 참에 대한 만족스러운 설명을 제시하기 위해서는 꼭 필요한 방식으로 서로 맞물려 있다. 술어의 지칭체는 보편자이다. 만약 주어의 지칭체가 술어가 이야기해 주는 바의 속성 일치를 경험한다면, 그 주어의 지칭체는 술어의 지칭체가 되는 바로 그 보편자를 예화하고 있는 것이다.

실재론과 추상물 지칭

실재론자들은 다음과 같이 주장하길 원한다. 보편자 존재론은 우리로 하여금 술어화 이상의 것을 설명할 수 있게 해준다고. 그들에 따르면, 자신들의 형이상학적 이론은 추상물 지칭 현상phenomenon of abstract reference에 대한 직관적으로 만족할 만한 설명을 제공할 수 있다.[10] 이러한 현상은 추상 단칭 용어abstract singular term가 사용될 때 가장 잘 드러난다. 추상 단칭 용어의 예로는 다음과 같은 언어적 표현들이 있다. '세모남triangularity', '현명함 wisdom', '인간mankind', '용감함courage'. 이들 모두 단칭 용어들이다. 즉 이것들은 주어 역할을 할 수 있다. 그리고 이것들은 술어 역할을 할 수 있는 용어들, 즉 일반 용어들과 짝을 이루는 경향이 있다. 그래서 우리는 다음과 같은 용어들의 짝을 가진다. '세모남triangularity' / '세모난triangle', '현명함 wisdom' / '현명한wise', '인간mankind' / '인간인man', '용감함courage' / '용감한courageous', '빨강red'(명사적 용법) / '빨간red'(형용사적 용법). 이제 직관적으로 볼 때, 각각 쌍을 이루는 이 용어들은 매우 분명한 방식으로 서로 연결된 것처럼 보인다. 일반 용어는 어떤 속성이나 종을 예화하는 모든 대상에 대해 참이 되는, 혹은 그러한 속성이나 종을 예화하는 모든 대상에 의해 만족되는 언어적 표현이며, 추상 단칭 용어는 그러한 속성이나 종[즉 보편자]을 가리키는 장치이다. 실재론자들은 다음과 같이 주장한다. 이러한 직관적 설명은 옳은 것이며, 만약 우리가 이러한 추상 단칭 용어를 보편자에 대한 지칭 장치로 간주하지 않는다면, 우리는 추상 단칭 용어가 포함된 문장들에 대해 만족할 만한 설명을 제공할 수 없다. 다음과 같은 문장들이 그 예이다.

(9) 용기는 덕이다.

　　Courage is a moral virtue.

(10) 삼각형은 하나의 모양이다.

Triangularity is a shape.

(11) 힐러리는 파랑보다 빨강을 좋아한다.

Hilary prefers red to blue.

(12) 인간은 하나의 종이다.

Mankind is a kind.

(13) 지혜는 철학적 삶의 목표이다.

Wisdom is the goal of the philosophic life.

그리고 우리가 술어의 지칭적 힘에 대해 설명할 때 언급한 다음과 같은 문장들이 있다.

(1´) 소크라테스는 덕을 예화한다.

Socrates exemplifies courage.

(6´) 이 동전은 둥긂을 예화한다.

This coin exemplifies circularity.

실재론자들은 이러한 문장들이 참임을 지적하면서, 오직 형이상학적 실재론만이 이러한 문장들이 어떻게 참이 될 수 있는지를 설명할 수단을 가진다고 주장한다. 실재론자들에 따르면, 만약 이러한 문장들이 말하는 바가 무엇인지를 설명하고자 한다면 우리는 다음과 같은 주장을 받아들여야 한다. 즉 추상 단칭 용어는 위의 직관적인 설명이 우리에게 말해 주는 방식대로 기능을 하는 것이다. 즉 추상 단칭 용어는 지칭 역할을 수행하는 것이다. 다시 말해 추상 단칭 용어는 보편자의 이름이라는 기능을 한다. 그런데 만약 추상 단칭 용어가 이런 역할을 수행한다면, 추상 단칭 용어를 포함하는 문장은 오직 다음과 같은 조건에서만 참일 수 있다. 즉 추상 단칭 용어를 자신의 이름으로 삼는 보편자가 현실적으로actually 존재할 때에만. 따라서 보편자 존재론을 선호하는 철학자들만이 추상 단칭 용어를 포함하는 문장의 참을 설명할 수 있는 것이다.

　문장 (9)를 살펴보자. 문장 (9) 안에서 우리는 어떤 속성을 언급한다. 모든 용감한 개체에 의해 예화되는 속성 말이다. 그런 다음 우리는 그 속성이 어떤 종류인지를 말한다. 즉 우리는 그 속성이 일종의 덕이라고 말한다. 따라서 문장 (9)는 어떤 속성에 대한 주장이다. 즉 직관적 설명이 우리에게 말해주는 바와 같이 추상 단칭 용어 '용감함/용기courage'를 자신의 이름으로 갖는 바로 그 속성에 대한 주장. 그리고 이러한 주장은 오직 그 속성이 존재해야만 참이 될 수 있는 주장이다. 왜냐하면 용기courage라는 것이 존재하지 않는다고 한다면, 용기라는 것이 어떤 종에 속하는 것이라는 주장은 참일 수 없기 때문이다. 마찬가지로 문장 (10)에서 우리는 세모난 모든 대상에 의해 예화되는 어떤 속성을 언급한다. 그리고 우리는 그 속성이 일종의 모양이라고 말한다. 그래서 문장 (10)은 어떤 속성에 대한 주장이다. 그 속성은, 직관적 설명이 우리에게 말해주는 바와 같이, 추상 단칭 용어 '세모남/삼각형triangularity'의 지칭체이다. 그리고 문장 (10)이 참이려면, '세모남/삼각형'의 지칭체가 존재해야 한다. 만약 삼각형이 존재하지 않는다면, 그러한 삼각형이 어떤 종류/유형에 속한다는 주장이 참이 되기는 정말 어려울 것이다. 문장 (11)~(13), 그리고 (1′), (6′)에 대해서도 유사하게 설명할 수 있다. 이 모든 경우에서 우리는 추상 단칭 용어를 가진다. 그리고 이 추상 단칭 용어가 직관적 설명이 말해 주는 방식으로 기능을 하지 않는다면, 이 문장들은 그러한 추상 단칭 용어가 무슨 기능을 하는지 말해 주지 못할 것이다. 다시 말해 추상 단칭 용어가 보편자의 이름으로서 지칭 역할을 수행하지 못한다면, 이 문장들은 그러한 추상 단칭 용어가 무슨 기능을 하는지 말해 주지 못할 것이다. 따라서 추상 용어를 자신의 이름으로 갖는 보편자가 존재해야지만 이러한 문장들은 참이 될 수 있는 것이다. 이러한 종류의 문장은 이 밖에도 많이 있다. 그리고 우리가 예로 든 문장들처럼, 다른 문장들 역시 참이 되기 위해서는 보편자의 존재를 필요로 한다. 즉 직관적 설명이 우리에게 말해 주는 바와 같이, 이러한 문장들이 참이 되기 위해서는 추상 단칭 용어의 지칭체가 되는 보편자가 존재해야만 하는 것이다. 분명 이러한 문장들은 참이며, 따라서 오직 형이상학적 실재론자들, 즉 보편자의 존재를 옹호하는 철학자들만이 이러한 문장들이 어떻게 참이 될 수 있는지 말해 줄 수 있는 것이다.

그래서 실재론자들은 다음과 같이 주장한다. 오직 자신들만이 추상 단칭 용어를 포함하는 문장들이 어떻게 참이 될 수 있는지 설명할 수 있다고. 이제 이들의 주장에 따르면, 우리가 추상물 지칭이라고 부른 것은 지금까지 우리가 고려한 문장들에만 국한되는 것이 아니다. 추상 단칭 용어를 포함하고 있지 않지만, 그럼에도 속성, 종, 관계와 같은 것들에 대한 지칭을 포함하는 것으로 보이는 문장들이 있는 것이다.[11] 다음과 같은 문장이 그러한 종류의 예이다.

(14) 저 토마토와 저 소방차는 같은 색깔을 가진다.

That tomato and that fire engine have the same color.

(15) 어떤 종들은 이종(異種) 교배된다.

Some species are cross fertile.

(16) 물리 입자들을 서로 묶는, 아직까지 발견되지 않은 관계들이 있다.

There are undiscovered relations tying physical particles to each other.

(17) 그는 자기 사촌과 같은 성격을 가진다.

He has the same character traits as his cousin.

(18) 그 모양은 여러 번 예화되었다.

That shape has been exemplified many times.

위 문장들 중 그 어떤 문장도 보편자의 이름이 되는 단항 용어를 포함하지 않는다. 그러나 실재론자들에 따르면 이것들은 모두 보편자에 대한 주장이다. 즉 색에 대한 주장, 성격에 대한 주장, 사물들이 공유하는 모양에 대한 주장, 사물들이 속하는 생물학적 종에 대한 주장, 사물들이 맺는 관계에 대한 주장. 실재론자들의 주장에 따르면, 만약 각 사례에 해당하는 보편자가 현실적으로 존재하지 않는다면, 이 문장들 중 그 어떤 것도 참이 될 수 없다. 그래서 문장 (14)~(17)은 특정 조건을 만족시키는 보편자들의 존재를 직접적으로 주장하는 것이다. 그러한 조건을 만족시키는 보편자들이 존재하지 않는다면, 이 문장들 중 어느 것도 참이 될 수 없다. 한편 문장 (18)은 존재에 대한 직접적인 주장은 아니다. 그렇지만 이것이 참이 되려면 다중 예화되는 엔터티multiply exemplifiable entity가 적어도 하나는 존재해야 한다. 즉 어떤 모양 말이다. 따라서 우리는 다시 한번 다음과 같은 주장을 얻게 되었다. 즉 여러 문장이 있는데, 이러한 문장들이 참이려면, 실재론자들이 보편자라고 부르는 종류의 사물들이 존재해야만 한다. 실재론자들은 (14)~(18)과 같은 여러 문장이 참임을 지적하면서, 오직 보편자 실재론을 선호하는 철학자들만이 이러한 사실을 설명할 수 있다고 결론 내린다.

그래서 추상물 지칭 현상을 드러내는 문장들 중에는 추상 단칭 용어를 가진 문장들뿐 아니라, 추상 단칭 용어를 갖지 않은 문장들도 있는 것이다. 그러나 이 두 경우 모두에 대한 실재론자들의 주장은 동일하다. 즉 이러한 문장들이 참임을 설명하기 위해서는 형이상학적 실재론이라는 존재론을 취해야 한다. 이 주장에 대해 지적할 점이 두 가지 있다. 첫째, 추상물 지칭 현상에 대한 설명은 술어화에 대한 실재론자들의 설명과는 독립적인 주장이다. (9)~(18)과 같은 문장들에 대한 실재론자들의 주장은 술어화와 관련한 그 어떤 이론도 포함하지 않는다. 술어가 갖는 의미론적 속성이란 무엇인가? 그것은 다음과 같은 것이다. 즉 술어가 붙는 대상들에 대해 참이 된다는 것 혹은 그러한 대상들에 의해 만족된다는 것. 그러나 직관적으로 볼 때 (9)~(18) 같은 문장들은 우리에게 친숙한 구체적 개체들[구체적 대상들]에 관한 것이 아니다. 사실로 보자면, 술어화에 대한 실재론자들의 분석보다 추상물 지칭에 관한 이론이 먼저라고 보는 것이 자연스럽다. 왜냐하면 앞에서 보았듯이, 술어의 지칭체가 보편자라는 주장을 정당화하려 할 때 실재론자들은 다음과 같은 사실에 호소하고 있기 때문이다. 즉 'a는 F이다a is F.'라는 형식을 갖는 일상적인 주-술 문장들은 'a는 F-ness를 예화한다a exemplifies F-ness.'의 형식을 가진 문장들로 번역될 수 있다. 그런데 술어화 이론의 근거가 되는 이러한 번역이 호소력을 가진다면, 그것은 다음과 같은 사실 때문인 것이다. 즉 'a는 F-ness를 예화한다.'의 형식을 갖는 문장은 추상 단칭 용어를 포함하고 있으며, 그 용어를 포함하는 문장이 참임은 우리로 하여금 보편자의 존재에 개입하도록 만든다는 것.

둘째, 추상물 지칭을 포함하는 문장들에 대한 실재론자들의 주장은 추상물 지칭 장치의 역할에 관한 다른 쪽 사람들[유명론자들]의 설명들을 고려하지 않고서는 제대로 평가할 수 없다. 왜냐하면 실재론자들의 성공은 (9)~(18) 과 같은 문장들에 대한 다른 쪽 사람들의 분석들이 실패한다는 것을 전제로 하기 때문이다. 만약 이러한 문장들의 내용과 진리 조건에 대한 만족스러운 유명론적 설명이 제시된다면, 실재론자들의 다음과 같은 주장, 즉 이러한 문장들이 참임은 우리로 하여금 보편자의 존재에 개입하도록 만든다는 주장은 불필요한 주장이 되고 만다. 주-술 문장의 참에 대한 앞의 논증 역시 마찬가지이다. 술어를 보편자와 지칭적으로 연결시키지 않으면서도, 어떻게 주-술 문장이 비언어적 사실과 대응할 수 있는지를 보여주는 적절한 설명이 있다고 해보자. 그렇다면 실재론자들의 주장, 즉 주-술 문장이 참임을 설명하기 위해 우리가 보편자를 필요로 한다는 주장은 의문에 부쳐질 것이다. 따라서 이 두 설명[추상물 지칭에 대한 설명, 주-술 문장의 참에 대한 설명] 모두 유명론자들이 받아들여야만 하는 도전 중 하나로서 이해되는 것이 가장 좋을 것이다. 그래서 유명론자들은 술어화와 추상물 지칭에 관한 체계적이면서도 직관적으로 매력적인 이론들을 제시해야 하는 것이다. 다시 말해 유명론자들은 주-술 문장의 참에 대한 형이상학적 설명을 제공해야 하며 또 추상물 지칭 장치의 사용을 공통적인/공유된 엔터티들에 대한 지칭 없이 설명할 수 있어야 한다. 다음 장에서 보게 되겠지만 유명론자들은 실재론자들의 이론에 의해 자신들에게 부과된 짐을 인식하고 있으며, 또 자신들만의 설명이 가능함을 보이기 위해 많이 노력한다. 그리고 실재론자들이 술어화를 설명하기 위해 추상물 지칭을 도입했다는 사실로부터 추정할 수 있듯이, 유명론자들은 추상 단칭 용어의 역할을 설명하는 데 주로 힘을 쏟는다. 앞으로 보게 되겠지만 실재론자들의 다음과 같은 주장, 즉 (9)~(18) 같은 문장들에 대한 우리의 직관적인 이해가 보편자 존재론을 전제로 한다는 주장은 단지 시작일 뿐이다. 실재론자들은 이러한 문장들에 대한 다른 쪽 사람들의 설명들에 대응해야 한다는 것을 알게 되었다. 실재론자들은 대응할 준비가 되어 있으며, 또 추상물 지칭에 관한 유명론자들의 설명을 검토해 봤을 때, 자신들의 고유한 분석이 더 타당하더라는 확신도 갖고 있다.

실재론에 부과되는 제약들 : 예화

우리의 논의를 보면, 형이상학적 실재론자들은 단일한 철학적 입장을 옹호하는 통일된 집단을 형성하는 것처럼 보인다. 그러나 사실상 실재론자들은 여러 주제와 관련해 서로 불일치한다. 가장 중요한 불일치는 이 이론의 일반성에 관한 것이다. 실재론을 다룰 때, 우리는 다음과 같은 그림을 제안했다. 즉 실재론자들은 플라톤적 도식을 모든 경우에 적용하길 원하며, 그래서 우리가 속성 일치라고 부르는 모든 경우에 대해 각각의 구분된 보편자를 상정한다. 마찬가지로 우리는 다음과 같은 그림을 제안했다. 즉 참인 주-술 문장 내에서 술어 기능을 하는 모든 일반 용어는 구분된 한 보편자를 표현하거나 의미한다. 그리고 의미론적으로 구분된 모든 추상 용어는 각기 고유한 보편자의 이름이다. 그러나 많은 실재론자들은 이처럼 아무 제약 없는 형태의 이론을 거부한다. 그들의 주장에 따르면, 우리는 이 이론에 제약을 가해야 한다. 그래서 보편자는 사물들에 대해 말할 수 있는 방식들 중 일부의 방식하고만 대응한다. 또 보편자는 일반 용어들 중 제한된 일부에만 대응한다. 또 보편자는 추상 용어들 중 일부에만 대응한다. 이것 외에도 이 이론에 부과되는 또 다른 제약들이 다양하게 있다. 그래서 이 이론이 제약되는 다양한 방식, 그리고 그러한 제약에 대한 다양한 이유들을 살펴보면, 우리는 형이상학적 실재론이 취하는 다양한 이론 형태들을 발견할 수 있다.

다음과 같은 점을 지적하면서 시작하자. 즉 그 어떤 형태의 형이상학적 실재론도 플라톤적 도식을 완전히 무제약적으로 사용할 수 없다. 무모순적이려면 말이다. 또 그 어떤 형이상학적 실재론도 모든 술어가, 혹은 모든 추상 용어가, 서로 떨어져 구분된 각각의 보편자와 연계되어 있다고 주장할 수 없다. 모순을 피하려면 말이다. 완전히 무제약적인 형태의 형이상학적 실재론은 악명 높은 역설로 귀결된다. 술어화에 관한 실재론자들의 분석에 초점을 맞춤으로써 우리는 무제약적인 실재론이 갖는 역설의 본성이 어떠한지 밝힐 수 있다. 다음과 같이 가정해 보자. 우리가 최대한 일반적인 수준에서 실재론자들의 이러한 분석을 받아들인다고. 그러면 우리는 다음과 같이 주장할 수 있다. 즉 보편자는 참인 주-술 문장 안에서 술어 자리를 차지할 수 있는 모든 일반 용어 각각에 대응한다. 이제 다음과 같은 일반 용어를 검토해 보자. 즉 '자기 자신을 예화하지 않는다does not exemplify itself.' 분명 이 용어는 구문론적으로 볼 때 복합 용어이다. 그러나 원한다면 우리는 이 복합 술어를 대체할 단순 표현을 도입할 수 있다. 따라서 구문론적인 복합성은 중요한 사안이 아니다. 그래서 우리는 여기서 완전하게 틀 지어진 일반 용어 하나를 갖게 되었다. 즉 자기 자신을 예화하지 않는 모든 대상에 대해 참이 되거나 혹은 그것들에 의해 만족되는 일반 용어. 그리고 이 일반 용어는 참인 문장 내에서 술어 기능을 할 수 있는 용어이다. 예를 들어 이 용어는 빌 클린턴Bill Clinton, 수 2, 그리고 타지마할Taj Mahal에 대해 참이다. 이것들 중 그 어느 것도 자기 예화하지selfexemplifying 않기 때문에, 이것들 각각은 '자기 자신을 예화하지 않는'라는 술어를 만족시킨다.* 그리고 이러한 술어가 각 대상에 붙어 완성된 주−술 문장들은 모두 참이다. 반면 이 술어가 적용되지 않는 어떤 사물, 어떤 보편자들이 있다. 비물질적임이라는 속성은 아마도 자기 스스로를 예화할 것이다. 이 속성은 물질적 부분을 가지고 있지 않으며, 따라서 비물질적인 것이기 때문이다. 마찬가지로, 자기 자신과 동일함이라는 속성the property of being self identical 같은 것이 있다면, 이 속성은 자기 자신과 동일할 것이고, 또 그런 만큼 자기 자신을 예화할 것이다. 따라서 이 모든 것은 '자기 자신을 예화하지 않는'라는 술어를 만족시키지 못한다.

'자기 자신을 예화하지 않는'라는 용어가 술어 기능을 하고 참인 주−술 문장들이 있다. 따라서 술어화에 대한 완전히 무제약적인 형태의 실재론적 이론은 우리에게 다음과 같이 말해 줄 것이다. 즉 이 술어가 표현하거나 의미하는 속성이 있다. 편의를 위해 그러한 속성을 자기 자신을 예화하지 않음

---

* 여기서 다음과 같은 의문이 들 수 있다. 즉 빌 클린턴은 빌 클린턴을 예화하지 않는가? 왜냐하면 다음과 같은 문장은 참이기 때문이다. 즉 '빌 클린턴은 빌 클린턴이다Bill Clinton is Bill Clinton.' 그러나 여기서 계사 '...은 ...이다is'는 예화 관계를 표현하는 것이 아니라 동일성 관계를 표현하고 있다. 따라서 위 문장이 말하고 있는 것은 빌 클린턴이 자기 자신을 예화한다는 것이 아니라, 빌 클린턴이 자기 자신과 동일하다는 것이다. 계사가 예화 관계를 표현하는가, 아니면 동일성 관계를 표현하는가를 판단하기 위한 표준적인 방법은 주어와 술어를 바꾸었을 때 말이 되는가, 안 되는가를 살펴보는 것이다. 동일성 관계는 대칭적이지만, 예화 관계는 대칭적이지 않다. 그렇기 때문에 동일성 관계를 나타내는 '춘원은 이광수다.'라는 문장의 주어와 술어를 바꿔 '이광수는 춘원이다.'라고 하면 말이 되지만, 예화 관계를 나타내는 '이광수는 소설가다.'라는 문장의 주어와 술어를 바꿔 '소설가는 이광수다.'라고 하면 말이 되지 않는다.

이라는 속성이라 부르자. 이제 이러한 속성이 있다는 가정은 곧바로 역설에 부딪힌다. 왜냐하면 이 속성은 자기 자신을 예화하든가, 예화하지 않든가 둘 중 하나여야 할 텐데, 실제로 그렇지 않기 때문이다. 이 속성이 자기 자신을 예화한다고 가정해 보자. 그래서 이 속성은 자기 자신을 예화한다. 그런데 이 속성은 어떤 속성인가? 이 속성은 어떤 것이 자기 자신을 예화하지 않을 경우에 그 어떤 것이 예화하는 속성이다. 따라서 다음과 같은 결론이 나온다. 즉 이 속성은 자기 자신을 예화하지 않는다. 결국 이 속성이 자기 자신을 예화한다면, 이 속성은 자기 자신을 예화하지 않는 것이다. 다른 한편 이 속성이 자기 자신을 예화하지 않는다고 가정해 보자. 그래서 이 속성은 자기 자신을 예화하지 않는다. 그런데 그렇다고 한다면 이 속성은 자기 자신을 예화한다는 결론이 나온다. 왜냐하면 이 속성은 **자기 자신을 예화하지 않음**이라는 속성이기 때문이다. 따라서 이 속성이 자기 자신을 예화하지 않는다면 그 속성은 자기 자신을 예화한다. 그렇다면 이 속성은 자기 자신을 예화하지 못하는 바로 그 경우에 자기 자신을 예화하는 것이다.* 이것은 우울한 결론이

---

* '자기 자신을 예화하지 않는다'라는 술어가 있다. 이 술어에 대응하는 보편자가 있다면, 그 보편자는 자기 자신을 예화하지 않음이라는 보편자일 것이다. 개체 클린턴은 이 보편자, 즉 자기 자신을 예화하지 않음이라는 보편자를 예화한다. 그래서 그는 자기 자신을 예화하지 않는다. 따라서 우리는 이 보편자와 관련해 다음과 같은 도식을 제시할 수 있다.

　도식 1 : 임의의 x가 자기 자신을 예화하지 않음이라는 보편자를 예화하면, 그 x는 자기 자신을 예화하지 않는다.

　이제 자기 자신을 예화하지 않음이라는 보편자가 자기 자신을 예화한다고 가정해 보자. 우리의 도식에 의거해 x를 자기 자신을 예화하지 않음으로 대체하면, 우리는 다음과 같은 결과를 얻는다. 자기 자신을 예화하지 않음이라는 보편자가 자기 자신을 예화하지 않음이라는 보편자를 예화하면, 자기 자신을 예화하지 않음이라는 그 보편자는 자기 자신을 예화하지 않는다. 즉 이 보편자가 자기 자신을 예화하면, 그 보편자는 자기 자신을 예화하지 않는다.

　한편 비물질적임이라는 보편자는 자기 자신을 예화한다(이 보편자는 비물질적이기 때문에). 따라서 비물질적임이라는 보편자는 자기 자신을 예화하지 않음이라는 보편자를 예화하지 않는다. 따라서 우리는 자기 자신을 예화하지 않음이라는 보편자와 관련해 다음과 같은 도식을 제시할 수 있다.

다.[12] 이러한 역설을 피하기 위해 우리는 다음과 같이 주장할 수밖에 없다. 즉 '자기 자신을 예화하지 않는다'라는 일반 용어에 해당하는 보편자는 없다. 술어화에 대한 실재론자들의 설명은 참인 주-술 문장들 내에서 술어 기능을 하는 일반 용어들 모두에 적용될 수는 없다.

실재론적 이론에 이보다 더한 제약이 부과되어야 한다는 주장이 종종 제기된다. 이 주장은 다음과 같다. 또 다른 어떤 제약이 없다면 실재론적 이론은 무한 퇴행으로 귀결된다. 이러한 비판은 매우 오래된 것이다. 이것은 플라톤의 『파르메니데스편 Parmenides』에서도 발견된다. 그리고 플라톤 이래로 이러한 비판은 계속 반복되어 왔다.[13] 실재론자들이 직면한 어려움은 예화 exemplification라는 그들 이론의 핵심 개념에 있다. 이러한 어려움을 설명하는 한 가지 방식은 실재론자들이 어떻게 플라톤적 도식을 이용해 속성 일치를 설명하는지 보는 것이다. 플라톤적 도식에 따르면 여러 대상이 모두 F라는 점에서 일치할 경우, 그러한 일치는 그 대상들이 모두 보편자 F-ness를 다중 예화하는 데서 비롯한다. 여기서 어려움이 발생한다. 이 도식의 적용은 어떤 종류의 속성 일치를 설명한다. 즉 대상들이 F라는 점에서 일치한다고 하는 것. 그런데 이러한 설명이 이루어지는 동안 우리는 새로운 종류의 속성 일치에 개입하게 된다. 즉 이러한 대상들 모두 F-ness를 예화한다는 점에서 일치한다고 하는 것. 따라서 우리는 새로운 보편자를 갖게 된다. 즉 F-ness

---

도식 2 : 임의의 x가 자기 자신을 예화하지 않음이라는 보편자를 예화하지 않으면, 그 x는 자기 자신을 예화한다.

이제 자기 자신을 예화하지 않음이라는 보편자가 자기 자신을 예화하지 않는다고 가정해 보자. 우리의 도식에 의거해 x를 자기 자신을 예화하지 않음으로 대체하면, 우리는 다음과 같은 결과를 얻는다. 자기 자신을 예화하지 않음이라는 보편자가 자기 자신을 예화하지 않음이라는 보편자를 예화하지 않으면, 그 보편자는 자기 자신을 예화한다. 즉 이 보편자가 자기 자신을 예화하지 않으면, 그 보편자는 자기 자신을 예화한다.

결국 자기 자신을 예화하지 않음이라는 보편자가 자기 자신을 예화하면 그 보편자는 자기 자신을 예화하지 않으며, 또 자기 자신을 예화하지 않음이라는 보편자가 자기 자신을 예화하지 않으면, 그 보편자는 자기 자신을 예화하게 된다. 역설이 발생하는 것이다.

를 예화함이라는 보편자. 그리고 우리는 다음과 같이 말해야 한다. 대상들 사이에서 이처럼 두 번째 속성 일치가 발생하는 이유는 이 대상들이 모두 함께 위의 두 번째 보편자를 예화하기 때문이라고. 그런데 이 두 번째 속성 일치를 설명하려면, 우리는 세 번째 속성 일치를 전제해야 한다. 즉 F-ness를 예화함을 예화한다는 점에서 대상들이 모두 일치한다는 것. 따라서 우리는 세 번째 보편자를 갖게 된다. 그리고 이 보편자는 또 다른 속성 일치를 발생시키며, 그래서 또 다른 새 보편자가 필요해진다. 새로운 속성 일치가 나타나면 새로운 보편자가 요구된다. 그래서 우리는 끝없이 후퇴하게 되는 것이다.* 결론은? 만약 우리가 플라톤적인 도식을 채택한다면, 그러한 도식이 제공하게끔 되어 있는 설명은 결코 끝날 수 없다.

주-술 문장이 참임을 설명하려는 실재론자들의 시도에서도 똑같은 어려움이 나타난다. 다음과 같은 주-술 문장을 보자.

(20) a는 F이다.

a is F.

실재론자들은 다음과 같이 주장한다. 이 문장은 오직 다음과 같은 경우, 즉 'a'의 지칭체가 'F'에 의해 표현되는 보편자(F-ness)를 예화할 경우에만 참이다. 하지만 이 경우 원래 문장 (20)은 다음과 같은 주-술 문장이 참일 경

---

* 여러 대상은 ① F인 점에서 일치한다. 이러한 일치가 설명되기 위해서는 F-ness라는 보편자가 필요하다. 그래서 우리는 다음과 같이 말해야 한다. 즉 이 모든 대상은 F-ness라는 보편자를 예화한다. 그런데 여기서 대상들의 새로운 일치가 나타난다. 즉 여러 대상은 ② F-ness를 예화한다는 점에서 일치한다. 이러한 일치가 설명되기 위해서는 F-ness를 예화함이라는 보편자가 필요하다. 그래서 우리는 다음과 같이 말해야 한다. 즉 이 모든 대상은 F-ness를 예화함이라는 보편자를 예화한다. 그런데 여기서 또 대상들의 새로운 일치가 나타난다. 즉 여러 대상은 ③ F-ness를 예화함을 예화한다는 점에서 일치한다. 이 과정은 무한히 진행된다.

우에만 참이다.

(21) a는 F-ness를 예화한다.

　　a exemplifies F-ness.

우리가 문장 (20)의 참에 대한 설명을 완결 지으려면, 우리는 이 새로운 문
장 (21)의 참에 대한 근거를 제시해야만 한다. 그런데 문장 (21)은 새로운 술
어('F-ness를 예화한다')를 포함하고 있다. 그리고 이 새로운 술어는 새로운
보편자(F-ness를 예화함)를 표현한다. 따라서 실재론자들의 이론에 따르면 문
장 (21)은 오직 다음의 조건에서만 참이다. 즉 'a'의 지칭체가 이 새로운 보편
자(F-ness를 예화함)를 예화할 경우에만. 그러나 이러한 조건은 다음과 같은
문장이 참일 경우에만 만족된다.

(22) a는 F-ness를 예화함을 예화한다.

　　a exemplifies the exemplification of F-ness.

따라서 문장 (20)이 참임에 대한 우리의 설명은 이 세 번째 문장 (22)가 참
임에 대한 설명을 요구하는 것으로 보인다. 다시 한번 우리는 무한 퇴행에
빠지게 된다. 그리고 다시 한 번 우리는 다음과 같은 결론을 얻는다. 즉 실재
론자들의 이론은 그들이 설명하고자 하는 것을 설명할 수 없다.

우리가 요약한 이 두 가지 무한 퇴행은 다음과 같은 간단한 교훈을 주는
것으로 보인다. 즉 우리는 속성 일치와 술어화에 관한 형이상학적 실재론자
들의 설명을 버려야 한다. 실제로 이러한 무한 퇴행은 유명론적 입장을 갖는
철학자들이 탐구한 것이다. 바로 위와 같은 교훈을 주기 위해서였다. 그러나
실재론자들은 이러한 무한 퇴행이 완전히 다른 교훈을 준다고 주장한다. 그

들은 이러한 무한 퇴행이 반드시 피해져야 한다고 생각하지만, 피할 수 있는 쉬운 방법이 있다고 주장한다. 플라톤적 도식과 또 그것에 연계되어 있는 술어화에 관한 이론을 사용할 때, 우리가 단지 몇몇 제약만 가하면 된다는 것이다. 첫 번째 무한 퇴행과 관련해 그들은 다음과 같이 주장한다. 즉 모든 종류의 속성 일치에 대응하는 구분되고 분리된 각각의 보편자가 있는 것은 아니다. 특히 우리는 다음과 같이 주장할 수 있다. 즉 한 보편자를 예화하는 여러 대상 사이에서 속성 일치가 발생할 때, 그 속성 일치를 근거 짓는 또 다른 보편자가 있는 것은 아니다. 마찬가지로, 두 번째 무한 퇴행과 관련해 우리는 다음과 같이 주장할 수 있다. 즉 의미론적으로 구분된 일반 용어 모두가 구분된 한 보편자를 표현하는 것은 아니다. 문장 (20)과 같은 형식을 갖는 모든 문장 내의 술어에는 한 보편자가 대응한다. 그러나 문장 (21)이나 아니면 문장 (22)와 같은 형식을 갖는 문장들 내의 술어들에는 그 어떤 보편자도 대응하지 않는 것이다.

그래서 이들의 주장은 다음과 같다. 즉 플라톤적 도식의 적용 가능성에 약간의 제약을 둔다면, 그리고 술어화에 관한 실재론적 이론에 어떤 제약을 가한다면, 우리는 이러한 무한 퇴행을 피할 수 있다. 그러나 어떤 사람은 여기서 왜 제약이 필요한지 반문할 수도 있다. 지금까지 묘사된 무한 퇴행이 실제로 발생할지라도, 왜 실재론자들이 이것 때문에 고심해야 하는지 이해하기 어렵다는 것이다. 플라톤적 도식의 사용은 나쁜 퇴행을 발생시킨다는 비판을 살펴보자. 실재론자들은 다음과 같이 주장한다. 어떤 속성 일치에 관한 완전한 설명이 제공되기 위해서는 플라톤적 도식이 이용되어야 한다. 그러나 무한 퇴행이 이러한 주장을 의심거리로 만들지는 않는다. 이러한 주장을 하는 사람들에 따르면, 어떤 속성 일치 이면에 무수히 많은 또 다른 속성 일치가 있다 하더라도, 이러한 사실이, 최초의 속성 일치에 관한 완전한 설명을 위해 플라톤적 도식을 사용하는 실재론자들을 괴롭히는 것은 아니다. 실재론자들이 다음과 같이 말할 때, 즉 여러 대상이 모두 F-ness를 예화하기 때문에 그 대상들은 모두 F라고 말할 때, 그들은 이미 첫 번째 속성 일치에 대한 완전한 설명을 제공한 것이다. 이러한 주장에 따르면, 위의 설명은 새로운 속성 일치가 발생하도록 만들기는 하며, 또 실재론자들이 이러한 새로운 속성 일치에 플라톤적 도식을 적용할 수도 있다. 하지만 그들이 꼭 그렇게 해야 할 의무는 없는 것이다. 플라톤적 도식을 적용해 첫 번째 속성 일치를 설명하는 데 성공하기 위해, 반드시 두 번째 속성 일치를 설명해야 하는 것은 아니다. 이것은 세 번째, 네 번째 등의 속성 일치와 관련해서도 마찬가지이다. 따라서 무한 퇴행이 실제로 일어난다 할지라도 이것은 나쁜 것이 아니다. 결국 플라톤적 도식을 사용할 때는 그 어떤 제약도 필요 없다.

　주-술 문장의 참에 대한 설명을 제공할 때, 실재론자들이 제약을 두어야 한다는 주장에 대해서도 마찬가지 논점이 제공될 수 있다. 제약을 필요로 하는 무한 퇴행이 실제로 발생할지라도 그것이 나쁜 것은 아니다. 이러한 주장을 하는 사람들에 따르면, 문장 (20)이 참임에 대한 실재론자들의 설명이 참인 문장 (21)을 새로 등장시킨다 하더라도, 문장 (20)이 참임을 설명하는 데 실재론자들이 성공하느냐 못하느냐는 문장 (21)이 참임을 설명하는 것과 전혀 관계없다. 만약 목적이 주-술 형식의 담론을 제거하거나 환원해 버리는 것이라면, 문장 (21)이 나타나는 것은 실제로 문젯거리가 된다. 그러나 실재론자들은 주-술 형식의 담론이 제거될 수 있다고 생각하지 않는다. 사실 만약 여기에 무한 퇴행이 있다면, 주-술 문장의 참을 존재론적으로 근거 지으려는 모든 시도는 실재론자들의 시도이든 유명론자들의 시도이든 간에 퇴색될 것이다.[14] 주-술 문장의 참에 대한 유명론자들의 이론을 살펴보자. 'a는 F이다a is F.'라는 형식의 주-술 문장들 각각에 대해 유명론은 어떤 조건 C를 제시하면서 이렇게 말할 것이다. 위의 문장은 오직 조건 C가 만족될 경우에만 참이다. 그러나 이 경우 새로운 주-술 문장이 나타난다('a는 조건 C를 만족시키는 그러한 것이다a is such that C is fulfilled.'). 그리고 처음의 문장은 오로지 두 번째 문장이 참인 경우에만 참인 것이다. 결국 이러한 이론도 모든 면에서 실재론자들의 이론만큼이나 무한 퇴행에 빠진다. 따라서 두 경우 모두에서 무한 퇴행이 나쁘다고만 결론지을 수는 없다. 결국 여기에 어떤 퇴행이 있을지라도, 술어화에 관한 실재론적 이론의 적용 범위에 어떤 제약을 가할 필요는 없는 것이다.

이러한 두 가지 무한 퇴행이 나쁘지 않다 하더라도, 이것은 다음과 같은 결과를 가져오는 것으로 보인다. 즉 모든 속성 일치 이면에는, 혹은 참인 주-술 문장 모두의 이면에는 서로 다른 무수히 많은 보편자들의 계열이 놓여 있다. 어떤 실재론자들은 이러한 사실이 걱정스러운 것이라 생각할 수도 있다. 그래서 보편자들의 수를 최소화하기 위해 그들은 속성 일치와 술어화에 관한 자신들의 이론에 적당한 제약이 부과되어야 한다고 느낄 수도 있다. 그러나 실재론자들이 그처럼 과잉된 존재론을 걱정할 수는 있지만, 그들은 위와 같은 무한 퇴행이 실제적이지 않다고도 충분히 주장할 수 있다. 그들은 다음과 같이 주장할 수 있다. 즉 모든 대상이 F라는 점에서 일치를 이루며, 따라서 그것들이 모두 보편자 F-ness를 예화한다고 말할 때, 여기서 우리가 두 번째 종류의 속성 일치를 인정할 필요는 없다. 우리는 다음과 같이 말할 수 있는 것이다. 즉 최초의 속성 일치에 대한 존재론적 근거를 확인하기 위해 플라톤적 도식을 적용할 때, 우리는 그러한 속성 일치에 대한 완전히 분명하고 또 형이상학적으로 볼 때 아주 명쾌한 설명을 해낸 것이다. 마찬가지 맥락에서 그들은 다음과 같이 주장할 수 있다. 즉 문장 (21) 내의 'F-ness를 예화한다'라는 술어는 문장 (20) 내의 술어 'F'와 단지 구문론적으로만 혹은 단지 문법적으로만 구분된다. 그들에 따르면, 의미론적으로 볼 때 이 두 술어는 등가이며, 따라서 서로 다른 존재론적 기반을 요구하지 않는다.

실재론자들의 이론이 무한 퇴행에 빠지기 때문에 어떤 제약이 가해져야 한다는 이 두 비판은 그래서 큰 힘을 갖지 못한다. 그러나 실재론자들의 이론에 제약을 가해야 한다는 세 번째 논변이 있다. 실재론자들은 거의 대부분이 세 번째 논변을 진정한 문젯거리로 여긴다. 자신들 이론의 범위에 제약을 가해야지만 해결될 수 있는 문젯거리로 말이다. 실재론자들에 따르면, 개체 a가 F이려면, 개체 a와 보편자 F-ness, 이 둘 모두 존재해야만 한다. 그러나 또 다른 것이 요구된다. 이것들 말고도, a는 F-ness를 예화해야만 하는 것이다. 그런데 우리가 정식화한 실재론자들의 이론에 따르면, a가 F-ness를 예화한다는 것은 일종의 관계적 사실이다. 즉 a와 F-ness는 예화라는 관계에 놓이는 것이다. 그런데 실재론자들에 따르면, 관계 역시 보편자이다. 한 쌍의 대상들은 서로 관계를 맺는데, 그 관계 맺음은 그 대상들이 그 관계를 예화해야만 가능한 것이다. 그렇다면 다음과 같은 결론이 나온다. 즉 우리가 "a는 F이다."라는 결과를 얻으려면, 우리는 한 차원 더 높은 형태의 새로운 예화를 필요로 한다.(이것을 예화$_2$라고 하자.) 이러한 예화$_2$는 다음과 같은 기능을 가진다. 즉 이것은 a와 F-ness를 예화 관계에 놓이도록 보장해 준다. 그러나 불행하게도 예화$_2$ 역시 관계이다. 따라서 우리는 또 다시 한 차원 더 높은 형태의 새로운 예화를 필요로 한다.(이것을 예화$_3$이라고 하자.) 이 예화$_3$은 다음과 같은 기능을 가진다. 즉 a와 F-ness, 예화가 예화$_2$에 의해 서로 관계 지어지도록 보장해 준다. 여기서 요구되는 예화들은 그 수준을 높여가면서 끝없이 이어질 것이 분명하다.* 따라서 다시 한번 다음과 같은 결론이 나오

---

* 좀 더 직관적인 설명이 필요할 것으로 보인다. 플라톤적 도식에 따르면, a가 F라는 것은 a가 F-ness를 예화한다는 것이다. 플라톤적 이미지를 사용해 이것을 직관적으로 이해해 보자. 우선 밑에(이 땅에) a가 있고, 위에(하늘에) F-ness가 있다. 그리고 a가 F라는 것은 밑에 있는 a가 위에 있는 F-ness를 예화한다는 것이다. 그런데 예화라는 것은 일종의 관계로서, a가 F-ness를 예화한다는 것은 a와 F-ness가 예화라는 관계에 놓인다는 것이다. 그런데 플라톤적 도식에 따르면, a와 F-ness가 예화라는 관계에 놓이려면, 예화라는 관계를 이 둘이 동시에 예화해야 한다(마치 철수와 영희가 연인 관계에 놓이려면, 이 둘이 동시에 연인이라는 관계를 예화해야 하는 것처럼). 따라서 a와 F-ness가 예화 관계에 놓이려면, 이를 보장해 주는 예화 관계(예화$_1$이라고 하자.)가 필요하다.

는 것으로 보인다. 즉 a가 F라는 결과를 얻기 위해 우리는 예화라는 개념이 실재론자들의 이론에 적용될 수 없다고 해야 한다.

이 논변은 브래들리F. H. Bradley에 의해 고안된 유명한 논변을 변형한 것이다.[15] 브래들리의 논변이 보이고자 하는 바는 다음과 같다. 즉 관계 같은 것은 있을 수 없다는 것. 그러나 우리가 만든 논변의 목적은 좀 더 조심스럽다. 그래서 이 논변이 보이고자 하는 것은 다음과 같다. 어떤 대상 하나가 속성을 갖거나, 어떤 종에 속하거나, 어떤 관계에 놓일 때, 이러한 것들에 대한 실재론자들의 설명은 그들 설명 자체에는 적용될 수 없다. 여기서 어떤 실재론자들은 이렇게 생각한다. 즉 이러한 무한 퇴행이 실제로 일어나기는 하지만, 그것이 나쁜 것은 아니다.[16] 그들의 주장에 따르면, 이러한 퇴행은 앞서 우리가 설명한 두 가지 퇴행보다 더 강력한 것은 아니다. 그러나 이러한 주장을 하는 실재론자들은 소수이다. 실재론자들 대부분은 이 퇴행이 나쁘다고 생각한다. 왜 그런지 모두 다 분명한 것은 아니다. 왜냐하면 겉으로 볼 때, 이 퇴행은 앞의 두 퇴행과 형식적 구조가 동일하기 때문이다. 물론 실재론자들 중에는 앞에서 언급한 두 가지 퇴행이 문젯거리가 된다고 잘못 생각하는 이들도 있다. 따라서 이 실재론자들이 이 세 번째 퇴행도 문젯거리라고 생각한다면, 이것은 크게 놀랄 일 없는 것이다. 문제는 처음 두 퇴행에 관심을 두지 않던 실재론자들이다. 왜냐하면 이들은 이 세 번째 퇴행만은 성가신

이제 직관적인 이해를 위해, 위에 있던 F-ness를 밑으로 내려 보내자. 그래서 이제 밑에 a와 F-ness가 있고, 위에 예화₁이 있다. 그리고 밑에 있는 a와 F-ness가 위에 있는 예화₁을 예화하는 것이다. 그런데 밑에 있는 a와 F-ness가 위에 있는 예화₁을 예화한다는 것은 밑에 있는 a, F-ness, 위에 있는 예화₁, 이 셋이 동시에 예화라는 관계에 놓인다는 것이다. 그리고 이 셋이 예화 관계에 놓이려면, 이 셋이 동시에 예화라는 관계(예화₂라고 하자.)를 예화해야 한다. 직관적인 이해를 위해, 위에 있던 예화₁을 밑으로 내려 보내자. 그래서 이제 밑에 a, F-ness, 예화₁이 있고, 위에 예화₂가 있다. 그리고 a와 F-ness, 예화₁, 이 셋이 예화 관계에 놓인다는 것은 밑에 있는 a, F-ness, 예화₁이 위에 있는 예화₂를 함께 예화한다는 것이다. 이러한 과정은 계속될 것이다. 그래서 예화₃, 예화₄, ⋯, 예화ₙ이 필요해지리라는 것은 분명하다.

것으로 생각하기 때문이다. 아마 그들은 다음과 같이 느꼈을 수 있다. 즉 앞의 두 퇴행과는 달리 이 퇴행은 우리가 처음에 설명하려고 한 바로 그것을 설명하지 못하게 한다. 즉 a가 F라는 것 말이다. 그들은 다음과 같이 느꼈을 것이다. 어떤 연결 장치, 다시 말해 상위 차원의 다른 연결 장치에 의존하지 않으면서도 자신의 연결 역할을 수행할 수 있는 연결 장치가 정립되지 않는다면, 왜 개체 a가 F인지는 설명될 수 없다. 그러나 이러한 생각들이 옳은지는 분명치 않다. 왜냐하면 다음과 같이 생각하는 것이 더 그럴듯하기 때문이다. 실재론자들이 이렇게 말한다고 해보자. 즉 a와 F-ness가 예화 관계에 놓임으로 인해 a는 F이다. 그렇다면 a가 F라는 사실에 대한 실재론자들의 설명은 이미 끝난 것이다. 물론 실재론자들이 한 걸음 더 나아가 설명하고 싶은 새로운 어떤 것이 있기는 하다. a와 F-ness가 예화라는 관계에 놓인다는 새로운 사실 말이다. 그러나 실재론자들이 이 새로운 사실을 설명 못한다고 해서, a가 F라는 애초의 사실에 대한 그들의 설명이 위태로워지지는 않을 것이다.

우리가 어떤 이유를 발견하느냐 못하느냐를 떠나 다음과 같은 사실은 남는다. 즉 세 번째 무한 퇴행에 대한 걱정은 형이상학적 실재론의 역사에 광범위하게 나타난다. 실재론자들은 전형적으로 다음과 같이 믿는다. 무한 퇴행이 시작되기 전에 그것을 멈추는 것 말고는 다른 도리가 없다고.[17] 이러한 무한 퇴행을 멈추기 위해 그들은 다음과 같이 주장한다. 실재론의 설명은 예화라는 개념 그 자체에는 적용되지 않는다. 분명 이런 식의 제약을 가하기 위해서는 어떤 정당화가 필요하다. 정당화가 주어졌는데, 그것은 예화는 관계가 아니라는 것이다. 실재론자들의 주장에 따르면, 관계란 대상들을 함께 묶을 수 있는 것인데, 이는 오직 예화라는 매개적 고리를 통해서만 가능하다. 반면 예화는 대상들을 관계적으로 묶을 수 있지만, 또 다른 사슬들의 매개 없이 그렇게 할 수 있다. 그들에 따르면 예화는 무매개적인 사슬인 것이다. 그리고 이러한 사실은 예화라는 개념의 기본적인primitive 범주적 특성으로 간주된다. 지금까지 우리는 예화를 관계로서 말해 왔다. 즉 개체를 보편자와 묶는, 그리고 보편자와 보편자를 묶는 관계. 그러나 실재론자들을 따라서 예화를 '묶음tie' 혹은 '결합nexus'이라고 부른다면 우리는 예화라는 개념에 대한 실재론자들의 생각을 더 정확히 반영하게 되는 것이다. 왜냐하면 이러한 '묶음', '결합' 등의 단어를 사용함으로써, 우리는 예화라는 개념이 제공하는 사슬의 본성이 비관계적임을 보일 수 있기 때문이다.

그래서 실재론자들은 전형적으로 자신들의 설명이 예화의 경우에는 적용되지 않는다고 주장한다. 이러한 제약이 제대로 동기화되었는지 그렇게 되지 않았는지를 떠나 이제 우리는 다음과 같은 사실을 인정해야 한다. 즉 이러한 제약에 딸려 오는 보너스가 있다. 만약 실재론자들의 설명이 예화라는 개념에 적용되지 않는다면, 우리가 앞에서 한 다음과 같은 주장, 즉 '자기 스스로를 예화하지 않는다'라는 술어에는 플라톤적 도식이 적용될 수 없다는 주장은 이제 그렇게 절망적으로 보이지 않으며 또한 역설도 피할 수 있을 듯 보인다. 플라톤적 도식이 예화라는 개념에는 적용되지 않는다고 가정할 만한 이유가 있다고 해보자. 그렇다면 예화라는 개념을 포함하는 일련의 개념에도 플라톤적 도식이 적용되지 않는다고 가정하는 것이 자연스러운 것이다. 실재론자들은 예화라는 것이 어떤 관계가 아니라고 주장한다. 그래서 그들은 플라톤적 도식이 예화라는 개념에 적용되지 않는다고 정당하게 주장할 수 있다. 따라서 실재론자들은 자기 스스로 예화하지 않음being non-selfexemplifying이라는 개념을 플라톤적 도식의 범위 밖으로 쫓아낼 수 있는 적절한 기반, 혹은 역설의 위험으로부터 자유로운 기반을 갖는 것으로 보인다.

또 다른 제약 : 정의되는 술어와 정의되지 않는 술어

내가 지적했듯이, 실재론자들 대부분은 지금까지 우리가 형이상학적 실재론에 부과한 제약들을 받아들이고 있다. 그런데 어떤 실재론자들은 또 다른 제약들을 부과하고자 한다. 예를 들어 '총각bachelor'이라는 술어를 살펴보자. 우리가 앞에서 정식화했듯이, 실재론자들은 다음과 같이 설명한다. 이 술어와 연계되어 있는 보편자가 존재한다. 어떤 보편자인가? 아마 총각임 being a bachelor이라는 보편자일 것이다. 그런데 이 보편자는 한 속성으로서, 어떤 사물이 남성이라는 속성, 인간임이라는 속성, 결혼하지 않음이라는 속성들을 갖는 경우에만 갖게 되는 속성이다. 그렇다면 여기서 우리는 속성을 몇 개 갖고 있는 것인가? 우리는 '남성male', '인간human being', '결혼하지 않은unmarried'이라는 술어들을 처리하기 위해, 남성임, 인간임, 결혼하지 않음이라는 속성들을 필요로 한다. 그런데 총각임이라는 또 다른 속성도 필요한 것일까? 우리가 '총각'이라는 술어를 설명할 때, 우리는 나머지 세 술어를 언급하는 것만으로도 '총각'이라는 술어를 충분히 만족스럽게 설명할 수 있다. 그렇다면 우리의 목록에 제4의 속성을 추가하는 것은 잉여적인 것이 아닐까? 이렇게 추가된 속성은 불필요한 혼란만 주는 것은 아닌가? 그런데 '총각'이라는 술어에 해당하는 잉여적 속성을 가정하는 것이 의문시된다면, 이러한 의문은 '결혼하지 않은'이라는 술어의 경우까지 자연스럽게 확장될 수 있다. 우리가 '결혼한'이라는 술어에 대응하는 속성이 필요함을 인정한다고 해보자. 그렇다면 '결혼하지 않은'이라는 술어의 경우에, 우리가 여기다가 추가적인 부정 속성을 상정할 필요가 있겠는가? 이렇게 하는 대신에 우리는 다음과 같이 말할 수 있지 않겠는가? 즉 술어 '결혼하지 않은'은 어떤 사물에 대해 참인데, 어떤 사물에 대해 참인가 하면, '결혼한'이라는 술어에 대응하는 속성을 갖지 않는 사물에 대해 참이다. 만약 우리가 이렇게 말할 수 있다면, 우리의 존재론에 부정 속성을 추가하는 것은 잉여적인 것이 아닐까? 그리고 '결혼한'이라는 술어 역시 더 기본적인 다른 술어들에 의해 정의될 수 있다고 한다면, 우리가 '총각', '결혼하지 않은'이라는 술어들에 대해 제기한 의심은 또 한층 확장될 것이다.

이러한 의심 때문에 실재론자들은 지금까지 묘사된 술어화에 대한 분석에 매우 강한 제약들을 가하게 되었다. 그들은 정의되는 술어defined predicates, 정의되지 않는 술어undefined predicates 사이의 구분을 강조한다.[18] 그들의 생각은 다음과 같다. 어떤 술어들이 있는데, 이것들은 다른 술어들에 의해 정의되지 않는다. 이러한 기본적primitive 술어들은 보편자와 직접적으로 연계됨으로써 자신들의 의미를 획득한다. 그 외의 모든 술어는 이러한 기본적 술어들에 의해 정의된다. 이러한 견해에 따르면, 서로 다른 의미를 갖는 술어들 모두 서로 떨어져 구분된 보편자들과 연계되는 것은 아니다. 보편자와 연계되는 것은 오직 기본적 술어 혹은 정의되지 않는 술어들뿐이다. 그리고 정의되는 술어들의 의미론적 속성은 이러한 기본적 술어들과 연계되어 있는 보편자들을 지칭함으로써 설명될 수 있다.

술어화에 대한 실재론적 분석에 이런 식의 제약을 가하는 것은 처음 볼 때 흥미로워 보이지만, 이것 역시 문제점을 갖고 있다. 가장 핵심적인 어려움은 술어들이 기본적인 것, 정의되는 것으로 깔끔하게 나뉘지 않는다는 것이다. 철학자들은 이러한 구분을 해야 하지만, 이러한 구분이 자의적이지는 않은가에 대해 논쟁의 여지가 있는 것이다. 한 언어의 어떤 이론 틀이 기본적 술어 혹은 정의되지 않는 술어로 간주한 것을, 다른 이론 틀은 똑같은 정합성을 유지하면서도 정의되는 술어로 간주할 수 있는 것이다. 이러한 사실은 술어들을 기본적인 것과 정의되는 것으로 나누고자 하는 시도에 의심을 품도록 만든다. 정의되는 술어와 정의되지 않는 술어라는 구분이 어떤 보편자가 존재하는가에 대한 지침이 된다면, 그것은 어떤 이론가의 자의적 결정에 의존해서는 안 되는 것이다.

이러한 구분이 유용하다고 생각하는 실재론자들은 자의성이라는 짐을 피하기 위해, 어떤 술어들이 기본적인지를 정하는 것에 대한 철학적 정당화를 시도한다. 그렇게 시도된 정당화 중 아주 중요한 것이 바로 인식론적인 정당화이다. 지식 이론에서 매우 강한 경험론적 프로그램을 선호하는 실재론자들은 다음과 같이 주장한다. 즉 기본적인 술어들이란, 경험론자의 관점에서 봤을 때, 인식론적으로 기본적인 특성, 측면들을 표현하는 술어들이다. 따라서 기본적인 것으로 간주될 수 있는 술어들이란 색깔, 소리, 냄새, 단순한 모양 등을 표현하는 술어들이다. 이 술어들 각각에 대응하는 보편자들이 있다. 그리고 이들의 주장에 따르면, 다른 모든 술어는 이 보편자들을 지칭함으로써 정의될 수 있는 것이다.

이러한 견해가 20세기 초반과 중반에 실재론자들 사이에서 유행하기는 했다. 하지만 요새 이러한 견해를 지지하는 사람은 많지 않다. 이 견해를 옹호하던 사람들이 다음과 같은 사실을 발견한 것이다. 즉 많은 수의 술어는 단순한 감각, 지각적 속성으로 분석되지 않는다. 과학 영역의 이론적 술어들, 도덕적·윤리적 술어들이 바로 그 경우이다. 이것들은 경험론적 입장을 취하는 실재론자들에게 문젯거리로 드러났다. 이런 술어들이 순수하게 지각적인 용어들로 분석될 수 없음을 알게 되자 실재론자들은 술어가 진정한 기술적descriptive 의미를 가질 수 없다고 주장하면서, 그 술어들이 언어에서 하는 역할에 대한, 정말이지 받아들이기 어려운 설명들을 채택하게 되었다. 그들에 따르면, 과학 영역의 이론적 술어들은 순전히 지각적인 술어만을 포함하는 언명들의 집합으로부터 그와 유사한 다른 집합으로 우리를 옮겨가도록 하는 도구이며, 또 윤리적 술어들이란 사람들과 그 행동, 그 생활 방식에 대한 우리의 감정을 표출하는 수단일 뿐이다.

그러나 정의되는 술어, 정의되지 않는 술어 사이의 구분이 존재론적으로 중요하다는 생각에 의심을 품도록 만드는 사실이 경험론자들의 주제에만 한정되어 있는 것은 아니다. 어떤 사람이 술어들을 기본적인 것과 정의되는 것으로 나누고자 할 때, 그는 다음과 같은 착상에 개입하는 것이다. 즉 기본적이지 않은 모든 술어는 기본적인 것으로 간주되는 술어들을 지칭함으로써 모두 완전하게 정의될 수 있다. 그러나 사실로 보자면, 우리 언어 내의 술어들 가운데 매우 적은 수만이 '총각'과 유사한 것이다. 다시 말해 술어들 가운데 매우 적은 수만이 덜 복잡한 술어들에 의해 정의될 수 있는 것이다. 약간 다른 점을 지적하기 위해 고안된 것이기는 하지만, '게임'이라는 술어에 관한 비트겐슈타인Ludwig Wittgenstein의 유명한 논의는 여기서 드러나는 어려움을 보여준다.

예를 들어 우리가 "게임"이라고 부르는 행위들을 살펴보자. 나는 보드 게임, 카드 게임, 올림픽 게임 등을 염두에 두고 있다. 이 모든 것에 공통적인 것은 무엇인가? 다음과 같이 말하지 말라. "공통적인 무엇이 있음에 **틀림없다**. 그렇지 않다면 그것들을 '게임'이라고 부를 수 없을 것이다." 그러지 말고, 이 모든 것에 공통적인 것이 있는지 **보아라**. 왜냐하면 당신이 본다면, 당신은 이 모든 것에 공통적인 것을 찾을 수 없을 것이기 때문이다. 당신은 거기서 유사성, 관계, 그리고 일련의 유사성과 관계들 전체만을 찾게 될 것이다. 다시 한번 반복하는데, 생각하지 말고 보아라! 예를 들어 보드 게임들을 보아라. 그리고 그 게임들의 다양한 관계들을 보아라. 이제 카드 게임들로 넘어가 보자. 여기서 당신은 보드 게임들과 대응하는 점들을 여럿 발견한다. 그러나 많은 공통적 측면이 사라져 있고, 또 새로운 측면들이 나타나 있다. 우리가 공 놀이ball game로 넘어간다면, 공통적인 것 여러 가지가 유지되겠지만 한편 또 많은 것들이 없어진다. 이것들 모두 "즐거운" 것인가? 체스 게임을 삼목 놓기 게임noughts and crosses과 비교해 보라. 혹 언제나 승패가 있는가? 아니면 선수들 사이의 경쟁이 있는가? 혼자서 하는 카드놀이patience를 생각해 보라. 공 놀이에는 승패가 있다. 그러나 어린아이가 벽에 공을 던졌다가 받는 경우, 이러한 특징은 사라진다. 기술과 운에 의해 이루어지는 게임을 보아라. 그리고 체스에서의 기술과 테니스에서의 기술, 이 둘의 차이를 보아라. 이제 원을 그리며 노래하고 춤을 추다가 신호에 따라 빨리 웅크리고 앉는 놀이ring-a-ring-aroses와 같은 게임을 생각해 보자. 여기에는 즐거움이라는 요소가 있다. 하지만 다른 특징적 측면들이 얼마나 많이 사라졌는가! 다른 많은 것들, 다른 많은 유형의 게임들도 이와 같이 생각될 수 있을 것이다. 우리는 볼 수 있다. 어떻게 유사성들이 갑자기 생겨났다가 또 사라지는지를.[19]

'게임'은 분명히 기본적인 술어가 아닐 것이다. 더 기본적인 술어들이 있고, 이러한 술어들과 연계된 속성들은 '게임'이라는 술어가 적용될 가능성에 대한 필요충분조건을 제시해 줄 것이다. 그러나 비트겐슈타인이 옳다면, 더 기본적인 술어들이 어떤 것인가를 결정하려는 시도는 반드시 실패한다. '게임'은 '총각' 같은 용어에 비해 더 느슨하며 덜 조직화된 의미론적 구조를 가진다. 어떤 형식적 정의에 의해서도 포착되지 않는 구조 말이다. 그리고 바로 이 점에서 비트겐슈타인은 다음과 같이 주장하고 싶어하는 것이다. 이것이 바로 우리 언어 내의 술어들 거의 대부분이 갖는 전형적인 모습이라고.

비트겐슈타인의 언급을 통해 본다면, 기본적 술어와 정의되는 술어 사이의 구분이 현대 실재론자들의 작업에서 그리 중요한 역할을 수행하지 않는다는 사실은 놀라운 일이 아니다. 어떤 이들은 그냥 단순히 다음과 같이 주장한다. 실재론에 제한을 두도록 만드는 이러한 구분은 적절치 않다.[20] 이들은 보편자에 대한 **전체주의자**holists이다. 다시 말해 이들은 어떤 보편자의 집합을 다른 보편자의 집합으로 환원하길 거부한다. 한편으로 이들은 다음과 같은 사실에서 자극을 받았다. 우리가 술어들에 대한 형식적 정의를 제시하고자 하면서, 정의되는 술어와 정의되지 않는 술어를 구분하려 시도할 때, 그 시도는 자의적일 수밖에 없다. 이들은 다음과 같은 점은 인정한다. 즉 플라톤적 도식은, 또 그와 연계된 술어화 이론은 예화라는 개념에는 적용되지 않는다. 그러나 그들은 다음과 같이 주장한다. '총각'이나 '결혼하지 않은'이라는 술어와 연계된 보편자들은 '파란'이나 '빨간'이라는 술어와 연계된 보편자들만큼이나 실제적이며, 또 똑같은 자격을 가진다. 또 다른 한편으로 그들은 비트겐슈타인에 동의해 다음과 같이 주장한다. 즉 술어들 중 다수는 그보다 더 기본적인 술어들에 의해 정의되지 않는다. 그러나 비트겐슈타인과는 달리 이들은 이러한 사실이 실재론에 장애물이 된다고 보지 않는다. 그래서 다음과 같은 비트겐슈타인의 요구에 대해, 즉 게임이라고 불리는 모든 것에 공통적인 보편자를 적시하라는 요구에 대해 그들은 다음과 같은 속성을 제시한다. 즉 게임임이라는 속성the property of being a game. 이들에 따르면, 이 속성을 그보다 더 친숙한 다른 보편자들로 환원할 수 없다는 것은 문젯거리가 되지 않는다.

그러나 또 다른 현대 실재론자들이 있는데, 그들은 다음과 같이 주장한다. 즉 술어들을 기본적인 것과 정의되는 것으로 나누고자 하는 시도는, 존재론적으로 볼 때 실재론적 설명에 제약을 두어야 함을 보여주는 방식으로서 실패이다. 하지만 플라톤적 도식을 적용할 때 분명 제약은 여전히 필요하다.[21] 따라서 그들은 단지 일군의 술어들만이 진정한 존재론적 힘을 가진다는 데에 동의한다. 이들에 따르면, 경험론자들이 잘못 나아간 것은 실재론의 범위에 제약을 가하고자 한 시도에 있는 것이 아니다. 경험론자들이 잘못 나아간 것은 다음의 두 가지이다. 즉 존재론적으로 기본적인 술어들을 단지 지각적이거나 관찰적인 술어들과 동일시했다는 점, 그리고 존재론적으로 기본적인 술어들과 그 밖의 술어들과의 관계를 정의나 번역으로 생각했다는 점. 다른 한편 이러한 실재론자들은 자신들보다 더 전체주의적이고 자신들보다 더 비환원주의적인 실재론자들이 선험적 추론apriorism에 빠져 있다고 비난한다. 즉 앉아서 언어의 구조를 성찰하기만 하면, 우리는 바로 어떤 보편자가 존재하는지 결정할 수 있다는 견해에 말이다. 전체주의자들에 따르면, 어떤 보편자들이 있는지 결정하기 위해 우리는 단지 자신에게 주어진 술어들을 바라보기만 하면 된다. 이 모든 비등가적 술어들에 대응하며 서로 떨어져 구분된 보편자들이 존재하는 것이다. 이러한 선험적 추론에 반대해 이들은 다음과 같이 주장한다. 즉 어떤 보편자가 존재하느냐는 과학적 탐구에 의해 결정될 경험적 문제이다. 그래서 언어적 선험 추론에 대항하는 형이상학적 실재론자들이 전형적으로 **과학적 실재론자들**scientific realists이란 사실은 놀라운 일이 아니다. 그들에 따르면 경험과학은, 특히 물리학은 무엇이 존재하는가에 대한 기준을 보여준다. 따라서 그들에 따르면, 존재론적으로 의미 있는 술어들이란 옳은 물리 이론을 형식화하는 데 필수적인 술어들이다. 따라서 그 궁극적 형태에서 존재론적인 힘을 갖는 것은 물리학의 술어들이다.

　그러나 우리가 이러한 주장을 받아들인다면, 물리학에서 아무런 역할도 하지 않는 술어들은 무엇인가? 형이상학적 실재론과 극단적인 과학적 실재론을 연결하고자 하는 철학자들에게 다음과 같은 번역 규칙이 있다는 착상은 여러 분명한 이유로 인해 그리 가망성 있는 선택지가 아닌 것으로 생각되었다. 즉 엄밀한 물리적 술어로부터 비물리적 술어로 이행할 수 있게 해주는 번역 규칙이 있다는 착상 말이다. 대신 우리는 이 두 형태의 실재론 모두를 옹호하면서, 물리학이라는 존재론적으로 의미 있는 개념 틀, 그리고 상식이라는 비과학적 개념 틀, 이 둘 사이의 관계에 관해 여러 견해를 내놓고 있는 많은 철학자를 보게 된다. 이들 견해는 서로 다를 뿐 아니라 경쟁하기까지 한다. 나는 그중 두 견해만 언급하고자 한다. 덜 극단적인 첫 번째 견해가 있다. 이 견해에 따르면, 물리학에 속하지 않는 술어들에 연계된, 그리고 물리학에 속하지 않는 추상 용어들에 연계된 보편자들이 존재한다. 그러나 이러한 보편자는 물리학적 속성, 물리학적 종, 물리학적 관계에 존재론적 우선권을 넘겨준다. 물리학적 보편자들이 존재론적으로 기본적이거나 근본적인 것이다. 그리고 다른 보편자들은 이것들에 의존해 있는 것으로 간주된다. 이것은 다음과 같은 주장이다. 즉 물리학에 속하지 않는 보편자들은 물리학에 속하는 보편자들로 환원되지 않는다. 혹은 물리학에 속하지 않는 보편자들은 물리학에 속하는 보편자들에 의해 분석되지 않는다. 하지만 물리학에 속하는 보편자들은 물리학에 속하지 않는 보편자들을 고정하거나fix 규정한다 determine. 한 사물이 어떤 물리적 종에 속하는지가 그 사물이 어떤 비물리적 종에 속하는지를 정확히 규정한다. 한 사물이 어떤 물리적 속성을 갖는지가 그 사물이 어떤 비물리적 속성을 갖는지를 정확히 규정한다. 그리고 한 사물이 어떤 물리적 관계에 놓이는지가 그 사물이 어떤 비물리적 관계에 놓이는지를 정확히 규정한다. 종종 말하듯이, 비물리적 보편자는 물리적 보편자에 **수반된다**supervene. 이 견해에 따르면 어떤 사람이 일단 모든 물리적 사실에 대해(다시 말해 참인 물리 이론에 의해 인정된 모든 사실에 대해), 그것들이 어떠한 것인지를 규정했다면, 그는 물리적 사실들뿐 아니라 비물리적 사실들도 모두 고정한 것이다. 따라서 비물리적 속성, 종, 관계가 물리적 보편자로 분석되지는 않을지라도, 물리적 보편자는 비물리적 보편자의 근거가 되는 존재론적 토대를 제공하는 것이다.[22]

두 번째 것은 좀 더 극단적인 설명으로서 이것은 제거주의자들eliminativist 의 설명이다. 이들은 물리 이론에 포함되는 보편자들을 지칭하지 못하는 술어들이나 추상 용어들을 거부한다. 이 용어들은 어떤 존재론적 힘도 갖지 못하는 것들이다.[23] 제거주의자들의 생각은 다음과 같다. 즉 우리가 일상에서 쓰는 비과학적 언어는 세계가 어떠한 것인지에 대한 이론적 표현이다. 그러나 다른 모든 이론들처럼 이 이론 역시 실재의 구조에 관한 더욱 정교한 그림을 제공하는 어떤 이론이 나타나면, 그 이론에 의해 대체될 수 있다. 제거주의자들에 따르면, 세계의 본성에 관한 최고의 이론은 성숙한 물리학이 제공한다. 세계에 대한 비과학적 설명이 성숙한 물리 이론과 어긋난다면, 그 비과학적 설명은 거짓인 것이다. 물리학이 그려낸 세계에 대한 그림이 있다. 그 그림 안에 포함될 수 없는 보편자들을 지칭하는 술어나 추상 용어는 지칭체가 아예 없는 용어들이다. 이 용어들이 표현하거나 이름 짓는 보편자들은 존재하지 않는다. 제거주의자들에 따르면 여기에 이상할 것은 전혀 없다. 이것은 어느 한 이론이 가정한 것이, 더 정교한 다른 이론이 가정한 것에 의해 퇴출당하는 예 중 하나일 뿐인 것이다.

예화되지 않는 속성들이 있는가?

우리가 지적한 차이점들은 형이상학적 실재론의 역사에서 중요한 역할을 수행해 왔다. 이제 실재론자들을 갈라놓는 단일하면서도 아주 중요한 또 다른 주제는 예화되지 않는 보편자unexemplified universals라는 개념과 관련을 맺고 있다. 실재론의 주된 영역을 묘사하기 위해 우리는 다음과 같은 경우에만 초점을 맞추어 왔다. 즉 현실적actual 경우로서의 속성 일치, 그리고 현실적으로actually 참인 문장 내에서의 일반 용어와 추상 단칭 용어의 사용. 그러나 중요한 전통이 하나 있는데, 그 전통에 따르면, 현실적인 것을 이처럼 강조하는 것은 잘못된 것이다. 현실적인 것을 강조하면 우리는 다음과 같이 생각하게 된다. 즉 모든 보편자는 실제로 예화된다. 전통적 입장의 실재론자들은 이에 반대해 다음과 같이 주장하고자 한다. 즉 예화된 보편자들 말고도 여러 속성, 종, 관계가 있는데, 이들은 예화되지 않았고, 예화된 적도 없고, 또 결코 예화되지도 않을 보편자들이다.[24] 이 보편자들 중 어떤 것은 단지 우연적으로contingently 예화되지 않은 것이다. 다시 말해 이것들은 예화될 수도 있었지만 실제로는 예화되지 않은 것이다. 그래서 물리적 대상들은 복잡한 여러 방식으로 모양 지어질 수도 있었던 것이다. 실제로 그렇게 모양 지어진 적은 없지만 말이다. 이러한 실재론자들에 따르면, 그 모양들은 모두 우연적으로 예화되지 않은 보편자들이다. 그러나 이 실재론자들 중 많은 이는 다음과 같이 주장하는 데까지 나아간다. 즉 우연적으로 예화되지 않은 보편자들 외에, 필연적으로 예화되지 않는necessarily unexemplified 속성들이 있다. 그 어떤 사물도 예화할 수 없는 속성들 말이다. 예를 들어 그 어떤 사물도 둥근 동시에 사각형일 수는 없다. 그 어떤 것도 그러한 방식으로는 존재할 수 없다. 이제 우리가 관심 갖는 실재론자들은 다음과 같이 주장한다. 이 둥근 사각형에 대응하는 속성이 존재한다. 이것은 필연적으로 예화되지 않는 속성이다.

그래서 어떤 실재론자들은 예화되지 않는 속성, 종, 관계들이 있다고 믿는다. 플라톤이 이렇게 생각했다고 여길 만한 증거가 있으므로, 이러한 입장의 실재론자들을 플라톤주의자라고 부르자.[25] 이러한 입장에 반대하는 실재론자들이 있는데, 이들에 따르면 보편자는 어느 때에 적어도 한 번은 예화되는 것이다. 우리는 아리스토텔레스는 오직 예화되는 보편자만을 허용하는 존재론을 취한다고 생각할 만한 근거를 갖는데, 그 근거는 다음과 같은 그의 주장이다. 즉 만약 모든 것이 건강하다면 질병 같은 것은 없을 것이며, 또 모든 것이 하얗다면 검정색은 존재하지 않는 것이다.[26] 플라톤적인 예화되지 않은 보편자를 거부하는 이 실재론자들을 아리스토텔레스적 실재론자라 부르자.

아리스토텔레스적 실재론자들과 플라톤적 실재론자들을 구분하는 주제는 무엇인가?[27] 이 물음에 대한 답을 제시하기 위해 우선 아리스토텔레스주의자들은 예화되지 않는 보편자를 왜 거부하는지 따져보자. 아리스토텔레스주의자들은 전형적으로 다음과 같이 말한다. 플라톤적 실재론을 취하면, 속성, 종, 관계들은 시·공간적 세계에 뿌리를 내리지 못한다. 그들에 따르면 플라톤적 보편자는 존재론적으로 "자유롭게 떠다니는 것free floater"이다. 시·공간적인 이 구체적 세계와는 독립적인 존재 조건을 갖고서 말이다. 아리스토텔레스주의자가 말하는 바에 의하면, 보편자에 대한 이러한 개념화를 취할 경우 우리는 플라톤에게서 발견될 수 있는 종류인 "두 세계" 존재론을 취하게끔 되어 있다. 플라톤적인 견해를 보자면, 우리는 실재를 극단적으로 양분화해서, 서로 분리되고 관계를 맺지 않는 두 영역에 속하는 것들, 즉 보편자와 구체적 개체를 갖게 되는 것이다. 아리스토텔레스주의자들에 따르면 이러한 양분화는 형이상학과 인식론에서 해결할 수 없는 문제들을 낳게 된다.

시 · 공간적 대상들, 완전히 시 · 공간 밖에 있는 존재, 이 둘 사이에 어떤 종류의 연결이 있을 수 있는지 이해하기는 매우 어렵다. 그럼에도 실재론자들은 그러한 연결이 있다고 할 수밖에 없다. 형이상학적 실재론의 근본적 토대, 다시 말해 속성 일치에 관한 실재론적인 해석은 다음과 같이 말할 수밖에 없는 것이다. 즉 시 · 공간을 차지하는 개체들이 어떤 존재 방식을 갖는지, 또 그것들이 어떤 종류의 것들인지, 또 그것들이 서로 어떻게 관계를 맺고 있는지에 대한 존재론적 근거는 개체들이 어쨌든 속성, 종, 관계들과 연결되거나 묶여 있다는 것이다. 이와 또 다른 문제가 있다. 구체적 개체들로 이루어진 시 · 공간적 세계에 묶여 있는 우리들과 같은 존재자들이 어떻게 시간적이지도, 공간적이지도 않은 속성, 종, 관계들에 인지적으로 접근할 수 있는가 하는 문제가 그것이다. 이것 역시 대답하기 어렵다. 우리와 같은 시 · 공간적 개체들, 시 · 공간 밖에 있는 존재자들, 이 둘 사이에 그 어떠한 인과 관계도 없는 것으로 보이므로, 보편자에 대한 우리의 지식에 대해 말할 수 있는 유일한 것은 다음과 같은 것이다. 즉 보편자에 대한 우리의 지식은 선천적이거나innate 선험적인a priori 것이다. 그러나 아리스토텔레스주의자들은 전통적으로 선천적 지식에 대해 회의하고 있었다. 그들은 속성, 종, 관계에 관한 우리의 지식이 다른 모든 우리의 지식들처럼 경험적 기원을 가진다고 주장하길 원한다. 아리스토텔레스주의자들은 다음과 같이 주장하길 원한다. 즉 시 · 공간적인 구체적 개체들에 대한 우리 지식으로부터 보편자들에 대한 지식을 잘라내거나 분리할 수 없다. 그들의 생각은 다음과 같은 것이다. 개체들을 파악하려고 할 때, 우리는 그 개체들이 속하는 종을 파악함으로써만, 그 개체들이 드러내는 속성들을 파악함으로써만, 그 개체들이 맺는 관계를 파악함으로써만 그 개체들을 파악할 수 있다. 반대로 종, 속성, 관계들을 파악하려고 하는 경우에는 그것들을 예화하는 개체들과 인식적으로 접촉함으로써만 그러한 종, 속성, 관계들을 파악할 수 있다.

그렇다면 플라톤주의자들은 예화되지 않은 보편자에 관한 착상을 어떻게 방어할까? 중요한 전술 중 하나는 다음과 같이 논하는 것이다. 즉 우리로 하여금 예화되는 보편자를 상정하게끔 한 의미론적 고찰이, 예화되지 않은 보편자가 존재한다는 주장 역시 뒷받침해 준다. 플라톤주의자들은 다음과 같이 논할 것이다. 보편자를 자신의 지칭체로 갖는 술어는 참인 주-술 문장 내의 술어만이 아니다. 거짓 주-술 문장 내의 술어도 보편자를 자신의 지칭체로서 가진다. 대상 a와 어떤 사람 P를 가정하자. 그리고 P가 다음과 같은 문장이 참이라고 잘못 믿는다고 가정하자.

　　(20) a is F.

　　P는 문장 (20)을 긍정적으로 잘 발화했다고 할 수 있다. 물론 문장 (20)을 발화하면서 P가 주장한 바는 거짓이다. 그럼에도 P는 어떤 것을 주장한 것이다. 그런데 P는 무엇을 주장한 것인가? 만약 문장 (20)이 참이라면, 문장 (20)을 발화하는 가운데 P는 다음을 주장했을 것이다. 즉 대상 a가 보편자 F-ness를 예화한다. 플라톤주의자들은 다음과 같이 주장할 것이다. 문장 (20)을 발화하면서 P가 주장한 어떤 것은 문장 (20)의 참, 거짓에 의존하지 않는다. 문장 (20)을 발화하면서 P가 거짓되게 주장한 어떤 것과 문장 (20)이 참이라는 가정 하에서 P가 주장했을 그 어떤 것과 완전히 동일해야 한다. 따라서 P는, 비록 그것이 거짓으로 드러나긴 했지만 a가 F-ness를 예화한다고 주장하고 있는 것만은 사실이다. 그런데 F는, 예컨대 모양에 관한 술어로서, 존재했거나 존재하거나 존재할 어떠한 대상에 의해서도 참이 되거나 만족되지 않는 일반 용어일 수 있는 것이다. 따라서 예화되는 보편자를 인정하게 한 의미론적 고찰은 예화되지 않은 보편자의 존재도 인정하게끔 한다. 그리고 F는 어떠한 대상에 대해서도 필연적으로 참이 되지 않는 술어일 수

있으므로, 예화되는 보편자를 인정하게 만든 논증은 다음과 같은 믿음을 정당화해 주는 것으로 보인다. 즉 필연적으로 예화되지 않는 속성, 종, 관계들이 존재한다.

플라톤주의자들은 전형적으로 다음과 같이 주장한다. 즉 모든 보편자는 예화되든 예화되지 않든 간에 모두 **필연적 존재자들**necessary beings이다. 존재하긴 하지만 꼭 존재할 필요는 없는 개체, **우연적으로**contingently 존재하는 개체들과는 달리, 속성, 종, 관계는 존재하지 않을 수 없는 것들이다. 이를 보이기 위해 플라톤주의자들은 다음과 같이 말한다. 즉 각각의 속성 전체가 속성이라는 주장은 그냥 참이 아니다. 그것은 필연적으로 참이다.* 이제 플라톤주의자들은 다음과 같이 주장한다. 어떤 대상에 대한 주장이 참이라면, 그것은 그 대상이 현실적으로 존재함을 전제로 한다. 이와 마찬가지로, 어떤 대상에 대한 주장이 필연적으로 참이라면, 그것은 그 대상이 필연적으로 존재함을 전제로 한다. 필연적 참이란 거짓일 수 없는 것이다. 그리고 어떤 주장이 필연적으로 참이면서 어떤 대상에 관한 것이라면, 그 대상은 존재할 수밖에 없는 것이다. 따라서 모든 속성은 존재할 수밖에 없는 것이다. 모든 속성은 필연적 존재이다. 그리고 유사한 논증이 종이나 관계에 관해서도 마찬가지로 이루어진다. 따라서 플라톤주의자들은 다음과 같이 주장한다. 우리는 속성이나 종이나 관계들이 존재하는 것과 그것들이 예화되는 것, 이 둘을 구별해야 한다. 속성, 종, 관계들이 예화되는 것은 우연적인 일이다. 하지만 이것들이 존재하는 것은 필연적인 일이다.

아리스토텔레스주의자들을 비판하면서 플라톤주의자들은 다음과 같이 논한다. 즉 아리스토텔레스주의자들은 보편자가 존재한다는 사실을, 그 보편

---

* 예를 들어 "삼각형은 속성이다."라는 명제는 필연적으로 참이다. 또 "인간은 하나의 종이다."라는 명제는 필연적으로 참이다.

자를 예화하는 어떤 것이 존재한다는 사실에 의존하도록 만들었는데, 그들이 이런 오류를 범한 이유는 그들이 위와 같은 구별[존재와 예화 사이의 구별]을 하지 못했기 때문이다. 그래서 사물들을 거꾸로 보게 된 것이다. 보편자란 개체들 사이의 속성 일치를 설명하기 위해 도입된 것이다. 왜 구체적 개체들이 그러한 방식으로 존재하는지를 설명하기 위해서 말이다. 그렇다면 보편자란 존재론적으로 개체들에 선행하는 것이다. 그러나 아리스토텔레스주의자들의 경우에 사물들은 딱 그 반대로 놓여 있는 것이다. 그들의 경우에 보편자의 존재는 사물들의 존재에 의존한다. 다시 말해 보편자의 존재는 이런 저런 종류의 개체들, 이런 저런 방식으로 특징지어진 개체들, 혹은 이런 저런 방식으로 관계 맺는 개체들의 존재에 의존하는 것으로 드러난다. 아리스토텔레스주의자들의 이러한 견해는 형이상학적 실재론을 추동한 핵심 착상을 많이 퇴색시키는 것이다.

  마지막으로, (아마도 플라톤을 포함해서) 어떤 실재론자들은 "두 세계" 존재론을 그냥 취하지만, 많은 플라톤주의자는 아리스토텔레스주의자들을 비판하면서 다음과 같은 아리스토텔레스주의자들의 오류에 초점을 맞춘다. 즉 아리스토텔레스주의자들은 "두 세계" 존재론이 드러내는 형이상학적 문제들이, 예화되지 않는 보편자를 인정하는 존재론에 타격을 가한다고 잘못 생각했다. 플라톤주의자들에 따르면 예화라는 결합nexus은 보편자와 개체를 묶는tie 역할을 한다. 그리고 그들에 따르면, 예화라는 개념은 존재론적으로 기본적인 것이라 할지라도 완벽하게 잘 정형화된 개념이다. 다시 말해 이 개념은 플라톤주의자들뿐 아니라 아리스토텔레스주의자들도 전제로 하고 있는 개념이다. 따라서 그들은 다음과 같이 주장한다. 플라톤주의로 해결할 수 없는 어떤 인식론적 문제가 있다는 아리스토텔레스주의자들의 비판은 이미 퇴색해 버린 것이다. 그들은 다음과 같이 주장한다. 어떤 보편자들은 시·공간적 세계 안에서 예화되지 않지만, 많은 보편자는 그 세계에서 예화된다.

그리고 예화된 보편자들에 대한 우리의 지식은 완전히 경험론적으로 포착될 수 있는 것이다. 우리는 보편자에 인지적으로 접근할 수 있다. 그 보편자를 예화하는 시·공간적 개체들을 경험하면서 말이다. 보편자에 대해 갖는 다른 그 어떤 지식도, 예화된 보편자에 대한 이러한 지식을 근거로 하는 것이다. 따라서 우리는 예화되지 않은 어떤 보편자에 대해서도 알 수가 있다. 예화된 속성, 예화된 종, 예화된 관계에 대한, 경험적으로 근거 지어진 지식으로부터 추정함extrapolation으로써 말이다. 우리가 이 세계와 매일 접하면서 만나게 되는 예화된 보편자들이 있는데, 만약 이 예화된 보편자들과 어떠한 관계도 맺지 않는(혹은 예화된 보편자와 비교해 그것의 정체성을 확인할 수 없는) 보편자가 있다면, 우리는 그 보편자에 대해서는 아무 지식도 갖지 않는다고 인정해야 할 것이다. 플라톤주의자들이 이렇게 주장하는 것이 놀라운 일인가? 플라톤주의자들은 그렇지 않다고 주장할 것이다. 오히려 그들은 다음과 같이 주장할 것이다. 바로 이것이 우리가 기대한 것이라고.

주석

1. 물론 서론에서 논한 개념 도식론자들은 예외이다.
2. *Parmenides* 130E~131A in Hamilton and Cairns(1961).
3. *Parmenides*에서 볼 수 있는 플라톤적 견해에 대한 20세기의 정식화로는 다음을 참조. Russell(1912)(IX와 X), Strawson(1959 : V와 VI), Donagan(1963), Wolterstorff(1973), Loux(1978a), Armstrong(1989a).
4. '실재론'과 '형이상학적 실재론'이라는 용어가 이러한 견해에 대한 표준적 이름이다. 그러나 '실재론'이라는 용어는 진리의 본성에 대한 어떤 견해를 지칭할 때도 사용된다. 즉 정신 독립적인 세계와의 대응이 있으며, 그러한 대응으로 인해 우리의 믿음이 참이 되거나 거짓이 된다는 견해. 이런 의미로 '실재론', '형이상학적 실재론'이 사용될 경우, 실재론은 반실재론antirealism이라는 입장과 대립된다. 우리가 서론에서 논한 개념 도식론자들이 바로 진리의 본성에 대한 반실재론적 입장을 취한다. 형이상학에 대한 전통적 개념화를 선호하는 사람들, 그래서 형이상학을 실재의 일반적 구조에 대한 묘사로 간주하는

사람들은 이런 의미에서 보자면 실재론자들이다. 그러나 진리에 대해 실재론적 입장을 취하는 철학자들이 속성 일치에 대해서는 유명론적 입장을 취할 수 있으며, 또 그러한 경우가 종종 있다. 이에 대해서는 9장을 참조하라. 거기서 실재론과 반실재론 사이의 대립이 자세히 논의되고 있다.

5. 다양한 존재론적 범주들도 종의 일종이다. 이것들은 최고의 종이거나 가장 일반적인 종이다. 따라서 종의 존재를 부정하는 철학자라면, 형이상학적 작업을 하거나 존재의 범주를 규정하고자 할 때, 자신이 무슨 일을 하고 있는지를 말할 수 있는 형이상학적으로 중립적인 방법을 제시해야 할 것이다.

6. 주−술 문장이 보편자의 존재를 전제로 하고 있다는 견해를 보려면 Donagan(1963: 특히, 126~133)을 참조하라. 여기에서처럼 논문이 Loux(1976a)에 실린 경우에는 쪽수를 Loux(1976a)에 근거해 매겼다.

7. 대응과 진리/참에 대한 더욱 심도 있는 논의를 보려면, 4장의 III절과 9장을 참조하라.

8. 이러한 설명은 버그만Gustav Bergmann이 지지하고 있다. 예를 들어 "The philosophy of Malebranche" in Bergmann(1959: 190~191)을 참조하라.

9. 예를 들어 Wolterstorff(1973: 85), Strawson(1959)의 5장, Loux(1978a: 30~33) 참조.

10. 추상물 지칭과 이것의 존재론적 근거에 대한 논의를 보려면 Loux(1978a)의 IV장을 참조하라.

11. 예를 들어 "Properties and states of affairs intentionally considered" in Chisholm (1989: 141~142) 참조.

12. 이것은 러셀의 역설이라고 불리는 역설을 속성에 적용한 것이다. 원래 이 역설은 집합과 관련한 역설인데, 이것은 결론적으로 다음과 같은 교훈을 준다. 즉 집합의 집합은 없다는 것. 만약 이러한 집합이 있다고 한다면, 자기 자신을 원소로 갖지 않는 집합들로만 이루어진 집합이 있을 수 있다.[예를 들어 이러한 집합의 원소로는 볼펜들의 집합이 있다. 볼펜들의 집합은 볼펜이 아니다.] 그런데 이러한 집합이 있다면, 이 집합은 자기 자신을 원소로 갖거나 자기 자신을 원소로 갖지 않을 것인데, 이 두 경우 중 어느 경우에든 우리는 모순에 처하게 된다.

13. *Parmenides* 131E~132B in Hamilton and Cairns(1961) 참조. 실재론과 무한퇴행에 대한 더욱 최근의 논의를 보려면 다음을 참조. Strawson(1959: V), Donagan(1963: 135~139), Loux(1978a: 22~27), Armstrong(1989a: 53~57).

14. Armstrong(1989a: 54~55)에서 이 점이 정확하게 지적되었다.

15. Bradley(1930: 17~18).

16. Wolterstorff(1973: 102) 참조.

17. 예를 들어 다음을 참조. Donagan(1963: 138), Strawson, *Individuals*(1959: 169), "Meaning" in Bergmann(1964: 87~88).

18. 예를 들어 다음을 참조. Donagan(1963 : 128~129), "Two types of linguistic philosophy" in Bergmann(1954 : 122).

19. Wittgenstein(1953 : 66).

20. Loux(1978a : 20~21) 참조.

21. Armstrong(1989a : 87) 참조.

22. 수반에 대한 유용한 논의로는 "Concepts of supervenience" in Kim(1993 : 53~78) 참조.

23. 여기서 논의되는 주제는 전형적으로 심리철학에서 논의되는 주제이다. 강한 유물론을 선호하는 철학자들, 그리고 존재하는 것은 최고의 물리학 이론이 상정하는 대상들뿐이라는 주장을 하는 철학자들, 이러한 철학자들에게 의식의 질적 측면이 어떤 위상을 갖는가 하는 것은 문젯거리가 된다. 이 주제에 대한 명쾌한 논의와 제거주의적 전략에 대한 논의를 보려면 Paul Churchland(1990 : 특히 II장) 참조.

24. Donagan(1963 : 131~133), Loux(1978a : V장) 참조.

25. *Phaedo* 73A~81A, *Republic* 507B~507C in Hamilton and Cairns(1961) 참조.

26. *Categories* II(14a 8~10) in McKeon(1941) 참조. 현대판 아리스토텔레스적 견해는 Armstrong(1989a : 75~82)에서 옹호되고 있다.

27. 이러한 대립과 관련한 핵심적 주제들은 다음과 같은 저서에서 논의되고 있다. Donagan(1963), Armstrong(1989a), Loux(1978a), "Properties and states of affairs intentionally considered" in Chisholm(1989 : 141~142).

더 읽을 책

이제 시작하는 학생들은 형이상학적 실재론에 대한 고전으로서 다음을 읽어야 한다. 플라톤의 *Phaedo*, *Republic*의 V-VII권, *Parmenides*의 초반부. 플라톤 견해에 대한 아리스토텔레스의 논의는 읽기가 어렵다. 그러나 용기 있는 학생이라면, 다음을 읽으면 좋다. *Metaphysics* A. 6, *Metaphysics* B, *Metaphysics* Z. 13-16. 실재론을 옹호하는 현대 철학자들의 논의는 종종 전문적이다. 그러나 다음과 같은 책들을 읽는다면, 위의 주에 나오는 모든 문헌을 읽을 때 어려움이 없을 것이다. Russell(1912)의 IX장, X장. Donagan(1963), Armstrong(1989a), "Properties and states of affairs intentionally considered" in Chisholm(1989). 러셀과 암스트롱의 논문은 *Metaphysics: Contemporary Readings*에 실려 있다.

2

보편자 문제 II

유명론

metaphysics

유명론자들은 보편자가 존재함을 부정한다. 이러한 견해를 취하게 된 동기는 그들이 다음과 같이 믿기 때문이다. 즉 우리의 형이상학은 이론적으로 단순해야 한다. 그들은 다음과 같이 주장한다. 만약 설명력이 똑같은 이론이 둘 있다면, 우리는 가정하는 사물의 종류가 더 적은 이론을 선택해야 한다. 그리고 그들에 따르면, 오직 개체들particulars이나 개별자들individuals만 가정하고도 우리는 속성 일치, 주−술 문장, 추상물 지칭, 이 모든 것을 충분히 만족스럽게 설명할 수 있다.

그러나 유명론의 형태는 여럿이다. 가장 극단적인 형태는 오직 구체적 개체들만 포함하는 존재론을 취한다. 그러고는 다음과 같이 주장한다. 즉 분명히 보편자에 대한 주장처럼 보이는 모든 주장은 사실 구체적 개체들에 대한 주장의 위장(僞裝)에 불과하다. 이러한 극단적 형태의 유명론에는 여러 가지 어려움이 있다. 그리고 이러한 어려움들은 어떤 철학자들로 하여금 메타 언어적metalinguistic 형태의 유명론을 취하게 했다. 이 견해도 존재하는 것들은 오직 구체적 개체들뿐이라고 주장한다. 그렇지만 이 견해는 다음과 같은 입장을 취한다. 즉 분명히 보편자에 대한 주장처럼 보이는 모든 주장은 사실 언어적 표현들에 대한 주장일 뿐이다. 트롭 이론trope theory이라고 불리는 유명론도 있다. 이 견해에 따르면, 속성이나 성질 같은 것들이 존재하기는 한다. 그러나 이것들 모두 개별적이다. 다시 말해 이것들 각각은 오직 한 대상 안에서만 발견될 수 있다. 이들의 주장에 따르면, 분명 보편자에 대한 주장처럼 보이는 모든 주장은 사실 이러한 개별적 속성들(트롭trope이라고 부른다. 그래서 이름이 '트롭 이론'이다.)에 대한 주장이다. 마지막으로 허구주의 fictionalism라고 불리는 유명론이 있다. 이 견해에 따르면, 보편자에 대한 이야기는 마치 허구적 담론에 대한 이야기 같은 것이다. 보편자에 대한 이야기는 단지 우리가 이야기하는 허구적 이야기의 한 요소일 뿐인 것이다.

유명론의 동기

유명론자들은 보편자의 존재를 부정한다. 왜? 유명론을 옹호하는 문헌들을 연구해 보면, 우리는 이 질문에 대한 단일한 답을 찾을 수 없다. 실재론자들에 대한 공격은 매우 다양한 전선에서 이루어지기 때문이다. 어떤 경우, 유명론자들의 비판은 다중 예화multiple exemplification라는 개념에 초점을 맞춘다. 유명론자들에 따르면, 수적으로 서로 다른 개체들이 동일한 보편자 하나를 예화한다는 주장은 일관적이지 못하다.[1] 특정 시간에 한 보편자를 예화하는 서로 다른 개체들은 공간상의 서로 구분되고 비연속적인 여러 장소를, 혹은 공간상의 서로 겹치지 않는 여러 장소를 점유한다. 따라서 유명론자들은 다음과 같이 말한다. 개체들이 그 보편자를 함께 예화한다는 것은 다음과 같은 사실을 전제로 하는 것이다. 즉 수적으로 하나인 동일한 엔터티entity가 특정 시간에, 서로 겹치지 않는 공간상의 여러 장소에 전체적으로 완전하게 나타난다. 그러나 유명론자들은 다음과 같은 사실을 강조한다. 이러한 방식의 다중 장소 점유화multiple localization는 불가능하다. 그리고 이 불가능성을 보이기 위해 그들은 다음과 같은 점을 지적한다. 즉 만약 이것이 가능하다면, 다음과 같은 주장들이 참일 수 있어야 한다.

⑴ 그 빨간색은 자신으로부터 15마일 떨어져 있다.

The color red is 15 miles away from itself.

⑵ 삼각형이 자신으로부터 멀어지면서 가까워진다.

The shape of triangularity is both receding from and drawing closer to itself.

그리고 유명론자들은 다음과 같이 주장한다. 우리는 이 주장들이 필연적으로 거짓임을 보이기 위해 특별한 논증을 할 필요조차 없다.

우리는 또 다른 맥락에서 보편자를 부정하는 유명론자들을 볼 수 있는데, 그들이 취하는 근거는 다음과 같다. 속성, 종, 관계와 같은 것들의 동일성 조건identity conditions을 제시하고자 할 때, 우리는 항상 악순환에 빠진다.[2] 이들에 따르면, 우리가 우리의 존재론에 어떤 대상을 포함시키려면 우리는 언제나 다음과 같은 것을 말할 수 있어야 한다. 즉 언제 우리가 그러한 종류에 속하는 대상 단 하나를 갖게 되는지, 또 언제 우리가 그러한 종류에 속하는 수적으로 서로 다른 여러 대상을 갖게 되는지. 그러나 유명론자들에 따르면, 보편자에 대해 비순환적인 동일성 조건을 제시하려고 할 때마다 우리는 넘어설 수 없는 어려움에 부딪히게 된다. 우선 우리는 보편자를 예화하는 개체들을 통해 그 보편자의 동일성 조건을 제시할 수 없다. 다시 말해 우리는 다음과 같이 말할 수 없다. 즉 보편자 U와 U′는 다음과 같은 조건에서 수적으로 동일하다. 즉 U를 예화하는 모든 대상이 U′도 예화할 때. 왜 이렇게 말할 수 없는가 하면, 보편자들은 똑같은 대상들에 의해 예화될지라도 서로 다를 수 있기 때문이다. 그래서 인간mankind이라는 보편자를 예화하는 모든 것은 날개 없는 두 발 동물being a featherless biped이라는 보편자도 예화한다. 또 날개 없는 두 발 동물이라는 보편자를 예화하는 모든 것은 인간이라는 보편자도 예화한다. 그럼에도 우리는 여기서 서로 다른 보편자들을 갖고 있는 것이다. 인간과 날개 없는 두 발 동물을 차이 나게 만드는 것은 이것들을 예화하는 사물들의 집합이 아니다. 이 두 보편자를 서로 다르게 만드는 것은 이 보편자들이 갖는 내용content이다. 그러나 우리가 보편자 U와 보편자 U′의 내용을 서로 다르게 해주는 어떤 것을 설명하려면, 다른 보편자를 도입해야 한다. 즉 우리는 U와 U′를 정의하는 서로 다른 보편자들을 도입해야 한다. 새로운 이 보편자들은 U와 U′의 내용들을 설명해 준다. 그러나 이러한 설명이 이루어지는 것은 오직 다음과 같은 조건하에서만 가능하다. 즉 새로운 이 보편자들이 수적으로 서로 다름을 우리가 확신할 수 있는 경우에만. 그러나 유명론자들은 다음과 같이 말한다. 우리는 그것에 대해 확신할 수도 있다. 하지만 그렇게 확신할 수 있으려면, 우리는 우리가 제공하고자 했던 것, 즉 보편자들의 동일성 조건에 대한 일반적 설명을 이미 처음부터 가지고 있어야 하는 것이다.*

또 다른 맥락에서 유명론자들은 실재론을 비판하는데, 이 경우 그들은 우리가 앞 장에서 논의한 문제들을 지적한다. 그래서 우리는 다음과 같은 주장을 만난다. 즉 형이상학적 실재론은 필연적으로 무한 퇴행한다. 속성, 종, 관계가 예화된다는 사실을 통해 속성 일치나 술어화를 설명할 때, 실재론자들은 나쁜 무한 퇴행에 빠진다. 또한 우리는 다음과 같이 논하는 유명론자들을 볼 수 있다. 형이상학적 실재론이라는 존재론을 취하면 인식론에서 재앙이

---

* U와 U′를 내용이 서로 다른 것으로 만들어주는 것을 설명하기 위해 우리는 더 기본적인 보편자를 도입해야 한다. 그래서 우리는 U와 U′를 정의하는 보편자들, 혹은 U와 U′를 구성하는 보편자들을 언급하게 된다. 그것을 각각 K와 K′라고 하자. 그런데 K와 K′를 언급함으로써 보편자 U와 U′를 구별해 내는 데 성공하기 위해서는 K와 K′가 서로 달라야 한다. K와 K′가 서로 다름을 안다면, 우리는 왜 U와 U′가 내용이 서로 다른지 알게 될 것이다. 그러나 우리가 K와 K′가 서로 다르다는 것을 알 수 있다면, 애초에 U와 U′가 서로 다르다는 것도 알 수 있어야 하는 것 아닌가? 아니면 다음과 같이 생각할 수도 있다. 즉 K와 K′가 서로 다른 것은 이것들의 내용이 서로 다르기 때문이다. 그렇다면 우리는 K와 K′를 정의하는 보편자를 도입해야 한다. 그리고 새로운 보편자의 도입은 끝없이 이어질 것이다.

초래된다. 왜냐하면 만약 보편자를 추상적 엔터티라 특징짓는 실재론자들이 옳다면, 개체들로 이루어진 구체적 세계에 뿌리를 두고 있는 우리 같은 존재자들이 어떻게 속성이나 종, 관계 등에 인지적으로 접근할 수 있는지 설명하기란 불가능하기 때문이다.

우리가 언급한 여러 비판은 다중 예화되는 엔터티에 대한 불편한 심기를 설명해 주고 있다. 그럼에도 이 비판들 각각이나 이 비판들의 총체는 우리가 형이상학적 실재론을 곧바로 거부할 만큼 완전히 만족스러운 설명을 제공하는 것으로 보이지는 않는다. 이들 중 첫 번째 비판을 고찰해 보자. 반론은 다음과 같다. 한 보편자를 예화하는 여러 개체는 공간상의 비연속적이거나 서로 겹치지 않는 장소들을 점유한다. 따라서 실재론자들은 다음과 같은 필연적인 거짓 주장에 개입하게 된다. 즉 특정 시간에 수적으로 서로 다르며 서로 겹치지 않는 여러 장소에 단일한 사물이 전체적으로 완전하게 나타난다. 그러나 이 반론은 실재론자들이 다음과 같은 주장에 개입하고 있음을 가정한다. 즉 보편자는 공간적 위치를 가지는데, 자신을 예화하는 사물들이 놓이는 바로 그곳이 그의 공간적 위치이다. 어떤 실재론자들은 이러한 입장을 취하기도 한다. 하지만 모두가 그런 것은 아니다. 러셀Bertrand Russell은 보편자가 위치를 가짐을 부정한다. 그리고 그는 그것을 부정할 만한 강한 직관적 근거가 있다고 생각한다. 그는 다음과 같이 지적한다. '…의 북쪽에being north of '라는 보편자가 에든버러와 런던을 관계 맺게 하지만, "우리가 '…의 북쪽에'라는 관계를 찾을 수 있는 장소는 없는 것이다. 이 관계는 런던에 존재하지도 않고, 또 에든버러에 존재하지도 않는다. 왜냐하면 이것은 이 둘을 관계 맺게 하는 것으로서, 이 둘 사이에서 중립적neutral이기 때문이다."[3] 러셀은 이 경우를 일반화해 다음과 같이 주장한다. 한 보편자를 예화하는 개체들이 공간적 위치를 가질 수 있다. 그러나 그러한 개체들이 예화하는 바로 그 보편자는 공간적 위치를 갖지 않는다.

러셀의 견해는 비정합적으로 보이지 않는다. 그리고 만약 이 견해가 비정합적이지 않다면, 실재론자들은 보편자가 공간적 위치를 가진다는 견해에 개입하지 않게 되며, 결국 위의 반론은 형이상학적 실재론이 의심의 여지가 있음을 보여주지 못하는 것이다. 기껏해야 이 반론은, 보편자가 보편자 자신을 예화하는 것들이 놓이는 그곳에 놓인다고 간주하는 보편자 실재론의 어느 한 종류에 대해서만 문제 제기를 할 수 있는 것이다. 그러나 다음과 같은 사실을 지적하는 것이 중요하다. 이 반론이 이렇게 제한된 영역에서만 성공을 거둘 수 있다 하더라도, 이 반론이 실제로 성공하려면 다음과 같은 주장, 즉 단일한 엔터티가 특정 시간에 서로 겹치지 않는 여러 장소를 점유한다는 주장이 필연적으로 거짓이어야 한다. 그러나 보편자가 공간적 위치를 가진다고 생각하는 실재론자들은 단일한 엔터티가 특정 시간에 여러 장소를 점유할 수 있다고 주장할 것이다.[4] 실재론자들은 다음과 같이 주장할 것이다. 한 개체가 특정 시간에 서로 겹치지 않는 여러 장소를 전체적으로 완전하게 점유한다는 것은 불가능하다. 그러나 실재론자들은 다음과 같이 주장할 것이다. 바로 이러한 불가능성은 오직 개체들의 공간적 위치에만 관심을 두고자 하는 상식 수준의 경향과 결합해, 우리로 하여금 이보다 더 일반적인 주장을 필연적 거짓으로 결론짓게 만드는 것이다. 실재론자들의 주장은 이런 것이다. 개체들에 의해 예화되는 보편자들은 그 본성상 특정 시간에 공간상의 서로 다른 비연속적 장소들을 점유할 수 있다. 그리고 (1), (2)와 같은 주장이 드러내는 명백한 기이함은 형이상학적 불가능성으로부터 나오는 것이 아니다. 이 기이함은 단지 공간적 위치에 관한 담론들이 아주 전형적으로 개체들의 경우에만 한정된다는 사실로부터 나오는 것이다. 그러한 이유로 우리는 다음과 같은 잘못된 가정을 한다. 즉 개체들의 공간적 점유에만 관계하는 원리가 계통 없이 다른 곳[보편자]에도 적용된다.*

위의 반론에 대한 이러한 답변이 잘못이라고 하기는 어렵다. 그리고 사실 우리는 이와 같은 주장을 하는 유명론자를 발견한다. 그래서 충실한 유명론자인 루이스David Lewis는 다음과 같이 말한다. "반복적으로 나타남으로써 보편자는 직관적 원리들을 거부한다. 그러나 이것은 파괴력 있는 반론이 아니다. 왜냐하면 직관이라는 것은 분명 개체들과 관련해 형성된 것이기 때문이다."[5] 분명 유명론자들은 자신들이 유명론자가 될 좋은 이유가 있다고 믿으며 우리는 그 이유가 무엇인지 예상할 수 있다. 하지만 유명론자들 자신이 첫 번째 반론에 한계가 있음을 인정한다면, 그 반론은 형이상학적 실재론을 배격하고 유명론을 채택해야 할 근본적 이유를 제시하지는 못한 것이다.

내 생각에 두 번째 반론도 마찬가지이다. 이 반론은 보편자들의 동일성 조건에 대한 일반적 설명을 요구한다. 그리고 순환적이지 않으면서도 퇴행적이지 않은 설명을 제시하도록 요구한다. 이제 어떤 실재론자들은 이러한 요구에 맞서, 유명론자들의 요구에 맞는 설명을 제시하려 한다. 그러나 더욱 전형적인 방향은 실재론자들이 다음과 같이 논하는 것이다. 즉 동일성 조건에 관한 유명론자들의 요구는 적절치 않다.[6] 실재론자들에 의하면, 어떤 경우에는 비순환적인 동일성 조건을 제시할 수 있다. 수학자들의 집합set이 그 경우이다. 우리는 다음과 같이 말할 수 있다. 집합 α와 집합 β는 다음과 같은 조건에서 동일하다. 즉 α의 모든 원소가 β의 원소이며, 또 β의 모든 원소가 α의 원소일 때. 그러나 실재론자들은 집합의 경우가 아주 전형적인 것이라 보지 않는다. 우리는 유명론자들이 요구하는 종류의 동일성 조건이 충족되지

---

* 개체는 공간의 여러 불연속적 점을 차지할 수 없지만, 보편자는 그럴 수 있다. 이것이 이상하게 보이는 이유는 우리의 직관이 개체들로부터 비롯했기 때문이다. 이와 비슷한 상황이 또 있다. 무한 집합을 다룰 때, 우리는 다음과 같은 이상한 결론에 도달하게 된다. 즉 자연수 집합을 이루는 원소의 개수와 짝수 집합을 이루는 원소의 개수는 같다. 러셀은 이러한 사실을 무한 집합의 정의로 간주한다. 즉 한 집합과 그 집합의 부분집합이 원소의 개수가 같다면, 이 집합들은 무한집합이다. 이 사실 역시 우리의 직관을 흔든다. 그러나 이 사실이 우리의 직관을 흔든다면, 그것은 이 사실이 수학적으로 불가능하기 때문이 아니다. 우리의 직관이 유한집합으로부터 생성된 것이기 때문이다.

않는 여러 경우를 보게 된다. 실재론자들의 주장에 따르면, 이러한 경우들에서 동일성 조건을 제시하지 못한다 하더라도, 그것이 이 동일성 조건과 관련된 사물들의 존재를 의심케 하지는 않는 것이다. 그래서 실재론자들은 다음과 같은 점을 지적할 수 있을 것이다. 즉 물질적 대상들과 같은 의심의 여지 없는 엔티티들에 대해 만약 우리가 동일성 조건을 제시하려 한다면 우리는 큰 어려움에 봉착하게 된다. 우리는 다음과 같이 가정할 수도 있을 것이다. 즉 우리는 물질적 대상들의 시·공간적 위치를 지칭함으로써 그 조건을 정식화할 수 있다. 그러나 실재론자들은 다음과 같이 주장할 것이다. 완전한 설명이 될 수 있다 하더라도, 이 설명 역시 순환적이거나 퇴행적이다. 왜냐하면 물질적 대상들의 동일성/정체성의 근거를 시간과 공간의 동일성/정체성에 두려는 모든 설명은 다음과 같은 반론에 직면하기 때문이다. 즉 오히려 시간과 공간의 동일성/정체성은 거기에 놓인 대상들의 동일성/정체성에 의존한다. 따라서 물질적 대상들에 관해서는 유명론자들이 요구하는 식의 동일성 조건이 제시될 수 없다. 여기서 실재론자들은 다음과 같이 주장한다. 적절한 동일성 조건을 제공할 수 없다고 해서 물질적 대상이라는 일반적 범주 자체의 정당성이 훼손되지는 않는다. 실재론자들은 이것이 다음과 같은 사실을 보여준다고 논한다. 즉 동일성 조건에 관한 유명론자들의 일반적 요구는 잘못된 것이다. 따라서 실재론자들은 다음과 같이 결론짓는다. 우리는 보편자의 동일성 조건을 순환적이지 않게 설명하지 못하지만 그럼에도 이것이 그 범주에 속하는 엔티티의 존재를 의심할 이유가 되지는 않는다.

유명론자들에게는 이러한 대답이 만족스럽지 않게 여겨질 수 있다. 그러나 이 대답은 증명의 의무를 유명론자들이 지게 하는 힘을 가진다. 만약 이 비판이 실재론에 대한 결정적 반론이 된다면, 유명론자들은 동일성 조건이 요구될 때마다 그것을 방어해야 할 필요가 있다. 그러나 사실로 보자면 유명론자들은 이러한 방어를 제공하는 것이 자신의 기획에서 핵심적인 것이라 생각지 않는다. 동일성 조건과 관련해서 보편자에 대한 유명론자들의 거부가 근거를 가지려면 여기서 유명론자들은 더 성실해야 할 것이다. 따라서 다음과 같은 결론을 내리는 것이 합리적인 것 같다. 즉 두 번째 반론도 유명론을 채택해야 할 주요한 근본 동기를 제시하지 못하고 있다.

이전 장에서 보았듯이, 실재론자들은 형이상학적 실재론이 나쁜 무한 퇴행에 빠진다는 반론에 대해 신경을 많이 쓴다. 우리가 언급했듯이, 이 반론은 다양한 형태를 취하고 있다. 실재론자들은 이러한 형태의 반론들 대부분이 실패라고 주장한다. 범주적으로 볼 때 예화라는 것이, 우리에게 친숙한 어떤 관계들과 같은 일종의 관계적 개념이라면, 실재론은 나쁜 무한 퇴행에 빠진다. 이것은 실재론자들이 일반적으로 인정하는 바이다. 그러나 실재론자들은 이러한 사실 때문에 자신들의 견해를 버려야 하는 것은 아니라고 생각한다. 다만 그들은 이러한 사실이, 이론적으로 적절한 형태의 실재론을 구성하게 하는 계기가 된다고는 생각한다. 실재론자들이 말하는 바에 따르면, 이러한 사실이 보여주는 바는 다음과 같다. 즉 예화란 관계가 아니라 묶음tie 혹은 결합nexus이다. 이제 유명론자들은 다음과 같이 생각할 수도 있다. 즉 실재론이 무한 퇴행에 빠진다는 식의 여러 반론은 실재론자들이 생각하는 것보다 훨씬 더 강력하다고. 그리고 유명론자들은 예화가 관계가 아니라는 실재론자들의 주장, 그리고 묶음/결합과 관계, 이 둘을 구분하는 것, 이 모든 것을 인위적이라고 생각할 수도 있다. 그러나 이러한 반론에 대응하기 위해 실재론자들이 말하는 모든 주장을 듣고서도 유명론자들이 이 세 번째 반론을 형이상학적 실재론을 거부하게 해줄 난공불락의 토대로 생각한다면, 그것은 놀라운 일일 것이다. 마찬가지로 추상적 엔터티에 인지적으로 접근할 수 있느냐 하는 인식론적인 염려 역시 유명론자들이 왜 다중 예화 엔터티를 거부하는가 하는 것에 대한 설명으로서는 부족한 면이 있다. 이러한 염려는 형태가 서로 다른 여러 실재론들 사이의 논쟁에서 너무나 핵심적인 역할을 하기 때문에, 모든 형태의 형이상학적 실재론을 거부하게 할 만큼 적절한 토대를 보여준다고 생각할 수는 없다.

따라서 우리가 지금까지 고찰한 반론 중 그 어느 것도 유명론을 선호해야 할 충분히 만족스러운 이유를 제공하지 못한다. 이 반론들 모두는 실재론 내에서 나타나는 기술적 어려움에 초점을 맞추고 있다. 그러나 실재론에 대해 유명론자들이 우선 하게 되는 걱정은 이런 기술적인 것이 아니다. 내 생각에 유명론을 추동하는 근원은 더 직접적인 것이다. 이것은 형이상학적 기획이 어떠해야 하는가라는 문제와 관계된 것이다. 유명론자들이 이해하는 바에 의하면, 형이상학자는 자연과학자만큼이나 이론 구성이라는 문제에 관여한다. 형이상학 이론은 개별 과학을 능가하는 일반성과 이해 가능성을 갖지만, 그럼에도 이 두 경우에서 진행되는 일들은 기본적으로 같은 것이다. 설명되어야 할 어떤 현상들이 있다. 그리고 이론을 구성한다는 것은 여기서 요구되는 설명을 제시하는 것이다. 모든 이론에 핵심이 되는 것은 특정한 대상들과 그 대상들의 구조이다. 이론은 원리들을 제시하는데, 원리들은 이론에 의해 전제된 것들의 본성이 무엇인지, 전제된 그것들이 어떤 식으로 행동하는지를 특징짓는다. 그런 다음, 이론은 이론적으로 전제된 것들이 어떻게 그 이론의 영역domain or field을 구성하는 현상들을 설명할 수 있는지 보여준다. 이러한 이론적 전제물들에 대한 요청이 정당한가, 그렇지 않은가는 이것들이 현상을 잘 설명하는가, 그렇지 않은가에 달려 있다. 그리고 한 이론을 평가하기 위해 우리는 이론이 전제하는 엔터티들이 어느 정도까지 현상들을 잘 설명하느냐를 결정하고자 한다. 이런 맥락에서 우리는 경쟁하는 이론들을 보게 된다. 즉 같은 영역 내의 현상들을 설명하기 위해 고안된 서로 대안적인 이론들 말이다. 그리고 우리는 한 이론의 설명력을 경쟁하는 다른 이론의 설명력과 비교하게 된다. 여러 이론의 설명력이 대략 비슷한 경우, 어떤 이론을 선택할지와 관련해 다른 새로운 요인들이 개입하게 된다. 새로운 요인은 경우에 따라 여러 가지가 될 수 있다. 그러나 언제나 중요한 고려 사항 중 하나가 바로 이론적 단순성이다. 다른 모든 것이 똑같을 경우, 우리는 이론적 개입theoretical commitment이 더 적은 설명을 선호한다. 다시 말해 우리는 엔터티의 종류를 더 적게 가정하는 이론을 선호한다. 따라서 이론들을 선택할 때, 우리는 항상 이론적 단순성의 원리 혹은 이론적 절약의 원리를 채택하는 것이다. 동일한 설명력을 갖는 두 이론이 주어졌을 때, 엔터티의 종류를 더 적게 가정하는 이론이 선호되는 것이다.

이제 유명론자들은 다음과 같이 주장하고자 한다. 이론 선택에 관한 이러한 일반적 고려는 형이상학적 실재론이라는 존재론적 개념 틀에 대해 회의하게 한다. 실재론자들의 존재론은 두 범주 존재론이다. 이 존재론은 서로 환원되지 않는 두 유형의 엔터티를 가정한다. 개체와 보편자 말이다. 그러나 유명론자들에 따르면, 실재론자들의 두 범주 존재론에 의해 수행될 수 있는 이론적 작업은 모두 한 범주 존재론에 의해, 즉 개체들의 존재에만 개입하는 존재론에 의해 수행될 수 있다. 그래서 이들의 주장은 다음과 같다. 유명론이라는 이론이 있다. 이 존재론은 다중 예화 엔터티를 전제로 하지 않는다. 그럼에도 이 존재론의 설명력은 가장 뛰어난 실재론의 설명력과 똑같다. 그래서 결론은 다음과 같다. 이론적 단순성이라는 측면에서 봤을 때, 우리는 유명론을 채택해야만 한다. 실재론 혹은 이런저런 실재론들을 대신해서 말이다.

이론 구성에 관한 이러한 고려 사항, 그리고 이론적 단순성에 관한 이러한 고려 사항들 때문에 유명론적 기획이 추동되었다는 사실은 유명론의 역사에서 찾아볼 수 있다. 가장 섬세하고 체계적인 중세 유명론자이자 모든 현대 유명론자들의 아버지 격인 오컴William of Ockham은 자신의 저작에서 형이상학적 설명에서 단순성이라는 것은 이론적 덕목이라면서 이를 거듭 격찬하고 있다.[7] 사실 단순성의 원리는 종종 '오컴의 면도날Ockham's Razor'이라는 이름으로 불린다. 그 의미는 이런 것이다. 우리가 이 원리를 채택한다면, 이론 내에서 아무런 설명적 역할도 수행하지 못하는 부적절한 엔터티들을 다 잘라내야 한다. 오컴 자신의 형이상학에서 비언어적 엔터티로 이해되는 보편자들이 바로 이 면도날의 첫 번째 희생자이다. 그리고 오컴 이후의 거의 모든 유명론 이론 내에서 다중 예화 엔터티를 거부하는 것은 오컴의 이름으로 불리는 이 원리에 근거해 정당화되고 있다. 앞에서 언급된 어려움들 때문에 유명론자들이 실재론을 거부하게 되었다는 것은 분명하다. 그러나 전형적으로 볼 때, 이러한 어려움들은 잉여적이거나 불필요한 엔터티를 가정하는 설명이 어떻게 이론적 혼동을 일으키는지에 대한 예들로서만 소개된다. 그래서 교훈은 다음과 같다. 어떤 역할도 하지 못하는 엔터티는 좋지 않다. 오히려 그것들은 나쁜 역할을 할 수도 있는 것이다.

극단적 유명론

설명의 적합성이라는 주제, 이론적 단순성이라는 주제가 다중 예화 엔터티에 대한 유명론자들의 거부에서 핵심이다. 그렇다면 우리는 유명론자들이 다음과 같이 논하길 기대할 수 있다. 즉 오직 개체만 전제로 하는 형이상학적 이론은 형이상학적 실재론에 필적하는 설명력이 있다. 그리고 우리가 개체 존재론particularist ontology이라 부를 수 있는 존재론은 이전 장에서 논의한 속성 일치 현상, 술어화, 추상물 지칭 등의 현상을 이해하게 해줄 모든 수단을 갖고 있다. 이것이 바로 유명론자들이 하는 일이다. 그러나 중요한 지점에서 유명론자들은 서로 갈라진다. 세부적인 차이에도 불구하고 모든 형이상학적 실재론자는 단일한 형태의 이론을 채택한다. 반면 유명론자들이 방어하는 존재론적 이론은 그 수가 여럿이며 또 서로 매우 다르다. 분명 이 이론 틀들은 모두 개체만을 전제로 한다는 점에서 일치한다. 그러나 그들이 전제로 하는 개체들은 종류가 서로 다르다. 그리고 보편자에 관한 논쟁에서 핵심적인 현상들을 다루는 방식도 이론들마다 천차만별이다. 다양한 유명론적 이론들을 이해하기 위해 나는 완전히 서로 다른 세 유형의 형이상학적 유명론에 대해 논의하고자 한다.

이번에 논의할 유명론의 첫 번째 형태는 가장 극단적인austere 것이다. 이 견해에 따르면, 존재하는 것은 오직 구체적 개체들뿐이다. 구체적 개체의 표준적인 예로서, 개별 사람, 개별 식물, 개별 동물, 개별 물리적 대상을 들 수 있다. 그러나 유명론의 이러한 극단적 형태를 선호하는 철학자들은 무엇을 존재하는 것으로 간주할지 결정하는 데서 매우 다양한 편차를 보인다. 만약 어떤 철학자가 상식이라는 이론 틀을 옹호한다면, 그래서 일상적으로 경험하는 친숙한 대상들이 완전히 실제적이라고 주장한다면, 무엇이 존재하는가에 대한 그의 목록에는 위의 표준적 예들이 포함될 것이다. 한편 어떤 철학자가 제거주의적 형태의 극단적인hard-core 과학적 실재론자라면, 그래서 우리의 상식이 대상으로 간주하는 것들은 실제로 존재하지 않으며, 오직 최고의 물리학이 가정하는 것들만 진정으로 존재한다고 주장한다면, 무엇이 존재하는가에 대한 그의 목록에는 다음과 같은 것만 포함될 것이다. 즉 개별 쿼크quark, 개별 글루온gluon, 개별 뮤온muon. 여기서 논하고자 하는 극단적 유명론의 특징은, 그것이 어떤 종류의 대상을 실제적인 것으로 간주하든 간에, 그 대상들 모두는 오로지 구체적 개체라고 주장하는 것이다. 그래서 문제를 조금 단순화하기 위해 나는 다음과 같이 가정하고자 한다. 즉 이러한 종류의 극단적 유명론자들은 세계에 대한 비과학적 그림 안에 등장하는 개체들이 완전히 실제적이라 간주한다고. 나는 이러한 대상들에 만족할 것이며 또 이러한 대상들에 대한 주장을, 보편자 문제에 대한 그들의 답변의 윤곽을 그리는 재료로서 간주할 것이다. 그럼에도 극단적 유명론의 존재론적 이론 틀에 관한 나의 설명은 이러한 재료의 선택에 의존하지 않는다. 상식과 친화적인 형태의 극단적 유명론에 대해 내가 하는 이야기는, 상식과 관련해 제거주의적 입장을 취하는 과학적 실재론 취향의 극단적 유명론에도 잘 적용될 수 있다.

극단적 유명론이 주장하고자 하는 것은 다음과 같은 것이다. 구체적 개체의 존재론은, 형이상학적 실재론자들이 다중 예화 엔터티의 존재론을 가정해야지만 설명할 수 있다고 주장하는 모든 현상을 다룰 도구를 갖고 있다. 따라서 이들의 주장은 다음과 같다. 즉 속성 일치 현상을 다루는 데 우리는 보편자를 필요로 하지 않는다. 그렇다면 우리는 이 현상을 어떻게 설명할 것인가? 극단적 유명론자들의 대답은 직선적이다. 즉 우리는 이 현상을 설명하지 말아야 한다. 대신 우리는 속성 일치를 이 세계가 갖는 근원적인 측면으로, 그래서 더 이상 분석되지 않는 측면으로 간주해야 한다.[8] 따라서 이 견해에 따르면, 서로 다른 여러 대상이 모두 노랗다는 점에서 속성 일치한다는 것, 또 서로 다른 여러 대상이 모두 용감하다는 점에서 속성 일치한다는 것, 그리고 서로 다른 여러 대상이 모두 세모나다는 점에서 속성 일치한다는 것 등은 이 세계에 대한 환원되지 않는 기본적 사실이다. 이러한 사실들을 설명해 주는 선행적 사실들은 없다. 이러한 사실들은 기본적인 재료들을 형성하며, 우리는 이러한 재료들로부터 이 세계에 관한 우리들의 이야기를 구성하는 것이다. 여기서 극단적 유명론자들은 다음과 같은 점을 지적한다. 즉 모든 존재론적 설명은 어떤 사실들을 기본적인 것으로 간주할 수밖에 없다. 그래서 형이상학적 실재론자들은 플라톤적 도식에 호소하면서, 대상들이 예컨대 세모난 이유는 그것들이 모두 세모나다는 속성을 예화하기 때문이라고 말한다. 또 이러한 사실, 즉 대상들이 세모나다는 속성을 예화한다는 사실은 근원적인 사실이라고, 다시 말해 더 선행하는 설명적 사실에 근거하지 않는 사실이라고 주장한다. 여기서 극단적 유명론자들은 다음과 같은 제안을 한다. 기본적인 사실 혹은 근원적인 사실이라는 개념을 한 발 앞서 채택하자. 그래서 어떤 사물들이 세모나다는 애초의 사실을 기본적인 사실로 간주하자.

이러한 전술을 방어하기 위해 극단적 유명론자들은 종종 플라톤적 도식의 설명력에 도전장을 던진다. 만약 플라톤적 도식이 속성 일치에 관한 진짜 설명을 제공한다면, 보편자들은 보편자들을 통해 설명되는 사실들과 독립적인 그 무엇이어야 하며, 또 보편자들을 통해 설명되는 사실들과 독립적으로 특징지어져야 할 것이다. 그렇지 않다면 플라톤적 도식을 적용한 설명들 모두는 그 유명한 거짓 설명, 즉 졸음이라는 현상을 잠이 오게 하는 힘으로 설명하는 식의 거짓 설명이 될 것이다. 잠이 오게 하는 힘은 오직 졸음에 대해서만 인과적 책임이 있는 것이다.* 여기서 극단적 유명론자들은 다음과 같이 말한다. 실재론자들의 보편자는 이러한 독립적 정체성이 확인되지 않는다.[9] 실재론자들은 사물들이, 예컨대 둥글다는 점에서 속성 일치를 보인다고 말하며 논의를 시작한다. 그리고 이 사실은 설명이 필요하다고 주장한다. 그래서 그들은 다음과 같이 말한다. 이러한 설명은 새로운 사실에 의해 주어진다고. 즉 이 대상들 모두는 둥긂이라는 보편자를 예화한다는 사실에 의해 이러한 설명이 주어진다고. 극단적 유명론자들에 따르면 여기서 우리는 단지 설명처럼 보이는 것만 가진다. 그들은 다음과 같이 묻는다. 이른바 설명적 엔터티라고 할 수 있는 둥긂이라는 것은 무엇인가? 그리고 사물들이 이 엔터티를 예화한다는 것은 무슨 말인가? 우리가 제시할 수 있는 답변은 오직 다음과 같은 것뿐이다. 둥긂이라는 것은 보편자로서, 둥근 모든 사물에 공통되는 것이다. 또 둥긂을 예화한다는 것은 그냥 둥글어진다는 것이다. 그렇다면, 설명하는 그 사실[보편자 예화]은 단지 설명되는 사실[속성 일치] 그 이상도, 그 이하도 아니다. 여기서 우리는 설명이 이루어지고 있다는 환상에 빠지게 되는데, 그 이유는 실재론자들이 속성 일치라는 원래의 사실에다가 새로운 언어적 옷을 입혀 놓았기 때문이다. 이 모든 것으로부터 극단적 유명론자들이

---

* 그 약을 먹으면 왜 잠이 오는가? 그 약에는 잠이 오게 하는 힘이 있다.

끌어내는 교훈은 다음과 같다. 즉 우리는 시작 단계부터 정직해질 필요가 있다. 그래서 우리는 속성 일치라는 친숙한 사실들이, 그보다 더 선행하는 어떤 사실들에 근거하고 있다고 해서는 안 된다. 속성 일치라는 것은 환원되지 않는 기본적 사실인 것이다.

극단적 유명론자들은 한걸음 더 나아가 다음과 같이 주장한다. 만약 우리가 극단적 유명론자들을 따라 속성 일치 현상을 환원되지 않는 기본적인 것이라 생각한다면, 주−술 문장이 어떻게 참이 될 수 있는지 설명할 수 있는 도구를 모두 얻게 된다. 1장에서 우리는 다음과 같은 형이상학적 실재론자들의 주장을 보았다. 즉 주−술 문장이 참임을 만족스럽게 설명하는 이론은 모두 다음과 같은 형태를 갖추어야 한다. 첫째, 그러한 이론은 주−술 문장이 참임이 어떤 언어적 구조와 어떤 비언어적 구조 사이의 대응에 근거함을 보여야 한다. 둘째, 그러한 이론은 어떻게 이러한 대응이 특정한 지칭 관계에 근거하고 있는지를, 다시 말해 주−술 문장의 요소 단어들과 세계 내 대상들을 연결하는 특정한 지칭 관계에 근거하고 있는지를 보여주어야 한다. 실재론자들은 다음과 같이 주장한 바 있다. 위의 사실을 설명해 줄 이론은 술어와 보편자가 지칭 관계를 통해 묶여 있는 것으로 간주해야 한다. 극단적 유명론자들은 실재론자들이 부과한 이론적 요구를 받아들인다. 그러나 그들은 다음과 같이 논한다. 자신의 단순한 존재론적 이론이 이 모든 요구를 만족시킨다.

극단적 유명론자들이 추천하는 이론은 직접적이다. 그들은 다음과 같이 말한다. 'a는 F이다.'라는 형태의 주−술 문장을 참이게끔 하는 것은 그냥 a는 F라는 것이다.[10] 그래서 '소크라테스는 용감하다.'라는 문장을 참이게끔 하는 것은 소크라테스는 용감하다는 것이다. 그리고 '플라톤은 현명하다.'라는 문장을 참이게끔 하는 것은 플라톤은 현명하다는 것이다. 극단적 유명론자들에 따르면 이러한 설명은 실재론자들이 부과한 두 조건 모두를 만족시킨다. 첫째, 이 설명에 따르면, 주-술 문장이 참임은 대응의 문제이다. 이 설명은 우리에게 다음과 같이 말한다. 만약 '소크라테스는 용감하다.'라는 문장이 참이라면, 이것은 어떤 비언어적 대상, 즉 소크라테스가 그러그러하기 때문이다. 소크라테스가 사실 용감하기 때문에 '소크라테스는 용감하다.'라는 문장이 참인 것이다. 사물이 주-술 문장이 말하는 바대로 있기 때문에 이 주-술 문장은 참이 될 수 있는 것이다. 따라서 주-술 문장을 참이게끔 하는 것은 세계 내 사물들이 이러저러하게 있다는 사실, 즉 용감하게, 현명하게, 세모나게, 노랗게 있다는 사실들이다. 만약 우리가 유명론자들의 주장, 즉 세모난 대상, 노란 대상 혹은 그 밖의 대상이 세계에 관한 비환원적이고 근본적인 사실을 드러낸다는 주장을 받아들인다면, 다시 말해 이러한 사실들은 더 선행하는 어떤 설명적 사실에 근거하지 않는다는 주장을 받아들인다면, 우리는 보편자에 대한 지칭 없이도 주-술 문장이 참임에 대한 대응 이론 correspondence theory을 갖게 되는 것이다. 둘째, 주-술 문장이 참임과 관련해 이 설명은 거기서 작동하고 있는 대응을, 주-술 문장을 구성하는 단어들과 비언어적 대상, 이 둘 사이에 놓이는 지칭 관계의 함수로 파악할 수 있게 해준다. '소크라테스는 용감하다.'라는 문장은 세계가 어떻게 존재하는지를 우리에게 말해 준다. 이러한 사실은 다음과 같은 사실에 근거한다. (i) 이 문장의 주어 '소크라테스'는 어떤 대상의 이름이며, (ii) 이 문장의 술어 '용감한'은 어떤 대상들에 대해 참이거나 어떤 대상들에 의해 만족되며, (iii) 문장의 주어를 자신의 이름으로 갖는 대상은 술어를 만족시키는 모든 대상 중 하나이다. 따라서 언어와 세계 사이의 대응에서 근거가 되는 것은 이름 부르기 naming와 만족 관계satisfaction이다. 이 둘 모두 지칭적 개념들로서, 언어적 표현과 비언어적 대상을 묶는다. 그리고 이것들이 적절한 언어적 표현들과 적절한 비언어적 대상들을 묶기 때문에 일련의 단어는 세계와 대응하게 되는 것이다. 따라서 극단적 유명론자들은 다음과 같은 것을 보여줄 수 있다.

즉 문장을 구성하는 요소 단어들의 지칭적 힘이 어떻게 주-술 문장과 세계를 서로 대응하게 하는지. 그리고 그들은 다음과 같이 주장하면서 이러한 설명을 해내고 있는 것이다. 즉 술어와 지칭적으로 묶여 있는 대상들은 오직 그 술어에 대해 참이 되는 구체적 개체들뿐이다.

극단적 유명론자들이 제기하는 설명은 우리를 놀라게 할 수도 있다. 왜냐하면 너무 평범하고 진부하기 때문이다. 왜 '소크라테스는 용감하다.'라는 문장이 참이냐고 물을 때, 그들은 다음과 같은 평범한 답을 제시한다. "왜냐하면 소크라테스는 용감하니까." 극단적 유명론자들은 자신들의 설명이 평범하다는 것을 인정한다. 그러나 그들은 이러한 평범함이 자기 이론의 덕목이라고 주장한다. 그들의 주장에 따르면, 진리에 관한 이론은 우리가 평범하다고 생각하는 결과를 낳아야 한다. '소크라테스는 용감하다.'라는 문장이 왜 참이냐고 물을 때, 우리는 다음과 같은 답변들을 원하지 않는 것이다. 즉 "블루베리는 덩굴 위에서 자라기 때문에" 혹은 "물은 H_2O이기 때문에". 소크라테스가 용감하기 때문에 '소크라테스는 용감하다.'라는 문장이 참이라고 말하면서, 우리는 이 문장이 참임에 대한 비언어적 근거로서 이해될 수 있는 사물을 확인해 낸다. 이 세계와 관련해 이 문장을 참이게끔 하는 바로 그것을 말하는 것이다. 극단적 유명론자들은 주-술 문장이 참임에 대한 실재론자들의 설명이 덜 평범해 보임을 인정한다. 그러나 그들은 다음과 같이 주장한다. 실재론자들이 압력을 받게 된다면, 그들의 설명은 극단적 유명론자들의 설명만큼이나 평범하다는 것이 드러날 것이다. 실재론자들은 소크라테스가 용감함을 예화하기 때문에 '소크라테스는 용감하다.'라는 문장이 참이 된다고 말한다. 이러한 설명을 제시할 때 실재론자들은 평범함이라는 짐을 피할 수 있는 것처럼 보인다. 그러나 이렇게 보이는 이유는 그들이 주-술 문장이 참임을 설명하면서, 그것이 참임을 설명하기 위한 바로 그 문장을 사용하지 않기 때문이다. 이 지점에서 극단적 유명론자들은 앞에서 말한 불만을 되뇐다. 그들은 다음과 같이 주장한다. 어떤 사물이 용감함을 예화한다는 주장에 우리가 어떤 의미를 부여한다면, 그것은 그 사물이 용감하다는 것밖에는 없다. 만약 용감함을 예화한다는 말이 '용감하다'는 말밖에 되지 않는다면, '소크라테스는 용감하다.'라는 문장이 참임에 관한 실재론자들의 설명은 극단적 유명론자들의 설명만큼이나 똑같이 평범하며 진부한 것인 셈이다. 따라서 진부함이라는 것은 이 두 설명 모두에 대해 반론이 되지 않는다.

그래서 극단적 유명론자들은 구체적 개체들이 용감하다는 점에서, 세모나다는 점에서, 인간이라는 점에서 일치한다는 사실을 존재론적 기본 사실로 간주한다. 그리고 속성 일치에 관한 이들의 견해로부터 술어화에 관한 설명이 자연스럽게 도출된다. 이제 그렇다고 한다면, 속성, 종, 관계와 관련해 실재론자들이 다루는 제3의 현상, 즉 추상물 지칭 현상은 어떻게 다루어질 수 있을까? 여기서 핵심적인 사실은 다음과 같은 참인 문장들이 있다는 것임을 다시 한 번 생각해 보자.

(3) 용기는 덕이다.

    Courage is a moral virtue.

(4) 삼각형은 하나의 모양이다.

    Triangularity is a shape.

(5) 힐러리는 파랑보다 빨강을 좋아한다.

    Hilary prefers red to blue.

(6) 빨강은 색이다.

    Red is a color.

이 문장들은 모두 보편자들의 고유 이름 기능을 하는 것처럼 보이는 용어들을 지니고 있다. 이러한 문장들 혹은 이와 비슷한 종류의 문장들은 보편자의 이름이 되는 추상 단칭 명사를 포함하며, 따라서 이 문장들은 보편자에 대해 어떤 것을 주장하기 위한 장치인 것이다. 이러한 주장들이 참이므로, 우리는 속성, 종, 관계들의 존재에 개입하는 것으로 보인다.

극단적 유명론자들은 이 문장들이 우리로 하여금 참인 주장을 할 수 있도록 해준다는 것을 인정한다. 그러나 그들은 다음을 강조한다. 즉 이 주장들은 형이상학적 실재론자들이 말하는 그것을 주장하는 것이 아니다. 극단적 유명론자들에 따르면, 이 문장들은 보편자에 대한 주장을 표현하는 것으로 보이지만, 사실 이것들은 우리에게 친숙한 구체적 대상들에 대한 주장의 위장된 방식인 것이다. 문장 (3)~(6)에 대한 자신들의 독해법을 이해시키기 위해 극단적 유명론자들은 우선 다음과 같은 문장을 한편에 놓는다.

(7) 소크라테스는 용감함을 예화한다.

　　Socrates exemplifies courage.

(8) 플라톤은 지혜로움을 예화한다.

　　Plato exemplifies wisdom.

그리고 다른 한편에 다음과 같은 문장들을 놓는다.

(9) 소크라테스는 용감하다.

　　Socrates is courageous.

(10) 플라톤은 지혜롭다.

　　Plato is wise.

극단적 유명론자들은 이 두 부류 사이의 관계를 다시 생각해 보라고 주장한다. 우리가 보았듯이, 극단적 유명론자들은 다음과 같이 주장한다. 즉 (7)

과 (8) 같은 문장들이 어떤 의미가 있다면, 그 의미는 문장 (9)와 (10)에 의해 주어지는 것이다. 그들은 다음과 같은 점을 강조한다. 문장 (7)과 (8)은 문장 (9)와 (10)이 의미하는 것 이상의 어떠한 것도 의미하지 않는다. 앞의 것들은 단지 뒤의 것들이 말하는 바를 다른 방식으로 말할 뿐이다. 그렇다면 문장 (7)과 (8)은 보편자에 대한 주장을 포함하고 있지 않다. 그렇지 않은 것처럼 보이지만 이 문장들은 사실 우리에게 친숙한 구체적 대상들에 대한 주장을 표현하고 있다. 그리고 문장 (7), (8)에 나타나는 추상 단칭 명사 '용감함'과 '지혜로움'은 진정한 단칭 명사가 아니다. 이것들은 그 어떤 것의 이름도 아닌 것이다. 문장 (7)과 (8)의 의미를 제공하고 있는 문장들(문장 (9)와 (10))에서 이 용어들은 이에 대응하는 일반 용어 '용감한courageous'과 '지혜로운wise'에게 자리를 내준다. 극단적 유명론자들이 보여주는 바에 의하면, 이러한 용어들을 사용할 때 우리는 오직 이 용어들이 참이 되는 구체적 개체들의 존재에만 개입하는 것이다.

극단적 유명론자들이 주장하고 싶어하는 것은 다음과 같은 것이다. 문장 (7), (8)을 다루는 방법으로 우리는 추상 단칭 명사를 포함하는 모든 문장을 다룰 수 있다.[11] 그들의 주장에 따르면, 추상 단칭 명사는 보편자의 고유 이름으로 이해될 필요가 없다. 추상 단칭 명사는 언제든 담론에서 제거될 수 있다. 추상 단칭 명사를 포함하는 모든 문장들 중에서 우리는 이러한 용어 대신 이에 대응하는 일반 용어[형용사]만을 포함하는 문장들을 찾아낼 수 있다. 일반 용어만 포함하는 문장들이 추상 단칭 명사가 포함된 문장들의 의미를 제공하게끔 말이다. 이것은 강한 주장이다. 만약 극단적 유명론자들이 제시하는 번역이 완전히 수행될 수 있다면, 형이상학적 실재론자들의 주장, 즉 (3)~(7)과 같은 문장들이 참임이 우리로 하여금 보편자의 존재에 개입하게 한다는 주장은 의문에 부쳐질 것이다. 또 그렇다면 우리는 다음과 같은 주장에 대한 적절한 근거를 갖게 되는 것으로 보인다. 즉 보편자에 대한 주장인 것처럼 보이던 것이 사실은 우리에게 친숙한 구체적 개체에 대한 주장인 것이다. 세모남에 대한 주장처럼 보이던 것은 사실 세모난 개체들에 대한 주장으로 이해될 수 있다. 인간임에 대한 주장처럼 보이던 것은 사실 개별적 인간들에 대한 주장으로 이해될 수 있다. 용감함에 대한 주장처럼 보이던 것은 사실 용감한 개체들에 대한 주장으로 이해될 수 있다.

그러나 이처럼 압도적인 주장을 우리에게 확신시키기 전에 극단적 유명론자들은 추상 명사를 포함하는 문장들에 대한 번역을 제시해야만 한다. 혹은 이러한 번역이 모두 수행될 수 있다고 생각하게 할 훌륭한 이유를 우리에게 제시해야 한다. 문제는 극단적 유명론자들이 구체적 사례에서 이러한 번역이 어떻게 이루어질지에 대한 자세한 설명 없이 위와 같은 제안을 한다는 것이다. 그리고 사실로 보자면 이러한 번역이 수행되는 데서 심각한 문제들이 나타나고 있다. 추상 명사를 포함하는 어떤 문장들에 대한 번역은 문장 (7), (8)에 대한 번역과 마찬가지로 직접적이다. 그래서 극단적 유명론자들은 문장 (4)를 다음과 같이 읽을 수 있다고 주장한다.

(4-a) 세모난 대상들은 모양 난 대상들이다.
Triangular objects are shaped objects.

그리고

(6) 빨강은 색이다.
Red is a color.

와 같은 문장을 극단적 유명론자들은 다음과 같이 번역한다.

(6-a) 빨간 대상들은 채색된 대상들이다.

　　Red objects are colored objects.

그러나 다른 경우에서 요구되는 번역은 덜 직접적이다. 예를 들어 어떤 사람은 문장 (3)과 (5)가 각각 다음과 같이 읽힐 수 있다고 생각할지 모른다.

(3-a) 용감한 사람들은 덕스럽다.

　　Courageous persons are morally virtuous.

(5-a) 힐러리는 파란 대상들보다 빨간 대상들을 더 좋아한다.

　　Hilary prefers red objects to blue objects.

불행하게도 이 두 번역 모두 만족스럽지 못하다. 한 문장이 다른 문장의 번역이 되려면, 혹은 한 문장이 다른 문장과 같은 의미를 가지려면, 적어도 이 두 문장은 같은 진리 조건을 가져야만 한다. 그러나 위의 두 경우 모두에서 번역되는 문장은 참임에 반해 번역문은 거짓이다. 문장 (3)은 필연적 진리로 보이는 어떤 것을 표현한다. 반면 (3-a)는 거짓일 수 있다. 용감하기는 하지만 다른 덕들을 결여한 개체들을 생각하면 된다. 다른 어떤 덕을 결여했으므로, 이 개체들은 덕스러운 개체들이 아닌 것이다.* 마찬가지로 (5)는 참이지만 (5-a)는 거짓일 수 있다. 힐러리는 파란색보다 빨간색을 더 좋아할 수 있다. 그럼에도 대부분의 빨간 대상들이 힐러리 마음에 들지 않는 속성들을 가짐으로 인해 힐러리는 파란 대상들을 더 좋아할 수 있는 것이다.

　극단적 유명론자들은 이러한 문제점들을 처리해 낼 수 있는 직접적인 방법을 가진 것으로 보인다. 그들은 철학자들이 '다른 점들이 똑같다면ceteris

---

* 예를 들어 어떤 이가 있는데, 이 사람은 용감하기는 하지만 대량 학살자라고 하자. 그렇다면 이 사람은 덕스러운 사람은 아닌 것이다.

paribus'이라고 부르는 구절에 호소할 수 있다. 그러고는 (3)과 (5)가 각각 다음과 같은 것을 의미한다고 말하면 된다.

(3-b) 다른 점들이 똑같다면, 용감한 사람들은 덕스럽다.
　　　Other things being equal, courageous persons are morally virtuous.
(5-b) 다른 점들이 똑같다면, 힐러리는 파란 대상들보다 빨간 대상들을 더 좋아한다.
　　　Other things being equal, Hilary prefers red things to blue things.

이제 (3-b)와 (5-b)는 문장 (3)과 (5)에 대한 만족스러운 번역일 수 있다. 그러나 그렇다 하더라도 이것들이 극단적 유명론자들에게 승리를 가져다줄 수 있는지는 불분명하다. 어려움은 문장 (3-b)와 (5-b)의 '다른 점들이 똑같다면'이라는 구절이 갖는 효력에 대해 극단적 유명론자들이 설명하고자 할 때 발생한다. 이 구절의 효력에 대한 직관적 설명을 제시하는 것은 물론 쉬운 일이다. 다른 점들이 똑같다면 용감한 사람들은 덕스럽다고 말할 때, 우리가 말하고자 하는 것은 다음과 같은 것이다. 즉 용감한 사람들이 다른 덕들 remaining ethical virtues도 여전히 갖고 있다면, 그들은 도덕적으로 옳다. 그리고 다른 점들이 똑같다면 힐러리는 파란 대상들보다 빨간 대상들을 더 좋아한다고 말할 때, 우리가 말하고자 하는 것은 다음과 같은 것이다. 즉 한 쌍의 대상이 색만 빼고 다른 모든 속성 면에서 일치할 때agree in all their attributes except color, 힐러리는 파란 대상보다는 빨간 대상을 더 좋아한다. 그러나 다음과 같은 사실은 분명하다. 즉 극단적 유명론자들은 '다른 점들이 똑같다면'이라는 구절에 대한 이런 직관적 독해법을 취할 수 없다. 이 독해법은 극단적 유명론자들이 번역을 통해 담론에서 제거하고자 한 엔터티들에 대한 명백한 지칭을 포함하고 있기 때문이다.*

다음과 같이 생각할 수도 있다. 즉 극단적 유명론자들은 (3-b)와 (5-b)의 '다른 점들이 똑같다면' 구절의 효력을, 술어를 만족시키는 대상들에 대한 주장에 의거해 설명할 수 있다. 그래서 그들은 (3-b)가 말해 주는 것은 다음과 같은 것이라고 말할 수 있다. 즉 모든 덕 술어virtue predicate를 만족시킨다면, 용감한 사람들은 덕스럽다. 또 (5-b)가 말해 주는 것은 다음과 같은 것이다. 빨간 대상과 파란 대상이 색 술어를 제외한 모든 술어를 동일하게 만족시킨다면, 힐러리는 파란 대상보다 빨간 대상을 더 좋아한다. 그러나 이 접근법에는 어려움이 따른다. 문장 (3)과 (5)가 참일 때, 문장 (3-b)와 (5-b)도 참이게끔 해줄 술어들이 우리 언어 내에 충분히 많은지가 문제이다. 도덕과 관련한 단어들이 제한되어 있다는 것은 가능한 일이다.(그리고 실제로 그럴 확률이 높다.) 그래서 우리의 언어가 덕스러운 사람들이 갖는 모든 성격에 대응하는 일반 용어들을 다 갖지 못할 수 있다. 그렇다고 한다면, 가용한 모든 덕 술어를 만족시키면서도 여전히 덕스럽지 못한 사람이 있을 수 있다. 이 경우 우리는 또 한 번 다음과 같은 결과를 얻게 된다. 즉 문장 (3)은 참이지만 이에 대한 극단적 유명론자들의 번역문은 거짓이다. 또한 속성 면에서 일치하는 대상들의 모든 존재 방식을 잡아내게 해줄 술어들 전부가 우리 언어에 있지 않다는 것은 거의 확실하다. 그렇다고 한다면, 빨간 대상과 파란 대상이 색 술어 외의 모든 술어를 똑같이 만족시킬 수 있다 하더라도 이 둘은 여전히 다를 수 있으며, 이로 인해 힐러리는 파랑보다는 빨강을 좋아하기는 하지만 빨간 대상보다는 파란 대상을 더 좋아할 수 있는 것이다. 그렇다면 우리는 또 한 번 다음과 같은 결과를 얻게 된다. 즉 번역되는 문장과 그에 대한 극단

---

* (3-b)에 대한 직관적 독해법에서 '다른 덕들도'가 이 경우이다. 여기서는 보편자들에 대해 참이 되는 일반 명사인 '덕'이 등장한다. 그리고 (5-b)에 대한 직관적 독해법에서 '색만 빼고 다른 모든 속성이 일치할 때'가 이 경우이다. 여기서는 보편자들에 대해 참이 되는 일반 명사인 '속성'과 '색'이 등장한다.

적 유명론자들의 번역문은 서로 다른 진릿값을 가진다.

내 생각에는, 여기서 극단적 유명론자들에게 열려 있는 유일한 전략은 다음과 같이 주장하는 것이다. 즉 (3–b)와 (5–b)에서 나타나는 '다른 점들이 똑같다면' 구절은 분석되지 않는다고. 사실 '다른 점들이 똑같다면' 구절을 사용하는 것은 어떤 주장에 대해 변명의 여지를 남겨 놓는 효과가 있다. 그 주장은 다양한 조건들 혹은 단서들을 필요로 하는 주장이라고 하면서 말이다. 화자가 '다른 점들이 똑같다면'을 사용할 때 그는 그 구절의 사용에 의해 정해지는 조건들 혹은 단서들의 몇몇 예를 제시할 수는 있다. 그러나 그 구절의 사용에 의해 규정되는 모든 조건의 목록은 무한하다. 실제로 '다른 점들이 똑같다면' 구절이 유용한 이유는 이 구절을 사용하는 방식이 자유 해답식이기 때문이다. 따라서 극단적 유명론자들은 우리에게 다음과 같이 말할 것이다. '다른 점들이 똑같다면' 구절을 사용할 때 정확히 어떤 조건들에 대해 말하고 있는지 확인해 달라고 하면서, 만약 확인이 안 될 경우 (3–b) 혹은 (5–b)로부터 이 구절을 제거해야 한다고 하면 그것은 잘못된 것이다. 각 경우에서 이 구절을 사용하는 것이 적절한 이유는 우리가 이러한 조건들이 무엇인지 미리 말할 수 없기 때문이다. 따라서 (3–b)와 (5–b)는 그 자체로 제대로 되어 있는 것이다. 더 이상의 분석은 필요 없는 것이다.

추상 단칭 명사를 포함하는 문장들만이 극단적 유명론자들에게 문제가 되는 것은 아니다. 1장에서 추상물 지칭 현상에 대해 논하면서 우리는 다음과 같은 문장들이 참임이 우리로 하여금 보편자의 존재에 개입하게 함을 지적했다.

(11) 저 토마토와 저 소방차는 같은 색깔을 가진다.

That tomato and that fire engine have the same color.

(12) 그는 자기 사촌과 같은 성격을 가진다.

He has the same character traits as his cousin.

문장 (11)과 (12)는 추상 단칭 명사를 포함하지 않는다. 대신 이것들은 보편자들에 대해 참이 되는 일반 명사general terms('색깔'과 '성격')를 포함한다. 그리고 이 두 문장 모두 이러한 일반 명사를 만족시키는 대상들이 있음을 암시하는 것으로 보인다. 분명 추상 단칭 명사를 그에 대응하는 일반 용어[형용사]로 대체함으로써 보편자 지칭 문제를 해결해 내려는 극단적 유명론자들의 일반 전략은 여기서 적용되지 않는다. 만약 (11)과 (12)가 구체적 개체들에 대한 주장의 위장된 방식이라고 말하려면, 극단적 유명론자들은 다음과 같이 말해야 할 것이다. 즉 이 문장들은 다양한 방식으로 일치하는, 즉 색과 성격 면에서 일치하는 구체적 개체들에 대한 주장을 보여준다. 여기서 이러한 일치를 표현하는 방법을 찾아내는 것이 요령이다. 보편자에 대한 지칭 없이, 다시 말해 구체적 개체들이 일치를 보이는 바로 그 보편자에 대한 지칭 없이 말이다. 가능한 한 가지 전략은 동사 '일치하다agrees'를 꾸며주는 부사를 도입하는 것이다. 그렇다면 극단적 유명론자들은 문장 (11)과 (12)가 각각 다음과 같은 문장들과 등가라고 말할 수 있을 것이다.

(11-a) 저 토마토와 저 소방차는 색에서 일치한다.

That tomato and that fire engine agree colorwise.

(12-a) 그와 그의 사촌은 성격에서 일치한다.

He and his cousin agree characterwise.

물론 서로 다른 여러 형태의 속성 일치를 표현하는 부사들은 더 이상 분석되지 않는 언어 표현이라는 점을 여기에 덧붙여야만 한다.

그러나 우리가 이 전략을 가지고 얼마나 멀리 갈 수 있을지는 분명치 않다. 극단적 유명론자들이 여기서 직면할 어려움을 보이기 위해 나는 다음과 같은 제안을 하고자 한다. 즉 우리가 1장에서 언급한 다음의 또 다른 두 문장에 대한 적당한 독해법을 한번 제시해 보라.

(13) 어떤 종들은 이종(異種) 교배된다.
    Some species are cross fertile.
(14) 그 모양은 여러 번 예화되었다.
    That shape has been exemplified many times.

천재적인 독자는 결국 (13)과 (14)에 대한 만족스러운 설명을 제시할 수 있을 것이다. 그러나 이것은 쉽지 않은 일이다. 그리고 물론 극단적 유명론자들이 이 문장들에 대한 독해법을 제공하는 순간, 형이상학적 실재론자들은 극단적 유명론자들에게 또 다른 도전이 될 새로운 문장들을 제시할 것이다. 결론은 이런 것이다. 즉 극단적 유명론자들의 기획이 완전히 성공할 수 있을지는 분명치 않다. 이제 다음과 같은 점을 지적하자. 우리가 상식 차원에서 선호하는 믿음을 표현하는 어떤 문장들이 구체적 개체들에 대한 문장으로 재구성되지 않는다 하더라도, 이 사실만 가지고서는 흔들리지 않는 극단적 유명론자들이 있다. 이 극단적 유명론자들은 번역이 안 된다는 사실을 극단적 유명론의 잘못이라 해석하지 않고, 오히려 그 문장들이 표현하는 믿음이 잘못된 것이라 해석한다.[12] 그들에 따르면, 우리의 상식적 믿음은 의심의 대상이 될 수도 있는 위상을 가진다. 모든 믿음을 버릴 준비가 되어 있는 것은 아니지만, 그럼에도 그들은 철학 이론의 구성이 상식 차원의 자료를 조정하는 일이라 생각한다. 그들에 따르면, 강한 설명력과 이론적 덕목을 갖춘 철학적 설명이 일련의 일상적 믿음과 충돌한다면, 우리는 믿음을 교정해야지 이론을 버려서는 안 된다. 그리고 현재의 경우와 관련해 이 극단적 유명론자들은 이론이 분명 자료에 대해 우선권을 갖고 있다고 믿는다. 그들에 따르면 오직 구체적 개체들만 포함하는 한 범주 존재론이 훨씬 더 선호되어야 한다. 딱 부러지는 동일성 조건을 결여한 매우 의심스러운 엔터티를 포함하고, 이상스러우며, 잠재적으로는 무한 퇴행을 일으키는 어떤 관계를 내재하고, 그 가치가 의심스러운 설명력을 갖는 바로크식 두 범주 존재론에 비해서 말이다. 우리의 상식적 믿음과 한 범주 존재론 사이에 완벽한 일치가 없다는 사실로 인해 우리가 형이상학적 실재론이라는 이론 틀을 선호할 이유는 없는 것이다. 이 극단적 유명론자들은 우리의 믿음들 중 일부가 뿌리 깊은 플라톤적 색조를 띠고 있다는 사실조차도 놀라운 일이라 생각지 않는다. 극단적 유명론자들은 우리에게 다음과 같은 사실을 상기시켜 줄 것이다. 즉 형이상학적 실재론자들은 철학의 여명기부터 자신의 상품을 알려왔다. 우리의 일상적 믿음 몇몇이 오염되었다는 것은 우리가 예상한 일인 것이다. 유명론자들이 그 오염 부분을 제거하지 못한다고 해서 유명론이 반박될 수는 없는 것이다.

우리가 앞의 몇 쪽에서 논의한 극단적 유명론자들은 우리가 방금 논의한 극단적 유명론자들과는 다른 형이상학적 견해를 취한다. 그 유명론자들은 구체적 개체만을 포함하는 존재론의 맥락 내에서 우리의 상식적 믿음이 잘 수용되지 않는다는 사실을 문젯거리로 생각할 것이다. 즉 실재론자들의 존재론적 이론 틀을 수용해야만 풀리는 문젯거리로 말이다. 그러나 이 극단적 유명론자들에게서 정말 모든 일이 잘 풀려 나간다고 한번 가정해 보자. 다시 말해 우리가 지금까지 논한 것, 즉 번역에 대한 그들의 기획이 성공했다고 가정해 보자. 그러나 이제 다음과 같은 점을 이해하는 것이 중요하다. 여기서 극단적 유명론자들이 성공하기 위해서는 진정한 대가를 치러야 한다. 첫째, 한 범주 존재론으로 가기 위해, 즉 보편자 없이 개체들만 포함하는 존재론으로 가기 위해 극단적 유명론자들은 많은 것을 분석되지 않는 것 혹은 기본적인 것으로 간주해야만 한다. 사물들이 빨갛다는 사실, 사물들이 세모나다는 사실, 사물들이 인간이라는 사실, 그 밖의 무한히 많은 사실들은 모두 환원되지 않는 기본적 사실로 간주되어야 한다. 우리가 (3-b)와 (5-b) 같은 문장에서 만난 '다른 점들이 똑같다면' 구절 역시 분석되지 않는 것으로 간주되어야 한다. 그리고 (11)~(14)와 같은 문장들을 처리하기 위해 극단적 유명론자들이 도입한 무한히 많은 부사들 역시 모두 분석되지 않는 것으로 간주되어야 한다. 반면에 이러한 각 경우에서 실재론자들은 우리에게 통찰력과 분석을 제공한다. 따라서 보편자 없이 어떤 것을 해보려는 시도는 대가를 치러야 한다. 우리가 설명이나 분석을 원하는 것들이 기본적이며 맹목적인 사실이라고 간주해야만 한다는 대가 말이다.

둘째, 추상물 지칭 장치를 포함하는 문장들에 대한 극단적 유명론자들의 설명은 단편적이다. 그들은 각 문장에 대해 매번 새로운 접근법을 제시한다. 각 경우들에서 그들은 우리가 번역을 찾으려면 어떻게 해야 할지에 관한 일반적 지침을 제공하지 못한다. 그들이 우리에게 말해 주는 단 한 가지 사실이 있다면 그것은 다음과 같은 것이다. 즉 우리의 번역문은 오직 구체적 개체에 관한 것이어야 한다. 그러나 결과를 놓고 볼 때, 보편자에 관한 것으로 보이는 한 문장에 대해 극단적 유명론자들이 제시하는 설명과, 또 다른 문장에 대해 그들이 제시하는 설명 사이에는 체계적인 연관성이 없다. (3)~(8), (11)~(14) 같은 문장들에는 단일한 의미론적 구조가 놓여 있다고 생각하는 것이, 혹은 이 문장들은 단일한 의미론적 규칙성을 드러낸다고 생각하는 것이 자연스럽다. 여기서 실재론자들은 추상물 지칭에 관한 진정으로 체계적인 설명을 자신들의 두 범주 존재론을 통해 제시한다. 그러나 극단적 유명론자들은 이처럼 단일한 규칙성을 발견해 내지 못한다. 실재론자들의 설명이야말로 (3)~(8), (11)~(14) 같은 문장들이 단일한 의미론적 구조를 드러낸다는 상식 차원의 우리 직관에 잘 부합하는 것이다.

이러한 점들은 지적할 만한 가치가 있다. 왜냐하면 극단적 유명론자들은 자신의 설명이 실재론자들의 설명에 비해 이론적으로 더 단순하기 때문에 선호되어야 한다고 주장하기 때문이다. 그러나 만약 우리가 이 두 이론의 설명력이 동일하다고 가정한다면(추상물 지칭에 관한 극단적 유명론자들의 설명은 아직 판정이 나지 않은 상태임을 떠올려야 하겠지만), 극단적 유명론자들의 설명이 더 단순하다거나 더 절약적이라는 것은 오직 부분적으로만 맞는 말인 것이다. 존재론적으로 볼 때 극단적 유명론은 더 단순한 이론이다. 범주적 엔터티를 더 적게 상정하기 때문이다. 그러나 이 이론은 실재론보다 더 다루기 힘든 이론이다. 이 이론이 갖는 이론적 어휘 내에는 더 기본적이며 분석이 안 되는 개념들이 다수 포함되어 있다. 또 추상물 지칭이라는 핵심적 현상에 대해 이 이론이 제시하는 설명은 실재론에 비해 더 단편적이며, 덜 체계적이다. 실재론자들은 단일하고 직관적으로 만족스러운 설명을 제시함에 반해, 극단적 유명론자들은 서로 관련이 없는 설명들 이것저것만을 제시할 뿐이다. 따라서 극단적 유명론자들의 기획이 성공적일 수 있다 하더라도, 그 성공 때문에 그들의 이론이 채택될지는 분명치 않다. 그래서 판정을 내리고자 할 때 우리는 극단적 유명론의 존재론적 단순성을 형이상학적 실재론의 설명적 단순성과 비교해 보아야 한다. 이 둘은 종류가 서로 다른 단순성이며, 존재론에서 어떤 단순성이 선호되어야 할지는 그리 간단히 결정할 수 없는 것이다.

메타 언어적 유명론

어떤 유명론자들은 다음과 같이 주장한다. 우리는 이 두 종류의 단순성 사이에서 고민할 필요가 없다. 그들은 다음과 같이 주장하고자 한다. 단일한 이론이 극단적 유명론의 존재론적 단순성과 실재론의 설명적 단순성을 모두 드러내 보인다. 이 이론은 오직 구체적 개체들만 존재한다고 주장함으로써 극단적 유명론과 일치한다. 그러나 이 이론은 추상물 지칭에 대한 극단적 유명론자들의 분석은 거부한다. 극단적 유명론자들에 따르면, (3)~(8)과 (11)~(16) 같은 문장들은 사실은 우리에게 친숙한 구체적 개체들에 관한 주장이지만, 그것을 위장된 방식으로 보여주고 있는 것이다. 극단적 유명론자들에 따르면, 용감함에 관한 주장은 사실 용감한 개체들에 관한 주장이다. 또 세모남에 관한 주장은 사실 세모난 개체들에 관한 주장이다. 또 인간mankind에 관한 주장은 사실 개별적 인간들individual human beings에 관한 주장이다. 그런데 우리는 이러한 입장이 어떻게 파편적인 설명으로 흘러가게 되었는지를 보았다. 추상물 지칭 장치를 포함하는 모든 문장은 각각 독자적인 방식으로 취급되며, 이러한 각 문장들 내에서 작동하는 단일한 의미론적 규칙성은 사라지고 말았다. 내가 염두에 두는 비판은 다음과 같이 주장한다. 일단 (3)~(8), (11)~(14)와 같은 문장들이 비언어적 대상들에 관한 주장이 아니라 언어에 대한 주장임을 인식하게 된다면, 우리는 극단적 유명론의 존재론적 단순성을 유지하면서도 추상물 지칭을 체계적으로 다룰 수 있다. 이 견해에 따르면, 실재론자들과 극단적 유명론자들은 같은 실수를 범하고 있다. 이 두 입장 모두 다음과 같은 사실을 전제로 하고 있다. 즉 추상물 지칭 장치를 포함하는 문장들은 그 근원 면에서 대상 언어적 문장들object language sentences이다. 즉 우리로 하여금 비언어적 엔터티에 대해 주장할 수 있게 해주는 문장들이다. 실재론자들과 극단적 유명론자들이 갈라지는 것은 단지 이 문장들이 말하고 있는 비언어적 엔터티가 어떤 종류인가 하는 점뿐이다. 한쪽은 그것이 추상적 보편자라고 생각하며, 다른 한쪽은 그것이 구체적 개체라 생각한다. 그러나 이에 대한 비판적 입장은 다음과 같이 강조한다. 추상물 지칭 장치를 포함하는 문장들은 사실 메타 언어적인 문장들이다. 우리는 언어적 표현들을 사용해 비언어적 대상들에 관해 어떤 것을 말한다. 우리가 다룰 입장에 따르면, 추상물 지칭 장치를 포함하는 문장들은 사실 이러한 언어적 표현들에 대한 주장이다. 이 입장에 따르면, 우리는 추상물 지칭 장치를 포함하는 문장들을 번역해 그 문장들이 갖는 메타 언어적 특성을 겉으로 드러내 보일 수 있다. 또한 이러한 번역은 이 문장들 내에서 작동하는 단일한 의미론적 규칙성을 드러내 보일 수 있다. 또 그런 만큼 체계적이다. 이 비판이 제기하는 입장은 분명 유명론적이다. 이 입장의 핵심적 존재론은 극단적 유명론자들의 그것과 동일하다. 그러나 (3)~(8), (11)~(14)와 같은 문장들을 메타 언어적인 것으로 간주한다는 점에서 이 견해는 극단적 유명론자들의 견해와 다르다. 따라서 나는 이 견해를 메타 언어적 유명론metalinguistic nominalism이라고 부를 것이다.*

완전히 체계적인 형태의 메타 언어적 유명론은 언어를 강조하는 20세기 분석 철학의 산물이다. 그러나 이 이론의 뿌리는 멀리까지 거슬러 올라간다. 이 이론의 근원은 중세 시대의 유명론적 전통의 초창기에서 이미 볼 수 있다. 12세기의 인물로서 아마도 최초로 공인된 유명론자인은 콩피에뉴의 로셀린Roscelin of Compiègne은 다음과 같이 주장했다. 즉 보편자에 대한 주장은 사실 어떤 언어적 표현에 관한 주장이다. 여러 개체에 술어적으로 할당될 수 있는 언어적 표현 말이다. 따라서 이름들nomina만이 보편성을 가질 수 있는 것이다. 이러한 철학적 입장으로 인해 로셀린의 견해는 유명론nominalism이라 불리게 된 것이다. 여기서 로셀린은 언어적 표현들을 물리적 발생, 즉

---

* 메타 언어라는 것은 언어를 대상으로 하는 언어, 혹은 언어에 대한 언어이다. 메타 언어는 대상언어와 대비된다. 다음과 같은 문장을 보자. '기차는 길다.' 여기서 '기차'라는 표현은 언어 바깥의 어떤 대상, 즉 기차에 대한 표현으로서 대상언어이다. 한편 다음과 같은 문장을 보자. ''기차'는 짧은 단어이다.' 여기서 '기차'라는 표현은 언어 바깥의 어떤 대상을 지칭하는 것이 아니라, '기차'라는 단어를 지칭하는 메타 언어이다. 뒤에서 보게 되겠지만, 메타 언어적 유명론자들은 추상물 지칭 용어가 포함된 문장을 메타 언어적으로, 즉 언어에 대한 언어로 번역한다. 예를 들어 '짧음은 관계이다.'라는 문장의 번역문을 메타 언어적 유명론자들은 다음과 같이 제시한다. '짧다'라는 것은 2항 술어이다. 여기서 원래 문장의 '관계이다'는 대상언어이지만, 메타 언어적 유명론자들의 번역문에 나오는 '2항 술어이다'는 메타 언어, 즉 언어에 대한 언어이다.

공기의 떨림과 동일시한 것으로 보인다. 그리고 억지 같은 이 견해는 아벨라르Abelard 같은 후대 유명론 지지자들에게 공격받았다. 아벨라르에 따르면, 우리가 언어의 일반성에 대한 적절한 설명을 제시하려면 의미meaning or signification라는 개념에 호소해야 한다.[13] 아벨라르에 따르면 보편자는 의미를 갖는meaningful 언어적 표현이다. 그리고 유명론은 어떻게 술어적 표현들이 다중 예화 엔터티 없이도 의미를 가질 수 있는지 설명해야 한다. 로셀린의 핵심적 통찰력은 중세 유명론자들 중에서도 가장 예리한 인물, 즉 윌리엄 오컴William of Ockham에 의해 더욱 다듬어졌다. 오컴은 다음과 같은 점에서 아벨라르에 동의한다. 오직 의미 있는 언어적 표현들만이 보편자일 수 있다. 그러나 그는 다음과 같이 주장한다. 필기된 언어 혹은 발화된 언어의 의미를 설명하기 위해서 우리는 영혼의 내적 언어 혹은 사유의 언어에 호소해야 한다.[14] 사유의 언어는 자기 고유의 일반 용어들을 가진다. 오컴에 따르면, 이러한 사유의 언어가 바로 근원적인 보편자 혹은 파생적이지 않은 보편자이다. 그러나 이 내적 개념적 보편자에 대해서도 오컴은 다음과 같은 로셀린의 핵심적 주장에 동의한다. 즉 보편성은 서로 다른 여러 대상에 술어적으로 적용될 수 있는 언어적 표현의 기능으로 이해되어야 한다.

따라서 유명론의 선구자들은 모두 다음과 같은 점에 동의한다. 즉 보편자에 관한 주장은 사실 언어적 요소에 관한 주장이다. 또 보편성이란 개념은 술어화라는 언어적 기능에 의해 설명되어야 한다. 여기서 다음과 같은 점을 지적하는 것이 좋겠다. 위의 두 번째 주장은 실재론자들의 견해와 정반대이다. 전통적 실재론자들이나 중세 시대의 유명론자들 모두 보편자라는 개념과 술어화라는 현상 사이의 긴밀한 연관 관계에 대해 알고 있었다. 그러나 이 두 진영은 어떻게 이 연관 관계가 이해되어야 할지를 정반대로 설명한다. 전통적 실재론자들은 다음과 같이 가정한다. 우리는 공통적인 엔터티 혹은 다중 예화 엔터티로서의 보편자라는 개념을 미리 갖고 있으며, 이 개념을 사용해 술어화에 대한 분석을 수행할 수 있다. 반대로 로셀린, 아벨라르, 오컴은 술어화라는 행위를 기본적인 것으로 간주하고는 이 술어화를 사용해 보편자라는 개념을 설명한다.

어쨌든 이 중세 유명론자들은 보편자에 대한 이야기를, 일반 용어 혹은 술어에 대한 메타 언어적 이야기로 간주했다. 그리고 적어도 오컴은 이러한 통찰이, 유명론자들에게 문젯거리가 되는 여러 문장, 즉 (3)~(8), (11)~(14) 같은 문장들에 대한 번역을 제공해 준다고 생각했다. 불행하게도 오컴은 이 번역에 대한 단편적인 예들만 제시하고 있다. 많은 중세 후기 철학자들도 메타 언어적 유명론의 핵심적 통찰에 지지를 보내고 있지만, 완전히 분절되고 완전히 체계적인 형태의 메타 언어적 유명론은 등장하지 않았다. 이러한 형태의 메타 언어적 유명론이 등장한 것은 20세기 중반 이후의 일이며, 이것은 셀라스Wilfrid Sellars의 저작에 담겨 있다.

매우 강력한 형태인 셀라스의 유명론을 이해하는 데는 카르납Rudolf Carnap이 『언어의 논리적 구문론 *The Logical Syntax of Language*』에서 제기한 메타 언어적 유명론을 고찰해 보는 것이 도움이 된다.[15] 카르납은 추상 단칭 명사를 포함하는 문장들에 관심을 가진다. 그리고 그는 다음과 같이 주장한다. 즉 우리는 이러한 문장들을 "거짓 대상 모드pseudo material mode" 문장들로 간주해야 한다. "거짓 대상 모드" 문장들이란 무엇인가? 이것들은 대상 언어적 문장, 즉 비언어적 대상들에 관한 주장을 포함하는 문장인 것처럼 위장된 문장들이다. 그러나 분석을 가하면, 이 문장들은 사실 "형식 모드formal mode" 주장을 하고 있어서 형식 모드를 위장된 방식으로 표현하는 문장들임이 드러난다. 즉 이것들은 어떤 언어적 표현들에 대한 메타 언어적 주장들인 것이다. 따라서 추상 단칭 명사를 포함하는 문장들은 비언어적 엔터티들, 즉 여러 종류의 보편자들에 대한 주장을 포함하는 듯이 보이지만, 적절한 철학적 재구성이 가해지면 그것들은 다양한 언어적 표현들에 대한 주장임이 드러난다.

카르납이 주장하듯이, 추상 단칭 명사를 포함하는 문장은 그 추상 명사에 대응하는 일반 용어에 대한 주장을 담고 있음이 드러난다. 그래서 세모 triangularity라는 속성에 관한 이야기처럼 보이는 것이 사실은 '세모난 triangular'이라는 일반 용어에 대한 이야기이다. 또 인간mankind이라는 종에 관한 이야기처럼 보이는 것이 사실은 '인간man'이라는 일반 용어에 관한 이야기이다. 그리고 아버지임paternity이라는 관계에 관한 이야기처럼 보이는 것이 사실은 '아버지father'라는 일반 용어에 관한 이야기이다. 이러한 견해에 근거해 수행되는 번역에 대해 카르납은 단편적인 예들만 제시하고 있지만, 예들만으로도 일반적 전략이 어떻게 수행될지 충분히 추정해 볼 수 있다. 그래서 문장 (3)은 다음과 같이 읽힌다.

(3-c) '용감한'은 덕 술어이다.

'Courageous' is a virtue predicate.

(4)는 다음과 같이 읽힌다.

(4-c) '세모난'은 모양 술어이다.

'Triangular' is a shape predicate.

다음 세 문장을 보자.

(15) 용감함은 속성이다.

Courage is a property.

(16) 아버지임은 관계이다.

Paternity is a relation.

(17) 인간은 하나의 종이다.

Mankind is a kind.

이것들은 각각 다음과 같이 번역된다.

(15-a) '용감한'은 형용사이다.

'Courageous' is an adjective.

(16-a) '…의 아버지'는 다항 술어이다.

'Father of' is a many-place predicate.

(17-a) '인간'은 보통 명사이다.

'Man' is a common noun.

(15)~(17) 문장들은 다양한 추상적 엔터티에 대해 어떤 것을 주장하는 듯이 보인다. 하지만 그것들은 실제로 어떤 언어적 표현이 어떤 구문론적 형태 혹은 어떤 문법적 형태를 갖는지에 대해 말하는 문장들이다.

카르납의 설명이 의미 있는 것은 그 체계적 특성 때문이다.* 카르납은 추상물 지칭에 대한 자신의 메타 언어적 해석에 관해 자세히 설명하지는 않는다. 그러나 그의 단편적 언급들과 파편적 예들만으로도 다음과 같은 사실은 분명해진다. 즉 추상물 지칭 장치를 포함하는 문장들을 만날 때, 우리는 그 문장들을 어떻게 번역해야 할지 알 수 있다. 더욱이 이 설명은 추상 단칭 명

---

* 실재론자들의 주장에 따르면, 보편자에는 세 종류가 있다. 속성, 관계, 종. 여기에 각각 대응하는 문법적 용어들이 있다. 형용사, 다항 술어, 보통 명사. 이 세 문법적 용어는 따라서 실재론자들이 주장하는 모든 종류의 보편자를 아우른다. 그리고 이 세 문법적 용어를 좀 더 구분함으로써, 예를 들어 색 형용사(색 술어) 등으로 구분함으로써, 추상물 지칭 장치처럼 보이는 모든 용어를 처리할 수 있다.

사를 포함하는 문장들 내에서 작동하는 단일한 의미론적 규칙성을 드러내 보여준다. 이 두 가지를 볼 때, 이 견해는 극단적 유명론자들이 제시하는 단편적 설명에 비해 분명한 장점을 갖는 것이다.

그럼에도 이 설명에 대한 많은 비판이 있다. 나는 그중 두 가지를 고찰하려 한다. 첫째, 카르납의 설명이 보편자에 대한 모든 지칭을 제거하는 데 성공하고 있는지 분명치 않다. 실제로 다음과 같이 주장하는 것이 타당할 것이다. 즉 그의 설명은 단지 어떤 종류의 보편자를 다른 종류의 보편자로 바꿔 놓는 것이다. 문장 (3)에 대한 카르납의 독해법을 살펴보자. 문장 (3)은 비언어적 보편자, 즉 용감함courage이라는 속성에 대한 지칭을 포함하는 것으로 보인다. 문장 (3)에 대한 카르납의 번역, 즉 문장 (3-c)는 그 보편자에 대한 지칭을 제거하고 있다. 대신 우리는 어떤 단어, 즉 '용감한courageous'이라는 일반 용어에 대한 지칭을 갖게 되었다. 그런데 여기에 어려움이 있다. 단어들 역시 우리가 유형어type와 개별어token라고 부르는 구분에 직면해 있다. 개별어란 언어적 표현으로서, 개별 필기 혹은 개별 발화로 이해될 수 있는 것이다. 그래서 당신과 내가 각각 적당한 소리를 내서 '인간'이라는 용어를 발화할 때, 우리의 발화 각각은 수적으로 서로 다른 개별적인 것이다. 이 개별적인 것이 바로 개별어이다. 그런데 이 개별어는 둘 다 단일한 단어에 대한 개별어이다. 이 둘이 개별어가 되는 바로 그 단일한 단어는 유형어로서 이해되는 '인간'이라는 단어이다. 단일한 유형어는 따라서 수적으로 서로 다른 여러 개별어를 가진다.* 그런데 유형어와 개별어 사이의 관계는 보편자와 그 보편자를 예화하는 대상들 사이의 관계와 같다. 단일한 유형어를 서로

---

* 개별어와 유형어를 구별하는 표준적인 방식은 다음과 같다. 하나의 개별어로서의 '인간'과 또 하나의 개별어로서의 '인간'은 서로 다르다. 이 둘은 각각 서로 다른 공간적 위치를 차지하고 있다 (하나는 위에, 다른 하나는 아래에). 반면 하나의 유형어로서의 '인간'과 또 하나의 유형어로서의 '인간'은 수적으로 동일하다.

다른 개별어들이 예화하는 것이다. 따라서 유형어로 간주되는 언어적 표현들에 개입하는 모든 이론은 우리로 하여금 보편자 혹은 다중 예화 엔터티의 존재에 개입하도록 한다. 그리고 카르납의 설명이 바로 이러한 종류의 이론인 것이다. 문장 (3)에 대한 번역은 '용감한'이라는 단어를 지칭하게 한다. 그리고 문장 (3-c)에서 '용감한'이라는 용어는 단칭 용어 기능을 하고 있다. 그러나 이 용어가 자신의 지칭체로서 '용감한'이라는 단어의 특정 개별어를 갖는 것 같지는 않다. 이 용어는 '용감한'이라는 단어에 대한 서로 다른 여러 개별어 사이에서 중립적이다. 그리고 이러한 개별어들에 대한 유형어가 되는 단일한 유형어를 지칭한다. 그렇다고 한다면 카르납의 분석은 단지 비언어적 보편자, 즉 용감함이라는 속성을 치우고 대신 언어적 보편자, 즉 '용감한'이라는 유형어를 들여 놓은 것일 뿐이다. 따라서 이 이론은 형이상학적 실재론자들이 전제한 보편자를 제거하는 데 성공했을지는 모르나 진정한 유명론이라 하기는 어려울 것이다.

둘째, 카르납의 설명은 다음과 같은 귀결을 맞게 된다. 즉 추상 단칭 명사의 사용은 특정 언어에 매여 있기 때문에, 한 언어에서 다른 언어로의 번역이 가능한가 하는 문제가 발생했을 때 가능하다고 말하기가 매우 어렵다. 카르납에 따르면, 한국어 사용자인 우리가 한국어 문장 (3)을 발화할 때, 우리가 실제로 말하는 것은 어떤 한국어 단어에 관한 것이다. 그리고 아마도 그럴 것 같은데, 프랑스인이 문장 (3)에 대한 프랑스 번역문을 발화할 때, 그가 말하는 것은 어떤 프랑스어 단어에 관한 것이다. 그렇다고 한다면, 한국어 사용자와 프랑스어 사용자는 상호간에 번역문이 되는 문장을 발화할 때, 서로 완전히 다른 어떤 것에 대해 말하고 있는 것이다. 그러나 한 문장이 다른 문장의 번역이려면, 한 문장의 사용을 통해 말해지는 바와, 다른 문장의 사용을 통해 말해지는 바가 동일해야 한다. 이런 의미에서, 만약 문장들이 같은 것을 말할 수 있으려면, 그것들은 같은 어떤 것에 대한 것이어야 한다. 따라서 추상 단칭 명사를 포함하는 문장을 어떤 언어권 내의 한 용어에 관한 것이 되도록 한다면, 카르납의 설명은 다음과 같은 불만족스러운 결과를 낳게 된다. 즉 한 언어권 내의 문장은 다른 언어권 내의 같은 종류의 문장에 대한 번역이 될 수 없다.

이 두 가지 어려움은 셀라스의 메타 언어적 유명론으로 들어가는 훌륭한 출입문이 된다.[16] 셀라스를 이해할 때 우리는 그가 카르납의 설명으로부터 출발해 위의 두 어려움을 다루어 나감으로써 새로운 설명을 제시하고 있다고 말할 수 있다. 간단히 말해, 첫 번째 어려움에 대한 셀라스의 대답은 다음과 같다. 추상적 엔터티에 대한 메타 언어적 이론은 유형어 혹은 보편자로 이해될 수 있는 언어적 표현의 존재에 개입하지 않는다. 그리고 두 번째 어려움에 대해 그는 다음과 같이 논한다. 둘째 어려움이 발생하는 이유는 메타 언어적 지칭의 유일한 형태가 언어에 묶여 있다고 우리가 잘못 생각하기 때문이다.

셀라스는 (3), (4)와 같은 문장들에 대한 카르납의 독해법을 받아들이지 않는다. 그러나 어쨌든 그는 카르납의 독해법이 반드시 언어적 보편자에 대한 이름을 포함한다고 생각지는 않는다. 셀라스는 다음과 같이 말한다. 카르납의 번역 (3-c)와 (4-c)에서 나타나는 '용감한courageous'이라는 용어와 '세모난triangular'이라는 용어는 다음과 같은 언어적 표현과 등가이다. 즉 '단어 "용감한"', '단어 "세모난"'.* 혹은 간단히, '그 "용감한"', '그 "세모난"'.** 그리고 셀라스에 따르면 이 언어적 표현들은 그가 분배 단칭 용어distributive singular term라고 부르는 것들이다. 분배 단칭 용어는 'the K'라는 형태를 갖는 언어적 표현이다. 여기서 K는 일반 명사이다. 이 언어적 표현은 어떤 추

---

* 원문은 다음과 같다. 'the word "courageous"', 'the word "triangular"'.
** 원문은 다음과 같다. 'the "courageous"', 'the "triangular"'.

상적 엔터티, 즉 보편자 K의 이름인 것처럼 보인다. 그러나 실제로 이 언어적 표현은 다음 점을 지적하는 장치일 뿐이다. 즉 다양한 개별적 K들에 대해 어떤 일반적 주장이 이루어지고 있음. 셀라스는 분배 단칭 용어의 예로서 다음 문장에서 나타나는 '사자the lion' 라는 언어적 표현을 제시한다.

(18) 사자는 갈색이다.
    The lion is tawny.

또 다른 예는 다음 문장의 '미국 시민the American citizen'이라는 언어적 표현이다.

(19) 미국 시민은 의사 표현의 자유를 가진다.
    The American citizen has freedom of speech.

문장 (18) 안에서 '사자'라는 언어적 표현이 하는 기능으로 보아, 이것은 어떤 추상적 엔터티, 즉 사자라는 보편자를 지칭하는 것처럼 보인다. 그러나 셀라스는 다음과 같이 논한다. 우리가 그러한 추상적 엔터티가 존재한다고 인정할 수도 있다. 하지만 적어도 문장 (18) 내의 '사자'의 지칭체는 이러한 추상적 엔터티가 아니다. 문장 (18)은 참이지만, 그럼에도 그 어떤 보편자도 갈색은 아니다. 보편자란 색을 갖는 것이 아니다. 갈색인 것은 개별 사자들인 것이다. 셀라스에 따르면 바로 이것이 문장 (18)이 우리에게 말해 주는 바이다. 마찬가지로 '미국 시민'은 문장 (19) 안에서 어떤 추상적 엔터티를 지칭하는 듯이 보인다. 그러나 이것은 그러한 역할을 수행할 수 없다. 추상적 엔터티는 정치적 권리를 갖지 않는다. 의사 표현의 자유와 같은 권리를 갖는 것은 개별 시민들이다. 그리고 이것이 바로 문장 (19)가 말하고 있는 바이다.

우리는 문장 (18)과 (19) 안에서 'the K'라는 형태의 분배 단칭 용어를 가진다. 이 용어는 보편자의 이름인 것처럼 보인다. 그러나 실제로 이것은 개별자들에 대한 일반적 주장을 할 수 있도록 해주는 장치일 뿐이다.

셀라스에 따르면, 카르납의 번역 (3-c)와 (4-c)에 나타나는 용어, 즉 '용감한'과 '세모난'은 사실 분배 단칭 용어인 '그 "용감한"'과 '그 "세모난"'이다. 따라서 셀라스는 다음과 같이 주장한다. 문장 (3-c)와 (4-c)는 카르납으로 하여금 유형어 혹은 보편자로 이해될 수 있는 언어적 표현의 존재에 개입하게 하지 않는다. 이 문장들은 보편자에 대한 주장들을 포함하는 것처럼 보이지만 실제로는 개별자들에 대한 일반적 주장인 것이다. 어떤 개별자들인가? 개별어들, 즉 개별 발화들이고 개별 필기들이다. 여기서는 '용감한'들, '세모난'들이다. '용감한'들, '세모난'들이라고 말하는 것이 매우 낯설어 보인다. 그러나 셀라스는 다음과 같이 지적한다. 우리는 메타 언어적 표현들을 일반 명사처럼 사용할 때가 있다. 예를 들어 우리가 어떤 책의 23쪽에 '인간'이라는 단어가 몇 개 있는지를 물을 때. 혹은 인쇄된 책의 어떤 절 안의 네 번째 'the'에 대해 말할 때. 셀라스의 주장은 다음과 같은 것이다. 만약 메타 언어적 표현에 대한 이런 일반 명사적 사용을 기본적인 것이라 간주하면, 우리는 카르납의 분석 내에서 작동하는 메타 언어적 담화가 어떻게 극단적 유명론과 완전히 양립 가능한지 이해할 수 있다. (3), (4) 같은 문장들에 대한 셀라스의 메타 언어적 분석은 카르납의 분석과 완전히 다르다. 그러나 이것 역시 처음에는 어떤 언어적 보편자의 존재를 가정하는 듯 보여 우리를 놀라게 한다. 그러나 셀라스는 다음과 같이 주장할 것이다. 즉 셀라스 자신의 설명 내에서 언어적 보편자의 이름인 것처럼 보이는 것은 실제로는 분배 단칭 용어로서, 우리로 하여금 개별 발화들, 개별 필기들에 관한 일반적 주장을 할 수 있게 해주는 것이다.

두 번째 어려움을 다루면서 셀라스는 다음과 같이 논한다. 단어들에 대해 말하는 우리의 표준적인 방식이 메타 언어적 담화의 유일하게 가능한 형태는 아니다. 언어적 표현을 지칭하는 표준적 방식은 한 언어권 내의 한 단어에다가 작은따옴표를 치는 것이다. 이렇게 함으로써 우리는 그 언어권 내의 바로 그 단어에 대한 개별어들을 집어내는 새로운 용어를 만드는 것이다. 그러나 셀라스는 다음과 같이 주장하길 원한다. 메타 언어적 담화는 이런 식으로 언어에 묶여 있을 필요가 없다. 서로 다른 언어권 내의 언어적 표현들은 같은 힘을 가질 수 있다. 다시 말해 그것들은 기능 면에서 등가일 수 있다. 그래서 프랑스어 단어 'homme', 스페인어 단어 'hombre', 이탈리아어 단어 'uomo', 독일어 단어 'Mensch', 한국어 단어 '인간'은 모두 기능 면에서 등가이다. 각 언어권에서 이 단어들은 모두 똑같은 언어적 기능을 수행한다. 지각이 들어왔을 때, 단어들은 그 지각에 대해 모두 같은 방식으로 반응한다. 이것들은 동일한 유형의 추론에 개입한다. 그리고 이 단어들은 행위를 추동하는 데서 같은 역할을 수행한다. 이제 셀라스는 다음과 같이 강조한다. 즉 우리는 새로운 형태의 메타 언어적 지칭법을 도입할 수 있다. 그리고 이러한 형태의 메타 언어적 지칭법은, 서로 다른 언어권의 여러 언어적 표현이 위에서 말한 대로 그 기능 면에서 등가임을 보여준다. 그는 이러한 능력을 갖는 표기법을 제안하는데, 이 표기법을 점표dot quotation라고 부른다. 한 언어권의 어떤 단어에다가 작은따옴표를 쳐서, 그 언어권의 그 단어에 대한 개별어들을 지칭하는 용어를 만드는 대신, 우리는 우리 언어권의 한 단어 양 끝에 점을 찍는다. 그래서 우리는 메타 언어적 일반 명사를 만들 수 있는데, 그 일반 명사는 우리 언어 내에서 점 찍힌 용어가 하는 언어적 역할과 똑같은 역할을 수행하는 각 언어권의 언어적 표현들 모두에 참이 된다. 그래서 한국어 단어 '인간'에 점표를 찍으면 한국어 단어 하나(· 인간 ·)가 만들어지는데, 이것은 우리의 한국어 단어 '인간'과 그 기능 면에서 등가인 각 언어권의 언어적 표현에 대해 참이 된다.* 또 우리가 한국어 단어인 '빨간'에 점표를 찍으면 한국어 단어 하나(·빨간·)가 생성되는데, 이것은 '빨간'이 한국어 내에서 수행하는 언어적 역할과 똑같은 역할을 수행하는 각 언어권의 모든 언어적 표현에 대해 참이 된다. 셀라스의 표기법을 사용하면 우리는 'hombre', 'uomo', 'homme', 'Mensch'가 모두 ·인간·들이라고 말할 수 있다. 스페인어 'rojo', 이탈리아어 'rosso', 독일어 'rot', 프랑스어 'rouge'가 모두 ·빨간·들이라고 말할 수 있다.**

점표가 하는 일이란 따라서 각 언어권을 가로지르는 메타 언어적 담화에

---

* 카르납의 경우, 작은따옴표가 찍힌 한 단어와 그 단어에 대한 메타 언어적 주장은 같은 언어권 내의 언어여야 한다. 따라서 "'용감한'은 형용사이다."라는 문장은 참이지만, "'courageous'는 형용사이다."는 거짓이다. 'courageous'는 한국어 단어가 아니기 때문에 형용사도 아니다. 반면 셀라스의 경우, 점표가 찍힌 한 단어와 그 단어에 대한 메타 언어적 주장은 같은 언어권 내의 언어일 필요가 없다. 따라서 이 경우에는 "·courageous·는 형용사이다"라는 문장이 참이다. ·courageous·는 '용감한', 'courageous' 등의 등가의 언어 표현들을 가로지르는 언어 표현이기 때문이다.

** 다음과 같은 각 단어의 동일성/차이에 대한 도식이 도움이 될 수 있을 것 같다.

언어적 표현에 대한 표준적 지칭 방식은 그 표현에다 작은따옴표를 치는 것이다. 이 경우 각 단어는 다음과 같은 동일성/차이를 보인다.

빨강 = 빨강	보편자
'빨간' = '빨간'	유형어
'빨간' ≠ '빨간'	개별어
'빨간' ≠ 'red'	유형어
'빨간' ≠ 'red'	개별어

점표는 각 언어를 가로지르는 언어적 표현을 만들어낸다. 이 경우에 각 단어는 다음과 같은 동일성/차이를 보인다.

·빨간· = ·빨간·	유형어
·빨간· ≠ ·빨간·	개별어
·빨간· = ·red·	유형어
·빨간· ≠ ·red·	개별어

유형어로서의 ·빨간·은 분배 단칭 용어에 대한 분석에 의해 개별어로서의 ·빨간·들로 분석된다. 이 경우 각 단어는 다음과 같은 동일성/차이를 보인다.

·빨간· ≠ ·빨간·	개별어
·빨간·들 = ·빨간·들	개별어
·빨간·들 = ·red·들	개별어

대한 도구를 제공하는 것이다. 그리고 이러한 표기법 밑에 깔려 있는 것은 다음과 같은 통찰이다. 즉 서로 다른 언어권들은 기능 면에서 등가인 언어적 표현들을 갖고 있다. 셀라스의 핵심적 주장은 이러한 것이다. 즉 추상물 지칭 장치를 가진 문장들은 실제로는 점표 안에서 작동하는 국제 언어적이며 interlinguistic 기능적인 어떤 것에 대한 메타 언어적 주장이다. 그리고 셀라스의 주장에 따르면, 그의 점표 표기법을 사용해서 우리는 추상물 지칭 장치를 포함하는 문장들에 대한 극단적 유명론의 독해법을 제공할 수 있다. 그래서 문장 (3)은 다음과 같이 분석된다.

(3-d) · 용감한 · 은 덕 술어이다.
The · courageous · is a virtue predicate.

그러나 ' · 용감한 · '이라는 용어는 유형어 기능을 하지 않는다. 따라서 실제로 (3-d)는 개별어로서 이해될 수 있는 언어적 표현들에 관한 일반적 주장이다. 즉 이것은 다음과 같은 주장이다.

(3-e) · 용감한 · 들은 덕 술어들이다.
· Courageous · s are virtue predicates.

마찬가지로 (4)와 (6)은 다음과 같이 분석된다.

(4-d) · 세모난 · 들은 모양 술어들이다.
· Triangular · s are shape predicates.
(6-b) · 빨간 · 들은 색 술어들이다.
· Red · s are color predicates.

반면 (15)와 (17)은 다음과 같이 분석된다.

(15-b) · 용감한 · 들은 형용사들이다.

   · Courageous · s are adjectives.

(17-b) · 인간 · 들은 일반 명사들이다.

   · Man · s are common nouns.

이 분석들은 카르납의 분석과 마찬가지로 같은 문법적 구조를 드러내준다. 그러나 이 분석은 카르납의 분석과는 아주 중요한 점에서 차이가 난다. (3), (4), (6), (15), (16)에 대한 카르납의 번역에 의하면, 이 문장들 모두는 한국어 단어에 대한 주장을 포함하고 있다. 반면에 셀라스의 독해법은 이러한 문장들이 기능 면에서 등가인 용어들에 대한 국제 언어적 주장을 담고 있음을 보여준다. 그렇다면 셀라스의 설명은 우리의 두 번째 어려움을 피할 수 있게 해준다. 문장 (6)을 살펴보자. 이 문장에 대한 카르납의 분석은 다음과 같은 결과를 가져온다. 즉 한국어 사용자가 이 문장을 발화할 때, 그가 말하고 있는 것(즉 한국어 단어 '빨간' 혹은 '빨간'이라는 한국 개별어)은 스페인어 사용자가 다음과 같은 문장을 발화하면서 말하고 있는 것(즉 스페인어 단어 'rojo' 혹은 'rojo'라는 스페인어 개별어)과 완전히 다른 무엇이다.

(20) Rojo es un color.

그렇다면 카르납은 문장 (20)과 (6)이 각각 서로에 대한 번역이라는 사실을 설명할 수 없는 것이다. 그러나 우리가 일단 다음과 같은 사실을 이해한다면, 즉 문장 (6) 안에서 메타 언어적 지칭은 셀라스의 점표에 의해 포착되는 국제 언어적 지칭이라는 사실을 이해한다면, 이러한 어려움은 사라져버린다. 점표는 새로운 언어적 표현을 만든다. 그리고 새로운 이 언어적 표현은 이 표현과 기능 면에서 등가인 모든 용어에 대해 참이 된다. 따라서 서로 다른 언어권의 용어들이지만 기능 면에서는 등가인 용어들에 점표가 적용되면 각 언어권 내의 메타 언어적 용어들이 만들어지며, 각 언어권의 이러한 용어들은 정확히 똑같은 것들에 의해 참이 된다. 따라서 한국어 사용자가 문장 (6)을 발화할 때 그가 말하는 바(즉 ·빨간· 들은 색깔 단어들이다.)는 스페인 사람, 프랑스 사람, 독일 사람들이 문장 (6)과 등가인 스페인어 문장, 프랑스어 문장, 독일어 문장들을 발화할 때 주장하는 바와 정확히 똑같은 것.

이러한 점에서 셀라스의 설명은 카르납의 설명과 다르다. 그럼에도 셀라스의 설명은 모든 면에서 카르납의 설명만큼이나 체계적이다. 그의 설명은 추상 단칭 명사를 포함하는 문장들 내에서 작동하는 단일한 의미론적 규칙성을 드러내 보여준다. 'F-ness'라는 추상 단칭 명사를 포함하는 문장은 언제나 ·F· 들에 관한 문장이다. ·F· 들은 (개별어로 이해된) 언어적 표현으로서 각 언어권의 'F'들과 기능 면에서 등가이다. 또한 카르납이 산만한 설명과 단편적인 예들을 제시함에 반해 셀라스는 우리에게 일반적인 논리적 구조를 제공한다. 일반적인 이 논리적 구조는 위에 나온 것과 같은 문장들에 대한 메타 언어적 분석을 수행할 지침을 우리에게 준다. 지금까지 우리는 셀라스적 유명론의 가장 기본적인 것만을 개괄했다. 추상 단칭 명사에 대한 그의 분석은 일련의 기술적 도구들(메타 이론적 양화에 관한 정교한 이론을 포함해)에 의해 보충된다. 이 기술적 도구들은 다음과 같은 문장들, 즉 추상 단칭 명사를 포함하지 않지만 보편자에 대한 지칭을 포함하는 것으로 보이는 문장들에 대한 번역 도구를 제공한다. 그 문장들이란 다음과 같은 것들이다.

(11) 저 토마토와 저 소방차는 같은 색깔을 가진다.

That tomato and that fire engine have the same color.

(12) 그는 자기 사촌과 같은 성격을 가진다.

He has the same character traits as his cousin.

우리는 여기에서 필요한 기술적 도구들을 검토하지는 않을 것이다. 셀라스의 메타 언어적 유명론의 힘에 대해 의심하는 독자가 있다면, 그는 존재론에 관한 셀라스의 다양한 저작들을 훑어보면 될 것이다. 그러면 그 독자는 유명론자들에게서 문젯거리가 되는 것으로 증명된 위와 같은 문장들과, 그 밖의 수없이 많은 다른 문장을 셀라스가 얼마나 잘 설명하는지 보게 될 것이다. 오컴 이래로 유명론자들은 우리가 참이라고 간주하는 모든 문장에 대한 극단적 유명론의 독해법을 제공할 수 있다고 공언해 왔다. 그러나 나의 지식에 의하면, 이러한 기획이 어떻게 세부적으로 수행될 수 있는지를 보여주는 힘든 작업에 실제로 다가간 유명론자는 셀라스밖에 없다. 그리고 그의 수고는 20세기 형이상학의 가장 감명 깊은 작품들 중 하나가 되었다.

그럼에도 이 이론 역시 비판하는 사람들이 있다.[17] 어떤 이들은 다음과 같이 논한다. 보편자에 대한 명백한 지칭을 포함하지만, 그럼에도 셀라스가 발전시킨 메타 언어적 이론 틀로 분석되지 않는 문장들이 있다.[18] 추상물을 지칭하는 표준적 장치들을 포함하는 문장들을 다루는 데 셀라스의 설명이 매우 성공적인 만큼, 이러한 비판이 제시하는 문장들은 좀 이국적인 경향을 띤다. 그리고 이러한 문장들을 둘러싼 논의는 셀라스 이론의 기술적인 세부 사항과 관련해 여러 가지 어려움을 드러낸다. 그러나 우리의 현재 목적과 관련해 더 흥미로운 반론이 있다. 이것은 셀라스의 기획에 대한 개별 반례를 제시하는 반론이 아니다. 이것은 셀라스 이론이 갖는 일반적 형태에 대한 것이다. 반론은 다음과 같다. 셀라스의 기술적 장치들, 즉 점표 이론, 분배 단칭 용어에 대한 분석, 메타 언어적 양화 이론 등은 감명을 준다. 셀라스의 설명은 비언어적 보편자와, 유형어로서 이해되는 보편자에 대한 지칭을 제거한다. 그럼에도 이 모든 것은 보편자들의 새로운 집합을 남몰래 도입함으로써만 가능한 것이다. 셀라스의 이론에 따르면, F-ness라는 보편자에 대한 주장은 실제로는, ·F·들이라는 언어적 표현들에 관한 주장이다. 이러한 언어적 표현들이 유형어가 아니라 개별어라고, 즉 개별 발화들 혹은 개별 필기들이라고 인정하자. 그럼에도 문제는 남는다. 각각의 이 발화들과 개별 필기들을 모두 ·F·들이게끔 만들어주는 것은 무엇인가? 셀라스의 대답은 다음과 같았다. 즉 이 개별 발화들과 개별 필기들은 'F'들이 우리 언어에서 하는 언어적 역할과 똑같은 언어적 역할을 자신의 언어 내에서 수행한다. 그렇다면 셀라스는 역사적으로 서로 다른 각 언어권 내의 여러 개별어 속에 체화될 수 있는 어떤 언어적 역할의 존재에 개입하게 되는 것은 아닌가? 그렇다면 결국 이것은 보편자의 존재에 대한 개입 아닌가?

셀라스의 답은 다음과 같다. 우리가 언어적 역할에 대해 말한다면, 그것은 단지 말하는 방식façon de parler일 뿐이다. 다시 말해 언어적 역할이라는 것은 언어적 규칙들에 대한 아주 복잡한 사실들을 줄여 말하는 방식일 뿐이다. 그가 이해하는 바에 따르면, 언어적 표현들이 갖는 역할 혹은 기능 등에 관한 주장은 언어 사용자들의 행위를 규제하는 언어적 규칙들에 관한 주장으로 바꿔 말할 수 있다. 그리고 셀라스는 다음과 같이 논한다. 끝까지 분석했을 때, 언어적 규칙들에 대한 주장은 개별어로서 이해되는 언어적 표현들의 존재에 대한 개입조차도 없는 주장으로 정식화될 수 있다. 다시 말해 셀라스는 다음과 같이 주장하길 원하는 것이다. 즉 그의 설명은 우리로 하여금 개별 발화들, 개별 필기들을 구체화하거나reify 실체화하도록entify 강제하지 않는다. 그는 다음과 같이 믿는다. 궁극적으로 그의 설명이 개입하게 되는 유일한 대상들 혹은 유일한 엔터티들은 오직 발화하고 필기하는 개별 인간들뿐이다. 따라서 셀라스의 유명론이 메타 언어적 이론이라고 불릴 수는 있지만, 궁극적으로 볼 때 그것은 언어적 표현들에 "관한about" 이론이 아니다. 끝까지 갔을 때, 거기에는 언어적 표현들이 없다. 있는 것은 오로지 발화하고 필기하는 개체들뿐인 것이다.

따라서 쟁점은 다음과 같은 것이다. 첫째, 언어적 역할들이 언어적 규칙들로 분석될 수 있는가. 둘째, 언어적 규칙이라는 개념이 오로지 구체적 개체 말고 다른 어떤 것에 대한 지칭 없이도 이해될 수 있는가. 이것은 강한 주장이다. 그래서 언어적 역할의 지위에 관해 애초의 반론을 제기한 비판자들은 이러한 주장이 그 분석의 끝에서 결국 성립할 수 있는지에 대해 회의적이다. 비판자들은 다음과 같이 논할 것이다. 언어적 규칙들에 대한 만족스러운 설명을 제시하기 위해서는 우리가 규범norm이나 표준standard에 대한 주장을 도입해야 하는데, 규범이나 표준에 대한 주장을 도입하려면 반드시 형이상학적 실재론이라는 존재론에 의거해야 한다.* 셀라스의 메타 언어적 유명론에 대한 지지자들은 물론 동의하지 않을 것이다. 따라서 실재론자들과 유명론자들을 갈라놓은 최초의 주제가 이제 새로운 차원에서 다시 등장하게 된다. 그래서 우리는 보편자 문제의 지속적인 힘을 다시 평가하게 된다. 실재론자들과 유명론자들 사이의 근원적인 차이는 더 깊어지고, 또 계속 새로워진다. 이것이 우리가 2500년 동안이나 보편자 문제를 가지고 싸운 이유이다.

트롭 이론

추상물 지칭 장치를 가진 문장에 대한 적절한 분석이 어떠해야 하는지에 대해서는 입장이 서로 다르지만, 그럼에도 극단적 유명론자들과 셀라스적인 메타 언어적 유명론자들은 존재하는 것은 오로지 구체적 개체들뿐이라는 사실에 대해 의견을 같이한다. 이제 논할 유명론은 이보다 더 대범한 존재론적

---

* 예를 들어 여러 개별 선수가 뛰고 있는 축구 경기를 생각해 보자. 이 각 개체는 독립적으로 행동한다. 하지만 이들 모두 공통의 규칙을 체화하고 있다. 공통의 이 규칙은 각 개체가 함께 체화하는 어떤 보편자가 아닌가?

틀을 갖고 있다. 이러한 형태의 유명론은 구체적 개체뿐 아니라 속성들도 존재한다고 주장한다. 그러나 그들은 이 속성들이 다중 예화 엔터티라는 사실을 부정한다. 극단적 유명론자나 메타 언어적 유명론자들과 달리, 이 유명론자들은 색이나 모양, 크기, 성격 등과 같은 것들이 존재한다고 말한다. 그러나 이들이 실재론자들과 다른 점은 이러한 것들, 즉 각 속성들 역시 개체라고 주장한다는 것이다. 이들에 따르면, 구체적 개체들은 색깔, 모양 등을 가진다. 그러나 각 개체들이 갖는 속성들은 그것들을 소유하고 있는 개체들만큼이나 개체적이며 개별적인 것이다. 이런 형태의 유명론에 따르면, 서로 다른 개체들이 똑같은 속성을 갖는 것은 형이상학적으로 불가능하다. 그래서 개체로서 어떤 빨간 공은 어떤 색을 갖는데, 그 색은 다른 어떤 개체도 갖지 않고 또 가질 수도 없는 색이다. 그리고 그 공은 어떤 모양을 갖는데, 그 모양은 다른 어떤 개체도 갖지 않고 또 가질 수도 없는 모양이다. 그것은 또 어떤 크기, 어떤 무게 등을 갖는데, 그 크기, 무게 등은 다른 어떤 개체도 갖지 않고 또 가질 수도 없는 속성인 것이다.*

어떠한 두 개체도 한 속성을 공유하지 못한다고 말할 때, 무엇이 부정되고 있는지를 이해하는 것이 아주 중요하다. 예컨대 이것은 이렇게 생각될 수도 있을 것이다. 즉 어떠한 두 개체도 모든 면에서 정확히 똑같을 수는 없다. 따라서 서로 다른 모든 개체 사이에는 아무리 미세한 차이라 하더라도 색의 차이, 모양의 차이, 크기의 차이, 무게의 차이가 있는 것이다. 이렇게 생각하는 사람이라면 아마 다음과 같은 결론을 내리게 될 것이다. 임의의 두 대상은 똑같은 속성 하나를 공유하지 못한다. 그러나 이러한 이유로 속성이 공유됨을 부정하는 철학자들은 속성 자체의 어떤 범주적 특성 때문에 속성이 공유

---

* 이 주장을 표준화하는 방식은 다음과 같은 것이다. 소크라테스도 하얗고, 플라톤도 하얗다. 그러나 소크라테스의 하양과 플라톤의 하양은 수적으로 서로 다르다.

될 수 없다고 주장하는 것이 아니다. 그들은 속성이 다중 예화 엔터티임을 인정할 수도 있다. 다만 그들은 경험 세계의 현실적 구조로 인해 그 엔터티들이 다중 예화되지 않는다고 말하는 것이다.[19]

그러나 우리가 논하고자 하는 유명론자들은, 개체들 사이에 존재하는 유사성을 우리가 경험하지 못한다는 이유로, 공유된 속성을 부정하는 것이 아니다. 그들은 구체적 개체들이 모든 측면에서 정확히 유사할 수 있으며, 또 많은 경우 정확히 유사하다고 생각한다. 그러나 개체들이 정확히 유사한 경우에도, 그 개체들은 서로 달라서 하나라고 할 수 없는 속성을 지닌다고 주장한다. 따라서 공유되는 속성에 그들이 반대하는 것은 정확한 유사성에 대한 경험이 불가능하기 때문이 아니라, 속성이 갖는 범주적 특성에 대해 그들이 어떤 태도를 취하기 때문인 것이다. 그들이 믿기로, 속성은 본성상 개별적이며, 따라서 오직 한 구체적 개체에 의해서만 소유될 수 있는 것이다.

이러한 유명론자들의 믿음에 의하면, 개체들만 서로 유사한 것이 아니다. 개체들이 갖는 속성들도 서로 유사할 수 있다. 따라서 같은 염료로 물들여진 빨간 스웨터 두 벌은 유사한 색깔 혹은 정확히 닮은 색깔, 즉 빨강을 가진다. 그러나 그들의 주장에 따르면, 속성들의 정확한 유사성은 속성들의 수적 동일성, 즉 "그것들은 동일한 것 하나이다."라고 말할 수 있는 동일성과 구분되어야 한다. 마찬가지로 그들은 동전 두 개가 유사한 모양 혹은 정확하게 유사한 모양, 즉 둥긂을 가진다고 주장한다. 그러나 그들에 따르면, 그 동전들의 정확히 유사한 모양은 수적으로 다르다. 다시 말해 우리는 그 모양을 둘로 셀 수 있는 것이다. 우리는 스웨터에 대해 "그 스웨터들은 같은 색을 가진다."라고 말할 수 있으며, 동전들에 대해 "그 동전들은 같은 모양을 가진다."라고 말할 수 있다. 그러나 이 유명론자들에 따르면, 이렇게 말할 때 우리는 느슨하게 말하는 것이다. 정확하게 이해된다면, 우리가 상식적으로 말함으로써 그것들이 같다고 하는 것은 사실 수적으로 다른(그래서 둘로 간주할 수 있는) 속성들이 정확하게 유사하다고 말하는 것이다.

구체적 개체들이 갖는 속성 또한 개체적이라는 생각은 아주 오래된 생각이다. 어떤 주석가들은 아리스토텔레스에게서 이 착상을 찾아야 한다고 주장한다.[20] 그러나 아리스토텔레스가 이런 관점을 가지고 있었는지, 그렇지 않았는지와 상관없이, 오컴이 이런 관점을 가지고 있었다는 점은 확실하다.[21] 오컴에 따르면, 아리스토텔레스의 질 범주 항목들(감각적 성질 혹은 성격 등)은 모두 개별적이다. 그것들은 필연적으로 오직 한 대상에 의해서만 드러나는 것들이다. 영국 경험론자들(로크Locke, 버클리Berkeley, 흄Hume)도 이와 유사한 견해를 가지고 있었던 것으로 보인다. 요즘에는 스타우트G. F. Stout, 윌리엄스D. C. Williams, 캠벨Keith Campbell 등이 이 형태의 유명론을 견지하고 있다.[22] 윌리엄스는 두 개의 사탕, 즉 헤라플렘과 보아넙에 대해 말하면서, 이러한 견해에 대한 매우 명쾌한 주장을 보여주고 있다. 그는 이렇게 말한다.

헤라플렘과 보아넙이 "같은 모양을 가졌다."라고 말하거나 또는 "한 모양이 다른 모양과 같다."라고 말할 때 그 말이 의미하는 바는, 두 군인이 "같은 유니폼을 입고 있다."라고 말하거나, 어떤 아들에 대해 "그는 아버지의 코를 갖고 있다."고 말하거나, 우리의 사탕 제조 아저씨가 "나는 내 사탕들을 만들 때 똑같은 스틱 same identical stick, 즉 레드 버터스 트리플 엑스를 사용했다."고 말할 때 그 말들이 의미하는 바와 똑같은 것이다. 그 두 사탕은 "같은 모양을 갖지" 않는다. 이건 다음과 같이 말할 때와는 다른 의미를 갖는 것이다. 즉 두 아이가 "같은 아버지를 가진다" 혹은 "두 거리가 그 교차점에서 같은 맨홀을 가진다." 혹은 두 대학생이 "같은 턱시도를 입고 있다"(따라서 그들은 함께 댄스파티에 갈 수 없다.) 등에서의 같음의 의미와는 다른 것이다.[23]

윌리엄스가 이야기하는 종류의 속성들에는 다양한 이름이 붙여져 왔다. 중세에 그것들은 '제1속성first accident'이라고 불렸다. 20세기에 와서 그것들은 '단일 속성unit property', '사례case', '측면aspect'이라고 불렸다. 윌리엄스는 이것들을 '트롭trope'이라고 불렀고, 요사이 이 이름이 통용되고 있다. 따라서 우리는 윌리엄스를 따라, 개체로 이해된 속성을 '트롭'이라 부르기로 하자.

그렇다면 왜 이러한 유명론자들은 극단적 유명론자들의 존재론에 트롭을 첨가하는가? 부분적인 대답은 이렇다. 이러한 견해를 가진 이들이 전형적으로 주장하는 바에 의하면, 우리가 지각적으로 알게 되는 직접적인 대상들은 색, 냄새, 소리, 모양들과 같은 것이다. 이들의 관점에 따르면, 만약 이것들의 존재를 부정할 경우에 우리는 우리의 경험적 지식에 대한 가장 초보적인 설명조차도 제공할 수 없다. 우리가 지각적으로 의식하는 대상들이 궁극적으로는 이러한 감각적 성질이 아니라 하더라도, 이 성질들이 적어도 우리가 주의하게 되는 행위의 대상이 될 수 있다는 사실은 여전히 남는다. 나는 타지마할의 색에 주목할 수 있는 것이다. 그리고 이렇게 할 때, 나는 극단적 유명론자들이 내가 하고 있다고 말하는 그것을 하고 있는 것이 아니다. 즉 나는 타지마할에 주목하고 있는 것이 아니다. 나는 타지마할의 색에 주목하고 있다. 만약 이것이 내가 하고 있는 일이라면, 여기서 벌어지는 일에 대한 존재론적 설명은, 실제로 존재하며 내 선택적 주의력의 실제 대상이 되는 어떤 것에 대해 말해 주어야 하는 것이다. 이제 내 선택적 주의력의 대상이 될 수 있는 것들은 단순한 감각적 성질들에만 제한되지 않는다. 이러한 것들에는 우리가 일상적으로 사물의 특징들이라 말하는 모든 것이 포함된다. 따라서 무엇이 존재하는가에 대한 설명을 위해서라면, 존재론자들은 이러한 것들을 포함시키는 것이 나은 것이다.

그러나 이렇게 하고자 한다면, 왜 그들은 실재론자를 따라서 그것들이 다중 예화 대상이라고 해석하지 않는가? 이 지점에서 유명론자들은 이렇게 말한다. 반복되거나 다중 예화 엔터티로 이해되는 속성들을 우리가 필요로 하는가, 하지 않는가와 상관없이, 우리는 개별자로 이해되는 속성들 혹은 트롭들을 반드시 필요로 하게 된다. 내가 타지마할의 색에 주목할 때, 나는 일반적인 핑크색을 생각하는 것이 아니다. 내가 생각하는 것은 그 독특한 핑크, 즉 오직 타지마할만이 갖는 핑크를 생각하는 것이다. 그리고 내가 모나리자의 색조에 주목할 때, 나는 어떤 일반적 색조가 아니라, 바로 그 캔버스 위의 바로 그 색조를 생각하는 것이다. 따라서 선택적으로 주목할 때 이루어지는 일을 이해하고자 한다면, 우리에게는 트롭이 필요한 것이다. 유명론자들은 이렇게 논할 것이다. 즉 트롭 외에 실재론자들이 생각하는 속성들은 필요치 않다. 이 지점에서 유명론자들은 매우 친숙한 주제를 말하게 될 것이다. 즉 실재론은 바로크적 구조를 가진 두 범주 존재론이라고. 그것은 딱 부러지는 동일성 조건을 결여한 기묘한 엔터티를 가정하며, 또한 이 엔터티는 공간적 위치에 대한 우리의 직관을 좌절시키는 것이라고. 또 이 이론은 두 범주 각각에 해당하는 엔터티들을 묶는 이상한 존재론적 관계를 설정한다고. 또한 이 유명론자들은 실재론자들의 형이상학적 잉여물은 불필요한 것이라 주장할 것이다. 실재론자들의 두 범주 존재론으로 할 수 있는 이론적 작업 전체는 오직 개체들만 인정하는 한 범주 존재론으로도 할 수 있는 것이다. 물론 이 존재론은 극단적 유명론자들이 말하는 구체적 개체뿐 아니라 트롭도 포함한다는 것이 가정되어야 한다. 그러나 이들 모두 트롭[개체적 속성]인 것이다.[24]

이 주장에 따르면, 트롭 이론은 실재론자들이 보편자 존재론을 가정해야만 설명할 수 있다고 말하는 모든 현상을 설명할 수 있다. 그렇다면 트롭은 구체적 개체들 사이의 속성 일치를 설명해 줄 수 있어야 한다. 그리고 트롭을 지지하는 사람들은 이것이 가능하다고 한다. 그들의 설명에 따르면, 구체적 개체들이 속성 일치를 보이는 이유는 그들이 비슷한 트롭들을 가지기 때문이다. 구체적 개체들이 가진 트롭들이 비슷하면 비슷할수록, 그 트롭들을 가진 구체적 개체들 사이의 속성 일치는 더 강화된다. 따라서 구체적 개체들 사이의 속성 일치나 유사성은 그것들이 지닌 트롭들의 유사성에 의해 설명되는 것이다. 그러나 트롭 이론가들에 따르면, 트롭들 사이의 유사성은 더 이상 설명될 필요가 없는 사실이다. 트롭들이 어느 정도 서로 닮는다는 사실은 더 이상 분석될 수 없는, 세계가 가진 기본적인 측면이다.

트롭 이론가들은 술어화를 어떻게 설명할까? 이 물음에 답하기 위해 우리는 추상물 지칭에 대한 트롭 이론가들의 설명을 고찰해 보아야 한다. 우리의 존재론이 트롭은 포함하고 보편자는 포함하지 않는다면, 우리는 이 장에서 계속 논의해 온 여러 문장, 즉 보편자 지칭 장치를 포함하는 문장들에 대해 설명해야 한다. 이 문장들에 대한 극단적 유명론자와 메타 언어적 유명론자들의 분석 패턴은 트롭 이론가들이 채택할 수 있는 전술이 어떤 것이어야 할지에 대해 몇 가지 제안을 할 수 있다. 트롭 이론가들은 극단적 유명론자들을 따라서, 예컨대 추상 단칭 명사가 이름임을 부정해야 하며, 또한 보편자에 대한 문장처럼 보이는 문장이 실제로는 트롭에 대한 일반화된 주장임을 보여야 한다. 따라서 이들은 '지혜로움'이라는 추상 단칭 명사를 포함하는 문장이 사실은 겉으로만 보편자에 대해 말하고 있다고 해야 한다. 실제로 이러한 문장은 어떤 트롭들에 대해 말하는 문장인 것이다. 즉 덕들wisdoms인 다양한 트롭에 대해 말하는 방식. 또한 이들은 '세모남'이라는 추상 단칭 명사를 포함하는 문장들이 사실은 겉으로만 보편자에 대해 말하고 있다고 해야 한다. 실제로 이 문장들은 어떤 모양 트롭들, 즉 삼각형들인 어떤 모양 트롭들에 대한 주장인 것이다. 이러한 전술은 추상물 지칭에 대한 제거주의적 입장이라는 점에서, 극단적 유명론자들과 메타 언어적 유명론자들이 채택하는 전술과 비슷하다. 앞의 두 절에서 논의한 설명들처럼 이 설명도 다음과 같이 주장한다. 즉 추상물 지칭 장치(보편자를 집어내는 장치인 것으로 여겨지는 언어적 표현)는 문장에서 제거될 수 있다. 왜냐하면 보편자를 지칭하는 단어처럼 보이는 것을 포함하는 모든 문장은 보편자를 지칭하는 단어를 포함하지 않는 문장으로, 혹은 보편자의 존재를 가정하는 단어를 포함하지 않는 문장으로 의미의 변화 없이 바뀔 수 있기 때문이다.

트롭 이론가들은 이 제거주의적 전략을 채택할 수 있을 것이다. 이렇게 한다면, 그들은 설명되어야 한다고 여겨지는 각 문장에 대해 트롭 이론적인 번역을 제시해야 할 것이다. 개별적 속성에 대한 옹호자 중 적어도 한 사람이 이 제거주의적 기획을 선호했다. 내가 생각하고 있는 사람은 오컴이다. 그는 다음과 같이 주장한다. 아리스토텔레스의 성질 범주에 속하는 보편자들에 대한 말은 개별적 성질에 대한 말로 분석될 수 있다. 그러나 우리 시대의 트롭 이론가들은 추상물 지칭 장치에 대해 제거주의적 입장을 취하지 않는다. 그들은 어떤 종류의 어려움에 직면했다. 즉 우리가 앞의 두 절에서 말한 제거주의적 프로그램을 위협하는 어려움 말이다. 그리고 기술적 어려움은 차치하고서라도, 그들은 다음과 같은 사실을 알아차렸다. 즉 지혜로움, 세모남, 인간임, 아버지임과 같은 것들이 없다는 주장(제거주의자들은 궁극적으로 이렇게 주장해야 한다.)은 직관에 어긋난다.

따라서 요새 트롭 이론가들은 추상 단칭 명사가 이름임을 인정하게 되었다. 그러나 그들은 이러한 단어들이 형이상학적 실재론자들이 말하는 보편자의 이름이 된다는 것을 부정한다. 그렇다면 그것들은 무엇의 이름인가? 요사이 트롭 이론가들 거의 대부분이 내놓는 답은 이렇다. 추상 단칭 명사는 유사한 트롭들의 집합sets of resembling tropes의 이름이 된다.[25] 스스로 유명론자라는 사람들이 집합 개념을 마음대로 사용할 수 있다는 사실은 좀 이상하게 느껴지며 또 놀랍기도 하다. 우리는 집합이 바로 보편자가 아니냐고 생각하기 때문이다. 집합은 여러 원소를 가질 수 있는 단일체unity이다. 또 하나의 집합과 여러 원소 사이의 관계는 한 보편자와 그 보편자를 예화하는 여러 개체 사이의 묶임 관계처럼 보인다. 그러나 사실로 보자면 집합은 한 가지 중요한 점에서 보편자와 다르다. 앞에서 말했듯이, 집합은 딱 부러지는 동일성 조건을 가진다. 다음과 같은 물음에 대한 정확한 답이 있다. 언제 하나의 집합 α와 또 하나의 집합 β가 같은가? 또 언제 이들은 서로 다른가? 집합들은 그 원소들이 같을 때 서로 같다. 더 정확히 말하자면, 집합 α와 집합 β는 다음과 같은 경우 서로 같다. 즉 집합 α의 모든 원소가, 그리고 오직 그 원소들만이 집합 β의 원소들일 때. 이러한 주장은 보편자의 경우에는 해당하지 않는다. 서로 다른 보편자가 정확하게 같은 대상들에 의해 예화될 수 있다. 따라서 보편자가 갖지 못하는 것을 집합은 가진다. 딱 부러지는 동일성 조건 말이다. 더욱이 집합론은 이미 한 분과로 형성되어 있다. 집합론은 집합들의 핵심적 특성들을 발견해 놓았고, 따라서 우리는 집합들의 특성을 잘 이해하고 있다. 극단적 유명론자나 메타 언어적 유명론자들은 집합을 포함하는 존재론을 인정하지 않는다. 그들에 따르면, 오직 구체적 개체만이 존재한다. 그러나 트롭 이론가들은 다음과 같이 주장할 것이다. 즉 집합의 존재를 부정하는 것은 별 도움이 안 된다. 집합은 인정해 줄 만한 것, 잘 이해될 수 있는 것일 뿐 아니라 꼭 필요한 것이다. 가장 초보적인 수학은 제외하고도, 우리가 어떤 것을 하려면 집합이 반드시 필요하다. 따라서 집합을 인정하지 않는 존재론은 수학이나 수학을 기반으로 하는 과학 이론에 대해 공정하지 못한 것이다. 그러므로 우리는 우리의 존재론에 집합을 포함시키는 수밖에 없는 것이다. 그래서 우리는 추상물 지칭에 대한 분석에서도 집합을 잘 이용할 수 있다.

이렇게 해서 트롭 이론가들은 추상 단칭 명사를, 서로 닮은 트롭들 집합에 대한 이름으로 간주하길 원한다. 여기서 다음과 같은 점을 이해하는 것이 중요하다. 트롭들이 왜 분석에 개입해야만 하는가? 답은 이렇다. 트롭이 없다면, 추상물 지칭에 대한 집합론적 접근은 큰 어려움에 부딪히게 된다. 두 번째 절에서 다룬 극단적 유명론자들을 보자. 그들이 좀 더 원숙해져서 자신의 존재론에 집합을 포함시키게 되었다고 가정해 보자. 그럼 아마 다음과 같이 될 것이다. 이렇게 완화된 극단적 유명론자들은 추상 단칭 명사에 대한 제거주의적 해석을 버릴 수 있고, 따라서 추상 단칭 명사 'F-ness'가 집합의 이름이라고, 즉 F라는 성질을 갖는 모든 구체적 개체를 자신의 원소로 갖는 집합의 이름이라고 주장할 수 있을 것이다. 다시 말하자면, 그들은 '용감함'이 이름(용감한 모든 개체들을, 그리고 오직 용감한 개체들만을 자신의 원소로 가지는 집합에 대한 이름)이라고 주장할 수 있을 것이다. 또 '둥긂'은 둥근 모든 구체적 개체, 그리고 오직 둥근 구체적 개체들만을 자신의 원소로서 가지는 집합의 이름이라고 주장할 수 있을 것이다. 그러나 집합에 대한 동일성 조건을 살펴보면, 이런 설명은 반드시 실패하게 된다. 똑같은 구체적 개체들에 의해 만족되는 일반 용어들을 우리가 가질 때, 위와 같은 설명은 다음과 같이 주장하도록 되어 있다. 즉 일반 용어 각각에 대응하는 추상 단칭 명사들은 동일한 대상 하나의 이름이 된다. 흔한 예를 사용하자면 이렇다. 심장을 가진 모든 것이 신장도 가지며, 신장을 가진 모든 것이 심장도 가진다고 가정하자. 그렇다면 심장을 가진 것들의 집합과 신장을 가진 것들의 집합은 동일한 집합이 된다. 따라서 우리의 약간 완화된 극단적 유명론자들은 심장을 가진다는 것과 신장을 가진다는 것이 같은 것이라고 주장해야만 하게 되는 것이다.* 그러나 이러한 사실이 거짓임을 알기 위해 우리가 엄청나게 훌륭한 해부학자가 될 필요는 없다.

그러나 우리가 트롭을 가지고 설명을 하면 어려움은 사라진다. 트롭 이론가들의 설명에 따르면, 심장을 가짐이라는 것은 유사한 트롭들의 집합이다.

---

*a, b, c 등을 개체라고 하자. 그렇다면 이 주장은 다음과 같다. 심장을 가짐 = {a, b, c, …}. 신장을 가짐 = {a, b, c, …}. 이 둘은 같은 집합이다.

따라서 이것은 하나의 집합으로서, 내가 심장을 가짐, 네가 심장을 가짐 등을 자신의 원소로서 가진다. 신장을 가짐이라는 것도 마찬가지로 유사한 트롭들의 집합이다. 그러나 신장을 가짐이라는 집합에 속하는 트롭들은 심장을 가짐이라는 집합에 속하는 트롭들과 완전히 다르다. 이것들은 내가 신장을 가짐, 네가 신장을 가짐 등이다. 네가 신장을 가짐이라는 트롭은 네가 심장을 가짐이라는 트롭과 완전히 다른 것이다. 따라서 이 두 집합에 속하는 원소들은 서로 겹치지 않는다. 이렇게 해서 우리는 우리가 원하는 결과를 얻게 된다. 즉 '심장을 가짐'과 '신장을 가짐'은 서로 다른 것들의 이름이 된다.*

추상 단칭 명사는 서로 닮은 트롭들의 집합의 이름이다. '지혜로움'은 지혜로움에서 일치를 보이는 트롭들의 집합의 이름이 된다. '용감함'은 용감함에서 일치를 보이는 트롭들의 집합의 이름이 된다. '세모남'은 세모남에서 일치를 보이는 트롭들의 집합의 이름이 된다. 이제 이런 설명이 어떻게 술어화 이론까지 확장되는지를 보는 것은 쉬운 일이다. 다음과 같은 사실이 약속되었다고 가정해야 한다. 즉 한 일반 용어는 여기에 대응하는 추상 단칭 명사에 의해 이름 불리고 있는 트롭들의 집합과 의미론적으로 연계되어 있다. 그래서 '지혜로운'은 '지혜로움'이라는 이름을 가진 트롭 집합과 의미론적으로 연계되어 있고, '용감한'은 '용감함'이라는 이름을 가진 트롭 집합과 의미론적으로 연계되어 있고, '세모난'은 '세모남'이라는 이름을 가진 집합과 연계되어 있다. 이렇게 본다면, 구체적 개체에다가 일반 용어를 붙여 술어화한다는 것은 그 구체적 개체가 특정 집합에 속하는 트롭을 가지고 있다는 것과 똑같은 말이다. 그리고 한 주-술 문장은 다음의 조건에서 참이 된다. 즉 그

---

*a, b, c 등을 개체라고 하자. 그리고 Φ를 심장을 가짐, 또 ψ를 신장을 가짐이라고 하자. 그렇다면 이 주장은 다음과 같다. 심장을 가짐 = {Φ-a, Φ-b, Φ-c, …}. 신장을 가짐 = {ψ-a, ψ-b, ψ-c, …}. 이 둘은 다른 집합이다.

문장의 주어가 지칭하는 구체적 개체가 위에서 말한 트롭(특정 집합에 속하는 트롭)을 실제로 가지는 경우. 이렇게 해서 우리는 주-술 문장의 참에 대한 설명을 갖게 되었다. 즉 비언어적 사실과의 대응으로서의 참은 주-술 문장의 요소들과, 세계에 있는 대상들 사이의 의미론적 관계에 뿌리를 내리고 있다.* **

이 설명에 대해 반론 한 가지가 제기될 수 있다. 즉 이 이론은 어떤 주-술 문장의 참을 다른 것에 의존해 설명한다. 우리는 소크라테스가 가지는 트롭에 호소해서 '소크라테스는 지혜롭다.'라는 문장의 참을 설명한다. 그러나 이 경우 소크라테스가 가진 트롭은 오직 특정한 종류의 트롭일 경우에만 그 설명력을 발휘할 수 있다. 예를 들어 이 트롭은 색깔 트롭일 수 없고, 또 모양 트롭일 수 없다. 이 트롭은 지혜로움이어야 한다. 하지만 이러한 경우 트롭 이론가들은 특정 종류의 그 트롭이 지혜로움이라는 사실을 어떻게 설명하는가? 다른 형태의 유명론에 대해 논할 때 우리가 계속 얘기해 온 전략을 이들도 그대로 채택한다. 즉 트롭이 어떠어떠하다는 것, 트롭이 어떤 종류의 무엇이라는 것 등의 사실은 기본적이고 분석 불가능하며 근본적인 사실이라는 것이다. 트롭들은 그냥 그러한 것이다. 즉 지혜로움이고 빨강이며 둥긂인

---

* '소크라테스는 용감하다.'라는 문장이 참이라는 것은 '소크라테스'의 지칭체가 '용감함'이라는 추상 단칭 명사를 자신의 이름으로 갖는 집합(트롭들의 집합)의 원소 하나를 가진다는 말이다. 이를 일반화하면 다음과 같다. 'a는 Φ이다.'라는 주-술 문장은 다음과 같은 조건하에서 참이다. 즉 a는 Φ임에서 일치를 보이는 트롭들의 집합({Φ-a, Φ-b, Φ-c, …}) 내의 한 원소(Φ-a)를 자신의 속성으로서 가진다.

** 여기서 보편자와 관련한 각 입장이 견지하는 진리 조건을 비교하는 것이 도움이 될 것 같다. 'a is F.'라는 형태를 가진 문장과 관련해 실재론, 극단적 유명론/메타 언어적 유명론, 트롭 이론은 이 문장이 다음과 같은 경우 참이라고, 다시 말해 다음과 같은 진리 조건을 가진다고 주장한다.
실재론 : 'a'의 지칭체가 'F-ness'의 지칭체를 예화할 경우, 위 문장은 참이다.
극단적 유명론/메타 언어적 유명론 : 'a'의 지칭체가 술어 'F'를 만족시키는 대상들 중 하나일 때, 위 문장은 참이다.
트롭 이론 : 'a'의 지칭체가 'F-ness'라는 이름을 가진 집합의 원소 하나(트롭)를 가질 때, 위 문장은 참이다.

것이다. 그것들이 어떠어떠한 것이라는 사실은 분석될 수 없으며, 설명되지도 않고, 다른 것으로 환원되지도 않는다. 하지만 트롭들이 어떠어떠하기 때문에, 그것을 갖는 구체적 대상들이 비로소 어떠어떠하며, 또 무엇무엇이며, 그리고 이러저러한 방식으로 서로 관계를 맺게 되는 것이다.

지금까지 나는 단지 트롭 이론의 표피적인 것만을 다루어왔다. 즉 나는 보편자 문제와 관련해 트롭 이론이 이를 어떻게 다루는지만을 검토해 왔다. 트롭 이론가들은 자신의 설명을 매우 다양한 방면으로 확장하고 있다.(다음 장에서 이에 대해 얼마간 다룰 것이다.) 그러나 우리는 이 이론이 갖는 매력을 충분히 평가할 수 있을 것이다. 이 이론은 우리의 뿌리 깊은 직관과 마찰을 일으키지 않으면서도 우리가 유명론자가 될 수 있게 해준다. 색이나 모양, 크기, 무게 등에 주목할 때, 우리는 정말 그렇게 주목하고 있는 것이다. 그리고 그렇게 한다고 믿어야만 우리는 편안해지는 것이다. 극단적 유명론자라면 세모남, 지혜로움, 용감함 같은 것들이 없다고 했겠지만, 이런 것들을 부정하지 않아야 한다. 우리가 트롭 이론가라면, 이러한 것들이 실제적이라는 입장을 기쁜 마음으로 선택할 수 있다. 우리가 부정할 일은 단지 이것들이 형이상학적 실재론자들이 주장하는 것과 같은 종류의 것들이라는 점뿐이다. 그리고 우리는 이러한 엔터티에 대한 이론을 가지고 있으며, 그 이론은 셀라스의 메타 언어적 이론만큼이나 체계적인 것이다. 그뿐 아니라 우리가 갖는 이론은 셀라스의 이론보다 훨씬 더 그럴듯하다. 셀라스의 설명은 심각한 약점을 갖고 있다. 그의 이론은 추상적 엔터티에 관한 말들을 재구성한다. 그러나 그렇게 하는 동안 그의 이론은, 우리가 상식적으로 기대하는 것과는 완전히 다른 주제로 넘어가게 되는 대가를 치러야만 했다. 왜냐하면 셀라스에 따르면 용감함에 관한 주장 혹은 색깔 빨강에 대한 주장은 궁극적으로는 단어에 관한 주장이기 때문이다. 이것은 직관적으로 그럴듯해 보이지 않는다. 반면 트롭 이론가들은 용감함이나 색깔 빨강에 관한 주장을, 우리가 해석하기 원하는 식으로 해석한다. 즉 실재에 관한 주장, 언어 외적 엔터티에 관한 주장으로 말이다.

그러나 이러한 매력에도 불구하고 트롭 이론 역시 비판을 받아왔다. 그 비판들 중 하나를 살펴봄으로써, 세 번째 형태의 유명론에 대한 나의 논의를 매듭짓기로 하겠다. 이 비판은 트롭 이론가들이 추상물 지칭에 관한 설명을 제시하면서 집합론을 사용한다는 점에 초점을 맞추고 있다. 추상 단칭 명사의 지칭체를 트롭들의 집합이라고 함으로써, 트롭 이론가들은 추상 단칭 명사가 구체적 개체들의 집합의 이름이 된다는 주장을 개선하고 있다. 이 점은 비판가들도 인정하는 부분이다. 그러나 비판가들의 주장에 따르면, 집합에 대한 동일성 조건이 트롭 이론가들에게 여전히 문제를 던져주는 몇 가지 사례가 있다고 한다.[26] 그 사례들이란 이런 것이다. 즉 추상 단칭 명사에 대응하는 일반 용어가 어떤 것에 의해서도 만족되지 않거나 어떤 것에 대해서도 참이 되지 않는 경우. 이 경우에 트롭 이론가들은 문제의 그 추상 단칭 명사들이 어떤 것 오직 하나의 이름이 된다고 해야 한다. 그러나 이러한 결과는 만족스럽지 못한 것이다. '유니콘'과 '그리핀' 같은 일반 용어들을 한번 보자. 이 일반 용어들은 그 어떤 것에 대해서도 참이 되지 않는다. 왜냐하면 유니콘이나 그리핀과 같은 것들은 존재하지 않기 때문이다. 그러나 그렇게 된다면 이러한 용어들과 연계되는 어떠한 트롭도 존재하지 않는 것이다. 그러나 트롭 이론가들은 이러한 추상 단칭 명사가 트롭들의 집합의 이름이 된다고 주장한다. 그렇다면 '유니콘임'은 어떤 집합을 지칭하게 되는가? 유일한 후보로 공집합이 있다. 공집합은 원소를 갖지 않는다. 지금 이 경우 어떠한 트롭도 없기 때문에, 그러한 트롭에 상응하는 것을 원소로 갖는 집합은 공집합밖에 없다. 그러나 어려운 점은, 트롭 이론가들은 '그리핀임'이란 표현에 해당하는 지칭체에 대해서도 똑같은 말을 해야만 한다는 것이다. 이 경우 어떠한 트롭도 없으므로 '그리핀임'은 공집합의 이름이 되는 것이다. 그러나 불행하게도, 집합에 대한 동일성 조건을 따르자면 공집합은 오직 하나만 있는 것이다. 그렇다면 트롭 이론가들은 이렇게 말해야 한다. 유니콘임과 그리핀임은 똑같은 것이다. 그러나 트롭 이론에 대한 비판가들이 지적하듯이, 신화에 대해 아주 초보적인 지식만 갖게 되더라도 우리는 유니콘임과 그리핀임이 똑같은 것이 아님을 알 수 있다. 유니콘임은 그리핀임과 완전히 다른 무엇인 것이다.

이는 매우 흥미로운 반론이다. 그러나 이것이 아주 결정적인 반론인지에 대해서는 확신이 서지 않는다. 만약 트롭 이론가들이 다음과 같이 주장한다고 해보자. 어떤 일반 용어가 그 어떤 것에 대해서도 참이 되지 않는다면, 그 일반 용어에 대응하는 추상 단칭 명사는 그 어떤 것의 이름도 아닌 것이다. 이렇게 주장한다면, 그들은 위의 반론을 피할 수 있을 것이다. 이렇게 해서, 트롭 이론가들은 유니콘임 혹은 그리핀임과 같은 것은 없다고 그냥 주장할 수 있는 것이다. 이러한 주장은 처음 느끼기에 잘못된 것처럼 보인다. 그러나 우리는 다음과 같은 점을 지적해야 한다. 여기서 트롭 이론가들이 말하는 것은 아리스토텔레스주의자들의 주장, 즉 예화되지 않은 보편자는 없다는 주장과 똑같은 것이다. 트롭 이론가들처럼 아리스토텔레스적 실재론자들도 '유니콘임'과 '그리핀임'이 어떠한 것의 이름도 되지 않는다고 주장할 것이다. 따라서 이 표현들이 어떤 것의 이름이라고 믿는 사람만이 위의 반론을 결정적이라고 생각할 것이다. 즉 플라톤주의자들, 다시 말해 예화되지 않은 보편자들이 있다고 믿는 철학자들만이 이 반론을 트롭 이론에 대한 결정적 반론이라고 생각할 것이다. 그러나 우리가 플라톤적 실재론자라 하더라도, 예화되지 않은 보편자가 존재한다는 생각은 상식과는 좀 벗어난 것이라는 데에 모두들 동의할 것이라고 나는 생각한다.

그러나 트롭 이론가들이 이 반론에 대해 그럴듯한 해답을 제시한다 해도, 집합의 또 다른 특성들 중에는 추상 단칭 명사에 대한 분석과 관련해 새로운 문제를 일으킬 수 있는 것이 있다. 집합의 특성 중 흥미로운 점은 집합이 자신의 원소들을 필연적으로 가진다는 점이다.[27] 집합이란 단지 자신의 원소로부터 구성된 것일 뿐이다. 한 집합이 무엇무엇인가는 그 집합의 원소가 무엇무엇인가에 의해 결정된다. 따라서 어떤 집합이 지금 실제로 가진 원소 외에 다른 원소를 가진다는 것은 불가능하다. 이제 트롭 이론가들은 이렇게 말한다. 용감함은 유사한 트롭들의 집합이다. 즉 각각 용감함인 덕 트롭들의 집합이다. 집합이 자신의 원소들을 필연적으로 가진다면, 트롭 이론가들은 다음과 같이 주장하게끔 되어 있다. 즉 용감함이라는 집합은 다른 원소를 가질 수 없다. 용감함이라는 집합은 지금 자신이 가진 원소들보다 더 많은 원소들을 가질 수 없으며, 또 지금 자신이 가진 원소들보다 더 적은 원소들을 가질 수도 없다. 그런데 트롭 이론가들의 설명에 따르면, 구체적인 대상들, 개체들은 오직 다음과 같은 조건에서만 용감할 수 있다. 즉 그러한 구체적 대상들 혹은 개체들이 용감함이라는 집합의 한 원소인 트롭을 가질 때에만. 그런데 만약 그 집합이 지금 자신이 가진 원소들보다 더 많은 원소 혹은 더 적은 원소를 가질 수 없다면, 우리는 다음과 같은 결론을 얻게 되는 것이다. 즉 용감한 개체의 수는 실제 용감한 개체의 수보다 더 많을 수도, 더 적을 수도 없다. 이렇게 본다면, 트롭 이론가들은 다음과 같이 주장하게끔 되어 있는 것으로 보인다. 즉 용감한 개체가 지금보다 하나라도 더 있다는 것은 형이상학적으로 불가능하다. 또 지금 있는 용감한 개체의 수에서 하나라도 빠진다는 것은 형이상학적으로 불가능하다. 그리고 우리가 용감함에 대해 말한 것은 세모남, 둥긂, 지혜로움, 인간임, 그 밖의 모든 개념에도 해당한다. 이러한 것들 중 어떠한 것도 지금 실제로 가진 원소들의 수보다 더 많은 원소 혹은 더 적은 원소를 가질 수 없다. 따라서 지금 있는 수보다 더 많거나 더 적은 세모난 대상은 있을 수 없고, 지금 있는 수의 둥근 대상보다 더 많거나 더 적은 둥근 대상은 있을 수 없으며, 또 지금 있는 수의 지혜로운 개체보다 더 많거나 더 적은 지혜로운 개체란 있을 수 없으며, 지금 있는 인간의 수보다 더 많거나 더 적은 인간은 있을 수 없는 것이다. 그리고 이러한 결론은 분명 거짓된 것이다.

이것은 매우 중요한 반론이라 생각된다. 이것은 우리가 논의해 온 트롭 이론의 갈래와 관련해 진정한 어려움을 제기하고 있다. 이 반론은 25년 전에 처음으로 논의의 장에 들어왔다. 그러나 내가 아는 한 트롭 이론을 지지하는 어떠한 사람도 이에 대답하기 위한 시도를 해보지 못한 것으로 보인다.[28]

허구주의

우리는 여러 형태의 유명론을 검토해 왔다. 극단적 유명론, 메타 언어적 유명론, 트롭 이론. 이 이론들은 다음과 같은 공통적인 견해를 가진다. 이런저런 종류의 보편자가 존재하기 때문에 참이 된다고 여겨지는 모든 문장, 혹은 우리로 하여금 이런저런 종류의 보편자의 존재에 개입하게 한다고 여겨지는 모든 문장, 이러한 문장들에 대한 유명론적 번역이 가능하다. 이들이 서로 다른 것은 이러한 번역에 대한 서로 다른 조리법들을 제공한다는 점뿐이다. 우리가 보았듯이 서로 다른 조리법 각각과 연계된 문제점들이 있었고, 또 우리는 적절한 유명론적 형태로 번역되지 않는 문장들에 대해서는 진릿값(참 값)을 부여하지 않고자 하는 유명론자들에 대해서도 언급했다. 한층 극단적인 주장이 있다. 이에 따르면, 우리로 하여금 추상적 엔터티의 존재에 개입하게 하는 것처럼 보이는 문장들은 모두 거짓이다. 이러한 주장을 지지하는 이들은 우리가 이 장에서 다루어온 종류의 문장들이 유명론적으로 번역될 수 있음을 부정한다. 반면 이들은 이러한 문장들 모두가 거짓이라고 생각한다. 따라서 이들은 다음과 같이 주장한다. 우리는 이러한 문장들과 연계된 형이상학적 개입 때문에 괜히 곤혹스러워할 필요가 없다.

최근 들어 이 극단적인 주장은 지지자를 많이 끌어모았다. 이들은 허구주의 fictionalism라고 알려진 견해를 선호한다.[29] 허구주의의 핵심적 착상은 이런 것이다. 우리는 추상적 엔터티에 대한 것처럼 보이는 주장들을 허구적 담론들을 다루듯이 다루어야 한다. 다음 두 문장에 의해 표현되는 주장은 모두 거짓이다.

(21) 아이네아스는 트로이에서 이탈리아로 항해했다.

(22) 아킬레스가 헥토르를 죽였다.

만약 고대사 수업 기말 고사에서 이 문장들을 쓴다면, 우리는 낙제 위기에 놓이게 된다. 그럼에도 우리는 특정 맥락에서 모순을 일으킬 걱정 없이 위와 같은 주장을 할 수 있다. 이 주장들은 어떤 허구적 이야기의 요소들이다. 즉 각각 베르길리우스의『아이네이드』, 호메로스의『일리아드』. 이런 허구적 이야기 내에서 말하게 되는 맥락에서 우리는 아무 문제 없이 위와 같은 주장을 할 수 있다. 그래서 우리는 그리스 문학, 로마 문학 시간에 (21)과 (22)를 긍정적으로 발화할 수 있다. 혹은 신화에 대해 말하고 있을 때, 우리는 (21)과 (22)를 긍정적으로 발화할 수 있다. 그리고 물론 (21) 혹은 (22)와 똑같은 논리적 친족관계를 이루면서, 정말 문자 그대로 볼 때 참인 주장들이 있다. (21)에 대해서는 다음과 같은 주장이 있다.

(21-a) 베르길리우스의『아이네이드』에서 영웅 아이네아스는 배를 타고 트로이를 떠나 이탈리아로 항해한다.

(22)에 대해서는 다음과 같은 주장이 있다.

(22-a) 호메로스의『일리아드』에서 아킬레스는 파트로클로스의 죽음에 대한

복수로 헥토르를 죽인다.

이 문장들은 (21)과 (22)가 의미하는 것과 똑같은 것을 의미하지 않는다. 따라서 이것들은 (21)과 (22)의 번역이 될 수 없다. 그럼에도 이것들은, (21)과 (22)가 거짓임에도 불구하고 어떻게 적절한 맥락에서 아무 문제 없이 긍정될 수 있는지를 설명해 준다.

이제 이들의 제안은 다음과 같은 것이다. 우리는 추상적 엔터티에 관한 문장들을, 우리가 (21)과 (22)를 이해하는 방식으로 이해할 수 있다. 허구주의자들은 전형적으로 수학의 경우에 초점을 맞춘다. 이들의 주장은 다음과 같다. 우리로 하여금 수의 존재에 개입하게 하는 문장들은 모두 거짓이다. 이 문장들은 우리가 말하는 어떤 이야기의 요소일 뿐이다. 즉 우리가 수학이라고 부르는 허구적 이야기의 요소. 다음 문장을 보자.

(23) 2 더하기 2는 4이다.

이 문장은 문자 그대로 볼 때 거짓이다. 그럼에도 우리가 수학자들의 이야기 내에서 말하고 있는 중이라면, (23) 같은 문장을 언급하는 것은 완전히 합당한 것이다. 보편자에 대한 주장과 관련해 허구주의를 선호하는 철학자들은 아마도 다음 두 문장이 문자 그대로 볼 때 거짓이라고 주장할 것이다.

(3) 용기는 덕이다.
(4) 빨강은 색이다.

이 문장들은 어떤 이야기의 요소일 뿐이다. 어떤 이야기? 어떤 허구? 즉각적으로 분명하지는 않다. 그러나 아마도 허구주의자들은 다음과 같이 말할 것이다. 이 문장들은 형이상학적 실재론자들이 말해 주는 허구적 이야기 내의 요소들이다. 그렇다면 (3)과 (6)은 둘 다 거짓이지만, 그럼에도 우리가 형이상학적 실재론자들에 의해 제조된 허구 안에서 이야기하는 중이라면, 우리는 모순을 일으킬 걱정 없이 (3)과 (6)을 잘 사용할 수 있는 것이다.

허구주의는 비교적 최근에 형이상학의 무대에 등장했다. 이 견해에는 아직 세부적으로 다듬어지지 않았다. 그러나 이 이론이 아주 일반적으로 정식화되었다 하더라도 이 견해에는 의심의 여지가 많아 보인다. 한 가지는 이렇다. 허구주의자들이 제기하는 전략은 너무나도 쉽다. 우리를 불편하게 하는 존재론적 함축을 지닌 주장을 우리가 만나게 되었을 때, 허구주의자들은 그 존재론적 함축에 대해 걱정하지 말라고 조언한다. 그냥 그러한 주장이 거짓이라고 하면 된다는 것이다. 그냥 "그렇게 보이는" 것으로 처리해 버리자는 것이다. 이 전략은 우리로 하여금 너무나도 쉽게 유명론자가 될 수 있도록 만들어주는 것으로 보인다. 다른 한 가지는 이렇다. (3), (6) 같은 문장과 (21), (22) 같은 문장은 서로 완전히 달라 보인다. 우리 모두는 (21)과 (22)가 그저 허구적인 주장을 표현한다고 생각한다. 우리는 이러한 주장들이 문자 그대로 볼 때 거짓인 이야기의 요소라고 생각한다. 모순에 대한 걱정 없이 (21)과 (22) 같은 주장을 펼칠 수 있는 특정 맥락을 명시할 수 있는 이유도 바로 우리가 이 주장들을 허구적 이야기의 요소로서 이해하기 때문이다. 그러나 (3)과 (6)에 의해 표현되는 주장들이 문자 그대로 볼 때 거짓이라고 생각하는 사람은 허구주의자들 말고는 아무도 없다. 허구주의자들은 우리로 하여금 다음과 같은 사실을 믿게끔 해주어야 한다. 즉 (3)과 (6) 같은 주장들이 단지 허구적 담론 내의 요소일 뿐이라는 사실. 우리가 그냥 어쩌다가 말하게 된 허구적 이야기 말이다. 우리는 빨강이 색이라는 것, 삼각형이 모양이라는 것, 용기가 덕이라는 것 등은 "그냥 그렇게 보이는" 것이라고 생각할 수 있다. 그리고 우리는 우리가 이러한 것들을 용케 말하는 이유는 우리 모두가 어떤 종류의 집단적 가면을 쓰고 있기 때문이라고 생각할 수 있다. 그러나 허구주의자들은 지금까지 제공해 온 논증보다 더 많은 논증을 우리에게 제공해야 할 것이다. 위와 같은 설명이 옳다는 것을 확신시키고자 한다면 말이다.

주석

1. 실재론에 대한 비판으로서 이것은 매우 오래된 것이다. 이 비판은 플라톤의 저작에 처음 등장했다. 예를 들어 *Philebus* 15B, *Parmenides* 131A-E 참조. 이 둘 모두 Hamilton and Cairns(1961)에 실려 있다.
2. 이 반박은 콰인의 저작에서 찾아볼 수 있다. 예를 들어 Quine(1960: 209) 참조.
3. Russell(1912: 98).
4. 예를 들어 Donagan(1963: 135) 참조.
5. Lewis(1983: 345).
6. 예를 들어 Loux(1978a: 99~101) 참조.
7. Loux(1974: 74) 참조.
8. 콰인의 유명한 논문 "On what there is"에서 이 주장을 찾아볼 수 있다. 거기서 콰인은 다음과 같이 말한다. "빨간 집들, 빨간 장미들, 빨간 노을들이 있음을 받아들일 수 있다. 그러나 상식적으로 어떤 것을 것이 아닌 이상, 혹은 잘못된 방식으로 말하는 것이 아닌 이상, 집과 장미, 노을이 어떤 것을 공통적으로 가진다는 것은 부정되어야 한다. (…) 집, 장미, 노을이 모두 빨갛다는 것은 궁극적인 것이며 또 더 이상 [다른 것으로] 환원되지 않는 것이라 생각해야 한다." Quine(1954: 10)에서 인용. Price(1953)도 참조하라.
9. 실재론자들의 설명에 비일관적인 자기 순환이 있다는 주장은 Pears(1951)에서 찾아볼 수 있다.
10. 술어화에 대한 설명은 Quine(1954: 10) 참조. 셀라스가 견지하는 술어화에 대한 설명은 "Naming and Saying" in Sellars(1963a) 참조. Price(1953)도 참조하라.
11. 이러한 견해는 그 기원을 추적하면 오컴의 저작까지 거슬러 올라간다. 그는 추상 용어를 포함하고 있는 많은 문장이(모든 문장은 아니더라도) 이와 같은 방식으로 처리될 수 있다고 주장한다. Loux(1974: 58~68) 참조.
12. 콰인의 저작에서 이러한 종류의 개선을 볼 수 있다. 예를 들어 Quine(1960: 122~123) 참조.
13. *Logica Ingredientibus* in McKeon(1929: 208~258)에서 아벨라르는 로셀린의 유명론을 소개하고 이를 비판하고 있다.

14. Loux(1974 : 88~104) 참조.

15. Carnap(1959 : 284~314).

16. 셀라스 견해에 대한 가장 세부적인 소개는 Sellars(1963b)에서 볼 수 있다.

17. 이러한 비판 대부분에 대한 논의로는 Loux(1978a : 78~85), Loux(1978b) 참조.

18. 셀라스에게 문젯거리가 되는 문장의 예로는 다음이 있다. '소크라테스에게 가장 빈번하게 귀속되는 특성(속성, 관계, 종)은 속성property이다.' 소크라테스에게 가장 빈번하게 귀속되는 특성이 지혜로움이라고 해보자. 그렇다면 위의 문장은 참이다. 그런데 우리가 셀라스의 설명을 따른다면 위의 문장을 어떻게 이해해야 하는가? 분명 다음과 같이 이해될 수는 없다. 즉 ·소크라테스에게 가장 빈번하게 귀속되는 특성·들은 형용사들이다. 이것들(·소크라테스에게 가장 빈번하게 귀속되는 특성·들)은 형용사가 아니라 명사구이다. 셀라스는 이 문장을 다음과 같은 주장으로 이해해야 할 것 같다. 즉 어떤 점표 표현(즉 ·지혜로운·은)은 소크라테스에게 가장 빈번하게 술어화되며, 또 이 표현은 형용사이다. 그러나 여기에는 어려움이 따른다. 소크라테스에게 가장 빈번하게 귀속되는 속성은 지혜로움이지만, 그럼에도 형용사가 아닌 다른 점표 표현, 예를 들어 ·인간·이나, ·플라톤의 스승· 같은 점표 표현이 다른 어떤 점표 표현들보다도 더 빈번하게 소크라테스에게 술어화되었을 수 있는 것이다. 여기서 핵심은 다음과 같은 것이다. 소크라테스에게 ·지혜로운·이라는 술어를 붙이는 경우보다는 소크라테스가 지혜로움이라는 속성을 갖는 경우가 더 많다. 예를 들어 우리는 다음과 같이 말할 수 있다. 소크라테스는 지금 콰인이 그를 생각하고 있음이라는 속성을 가진다. 혹은 소크라테스는 아리스토텔레스의 『형이상학』 I권에서 논의된 속성을 가진다. 그러나 셀라스는 이러한 문장들에 대한 적절한 번역을 하지 못하는 것으로 보인다.

19. 이러한 주장은 완전히 규정된 보편자들에 대해서만 타당하다. 더 규정될 수 있는 보편자, 예컨대 색이 있음 혹은 모양을 가짐 같은 보편자와 관련해 사물들이 정확히 유사한 것은 아니라고 말하기는 어려워 보인다.

20. 아리스토텔레스의 *Categories* 2(1a20~1b9) in McKeon(1941) 참조.

21. Loux(1974 : 56~58, 178~180) 참조. 실재론적 형이상학에 대한 대체 이론을 제공하고자 하는 오컴의 시도는 조금 잡다하다고 할 수 있다. 그의 설명은 이 장에서 고찰한 세 유형의 유명론 모두를 예견하고 있다. 그는 어떤 추상 용어와 관련해서는 메타 언어적 방식의 전략을 채택하며, 또 다른 추상 용어와 관련한 것은 개체적 속성(트롭)에 의거해 처리해 낸다.

22. Stout(1914), Williams(1953), Campbell(1990) 참조.

23. Williams(1953 : 5~6).

24. 물론 어떤 사람은 다음과 같이 반박할 수 있다. 즉 트롭 이론가들의 설명이 오직 개체들만을 포함한다지만, 사실 그 설명은 두 범주 존재론이다. 왜냐하면 그 설명은 구체적 개

체와 추상적 개체, 이 둘을 포함하기 때문이다. 어떤 트롭 이론가들(로크나 오컴 같은 사람들)에게는 이것이 사실이다. 그러나 우리가 다음 장에서 보게 되듯이, 요즘 트롭 이론가들(윌리엄스 같은 사람)은 구체적 대상이 우리 존재론 내의 기본적/근본적 요소임을 부정한다. 이들에 따르면, 구체적 대상들이란 단지 트롭들의 "다발" 혹은 "덩어리"일 뿐이다. 따라서 오직 트롭만이 가장 근원적인 곳에 존재하는 사물들이다.

25. Williams(1953 : 10).
26. Loux(1978a : 74) 참조.
27. 이러한 어려움은 Wolterstorff(1973 : 176~181)에서 개괄되고 있다.
28. 트롭 이론가들이 이 어려움을 처리해 낼 수 있는 한 가지 방법은 가능 세계 개념 틀을 이용하는 것이다. 트롭 이론가들은 지혜로움을, 현실 세계에서 발견되는 지혜로움−트롭들의 집합이라 하지 않을 수 있다. 대신 그들은 지혜로움을, 모든 가능 세계들에서 발견되는 지혜로움−트롭들로부터 구성된 집합론적 엔터티로 간주할 수 있다. 예를 들어 트롭 이론가들은 다음과 같이 말할 수 있다. 지혜로움이란, 가능 세계들로부터 지혜로움−트롭들 집합으로의 함수이다. 이러한 견해가 갖는 구조, 그리고 이러한 견해에 뒤따르는 형이상학적 비용 등은 5장을 읽고 나면 분명해질 것이다.
29. 허구주의에 대한 문헌들은 매우 전문적인 경향을 띤다. 이 견해에 대한 표명으로는 Field(1989), Burgess and Rosen(1997) 참조. 이 견해에 대한 비판적 논의로는 Szabo (2003) 참조.

더 읽을 책

아벨라르와 오컴의 저작에 담긴 중세적 유명론과 관련해서는 McKeon(1929 : 208~258)과 Loux(1974)를 추천한다. 실재론에 대한 근대 경험론자들의 공격은 Locke(1690), Berkeley(1710), Hume(1739)에서의 추상 관념에 대한 논의들에서 찾아볼 수 있다. 내가 극단적 유명론이라고 부른 이론의 영향력 있는 근대적 버전은 "On what there is" in Quine(1954)과 Price(1953)에 나와 있다. Sellars(1963b)는 매우 어렵다. 하지만 이것은 가장 주의 깊게 작성된 메타 언어적 유명론의 모습을 보여준다. Williams(1953)는 트롭 이론에 대한 고전이며, 다행히도 접근이 용이하다. 콰인, 프라이스, 윌리엄스의 논문들은 모두 *Metaphysics*: *Contemporary Readings*에 재수록되어 있다.

3

구체적 개체 I

기체, 다발, 실체

metaphysics

우리가 일상에서 마주 대하는 구체적 개체를 존재론적으로 분석하려 할 때, 철학자들은 흔히 이 구체적 개체들이 형이상학적으로 더욱 근본적인 요소들로 구성되어 있다고 가정한다. 그리고는 대립되는 두 입장 중 하나를 선택하게 된다. 그 두 입장이란 기체 이론, 다발 이론이다. 기체 이론에 따르면, 한 개체는 여러 가지 속성, 그 밑바탕에 놓인 기체, 이 둘로 이루어진 전체이다. 그리고 개체를 이루는 한 요소로서 이 기체는 속성들과 독립적으로 자신의 정체성을 가진다. 이것을 무속성 기체라고 한다. 기체 이론가들의 주장에 따르면, 이 무속성 기체가 바로 속성들을 예화하는 것이다. 한편 다발 이론에 따르면, 속성들 밑바탕에 놓인 기체 같은 것은 없다. 개체는 속성들로만 이루어진 것이다. 개체는 속성들의 "다발"이나 "덩어리"일 뿐이다.

경험론자들은 밑바탕에 놓인 기체라는 착상에 문제가 있다고 생각하고는 다발 이론을 채택해 왔다. 그러나 기체 이론가들은 다음과 같이 논한다. 첫째, 다발 이론가들은 새로운 정보를 제공하는 동시에 참인 주–술 문장이 있다는 사실을 설명할 수 없다. 둘째, 다발 이론가들은 구별 불가능자 동일성 원리(수적으로 서로 다른 개체들이 정확히 동일한 속성들을 공유하는 것은 불가능하다는 원리)라는 거짓 원리를 참이라 할 수밖에 없게끔 되어 있다. 그래서 기체 이론가들은 다음과 같은 결론을 낸다. 이 어려움들을 제거하려면 우리는 개체의 구성 요소로서 무속성 기체를 상정해야 한다. 그런데 다발 이론가들도 지적하듯이, 문제는 이 무속성 기체라는 개념이 정합적이지 못하다는 것이다. 그래서 이러한 비정합성을 제거하기 위해 기체 개념을 손보려 했지만, 그 결과는 오히려 다음과 같이 되고 말았다. 기체의 도입을 통해 해결될 것이라 생각한 철학적 문제는 기체를 통해 해결될 수 없다.

기체 이론과 다발 이론에 연계된 어려움들은 일군의 형이상학자들로 하여금 다음과 같은 가정을 포기하게 했다. 즉 개체는 형이상학적으로 더욱 기본적인 요소들로 이루어진 전체라는 가정. 이 가정을 포기함으로써 영향력 있는 이론이 하나 대두되었는데, 아리스토텔레스적 실체 이론이 그것이다. 이 이론에 따르면, 우리에게 친숙한 구체적 개체, 혹은 우리에게 친숙한 구체적 개체들 중 일부는 존재론적으로 기본적인 엔터티이다. 이 견해에 의하면, 보편자들을 예화하는 것은 바로 구체적 개체이다. 어떤 보편자들은 그 개체의 본질을 구성하지 못해서 단지 우연적으로만 그 개체에 의해 예화되는 것들이다. 반면 다른 보편자들(그 개체가 속하는 종)은 그 개체의 정체성을 규정해 주어서 본질적으로 그 개체에 의해 예화된다.

기체 이론, 다발 이론

구체적 개체와 속성 사이의 구분은 형이상학에서 중추적 역할을 한다. 우리가 보았듯이, 모든 형이상학자가 이 구분을 인정하는 것은 아니다. 극단적 유명론자들에 따르면, 엄밀한 의미에서의 속성이란 존재하지 않는다. 그러나 형이상학적 실재론자, 트롭 이론가들처럼 이 구분을 인정하는 철학자들에게는 이 구분이 매우 중요하다. 이 구분은 서로 환원될 수 없는 두 존재론적 범주 사이의 구분이다. 지금까지 우리는 이 구분을 속성의 측면에서 고찰해 왔다. 그러나 구체적 개체의 본성에 관한 논쟁 역시 속성의 본성에 관한 논쟁 못지않게 아주 뜨겁게 달구어져 왔다. 나는 구체적 개체의 본성에 관한 서로 다른 두 이론을 고찰함으로써, 이러한 논쟁에 관한 우리의 논의를 시작하고자 한다. 논의가 진행됨에 따라 우리는 세 번째 이론에 도달할 것이다. 그러나 나는 앞의 두 이론이 갖는 변증법적 대립에 우선 초점을 맞출 것이다. 그렇게 함으로써 구체적 개체라는 개념에 관한 형이상학적 설명을 제공하려 할 때 우리가 어떤 어려움들에 직면하게 될지 적절히 평가할 수 있을 것이다.

우리는 '구체적 개체'라는 단어가 의미하는 것에 대한 여러 예를 신뢰해 왔다. 구체적 개체로서 우리는 비철학자들이 "사물들"이라고 생각하는 것들에 대해 이야기해 왔다. 개개의 사람, 동물, 식물, 물리적 대상 말이다. 하지만 이 모든 예를 포괄하는 용어로서 어떤 것을 채택할지, 그 기준을 엄밀하게 제시하는 일은 매우 어려운 일이다. 그러나 그러한 기준을 제시하지 않아도 괜찮을 것 같다. 우리는 일반적 예들이 공통으로 갖는 어떤 특징을 지적함으로써, 개체라는 이름을 잘 사용할 수 있는 것이다. 우선 이것들은 모두 개체들이다. 이것들은 예화될 수 없는 것들이며, 많은 속성을 갖거나 그 속성을 예화한다. 더욱이 이것들은 시간적 규정성을 가지는 것들이다. 이것들은 특정 시간에 존재하며, 또 특정 시간 동안 존재하고 특정 시간에 존재하기를 멈춘다. 따라서 이것들은 모두 우연적인 존재자들이다. 존재하기는 하나, 존재하지 않을 수도 있다는 의미에서 그렇다. 또한 이것들은 시간이 흐름에 따라 변화하는 존재들이다. 서로 다른 각 시간에 이것들은 서로 다르고 서로 양립할 수 없는 속성들을 가진다. 이것들은 또한 각 시간에 공간적 위치를 각각 차지하고 있다. 그리고 이것들이 물리적으로 단순한 것이 아닐 경우, 이들은 공간상 특정 위치를 점하는 물질적 부분들을 가진다.

우리가 할 일은 이들이 갖는 존재론적 구조의 본성에 대해 설명하는 것이다. 그런데 그 본성이 정확하게 무엇이며, 또 왜 그것을 설명해야 하는가? 이러한 작업이 극단적 유명론자들의 관심 사항이 아님을 우리가 안다면, 이러한 물음에 대한 답을 어느 정도 낼 수 있을 것이다. 속성 같은 것이 없다고 주장하기 때문에 극단적 유명론자들은 구체적 개체를 분석 불가능한 것으로 보았다. 극단적 유명론자들에 따르면 구체적 개체는 존재론적 구조를 갖지 않는다. 다음 사실에 대해 극단적 유명론자들은 동의를 표할 것이다. 구체적 개체는 여러 방식으로 기술될 수 있다. 그러나 이들은 다음 사실에는 동의할 수 없을 것이다. 구체적 개체는 우리가 기술한 각 방식에 대응하는 구분된 distinct and separate 엔터티들을 자신 안에 포함하고 있다. 극단적 유명론자들이 세상을 보는 바에 따르면, 오직 구체적 개체만 존재하는 것이다. 이런 견해에 의하면 구체적 개체란, 암스트롱David Armstrong이 적절하게 표현한 것처럼, "물방울blob"이다. 즉 구체적 개체는 완전히 비구조적인 하나의 전체인 것이다.[1] 물론 구체적 개체들은 구분된 물리적 부분들을 여럿 가질 수 있다. 그러나 극단적 유명론자들에 따르면, 이러한 물리적 부분들도 전체와 마찬가지로 형이상학적 분석을 하기에는 매우 불투명한 것들이다.

이와 반대로 형이상학적 실재론자나 트롭 이론가들은 이렇게 주장한다. 구체적 개체에 대해 우리가 제시할 수 있는 각 기술에 대응하는 구분된 엔터티들(속성들이나 트롭들)이 있고, 우리는 구체적 개체가 이 엔터티들을 갖거나 예화한다고 말한다. 그리고 이 두 이론에 따르면, 구체적 개체와 연계되어 있는 속성들은 바로 그 개체의 존재 방식이다. 그렇다면 개체는 복잡한 구조를 갖고 있는 것이다. 그것들의 존재being는 어떤 방식으로 구조화되어 있어서, 복합적인 것을 여럿 포함하고 있다. 결국 구체적 개체를 존재론적으로 특징짓는다는 것은 바로 이 구조가 어떤 일반적 형식을 띠고 있는지 설명한다는 것을 뜻한다.

구체적 개체가 갖는 구조에 대해 말하기 위해 형이상학자들은 어떤 특별한 용어를 채택해 왔다. 핵심 착상은 이렇다. 아주 잘게 부서진 엔터티들이 모여 그보다 큰 엔터티를 이루며, 이 커다란 엔터티가 바로 우리에게 친숙한 구체적 개체이다. 그러나 아주 잘게 부서진 엔터티, 그리고 구체적 개체, 이 둘 사이의 관계는 물리적 부분–전체의 관계가 아님은 분명하다. 또한 잘게 부서진 엔터티와 구체적 개체 사이의 관계는 물질적 재료와 그로부터 형성되는 물질적 전체 사이의 관계도 아니다. 여기서 작동하는 이 특별한 관계를 나타내기 위해 형이상학자들은 구성요소constituent와 전체whole라는 말을 써왔다. 구체적 개체는 전체나 복합물complex로 간주된다. 구체적 개체는 자신의 구성요소로서 존재론적으로 덜 복잡한 어떤 것, 달리 말해 존재론적으로 더 단순한 어떤 것을 가진다. 이렇게 해서 그들은 사물을 존재론적으로 특징짓는다는 것은 다음과 같은 것이라고 주장한다. 첫째, 사물의 구성요소 기능을 하는 각 엔터티가 무엇인지를 특징짓는다. 둘째, 이 각 엔터티가 서로 어떤 관계를 맺는지 보여준다. 따라서 구체적 개체라는 개념이 어떤 존재론적 특징을 갖느냐를 보여준다는 것은 구체적 개체의 구성요소 기능을 하는 것들이 어떤 종류의 사물인지를 보여주고, 또 그런 기능을 하는 것들이 구체적 개체 안에서 서로 어떤 관계를 맺는가 하는 것, 즉 그 관계의 일반적 형태를 보여주는 것이다.

그렇다면 구체적 개체의 구성요소 기능을 하는 것에는 어떤 것들이 있을까? 우리는 이미 속성property(혹은 트롭)을 언급한 바 있다. 이것들은 구체적 개체의 구성요소로서, 구체적 개체와 연계되어 있다. 구체적 개체를 구성하는 것이 이것들 말고 또 있을까? 영향력 있는 어떤 주장에 따르면, 구체적 개체의 구성요소들 중에는 속성과는 매우 다른 구성요소가 있는데, 이것은 속성이 아닌 그 무엇으로서, 속성들의 소지자bearer, 소유자possessor 혹은 주체subject 기능을 하는 것이다. 이 주장에 따른다면, 서로 다른 두 가지 엔터티가 있고, 이것들이 함께 구체적 대상 전체를 구성한다. 다시 말해, 첫째로 구체적 대상과 연계되어 있는 다양한 속성들이 있고, 둘째로 이러한 속성들의 소지자나 소유자 기능을 하는 어떤 것이 있는 것이다.

처음에 볼 때 이러한 견해는 매우 놀랍고 혼란스러워 보인다. 왜냐하면 우리는 속성을 갖거나 소유하는 것은 구체적 개체라고 생각하기 때문이다. 속성에 대해 말할 때, 우리는 그것을 구체적 개체의 속성이라고 말한다. 만약 우리가 형이상학적 실재론자라면, 구체적 개체가 속성을 예화한다고 말한다. 그리고 우리가 트롭 이론가라면, 구체적 개체가 트롭들을 가진다고 말한다. 따라서 우리가 지금 고찰하고 있는 주장을 따르자면 다음과 같은 결론이 나오게 된다. 즉 이 주장이 글자 그대로 받아들여진다면, 위의 주장은 거짓 주장이다. 왜냐하면 이 주장은 우리에게 이렇게 말하고 있기 때문이다. 엄밀한 의미에서, 그리고 글자 그대로의 의미에서 볼 때, 구체적 개체와 연계되어 있는 속성들의 주체는 구체적 개체가 아니다. 오히려 구체적 개체와 연계되어 있는 속성들의 주체는 구체적 개체보다 더 잘게 부서진 엔터티이다. 그 엔터티가 속성들과 결합해 구체적 개체를 구성한다. 이 엔터티는 구체적 개체의 구성요소 역할을 하는 것이다. 그런데 왜 이렇게 직관에 어긋나는 주장을 하는 것일까?

우리는 이렇게 믿는다. 구체적 개체와 연계된 각 속성은 소유자를 가진다고. 속성에 관한 한 우리가 플라톤주의자라서, 예화되지 않은 속성들이 있다고 주장한다 해도 다음과 같은 사실, 즉 구체적 개체와 연계된 속성들은 예화된 속성들이라는 사실에는 동의할 것이다. 다시 말해 우리는 그러한 속성들이 어떤 것에 의해 예화되었다는 사실에 동의할 것이다. 그런데 속성들과, 그 속성들을 소유하는 것은 서로 다른 것이다. 우리는 속성을 그 속성의 소유자와 구분한다. 말하자면 우리는 한편에 속성을 놓고, 다른 편에 그 속성의 소유자를 놓을 수 있다. 우리가 지금 고찰하는 주장을 견지하는 철학자들은 위의 사실로부터 다음과 같은 결론이 나온다고 생각한다. 즉 속성의 소유자가 무엇이건 간에, 그것은 속성과 독립적으로 이해될 수 있다. 그것은 어떤 종류의 사물로서, 그것이 무엇인가 하는 문제와 관련해서는 절대 자신이 소유하고 있는 속성을 전제하거나 요청하지 않는다. 그렇다면 이 주장은 이렇게 나아가게 된다. 즉 만약 우리가 속성의 소유자는 그 속성과 독립해서 자신의 정체성identity을 가진다고 한다면, 당연히 우리는 우리가 구체적 개체와 연계시키는 속성의 소유자나 주체가 구체적 개체라는 사실을 부정하게 된다는 것이다.

작고 빨간 어떤 공에 관해 한번 생각해 보자. 우리는 여러 속성을 그 공에 관련시킨다. 빨간색, 구형, 부드러운 질감, 무게(예컨대 3온스), 직경 2인치 등. 속성과 그 속성의 주체가 서로 독립적이라는 가정은 우리로 하여금 이렇게 말하게 한다. 이러한 속성들의 주체는 그 속성들과는 독립적인 정체성을 갖는 무엇이다. 따라서 빨간색을 소유하는 그 무엇은 그 자체로는 빨갛지 않은 무엇이며, 그것이 어떠어떠한 것이라는 사실에는 그것이 빨갛다는 것이 함축되지 않는다. 그러나 우리가 가진 공은 하나의 전체 혹은 복합체로서, 그것이 어떠어떠한 것이라는 사실에는 특정 속성들이 함축되어 있다. 그래서 우리가 알 수 있듯이 그러한 공은 특정 속성들에 대한 실소유자가 될 수 없으며, 또한 글자 그대로의 의미에서 특정 속성들을 가진다고도 할 수 없다. 마찬가지로 구형을 갖는 그 무엇 자체로는 구형이 아닌 그 무엇이며, 그 자신 어떠어떠하다는 사실에는 그러한 모양이 함축되지 않는다. 그러나 우리가 가진 그 공은 그러한 모양을 갖는 하나의 전체이며, 따라서 그 공은 그러한 속성의 주체가 될 수 없는 것이다. 그리고 공을 구성하는 그 밖의 속성들에 대해서도 이러한 사실이 마찬가지로 적용된다는 것은 명백하다. 그러한 각 속성을 갖는 그 무엇은 자신의 어떠어떠함에 그 속성들이 포함되어 있지 않은 그 무엇이다. 공의 정체성, 즉 그 공이 복합체이며 어떠어떠한 전체라는 사실에는 그 공이 각 속성을 자신의 구성요소로서 가진다는 사실이 포함되므로, 그 공은 속성들에 대한 실소유자, 혹은 글자 그대로의 의미에서의 소지자가 될 수 없다.

공이 속성들의 주체가 아니라면, 무엇이 속성들의 주체인가? 그 공에 연계된 각 속성에 대응하는 각 주체가 따로 있는 것이 아님은 분명하다. 그 속성들은 자신의 소유자로서 오직 한 사물만 가진다. 그 속성들이 공통적인 주체 하나를 가진다는 사실로 인해 속성들이 함께 묶이는 것이며, 그렇게 묶임으로써 이 속성들이 단일한 구체적 대상과 연계되는 것이다. 그리고 그 속성들을 하나로 묶어주는 주체는 그 공과 어떠한 관계도 갖지 않는 그 무엇, 예컨대 숫자 6, 에펠탑 혹은 올드 트래퍼드 같은 것은 아닐 것이다. 공과 연계되어 있는 모든 속성의 소유자란 그 공과 내적으로 긴밀하게 연관되어 있는 무엇이어야 한다. 여기서 요구되는 내적 연관성이 설명되어야 한다면, 그것은 바로 그 속성들의 소유자가 그 공을 구성하는 것이라는 점에서 설명되어야 한다. 따라서 내적 연관성은 속성들의 소유자가 그 공의 구성요소 중 하나라는 사실에 의해 설명되어야 하는 것이다. 그러므로 공이라는 하나의 전체나 복합체를 이루는 구성요소들 중에는 다른 모든 구성요소에 대한 소유자, 다시 말해 공을 구성하는 모든 속성에 대한 소유자나 주체가 있는 것이다.

그렇다면 이렇게 새로 추가된 구성요소는 어떤 것인가? 우리가 한 논증에 따르면, 이 구성요소는 자신이 소유한 속성들을 자신의 정체성[무엇임]에 포함하지 않아야 한다. 혹은 이 구성요소는 공과 실제로 연계되어 있는 속성들을 자신의 정체성에 포함하지 않아야 한다. 그러나 우리의 논증은 이보다 더 많은 것을 보여주고 있다. 예를 들어, 그 공과 지금 연계되어 있지는 않지만 연계될 가능성이 있는 속성들이 있다고 해보자. 우리의 논증은 다음과 같은 사실 역시 보여준다. 이 속성들 중 그 어떠한 것도, 공 안에서 그 속성들의 주체 기능을 하는 구성요소의 정체성에 포함될 수 없다. 그 구성요소를 s라고 부르자. 그리고 그 공과 연계되지 않았지만 연계될 가능성이 있는 속성 A에 관해 살펴보자. s가 A의 소유자는 아니다. 하지만 s가 A의 소유자가 되는 것은 가능하다. 그런데 이렇게 본다면 s는 그러한 소유자 역할을 하기 위해 존재론적으로 미리 준비되어 있어야 한다. s는 A의 소유자가 될 수 있는 그 무엇이어야 하는 것이다. 그리고 s는 A와 독립적으로 자신의 정체성이 고정되어 있어야지만 A의 소유자가 될 수 있다. 따라서 s가 그 무엇이든 간에 그 정체성 안에는 A가 포함될 수 없다. 마찬가지 사실이 이와 유사한 모든 속성, 즉 우리가 가진 공과 지금 연계되어 있지는 않지만 연계될 가능성이 있는 모든 속성에도 적용된다. s의 정체성에는 위에서 언급한 속성들 중 그 어떤 것도 포함될 수 없다.

따라서 지금 공과 연계되어 있는 속성들, 또 앞으로 그 공과 연계될 가능성이 있는 속성들도 s의 정체성을 규정할 수 없다. 그 외의 다른 속성들이 s의 정체성을 규정할 수 있을까? s의 정체성을 규정하는 속성들이 있다면, 그 속성들은 s와 관계할 것이다. 그런데 이 속성들과 s 사이의 관계방식은 공이 갖는 속성들과 공 사이의 관계방식과 똑같을 것이다. 즉 공이 갖는 속성과 공이 구성요소–전체 방식으로 관계하듯이, s의 정체성을 규정하는 속성과 s 역시 구성요소–전체 방식으로 관계할 것이다. 하지만 그렇다고 한다면, s의 정체성을 규정하는 속성들은 자신의 주체나 소유자를 필요로 할 것이다. 그리고 공이, 자신을 구성하는 속성들의 주체가 되지 못하는 것처럼, s 역시 자신의 정체성을 규정하는 속성들의 주체가 되지 못한다. 그렇다면 s의 정체성을 규정하는 속성들의 주체는 주체 안에 놓인 주체, 즉 s를 구성하는 구성요소일 것이며, 이 구성요소는 s의 정체성을 규정하는 여러 속성의 소유자가 될 것이다. 그런데 그렇다고 한다면, 어떤 속성들이 우리의 새로운 주체 s′ 의 정체성을 규정할 것인가? s′ 의 정체성을 규정하는 속성들은 s의 정체성을 규정하는 속성들, 즉 s′ 가 그 소유자가 되는 속성들이 아님은 분명하다. 따라서 속성들이 s′ 의 정체성을 규정할 수 있으려면 s′ 는 또다시 더 근본적인 구성요소들을 가져야만 한다. 그렇다면 우리는 무한 퇴행에 빠져들게 된다. 이 무한 퇴행을 피하는 유일한 방법은 다음과 같은 사실을 인정하는 것이다. 즉 속성들의 소유자가 있기는 하지만, 그것은 자신의 정체성을 규정해 주는 어떤 속성도 포함하지 않는다. 우리의 분석이 진행되는 동안, 그 자신의 정체성에 그 어떤 속성도 포함하지 않는 소유자가 모습을 드러냈다. 따라서 우리는 이러한 특징을 s 자체에 적용할 수 있다. 그렇게 함으로써 우리는 s′ 처럼 새로이 등장하는 소유자, 그리고 그 소유자의 소유자를 제거할 수 있을 것이다. 이렇게 한다면, 우리는 다음과 같은 견해를 갖게 되는 것이다. 우리에게 친숙한 구체적 대상 각각은 하나의 전체인데, 그것은 자신의 구성요소로서, 첫째 우리가 일상적으로 대상과 연계하는 속성들을 가지며, 둘째, 이러한 속성들의 소유자를 가진다. 그리고 이 속성들의 소유자는 자신의 "존재being" 혹은 정체성에 그 어떤 속성도 포함하지 않는다. 이러한 소유자에게 철학자들은 특별한 이름을 붙여주었다. 그들은 그것을 무속성 기체bare substratum 라고 부른다.[2] 이런 이름이 붙은 이유는 분명하다. 이것은 속성들 밑에서 속성들을 떠받치고 있다. 그리고 이것은 자신의 정체성에 아무런 속성도 포함하지 않는다.

우리가 무속성 기체 이론이라고 부를 수 있는 이 이론에 따르면, 우리에게 친숙한 구체적 개체는 범주적으로 서로 다른 두 구성요소를 가진다. 즉 속성들과 무속성 기체. 이들이 실재론자들이라면 밑에 깔린 소유자에 의해 예화되는 속성들에 대해 말할 것이며, 이들이 유명론자라면 밑에 깔린 소유자가 갖는 트롭에 대해 말할 것이다. 그러나 개체들에 관한 존재론적 기술을 하고자 할 때 이들이 무슨 용어를 사용하는지와는 무관하게, 기체 이론가들은 모두 다음과 같은 사실을 강조한다. 단일한 구체적 개체가 만들어지기 위해서는 다양한 구성요소를 함께 묶어내는 존재론적 "풀glue"이 필요한데, 밑에 놓인 기체, 그 기체가 갖는 속성, 이 둘 사이의 관계가 바로 이 풀을 제공한다. 그래서 속성에 관해 실재론적 입장을 취하는 기체 이론가는 이렇게 말한다. 속성들이 산만하게 흩어져 있지 않고, 그것들이 통일되어 한 사물로 나타난다는 것, 이것은 무속성 기체가 속성들을 예화하기 때문이다. 그리고 기체 이론을 지지하는 유명론자들은 한 소유자가 각 트롭을 가지기 때문에 그 소유자와 트롭은 한 사물을 구성하게 된다고 주장한다.

이렇게 본다면, 우리에게 친숙한 구체적 사물들은 기본적 엔터티, 즉 비파생적 엔터티가 아닌 것이다. 말하자면 구체적 개체들은 세계를 구성하는 기본적인 건축용 벽돌이 아닌 것이다. 존재론적으로 기본적인 것은 우리가 개체와 연계하는 속성들, 그 속성들의 소유자 기능을 하는 무속성 기체, 이 둘인 것이다. 우리에게 친숙한 개체들은 이렇게 더 기본적인 엔터티들로부터 구성된 것이다. 무속성 기체 이론의 관점에서 볼 때, 속성들과 그 속성을 갖는 것, 이 둘 사이의 구분이 가장 궁극적인 구분이며, 더 이상 환원되지 않는 범주적 구분이다. 그러나 이러한 구분은 우리가 처음 사물들을 볼 때에는 나타나지 않는다. 우리는 다음과 같은 직관을 가지고 시작하는 것이다. 가장 궁극적인 구분은 우리에게 친숙한 구체적 개체들, 그리고 우리가 상식적으로 생각할 때 그 개체들이 갖거나 드러내는 속성들, 이 둘 사이의 구분이다. 그러나 기체 이론가들은 속성들의 실소유자가 무속성 기체라고 생각한다. 그래서 자신들의 구분이 분석에서 더 하위 층위를 차지한다고 생각한다. 이러한 구분에서는 우리에게 친숙한 일상적 대상들이 나타나지 않는다. 오직 더 기본적이고 더 잘게 부서진 엔터티들이 우리에게 친숙한 대상들을 구성하는 것으로서 나타난다.

지금까지 나는 기체 이론을 특정 인물들과 관련시키지 않고 소개했다. 그러나 사실을 보자면, 저명한 철학자들이 이 이론을 지지해 왔다. 아리스토텔레스가 무속성 기체에 관한 착상을 실제로 선호했는지에 관해서는 학자들 사이에 의견이 분분하지만, 이러한 착상의 뿌리는 분명 아리스토텔레스의 주장 속에 암묵적으로 담겨 있다. 아리스토텔레스는 이렇게 말했다. 속성들의 소유자가 어떠어떠하다는 것은 속성이 어떠어떠하다는 것과 다른 말이다.[3] 이 이론에 대한 더욱 직접적인 호감은 로크에게서 발견된다. 그는 이렇게 주장했다. 어떤 대상에 연계되어 있는 성질들이 하나의 주체를 요구할 때, 그 소유자는 "그것이 무엇인지 내가 알지 못하는 무엇"이다.[4] 우리 시대에는 러셀이 자신의 전체 철학 경력의 어느 한 단계에서, 속성들 밑에 깔린 기체를 옹호하는 주장을 했다.[5] 그리고 더 최근에는 버그만Gustav Bergmann과 그의 제자들이 기체 이론을 옹호했다. 그들의 주장에 따르면, 일상적인 대상들과 연계된 속성들을 예화하는 것은 무속성 기체bare particulars라는 것이다.[6]

이렇듯 역사적으로 유명한 이론이지만, 그럼에도 무속성 기체 이론에 대한 비판이 있어왔다. 특히 존재론에서 경험론적 프로그램을 선호하는 철학자들이 집중적인 비판을 가해왔다. 이러한 철학자들에 따르면, 형이상학 이론의 기본적 엔터티는 직접적으로 경험할 수 있는 대상, 혹은 매개적으로라도 경험할 수 있는 대상들에 한정되어야만 한다. 무속성 기체는 이러한 조건을 충족하지 못한다는 것이 이들의 주장이다. 지각적이든 자기 반성적이든, 직접적 경험은 사물이 갖는 어떤 속성들을 파악함으로써 이루어진다. 그러나 무속성 기체는 자신의 정체성에 어떠한 속성도 포함하지 않는 것으로 생각되므로, 경험의 범위를 넘어서는 엔터티인 것이다. 무속성 기체에 관한 경험론자들의 비판은 때로 이보다 더 나아간다. 그들에 따르면, 어떤 주장이 의미 있으려면 그 주장은 분명한 경험적 내용물을 갖고 있어야 하는데, 무속성 기체는 경험의 범위를 완전히 벗어나는 것이다. 따라서 무속성 기체가 존재한다는 주장은 전혀 의미가 없는 그냥 소리일 뿐이라는 것이다.

기체 이론가들의 주장이 무의미한 것인지, 아니면 그냥 거짓된 것인지에 상관없이, 경험론자들은 다음과 같은 사실을 주장해 왔다. 우리는 경험적으로 드러나는 속성들(구체적 대상들과 연계된 속성들)만을 받아들여도 된다. 그렇게 해도 우리는 우리에게 친숙한 구체적 대상들의 구조에 관해 만족스러울 정도로 설명할 수 있다. 이런 관점에서 보자면, 우리에게 친숙한 대상들이란 어떤 복합물이나 하나의 전체인데, 그 전체의 구성요소들은 우리의 지각적 인식 혹은 자기 반성적 인식의 대상이 될 수 있는 속성들뿐이다. 속성들 밑에 깔린 속성들의 소유자를 부정하면서, 이와 같은 경험론자들은 구체적 개체들의 구조에 대한 자신들의 분석을 그려내고자 종종 은유법을 사용하고 있다. 그들에 따르면 구체적 개체는 (우리가 일상적으로 구체적 개체와 연계된 것으로 보는) 경험적 속성들의 "다발bundle", "덩어리cluster", "모임 collection" 혹은 "더미congeries"나 다름없다.

그렇다면 서로 다른 여러 속성을 한 다발로 묶어내는 존재론적 "풀"은 무엇인가? 기체 이론가들에 따르면, 그것은 속성들 밑에 깔린 단일한 소유자였다. 속성들 각각을 예화하거나 갖고 있는 단일한 소유자가 있기 때문에 어떻게 서로 다른 여러 속성이 함께 모여 우리가 보통 단일한 대상으로 간주하는 것을 구성해 내는지가 설명된다. 기체 이론가뿐 아니라 다발 이론가들도 우리에게 친숙한 대상이 갖는 통일성unity을 설명해 주어야 한다. 다발 이론가들은 한 다발 안에 있는 모든 속성을 묶어내는 어떤 특별한 관계에 의지해 이를 설명한다. 그들은 이 관계에 여러 가지 이름을 붙이고 있다. 어떤 이는 이 관계를 "공존compresence"이라 부른다. 다른 이는 "함께 놓임collocation" 이라 부른다. 또 다른 이는 "조합combination"이라 부르며, "동체화 consubstantiation"라 부르는 이도 있다. 하지만 이름이 뭐가 되었건, 이 관계는 모두 같은 방식으로 취급된다. 즉 이 관계는 분석 불가능한, 그래서 존재론적으로 기본적인 관계이다. 그러나 이 관계에 대한 설명이 있기는 하다. 비록 공식적인 것은 아니지만 말이다. 이것은 함께 출연한다고 하는 관계이고, 함께 나타난다고 하는 관계이며, 또 함께 놓인다고 하는 관계이다. 그리고 이 관계는 언제나 다음과 같이 이해된다. 즉 속성들이 이러한 관계에 놓일 때, 그 속성들은 오직 우연적으로만 이러한 관계에 놓이게 된다. 속성들이 이러한 관계에 놓일 때, 그 속성들은 이러한 관계에 놓이지 않았을 수도 있는 것이다.[7] 다발 이론가들은 이렇게 말한다. 속성들이 단지 우연적으로만 이러한 관계에 놓인다는 사실은 우리에게 친숙한 구체적 대상들의 우연성을 설명해 준다.

기체 이론과 마찬가지로 다발 이론도 화려한 계보를 자랑한다. 우리가 말했듯이, 이 이론은 경험론자들이 선호하는 이론이다. 이렇게 해서 버클리는 비록 정신의 문제에 관해서는 기체 이론의 입장을 취하고 있지만, 물리적 대상에 관해서는 다음과 같은 주장을 했다. 즉 물리적 대상들 각각은 감각적 성질들sensible qualities의 모임일 뿐이다.[8] 그 다음으로 흄은 물리적 대상들뿐만 아니라 정신에 관한 설명에서도 다발 이론을 채택해야 한다고 주장했다.[9] 초창기 러셀은 기체 이론을 채택했지만, 나중에는 속성들의 소유자라는 것이 경험적으로 접근 불가능하다는 이유에서 이것에 대해 회의하게 되었고, 결국에는 다발 이론을 채택하게 되었다.[10] 에이어A. J. Ayer 역시 러셀과 마찬가지로 무속성 기체를 거부했고, 우리에게 친숙한 대상들에 관해 다발 이론적 입장을 취했다.[11] 경험론 전통에 서 있는 그 밖의 20세기 철학자 중에는 윌리엄스D. C. Williams가 있다. 그는 속성들을 트롭이라고 해석했고, 이러한 해석과 다발 이론을 결합해 다음과 같이 주장했다. 즉 보통 볼 수 있는 구체적 대상들은 트롭들이 함께 놓여 만들어진 트롭들의 다발인 것이다.[12] 더욱 최근에는 호크베르크Herbert Hochberg와 카스타네다Hector Castaneda가 이러한 경험론자들을 따라 자신의 주장을 방어하려 하고 있다. 이들에 따르면, 흔히 볼 수 있는 일상적 대상들은 경험적으로 드러나는 속성들의 덩어리cluster일 뿐이다.[13]

기체 이론가와 다발 이론가는 모두 우리가 매일 경험하는 구체적 대상들이 존재론적으로 기본적이거나 근본적인 것이라는 점을 거부하고 있다. 이들 모두가 그렇게 생각하듯이, 만약 우리에게 친숙한 대상들이 구조를 가진 다면 그 대상들은 자신보다 더 기본적인 것들로부터 구성된 것이라서 기껏해야 구성물 정도밖에 안 되는 것이다. 한편 기체 이론가들과 달리 다발 이론가들은 세계를 이루고 있는 건축용 벽돌로서 속성들만을 허용한다. 그들이 형이상학적 실재론자라면 속성들만 허용할 테고, 그들이 속성들에 대한 유명론자라면 트롭만 허용할 것이다. 따라서 이 모든 다발 이론가는 속성들, 그 속성들을 갖는 기체, 이 둘 사이의 구분이 존재론적으로 근본적인 구분이라는 사실에 반대한다. 존재론적으로 가장 근본적인 수준에서는 오직 속성들만 존재하는 것이다. 속성을 가진다는 개념, 혹은 속성을 예화한다는 개념이 어떤 모습을 취하든 간에, 그러한 개념은 파생적인 개념 혹은 구성된 개념으로 나타난다. 따라서 러셀, 에이어, 호크베르크, 카스타네다처럼 속성에 관해 형이상학적 실재론의 입장을 취하는 다발 이론가들은 보편자, 기체 사이의 구분이 가장 궁극적인 구분임에 반대할 것이다. 그들은 이렇게 주장할 것이다. 가장 밑바탕에는 오직 보편자들만 존재한다. 또한 그들은 보편성 universality을 설명할 때, 서로 다른 기체들에 의해 예화될 수 있는 것으로서의 속성을 말하지 않을 것이다. 보편성에 대한 이들의 설명은 속성의 소유자 혹은 예화자에 대한 어떠한 지칭도 없는 용어로써 이루어질 것이다. 예컨대 그들은 다중 출현multiply occurrent 엔터티, 반복적repeatable 엔터티 혹은 다중 장소 점유multiply locatable 엔터티에 대해 말할 것이다. 그리고 그들은 개체라는 것은 이러한 특징을 지니는 보편자들로부터 구성된 것이라고 말할 것이다. 다음과 같은 점을 지적하는 것이 좋을 것 같다. 다발 이론을 지지하는 실재론자들의 설명은 극단적 유명론자들의 설명과 정반대되는 위치에 있다. 극단적 유명론자들에 따르면, 가장 밑바닥에는 아무런 구조도 갖지 않는 구체적 개체만 존재하며, 속성에 대한 이야기는 사실 존재론적으로 근본적인 구체적 개체에 관한 왜곡된 이야기일 뿐이다. 실재론적 다발 이론, 극단적 유명론은 모두 한 범주 존재론을 취하고 있는 설명 틀이다. 실재론적 다발 이론은 오직 보편자 범주만 인정하며, 극단적 유명론은 오직 구체적 개체 범주만 인정한다. 흄이나 윌리엄스같이 속성에 대해 트롭 이론적 해석을 취하는 다발 이론가들도 마찬가지로 한 범주 존재론을 취하고 있다. 이들에게는 존재론적으로 기본적인 엔터티가 속성으로서, 이 속성은 비반복적이며 또한 개체[개체적 속성, 즉 트롭]로서 간주된다. 따라서 이들의 관점에서 봤을 때, 개체[개체적 속성, 즉 트롭] 개념은 파생된/구성된 개념이 아니다. 파생된/구성된 개념이 두 가지 있는데, 우리가 상식적으로 알고 있는 복합적인 구체적 대상 개념이 그중 하나이고, 트롭 이론가들이 집합론적 구성물로 간주하는 보편자 개념이 나머지 하나이다.[14]

다발 이론에 대한 반론 : 주-술 문장

그래서 우리는 구체적 개체에 관한 분석에서 두 일반적 유형을 갖게 되었다. 기체 이론과 다발 이론 말이다. 기체 이론은 구체적 개체를 복합체로 본다. 이 복합체를 구성하는 것은 구체적 개체와 연계되어 있는 속성들, 그리고 이 속성들의 소유자 혹은 주체로서 그것들 밑에 깔린 기체, 이 둘이다. 다발 이론은 우리에게 친숙한 대상들을 속성들의 덩어리로 본다. 그리고 이 속성들은 공존compresence, 함께 놓임collocation 혹은 함께 나타남co-occurrence의 관계를 가진다. 이 두 가지 설명을 각각 지지하는 사람들 사이에서 벌어지는 논쟁은 한 가지 흥미로운 특징을 보여준다. 이들 모두는 분석의 이 두 유형 말고 다른 어떠한 분석도 있을 수 없다고 생각하는 것 같다. 그들은 다음과 같이 생각하는 것 같다. 구체적 개체들이 구조를 갖고 있다고 생각하는 존재론자라면 반드시 위의 두 가지 설명[기체 이론, 다발 이론] 중 하나를 채택해야 하며, 따라서 기체 이론과 다발 이론, 이 둘 외의 선택지는 없다. 이렇게 해서 기체에 관한 로크의 개념을 거부할 때 흄은 기체에 관한 로크의 생각이 부적합하다는 이유에서, 우리에게 친숙한 대상들은 감각적 속성들의 모임일 뿐이라는 생각으로 나아갔다. 마찬가지로 속성들을 소유하는 무속성 소유자에 관한 개념에서 벗어났을 때 러셀은 유일한 대안으로 다발 이론을 채택해야 한다고 생각했다. 그리고 이 두 입장 중 한 입장을 견지하는 최근의 이론가들 역시 자신의 논증을 반대편 사람들에게만 직접 향하게 하는 데 만족하는 것으로 보인다. 이들에게 공통적인 가정은 이러한 것이다. 우리는 기체 이론가가 되든 아니면 다발 이론가가 되든 오직 둘 중 하나인 것이다. 이들에 따르자면, 이 두 입장 간에 벌어지는 싸움만이 한 마을에서 벌어질 수 있는 싸움의 전부인 것이다.

이제 잠시 동안, 이들이 옳다고 해보자. 그래서 어떤 근거에서 이 중 하나가 옳은지, 또 어떤 근거에서 이 중 다른 하나가 옳은지 생각해 보자. 우리가 보았듯이, 다발 이론가들은 경험론적 토대에 근거해 무속성 기체를 거부한다. 한편 기체 이론가들은 자신이 본 다발 이론의 심각한 문제점을 지적하면서 다음과 같이 주장한다. 다발 이론이 갖는 문제점들을 해결하려면, 일상적 대상을 구성하는 속성들 외에 이른바 무속성 기체라 할 수 있는 구성요소들도 있음을 인정해야 한다. 기체 이론가들의 반론 가운데 하나는 이런 것이다. 다발 이론가들은 다음과 같은 직관, 즉 대상들은 변화를 겪으면서도 여전히 동일한 것으로 남는다는 우리의 상식적 직관을 잘 설명해 주지 못한다. 반론은 이렇게 나아간다. 변화라는 것은 그 변화를 겪는 사물과 연계된 어떤 속성들의 변화를 언제나 함축한다. 그러나 다발 이론가들은 대상들이 단지 속성들의 다발이라고 주장한다. 따라서 그들은 변화를 겪는 대상과, 변화를 겪고서 새로 나타난 대상이 서로 다른 대상이라고 주장해야 하게끔 되어 있다. 속성들의 차이는 다발의 차이를 낳는다. 따라서 변화가 일어난다면 다른 다발들이 생기는 것이고, 그러므로 다른 대상들이 생기는 것이다. 이것은 중요한 반론일 수 있지만, 여기서는 더 이상 논의하지 않겠다. 나는 두 가지 이유에서 이 반론을 다루지 않고 그냥 넘어가겠다. 첫째, 이 반론이 제기하는 어려움이 다발 이론가들에게만 해당하는 어려움인지 분명치 않다. 이 논증의 핵심적인 전제, 즉 "속성들의 차이가 다발의 차이를 낳는다."라는 전제는 분명 다발 이론적 언어로 정식화되어 있기는 하다. 하지만 이 전제는 구성요소-전체의 관계를 지배하는 더욱 일반적인 원리의 한 예에 불과하다. 속성들의 차이가 다발들의 차이를 낳는다는 주장이 옳다고 해보자. 이것이 옳은 이유는 단지 구성된 전체/복합체의 차이가 구성요소들의 차이에서 생긴다는 주장이 참이기 때문이다. 그런데 다발 이론가들 못지않게 기체 이론가들 역시 일상적인 대상과 연계된 것으로 생각되는 속성들을 그 대상의 구성요소로 여기고 있다. 따라서 만약 변화를 겪고 난 구체적 대상이 변화 이전의 대상과 동일하다는 사실을 다발 이론가들이 부정하게끔 되어 있다면, 기체 이론가들도 마찬가지로 그러한 사실을 부정하게끔 되어 있는 것으로 보인다. 둘째, 변화를 뚫고 지속함이라는 문제는 그 자체로 넓고 어려운 문제이다. 따라서 우리는 8장에서 이 문제를 다시 논할 것이다. 그때 가면, 이 주제에 관해 우리가 갖는 상식적 직관과 잘 맞아떨어지게끔 고안된 여러 설명을 검토할 수 있을 것이다.

다발 이론에 관한 그 밖의 반론은 이러하다. 다발 이론가들은 주-술 문장에 관한 만족스러운 설명을 제공할 수 없다. 주-술 문장을 만들면서 우리는 어느 한 대상에 어떤 속성을 귀속시킨다. 그런데 다발 이론가들은 속성들 밑에 깔린 주체를 부정한다. 그렇게 해서 다발 이론가들은 속성이 부여되는 데 필요한 재료를 확보하지 못하는 것이다. 이 반론이 얼마만큼 힘을 갖는지 이해하는 것이 중요하다. 이 반론에 대해 우리가 간략히 요약한 바에 따르면, 이 반론은 모든 속성이 어떤 주체를 필요로 한다는 주장으로 이해된다. 혹은 이 반론은 아무런 지지대 없이 속성들이 존재할 수 있다는 생각은 부당하다는 주장으로 이해된다. 그러나 현재의 맥락에서 보자면, 이러한 주장은 기체 이론을 미리 전제하고 있는 주장이다. 다발 이론가들의 핵심적인 주장은 가장 엄밀한 의미에서, 그리고 문자 그대로의 의미에서 속성들은 어떠한 것에 의해서도 소유되지 않는다는 것이다. 속성들은 그냥 나타난다occur. 다발 이론가들에 의하면, 속성들이 나타나는 것에 대해 말하는 것은 날씨에 대해 말하는 것과 유사하다. 우리는 비가 온다it rains, 혹은 눈이 온다고 말한다. 그러나 그렇게 말할 때, 비 옴을 행하거나 눈 옴을 행하는 어떤 것이 있음을 주장하는 것은 아니다. 마찬가지로 빨간색 같은 어떤 속성이 나타날 때, 어떤 것이 있어서 바로 그것이 빨간 것이 아니다. 따라서 속성들이 나타나기 위해서는 어떤 주체가 있어야 한다는 주장은 다발 이론가들의 주장에 대한 반론으로 여겨지기 어려운 것이다. 기체 이론가들의 반론은 다발 이론가들의 주장에 대한 근거 없는 반대일 뿐이다.

이처럼 기체 이론가들이 다발 이론을 비판할 때 종종 논점을 선취하는[자신의 주장을 미리 전제하는] 경우가 있기는 하다. 하지만 우리가 지금 고찰할 반론은 논점을 선취하는 주장이 아니다. 기체 이론가들의 다음과 같은 주장이 그러하다. 속성들이 나타날 때 그 속성들을 소유하는 어떤 것이 있다. 조금 전에 말한 빨간 공을 다시 생각해 보자. 우리가 그 공을 '샘'이라고 부른다면, 우리는 다음과 같은 주–술 문장들이 참임을 인정해야 할 것이다.

(1) 샘은 빨갛다.

Sam is red.

(2) 샘은 구형이다.

Sam is spherical.

(3) 샘은 빛난다.

Sam is shiny.

(4) 샘은 직경 2인치이다.

Sam is 2 inches in diameter.

(5) 샘은 무게 3온스이다.

Sam weighs 3 ounces.

우리가 고찰할 반론은 다발 이론가들로 하여금 이 문장들 각각에서 무슨 일이 일어나고 있는지를 설명하라고 요구한다. (1)~(5) 문장 각각에서 하나의 속성이 지적되고 있다는 것은 분명하다. (1)의 경우 빨강이, (2)의 경우 구형이, (3)의 경우 빛남이, (4)의 경우 직경 2인치임이, (5)의 경우 무게 3온스임이 지적되고 있다. 더욱이 각 경우에서 우리는 어떤 속성, 그 외의 다른 무엇, 이 둘 사이에 어떤 관계가 성립하고 있다고 말하고 있다. 이제 기체 이론가들은 다발 이론가들을 공격한다. 그들은 다음과 같은 두 가지 질문에 대해 답해 보라고 요구한다. 각 경우에서 속성들과 관계 맺고 있는 그 외의 다른 무엇이란 어떤 것인가? 그리고 이 둘 사이에 어떤 관계가 있는가?

이 질문에 대한 가장 그럴듯한 대답은 다음과 같이 나올 수 있을 것으로 보인다. 첫째, 각 경우에서 어느 한 속성과 관계를 맺게 되는 그 무엇이란 바로 속성들의 다발, 즉 우리가 '샘'이라 이름 붙인 바로 그 공이다. 둘째, 위의 문장들을 말할 때 우리가 주장하는 것은 바로 각 속성이 그 다발을 구성하고 있다는 것이다. 그러나 기체 이론가들은 이러한 대답이 불만족스러운 결론을 가져온다고 주장할 것이다. 즉 (1)~(5) 문장을 각각 동어반복적tautologous 문장으로 만들어버리는 결과. 다발 이론가들의 주장을 살펴보자. 다발 이론가들에 따르면, (1)~(5) 문장과 관련해 우리가 하는 일은 우선 속성들의 완전한 다발을 취하고, 그런 다음 특정 속성이 그 다발의 구성요소라고 말하는 것이다. 이 지점에서 기체 이론가들은 다음과 같이 주장할 것이다. 정확하게 어떤 속성이 그 다발의 구성요소인지 알지 못한다면, 속성들의 완전한 다발을 파악하는 것은 불가능하다. 사실 어떤 다발을 파악하는 것은 그 다발을 이루고 있는 모든 것을 파악하는 것이다. 그러나 그렇다고 한다면 (1)~(5) 문장 중 그 어떤 문장도 참이면서 정보를 주는 문장일 수 없다. 우리가 위 문장들이 어떤 다발에 관한 문장인지 알고자 한다면, 우리는 그것들이 참임을 먼저 알아야 한다. 그러나 기체 이론가들은 위와 같은 문장들이 참이면서 정보를 준다는 사실을 지적할 것이다. 그리고 이 두 질문에 대해 애초에 다발 이론가들이 한 답은 불만족스러운 것이라고 결론지을 것이다.*

하지만 다발 이론가들은 너무 성급하게 답을 냈는지도 모른다. 아마도 그들은 다음과 같이 대답했을 수도 있다. 위 문장들과 관련한 모든 경우에서 각 속성과 관계를 맺고 있는 것은 속성들의 완전한 다발이 아니다. 오히려 그것은 완전한 다발보다는 어느 정도 작은 엔터티이다. 예컨대 (1)의 경우, 다발 이론가들은 다음과 같이 말할 것이다. 빨간색은 완전한 다발과 관계 맺는 것이 아니라, 다시 말해 빨간색은 우리가 가지고 있는 공이라는 완전한 다발과 관계 맺고 있는 것이 아니라, 그보다는 "더 작은" 다발, 즉 빨간색이 제외되어서 빨간색만 빼고 나머지 모든 속성을 포함하는 "더 작은" 다발과 관계 맺고 있는 것이다. 다발 이론가들이 이렇게 말한다면, 그들은 문장 (1)에 대한 설명을 제한하게 된다. 그리고 그 설명을 통해 그들은 그 문장이 참이면서 정보를 줄 수 있음을 보여주게 된다. 그들은 이렇게 말할 수 있다. 문장 (1)을 주장할 때 우리는 다음과 같이 말하는 것이다. 즉 이렇게 "더 작은" 혹은 덜 완성된 다발 안에 있는 각 속성과 빨간색이 함께 나타난다. 이 주장

---

* 다발 이론가들에 따르면, '샘'의 지칭체는 속성들의 다발이다. 그 다발이 무엇인지는 그 다발이 어떤 속성들로 이루어졌는가에 달려 있다. 그래서 샘이라는 공은 일종의 속성들의 집합이다. 그래서 샘={빨강, 구형, 빛남, 직경 2인치, 무게 3온스, …}. 이렇게 볼 때, 문장 (1)은 다음과 같이 분석될 수 있다. 빨강∈{빨강, 구형, 빛남, 직경 2인치, 무게 3온스, …}. 분석 결과, 우리는 문장 (1)이 동어반복적이며 분석적임을 알게 된다. 문장 (1)이 참이라면, 이 문장은 어떠한 정보도 주지 못한다. 이 문장이 우리에게 알려주는 바는 기껏해야 우리가 이미 알고 있는 것, 즉 빨갛고 구형이고 빛나고 직경 2인치이고 무게 3온스인 것이 빨갛다는 것일 뿐이다.

은 분명 참이다. 그리고 다발을 구성하는 각 속성과 빨강이 함께 나타남을 모르고서도 이러한 "더 작은" 다발은 파악될 수 있으므로, 위의 문장은 정보를 줄 수 있는 것이다.

이 두 가지 새로운 답이 언뜻 보기에 다발 이론가들로 하여금 문장 (1)을 유연하게 읽을 수 있게 해주는 것처럼 보인다. 그리고 기체 이론가들도 여기에 동의하지 못할 바 없다. 그러나 기체 이론가들은 다음과 같이 주장할 것이다. 다발 이론가들은 문장 (2)~(5)에 대해서도 똑같은 독해법을 제공해야 한다. 이 요구를 받아들인다면 다발 이론가들은 다음과 같이 주장해야 할 것이다. 문장 (2)를 주장할 때, 우리는 다음과 같이 말하는 것이다. 구형이 어떤 다발 안에 있는 여러 속성과 함께 나타난다. 이때 그 다발 안에는 우리가 공과 연계하는 모든 속성이 들어 있지만, 구형만큼은 들어 있지 않다. 또 문장 (3)을 주장할 때, 우리는 다음과 같이 말하는 것이다. 빛남은 어떤 다발을 구성하는 여러 속성과 함께 나타난다. 이때 그 다발 안에는 우리가 공과 연계하는 모든 속성이 들어 있지만, 빛남만큼은 들어 있지 않다. 이렇게 설명한다면, 위의 문장들은 참이면서 정보를 줄 수 있다. 이것은 기체 이론가들도 인정할 것이다. 그러나 기체 이론가들은 다발 이론가들이 이러한 결론을 내기 위해 너무 비싼 대가를 치러야 함을 지적할 것이다. 왜냐하면 이러한 결론을 얻기 위해 다발 이론가들은 다음과 같이 주장해야 하기 때문이다. 즉 위의 문장들 중 그 어느 것도 같은 사물에 대해 말하는 문장이 아니다. 그러나 위의 문장들과 관련해 우리가 어떤 것을 말하든 우리는 같은 사물에 대해 말하고 있는 것이다.

그래서 기체 이론가들은 다음과 같이 결론 내린다. 자신들이 내놓은 두 가지 질문에 대해 다발 이론가들은 만족스러운 답을 내놓을 수 없다. 문장 (1)~(5)를 긍정할 때 만약 우리가 한 사물에 대해 말하는 것이라면, 우리는 그 문장을 동어반복적으로 만들게 된다(만약 이 문장이 참이라면). 또 그 문장들을 참이면서 정보를 주는 것으로 간주하고자 하면, 우리는 그 문장들을 서로 다른 여러 가지 것에 대한 문장들이 되게끔 만들어버리게 된다. 다발 이론가들의 답은 이런 식으로 주어지게끔 되어 있다. 당연히 이 지점에서 기체 이론가들은 무속성 기체를 도입한다. 그리고는 (1)~(5)와 같은 문장에 대해 만족스러운 설명을 제시하기 위해서는 무속성 기체를 도입해야 한다고 논할 것이다. 기체 이론가들에 따르면, 이 문장들 안에서 실제로 이루어지는 일은 속성 외의 공의 구성요소 기능을 하는 그 어떤 것에 속성이 귀속되는 것이다. 그 어떤 것은 밑에 깔린 주체이며, 그것의 정체성은 어떠한 속성도 갖지 않는 것이다.

이 반론에 대해 다발 이론가들은 어떤 종류의 답을 낼 수 있을까? 한 가지 분명한 답은 이렇다. 만약 주-술 문장이 다발 이론가들에게 문제를 던진다면, 그것은 유사한 문제를 기체 이론가들에게도 던진다는 것이다. 기체 이론가들의 주장에 따르면, 우리는 궁극적으로 기체에다가 모든 속성을 귀속시킨다. 그렇다고 한다면, 기체는 우리가 지칭 대상으로서 집어낼 수 있는 특정한 사물이다. 그런데 어려운 점은 기체가 무속성적이라는 것이다. 그것들은 자신 안에 어떠한 속성도 갖지 않는다. 이것은 다음과 같은 결과를 초래한다. 즉 무속성 기체가 그것 자체로만 고려될 때 그 안에는 아무것도 없어서, 우리는 다른 것과 구별되는 그 어떤 것으로서의 이 기체를 골라낼 수 없다. 어느 한 무속성 기체가 어떠어떠한 것인지를 알기 위한 유일한 방법은 그 기체와 함께 나타나는 속성들을 지칭하는 것뿐이다. 그러나 이 속성들은 그 기체에 [외재적으로] 귀속되는 속성들일 뿐이다. 이렇게 본다면, 기체 이론가들이 다발 이론가들에게 부과한 어려움이 그들에게도 마찬가지로 부과되는 것으로 보인다.

다발 이론가들은 다음과 같이 말함으로써 더 만족스러운 대답을 제시할 수 있다. 즉 기체 이론가들은 다발 이론가들이 꼭 받아들일 필요가 없는 지칭 이론을 그들에게 귀속시킨다. 그렇게 함으로써 기체 이론가들은 잘못된 생각을 갖게 된 것이다. 사실 기체 이론가들의 반론이 성공하려면, 다발 이론가들은 반드시 다음과 같은 전제를 깔고 있어야만 한다. 즉 구체적 개체와 연계된 모든 속성을 화자가 낱낱이 열거할 수 있어야만 비로소 '샘' 같은 이름의 지칭체인 구체적 대상을 파악했다고 볼 수 있다는 전제. 고유 명사의 사용에 대한 설명으로서 이러한 견해는 분명 불만족스럽다. 이 견해는 고유 명사를 사용하는 사람이 모든 것을 알아야 한다고 가정하고 있다. 그러나 사실 우리는 고유 명사의 지칭체가 갖는 많은 속성을 잘 모르고서도, 그 고유 명사를 정확히 사용할 수 있다. 따라서 다발 이론가들은 구체적 개체에 관한 자신의 분석이 기체 이론가들의 반론에 노출되지 않는다고 주장할 수 있는 것이다. 다발 이론가들은 다음과 같이 주장할 수 있다. 기체 이론가들의 반론은 형이상학과 인식론을 혼동한 데서 비롯한다. 구체적 개체들에 대해 생각하고 말하는 우리의 상식적 능력이 왜 그 개체들 밑에 깔린 존재론적 구조의 모든 측면을 이해하는 것을 전제하는가? 다발 이론가들은 고유 명사에 관한 이론을 선택할 때 자신들이 매우 다양한 선택지를 가질 권리가 있다고 주장할 수 있다. 예컨대 다발 이론가들은 고유 명사의 지칭체를 파악하는 화자의 능력에는 그 지칭체와 연계된 속성들 중 일부만을 알아도 되는 것이 전제가 된다고 주장할 수 있다. 이렇게 본다면, 그들은 그 이름의 소유자에게 속성들을 부여하는 것이 참이면서 정보를 줄 수 있다고 주장할 수 있다. 다른 한편 그들은 후기의 러셀이 그런 것처럼 다음과 같이 주장할 수도 있다. 우리는 한 복합체를 알 수 있으며, 그 복합체의 구성요소를 전혀 모르고서도 그 복합체에 이름을 붙일 수 있다.[15] 이렇게 한다면, 구체적 대상에 속성을 귀속시키는 것은 전혀 동어반복적이 아니라고 다발 이론가들은 주장할 수 있는 것이다.

　기체 이론가들의 반론에 대한 답으로서 이 논변은 강한 힘을 가진다. 이 논변은 다음과 같은 사실을 보여준다. 즉 화자가 대상을 지칭할 때, 그 화자는 우리가 그 구체적 대상에 대해 만들어내는 참된 주-술 문장 안에서 표현되는 모든 지식을 알아야 할 필요가 없다. 다발 이론가들은 화자가 이 모든 지식을 가져야 한다고 주장할 필요가 없는 것이다. 그러나 다음과 같은 사실을 지적하는 것이 중요하다. 즉 다발 이론가들이 우리가 위에서 정식화한 기체 이론가들의 반론을 처리하는 데 성공할지라도, 그들은 문젯거리가 될 만한 어떤 견해에 개입하게 될 소지가 있다. 다발 이론에 따르면, 구체적 개체의 "존재being" 혹은 정체성identity은 그 개체를 구성하는 모든 속성을 포함한다. 그 개체가 어떠어떠한 존재냐 하는 문제는 그 개체가 자신의 구성요소로서 어떤 속성들을 가지느냐 하는 문제이다. 이제 어떤 화자는 어떤 개체 하나가 가지는 각 속성을 몰라도 그 개체를 지칭할 수 있다. 그래서 그 대상에 관한, 정보력 있고 참인 주-술 명제가 있을 수 있다. 그러나 만약 다발 이론이 옳다면, 구체적 대상에 관한 참인 주-술 문장 모두는 정보를 주건, 그렇지 못하건 간에 그 대상에 본질적 속성 혹은 필연적 속성을 부여하게 된다. 이는 다음과 같은 의미에서 그러하다. 그 속성이 그 대상을 구성하지 않는다면, 그 대상은 존재하지 않았을 것이다.[그 대상은 그 대상이 아니었을 것이다.] 다발 이론에 의하면, 참인 주-술 문장 모두는 어떤 구체적 대상의 본질에 대해 말하는 것일 뿐이다.[16] 그리고 여기에서 우리는 다발 이론과 기체 이론 사이의 핵심적인 차이를 접하게 된다. 다발 이론은 속성들이 개체에게 참되게 부여되는 것을 필연적인 것으로 간주해야 한다. 반면에 기체 이론가들은 어떠한 속성 부여도 필연적이지 않다고 주장한다. 기체 이론가들에 따르면, 속성들의 소유자, 즉 속성들이 귀속되는 사물은 모두 무속성적이다. 그것들은 모두 자신의 정체성에 그 어떤 속성도 포함하지 않는 사물들이다. 그렇다면 기체 이론가들에게 참인 주-술 문장 모두는 속성들을 기체에 귀속시킴으로써 이루어지지만, 그 속성들은 그 기체의 본성 밖이나 기체의 외부에 있는 것이다. 이러한 주장은 필연에 대한 주장을 전혀 담고 있지 않다. 그것들은 모두 단지 우연의 문제일 뿐이다.

다발 이론에 대한 또 다른 반론: 구별 불가능자 동일성 원리

다발 이론에 대한 또 다른 반론은 우리가 지금까지 논한 반론들에 비해 좀 더 제한적이다. 이 반론은 다발 이론 중에서도 오직 형이상학적 실재론의 입장을 취하는 이론, 즉 구체적 개체를 구성하는 속성들을 [공유되는] 성질들 혹은 다중 예화 엔터티로 간주하는 이론에만 표적을 맞추고, 이 이론들이 부적절함을 보이고자 한다. 이 반론이 상정하는 표적이 비록 제한되어 있기는 하지만, 이 반론은 기체 이론가들과 다발 이론가들 사이에서 벌어진 20세기 논쟁들의 한가운데에 서 있다. 이 반론이 탁월한 이유는, 우리 세기에는 구체적 개체에 대한 두 가지 설명 각각의 지지자들이 속성에 대한 유명론적 해석을 받아들이고 있지 않기 때문이다.[17] 따라서 우리 세기에 속성을 실재론적으로 이해하는 입장은 구체적 개체가 갖는 존재론적 구조에 관한 논쟁 전체에 일종의 압력constraint으로 작용하고 있는 것이다. 반론은 이렇게 진행된다. 첫째, 다발 이론가들은 구별 불가능자 동일성 원리Identity of Indiscernibles로 알려진 원리가 참임을 가정한다. 둘째, 이 원리는 거짓이다. 따라서 다발 이론도 거짓이다.

내가 이해하는 구별 불가능자 동일성 원리(II)란 다음과 같은 주장을 말한다. 수적으로 서로 다른 대상들이 모든 속성을 공유하는 것은 불가능하다. 좀 더 형식적으로 이 원리는 다음과 같이 표현될 수 있다.

(II) 각각의 구체적 대상 a와 b에 대해, 그리고 어떤 속성 Φ에 대해, Φ가 a의 속성이라면 Φ는 b의 속성이기도 하며, 또 Φ가 b의 속성이라면 Φ는 a의 속성이기도 하다. 만약 그렇다면, 필연적으로 a와 b는 수적으로 동일하다.

이 원리가 우리에게 말하는 바는 이렇다. 질적으로 완전히 구별 불가능하다는 것(모든 속성과 관련해 구별 불가능함, 혹은 모든 속성과 관련해 완전히 유사함)은 수적으로 동일하다는 것을 함축한다. 이런 이유로 이 원리의 이름이 '구별 불가능자 동일성 원리'이다. 이 원리가 핵심적 역할을 하게 되는 반론을 이해하기 위해 우리는 먼저 왜 다발 이론가들이 이 원리를 가정하고 있다고 보아야 하는지, 그리고 왜 이 원리가 거짓인지를 이해해야 한다.

첫 번째 쟁점부터 짚고 넘어가자. 다발 이론가들은 우리에게 다음과 같이 말한다. 우리에게 친숙한 구체적 대상들은 그것들이 가지는 속성들에 의해, 그리고 오직 그 속성들로만 구성된다. 그들의 눈으로 볼 때, 구체적 대상들이란 우리가 일상적으로 그 대상들과 연계시키는, 함께 나타나는 속성들 외의 다른 것이 아니다. 그런데 다발 이론가들은 구체적 개체에 관한 이러한 분석이 단지 우연적으로만 참이라고 생각하지 않는다. 다시 말해 다발 이론가들은 이러한 분석이 참이기는 하지만 거짓일 수도 있는 것이라 생각하지 않는다. 그들에 따르면 구체적 대상이 무속성 기체를 갖는 것은 불가능한 일이다. 그들은 이렇게 말할 것이다. 무속성 기체 같은 것들은 있을 수 없다. 따라서 다발 이론가들은 구체적 개체의 구조에 관한 자신의 설명이 필연적으로 참이라고 생각한다. 그러므로 그들은 다음과 같은 원리를 채택하고 있는 것이다. 나는 '다발 이론 원리bundle theory'라는 말을 쓰지 않고 이 원리를 (BT)라고 부를 것이다.

(BT) 어떤 구체적 엔터티 a에 대해, 그리고 어떤 엔터티 b에 대해, b가 a의 구성요소이다. 그렇다면 필연적으로 b는 속성이다.

한편 다발 이론가들은 구성요소들, 그 구성요소들이 구성하는 전체, 이 둘 사이의 관계에 관한 어떤 설명을 가정하고 있다. '구성요소'와 '전체'라는 용어를 존재론자들이 사용할 때, 그 밑바탕에 깔린 통찰은 다음과 같은 것이다. 즉 어떤 것들은 그보다 더 기본적인 다른 것들로부터 구성된 구성물일 뿐이다. 구성된 어떤 것은 그것을 구성하는 요소들의 총체일 뿐이다. 따라서 우리는 구성요소라고 간주되는 것들 각각이 무엇인지를 지적함으로써, 구성된 복합물에 대한 완전한 '설계도recipe'를 제시할 수 있다. 그렇다면 존재론자들이 위의 용어들, 즉 구성요소와 전체라는 용어를 사용하기 위해서는 다음과 같은 사실이 요구되는 것이다. 즉 수적으로 다른 어떤 복합물들은 정확히 똑같은 구성요소들을 가질 수 없다. 구성요소들이 완전히 동일하면 구성된 복합물들은 동일하다. 내가 앞서 말했듯이, 이 주장은 어떤 종류의 규제적 원리, 즉 존재론자가 구성요소-전체라는 개념 쌍을 사용할 때 반드시 지켜야 하는 규제적 원리가 되고 있다.* 우리는 이 주장을 구성요소 동일성 원리Principle of Constituent Identity라 부를 수 있을 것이다. 이 원리(PCI)는 다음과 같이 정식화된다.

(PCI) 각각의 복합물 a와 b에 대해, 그리고 어떤 엔터티 c에 대해, c가 a의 구성요소라면 c는 b의 구성요소이기도 하며, 또 c가 b의 구성요소라면, c는 a의 구성요소이기도 하다. 만약 그렇다면, 필연적으로 a와 b는 수적으로 동일하다.

이제 (BT)와 (PCI)를 결합하면 (II)가 논리적으로 따라 나온다는 사실을 이해하는 것은 어려운 일이 아니다. 수적으로 서로 다른 복합물들이 완전히 똑같은 구성요소들을 가진다는 것은 불가능하다[(PCI)]. 그리고 다발 이론가들의

---

* 예를 들어 이 원리는 다발 이론가도, 기체 이론가도, 원자론자도 따라야 하는 원리이다. 그래서 원자론자들은 모든 원자가 공유된다면 그 원자들로 구성된 복합물들이 수적으로 동일하다고 주장할 것이며, 또 기체 이론가들은 모든 속성과 기체까지 공유된다면 그 속성과 기체로 구성된 복합물들이 수적으로 동일하다고 주장할 것이다.

형이상학적 주장에 따르면 구체적 개체는 일종의 복합물인데, 이 복합물을 구성하는 구성요소는 하나도 빠짐 없이 모두 속성이다[(BT)]. 이것이 사실이라면, 수적으로 서로 다른 구체적 개체들은 똑같은 속성들을 가질 수 없다[(II)]. 이 지점에서 기체 이론가들은 다음과 같이 주장한다. 수적으로 서로 다른 대상들이 질적으로 구별이 안 될 수 있다. 예컨대 그 대상들이 같은 색, 같은 모양, 같은 무게, 같은 크기, 그 외의 같은 질적 속성들을 가질 수 있다.[18] 여기서 기체 이론가들은 다음과 같이 주장한다. (BT)와 (PCI)로부터 (II)가 논리적으로 따라 나오므로, (II)가 거짓이면 (BT)나 (PCI) 중 적어도 하나는 거짓이다. 그런데 (PCI)는 규제적 원리이다. 이 원리는 '구성요소'와 '전체' 같은 용어를 사용할 때 따라야 할 조건을 말하고 있을 뿐이다. 따라서 이 원리가 참임을 거부할 이유가 없다. 따라서 기체 이론가들은 다음과 같이 결론짓는다. (II)가 거짓이라는 사실은 다발 이론가들의 핵심적 주장인 (BT)가 거짓임을 보여준다.*

기체 이론가들의 반론은 다음과 같이 요약될 수 있을 것이다. (BT)와 (PCI)로부터 (II)가 논리적으로 따라 나온다. 그런데 수적으로 다르지만, 질적으로 구별 안 되는 구체적 대상들이 있을 수 있다. 따라서 (II)는 거짓이다. 그러므로 (BT)나 (PCI) 둘 중 하나는 거짓이다. 그런데 (PCI)는 참이다. 따라서 (BT)가 거짓이다.** 한편 이 반론에는 어떤 가정이 숨어서 작동하고 있다. 이 가정

---

* 이 논증은 다음과 같은 형식을 띤다.

 (1) ((PCI) & (BT)) → (II)

 (2) −(II)

 (3) −((PCI) & (BT))

 (4) −(PCI) ∨ −(BT)

 (5) (PCI)

 (6) ∴ −(BT)

** 다발 이론가들은 구별 불가능자 동일성의 원리가 참인 원리라고 생각해야 한다. 그러나 그뿐만이 아니다. 다발 이론가들은 이 원리가 필연적으로 참인 원리라고 생각해야 한다. 왜 그런가? 이 원리가 현실적으로 참이지만, 거짓인 상황도 가능하다고 해보자. 그래서 현실 세계에서는 개체

을 겉으로 드러내 보이면, 우리는 왜 이 반론이 다발 이론가 중에서도 오직 형이상학적 실재론의 입장을 취하는 이론가들에게만 적용되는지를 알 수 있을 것이다. 흄이나 윌리엄스같이 속성에 대해 트롭 이론적 해석을 하거나 유명론적 해석을 하는 다발 이론가들을 생각해 보자. 이 다발 이론가들은 (BT)와 (PCI)가 둘 다 참이라는 것을 인정할 수 있을 것이며, 또 이 두 원리로부터 (II)가 논리적으로 따라 나온다는 것도 인정할 수 있다. 또한 이들은 수적으로 다르지만 질적으로 구별 안 되는 대상들이 있을 수 있다는 것도 인정할 수 있을 것이다. 그러나 그들은 수적으로 다르지만 질적으로 구별 안 되는 대상들이 있을 수 있다는 사실로부터 (II), 즉 구별 불가능자 동일성 원리가 거짓

의 동일성과 차이가 오직 속성들의 일치나 불일치에 의해 결정되지만, 그렇지 않은 상황, 즉 개체의 동일성과 차이가 속성 이외의 것(예컨대 기체라고 하자.)에 의해 결정되는 상황이 가능하다고 해보자. 만약 이러한 상황이 가능하다면 다발 이론은 상당한 타격을 받게 된다. 다발 이론은 존재론적으로 오직 속성들만 허용해서 기체 같은 것은 받아들이지 않는 형이상학 이론이다. 그런데 어떤 때는 개체의 동일성과 차이에 대한 원리로서 속성만을 허용하다가, 다른 때는 개체의 동일성과 차이에 대한 원리로서 속성 이외의 것(예컨대 기체라고 하자.)을 허용한다면, 다발 이론은 언제든 기체 이론으로 변신할 수 있어서 별 흥미가 없는 이론으로 전락할 것이다. 따라서 다발 이론가들은 구별 불가능자 동일성 원리가 그냥 참이라고 주장할 수만은 없다. 그들은 이 원리가 필연적으로 참이라고 주장해야만 한다.

이제 막스 블랙이 여기에 도전한다. 블랙은 구별 불가능자 동일성 원리가 거짓이 되는 상황을 상상해 보라고 주문한다. 그에 따르면 만약 이러한 상황이 논리적으로 가능하다면, 즉 구별 불가능자 동일성 원리가 거짓인 상황이 논리적으로 가능하다면, 다발 이론 역시 거짓인 상황이 가능하고, 그렇다면 다발 이론은 그냥 거짓 이론인 것이다. 블랙은 다음과 같이 말한다.

"어떤 우주가 있는데, 그 우주 안에는 서로 완전히 유사한 공 두 개만 있다고 하자. 이러한 것은 논리적으로 가능하지 않겠는가? 그래서 우리는 이렇게 상상할 수 있을 것이다. 공 하나하나는 화학적으로 순수한 철로 만들어졌으며, 지름이 1마일이며, 온도가 둘 다 동일하며, 색깔이 둘 다 동일하며 등. 그리고 이 둘 말고는 아무것도 없다. 그렇다면 공 하나가 갖는 모든 속성과 관계적 특성은 다른 공 역시 갖는 속성/특성들이 될 것이다. 이제 내가 묘사한 것이 논리적으로 가능하다면, 두 사물이 모든 속성을 공유한다는 것은 불가능한 일이 아니다. 내가 볼 때, 이러한 사실은 이 원리[구별 불가능자 동일성 원리]를 깨는 것 같다."(Black(1952) in Loux(2001), 106~107)

구별 불가능자 동일성 원리에 따르면, 모든 속성이 공유된다면 공 하나만 있어야 한다. 그런데 블랙이 묘사한 우주에는 모든 속성이 공유되지만 그럼에도 서로 다른 공 두 개가 있다. 따라서 이러한 우주가 논리적으로 가능하다면, 구별 불가능자 동일성 원리는 깨지게 되고, 궁극적으로는 다발 이론도 깨지게 된다.

이라는 사실이 따라 나온다는 점에 대해서는 반대 입장을 표할 것이다. 이에 대한 그들의 논증은 다음과 같이 될 것이다. (II)가 거짓이려면, 수적으로 다른 대상들이 그야말로 똑같은 속성들을 가질 수 있어야 한다. 그러나 트롭 이론가들에 따르면, 수적으로 서로 다른 대상들이 질적으로 구별 안 된다 할지라도, 그 대상들은 단 하나의 속성조차도 공통으로 갖고 있지 않다. 속성들은 트롭인 것이다. 어떠한 트롭도 하나 이상의 사물에 속하는 구성요소일수 없다. 따라서 서로 다른 대상들이 단 하나의 속성조차도 공유할 수 없다면, (II)는 당연히 참된 원리가 되는 것이다. 결국 트롭 이론에서 (II)는 그냥 당연한 원리일 뿐이다. 트롭 이론가들은 서로 다른 대상들이 수적으로 하나인 동일한 속성을 공유할 수 없다고 주장한다. 그들은 서로 다른 대상들이 유사한 속성, 혹은 아주 정확히 유사한 속성들을 가질 수 있음은 인정한다. 그렇지만 구체적 대상들 사이의 유사성은 그 대상들이 갖는 속성들 사이의 유사성일 뿐이다. 그렇다고 한다면, 구체적인 두 대상이 질적으로 구별되지 않는 경우, 혹은 그것들 사이에 완전한 유사성이 있는 경우는 단지 그 두 대상이 완전히 유사한 속성들을 각자 갖고 있는 경우일 뿐이다. 이런 식으로 이해된다면, 질적으로 구별되지 않는다는 것과 (II)는 상충하는 것이 아니다.*

이렇게 해서, 유명론적 입장을 취하는 다발 이론가들은 기체 이론가들이 제기하는 반론을 피할 수 있다. 반면 속성에 대해 실재론적 입장을 취하는

---

* 실재론적 다발 이론가들과 달리 트롭 이론적 다발 이론가들은 위 논증의 (2)번 전제인 −(II), 즉 구별 불가능자 동일성 원리가 거짓임을 받아들일 필요가 없다. 따라서 그 전제로부터 도출되는 결론인 −(BT), 즉 다발 이론이 거짓임도 받아들일 필요가 없다. 실재론적 다발 이론가들과 트롭 이론적 다발 이론가들의 차이를 간략히 정리하면 다음과 같다. 실재론적 다발 이론가들에게는 구별되지 않음과 모든 속성을 공유함이 같은 말이다. 그런데 모든 속성을 공유한다는 것은 동일하다는 말이다. 따라서 이들은 기체 이론가들의 반례에 부딪히게 된다. 반면 트롭 이론적 다발 이론가들에게는 구별되지 않음과 모든 속성을 공유함은 다른 말이다. 너무나 유사해서 구별되지 않을 수도 있지만, 이것들은 그 어떤 속성도 공유하지 않는다. 따라서 트롭 이론적 다발 이론가들에게는 구별 불가능자 동일성 원리가 거짓이 아니며, 결국 이들은 기체 이론가들의 반례에 부딪히지 않는다.

다발 이론가들 역시 이 반론을 피할 수 있을지는 아직 분명치 않다. 속성에 대해 실재론적 입장을 취하는 이론가들은 속성 일치를, 한 성질을 여러 개체가 함께 예화하는 것으로 해석한다. 따라서 그들은 다음과 같은 사실을 인정해야만 한다. 즉 구체적 대상들이 속성 일치를 보인다면, 그 대상들은 적어도 하나 이상의 구성요소, 즉 그 속성 일치를 가능케 해주는 구성요소를 공통적으로 가져야 한다. 그러나 이렇게 본다면 실재론적 입장을 취하는 다발 이론가들은 다음과 같이 주장하게끔 되어 있다. 수적으로 서로 다른 대상들은 반드시 질적으로 구별될 수 있다. 왜냐하면 다발 이론가들은 다음과 같이 주장하기 때문이다. 첫째, (BT)가 참이므로 대상의 구성요소는 속성들뿐이다. 둘째, (PCI)가 참이므로 구성요소들이 동일하면 수적으로도 동일하다. 그러나 기체 이론가들은 수적으로 서로 다른 대상들이 질적으로 구별되지 않을 수 있음을 주장하면서, 그러한 사실로부터 다발 이론이 거짓임을 추론하고 있는 것이다.

그런데 수적으로 서로 다른 구체적 대상들이 정말 질적으로 구별되지 않을 수가 있는가? 그럴 수 있다는 증거로 기체 이론가들은 다음과 같은 사실들을 제시하고 있다. 서로 다른 구체적 대상들이 같은 색깔, 같은 모양, 같은 크기, 같은 무게 등을 가질 수 있다. 하지만 이러한 대상들이 있다고 해도 그것들이 (II)가 잘못된 원리임을 드러내는 증거가 되지 않는다고 주장할지 모른다. 예를 들어, 빨간 공 샘과 또 다른 공 피터가 있다고 가정해 보자. 이 두 공 모두 똑같이 빨간색이다. 이 두 공 모두 완전한 구형이다. 이 두 공 모두 같은 질감을 가졌다. 이 두 공 모두 정확히 3온스의 무게가 나간다. 이 두 공 모두 직경이 정확히 2인치이다. 샘과 피터는 경험적으로 접근 가능한 모든 속성이 정확히 유사하다. 그것들은 정말로 유사해서 누구도 이 둘 사이의 차이에 대해 말할 수 없다. 그래서 샘과 피터는 (II)에 대한 반례를 제공하고 있는 것으로 보인다. 그러나 그렇지 않다는 것이 적절히 논증될 수 있다. 왜냐하면 각 공은 다른 공이 갖지 않은 속성을 갖기 때문이다. 샘은 샘과 동일함 이란 속성을 가진다. 그러나 피터는 이 속성을 갖지 못한다. 반면 피터는 피 터와 동일함이란 속성을 가진다. 그러나 샘은 이 속성을 갖지 못한다. 따라 서 결국 샘과 피터는 질적으로 구별되지 않는 것들이 아니다. 그래서 이런 경우를 생각해 보면, (Ⅱ)에 대한 반례란 존재하지 않음을 알 수 있다. 그리고 질적으로 구별되지 않으면 정말로 수적으로 동일하다고 해야 할 것이다. x 와 y가 아무리 서로 유사하다 하더라도, 그것들은 그들이 가진 속성에서 차 이가 날 것이다. x는 'x와 동일함'이란 속성을 가질 테지만, y는 이 속성을 갖지 못한다. y는 'y와 동일함'이란 속성을 가질 테지만, x는 이 속성을 갖 지 못한다. 이렇게 본다면 결국 (Ⅱ)는 옳은 원리인 것으로 보인다. 결국 다발 이론에 대한 기체 이론가들의 반론은 실패로 돌아가는 것처럼 보인다.

이제 어떤 철학자들은 샘과 동일함 혹은 피터와 동일함 등과 같은 속성들 이 있다는 주장에 반대할지 모른다. 그러나 기체 이론가들은 이에 반대할 필 요가 없다. 그들은 그런 속성들이 있다는 데 충분히 찬성할 수 있다. 그리고 그들은 다음과 같은 주장까지도 할 수 있다. 이러한 속성들 덕분에 (Ⅱ)가 옳 다. 기체 이론가들은 이 모든 것을 인정할 수 있다. 왜냐하면 그들은 논증을 통해 다음과 같은 사실을 보여줄 수 있기 때문이다. 그러한 속성들이 있다 하더라도, 다발 이론가들은 구체적 개체의 개념을 분석할 때 이 속성들을 이 용할 수 없다. 다발 이론가들의 주장을 다시 한 번 생각해 보자. 그들의 주장 에 따르면, 구체적 개체 개념은 파생된 개념이다. 구체적 개체들이란 더 기 본적인 엔터티들로부터 구성된 것으로서, 기껏해야 구성물들일 뿐이다. 말 하자면 다발 이론가들은 구체적 개체에 관해서는 이른바 환원주의자인 것이 다. 그런데 환원주의자라는 사실로 인해서 그들은 다음과 같은 사실에 엮여 들어가게 된다. 즉 구체적 개체의 구성요소라고 간주되는 그 어떠한 엔터티 도 구체적 개체 개념을 전제할 수 없다. 그러나 샘과 동일함 혹은 피터와 동일함 같은 속성들은 분명 구체적 개체 개념을 전제하고 있다. 따라서 다발 이론가들은 구체적 개체들의 존재론적 구조를 보여주는 설계도를 제시하고자 할 때, 이러한 속성들을 이용할 수 없는 것이다. 구체적 개체 개념을 전제하지 않는 속성들을 순수 속성pure property이라고 부르자. 그리고 구체적 개체 개념을 전제하는 속성들을 불순 속성impure property이라고 부르자.[19] 그렇다면 우리는 핵심을 잡아낼 수 있다. 다발 이론가들은 다음과 같은 주장에 엮여 있게 된다. 구체적 개체는 전체 혹은 복합물인데, 그 구성요소들 모두는 순수 속성들이다. 따라서 (BT)는 다발 이론가들의 실제 견해를 표현하고 있는 것이 아니다. 다발 이론가들은 더 강한 주장에 엮여 있다. 나는 그 주장을 (BT′)라고 부르고자 한다. 그 주장은 다음과 같다.

(BT′) 어떤 구체적 엔터티 a에 대해, 그리고 어떤 엔터티 b에 대해, b가 a의 구성요소이다. 그렇다면 필연적으로 b는 순수 속성이다.

(BT′)와 (PCI)로부터는 (II)가 논리적으로 따라 나오지 않는다. 그보다는 더 강한 원리가 따라 나오는데, 이 원리가 말하는 바는 이렇다. 순수 속성들과 관련해서, 서로 구별되지 않는 것들은 수적으로 동일하다. 이를 좀 더 형식적으로 나타내보자. 나는 이 원리를 (II′)라고 부를 것이다. 이 원리는 다음과 같다.

(II′) 각각의 구체적 대상 a와 b에 대해, 그리고 어떤 순수 속성 Φ에 대해, Φ가 a의 속성이라면 Φ는 b의 속성이기도 하며, 또 Φ가 b의 속성이라면 Φ는 a의 속성이기도 하다. 만약 그렇다면 필연적으로 a와 b는 수적으로 동일하다.

샘과 동일함, 피터와 동일함 등의 속성은 모두 불순 속성이므로, 다발 이론가들은 기체 이론가들의 반례를 처리하는 데 이 속성들을 이용할 수 없다. 샘과 피터의 예는 (II)에 대한 반례가 될 수 없을지 모르겠다. 하지만 그 예들은 (II′)에 대한 반례가 충분히 되고 있다. 왜냐하면 샘과 피터는 수적으로 서로 다른 구체적 대상들이지만, 모든 순수 속성들에서 일치를 보이기 때문이다. 기체 이론가들은 모든 순수 속성들에서 일치를 보이는 대상들이 있을 수 있다고 한다. 그리고 이렇듯 모든 순수 속성들에서 대상들이 일치를 보일 수 있으므로 (II′)는 거짓이며, 따라서 (BT′)도 거짓이라는 것이다.

이런 맥락에서 기체 이론가들은 다음과 같은 점을 지적할 것이다. (II)에 대한 반례를 처리할 수 있도록 고안된 또 다른 종류의 속성이 있다고 해보자. 그럼에도 다발 이론가들은 그 속성을 이용해 (II′)에 대한 반례를 처리할 수 없다. 서로 다른 두 구체적 개체가 특정 시간에 정확히 똑같은 공간상 위치를 차지할 수 없다는 것은 옳은 주장이다. 따라서 어떠한 두 구체적 대상도 시−공간적 위치를 규정하는 속성 면에서 일치를 보이지는 않을 것이다. 이를 인정하면서 기체 이론가들은 다음과 같이 주장할 것이다. 그러나 이 속성들은 모두 불순 속성들이다. 그들의 논의는 다음과 같이 진행될 것이다. 시간, 공간은 관계적 구조를 가진다. 따라서 구체적 대상들의 시−공간적 위치를 규정하는 속성들은 언제나, 에펠탑으로부터 2마일 북쪽임, 올드 트래퍼드 서쪽 입구로부터 80피트 동쪽임 등과 같은 속성들일 것이다. 즉 이 속성들은 모두 구체적 개체를 전제하거나 이미 함축한 속성들이며, 따라서 이 속성들은 다발 이론가들이 구체적 대상들의 구성요소로 간주하는 속성들에 끼지 못하는 속성들인 것이다.[20]

기체 이론을 지지하는 논의

기체 이론가들이 지금까지 제기한 반론은 다음과 같이 진행된다. 다발 이론가들은 (BT′)와 (PCI)를 채택한다. 따라서 다발 이론가들은 (II′)에 개입하게 된다. 이 다발 이론가들이 속성 일치에 대해 실재론적 입장을 취한다면, 다음과 같은 사실을 받아들여야 한다. 대상들이 질적으로 구별되지 않는다면 그것들은 서로 똑같은 구성요소들을 갖고 있는 것이다. 따라서 이 다발 이론가들은 다음과 같은 사실을 인정해야 한다. 즉 수적으로 서로 다른 대상들이 질적으로 구별되지 않는다면, (Ⅱ′)는 잘못된 원리이다. 그런데 수적으로 서로 다른 대상들이 질적으로 구별되지 않는 경우가 충분히 있을 수 있다. 따라서 (Ⅱ′)는 잘못된 원리이다. 그러므로 (BT′)나 (PCI) 중 적어도 하나는 거짓이다. 그런데 (PCI)는 참이다. 따라서 (BT′)가 거짓이다. 속성을 다중 예화 엔터티로 이해하는 실재론적 입장과 결합될 경우, 적어도 그 경우에 (BT′)는 거짓이다. 이 논증은 매우 인상적이다. 그리고 사실 요즘 형이상학자들 거의 대부분은 이 논증을 다발 이론, 더 자세히 말하자면 실재론적 입장과 결합된 다발 이론에 대한 결정적 반론으로 간주하고 있다.[21] 그러나 기체 이론가들은 이 논증이 그 이상의 것을 보여준다고 생각한다. 왜냐하면 그들의 주장대로 이 반론은 무속성 기체가 존재한다는 주장으로 쉽사리 바뀔 수 있기 때문이다.

다발 이론가들 못지않게 기체 이론가들도 구체적 개체를 복합물로 간주한다. 구체적 개체는 하나의 복합물로서, 존재론적으로 더 기본적인 엔터티들로 구성되어 있다. 그리고 다발 이론가들과 마찬가지로 기체 이론가들도 구체적 개체와 연계되어 있는 순수 속성들이 바로 그 구체적 개체의 구성요소라고 생각한다. 한편 요새 기체 이론가들 거의 대부분은 속성 일치에 대해 실재론적 입장을 취하고 있다. 그래서 그들의 인식에 따르면, 속성 일치는 구성요소가 공유되는 것이다. 그렇다면 이제 기체 이론가들은 구체적 개체에 관한 다발 이론가들의 분석이 틀렸음을 드러내주는 현상에 대해 설명해야 한다. 즉 수적으로는 다르지만 질적으로 구별되지 않는 구체적 대상들이 어떻게 존재할 수 있는지에 대해 설명해야 한다. 다시 한 번 두 개의 빨간 공, 샘과 피터를 생각해 보자. 수적으로 다른데도 샘과 피터는 그들이 가진 모든 순수 속성에서 일치를 보인다. 그렇다면 무엇이 그들을 다르게 만들어 주는가? 구성요소 동일성 원리Principle of Constituent Identity(PCI)에 따르면, 구성요소들이 동일하면 수적으로 동일한 것이다. 그렇다고 한다면, 만약 구성요소들이 다르면 수적으로 달라지게 되는 것이다. 따라서 샘과 피터는 (만약 이들이 수적으로 서로 다르면) 서로 똑같은 구성요소를 갖는 것이 아니다. 하지만 샘과 피터가 갖는 순수 속성들은 모두 구성요소이며, 이 구성요소들은 샘과 피터의 경우에 같다. 따라서 샘과 피터는 그들이 갖는 순수 속성들 외에 다른 어떤 구성요소를 적어도 하나는 가져야 하며, 이 새 구성요소가 샘과 피터를 서로 다른 것으로 만들어줄 것이다.

그런데 이 새 구성요소는 무엇인가? 그것은 순수 속성은 아니다. 순수하지 못한 속성들 역시 샘과 피터가 수적으로 다르다는 사실을 설명해 주지 못한다. 분명 샘과 피터는 그들이 가진 순수하지 못한 속성들에서 다르기는 하다. 그러나 우리의 목적은 구체적 개체를 구성하는 구성요소가 무엇인지를 보이는 것이다. 따라서 구체적 개체의 존재론적 구조를 설명할 때, 바로 그 구체적 개체, 바로 그 복합 엔터티를 전제하는 그 어떠한 것도 이용해서는 안 된다. 그런데 순수하지 못한 속성들이 바로 그 구체적 개체를 전제하고 있는 속성들인 것이다. 따라서 순수한 속성이든, 순수하지 못한 속성이든, 샘과 피터가 수적으로 다르다는 것을 설명하는 데에는 이용될 수 없다. 그럼에도 샘과 피터 각각은 상대방이 갖지 않은 구성요소를 갖고 있다고 주장된다. 그리고 이 구성요소가 샘과 피터가 수적으로 다르다는 것을 근거 짓는 것이다. 그런데 어떠한 속성도, 어떠한 반복적 엔터티도 샘과 피터 사이의 수적 차이를 설명하는 데 적합하지 않다. 따라서 그 둘 사이의 수적 차이를 설명하는 구성요소는 그 자체로는 어떠한 속성도 갖지 않는 것이어야 한다. 그런데 그 자체로는 어떠한 속성도 갖지 않는다는 특징은 우리가 무속성 기체라고 부른 바로 그것이 갖는 특징이다. 따라서 질적으로 구별이 안 되지만 수적으로 서로 다른 것들은 다음과 같이 설명될 수 있다. 수적으로 서로 다른 것들은 각자에게 고유한 구성요소 하나를 가진다. 그 구성요소란 바로 무속성 기체이다. 그래서 샘과 피터는 복합물들인데, 이들은 우선 자신과 연계되어 있는 다양한 순수 속성들을 가지며, 그 다음으로는 각각에 고유한 엔터티를 각각 가진다. 이들 각각이 갖는 엔터티가 바로 무속성 기체이다.[22]

이렇게 해서 우리는 논증 하나를 얻었다. 샘과 피터는 서로 공유하는 속성들 말고도 다른 어떤 구성요소를 각자 갖는데, 이 구성요소는 샘과 피터 각각에 고유한 것이다. 그런데 이 논증이 샘과 피터의 경우를 넘어서서 일반화될 수 있을까? 그렇지 않은 것으로 보일 수도 있다. 수적으로는 다르지만 질적으로는 구별되지 않는 대상들을 다룰 경우에만 우리는 이 논증[기체를 상정하는 논증]을 사용할 수 있는 것 아닌가? 구체적 대상이 둘 있고, 이들이 가진 순수 속성들이 완전히 다를 경우에는 새로운 구성요소를 상정할 필요가 없는 것 아닌가? 그러나 잠시 생각해 보면, 그렇지 않다는 것이 드러난다. 왜 그럴까? 만약 우리가 질적으로 구별되지 않는 대상들을 다룰 경우에만 무속성 기체를 상정한다면, 우리는 사물/대상들을 각기 서로 다른 범주적 구조를 가진 것들로 완전히 나누어버리게 되는 것이다. 하지만 분명 이 모든 구체적 대상은 같은 범주에 속하는 것들이다. 더욱이 우리가 질적으로 구별되지 않는 대상들을 다룰 경우에만 무속성 기체를 상정한다면, 우리는 한 사물이 갖는 존재론적 구조를 우연적 사실에 근거하도록 만드는 것이다. 사실 어떠한 구체적 대상의 경우에도, 그 대상과 질적으로 구별되지 않는 다른 대상이 언제든 나타날 수 있다. 그럴 가능성은 그 대상 자체에 내재한다고 보아야 할 것이며, 그 가능성은 그 대상의 존재론적 구조에 의해 보장받아야 하는 것이다. 따라서 무속성 기체에 관한 위의 논증은 샘과 피터의 경우를 넘어서서 더 일반화될 수 있는 것이다. 모든 구체적 대상은 하나의 복합물로서, 한편으로는 다른 구체적 대상들과 공유하는 구성요소들, 즉 순수 속성들을 가지며, 다른 한편으로는 오직 자신에게만 고유한 구성요소, 즉 무속성 기체를 갖는 것이다.

이렇게 해서 우리는 구체적 개체가 자신을 구성하는 구성요소들 중 하나로서 무속성 기체를 가진다는 견해에 대한 새로운 논증을 얻게 되었다. 앞의 논증은 기체를 도입할 때 '그것이 속성들 밑에 깔린 주체다.' 혹은 '그것이 구체적 개체들과 연계된 속성들의 실소유자다.' 혹은 '소유자다.' 라고 했다. 이에 반해, 이 두 번째 논증은 개체의 구성요소로서의 무속성 기체를 도입할 때 그 무속성 기체가 대상들의 수적 차이, 혹은 다른 대상들과 수적으로 다르다는 것을 설명해 준다고 한다. 이 두 논증은 서로 다르다. 유명론적 입장을 취하는 기체 이론가나, 실재론적 입장을 취하는 기체 이론가 모두 첫 번째 논증을 잘 사용할 수 있다. 반면에 두 번째 논증은 속성에 대해 형이상학적 실재론의 입장을 취하는 기체 이론가들만 사용할 수 있다. 무속성 기체를 인정하는 트롭 이론가들은 수적으로는 다르지만 질적으로는 구별되지 않는 구체적 대상들을 논함으로써 자신의 존재론을 정당화할 수 없다. 왜냐하면 그들의 견해에 따르면, 정확히 유사하거나 그 차이를 구별해 낼 수 없는 대상들이 있다 하더라도 그 대상들은 어떠한 속성도 공유하고 있지 않기 때문이다. 따라서 수적으로는 다르나 질적으로는 구별되지 않는 구체적 대상들이 있을 수 있다 해도, 이러한 사실에 근거해 그 대상들이 그들을 구성하는 트롭 외에 다른 구성요소를 가진다고 할 이유가 없는 것이다.

이 두 논증에서 무속성 기체는 서로 다른 역할을 한다. 첫 번째 논증에서 무속성 기체는 속성들 밑에 깔린 주체이다. 구체적 대상과 연계된 모든 속성은 궁극적으로 이 무속성 기체에 귀속되는 것이다. 두 번째 논증에서 무속성 기체는 구체적 대상들의 수적 다양성을 설명해 주는 원리가 된다. 구체적 대상 안에서 서로 다른 구성요소가 이 두 가지 역할 각각을 따로 수행할 수 있음은 적어도 이론적으로는 가능한 일이다. 그러나 이 역할들은 서로 다를지라도 상호 보완적이다. 아마 다음과 같은 설명이 가장 그럴듯할 것이다. 구체적 개체와 연계된 속성들의 실소유자 기능을 하는 것은 그 구체적 개체를 구성하는 구성요소이며, 그 구성요소는 이 개체를 다른 모든 구체적 개체들과 수적으로 다르게 해준다. 우리는 이렇게 생각한다. 어느 한 구체적 개체와 연계된 속성들의 실소유자는, 그것이 무엇이건 간에, 다른 구체적 개체와 연계된 속성들의 실소유자와 수적으로 다르다. 이렇게 생각하는 것이 옳지 않겠는가? 우리의 직관은 이런 식으로 되어 있다. 따라서 한 개체 안에서 서로 다른 구성요소들이 이 두 가지 역할을 따로 수행한다는 것이 밝혀지기라도 한다면, 그건 좀 놀라운 일이 될 것이다. 그래서 요사이 기체 이론가들은 대부분 형이상학적 실재론자로서, 이 두 역할을 통합하는 경향을 띠며, 그래서 한 엔터티가 이 두 역할 모두를 수행한다는 것을 별다른 논증 없이 가정하고 있다. 이러한 것은 이해할 만한 일이다.

기체 이론의 문제점들

위의 몇 단락에서 기체 이론은 다발 이론이 갖는 몇 가지 문제점에 대해 해답을 주는 이론으로서 소개됐다. 기체 이론은 속성을 귀속시키는 문제, 수적 차이의 문제 등에 대한 해답을 주고 있다. 그러나 기체 이론 역시 문제점을 갖고 있다. 이제 기체 이론으로 하여금 방어적인 자세를 취하게 해서, 그 이론이 갖는 문제점들을 성찰해 보게 할 시간이다. 이 장 처음 단락에서 우리는 다발 이론이 경험론적 사유에 뿌리를 내리고 있고, 그러한 이유에서 무속성 기체 개념을 거부하는 것을 보았다. 이 경험론적 사유는 다음과 같은 방법론적 원리를 기반으로 한다. 존재론자들은, 직접적 경험의 대상이 되지도 못하며 또 매개적 경험의 대상도 되지 못하는 어떠한 엔터티도 절대 가정하지 말아야 한다. 그래서 이러한 생각은 다음과 같은 주장으로 이어진다. 경험은 어떤 사물에 대한 앎인데, 그 앎은 언제나 그 사물을 어떤 방식으로 규정함으로써 얻어지는 것이다. 그런데 무속성 기체는 자기 안에 어떠한 특징도 갖지 않는 사물이다. 따라서 무속성 기체를 도입하는 것은 경험론자들의 방법적 원리에 위배되는 것이다.

이제 우리는 기체 이론가들이 이 경험론적 원리를 거부할 것이라고 기대할 수 있다. 그러나 사실 기체 이론가들 대부분(로크, 초창기 러셀 그리고 최근에는 버그만 등)은 여러 유형의 경험론적 프로그램을 선호해 왔다. 따라서 그들은 무속성 기체가 극단적인 경험론적 형이상학 안에서도 잘 작동하는 요소가 될 수 있음을 주장하면서, 위 반론에 대응해 왔다. 이들의 주장은 이러하다. 다발 이론가들은 틀렸는데, 왜냐하면 그들은 무속성 기체가 경험적 앎의 대상이 될 수 없다고 가정했기 때문이다. 여기서 우리는 다음과 같이 주장하는 기체 이론가들을 보게 된다. 수적으로 다르지만 질적으로 구별되지 않는 대상들을 대면한다는acquainted 것은 그 자체가 벌써eo ipso 무속성 기체와 대면하는 것이다. 무속성 기체는 구체적 대상들의 구성요소로서, 그 대상들 각각을 수적으로 다르게 만들어주는 것이다. 그래서 우리의 공, 샘과 피터의 경우에서처럼 서로 유사한 두 대상과 만날 때, 우리는 그 대상들 안에 있는 수적 차이의 원리가 그 대상들 각각을 서로 다른 것으로 만들어주는 어떤 지각적 맥락 안에 놓이는 것이다.[23] 이와 유사하게 우리는 다음과 같이 주장하는 기체 이론가들을 보게 된다. 구체적 개체와 연계된 어떤 속성들과 경험적 관계를 맺을 때, 우리는 그 속성을 실제로 소유하고 있는 것과도 관계를 맺는다. 여기서 나오는 주장은 이런 것이다. 속성이라는 개념, 그 속성들의 주체라는 개념, 이 둘은 상관적인 개념이다. 따라서 속성들과는 대면하지만 그 속성들의 주체와는 대면하지 않는다는 것은 불가능한 것이다. 따라서 속성들이 경험적 앎의 대상이 될 수 있다면, 그 속성들의 실소유자인 기체 역시 경험적 앎의 대상이 될 수 있는 것이다.[24]

무속성 기체라는 개념이 경험론적으로 정당하다는 것을 보여주려고 하는 이러한 시도들에 대해 다발 이론가들은 별 감흥을 느끼지 못하는 것 같다. 그들은 이러한 시도가 문제를 회피하는 것이라고 생각할 것이다. 그들이 느끼는 불평은 다음과 같을 것이다. 즉 기체 이론가들은 증명되어야 할 바로 그 사실을 가정하고 있다. 그리고 내 생각에, 이 지점에서 우리가 다발 이론가들의 불평을 모른 척하기는 어려울 것 같다. 내 생각에, 기체 이론을 옹호하는 더 가능성 있는 전략은, 우리가 앞에서 언급한 것처럼, 다음과 같은 사실을 인정하는 것이다. 즉 무속성 기체를 도입하는 것은 엄밀한 경험론과 양립할 수 없다. 하지만 거기에 덧붙여서 이렇게 말하는 것이다. 속성의 귀속이라는 문제를 적절하게 분석하려면, 그리고 수적으로는 다르나 질적으로는 구별되지 않는 대상들이 있을 수 있음을 설명하려면, 무속성 기체는 꼭 필요하다. 결국 형이상학적 기획에서 경험론자들이 가한 제한은 너무 과한 것이다. 내가 볼 때 이렇게 말하는 것이 더 가능성 있어 보인다.

기체 이론에 대한 또 다른 반론은 이보다 더 거세다. 이 반론에 의하면, 기체 이론은 모순을 일으키고 있다.[25] 기체 이론이 우리에게 말해 주는 바에 따르면, 속성들을 소유한 바로 그것은 무속성적bare이다. 그런데 무속성적이라는 것은 아무런 속성도 소유하지 않는다는 말이다. 따라서 기체 이론의 핵심적인 주장은 모순이라는 것이 드러난다. 즉 속성들을 소유한 바로 그것이 아무런 속성도 소유하지 않는다는 모순된 주장. 이에 대해 기체 이론가들은 다음과 같이 대답할 것으로 보인다. 즉 이런 반론은 '무속성'이란 말을 잘못 이해해서 생긴 것이다. 기체는 아무런 속성도 갖지 않는다는 의미에서 무속성인 것이 아니다. 기체가 무속성이란 말은 그들 안에 아무런 속성도 없다는 말이다. 그리고 이 말이 뜻하는 바는 기체가 갖는 속성들 중 그 어떤 것도 그 기체의 정체성을 규정하지 못한다는 것이다. 기체는 "정체성being"을 갖지만, 그 정체성은 기체가 갖는 모든 속성과 독립적인 것이다. 앞에서 말했듯이, 기체가 갖는 어떠한 속성도 그 기체에게는 본질적이지 않다. 어떠한 속성도 그 기체에 본질적이거나 필연적이지 않다. 따라서 기체 이론가들은 자신이 모순을 일으키지 않는다고 주장할 수 있다. 그들의 주장은 속성들을 소유하는 것이 속성들을 소유하지 않는다는 모순된 주장이 아니다. 그들이 주장하는 것은 다음과 같은 것이다. 즉 기체가 소유한 속성들 중 그 어떤 것도 그 기체에 본질적이지 않다.*

　이러한 설명은 위의 반론에 대한 만족스러운 답이 되고 있다. 그런데 이 대답의 핵심에는 다음과 같은 착상이 담겨 있다. 즉 어떠한 본질적 속성도 갖지 않는 사물이 존재한다. 이러한 착상은 기체 이론가들의 저작 속에서는 매우 친숙한 착상이다. 예컨대 구스타브 버그만은 반복해서 이렇게 말한다. 무속성 기체bare particular는 어떠한 본성nature도, 어떠한 본질도 갖지 않는 사물이다.[26] 그러나 아무런 속성도 본질적으로 갖지 않는 사물이 존재한다는 생각이 정말 아무런 모순도 일으키지 않는지는 의심해 볼 만하다. 예컨대 우리는 이런 말을 듣는다. 무속성 기체는 어떠한 속성도 본질적으로 갖지 않는다. 그렇다면 무속성 기체가 갖는 바로 이 특징, 즉 어떠한 속성도 본질적으로 갖지 않음이라는 특징은 대체 무엇이란 말인가? 이런 특징은 무속성 기체에 대해 단지 우연적으로만 참인 특징인가? 비슷한 맥락에서 다음과 같은 사실을 보자. 우리는 무속성 기체가 속성들의 실제 소유자라고 말한다. 무속성 기체는 이러한 속성을, 즉 속성들의 실제 소유자라는 속성을 단지 우연적으로만 갖는가? 무속성 기체는 위의 속성들을 갖지 않을 수도 있는가? 그래서 다른 엔터티들이 무속성 기체를 대신해서, 위에서 말한 역할을 수행할 수 있

---

* 좀 더 직관적으로 다음과 같이 말할 수 있을 것이다. 기체는 어떠한 속성도 내재적으로 갖지 않는다. 기체가 갖는 모든 속성은 그 기체에 대해 외재적이다.(마치 내가 분필을 갖는 것처럼. 내가 분필을 가진다고 해서 내가 하얗게 되는 것은 아니다.) 반면 기체가 외재적 속성을 가지면, 그 기체를 구성요소로 갖는 특정 개체는 그 속성들을 내재적으로 가진다. 예를 들어 철수를 이루는 기체가 하양이라는 속성을 외재적으로 가지면, 철수는 하양이라는 속성을 내재적으로 갖게 돼 하얗게 된다.

는가? 우리는 무속성 기체가 수적 차이를 내는 원리라고 말한다. 그런데 무속성 기체가 대상들을 수적으로 차이 나게 하지 못할 수도 있는가? 혹은 무속성 기체가 사실은 반복적 엔터티인 것으로 드러나, 서로 다른 여러 구체적 개체를 구성하게 될 수도 있는가?

이 모든 물음에 대해 그렇지 않다고 답해야 할 것으로 보인다. 왜냐하면 위에서 언급한 특징들은 모두 기체가 갖는 범주적 특성들이기 때문이다. 어떤 것이 자신에게 범주적 형식을 주고 있는 어떤 특성을 갖지 않을 수도 있다는 것은 믿기 어렵다. 사물이 갖는 범주적 특성이라는 것은 그 사물에 본질적인 것이라고 말해야 할 것이다. 그런데 기체는 그 기체에 본질적/필연적인 여러 범주적 특성을 갖는 것으로 보인다. 자기 자신과 동일함, 빨갛거나 빨갛지 않음, 만약 어떤 것이 녹색이라면 그것은 색깔을 가짐 등과 같은 속성들이 있다. 이런 속성들은 모든 대상에게 본질적인 속성들이다. 따라서 이러한 속성들은 기체에도 본질적인 속성들이다. 한편 모든 것에 본질적이지 않더라도, 그 속성을 가진 각 사물들에는 본질적인 속성들이 있다. 숫자 7과 수적으로 다름이라는 속성이 그렇고, 기체이거나 아니면 인간임이라는 속성 또한 그러하다. 모든 기체는 이러한 여러 속성을 소유하며, 또한 본질적으로 소유하는 것이다. 그리하여 완전히 무속성적이어서 어떠한 본질적 속성도 갖지 않는 엔터티라는 개념은 이제 아주 잘못된 것으로 보이기 시작한다. 모든 것은 그 자신에 본질적/필연적인 속성을 갖는 것이다. 따라서 구체적 대상들이 속성들의 주체 기능을 하는 특별한 구성요소를 가진다면, 그리고 수적 차이를 내는 원리 기능을 하는 어떤 특별한 구성요소를 가진다면, 그 구성요소들은 무속성적이지 않다. 다른 모든 것과 마찬가지로 무속성 기체들도 몇 가지, 아니 어쩌면 아주 많은 본질적 속성을 갖는 것이다.

하지만 기체 이론가들은 이 모든 사실에 반대할 것이다. 그들은 위에서 언급한 종류의 속성들이 있다고 생각지 않을 것이다. 여기에 어려움이 있다.

이렇게 반대하는 과정에서 기체 이론가들은 문제를 회피하지 않고, 거기에 대한 납득할 만한 이유를 제시해야 한다. 하지만 그 이유가 명확해 보이지는 않는다는 것이 문제이다. 위에서 언급한 종류의 속성들이 있다는 데에 굳이 반대할 필요가 없다고 누가 주장할 수 있을지 모른다. 기체 이론가들이 기체가 여러 속성을 본질적으로 가진다고 그냥 말해도 아무 상관없다고 생각할 수 있을지도 모른다. 그래서 기체 이론가들이 기체에 관해 기술할 때, 그 기체가 위에서 말한 속성들을 가진다고 하고서는 거기서부터 출발해도 괜찮다고 생각할 수 있을지도 모른다. 그러나 불행하게도 이게 그리 간단한 일이 아니다. 왜냐하면 우리는 다음과 같은 사실을 논증할 수 있기 때문이다. 즉 만약에 기체가 무속성적이지 않다면, 기체는 기체 이론가들이 원하는 역할을 수행할 수 없게 된다. 기체라는 것은 속성들의 궁극적인 주체로 간주된다. 앞에서 우리는 속성들 밑에 깔린, 그 속성들의 주체라는 생각에 도달한 바 있다. 이러한 생각에 도달한 것은 속성들의 실소유자는 그 속성들과 독립해서 자신의 정체성이나 본질을 가져야 한다고 생각했기 때문이었다. 그러나 이러한 생각은 우리로 하여금 다음과 같은 결론을 내리게 한다. 즉 기체라는 것은 그 기체에 본질적인 그 어떠한 속성의 실제 소유자일 수 없다. 기체는 개체와 연계된 속성들의 실소유자로서 상정되었다. 마찬가지로, 만약 기체가 본질적 속성을 가진다면 우리는 또 다른 엔터티, 즉 그 기체를 구성하는 구성요소[기체 안의 기체]를 설정해야 하는 것이다. 이 새로운 엔터티[기체 안의 기체]가, 우리가 앞서 말한 그 기체에 본질적인 속성들의 실소유자가 되는 것이다. 불행하게도 여기서 끝이 나지 않는다. 왜냐하면 우리의 새로운 기체, 더 낮은 층위의 기체 역시 여러 속성을 본질적으로 가질 것이며, 그런 이유로 우리는 그보다 더 낮은 층위의 새로운 기체를 상정해야 하기 때문이다. 그러한 과정은 무한으로 치닫는다. 그 어떤 것도 무속성적이지 않다고 일단 상정해 놓으면, 기체 이론가들은 속성들의 궁극적 소유자가 어떤 것인가에 대해 결코 답을 제시할 수 없게 된다.

이와 비슷하게 만약 우리가 기체를 특징지을 때, 그것이 본질적 속성들을 갖는 것이라고 한다면, 과연 기체 이론가들이 수적 차이의 문제에 대한 최종적인 설명을 제시할 수 있을지 그리 분명치 않다. 기체란 어떤 엔터티로서, 서로 다르기는 하지만 질적으로는 구별되지 않는 구체적 대상들의 존재 가능성이 이 기체를 통해 설명된다. 기체란 각 대상들을 구성하는 구성요소로서, 그 대상들을 수적으로 다르게 만들어주는 것이다. 그런데 지금 우리는 기체를 본질적 속성을 갖는 것으로서 특징지으려 한다. 여기서 어려움이 발생한다. 일단 우리가 기체를 본질적 속성을 갖는 것으로서 특징지으면, 기체를 도입함으로써 해결하려고 한 바로 그 문제가 또다시 나타나는 것이다. 기체를 본질적 속성을 가지는 것으로서 특징지을 경우, 기체는 복합체 혹은 하나의 전체인 것으로 드러난다. 즉 그 기체가 갖는 본질적 속성들로 구성된 복합체, 혹은 그 기체에 본질적인 속성들로 구성된 하나의 전체. 그런데 불행하게도, 어느 한 기체에 본질적인 속성들은 그 밖의 다른 기체들에게도 본질적인 속성일 것이다. 본질적으로 모든 기체는 속성들의 주체이다. 본질적으로 모든 기체는 수적 차이를 내주는 것들이다. 본질적으로 모든 기체는 수 7과 다르다. 본질적으로 모든 기체는, 만약 그것이 녹색이라면 색을 가질 것이다. 또 본질적으로 모든 기체는 빨갛거나 빨갛지 않을 것이다. 만약 그렇다고 한다면, 이 기체들은 이제 서로 다르기는 하지만 질적으로는 구별되지 않는 엔터티로 취급되기 시작하는 것이다. 따라서 우리는 그 기체들이 수적으로 서로 다른 이유를 설명해야 한다. 그러나 우리가 할 수 있는 설명이라고 해보아야, 처음 말한 기체 안에 담긴 더 낮은 층위의 기체를 상정하는 것 정도이다. 더 낮은 층위의 이 기체가 원래 우리가 말한 기체들을 서로 다르게 만들어준다고 하면서 말이다. 그러나 그 어떤 것도 무속성적일 수 없다고 한다면, 더 낮은 층위의 새로운 이 기체에 대해서도 똑같은 문제가 발생하게 된다. 또다시 우리는 무한 퇴행에 빠져든다. 그렇기 때문에, 기체가 무속성임을 강조하는 것은 우연적인 일이 아니다. 결국 무속성 엔터티에 관한 생각, 다시 말해 본질적 속성을 전혀 갖지 않는 엔터티에 관한 생각이 정합적이지 않다면, 기체 이론은 깊은 혼란에 빠져들 것이다.

아리스토텔레스의 실체

지금까지 다발 이론과 기체 이론을 살펴보았다. 그러는 동안 우리는 다음과 같은 관점을 취했다. 구체적 대상들이 어떤 식으로든 존재론적 구조를 가지고 있다고 생각하는 형이상학자라면, 반드시 우리가 지금까지 논한 두 이론 중 하나를 채택할 것이다. 이것이 사실이라면 결국 우리에게는 선택지가 그리 많지 않은 것 같다. 본질적 속성을 완전히 결여한 엔터티가 존재한다는 생각이 의심스럽다면(사실 정말 의심스럽다.), 기체 이론은 그리 매력적인 선택지가 아니다. 반면 수적으로 서로 다르지만 질적으로는 구별되지 않는 대상들이 존재할 수 있다면(사실 그러한 대상이 있을 것 같다.), 속성에 대한 실재론적 입장을 취하는 어떤 다발 이론도 받아들여지기 힘들 것이다. 그렇다면 우리에게는 오직 두 선택지만 남은 것 같다. 흄과 윌리엄스처럼 속성에 대한 트롭 이론적 입장을 취하는 다발 이론가들 편에 서거나,[27] 아니면 극단적 유명론자들 편에 서서 구체적 개체들은 형이상학적으로 특기할 만한 존재론적 구조를 갖지 않는다고 하거나 말이다. 어느 편에 서든 가능한 선택지는 우울할 만큼이나 적다. 특히 형이상학적 실재론에 애착을 갖고 있는 철학자들에게는 이처럼 선택지가 적다는 사실이 정말 우울한 일이다.

우리는 지금까지 다음과 같이 가정했다. 구체적 대상들이 어떤 존재론적 구조를 가진다고 생각하는 철학자들이 구체적 개체를 설명하고자 할 때 사용할 수 있는 선택지는 오직 기체 이론이나 다발 이론뿐이다. 그러나 모든 형이상학자가 여기에 동의하는 것은 아니다. 아주 오래된 전통에 따르면, 존재론자들은 또 다른 선택지 하나를 더 갖고 있다. 이 이론에 따르면, 구체적 개체들이나 그 구체적 개체들 중 일부는 기본적 엔터티이거나 환원될 수 없는 근본적 엔터티이다. 이 견해에 의하면, 어떤 엔터티가 복잡한 구조를 가진다는 사실은 그 엔터티가 기본적 엔터티라는 사실과 양립할 수 있다. 이러한 견해의 기원은 아리스토텔레스까지 거슬러 올라간다. 아리스토텔레스가 무속성 기체라는 착상과 때때로 어울려 놀기는 했지만, 그의 저작에는 이와는 다른 더 탁월한 착상이 담겨 있다. 그 착상에 따르면, 구체적 대상들 혹은 어떤 구체적 대상들, 예를 들어 식물들, 동물들, 사람들처럼 살아 있는 것들은 근본적 엔터티들이다.[28] 이것들은 더 기본적인 엔터티들로 환원될 수 없는 것들이다. 이러한 아리스토텔레스적 전통 안에 있는 철학자들은 구체적 개체에 대한 구성주의적 접근, 즉 기체 이론이나 다발 이론 밑에 흐르는 구성주의적 접근을 거부한다. 이들에 따르면 존재론자는 미리 주어진 재료로부터 구체적 개체의 개념을 구성해서는 안 된다. 존재론자들에게 구체적 개체라는 개념은 존재론적 기획의 출발점에서부터 주어지는 것이다. 그리고 존재론자들이 할 일이란 그저 이 구체적 개체라는 개념을 잘 다듬는 것뿐이다. 이런 관점에서 볼 때, 존재론자는 구체적 개체 개념의 하부 층위로 내려갈 수 없다. 이들에 따르면 기체 이론가들이나 다발 이론가들은 모두 그렇게 할 수 있다고 생각한다는 점에서 잘못을 저지르고 있다. 기체 이론가나 다발 이론가 모두 다음과 같이 말한다. 구체적 개체들은 색깔, 모양, 무게, 크기 등을 "통해 구성될built out" 수 있다. 그러나 아리스토텔레스주의자들에 따르면, 우리가 구체적 개체에 대한 개념을 확보하고자 한다면 이러한 항목들만으로는 충분치 않다. 그뿐만이 아니다. 위 항목에 나타난 것들 중 물질적 개체라는 개념 틀과 독립해서 이해될 수 있는 엔터티는 하나도 없다. 색에 관해 우리가 갖는 개념 중 가장 우선적인 것은 물질적 대상의 표면에 보이는 어떤 특징에 관한 개념이다. 모양에 대해 우리가 갖는 개념은, 구체적 개체들이 갖는 물리적 부분들 사이에 성립하는 관계에 근거해 그 개체들이 드러내는 속성에 대한 개념이다. 무게 혹은 크기 등의 개념도 그러하다. 이러한 개념들은 복잡한 측정 시스템에 의거해서만 이해될 수 있는데, 그러한 시스템은 구체적 개체라는 미리 주어진 개념 틀을 전제로 하고 있는 것이다.[29] 따라서 색/모양/무게/크기 등의 개념들로부터 구체적 개체라는 개념이 얻어질 수 있다 하더라도(사실 그렇지 않지만), 이러한 이유에서 구체적 개체에 관한 환원주의적 접근법을 취하고 있는 존재론자들이 위안을 얻을 일은 아닌 것이다.

아리스토텔레스 전통에 있는 철학자들에 따르면, 기체 이론가들과 다발 이론가들의 설명 속에 나타나는 근본적인 어려움은 구성요소와 전체라는 개념 틀이 사용되는 데서 비롯하는 것이다. 아리스토텔레스주의자들은 이 개념 틀이 논리적으로 괴상한 것이라 생각한다. 그들의 주장은 이렇다. 우리는 구성요소–전체라는 관계를 어떻게 이해하는가? 우리는 그 관계를 부분–전체라는 관계의 한 버전으로 간주함으로써만 그것을 이해할 수 있다. 그러나 어떤 사물의 속성이 그 사물의 부분이라는 생각은 범주 오류이다. 아리스토텔레스주의자들에 따르면, 구성요소와 전체에 관해 이야기하는 존재론자들은 이상하게도 물리학자를 흉내내고 있는 것이다. 물리학자들은 원자가 모여 분자를 이룬다고 말한다. 이와 마찬가지로 위와 같은 존재론자는 속성이 모여 (혹은 속성과 기체가 모여) 구체적 개체를 이룬다고 말한다. 아리스토텔레스주의자들은 이것이 구제받기 힘든 혼동이라고 생각한다. 그리고 다음과 같은 사실을 강조한다. 구체적 개체들이 구조를 가진다고 생각하는 형이상학자라고 해서, 그 구조가 꼭 기체 이론가들이나 다발 이론가들이 말하는 존재론적 특징을 가진다고 주장할 필요는 없다.

한편 다발 이론이나 기체 이론에서 나타나는 이러한 형이상학적 개념화를 거부하고 있기는 하지만, 아리스토텔레스주의자들은 다음과 같은 점에서 다발 이론가들과 견해를 같이한다. 구체적 개체의 "존재being", 다시 말해 구체적 개체가 무엇이라는 것은 그 구체적 개체와 연계되어 있는 속성들을 기반으로 한다. 아리스토텔레스주의자들은 속성에 관해 실재론적 입장을 취한다. 따라서 그들은 구체적 개체의 "존재"를, 그 개체가 예화하는 보편자들에 근거하는 것으로 이해한다. 그러나 아리스토텔레스주의자들의 주장에 따르면, 다발 이론가들은 두 가지 점에서 잘못되었다. 첫째, 다발 이론가들은 구체적 개체와 연계된 속성들 모두가 그 개체가 무엇이라는 것을 똑같이 결정한다고 생각한다. 둘째 다발 이론가들은 개체를 특징짓는 속성들로서 오직 실재론자들이 속성이라 부르는 것만을 인정한다. 두 번째 문제점부터 살펴보자. 구체적 개체와 연계되어 있는 일항monadic 보편자들 중에서 존재론적으로 관심을 끌 만한 보편자들은 모조리 다 속성들뿐이라는 주장에 아리스토텔레스주의자들은 반대한다. 그들에 따르면, 이것들 말고도 구체적 개체가 속하는 종kind이 있다. 예를 들어 인간, 개, 제라늄, 참나무 같은 보편자들 말이다. 이 종들은 구체적 개체가 소유하는 성질/속성들로 환원/분해될 수 없다. 이것들은 환원될 수 없는 독자적인 보편자들이다. 그리고 이 종들은 구체적 개체의 존재 안에서 가장 핵심적인 자리를 차지하는 보편자들이다.

우리는 보편자에 대한 논의 과정에서 종에 대해 언급한 바 있다. 하지만 이것들에 대해 많은 얘기를 하지는 않았다. 그때 우리는 이렇게 말했다. 종은 대상들이 예화하는 보편자로서, 대상들은 그 종에 속함으로써belonging to 그것을 예화한다. 종들은 수학자들이 말하는 집합과 쉽게 혼동된다. 이 둘에 대해 말할 때 우리는 유사한 표현을 사용한다. 우리는 집합이 원소member를 가진다고 말한다. 이와 유사하게 우리는 종이 구성원member을 가진다고 말한다. 우리는 원소들이 한 집합에 속한다, 혹은 한 집합에 포함된다고 말한다. 이와 유사하게 우리는 어떤 종의 구성원들이 모두 그 종에 속한다고 말한다. 비록 말들이 유사하게 사용되고 있지만, 이 둘 사이에는 매우 중요한 차이가 있다. 한 집합이 어떤 집합인지는 그 집합의 원소들에 의해 결정된다. 집합은 원소들의 구성물일 뿐이다. 반면 종은 그 종의 구성원들에 선행한다. 말하자면, 종의 구성원들이 어떤 것들인지는 그 종이 결정한다는 것이다. 아리스토텔레스주의자들은 종을 다음과 같이 특징짓는다. 종은 그 종의 구성원들이 무엇인지를 규정한다.[30] 그래서 아리스토텔레스는 이렇게 말한다. 종이라는 보편자가 있다. 그리고 어떤 대상이 그 종에 속한다. 그러면 그때 그 보편자는 "그 대상이 무엇인가?"라는 물음에 대한 답을 제공해 준다. 그래서 어떤 사람이 무엇인지를 말하고자 할 때 우리는 그것이 인간이라고 말한다. 또 어떤 동물이 무엇인지를 말하고자 할 때, 우리는 그것이 개라고 말한다. 또한 어떤 식물이 무엇인지를 말하고자 할 때, 우리는 그것이 제라늄이라고 말하거나 그것이 참나무라고 말한다. 이제 종에 대한 아리스토텔레스주의자들의 개념화 밑에 놓인 핵심적 개념이 무엇인지를 보자. 그 개념은 다음과 같은 것이다. 어떤 구체적 개체가 무엇인지를 정한다는 것은 그 개체의 핵심적 "존재being" 혹은 그 개체의 본질을 정한다는 것이다. 그런데 구체적 개체들이 속하는 종에 의해, 구체적 개체들 각각이 어떤 본질을 가진 사물들인지가 결정된다. 따라서 이러한 종들이 그 구체적 개체들 각각에 대해 본질적이며 필연적인 것이다. 그래서 한 구체적 개체는 다음과 같은 특성을 가진다. 이 개체가 자기 고유의 종을 예화하지 않았더라면, 그 개체는 존재하지 못했을 것이다. 따라서 구체적 개체가 속하는 종은 그 개체의 존재 조건을 제공해 주는 것이다.

앞에서 말했듯이 종은 속성들로 환원될 수 없다. 물론 어떤 개체가 특정 종에 속하게 됨으로써 여러 속성을 소유하게 되는 것은 사실이다. 그래서 제라늄이라는 종에 속하는 사물들은 어떤 특정한 모양을 가질 것이다. 또 그 종에 속하는 사물들의 크기나 무게는 어떤 특정 범위 이상을 초과하지 않을 것이다. 그 사물들의 잎은 어느 정도 초록을 띨 것이며, 그것들이 피운 꽃은 특정 모양을 가질 것이다. 아리스토텔레스주의자들은 이 모든 사실에 동의할 것이다. 그러나 그들에 따르면 어떤 식물이 제라늄 종에 속한다는 사실은 그 식물이 위와 같은 성질들을 가진다는 사실로 환원되거나 분석될 수 있는 것이 아니다. 그들에 따르면, 한 식물은 제라늄 종에 속함으로써 위와 같은 성질들을 갖는 것이지, 위와 같은 성질들을 가짐으로써 제라늄 종에 속하게 되는 것이 아니다. 구체적 개체들이 속하게 되는 종은 그 개체들이 갖는 단일한 존재 방식을 보여주며, 그 존재 방식은 더 기본적인 다른 것들로 환원될 수 있는 것이 아니다.

아리스토텔레스주의자들은 이렇게 생각한다. 구체적 개체는 어떤 종에 속함으로써 그 자신이 무엇이라는 것이 결정된다. 그렇게 결정된다는 것은 바로 그 개체의 본질이 규정된다는 것이다. 이 지점에서 아리스토텔레스주의자들은 한 구체적 개체와 연계되어 있는 모든 보편자가 그 개체의 본질을 표현한다고 생각하지 않는다. 그들은 이렇게 주장한다. 구체적 대상과 연계되어 있는 수많은 속성은 그 개체의 본질 바깥에 있는 여러 측면, 혹은 그 개체가 갖는 여러 외적 측면을 드러낸다. 그 속성들은 그 개체가 무엇인지를 결정하지 않는다. 그 속성들은 종에 의해 애초에 결정된 개체들을 단지 양태적으로 변화시키고modify 특징지을 뿐이다. 복합적 속성들은 어느 한 인간을 특징지을 수 있지만, 그 복합적 속성들은 여기 바로 이 인간의 핵심적 존재를 규정하지 않으며, 저기 바로 저 인간의 핵심적 존재도 규정하지 않는다. 그 복합적 속성들을 드러내지 않으면서도 인간들은 존재할 수 있다. 따라서 인간들이 만약 그 복합적 속성들을 드러내고 있다면, 그건 본질적으로 그런 것이 아니라 단지 우연적으로만contingently 그런 것이다. 아리스토텔레스주의자들이 종종 말하듯이 복합적 속성들은 우연적accidental이며, 특정 사람에게 본질적이지 않다.

지금까지 본 것처럼, 아리스토텔레스주의자들은 다음과 같이 생각한다는 점에서 다발 이론가들과 일치한다. 즉 구체적 대상에 관해 설명을 제공하려면, 우리는 그 대상과 연계되어 있는 보편자들을 살펴보아야 한다. 그러나 아리스토텔레스주의자들은 종과 그 밖의 보편자들을 구분한다. 종은 핵심적 존재나 본질을 규정하는 것으로서, 한 개체가 무엇인지를 결정한다. 반면 종 외의 보편자들은 그 핵심적 존재 바깥에 놓인 것이다. 한편 아리스토텔레스주의자들은 기체 이론 내에도 어떤 중요한 통찰이 있음을 발견했다. 아리스토텔레스주의자들은 구체적 개체와 연계된 속성들이 하나의 주체를 필요로 한다는 데 동의한다. 그러나 그들은 기체 이론가들 그 자체가 잘못되어 있다고 생각한다. 그들이 잘못된 이유는 두 가지인데, 첫째, 그러한 주체를 개체의 구성요소로 여겼다는 점이고, 둘째, 그 주체를 무속성적이라고 보았다는 점이다. 여기서 아리스토텔레스주의자들은 다음과 같은 사실을 강조한다. 구체적 개체와 연계된 모든 보편자의 주체는 바로 그 구체적 개체이다. 그 구체적 개체가 바로 그 보편자들을 실제로 예화하는 것이다. 그런데 우리가 본 것처럼, 아리스토텔레스주의자들은 다음과 같은 사실을 주장하고 있다. 구체적 개체는 어떤 종에 속함으로써 하나의 본질을 갖는 사물이다. 따라서 그들은 주체에 관한 설명에서 기체 이론가들의 핵심적 가정을 거부하고 있는 것이다. 즉 어떤 속성을 예화하거나 드러내는 것은 그 속성과 독립해서 자신의 정체성을 갖는 그 무엇이라는 가정 말이다. 아리스토텔레스주의자들에 의하면, 만약 어떤 보편자가 한 구체적 대상에게 단지 우연적인 것이라면, 기체 이론가들의 가정은 성립한다. 예를 들어, 소크라테스가 용감하다고 해보자. 소크라테스에게 용감함은 아마 단지 우연적 속성일 것이다. 따라서 소크라테스는 용감하지 않으면서도 존재할 수 있다. 그래서 이 경우라면 기체 이론가들의 가정이 옳다. 한 주체가 있는데, 이 주체의 본질이나 핵심 존재는 용감함이라는 속성을 포함하고 있지 않다. 그러나 소크라테스는 인간 human being이라는 종의 주체이기도 하다. 소크라테스가 바로 인간이며, 소크라테스 안에 있는 그 외의 구성요소는 인간이 아니다. 그런데 인간이라는 종은 소크라테스가 무엇인지를 결정한다. 따라서 이 경우 우리의 주체는 인간이라는 보편자와 독립해서 자신의 정체성을 갖는 것이 아니다. 소크라테스로부터 인간man을 제거해 보자. 그렇게 한다면, 주체가 될 수 있는 것은 아무것도 남지 않을 것이다.

결론은 이렇다. 한 사물과 그 속성들, 이 둘 사이의 관계를 설명할 때 아리스토텔레스주의자들은 다발 이론가들의 설명과 기체 이론가들의 설명 사이에서 일종의 중간 지점을 차지하고 있는 것이다. 우리가 보았듯이, 다발 이론가들은 한 사물과 연계되어 있는 모든 속성을 그 사물이 갖는 본질적/필연적 속성이라고 생각했다. 그들의 견해에 따르면, 한 구체적 대상이란 그것이 가진 속성들 외의 다른 것이 아니다. 그리고 모든 속성은 그 대상이 어떠어떠한 존재라는 데에서 똑같은 역할을 한다. 우리는 다음과 같이 말할 수 있다. 다발 이론가들은 초본질주의자ultraessentialist이다. 이들에게는 구체적 대상과 연계된 모든 속성이 그 대상에 본질적이다. 한편 기체 이론가들은 속성들의 실소유자 혹은 주체를 무속성적인 것이나 아무 본질도 갖지 않는 것으로 간주했다. 따라서 그들에 따르면, 한 주체에게 옳게 귀속될 수 있는 모든 속성은 그 주체의 본성core being에 외재적이다. 속성들은 언제나 우연적으로만 자신의 소유자에 귀속된다. 기체 이론가들에 의하면, 속성들의 실제 주체 기능을 하는 것은 그 어떠한 본질적 속성도 갖지 않는다. 따라서 우리는 무속성 기체 이론가들을 반본질주의자antiessentialist라고 부를 수 있다. 그들에게는 속성들의 실소유자가 그 어떤 것도 본질적으로 갖지 않는다. 아리스토텔레스주의자들은 초본질주의자들과 반본질주의자들의 중간 지점을 차지하고 있다. 그들에 따르면, 구체적 개체가 바로 모든 속성의 주체이다. 그리고 이 속성들 중 어떤 것들은 그 속성들의 소유자가 갖는 본질적인 것인 데 반해, 그 외의 속성들은 그 소유자가 갖는 우연적인 것이다. 구체적 개체가 특정 종에 속할 때, 그 개체는 본질적으로 그 종에 속한다. 반면 그 개체는 외적인 그 밖의 많은 속성도 자신의 본성으로 가진다. 이 경우, 그 개체가 그 속성들을 갖는 것은 우연적인 일이다.

앞에서 이렇게 말한 바 있다. 구체적 개체들이 속하게 되는 종은 환원될 수 없는 단일한 존재 방식을 드러낸다고. 아리스토텔레스주의자들은 이제 이렇게 주장하기를 원한다. 종이 바로 이러한 특성을 갖기 때문에, 그 종에 속하는 개체들은 기본적 엔터티들로 간주될 수 있다. 이 견해에 따르면 구체적 개체는 그저 그 개체가 속하는 종의 한 사례instance일 뿐이다. 아리스토텔레스주의자들은 이렇게 말한다. 어떤 종의 한 사례가 된다는 것은 단지 그 종적 존재 방식form of being을 드러내는 것이다. 그 존재 방식이 환원되지 않고 단일하기 때문에, 그 존재 방식을 드러내는 사물들도 환원되지 않고 단일한 엔터티이다. 종적 존재 방식을 드러내는 것들은 더 기본적인 엔터티들로부터 구성된 구성물일 수가 없다. 물론 한 개체가 무엇이냐는 그 개체가 자기 고유의 종을 예화한다는instantiate 사실에 의해 결정되는 것이다. 그러나 아리스토텔레스주의자들에게는 종이 한 대상의 구성요소/부분이 아니다. 종은 그 대상을 구성하는 것이 아니다. 종은 그 대상이 무엇이라는 것what 자체이다.

자기 고유의 종을 예화하거나 자기 고유의 종에 속함으로써, 구체적 대상은 환원되지 않는 단일한 존재 방식을 드러낸다. 그리고 아리스토텔레스주의자들이 강조하는 바에 따르면, 그 존재 방식은 개체적이거나 개별적인 존재 방식이다. 인간이나 개와 같은 종 보편자들이 예화된다는 것은 단지 어떤 개체가 존재한다는 말이다. 인간이라는 종이 예화되면, 우리는 개체적 인간 하나를 얻게 된다. 개라는 종이 예화되면, 우리는 개체적 개 하나를 얻게 된다. 그래서 아리스토텔레스주의자들은 구체적 대상의 개체성particularity을 설명하는 데 특별한 문제가 있다고 생각지 않는다. 그들에 따르면, 한 구체적 대상은 자기 고유의 종을 예화함으로써 한 개체가 되는 것이다. 여기에 더해서 아리스토텔레스주의자들은, 어떻게 구체적 개체들이 서로 수적으로 달라질 수 있는지를 설명하는 데 어떤 특별한 문제가 있다고 생각지 않는다. 그들에 따르면, 한 종을 여럿이 함께 예화한다는 사실 자체가 벌써 수적으로 다른 개체들이 존재한다는 사실을 설명하기에 충분한 것이다. 한 종이 예화되면, 수적으로 서로 다른 개체들이 나온다.

이런 의미에서 볼 때, 아리스토텔레스주의자들이 말하는 종은 다발 이론가나 기체 이론가들이 말하는 속성과는 다른 것이다. 형이상학적 실재론의 입장을 취하는 다발 이론가들이나 기체 이론가들이 있다고 해보자. 이들은 다음과 같은 사실에 동의할 것이다. 단일한 속성 하나가 다중 예화되면, 수적으로 서로 다른 구체적 대상들의 구성요소 기능을 하는 단일한 엔터티가 나타난다. 그런데 이들에 따르면, 오직 속성들만이 구체적 대상을 구성하는 보편자이다. 따라서 그들은 어떤 특별한 문제에 부딪히는데, 수적으로 서로 다른 대상들이 어떻게 질적으로 구별되지 않을 수 있는지를 설명하는 것이 바로 그 문제이다. 그러한 대상들은 정확히 똑같은 구성요소들을 가지고 있는 것으로 보인다. 따라서 구성요소 동일성의 원리에 의해 그 대상들은 수적으로 동일해야만 한다. 우리가 앞에서 보았듯이 다발 이론가들은 별 다른 선택지가 없다. 그냥 그들은 수적으로 서로 다른 대상들은 반드시 질적으로 구별될 수 있다고 해야 한다. 하지만 우리가 보았듯이 이 대답은 우리의 직관과 맞지 않는다. 기체 이론가들은 다발 이론가들의 이러한 대답이 그럴듯하지 않다고 생각한다. 그래서 그들은 다음과 같은 답을 내놓았다. 즉 질적으로 구별되지 않는 대상들은 속성들 외의 또 다른 구성요소를 갖고 있다. 이렇게 새로 추가된 구성요소가 구체적 대상들의 수적 다양성을 설명해 준다. 하지만 문제는 새로운 그 구성요소가 무속성적이라는 것, 달리 말해 어떠한 본질적 속성도 갖고 있지 않다는 것이다. 이런 의미의 무속성적인 것은 우리가 본 것처럼 정합성이 좀 떨어지는 어떤 것으로 보인다.

그래서 우리는 어떤 딜레마에 봉착한 듯 보인다. 아주 명백한 사실을 부정해 가면서까지 다음과 같은 주장, 즉 수적으로 서로 다르지만 질적으로 구분되지 않는 대상들은 절대 존재할 수 없다고 하든가, 아니면 그런 대상들이 있을 수 있다고 하면서 무속성적 기체라는 비정합적 개념을 받아들이든가. 아리스토텔레스주의자들은 자신들이 이러한 딜레마로부터 빠져 나올 수 있는 방법을 제공한다고 말한다. 그들은 다음과 같이 주장한다. 구체적 대상의 속성들 중에는 성질들뿐만 아니라 그 대상이 속하게 되는 종도 있다. 이 사실을 일단 우리가 받아들이면, 수적으로는 서로 다르나 질적으로는 구별되지 않는 대상들이 존재할 수 있다는 사실은 더 이상 문젯거리가 되지 않는다. 성질들과는 달리 종들은 다음과 같은 특징을 가진다. 즉 여러 개체가 한 종을 예화하면, 수적으로 서로 다른 개체들이 그 결과로 나온다. 인간이란 종이 두 번 예화되면, 인간 두 명이 존재하게 된다. 참나무란 종이 네 번 예화되면, 참나무 네 그루가 존재하게 된다. 반면 한 성질은 서로 다른 개체들에 의해 예화되어도 여전히 수적으로 동일하다. 빨강이란 성질을 두 대상이 예화하면, 이제 빨강이 나타난다. 그러나 이 빨강은 두 대상 안에서, 말 그대로 똑같은same 것이다. 두 대상이 모두 삼각형 모양을 가질 때, 그중 하나가 가진 삼각형 모양은 다른 하나가 가진 삼각형 모양과 수적으로 동일하다. 만약 우리가 속성에 관해 형이상학적 실재론의 입장을 취한다면, 그래서 구체적 개체를 특징짓는 모든 속성이 성질들이라고 주장한다면, 질적으로는 구별되지 않지만 수적으로 서로 다른 대상들이 있다는 사실은 심각한 문제를 일으키게 되는 것이다. 반면 아리스토텔레스주의자들에 따르면, 이 문제는 이미 설명될 준비가 되어 있다. 구체적 개체의 본성은 그 개체가 어떤 종을 예화하는가에 달려 있다고 해보자. 그렇다면 질적으로는 구별되지 않지만 수적으로는 서로 다른 대상들이 존재할 수 있다는 사실은 이미 설명될 준비가 되어 있는 것이다. 아리스토텔레스주의자들의 주장은 이런 것이다. 두 대상이 한 종을 예화한다고 해보자. 이 대상들이 서로 구별되지 않는 대상이라 할지라도, 이 대상들 각각은 수적으로 서로 다른 개체인 것이다. 그 두 대상이 공유하는 종이 바로 그것들을 두 대상으로 분화하는diversify 것이다. 따라서 종 외에 다른 모든 속성을 공유한다 하더라도, 그 두 대상은 여전히 수적으로 서로 다른 것들이다. 그 두 대상이 수적으로 서로 다르다는 사실은 그두 대상이 종을 예화한다는 존재론적 근본 사실을 기반으로 한다.[31]

따라서 구체적 개체가 속하게 되는 특정 종이 그 개체를, 다른 개체들과 수적으로 다른 개체로 만들어준다. 이러한 사실은 같은 종에 속하는 개체들에도 해당하고, 또 서로 다른 종에 속하는 개체에도 해당한다. 구체적 개체들이 속하게 되는 종에 관한 이러한 사실을 표현하고자, 아리스토텔레스주의자들은 종종 다음과 같이 말한다. 인간, 개, 참나무 같은 보편자들은 개체화하는 보편자들individuative universals이다. 비유를 통해 이 개념을 이해해 보자면 다음과 같다. 구체적 대상들이 각각 속하는 종은 일종의 존재론적 "과자 틀cookie cutter"이다. 이 존재론적 과자 틀들은 세상을 떠돌다가, 그 세상을 잘라 서로 다른 개체들을 찍어낸다. 그리고 그 개체들은 이 각 과자 틀의 사례들이다. 과자 틀은 세상을 잘라내어 개체로서의 인간들을 찍어내고, 개체로서의 개들을 찍어내고, 개체로서의 참나무들을 찍어낸다. 그렇게 해서 이 과자 틀은 우리에게 원리들을 제공하는데, 그 원리란 대상들이 무엇인지를 말해 주는Identifying 원리, 대상들을 서로 구별하게 해주는 원리, 대상들을 셀 수 있게 해주는 원리이다. 그래서 한 개체로서의 개가 무엇인지를 우리는 개라는 종에 의존해 이야기한다. 또 우리는 개라는 종에 의존해 서로 다른 개들을 구별한다. 그리고 우리는 개라는 종에 의존해 개들을 셀 수 있다. 즉 "개 한 마리, 개 두 마리 등." 그리고 우리가 이러한 일을 행할 때, 우리가 하는 일은 단지 종이 세상을 잘라내어 자기 자신의 사례들을 만들어내는 방식을 나열하는 것일 뿐이다.*

---

* 아리스토텔레스주의자들에 의하면, 종은 개체화하는 보편자이다. 다시 말해 종은 개체화의 원리
  이다. 중세부터 근대까지 개체화의 원리가 무엇인지를 놓고 많은 논쟁이 있었다. 한 가지 대답이
  있었는데, 이에 따르면 개체화의 원리는 차이의 원리이다. 다른 모든 것과 차이 나게 해주는 것,
  다른 모든 것과 구별될 수 있게 해주는 것이 바로 개체화의 원리라는 것이다. 그렇다면 종, 다시
  말해 개체화의 원리로 이해되는 종이 이러한 차이의 원리가 될 수 있을까? 그렇지 않은 것 같다.
  종이 차이의 원리라고 해보자. 그렇다면 소크라테스는 자신이 속하는 인간 종 때문에 플라톤과
  차이가 나고, 또 플라톤은 자신이 속하는 인간 종 때문에 소크라테스와 차이가 난다. 그런데 여기
  서 소크라테스가 속하는 인간 종과 플라톤이 속하는 인간 종은 서로 같은가, 다른가? 다르다고 해
  보자. 그렇다면 종은 보편자가 아닐 것이다. 반대로 같다고 해보자. 만약 같다면, 이것은 소크라테
  스와 플라톤을 서로 차이 나게 해줄 수 없다. 따라서 종이 개체화의 원리라면, 그것은 차이의 원리
  는 아닐 것이다.
  개체화의 원리가 무엇인지에 대한 또 다른 대답이 있었는데, 이에 따르면 개체화의 원리는 수적
  단일성의 원리이다. 즉 하나로 셀 수 있게 해주는 것, 그것이 바로 개체화의 원리이다. 그렇다면
  종이 수적 단일성의 원리가 될 수 있을까? 즉 종이 사물들을 하나로 셀 수 있게 해주는 원리인가?
  이것은 가능하다. 이것을 이해하기 위해서 우리는 종과 속성을 비교해야 한다. 그리고 우리는 종
  에는 포함되어 있지만 속성에는 포함되어 있지 않은 그 무엇을 찾아야 한다.
  개체화의 원리를 수적 단일성으로 이해하는 입장에 따르면 개체는 하나로 셀 수 있는 어떤 것이
  다. 이제 우리가 사물들을 어떻게 세는지 살펴보자. 우리는 다음과 같이 말하지 않는다. 즉 빨강
  하나, 초록 하나. 대신 우리는 다음과 같이 말한다. 즉 코끼리 하나, 참나무 하나. 따라서 우리는
  다음을 알 수 있다. 빨강이나 초록은 셈을 가능케 하는 개체화의 원리를 포함하지 않지만, 코끼리
  나 참나무는 셈을 가능케 하는 개체화의 원리를 포함하고 있다.
  이러한 셈을 가능케 하는 개체화의 원리란 무엇인가? 즉 속성 안에는 포함되어 있지 않지만 종 안
  에는 포함되어 있어서 사물들을 개체화하고 사물들을 셀 수 있게 해주는 원리란 무엇인가? 다음
  두 논증을 비교해 보면, 종 안에 포함되어 있는 개체화의 원리가 무엇인지 알 수 있다. (1) 소크라
  테스는 인간이다. 인간은 동물이다. 따라서 소크라테스는 동물이다. (2) 소크라테스는 하얗다. 하
  양은 색이다. 따라서 소크라테스는 색이다. 논증 (1)은 잘 흐른다. 반면 논증 (2)는 잘 흐르지 않는
  다. 결론이 거짓이기 때문이다.(Aristotle, *Categories* 5 참조) 왜 이러한 차이가 나는가? 그 이유는
  인간이라는 종에는 들어 있지만 하양이라는 속성에는 들어 있지 않은 무엇이 있기 때문이다. 그
  무엇이 어떤 것인지 알아보기 위해 논증 (2)를 변형해 보자. (2′) 소크라테스는 하얀 "것"이다. 하
  얀 "것"은 색 있는 "것"이다. 소크라테스는 색 있는 "것"이다. 논증 (2′)는 논증 (1)과 마찬가지로
  잘 흐른다. 그리고 그 이유는 하양이라는 속성에 "것"을 포함시켰기 때문이다. 이렇게 본다면 우
  리는 다음과 같은 사실을 알 수 있다. 인간이라는 종 보편자 안에는 암묵적으로 "것"이 포함되어
  있다. "것"이 포함되었기 때문에 논증 (1)이 잘 흐르는 것이다.
  이제 이렇게 본다면, 종에는 들어 있지만 속성에는 들어 있지 않은 것이 무엇인지 알 수 있다. 그
  것은 바로 "것"이다. 소크라테스는 종 속에 포함되어 있는 "것"을 갖게 됨으로써 한 개체가 되고,
  그래서 우리는 소크라테스를 "한 인간"으로서 셀 수 있는 것이다.
  종은 "것"을 포함한다. 그 종을 예화함으로써 소크라테스는 어떤 "것"이 된다. 어떤 "것"이 됨으

구체적 대상들에 관한 아리스토텔레스주의자들의 접근법이 이제 명확해지기 시작했다. 구체적 개체가 속하는 종이 바로 그 개체가 무엇임, 즉 그 개체가 어떤 종류의 개체인지를 결정한다. 또 그러한 종은 같은 종에 속하는 구성원들로부터 그 개체를 구분해 그 개체를 셀 수 있게 해주며, 다른 종에 속하는 구성원들과도 구분해 그 개체를 셀 수 있게 해준다. 그 종은 자신에게 속하는 각 구성원들의 본질이나 본성을 이룬다. 다른 한편 한 구체적 개체는 자기 고유의 종을 예화함으로써, 그 개체의 본성에 외재적인 여러 속성이나 성질의 주체가 될 수 있다. 따라서 구체적 개체는 어떤 구조를 갖는 것이다. 존재론자들은 이 구조를 다음과 같이 특징짓는다. 구체적 개체 안에는 한 종에 의해 주어지는 본성이나 본질이 있고, 그 본성 주위에 들러붙어 있어서 그 개체에 우연적으로 귀속되는 일군의 성질이 있다. 구체적 개체는 이러한 구조를 가진다. 그렇지만 개체가 구조를 가진다고 해서, 이것이 더 기본적인 것들로부터 구성된 구성물이라고 해서는 안 된다. 개체의 본질을 제공하고 있는 종은 환원되지 않는 단일화된 존재 방식이다. 따라서 구체적 개체 자체도 환원되지 않는 단일화된 엔터티인 것이다. 그 개체들이 무엇무엇임(개체로서의 인간들, 개체로서의 개들, 개체로서의 참나무들)은 그보다 더 하위 층위의 구성요소들로 분석되어서는 안 된다. 이러한 개체들은 기본적인 엔터티들이다.

구체적 개체들이 보여주는 이러한 측면을 분명히 하기 위해 아리스토텔레스와 그 후계자들은 구체적 개체를 실체substance라고 불렀다. 영어 단어 'substance'는 그 어원상 'substratum'이란 단어와 가깝다. 이러한 사실로 인해 혼동의 여지가 있다. '실체substance'에 해당하는 고대 그리스어 단어는 'ousia'이다. 어떤 것을 실체라고 부를 때 거기에 어떤 의미가 있는가를 살펴

써 우리는 소크라테스를 한 인간으로 셀 수 있다. 종 안에 포함되어 있는 "것"이 바로 개체화의 원리이며, 셈의 원리이다. 그리고 "것"을 포함하기 때문에 종은 개체화하는 보편자가 되는 것이다.

보는 것이 좋을 것 같다. 'ousia'는 명사로서, 그리스어 동사로부터 파생된 것인데, 그 그리스어 동사는 우리말의 "___이다to be"에 해당한다. 따라서 구체적 개체를 실체라고 부를 때 그 말이 의미하는 바는 그 개체를 진정한 존재being로 규정한다는 것, 혹은 그 개체를 완전한 실재reality로 간주한다는 것이다. 구체적 개체가 더 하위 층위의 사물들로부터 구성된 것일 뿐이라고 한다면, 그 구체적 개체를 실체라고 부르고자 하는 의미가 상실되는 것이다.

이제 구체적 개체들은 실체들이다. 적어도 어떤 구체적 개체들은 실체들이다. 이 장 초반에서 아리스토텔레스주의자들의 설명을 소개하고자 할 때 나는 이 구분, 즉 모든 구체적 개체가 실체들인지, 아니면 어떤 구체적 개체들만 실체들인지 하는 구분에 대해 언급한 바 있다. 하지만 편의상 이 구분을 무시해 왔다. 그러나 이 구분은 매우 중요하다. 왜냐하면 아리스토텔레스주의자들은 우리가 구체적 개체라고 부른 모든 것이 기본적 엔터티들이나 실체들이라고 생각지 않기 때문이다. 아리스토텔레스 자신도 실체라는 말이 어느 범위까지를 포괄하느냐 하는 문제에 매우 민감했다. 그는 살아 있는 개별적 존재들을 실체에 포함시켰다. 식물들, 동물들, 사람들이 실체들이다. 그리고 기본적인 물리적 요소들, 즉 물리학이 우리에게 가르쳐주는 대로 모든 물질적인 것을 구성하는 기본적 요소들도 실체에 포함된다. 아리스토텔레스에 의하면, 이러한 물리적 요소에는 네 가지 원소가 있는데, 물, 불, 공기, 흙이 그것이다. 현대 아리스토텔레스주의자들은 현대 물리학이 가정하고 있는 기본적 엔터티들을 아마 실체에 포함시킬 것이다. 아리스토텔레스가 생각했듯이, 진정으로 단일한 존재 방식을 제공해 주는 보편자는 오직 생물학적 종, 즉 살아 있는 것들이 속하게 되는 생물학적 종, 그리고 우주를 구성하는 물질들에 관한 이론들 중 가장 탁월한 이론이 가정하는 종, 이 두 종류뿐이다. 아리스토텔레스의 믿음에 따르면, 인공적인 것들이 속하는 보편자들, 예컨대 자동차, 시계, 컴퓨터 등, 그리고 사물들이 하는 역할이나 그것들의 상태를 표현하는 보편자들, 예컨대 목수, 대통령, 벌레의 어린 상태, 나무의 어린 상태 등, 그리고 물리적 대상들의 단순한 무더기를 표현하는 보편자, 예컨대 산, 호수, 꽃다발 등은 모두 생물학적/물리학적 종(그리고 그 종 각각에 속하는 것들이 갖는 우연적 속성)으로 분석/환원될 수 있는 것들이다. 따라서 이러한 보편자들은 기본적 보편자로 간주될 수 없으며, 이러한 보편자들을 예화하는 사물들 역시 실체로 간주될 수 없다. 반면 살아 있는 것들이 속하는 보편자들은 더 이상 분석/환원될 수 없다. 생물학적 종 각각은 분석될 수 없고 환원될 수 없는 단일한 존재 방식, 즉 삶의 한 형식을 포함하고 있다. 이러한 보편자들은 기본적인 자연적 종으로 간주된다. 그리고 이 기본적인 자연적 종에 속하는 식물들, 동물들, 사람들은 모두 실체인 것이다.

따라서 일군의 구체적 개체들만이 기본적인 엔터티 혹은 비파생적인 엔터티들로 간주된다. 기본적인 자연적 종이 부여하는 비환원적 단일 존재 방식을 드러내는 것들은 따라서 그 자체로는 더 이상 분석/환원되지 않는 단일체 unity인 것이다. 아리스토텔레스주의자들의 생각 속에 보이는 이러한 핵심 개념을 드러내기 위해 우리는 그들의 이론을 구체적 개체에 관한 실체 이론 substance theory이라고 부를 수 있겠다. 지금까지 나는 실체 이론가들의 접근 방식을 아주 개략적으로만 설명해 왔다. 그러나 내가 제시한 설명은 좀 더 여러 방면에서 다양하게 정교화되어야 할 것이다. 그래야만 한 존재론에 대한 완전한 설명이 될 것이다. 논의를 마치기 위해 나는 그중 몇 가지 방면에 대한 보충 설명을 하고자 한다. 첫째, 한 개체가 속하는 그 개체 고유의 종에 대해 말할 때, 나는 아리스토텔레스주의자들의 설명을 너무 단순화했다. 사실로 보자면, 살아 있는 각 존재는 서로 다른 여러 종에 속한다. 생물학자들은 이렇게 말한다. 각 인간은 모두 인간이지만, 동시에 영장류이고 포유류이며 척추동물이고 동물이다. 이러한 생물학적 분류법을 받아들이는 아리스토텔레스주의자들은 우리가 이러한 각 종에 속한다는 사실이 우리에게 본질적인 것이라고 말할 것이다. 그러나 그들은 이것이 사실이라 해도, 우리가 서로 다른 여러 본질을 가지고 있다고 생각지 않을 것이다. 왜냐하면 그들은 다음과 같이 주장할 것이기 때문이다. 즉 사물들이 속하게 되는 종들은 층층이 위계를 지으며, 그 위계 속에서 더 일반적인 종은 덜 일반적인 종 안에 포함된다. 그래서 한 실체의 완전한 본질을 주는 것은 그 실체가 속하는 가장 낮은 단계의 종, 즉 최하위 종infima species인 것이다.

둘째, 이러한 주장은 다음과 같은 사실을 함축한다. 구체적 대상들이 갖는 본질은 일반적인 것이다. 다시 말해 그 본질은 한 종에 속하는 모든 구성원이 공유하는 것이다. 여기서 다음과 사실을 지적하는 것이 중요하다. 본질을 지지하는 모든 사람이 이 점에서 모두 아리스토텔레스주의자들의 견해를 따르는 것은 아니다. 라이프니츠나 그 밖의 여러 사람은 다음과 같이 주장한다. 각 개체는 자기 고유의 개체적 본질individual essence을 가진다. 그러면서 그들은 자신의 그 주장을 뒷받침하기 위해 이 장 초반에서 말한 동일성 속성들identity properties을 지적한다. 예컨대 샘과 동일함 혹은 피터와 동일함 같은 속성들 말이다.[32] 그들의 주장에 따르면 모든 개체적 실체는 이런 속성을 갖고 있다. 한 개체와 연계되어 있는 동일성 속성은 필연적으로 그 개체에만 해당한다. 그리고 그 동일성 속성은 그 속성의 소유자가 갖는 본질적 속성이다. 아리스토텔레스적 본질주의Aristotelian essentialism에 대비되는 입장으로서 우리가 라이프니츠적 본질주의Leibnizian essentialism라고 부를 수 있는 입장에 있는 사람들은 다음과 같이 논의를 진행해 나간다. 모든 철학적 문제를 해결하는 데 개체적 본질은 꼭 필요하다. 아리스토텔레스주의자들은 이러한 주장들에 대해 답할 의무가 있다. 우선 그들은 라이프니츠주의자들이 개체적 본질이라 여기는 동일성 속성에 대해 설명해야 한다. 이 지점에서 아리스토텔레스주의자들은 라이프니츠주의자들이 가정하는 속성들이 존재하지 않는다고 말할 만한 이유를 찾고자 노력할 수도 있을 것이다. 혹은 그들은 다음과 같이 주장할 수도 있을 것이다. 그러한 속성들은 단지 속성들로부터 구성된 속성들로서, 한 구체적 실체와 연계된 속성들로부터 구성된 속성들이다. 한편 그들은 다음과 같은 사실을 보여줄 필요가 있다. 즉 라이프니츠주의자들이 오직 개체적 본질에 호소함으로써만 해결될 수 있다고 주장하는 철학적 문제들은 오직 일반적 본질만 가지고도 해결될 수 있다.

셋째, 아리스토텔레스주의자들은 우리가 구체적 개체라고 부를 준비가 되어 있는 모든 것이 실체라고 생각지 않는다. 그렇다면 그들은 산, 자동차, 목수 등과 같은 "사물들"에 대해 설명해 주어야 한다. 완전한 실체들이 아니라면, 이것들은 무엇인가? (최근에 밴인와겐Peter van Inwagen이 지지하는) 어떤 대답은 다음과 같은 것이다. 산, 자동차 같은 것들은 존재하지 않는다.[33] 아리스토텔레스주의적 접근법들 중 한 분파를 이루는 이 극단적 주장에 따르면, 존재하는 물질적 엔터티들은 오직 살아 있는 것들과 물리적 단순체들뿐이다. 이런 견해를 옹호하는 사람들은 다음과 같은 사실을 인정한다. 일상인들이 '산', '자동차'와 같은 단어를 사용할 때, 그들은 참된 말을 하는 것이다. 그러나 그들은 다음과 같이 주장한다. 밴인와겐이 말하는 것처럼, 일상인들이 이런 단어를 사용할 때 그들이 말하는 바는 살아 있는 것들과 물리적 단순체 외에 어떠한 것의 존재도 함축하지 않는 말로 재서술될 수 있다. 이런 주제들에 대한 아리스토텔레스 자신의 전략은 이와는 많이 다르다. 그는 산이나 시계, 목수 같은 것들이 존재하지 않는다는 주장이 우리의 상식적 직관과 일치하지 않는다고 생각했다. 우리의 이러한 직관을 구제하기 위해 아리스토텔레스는 다음과 같은 견해를 도입했다.[34] '존재한다exist'라는 동사는 다양한 의미를 가진다. '존재한다'라는 동사는 우선 첫 번째 의미 혹은 핵심적 의미를 하나 가지고 있고, 그 다음으로 두 번째 의미 혹은 파생적 의미를 가진다. 첫 번째 의미 혹은 핵심적 의미의 '존재한다'라는 용어는 오직 아리스토텔레스가 실체라고 부르는 것들에만 적용된다. 반면 아리스토텔레스는 다음과 같은 사실도 강조한다. 아래 등급의 개체들이 갖는 존재론적 위상을 특징짓기 위해 '존재한다'라는 용어를 그것의 두 번째 의미로 사용한다면, 산, 시계, 목수 등도 존재하는 것이다. 이것들은 존재하는 것이다. 그러나 그것들이 존재한다는 것은 '존재한다'라는 말이 갖는 두 번째 의미에서만 그러한 것이다.

　마지막으로, 무엇을 물리적 단순체로 받아들일 것인가 하는 문제와는 별도로, 아리스토텔레스주의자들에게 실체라는 것은 복잡한 물리적 구조를 가진 엔터티들이다. 살아 있는 모든 것은 여러 물리적 부분을 갖는 것들이다. 이러한 사실은 아리스토텔레스주의자들에게 문제를 발생시킨다. 왜냐하면 그들은 실체란 환원될 수 없는 단일체라고 주장하기 때문이다. 아리스토텔레스주의자들이 말하는 실체란 성질들로부터 구성된 것일 수 없다고 우리는 충분히 주장할 수 있다. 그러나 그렇다 하더라도, 우리는 다음과 같은 점에 의문을 품을 수 있다. 첫째, 살아 있는 것들이 물리적 복합물이라면, 그것들은 그저 물리적 부분들이 단순히 결합해서 만들어진 것 아닌가? 둘째, 어떤 실체가 속하는 종과 관련해서, 그 종적 존재 방식 혹은 그 종적 삶의 방식이라는 것은 사실 그 실체가 갖는 물리적 부분들의 특징을 통해, 아니면 그 실체가 갖는 물리적 부분들의 결합방식behavior을 통해 설명될 수 있는 것은 아닌가?

　이 물음들은 환원주의reductionism에 관한 논쟁을 부른다. 그리고 이 논쟁은 중요하면서도 매우 광범위하다. 환원주의의 이러한 주장이 진짜라면, 아리스토텔레스주의자들의 설명은 큰 곤경에 빠질 것이다. 이미 아리스토텔레스 시대부터 실체 이론의 옹호자들은 이와 같은 환원주의적 주장을 떨쳐버리기 위해 골머리를 싸매왔다. 환원주의자들에 대한 아리스토텔레스 자신의 답은 그 어떤 대답보다도 흥미롭고 정교하다. 그 대답은 두 가지 방향으로 진행된다. 아리스토텔레스는 이렇게 주장한다. 살아 있는 생명체를 구성하는 부분들에 대해 말할 때, 우리는 일반인들이 그 생명체의 부분이라고 생각하는 것들, 예컨대 팔, 다리, 눈, 신장, 심장, 위 등에 대해 말할 수 있을 것이며, 다른 한편으로는 물리학자들이 모든 물질적 대상의 궁극적 구조를 특징짓기 위해 상정하는 어떤 기본적 엔터티들에 대해서도 말할 수 있을 것이다. 이 중 두 번째 의미의 기본적 엔터티들은 여러 물리학 이론 각각에서 천차만별일 것이다. 데모크리토스는 원자에 대해 말하며, 엠페도클레스는 4원소에 대해 말한다. 아리스토텔레스도 엠페도클레스를 따라 4원소를 말한다. 또 우리 시대에 세계의 물질적 구조를 이룬다고 생각되는 것은 쿼크, 중간자, 글루온과 같은 기본적 입자들이다.

이제 아리스토텔레스는 다음과 같이 주장한다. 우선, 우리가 일반인들이 말하는 의미에서 부분을 말한다고 해보자. 살아 있는 생명체가 이러한 부분들로 구성되어 있다는 것은 분명한 사실이다. 하지만 그렇다고 해도, 그 생명체가 환원되지 않는 단일체라는 것에는 의심의 여지가 없다.[35] 아리스토텔레스가 말하듯이, 살아 있는 생명체의 부분을 이루는 각 기관의 본질은 살아 있는 그 생명체 전체를 언급함으로써만 설명될 수 있다. 예를 들어 우리가 갖는 신장은 한 기관으로서, 한 사람의 삶을 이루는 기능적 구조 전체 속에서 특정 역할을 수행하는 어떤 것이다. 이러한 사실이 바로 신장의 본질을 규정하는 것이라고 아리스토텔레스는 간주했다. 어떤 것이 신장이라는 말은 그것이 인간 삶 속에서 적절한 어떤 역할을 수행하는 그 무엇이라는 말이다. 이와 비슷한 주장이 살아 있는 생명체의 부분이 되는 모든 기관에도 마찬가지로 적용된다. 이것이 보여주는 바는 이런 것이다. 살아 있는 생명체는 그 생명체를 이루고 있는 기관들로 환원되지 않는다. 살아 있는 생명체는 그 부분들에 선행하는 것이다.

하지만 아리스토텔레스는 다음과 같은 사실을 깨달았다. 환원주의를 공략하기 위한 이러한 전략이 물리학자들이 내세우는 엔터티들, 즉 살아 있는 생명체들의 물질적 구조를 이루는 엔터티들에 대해서는 잘 먹혀 들어가지 않을 것이라는 것. 이 엔터티들은 전체와 독립해서 자신의 본질과 정체성을 가진다. 이것은 명백한 사실이다. 따라서 다음과 같은 주장들, 즉 살아 있는 생명체는 그 물리적 엔터티들의 단순한 모임이라는 주장, 혹은 어떤 종과 연계되어서 규정되는 종적 삶의 방식은 물리적 엔터티들의 특성들로 환원된다는 주장, 혹은 종적 삶의 방식은 물리적 엔터티들 사이의 관계로 환원된다는 주장 등은 다른 전술을 사용해 공략할 수밖에 없다. 이에 대해 아리스토텔레스가 한 논의는 길고도 어렵다. 그러나 아리스토텔레스가 이 논의를 끌어가는 동안 언급한 두 가지 사실에 대해 주목한다면, 우리의 목적은 어느 정도 달성될 것이다. 첫째, 아리스토텔레스는 다음과 같이 논한다. 물리적 단순체들은 한 유기적 시스템과 독립해서도 존재 가능하다. 그런 의미에서 이것들은 진정한 실체들일 수 있다. 그러나 다른 한편으로 물리적 단순체들은 살아 있는 생명체 안에 있다는 의미에서 하위 등급의 존재론적 위상을 가진다. 이 두 사실은 모순되는 것이 아니다. 이 주장을 밀고 나가기 위해 아리스토텔레스는 이렇게 말한다. 살아 있는 생명체 안에 있을 때 물리적 단순체들은 단지 잠재적이거나virtual 가능한potential 실체들이다.[36] 이런 상황에서 그것들은 현실적인actual 실체들이 아니다. 따라서 그것들이 살아 있는 생명체 안에 있다고 해서, 이 생명체가 한 생명체unity라는 사실이 훼손되거나, 이 생명체가 완전한 생명체integrity라는 사실이 훼손되는 것은 아니다. 한편 그러한 물리적 단순체들은 유기체 밖에서 존재할 가능성potentiality을 가지고 있다. 이 것들이 유기체 밖에 존재할 때, 바로 이 물리적 단순체들은 현실적 실체로서 존재하게 되는 것이다. 달리 말해, 유기체 밖으로 나갈 때 이 물리적 단순체들은 완전한 존재로서의 권리를 갖고 존재하게 되는 것이다. 둘째, 아리스토텔레스는 다음과 같이 논한다. 살아 있는 생명체의 어떤 부분은 다른 부분을 위해 존재하거나 다른 부분을 위해 행동한다. 따라서 살아 있는 생명체의 기능적 구조는 본질적/필연적으로 목적론적이다.[37] 그러나 물리적 단순체는 유기적 시스템들이 갖는 목적론적 특징teleology을 드러내고 있지 않다. 아리스토텔레스는 환원주의자들에게 다음과 같은 사실을 설명해 보라고 요구한다. 본질적으로 목적론적 특징을 드러내고 있는 살아 있는 생명체가 어떻게 전혀 목적론적이지 않은 대상들의 체계로부터 도출될 수 있는가? 아리스토텔레스는 당시의 환원론자들, 즉 데모크리토스나 엠페도클레스 같은 철학자들 중 누구도 이 질문에 답하지 못할 것으로 확신했다. 실체의 단일성, 실체의 환원 불가능성에 관한 아리스토텔레스주의자들의 주장이 오늘날에도 여전히 살아남으려면, 우리 시대의 아리스토텔레스주의자들은 위에서 이야기한 환원론자들에게 대항할 준비가 되어 있어야 하며, 또 환원론자들이 공격해 올 경우 그들에게 답을 제시할 준비가 되어 있어야 할 것이다.

주석

1. Armstrong(1989a : 38).
2. 어떤 이는 '기체 이론'이라는 명칭을 좀 더 넓게 사용해 다음과 같은 견해를 지칭하는 데 쓸 수도 있다. 즉 속성들의 존재를 인정하지만 (다음 몇 쪽에서 논의될) '다발 이론'은 부정하는 견해. 나는 '기체 이론'이라는 명칭을 이보다 좁게 사용한다. 그래서 나는 개체에 대한 반-다발이론, 즉 구체적 대상과 연계된 속성들의 실소유자는 그 자체로는 아무런 속성도 갖지 않는다고 주장하는 이론에만 '기체 이론'이라는 명칭을 붙이고자 한다.
3. *Metaphysics* Z. 3(1029a 22) in McKeon(1941).
4. 이것은 로크로부터 대략적으로만 따온 것이다. 로크의 실제 이야기를 보려면 Locke (1690 : II. xxiii. 6 : II. xxiii. 2) 참조.
5. 러셀의 "On the relations of universals and particulars" in Russell(1956).
6. Bergmann(1967 : 24), Allaire(1963) 참조.
7. 이 말은 주의해서 이해해야 한다. 속성들이 개체 안에서 "함께 발견된다"는 것이 항상 우연적인 것은 아니다. 한 대상을 구성하는 속성들 중 어떤 것들은 필연적으로 연계되어 있다. 그래서 속성 삼변형과 속성 삼각형은 한 대상 내에서 필연적으로 함께 발견된다. 따라서 요점은 오히려 다음과 같은 것이다. 한 개체가 갖는 모든 속성이 "함께 발견된다"는

것은 우연적인 일이다.

8. Berkeley(1710 : 1절).

9. Hume(1739 : I권, I부, vi절).

10. Russell(1940 : 93).

11. Ayer(1954).

12. Williams(1953 : 4~8).

13. Hochberg(1964), Castañeda(1974) 참조.

14. 흄이 집합론적 설명을 선호하는 쪽으로 기울었다는 점은 발견되지 않는다. 다음에서 추상 관념에 관한 그의 견해를 보라. Hume(1739 : I권, I부, vii절).

15. Russell(1940 : 315~321) 참조. "지칭에 관한 새로운 이론"이 있는데, 이 이론이 러셀의 견해를 뒷받침해 주고 있다. 예를 들면 Kripke(1972)에서 이를 찾아볼 수 있다.

16. 이러한 결과를 낳지 않는 다발 이론을 개발하기 위한 시도로는 Gasking(1960), Simons(1994) 참조.

17. 윌리엄스 말고도 캠벨과 마틴이 예외에 해당한다. Martin(1980), Campbell(1990) 참조.

18. Bergmann(1967 : 22~24), Allaire(1963 : 281~283) 참조. 구별 불가능자 동일성 원리에 대한 더욱 자세한 논의로는 Black(1952) 참조. Ayer(1954)에서 에이어가 블랙의 논변에 답하고 있다.

19. 순수 속성과 불순 속성 사이의 차이에 관한 더욱 정교한 특성화는 다음과 같다. 속성 P는 다음과 같은 경우 불순하다. 관계 R와 개체 s, 임의의 대상 x가 있을 때, x가 P를 가지면 x는 s와 관계 R에 놓이며, 또 x가 s와 관계 R에 놓이면, x는 P를 가지는 것이 필연적이다. 한편 속성 P는 불순하지 않을 경우에 순수한 것이다.

20. 여기서 한 가지 가능한 대답은 시간과 공간이 "불순한 구조물"임을 부정하는 것, 즉 시간과 공간이 불순 속성을 포함하는 구조물임을 부정하는 것이다. 시·공간에 대한 관계적 이론(개체들이 존재론적으로 선행하고, 시·공간은 개체들의 상호 관계에 의해 정의된다는 입장─옮긴이)를 거부하는 입장, 즉 시·공간에 대한 절대적 이론(시·공간 좌표가 존재론적으로 선행하고 개체들이 그 좌표 상에 놓인다는 입장─옮긴이)를 옹호하는 철학자들은 시·공간이 불순 속성을 포함하는 구조물임을 부정한다. 그러나 나는 다음과 같이 생각한다. 즉 무속성 기체 개념이 문제가 있다고 생각하는 철학자들은 절대 시간/절대 공간이라는 착상을 채택하기가 어렵다고. 절대 공간을 채택하려면 내재적으로는(속성 면에서는) 다르지 않지만 수적으로는 다른 공간상의 점들을 가정해야 하며, 또 절대 시간을 채택하려면 내적으로는(속성 면에서는) 다르지 않지만 수적으로는 다른 시간상의 순간들을 가정해야 한다. 더욱이 절대 시간/절대 공간을 채택하려면, 이러한 공간상의 점들과 시간상의 순간들은 다음과 같은 조건을 만족시켜야 한다. 주어진 순간에 특정 점에는 하나 이상의 물질적 대상이 놓일 수 없는 것이 필연적이다. 다음 절에서

우리는 이러한 특성, 즉 내재적으로[속성 면에서] 다르지 않지만 수적으로는 다르며, 또 오직 한 대상에게만 자리를 내준다는 특성이 바로 무속성 기체들이 갖는 특징임을 보게 될 것이다. 따라서 절대 시간, 절대 공간을 채택하고자 하는 철학자들은 다발 이론가들이 무속성 기체가 갖는 특징이라며 회의적으로 바라보는 바로 그 특징을 지닌 엔터티의 존재에 개입하게 되는 것이다.

21. 그러나 예외가 있다. 예를 들면 Casullo(1984), O' Leary-Hawthorne(1995) 참조.

22. 모든 비관계적 특성 면에서 동일한same 두 디스크에 대해 말하면서 알레어는 다음과 같이 주장한다. 기체 이론에 의하면, "이 디스크들의 차이는 서로 다른 개체 individual[기체]를 각자 포함하고 있다는 것에 의해 설명되며, 동일함은 문자 그대로의 동일한 특성들을 각자 포함하고 있다는 것에 의해 설명된다." Allaire(1963 : 283).

23. Allaire(1963 : 288) 참조.

24. 트롭 이론적 기체 이론가인 마틴이 이렇게 주장한다. Martin(1980).

25. "Particulars" in Sellars(1963a : 282~283)에서 셀라스가 이렇게 반박한다.

26. 예를 들면 Bergmann(1967 : 26) 참조.

27. 실재론적 형태의 다발 이론, 기체 이론과 관련해 내가 뽑아낸 문젯거리들은 아마도 요 사이 왜 트롭 이론적 형태의 다발 이론가들이 다시 등장하고 있는지를 설명해 주는 것 같다. Campbell(1990) 말고도 Simons(1994), Bacon(1995) 참조.

28. 아리스토텔레스의 이런 생각 방식은 *Categories* 5에 잘 나타난다. 이후에 그는 개체를 질료-형상 복합체로 분석함으로써 문제를 복잡하게 만들지만, 다음과 같은 착상만큼은 꼭 붙들고 있었다. 어떤 자연 종에 속하는 개체라는 개념은 그러한 종을 포함하지 않는 질료로 환원될 수 없다. *Physics* II. 1과 8, *Metaphysics* Z와 Θ 참조. 모두 McKeon (1941)에 실려 있다. 서로 다른 여러 유형의 아리스토텔레스적 접근법을 취하는 현대 철학자들로는 앤스콤(Anscombe[1964]), 스트로슨(Strawson[1959] 1부), 위긴스(Wiggins [1980]), 루(Loux[1978a : IX장]), 밴인와겐(Van Inwagen[1990]), 호프만과 로젠크란츠 (Hoffman and Rosenkrantz[1994]) 등이 있다. 이들 저자는 중요한 점들에서 서로 다른 입장을 취한다. 내가 '아리스토텔레스적 견해'라고 부른 주장 전부를 취하고 있는 사람은 없다. 내가 "아리스토텔레스적 견해"라고 부른 것은 아리스토텔레스 자신에게서 찾아볼 수 있는 것이기는 하지만, 이러한 견해에 대한 나의 진술은 더욱 현대적인 맥락에 근거하고 있다. 이 견해는 다발 이론, 기체 이론과 관련해, 역사적으로 매우 중요한 대안을 제시하고 있다. 그러나 이것이 유일한 대안은 아니다. 아리스토텔레스에 동의해 본질주의자가 되면서도 자연 종에 대한 아리스토텔레스의 사상을 받아들이지 않을 수 있으며, 또는 본질주의자가 되면서도 개체들을 개별화하는 데서는 종이 하는 역할에 대한 아리스토텔레스의 견해를 받아들이지 않을 수 있는 것이다.

29. 이 주제와 관련한 최근의 주장에 대해서는 Chisholm(1976 : 37~52) 참조.

30. 아리스토텔레스의 *Categories* 5 참조. Wiggins(1980 : 1장), Loux(1976b) 참조.
31. 이 점에 관한 더 자세한 논의는 Loux(1978a : 158~166) 참조.
32. 라이프니츠적 본질주의의 핵심적 착상에 관한 더 자세한 논의는 5장 참조.
33. Van Inwagen(1990 : 98~114) 참조.
34. 예를 들면 *Metaphysics* Γ. 2와 Z. 1 참조.
35. 예를 들면 *De Anima* II. 1(412b10~24) in McKeon(1941) 참조.
36. 예를 들면 *Metaphysics* Z.16과 H.5~6 참조.
37. 생명체 안에 있는 목적론적 특성에 관한 아리스토텔레스의 주장을 보려면 *Physics* II.1 과 8 참조.

| 더 읽을 책 |

일상적 대상들의 본성에 관한 고전적인 경험론적 사유는 다음과 같은 저작에서 찾아볼 수 있다. Locke(1690)에서 실체에 대한 논의, Berkeley(1710)의 초반부, Hume(1739)에서 실체에 관한 장. 20세기적인 다발 이론에 대한 입문서로는 Williams(1953)와 Ayer(1954)를 읽는 것이 좋다. Black(1952)에서는 구별 불가능자 동일성 원리에 대한 영향력 있는 비판을 찾아볼 수 있으며, Ayer(1954)에서는 이 비판에 대한 답변을 찾아볼 수 있다. 다발 이론에 대한 더욱 최근의 논의는 다음과 같은 저작에서 찾아볼 수 있다. Loux(1978a)의 VII장, Van Cleve(1985), Casullo(1984). 무속성 기체에 대한 가장 명확한 논의는 Allaire(1963)에서 찾아볼 수 있다. 아리스토텔레스주의적 접근법으로는 다음을 참조하라. Strawson(1959)의 I 장, Loux(1978a)의 IX장, Van Inwagen(1990). 블랙, 알레어, 밴클리브, 윌리엄스, 카술로의 논문은 모두 *Metaphysics : Contemporary Readings*에 재수록되어 있다.

M
metaphysics

실재론적 취향이 있는 철학자들은 종종 다음과 같이 주장한다. 우리가 개입하게 되는 추상적 엔터티들은 속성, 종, 관계만이 아니다. 이들의 주장에 따르면, 명제라는 것도 존재한다. 이 철학자들이 주장하는 바에 따르면, 명제는 우리 언어, 정신과 독립적인 추상적 엔터티이다. 이 명제는 긍정/부정이라는 [언어] 행위의 대상이 되며, 또 우리 생각의 대상이 된다. 명제는 또한 that-절의 지칭체이다. 이것은 진릿값의 가장 기본적인 소유자이며, 따라서 1차적 의미에서 논리적 관계에 놓이는 것들이다.

명제라는 개념에 회의적인 철학자들은 전형적으로 다음과 같이 주장하고자 한다. 우리 존재론에 명제를 도입하지 않고서도, 우리는 실재론자들이 관심 있어하는 모든 현상을 처리해 낼 수 있다. 한 가지 인기 있는 전술은 메타 언어적 전술이다. 이 주장에 따르면, 우리는 문장만 가지고도 명제 태도, that-절, 진릿값 등을 다 처리해 낼 수 있다. 또 다른 전술은 프라이어가 제안한 것이다. 프라이어는 진리에 대한 잉여 이론과, 명제 태도적 동사에 대한 독특한 설명을 통해, 다음과 같은 결론을 도출해 낸다. 명제에 대한 이야기처럼 보이는 것, 그것은 사실 우리에게 친숙한 구체적 대상들에 대한 이야기이다. 또 다른 전술이 있는데, 그것은 러셀의 다중 관계 이론이다. 그러나 최근 들어 철학자들은 명제에 대한 전통적 입장을 뒷받침하고 있는 현상들 자체에 문제를 제기함으로써, 명제에 대한 전통적 입장을 공격하고 있다.

실재론자들이 상정하고 있는 또 다른 엔터티들이 있다. 사실, 사태, 사건이 그것이다. 사실은 세계 안에 놓인 사물로서, 이 사실과의 대응을 통해 한 명제는 참이 된다. 사태는 상황으로서, 구현됨이라는 속성이나 구현되지 않음이라는 속성을 본질적으로 가진다. 그리고 구현된 사태를 사실이라고 한다. 마지막으로 사건이 있는데 이것은 일어나는/발생하는 것이다. 최근 형이상학 논의에서 사건이 특히 주목받고 있는데, 사건의 본성과 구조를 놓고 서로 다른 여러 설명이 논쟁을 벌이고 있다.

명제에 관한 전통적 이론

1장에서 우리는 다음과 같은 사실을 보았다. 즉 어떤 철학자들은 속성 일치 현상으로부터 다음과 같은 주장, 즉 여러 종류의 추상적 엔터티, 예를 들면 속성, 종, 관계 등이 존재한다는 주장으로 나아가게 되었다. 실재론적 입장을 취하는 철학자들이 받아들이고 있는 또 다른 추상적 엔터티가 있는데, 명제proposition가 바로 그것이다. 속성, 종, 관계가 존재한다는 주장은 플라톤 시대까지 거슬러 올라간다. 하지만 명제가 존재한다는 주장이 나온 것은 최근의 일이다. 이러한 주장은 대체로 19세기 말, 20세기의 형이상학적 사유가 일구어낸 산물이다. 명제들의 존재를 옹호하는 초창기 철학자들로는 볼차노Bernard Bolzano, 프레게Gottlob Frege, 무어G. E. Moore 그리고 초창기 러셀Russell 등이 있다.[1]

이 철학자들과 이들을 따르는 후배 철학자들이 명제가 존재한다고 말할 때, 그 주장은 무엇을 뜻하는가? 명제란 정확히 무엇인가? 명제가 존재한다는 것을 증명하기 위해 사용되는 논증들을 참조하지 않고서는 이 물음에 대한 답을 제시하기가 쉽지 않다. 명제는 그 어떤 것으로서, 형이상학 이론 내에서 그것이 담당하는 설명적 역할을 드러냄으로써 가장 쉽게 이해될 수 있다. 서로 다른 여러 설명적 역할이 '명제'라는 말과 관련지어져 왔다. 명제의 존재를 인정하게 되는 한 가지 방식은 진술한다statement making라는 언어적 활동에 대한 반성에 그 뿌리를 두고 있다.[2] 명제라는 개념을 명확하게 하기 위해 다음과 같은 질문을 던져보자. 한 화자가 어떤 주장을 할 때, 거기에서 어떤 일들이 일어나고 있는가? 한 가지 사실은 분명하다. 화자는 어떤 단어들을 발화하거나 쓴다. 이 발화가 성공적으로 이루어졌을 때, 발화된 이 단어들은 특정 언어로 된 문장 하나를 구성하게 될 것이다. 우리가 다 아는 문장 하나를 살펴보자.

   (1) 소크라테스는 용감하다.
      Socrates is courageous.

  실재론자들은 이렇게 말할 것이다. (1)을 발화하는 과정에서 화자는 어떤 구체적 개체, 즉 소크라테스를 지칭하고pick out, 또 어떤 보편자, 즉 용기라는 성질을 지칭하고 있다. 앞의 세 장에서는 이러한 문장이 발화될 때 어떤 일이 일어나고 있는가 하는 문제와 관련해, 이와 같은 것들에만 제한을 두었다. 화자가 발화하는 문장, 그리고 그 화자가 행하는 지칭적 행위, 이 둘에 대해 말했고, 그걸로 끝이었다. 그러나 실재론자들에 따르면, 오직 이런 것들에 대해서만 말하는 그 어떤 설명도 적절치 못하다. 실재론자들은 이렇게 주장한다. 화자는 문장을 발화하고 또 지칭 행위를 하지만, 그것이 전부가 아니다. 화자는 어떤 주장을 하고 있는 것이며, 어떤 진술을 하고 있는 것이며, 어떤 긍정을 하고 있는 것이다. 그리고 이런 일을 하는 동안 화자는 분명 무엇을 주장하고 있는 것이며, 그 무엇을 진술하고 있는 것이며, 또 그 무엇을 긍정하고 있는 것이다. 따라서 우리의 화자가 주장하거나 진술하거나 긍정하는 어떤 것이 존재하는 것이다. 그런데 실재론자들은 주장되고 진술되고 긍정되는 그 무엇이 화자가 발화하는 문장도 아니며, 또 화자가 지칭하는 대상도 아니라고 한다.

화자가 긍정하거나 진술하는 그 무엇과 그것을 긍정하거나 진술하는 동안 발화된 문장이 서로 다른 것임을 이해하는 데는 큰 어려움이 없다. 왜냐하면 화자는 완전히 서로 다른 문장들을 사용해 바로 그 무엇을 똑같이 긍정할 수 있기 때문이다. 한 번은 프랑스어로, 한 번은 독일어로, 한 번은 중국어로 화자는 그 무엇을 똑같이 긍정할 수 있는 것이다. 그리고 만약 다른 예를 고찰해 보면, 우리는 다음과 같은 사실을 보게 된다. 즉 한 문장이 서로 다른 상황에서 발화될 때, 바로 그 문장은 서로 다른 여러 가지 것을 주장하거나 진술하거나 긍정하는 효과를 가진다. 화자가 (1) 말고, 다음과 같은 문장을 발화했다고 가정해 보자.

(2) 나는 가게에 간다.
　　I am going to the store.

화자가 인디애나 주의 미샤와카에 있다면, 그는 (2)를 발화하면서 그 나름의 무엇을 긍정한 것이다. 그리고 또 다른 화자가 런던의 러셀 광장에 있다면, 그는 똑같이 (2)를 발화하면서 또 그 나름의 무엇을 긍정한 것이다. 그러나 이 두 경우, 각 화자가 같은 문장을 발화하면서 긍정하고 있는 그 무엇은 완전히 서로 다른 것이다.

따라서 문장 (1)을 발화하면서 긍정된 그 무엇은 문장 자체가 아니다. 그것은 문장과는 다른 그 무엇이다. 한편 문장 (1)을 발화하면서 긍정되는 그 무엇은 '소크라테스'나 '용감한'과 같은 언어적 표현에 의해 지칭되는 대상들도 아닌 것이다. 어떤 화자가 소크라테스와 같은 구체적 대상을 긍정한다든가, 혹은 용기와 같은 보편자를 긍정한다든가 하는 것이 도대체 의미 있는 일인지조차 분명치 않다. 만약 화자에 의해 긍정되는 그 무엇을 지적하고자 한다면, 우리는 분명 그러한 대상들을 지칭해야 할 것이다. 그러나 그런 대상들을 늘어놓는다고 해서, 진술되는 그 무엇이 어떤 것인지 알 수는 없다.

화자가 긍정하는 것 혹은 화자가 진술하는 것이 무엇인지를 알기 위해서는 완전한 문장을 다루어야 할 필요가 있다. 이런 일을 해낼 수 있는, 어느 정도 표준적인 방법이 있다. 다음과 같은 예들이 그러하다.

(3) 메리는 소크라테스가 용감하다는 것을 긍정한다.

Mary asserts that Socrates is courageous.

(4) 메리는 자신이 가게에 간다고 말한다.

Mary says that she is going to the store.

(5) 톰은 2 더하기 2는 4라고 진술했다.

Tom stated that two plus two equals four.

(6) 존은 영국이 본선에 오르지 못했다고 주장했다.

John claimed that England failed to qualify.

(3)~(6)의 각 경우에서 우리는 화자가 말하거나 주장하거나 긍정하거나 진술하는 것이 무엇인지를 that-절을 이용해 밝히고 있다. 각 that-절은 문법학자들이 명사절화nominalization라고 부르는 것들이다. 평서문 앞에 'that'이란 단어를 붙여서 우리는 문법적으로 명사 역할을 하는 언어적 표현을 만들어낸다. 이렇게 해서, 위의 예에서처럼 that-절들은 모두 타동사의 직접 목적어 역할을 하고 있다. that-절은 또한 문장의 주어 자리를 차지할 수도 있다. 예를 들면

(7) 영국이 본선에 오르지 못했다는 것은 존이 말한 바이다.

That England failed to qualify is what John said.

    실재론자들은 다음과 같이 주장하길 원한다. that-절의 명사적 특징은 단지 구문론적인 것만이 아니다. 그것은 의미론적인 것이기도 하다. 앞에서 말했듯이, 이 명사절들은 화자가 긍정하거나 진술한 바로 그것이 무엇인지를 보여준다. 그리고 실재론자들에 따르면, 이 사실이 의미하는 바는 다음과 같다. 즉 그러한 명사절은 지칭 장치이다. 그러한 명사절은 언어적 표현으로서, 화자가 평서문을 발화하면서 긍정하거나 진술하는 그 무엇을 지칭할 수 있게 해주는 것이다. that-절은 대상의 이름으로서, 그 대상은 긍정하는 행위의 대상이며, 진술하는 행위의 대상인 것이다. (3)~(7)의 that-절이 지칭하는 대상을 실재론자들은 진술statement이라 불러왔다.[3] 그리고 그 진술을 하기 위해 사용되는 문장은 '그 진술을 표현한다expresses'고 일컬어진다. 그러나 여기서 '진술'이란 용어가 갖는 모호성을 지적하는 일이 중요하겠다. 이 단어는 어떤 행위를 말할 때, 즉 어떤 것을 진술하는 행위 그 자체를 말할 때 사용될 수 있다. 한편 이 단어는 화자가 바로 그러한 행위를 통해 진술한 것을 말할 때에도 사용될 수 있다. that-절의 지칭체를 진술이라고 부를 수 있다면, 그것은 바로 위의 두 번째 의미에서 그러한 것이다.

    이제 실재론자들은 다음과 같이 주장하고자 한다. 그들이 진술이라고 부르는 바로 그것은 언제나 참 아니면 거짓이다. 진술이라는 것은 긍정하는 행위가 되거나 진술하는 행위의 대상이 될 수 있다. 이는 바로 이러한 사실, 즉 그 진술이 언제나 참 아니면 거짓이라는 사실 때문인 것이다. 어떤 것을 긍정한다는 것은 그것을 참인 것으로 간주하는 것이다. 물론 그러한 긍정 행위가 틀릴 수도 있다. 참인 것으로 간주되던 것이 참이 아니었을 수도 있는 것이다. 하지만 그것이 참이 아니라면, 그것은 거짓인 것이다. 더욱이 진술을 한다는 것이 언제나 긍정을 한다는 것은 아니다. 부정도 있는 것이다. 그 경우 우리는 어떤 것을 거짓으로 간주하는 것이다. 우리는 우리가 긍정할 수 있는 모든 것을 부정도 할 수 있으며, 우리가 부정할 수 있는 모든 것을 긍정도 할 수 있는 것이다. 따라서 진술은, 다시 말해 우리가 긍정하거나 부정하는 바로 그것은 언제나 참 아니면 거짓이다. 실재론자들은 이러한 사실이 그냥 우연적인 것이라 생각지 않는다. 모든 진술은, 다시 말해 긍정될 수 있거나 부정될 수 있는 모든 것은 본질적/필연적으로 참 아니면 거짓이다.[4]

따라서 진술되는 바로 그것들은 본질적으로 참 아니면 거짓이다. 흔히 말하듯이, 진술되는 바로 그것들은 본질적으로 진릿값의 운반자 혹은 소유자들이다. 그리고 앞서 말했듯이 이것들은 that-절의 지칭체, 즉 that-절을 자신의 이름으로서 갖는 것들이다. 그렇다면 진술을 한다는 것이 무엇인지에 대해 실재론자들이 보여주고 있는 설명 속에는 서로 다른 세 개념이 담겨 있는 것이다. 그 개념들은 다음과 같다. 어떤 특별한 범주의 엔터티가 있다. 첫째, 그것은 that-절의 지칭체이다. 둘째, 그것은 긍정하거나 부정하는 행위의 대상이 된다. 셋째, 그것은 본질적으로 볼 때 진릿값의 소유자이다. 한 엔터티가 이 세 가지 역할을 수행한다는 사실을 뒷받침하기 위해 실재론자들은 다음과 같은 일련의 사실을 지적한다. that-절은 긍정하는 동사나 부정하는 동사의 목적어 기능을 한다. 그런데 바로 그 that-절이 '참', '거짓'이란 술어에 대한 주어 역할도 한다. 그래서 (3)~(6)에 대응해 우리는 다음과 같은 문장들을 가진다.

(8) 소크라테스가 용감하다는 것은 참이다.

    That Socrates is courageous is true.

(9) 메리가 가게에 간다는 것은 거짓이다.

    That Mary is going to the store is false.

(10) 2 더하기 2는 4라는 것은 참이다.

That two plus two equals four is true.

(11) 영국이 본선에 오르지 못했다는 것은 참이다.

That England failed to qualify is true.

지금까지 우리는 (3)~(11)에 있는 것과 같은 that – 절들의 지칭체를 진술이라고 불렀다. 그러나 문법적으로 볼 때 같은 종류의 that – 절들은 다음과 같은 동사들, 즉 말하는 행위/주장하는 행위/긍정하는 행위/부정하는 행위/진술하는 행위를 표현하지 않는 동사들의 직접 목적어로도 나타난다. 다음 문장들을 보자.

(12) 조는 어떤 이가 페르마의 마지막 정리를 증명했다고 믿는다.

Joe believes that someone has proved Fermat's last theorem.

(13) 힐러리는 클린턴이 재선될 것인지에 대해 의심한다.

Hilary doubts that Bill Clinton will be re-elected.

(14) 숀은 스퍼스가 좌천되는 것을 희망한다.

Sean hopes that Spurs will be relegated.

(15) 메리는 재정적자가 통제 불능 상태에 빠지는 것을 두려워한다.

Mary fears that the national deficit is out of control.

(12)~(15)의 that – 절들은 생각하는 방식들을 표현하는 동사의 직접 목적어 기능을 하고 있다. 당연히 실재론자들은 다음과 같이 주장한다. that – 절들이 그렇게 사용됨으로써, 우리는 어떤 사람이 믿는 바가 과연 무엇인지, 어떤 사람이 의심하는 바가 과연 무엇인지, 어떤 사람이 희망하거나 두려워하는 바가 과연 무엇인지를 확인하게 되는 것이다. 실재론자들에 따르면, 긍정

하거나 부정하는 행위의 대상이라는 기능을 하는 어떤 특별한 엔터티가 있다. 이와 꼭 마찬가지로 그들은 생각thinking의 대상이라는 기능을 하는 엔터티가 있다고 한다. 이러한 대상들은 각각 믿는 행위, 의심하는 행위, 희망하는 행위, 두려워하는 행위 그 자체가 아니다. 그 대상들은 이러한 행위 그 자체와는 다른 그 무엇이다. 또 그 대상들은 위의 각 행위에 동반되는 상상 혹은 내적 음성(즉 "혼잣말") 등과도 다른 그 무엇이다. 실재론자들의 주장에 따르면, 진술의 대상이 되는 그 무엇과 마찬가지로, 생각의 대상이 되는 그 무엇도 본질적으로(혹은 필연적으로) 참 아니면 거짓이다. 또 한 번 그들은 이러한 대상들의 특징을 각 행위의 본성이나 본질과 관련시킬 것이다. 즉 어떤 것을 생각한다는 것은 그 무엇이 어떠어떠한 것이라고 말하는 것이다. 혹은 그 무엇이 참이라고 말하는 것이다. 페르마의 마지막 정리를 누가 증명했음을 믿는다는 것은 페르마의 마지막 정리를 누가 증명했음이 참이라고 믿는 것이다. 클린턴이 재선될 것임을 의심하는 것은 클린턴이 재선될 것이라는 사실이 참임을 의심하는 것이다. 희망하는 행위, 두려워하는 행위도 이와 유사한 방식으로 설명될 수 있다.

다시 한 번 우리는 다음과 같은 주장을 얻게 되었다. 앞에서 말한 세 가지 조건을 충족하는 엔터티들이 존재한다. 그것들은 생각하는 행위의 대상, 즉 생각하는 사람이 생각하고 있는 바로 그 사물이다. 또 그것들은 that-절의 지칭체로서, 생각하는 방식들을 표현하는 동사와 연결되어 사용된다. 그리고 그것들은 본질적으로 참 아니면 거짓이다. 이러한 엔터티들이 수행하는 특별한 역할을 드러내기 위해 실재론자들은 이것을 생각/사유thought라고 불러왔다.[5] '진술'과 마찬가지로 '생각'도, 행위를 나타내는지 아니면 행위의 대상을 나타내는지에 관해 모호한 점을 갖고 있다. 그러나 지금 말하고 있는 엔터티, 즉 생각/사유는 행위 그 자체라기보다는 행위의 대상이라는 의미에서 이해되어야 하는 것이다.

이렇게 해서 우리는 서로 비슷한 논증 두 개를 갖게 되었다. 이 논증들은 각각 진술의 존재, 생각/사유의 존재를 주장하고 있다. 이 두 논증이 아주 비슷하다는 사실로 인해 다음과 같은 주장이 제기된다. 즉 첫 번째 논증에서 말하는 진술이라는 것과, 두 번째 논증에서 말하는 생각/사유라는 것 사이에는 매우 강한 관련성이 있다. 이 두 엔터티 모두 that-절을 자신의 이름으로 가진다. 이 둘 모두 본질적으로 진릿값의 소유자들이다. 이러한 사실들로부터 다음과 같은 "가설hypothesis"이 제기된다. 즉 여기서 우리는 서로 다른 엔터티 두 개를 갖고 있는 것이 아니다. 그것들은 하나인 것이다. 진술하는 행위의 대상은 생각하는 행위의 대상과 동일한 것이다. 나는 '가설'이란 단어에 큰따옴표를 쳤다. 거기에는 이유가 있다. 여기서 우리가 다루고 있는 것은 서로 다른 영역, 그리고 서로 관련 없는 두 영역 내의 이론적 엔터티들이 서로 동일하다고 주장하는 단순한 가설 이상의 그 무엇이다. 사실로 보자면, 우리가 긍정하거나 부정하는 그 무엇은 바로 우리가 생각하는 그 무엇인 것이다. 우리가 긍정하는 것은 우리가 믿는 것이고, 우리가 부정하는 것은 우리가 믿기를 거부하는 것이다. 이렇게 가정하지 않는다면 우리는 진술하는 행위가 어떤 의미를 갖는지조차 알 수 없을 것이다. 진술한다는 것은 어떤 이의 생각을 대중들 앞에 드러내는 것이다.

　그런데 만약 진술하는 행위의 대상과 생각하는 행위의 대상이 같다면, 이 두 행위에 각각 중립적으로 적용될 수 있는 어떤 이름을 상정하는 것이 좋지 않을까? 바로 이런 맥락에서 실재론자들은 '명제propositon'라는 이름을 갖다 붙였다. 하지만 '명제'라는 말이 단순히 이런 중립성 때문에 선호되어 온 것은 아니다. '진술'이나 '생각/사유'라는 용어는 우리를 호도할 수 있다. 우선 이 용어들은 우리가 실제로는 한 유형의 어떤 것을 갖고 있는데도 마치 우리가 두 유형의 어떤 것[행위와 행위의 대상]을 갖고 있다는 느낌을 준다. 거기에 더해서, 이 용어들은 진술의 대상, 생각의 대상이 되는 것들이 마치 행위에 의존하는 대상인 것처럼 느껴지게 한다. 어떤 것을 진술이라고 부른다고 해보자. 그때의 느낌은 그 어떤 것이 실제로 진술되지 않으면 안 될 것 같다는 것이다. 또 어떤 것을 생각/사유라고 부른다고 해보자. 그때의 느낌은 그 어떤 것은 반드시 생각하는 행위의 대상이 되어야만 한다는 것이다. 그러나 실재론자들은 다음과 같은 사실에 대해 확고한 입장을 보이고 있다. 즉 우리가 실제로 진술하는 것들은 사실 꼭 진술될 필요가 없다. 우리가 실제로 생각하는 것들은 사실 꼭 생각될 필요가 없다. 그러한 것들은 모두 언어 독립적이며language-independent 정신 독립적인mind-independent 추상적 엔터티들인 것이다. 이것들이 긍정되는 것, 부정되는 것, 믿어지는 것, 의심되는 것, 다시 말해 이러한 추상적 엔터티들이 이른바 명제 태도propositional attitudes의 대상이 되는 것은 단지 우연적인 일일 뿐이다. 사실 실재론자들은 다음과 같은 주장을 할 때 전형적인 모습을 보인다. 즉 진술하는 행위의 대상, 생각하는 행위의 대상은 영원히 존재하는 필연적 존재들이다. 그것들은 언제나 존재하며, 존재하지 않을 수 없다. 그렇다면 그림이 하나 그려지는 것이다. 모든 명제가 먼저, 우선적으로 존재한다. 그것들 중 어느 하나를 우리는 긍정하거나 믿는다. 따라서 우리가 긍정하거나 믿는다는 것은 먼저 존재하는 실재에 그저 "발 하나를 턱하니 딛는 것일 뿐이다." 명제가 진술되거나 생각된다는 것은 단지 우연적인 일이다. 그럼에도 실재론자들은 다음과 같이 생각한다. 즉 명제가 진술될 수 있는 것statable이라는 사실, 명제가 생각될 수 있는 것thinkable이라는 사실은 필연적인 사실이다. 실제로 실재론자들은 명제를, 어떤 사람에 의해 생각될 수 있다는 성질을 가진 그 무엇으로, 혹은 어떤 사람이 "마음속에 간직할 수 있는entertain" 그 무엇으로 정의하기도 한다.[6] 따라서 많은 명제가 아직까지 생각되지 않고 있을 수 있다 해도, 그것들은 어떤 사람에 의해 생각될 수 있는 것으로 항상 남아 있는 것이다. 그리고 그러한 명제들은 생각하는 모든 사람들에게서 똑같이 생각될 수 있는 것으로 남아 있다. 명제들은 상호 주관적으로 주어질 수 있는 것 intersubjectively available이며, 서로 다른 각 사람이 공통적으로 말하거나 생각하는 대상이 될 수 있는 것이다. 그렇기 때문에 의사소통이 가능한 것이며, 세계에 대한 공유된 개념화가 가능한 것이다. 나는 내가 믿는 것을 당신에게 진술할 수 있고, 또 그렇게 해서 당신도 그것을 믿게 될 수 있는 것이다.

　우리는 다음과 같은 사실에 대해 말했다. 본질적으로 볼 때, 명제 태도의 대상이 되는 것이 진릿값의 소유자이다. 이렇게 말한다고 해서 모든 명제가 자기 고유의 (정해진) 진릿값을 필연적/본질적으로 가진다고 해서는 안 된다. 물론 몇몇 명제는 자기 고유의 (정해진) 진릿값을 필연적으로 가진다. 어떤 명제들, 예컨대 '2 더하기 2는 4이다.' 등과 같은 명제는 필연적으로 참이다. 이러한 명제들은 참이며, 참이 되지 않을 수 없다. 또 어떤 명제들, 예컨대 '삼각형은 네 변을 가진다.' 등과 같은 명제는 필연적으로 거짓이다. 이러한 명제들이 참이 되는 것은 불가능하다. 그러나 또 다른 종류의 명제들이 있다. 물론 이것들이 어떤 진릿값의 소유자인 것은 분명하다. 하지만 이 명제들은 단지 우연적으로만 혹은 비필연적으로만 이러한 진릿값을 가진다. 그래서 어떤 명제들, 예컨대 '토니 블레어는 영국의 수상이다.' 등과 같은 명제는 우연적으로 참이다. 이러한 명제들은 참이다. 하지만 거짓인 것이 불가능한 것은 아니다. 또 어떤 명제들, 예컨대 '에릭 칸토나는 프랑스의 대통령이다.' 등과 같은 명제는 우연적으로 거짓이다. 이러한 명제들은 거짓이다. 그러나 참이 되는 것이 불가능한 것은 아니다. 필연적으로 참이거나 필연적으로 거짓인 명제들은 자신의 진릿값을 절대 변화시키지 않는다. 이것은 분명한 사실이다. 어떤 진릿값을 갖든 그러한 명제들은 영원히 그 진릿값을 가진다. 한편 어떤 사람은 이런 질문을 할 수 있다. 우연적으로 참이거나 우연적으로 거짓인 명제들이 자신들의 진릿값을 변화시킬 수 있는가? 사실로 보자면, 실재론자들은 이 질문에 대해 서로 다른 답을 내고 있다. 어떤 이들에 따르면, 이러한 명제들의 진릿값은 변할 수 있다. 그들에 따르면, '딘 지머맨이 자기 사무실로 뛰어가고 있다.' 같은 명제는 어떤 때는 참이고 어떤 때는 거짓이다. 반면에 다른 이들에 따르면, 모든 명제는 자신의 진릿값을 필연적으로 갖든 우연적으로 갖든 영원히 참이거나 영원히 거짓이다.[7] 이들에 따르면 명제는 자신 안에 시간, 장소 등과 같은 규정성features을 담고 있는 것이다. 내가 오늘 다음과 같은 문장을 발화한다고 해보자. 즉 "딘이 자기 사무실로 뛰어가고 있다." 그리고 다음 날 또 똑같은 문장을 발화한다고 해보자. 그렇다면 나는 서로 다른 명제들을 진술하고 있는 것이다. 두 명제는 서로 다른 진릿값을 가질 수 있다. 하지만 각 명제는 어떤 진릿값을 갖든 간에 그 진릿값을 영원히 가지는 것이다.

이 주제에서 대립하고 있기는 하지만 실재론자들은 다음과 같은 사실에는 서로 동의할 것이다. 즉 명제는 두 진릿값 중 하나를 가진다. 그리고 이러한 사실은 명제의 본질적 특성이다. 한편 실재론자들은 명제와 진릿값 사이의 관계에 대해 이보다 더 강한 주장을 하길 원해 왔다. 그들의 주장에 따르면, 명제는 본질적으로 진릿값의 운반체vehicles이기는 하지만, 그뿐만이 아니다. 거기에 더해, 명제는 참, 거짓의 가장 기본적인primary 소유자인 것이다. 실재론자들은 다음과 같은 사실을 인정한다. 즉 우리는 명제 외의 다른 것들에 대해서도 그것들이 참이거나 거짓이라고 한다. 우리는 문장이 참이거나 거짓이라고 말한다. 또 우리는 정신적 활동들, 정신적 상태들, 예를 들어 믿음 같은 것들에 대해서도 그것들이 참이거나 거짓이라고 말할 수 있다. 이 지점에서 실재론자들이 말하고 싶어하는 것은 다음과 같은 사실이다. 즉 이러한 것들이 참이거나 거짓이라고 하는 것은 파생적 의미에서 그런 것이다. 어떤 문장이 참이거나 거짓이라고 말할 때 그 말이 뜻하는 것은 그 문장이 표현하는 명제가 참이거나 거짓이라는 것이다. 어떤 믿음이 참이거나 거짓이라고 말할 때 그 말이 뜻하는 것은 다음과 같은 것이다. 믿음은 한 대상을 가지는데, 그 대상이 바로 명제이다. 그리고 그 명제가 바로 진릿값을 갖는 것이다.

따라서 명제는 진릿값의 기본적 소유자이다. 실재론자들은 이렇게 주장한다. 명제가 진릿값의 기본적 소유자이므로, 그것들은 논리적 관계의 각 항 기능을 한다. 예를 들어 명제들은 필연적 함축entailment, 양립 가능 compatibility, 양립 불가능incompatability 등과 같은 논리적 관계들의 각 항 기능을 한다. 어떤 것이 다른 것을 필연 함축한다는 말은 앞의 것은 참인데 뒤의 것은 거짓인 것이 불가능하다는 뜻이다. 어떤 것과 다른 것이 양립 가능하다는 말은 이것들 모두가 참인 것이 가능하다는 뜻이다. 여기서 이러한 관계들 양쪽에서 각각 기본적 역할을 하는 것들은 참 혹은 거짓의 운반체들 carriers이다. 다시 말해 그것들은 명제들이다. 명제들이 다양한 논리적 관계에 놓이므로 그 명제들은 논리학의 주된 재료가 되는 것이다.

앞에서 말했듯이 실재론자들의 견해에 따르면 that-절은 명제를 자신의 지칭체로 가진다. 실재론자들은 that-절을 복합 단칭 용어complex singular term, 즉 다른 언어적 표현들로부터 구성된 단칭 용어로 이해한다. 실재론자들은 분명 that-절을 명제와 지칭적으로 연결된 단칭 용어로 간주한다. 그러나 실재론자들은 that-절이 적어도 어떤 측면에서는 다음과 같은 특징을 지닌다고 강조한다. 즉 that-절들은 다른 단칭 용어들과는 다른 방식으로 작동한다. '인디애나 주에서 가장 큰 사람'이라는 단칭 용어를 한번 보자. 그리고 이 용어가 자신의 지칭체로서 인디애나 주 오솔라 출신의 키 7피트 4인치의 농구 선수 샘 스몰을 가진다고 해보자. 이제 이 단칭 용어의 한 부분을 이루고 있는 '인디애나 주' 대신, 다른 언어적 표현을 넣어보자. 이때 다른 그 언어적 표현은 '인디애나 주'와 같은 지칭체를 가져야 한다. 예를 들면, '미국의 열아홉 번째 주'가 그러한 언어적 표현이 될 것이다. 이렇게 대체한 결과 우리는 '미국의 열 아홉번째 주에서 가장 큰 사람'이라는 단칭 용어를 얻게 되며, 이 단칭 용어는 여전히 샘 스몰을 지칭하게 된다. 같은 지칭체를 갖는 용어들coreferential term을 서로 대체했을 때, '인디애나 주에서 가장 큰 사람'과 같은 단칭 용어의 지칭체는 변함없이 그대로 유지된다. 그러나 that-절의 경우 사정은 완전히 달라진다. that-절을 이루는 한 용어가 그 용어와 같은 지칭체를 갖는 용어로 교체될 경우, 그 that-절은 자신의 지칭체를 계속 유지할 수 없다. '샘 스몰은 하버드 대학의 입학 허가를 받았다.'라는 언어적 표현이 지칭하는 명제가 있다고 하자. 이 명제는 '인디애나 주에서 가장 큰 사람은 미국에서 가장 유망한 대학의 입학 허가를 받았다.'라는 언어적 표현이 지칭하는 명제와 서로 다른 명제이다. 이 점이 의심스럽다면 다음과 같은 사실, 즉 이 두 명제의 진릿값이 서로 다를 수 있다는 사실에 주목하기 바란다. 7피트 7인치의 배구 선수가 일리노이 주에서 인디애나 주로 이사 왔다고 가정해 보자. 혹은 경영 실수로 기부금이 바닥나 하버드 대학의 유망한 학과들 여럿이 문을 닫을 지경에 이르렀다고 해보자. 이런 상황에서, 샘 스몰이 하버드 대학의 입학 허가를 받았다는 명제는 여전히 참이지만, 인디애나 주에서 가장 큰 사람은 미국에서 가장 유망한 대학의 입학 허가를 받았다는 명제는 거짓으로 드러나는 것이다. 그리고 이 둘이 서로 다른 진릿값을 가질 수 있다면, 이 두 명제는 같은 명제가 될 수 없는 것이다.[8]

이제 실재론자들은 that-절의 이러한 특이함이 명제 태도에 관한 어떤 사실을 설명해 준다고 생각한다. 그러한 사실은 달리 설명될 경우 매우 혼란스러운 사실이 되겠지만, that-절의 특수성은 그러한 사실을 잘 설명해 준다고 실재론자들은 생각한다. 하버드 대학의 입학과 직원이 지원자들의 신체적 특성은 고려치 않겠다는 학칙을 세웠다고 가정해 보자. 그렇다면 그는 샘 스몰이 입학 허가를 받았다고 충분히 믿을 수 있지만, 반면에 그는 인디애나 주에서 가장 큰 사람이 입학 허가를 받았다고 믿지 않을 수 있다. 그런데 어떤 사람은 어떻게 입학과 직원이 그렇게 믿을 수 있는지 의문을 품을 수도 있다. 샘 스몰은 인디애나 주에서 가장 큰 사람과 동일한 사람이다. 따라서 이 사람의 논증은 다음과 같이 진행되어야 할 것 같다. 샘 스몰이 입학 허가를 받았다고 믿는 것은 인디애나 주에서 가장 큰 사람이 입학 허가를 받았다고 믿는 것과 같다. 따라서 입학과 직원이 하나는 믿고 다른 하나는 믿지 않는 일을 할 수는 없다. 이 지점에서 실재론자들은 이렇게 주장할 것이다. 위 사람에게서 나타나는 오류는 다음과 같은 잘못된 가정 때문에 발생하는 것이다. 즉 that-절의 지칭체는 그 절을 구성하는 [요소]용어들의 지칭체에 의해 결정된다는 잘못된 가정. 다음 문장들을 보자.

'샘 스몰은 하버드 대학의 입학 허가를 받았다.'
'인디애나 주에서 가장 큰 사람이 하버드 대학의 입학 허가를 받았다.'

이 두 문장의 앞부분을 구성하는 용어들은 같은 지칭체를 가진다. 그러나 위의 두 문장은 자신의 지칭체로서 서로 다른 명제들을 가진다. 따라서 입학과 직원이 이 중 한 문장의 지칭체는 믿고, 다른 문장의 지칭체는 믿지 않는다 해도 아무런 문제가 없는 것이다.

실재론자들은 다음과 같이 주장한다. that-절의 이런 의미론적 사실들은 that-절의 지칭체인 명제가 가진 범주적 특성들을 기반으로 하는 것이다. 명제는 세계에 대한 그림/표상representations이다. 그것은 세계 안에 있는 사물들을 이런저런 방식으로 그려낸다/표상한다represent.9 따라서 한 명제가 어떠어떠하다는 것identity of proposition은 대상이 어떠어떠하다는 것에만 의존하는 것이 아니다. 한 명제가 어떠어떠하다는 것은 그 명제가 대상을 어떤 방식으로 그려내는가에도 의존하는 것이다. 우리는 어떤 that-절 안에 있는 언어 표현 하나를 그와 동일한 지칭체를 갖는 또 다른 언어 표현으로 바꿔 넣을 수 있다. 그때 새로 대체된 언어 표현은 이전 언어 표현이 보여주고 있지 않던 새로운 모습을 보여주게 된다. 따라서 우리는 이전과는 다른 새로운 명제의 이름(즉 새로운 문장)을 얻게 되는 것이다. 우리가 얻은 새로운 that – 절은 어떤 것(즉 명제)을 지칭하는데, 그 어떤 것은 아까의 것과는 다른 방식으로 세계를 그려내는 것이다. 이렇게 볼 때, 명제들은 그것들이 어떤 방식으로 세계를 그려내느냐에 따라 명제들 각각으로 분화되고, 또 서로 다른 명제들로 구분되는 것이다.

이제 명제의 본성이 무엇인지에 관한 물음에 답할 준비가 되었다. 실재론자들은 명제 같은 것들이 존재한다고 주장한다. 그렇게 주장할 때 그들이 말하고자 하는 것은 이런 것이다. 즉 어떤 특별한 범주에 속하는 엔터티들이 존재하는데, 그 엔터티들은 긍정하는 행위, 부정하는 행위, 생각하는 행위 등의 대상이 된다. 이러한 엔터티가 지금 현재적으로actually 긍정되거나 생각된다는 것은 그 엔터티에 관한 우연적인 사실일 뿐이다. 그러나 이러한 각 명제가 긍정될 수 있는 그 무엇이라는 것, 생각될 수 있는 그 무엇이라는 것은 명제에 관한 필연적 사실인 것이다. 실재론자들은 이런 특별한 종류의 엔터티들을 다음과 같이 특징짓는다. 이것들은 추상적 엔터티들로서 영원히, 필연적으로 존재하는 것들이다. 그들이 명제라고 부르는 이러한 엔터티들은 사람들 각자가 공통적으로 말하거나 생각할 수 있는 것이다intersubjectively available. 따라서 세계에 대해 공통적으로 개념화된 바로 이러한 것들이 우리로 하여금 서로 소통할 수 있도록 해주는 근간이 되는 것이다. 그들이 말하는 바에 따르면, 바로 이러한 것들이 그 본질 면에서 진리의 운반체들이며 진릿값의 소유자들이다. 이것들은 참 값 혹은 거짓 값을 가질 수 있는 가장 기본적인 것, 즉 다른 것으로부터 파생된 것이 아닌 것들이다. 따라서 이것들은 가장 우선적으로는 다양한 논리적 관계에 놓이는 것들이다. 마지막으로, 실재론자들이 주장하기를, 이러한 엔터티들이 바로 that – 절의 지칭체이며, that – 절의 논리적 작동 방식은 명제들의 가장 핵심적인 특징들을 보여주고 있다. 즉 각 명제는 세계에 대한 나름의unique 그림들인 것이다.

명제의 존재를 지지하는 사람들은 이와 같은 근본적인 쟁점들에 대해 일치된 모습을 보인다. 그러나 그들이 모든 면에서 일치를 보이는 것은 아니다. 그들이 한 목소리를 내지 않고 있는 어떤 주제에 대해서는 앞에서 이미 언급했다. 어떤 이들은 모든 명제가 자신의 진릿값을 영원히 변치 않고 가진다고 주장한다. 반면 다른 이들은 적어도 어떤 명제들의 진릿값은 시간에 따라 변한다고 생각한다. 불일치가 발생하고 있는 또 다른 영역이 있다. 이러한 불일치는 명제라는 개념과, 문장의 의미라는 개념 사이에 어떤 관계가 있느냐 하는 문제를 둘러싸고 발생한다. 명제를 지지하는 어떤 사람들은 명제가 평서문의 의미 기능을 한다고 주장한다.[10] 이런 견해에 따르면, 명제는 다음과 같은 것이다. 우선 평서문이 하나 있다고 하자. 또 그 평서문이 갖는 의미와 똑같은/동일한 의미를 갖는 그 밖의 모든 평서문이 있다고 하자. 명제란 그 하나의 평서문, 그리고 그것과 의미를 공유하는 모든 평서문이 공통적으로 갖는 그 무엇이다. 명제를 이런 식으로 바라보는 사람들은 다음과 같이 주장한다는 점에서 전형적이다. 즉 명제는 구조를 갖는데, 그 구조는 그 명제를 표현하고 있는 문장의 구조와 유사하다analogous. 이들에 따르면, 명제는 자신을 구성하는 것으로서 의미들을 가진다. 명제를 이런 식으로 개념화하는 것은 그들이 다음과 같은 생각을 갖고 있기 때문이라고 주장된다. 즉 명제들은 서로 다른 여러 방식으로 세계를 그려내는portray or present 그 무엇이다. 여기서 최초의 주장은 이런 것이다. 만약 명제라는 것이 세상을 그려내는 그 무엇이라면, 그 명제라는 것은 어떤 의미론적인 것, 즉 세계를 가리키는 무엇이어야 할 것이다. 그 다음으로는 명제와 그 명제를 표현하는 문장 사이의 긴밀한 관계에 초점이 맞추어진다. 알다시피 문장은 언어적 표현이다. 그리고 문장이라는 언어적 표현은 그보다 더 단순한 언어적 표현들로부터 구성된 것이다. 그런데 문장은 의미를 가진다. 그리고 그 문장을 이루는 더 단순한 언어적 표현들도 각기 의미를 가진다. 이때 한 문장이 갖는 의미는, 그 문장을 이루는 더 단순한 언어적 표현들이 갖는 각 의미로부터 함수적으로 결정된다. 그렇다면 다음과 같이 생각하는 것이 그럴듯할 것이다. 문장은 의미를 갖는데(즉 명제), 그 명제는 의미론적으로 더 기본적인 구성요소들을 가진다. 이제 한 문장이 있다. 그리고 그 문장을 구성하는 더 단순한 언어적 표현들이 있다. 한편 그 문장에 의미를 제공해 주는 명제가 있다. 그리고 더 단순한 언어적 표현들 각각에 해당하는 의미가 있다. 단순한 언어적 표현들은 복합적인 언어적 표현(문장)을 구성하며, 단순한 표현들에 해당하는 의미들은 복합적인 언어적 표현(문장)에 해당하는 의미(명제)를 구성한다. 명제를 이런 식으로 개념화하는 사람들은 다음과 같이 주장하게 된다. 이러한 사실에 근거해 우리는 that-절의 독특한 작동 방식을 의미론적으로 설명해 낼 수 있다. 그 설명은 다음과 같은 방식으로 진행된다. 명제는 문장의 의미이다[명제-문장]. 그리고 명제를 이루고 있는 요소들은 문장을 이루고 있는 요소들이 갖는 의미들이다[명제의 요소-문장의 요소]. 그렇다면 다음과 같은 물음에 대해 답하는 것은 쉬운 일이 된다. 즉 that-절 안에 있는 한 용어를, 그 용어와 동일한 지칭체를 가지는 다른 용어로 대체할 경우, 왜 전체 that-절의 지칭체가 그대로 유지될 수 없는가? 같은 사물을 지칭하고 있는 용어들이라 하더라도, 서로 다른 의미들을 가질 수 있다. 따라서 '샘 스몰'이란 언어적 표현과 '인디애나 주에서 가장 큰 사람'이란 언어적 표현은 같은 사람을 지칭하고 있지만, 그럼에도 그것들은 의미가 서로 다르다. 따라서 that-절 안에서 이것들을 교체하면, 우리는 that-절의 의미를 바꾸게 되는 것이다. 명제에 관한 이런 의미론적 관점에서 봤을 때, 우리가 that-절 안의 용어를 다른 용어로 바꾸면 that-절의 지칭체를 바꾸게 되는 것이다. 즉 that-절 안의 용어를 다른 용어로 바꾸면, 새로운 that-절은 새로운 명제를 가리키게 되는 것이다.

명제에 관한 이런 의미론적 해석은 많은 인기를 끌어왔고, 또 매우 영향력 있는 이론으로 자리 잡아왔다. 그러나 이러한 해석이 명제 존재론을 채택하는 모든 사람에게 받아들여져 온 것은 아니다.[11] 첫째, 명제가 구성 요소들을 갖는 구조화된 엔터티라는 개념에 관해 여러 가지 비판이 있어왔다. 그 주장은 이렇다. 명제에 대한 이런 구성적 설명 방식은 범주 오류이다. 이것은 혼동으로 가게 될 뿐이다. 알다시피 명제는 물리적 대상이 아니다. 그것은 추상적 엔터티이다. 추상적 엔터티는 구성 요소를 갖거나 부분을 갖는 사물이 아니다. 둘째, 다음과 같은 점이 주장되어 왔다. 즉 명제와 문장의 의미를 동일시한다면, 우리는 명제라는 개념이 갖는 그 밖의 핵심적인 측면들에 대한 설명에서 잦은 충돌을 보게 된다. 이렇게 해서 그들은 다음과 같은 사실을 주장한다. 우리는 의미를 긍정하거나 부정하는 것이 아니다. 우리는 의미를 믿거나 희망하거나 두려워하는 것이 아니다. 우리는 의미가 참이나 거짓이라고 말할 수 없다. 다음과 같은 사실을 보자. 한 문장, 예컨대 '나는 지금 여기에 있다.' 같은 문장은 변치 않는 의미 하나를 드러내고 있다. 그럼에도 그 문장은 서로 다른 여러 사람이 서로 다른 여러 명제를 긍정할 때 잘 사용될 수 있다. 이러한 사실이 보여주는 바는 다음과 같다. 즉 명제는 문장의 의미가 아니다. 이렇듯이 명제 존재론을 채택하는 사람들 사이에도 상당한 의견차가 있다. 이처럼 자기들 사이에서도 논쟁이 있기는 하지만, 명제를 지지하는 사람들은 여러 공통 기반을 공유하고 있으며, 그 공통기반은 명제라는 개념에 대해 심기가 불편한 사람들의 표적이 되고 있다.

명제에 관한 유명론적 입장

보편자에 관한 앞의 논의를 떠올려보면, 우리는 명제에 관한 유명론자들의 비판이 대략 어떤 방향으로 흐를지 짐작할 수 있다. 우리는 허풍스러운 존재론, 바로크식 형이상학, 이상하고도 신기한 추상적 엔터티들에 대한 낮

익은 여러 비난을 발견하게 된다. 또 우리는 "두 세계" 존재론에 대한, 그리고 이러한 존재론이 낳고 있는 인식론적 문제들에 대한 불평들과도 만나게 된다. 한편으로는 사물들을 구체적이며 시-공간적 규정을 갖는 것들로 나누고, 또 다른 한편으로는 추상적이며 시-공간적 규정을 갖지 않는 것들로 나누는 이론은 이 두 유형에 속하는 엔터티들이 서로 어떤 인과 관계를 맺는지 적절히 설명하지 못한다. 결국 이러한 존재론은 우리 같은 구체적 존재들이 어떻게 추상적 엔터티에 인식적으로 접근할 수 있는가 하는 문제를 신비스러운 채 남겨 두게 되는 것이다. 그리고 이러한 비판은 현재 우리의 맥락에서 다음과 같은 사실을 덧붙인다. 위에서 본 어려움은 아주 위급한 문제이다. 왜냐하면 이 어려움은 다음과 같은 사실을 암시하기 때문이다. 즉 명제 존재론에는 명제를 도입함으로써 설명하고자 한 바로 그 사실을 납득할 만하게 해결해 주는making sense 근거가 없다. 어떤 설명? 바로 인간 사유, 의사소통의 가능성에 대한 설명 말이다. 명제에 대한 또 다른 반론들 역시 우리에게는 친숙하다. 예를 들어 명제는, 그 명제라는 것을 상정함으로써 설명하고자 하는 현상에 거꾸로 의존해서만 그것이 무엇인지가 결정될 수 있는 것이다. 따라서 명제라는 것들을 상정해서 하는 설명은 그저 가짜 설명일 뿐이다. 실재론자들은 다음과 같은 사실들을 늘어놓는다. 주장하는 행위에 대한 대상, 생각하는 행위에 대한 대상들이 있다. 진릿값에 대한 상호주관적 소유자가 있다. that-절은 자신의 지칭체를 필요로 한다. 따라서 명제들이 존재하는 것이다. 그러나 명제라는 것이 무엇인지를 말할 수 있으려면 우리는 반드시 이러한 사실들[사유 행위의 대상, 진릿값에 대한 상호주관적 소유자, that-절의 지칭체 등]에 의존해야 하는 것이다. 따라서 명제들을 도입한다는 것은 잠이 오게 하는 힘virtus dormitiva에 의존하겠다는 말인 것이다. 마지막으로, 명제를 도입하면 우리는 오컴의 면도날이라는 원리를 위반하게 되는 것이다. 이와 관련된 비판은 이런 것이다. 형이상학자들은 명제가 배제된 이론을 가지고서도, 실재론자들이 관심 갖는 모든 현상을 잘 설명할 수 있다. 이런 의미에서 보자면 명제라는 것을 상정하는 이론은 쓸데없이 엔터티를 너무 많이 상정하는 이론인 것이다.

이 마지막 반론은 명제라는 것을 선호하는 사람들과, 명제라는 것을 싫어하는 사람들 사이에서 진행되는 논쟁의 핵심을 이룬다. 명제를 싫어하는 사람들은 이 반론을 지지하기 위해 다양한 설명들을 발전시켜 왔다. 지금까지 가장 인기가 높았던 전략은 다음과 같이 주장하는 것이다. 즉 실재론자들은 명제라는 것에 대해 자신이 어떤 것을 말하고 있다고 주장하지만, 실제로 그들이 말하고 있는 것은 문장에 대한 것이다. 문장에 대해 메타 언어적 주장을 하고 있으면서도 그들은 명제에 관해 어떤 것을 주장한다고 잘못 말했다는 말이다. 여기서 메타 언어적 유명론자들은 전술을 하나 택하는데, 그 전술을 통해 그들은 다음과 같이 주장한다. 이론가들은 가장 먼저 진릿값의 소유자가 무엇인지를 밝혀야 한다. 그래서 메타 언어적 유명론자들의 주장은 이러한 것이다. 진릿값의 소유자가 문장일 수 없다는 실재론자들의 주장은 틀린 주장이다. 우리는 앞에서 실재론자들이 진릿값의 소유자에 대한 자신의 주장을 펼치기 위해 사용한 논증을 간접적으로나마 이미 보았다. 그러한 논증 중 하나는 이런 것이다. 한 문장은 참도 표현하고, 또 거짓도 표현할 수 있다. 따라서 문장이 아닌 그 무엇이 진리를 운반하는 운반체인 것이다. 실재론자들은 이러한 사실의 표준적인 예로서 다음과 같은 문장을 제시한다.

(13) 나는 네가 방금 있었던 곳에 간다.

I am going where you have just been.

문장 (13)은 어느 상황에서는 참을 표현하지만, 또 다른 상황에서는 거짓을 표현한다. 실재론자들은 다음과 같이 주장한다. 진릿값의 가장 기본적인 소유자가 문장이라고 한다면 우리는 다음과 같은 만족스럽지 못한 결론을 얻게 된다. 즉 (13)은 참인 동시에 거짓이다.[12]

메타 언어적 접근법을 취하는 사람들은 다음과 같이 주장한다. (13)과 같은 문장을 예로 든다고 해서, 문장이 진릿값의 운반체가 될 수 없다는 사실이 입증되는 것은 아니다. 이런 예가 보여주는 것은 단지 문장들이 진릿값을 절대적으로는 가질 수 없다는 사실뿐이다. (13)과 같은 문장의 문제점은 그것이 상황지시어indexical를 포함하고 있다는 것이다.(상황지시어란 '나', '너', '여기', '지금' 같은 언어적 표현들을 말한다. 이러한 용어들이 지시하는 것은 그 용어들이 발화되는 상황에 의존한다. 예컨대 말하는 이가 누구냐, 듣는 이가 누구냐, 언제 발화가 이루어지느냐, 어디서 발화가 이루어지느냐 등의 상황 말이다.) 여기서 메타 언어적 접근법을 취하는 사람은 다음과 같은 사실을 지적한다. (13) 같은 문장에는 상황지시어가 들어 있다. 이런 경우, 우리는 언제나 어떤 것들이 상황을 결정하는 요인이 되는지를 규정할 수 있고, 따라서 상황지시어들이 무엇을 지시하고 있는지를 규정할 수 있다. 이렇게 하면 우리는 다음과 같이 말할 수 있게 된다. 상황을 결정하는 요인들과 관련해서 그 문장은 고정된 진릿값을 가진다. 따라서 (13)과 같은 문장들이 보여주는 사실은 문장들이 진릿값을 갖지 않는다는 것이 아니다. 이러한 문장들이 보여주는 것은 단지 다음과 같은 것이다. (13)과 같은 문장들은 오직 발화되는 상황과 관련해서만 진릿값을 가진다.[13]

참 값, 거짓 값을 줄 때 그것을 문장이 발화되는 상황과 관련시킨다면, 우리는 진릿값의 운반체로서의 명제를 도입할 필요가 없다. 그러나 여러 가지 명제 태도를 표현하는 문장들의 경우에는 어떠한가? 메타 언어적 전술을 채택하는 사람들은 다음과 같은 부류의 문장들을 처리해 낼 수 있을까?

(14) 존은 2 더하기 2는 4라는 것을 믿는다.

John believes that two plus two equals four.

여기서 색다른 점은 위의 문장이 사람과 문장을 연결시키는 관계를 보여준다는 점이다. 여기서도 문장들은 그것이 발화되는 상황과 관련지어져야 한다. 하지만 논의를 쉽게 하기 위해서 이런 복잡한 것은 옆에 치워두자. 명제를 싫어하는 철학자들이 사람과 문장 사이의 관계에 대해 말할 수 있는 방식 하나가 콰인Quine에 의해 제안되었다.[14] 그의 제안은 이러하다. '믿는다 -참believes-true'이라는 술어를 도입하자. 그리고 (14)는 다음과 같이 분석되어야 한다.

(14-a) 존은 믿는다-참 '2 더하기 2는 4이다'.
John believes-true 'Two plus two equals four'.

만약 '말한다-참says-true', '희망한다-참hopes-true', '두려워한다-참 fears-true' 등과 같은 술어를 도입한다면 우리는 (14) 문장에 대한 설명을 일반화해 모든 명제 태도를 설명할 수 있을 것이다.

하지만 콰인은 이러한 설명을 내켜하지 않는다. 왜 그런지 아는 것은 어렵지 않다. 한 가지 문제는 다음과 같은 것이다. 이러한 설명이 도입하고 있는 새로운 술어는 어떻게 이해되어야 하는가? 어떤 문장을 믿는다-참 한다는 것이 무슨 말인가? 여기서 어떤 어려움이 나타나는지 깨닫지 못하는 독자가 있다면, 그는 아마 문장 (14-a)를 다음과 같이 이해하기 때문에 그러할 것이다.

(14-b) 존은 '2 더하기 2는 4이다.'라는 문장이 참이라는 것을 믿는다.
John believes that the sentence 'Two plus two equals four.' is true.

그런데 문제는 '믿는다-참'이라는 술어를 도입할 때 그 핵심 전략이 다음과 같은 것이라는 것이다. 즉 (14)와 같은 문장 안에는 명제에 대한 명백한 지칭[that-절]이 나타나므로, 그것을 제거해 버리자! 따라서 (14-a)는 (14-b)로 이해되어서는 안 된다. 왜냐하면 원래의 (14) 못지않게 (14-b)에는 명제에 대한 명백한 지칭[that-절]이 나타나기 때문이다. 즉 '2 더하기 2는 4이다.'라는 문장이 참이라는 명제.

하지만 메타 언어적 전술을 취하는 사람들은 '믿는다-참'과 같은 술어들을 극단적 행동주의자들의 용어로써 설명해 낼 수도 있을 것이다. 혹 그들은 이러한 술어들을 기본적인primitive 것으로 간주하자고 주장할 수도 있을 것이다. 그러나 메타 언어적 이론가들이 이 새로운 술어들을 의미 있게 만드는 데 성공할지라도, 그들에게는 해결해야 할 또 다른 문제가 남아 있다. 문장 (14)에 관해 메타 언어적 이론가들이 우리에게 말하는 바는 이렇다. 즉 문장 (14)는 다음과 같은 사실을 주장하는 문장이다. 어떤 사람이 있고(존), 어떤 문장이 있다('2 더하기 2는 4이다.'). 그래서 이 둘은 어떤 관계(믿는다-참 관계)를 이룬다. 따라서 한국어를 사용하는 우리가 문장 (14)를 발화한다면, 우리가 말하고 있는 것은 결국 어떤 한국어 문장이다. 그런데 (14)와 의미가 같은 프랑스어 문장은 어떠한가? 메타 언어적 이론가들은 아마 이렇게 말할 것이다. 존이 있고, 'Deux et deux font quatre.'라는 프랑스어 문장이 있다. 그리고 존은 그 문장과 관련해 믿는다-참 관계에 놓인다. 프랑스어를 쓰는 사람이 자신이 전혀 이해하지 못할 수도 있는 언어권의 어떤 문장을 현재 말하고 있다는 것은 기대할 수 없는 일이다. 그렇다면 우리는 불만족스러운 결론을 얻게 되는 것이다. 한국어를 사용하는 우리가 다음과 같이 말한다고 해보자. 존이 2 더하기 2는 4라고 믿는다고. 이렇게 말할 때, 우리는 존에 대해 어떤 것을 말하고 있는 것이다.[존은 믿는다-참 '2 더하기 2는 4이다.'(이 경우 한국어가 메타 언어이다.)] 반면에 프랑스어를 사용하는 사람이 (14)를 프랑스어로 번역해 말한다고 해보자. 프랑스인이 그렇게 말할 때, 그는 존에 대해 무언가를 말하고 있는 것이다.[John croit-vrai '2 더하기 2는 4이다.'(이 경우 프랑스어가 메타 언어이다.)] 이 둘은 완전히 다른 것이다. 결국 2 더하기 2는 4라는 것을 믿는다는 것은 한국어를 사용하는 사람에게는 어떤 것이겠지만, 프랑스어를 사용하는 사람에게는 이와는 전혀 다른 그 무엇인 것이다.

　이러한 어려움은 우리가 이미 보아온 것이다. 속성, 종, 관계 등에 관한 말처럼 보이는 것들에 대해 메타 언어적 유명론자들이 어떤 식으로 설명해 내는가를 논할 때(2장) 우리는 이미 이러한 어려움에 대해 살펴보았다. 그 어려움은 이런 것이다. 추상적 엔터티에 관한 단어에 대해 말할 때, 우리는 어떤 특정 언어에 구속될 필요가 없었다. 하지만 그것들을 메타 언어적으로 처리하고자 할 경우, 우리는 각 특정 언어에 구속되는 것이다. 앞에서 우리는 이러한 어려움을 해결하기 위해 셀라스의 점표dot quotation 표기법을 채택했다. 이 표기법을 사용함으로써 우리는 각 특정 언어를 가로지르는 메타 언어적 표현법을 만들어낼 수 있었다. 아마 지금의 맥락에서도 점표 표기법이 도움을 줄 수 있을 것이다. 점표가 어떻게 사용되는지 다시 한 번 생각해 보자. 'T'라는 용어에 점표 표기법을 적용하면, 우리는 일반 명사 ·T·를 얻는다. 이 ·T·는 특정 언어에 관계없이 모든 언어적 표현과 관련해 사용될 수 있다. 즉 그 언어적 기능 면에서 점표 안에 있는 용어와 똑같은 역할을 하는 모든 언어적 표현과 관련해 ·T·는 참되게 사용될 수 있다. 지금의 경우, 셀라스의 표기법을 이용하려면 우리는 점표를 완전한 문장들 좌우에 찍어야 할 것이다. 셀라스가 우리에게 말해 주는 결과는 이렇다. 우리는 일련의 메타 언어적 표현들을 얻는다. 그리고 이것들은 실재론자들이 명제의 존재론에 기대어 설명한 현상들 모두를 잘 다룰 수 있게 해준다.[15] 다음과 같은 문장을 보자.

(15) 2 더하기 2는 4라는 것은 참인 명제이다.

   That two plus two equals four is a true proposition.

이 문장은 다음과 같이 분석된다.

(15-a) · 2 더하기 2는 4이다 · 들은 참인 평서문들이다.

   · Two plus two equals four · s are true declarative sentences.

그리고 다음과 같은 문장을 보자.

(16) 존은 2 더하기 2는 4라고 말한다.

   John says that two plus two equals four.

이 문장은 다음과 같이 읽을 수 있다.

(16-a) 존은 · 2 더하기 2는 4이다 · 를 발화한다.

   John assertively utters a · two plus two equals four · .

그 밖의 명제 태도적 동사들propositional attitudes을 다룰 경우에는 약간 더 복잡하다. that-절을 말하는 것은 that-절을 공개적으로 발화하는 것이다. 그러나 그것을 믿는 것, 희망하는 것, 두려워하는 것은 그렇지가 않다. 그럼에도 셀라스는 다음과 같이 주장하기를 원한다. 이 모든 것은 한 개인이 어떤 언어적 표현을 "개별화하는tokening" 활동이다. 여기서 셀라스는 생각한다는 것에 관한 자신의 이론을 암시하고 있다. 그에 따르면, 생각한다는 것은 내적으로 말하는 것inner speech이다. 여기서 핵심 개념은 셀라스가 오컴에게 빌려온 것이다. 그 개념은 이렇다. 생각한다는 것은 일종의 "자기 자신에게 말하기talking to oneself"이다. 대중적 언어에 대해 말할 때, 거기에는 어떤 기능을 하는 특성들이 작동하고 있다. "자기 자신에게 말하기"도 이러한 기능을 갖는 그 무엇을 포함하고 있다. 따라서 점표 표기법은 말해진 혹은 필기된 단어들뿐만 아니라 생각된/정신적mental 단어들에도 적용되는 것이다. 셀라스는 사유의 언어language of thoughts를 멘탈레스Mentalese라고 부른다. 그리고 그는 이렇게 말한다. 믿음 등과 같은 명제 태도적 동사들을 문장 앞에 놓는 것은 멘탈레스 표현들(즉 사유적인 언어 표현들)을 개별화하는 행위에 관해 어떤 것을 말하는 것이다.[16] 그래서 (14)는 다음과 같이 분석된다.

> (14-c) 존은 멘탈레스 ·2 더하기 2는 4이다 · 를 개별화한다.(혹은 개별화하는 쪽으로 정향되어 있다.)
>
> John tokens(or is disposed to token) a Mentalese ·two plus two equals four ·.

여기서 핵심 개념은 이렇다. 실재론자들은 that-절을 단칭 용어로 간주하고는, 그 용어가 정신 독립적, 언어 독립적인 추상적 엔터티의 이름이라고 주장했다. 그러나 셀라스의 주장에 따르면 that-절이 실제로 하고 있는 일은 평서문을 잡아내는 것이다. 그리고 그 평서문을 잡아낼 때, that-절은 점표에 의해 포착되는 범언어적 표현functional classifications을 통해 그렇게 하는 것이다. 명제 태도적 동사들에 대해 메타 언어적으로 설명하고자 한 처음 시도들의 어려움을 이러한 설명이 어떻게 극복하고 있는지 이제 명확해졌다. 셀라스는 명제 태도적 동사들과 결부된 문장들을 기능적인 측면에서 이해했다. 그것들은 어떤 특정 언어와 관련된 것이 아니다. 따라서 셀라스는 다음과 같은 사실을 보여주는 데 성공했다. 즉 각각 서로 다른 언어권에서 만들어진 문장들 앞에 명제 태도적 동사를 붙일 때에도 우리는 동일한 문장 앞에 그러한 동사들을 붙인다고 말할 수 있다.

셀라스의 설명이 매우 풍요롭고 강력한 이론이기는 하지만, 그 자체에 문제점이 없는 것은 아니다. 명제와 같은 것들을 제거하기 위해 프라이어Arthur Prior가 발전시킨 전략을 고찰함으로써 그 문제점들을 잘 이해할 수 있다.[17] 셀라스와 마찬가지로 프라이어도 다음과 같이 주장했다. 실재론자들이 명제에 대해 말하는 모든 것은 어떠한 추상적 엔터티도 가정하지 않는 존재론 용어로 다 설명될 수 있다. 그러나 프라이어는 명제에 관한 이야기를 메타 언어적으로 이해하길 거부한다는 점에서 셀라스와 결별한다. 프라이어에 따르면, 명제에 대한 말이 실제로는 문장에 대한 말인 것은 아니다. 프라이어에 따르면 명제에 대한 말은 단지 우리에게 친숙한 구체적 대상들, 즉 우리가 세상 살아가면서 이야기할 때 그 주제가 되는 구체적 대상들에 대한 말이다. 다음과 같은 명제가 있다고 하자. 달은 녹색 치즈로 이루어졌다. 프라이어에 따르면, 이 명제에 대한 말은 언어 독립적, 정신 독립적인 어떤 추상적 엔터티에 대해 하는 말이 아니다. 또한 이 명제에 대한 말은 어떤 문장에 대한 말도 아니다. 그것은 단지 달에 대해 하는 말이다. 이와 유사하게 다음과 같은 명제가 있다고 하자. 잔디는 초록이다. 이 명제에 대한 말은 어떤 플라톤적 엔터티에 대한 말이 아니다. 또한 그것은 어떤 언어적 표현에 대한 말도 아니다. 그것은 단지 잔디에 대해 하는 말이다. 프라이어는 다음과 같이 주장하고자 한다. 명제라는 개념은 가장 기본적으로는 우리가 참 값, 거짓 값을 부여하는 맥락에서 등장한다. 다음과 같은 문장을 보자.

(17) 잔디가 초록이라는 것은 참인 명제다.

　　That grass is green is a true proposition.

(18) 잔디가 보라색이라는 것은 거짓 명제다.

That grass is purple is a false proposition.

    이러한 문장들을 다룰 때 프라이어는 램지Frank Ramsey에 의해 발전된 이론, 즉 진리에 관한 잉여 이론redundancy theory of truth을 채택한다.[18] 이 이론에 따르면, 진리 개념은 잉여적인 개념이다. 이것은 다음과 같은 의미에서 그렇다. P가 참임을 주장하는 것은 그냥 P를 주장하는 것과 아무런 차이가 없다. P가 거짓임을 주장하는 것은 그냥 P를 부정하는 것이다. 이런 관점에서 볼 때, 참, 거짓이란 개념은 논의에서 제거될 수 있다. 따라서 (17)을 긍정하는 것은 그냥 간단히 다음을 주장하는 것이다.

    (17-a) 잔디는 초록이다.

       Grass is green.

    그리고 (18)을 긍정하는 것은 그냥 간단히 다음을 부정하는 것이다.

    (18-a) 잔디는 보라색이다.

       Grass is purple.

    가장 기본적으로는 우리가 참 값, 거짓 값을 부여할 때, 바로 그러한 맥락에서 명제에 대한 언급이 등장한다고 했다. 그렇다면 두 번째 경우가 남았다. 즉 믿음이나 그 외의 명제 태도 동사를 다룰 때 명제가 등장하는 경우 말이다. 이 경우들을 다룰 때, 프라이어는 다음과 같은 주장을 펼친다. 실재론자들은 명제 태도적 동사를 동반하는 문장들의 논리적 형식을 잘못 이해하고 있다.[19] 실재론자들은 (14)와 같은 문장이 다음과 같이 끊어진다고 주장한다. 즉 존/믿는다/2 더하기 2는 4이다.* 그들에 따르면 여기서 '믿는다'는 어떤 사람과 어떤 무엇 사이의 관계를 표현한다. 그리고 '2 더하기 2는 4라는 것'은 하나의 단칭 용어로서, 바로 이것이 "어떤 무엇"의 이름인 것이다. 이와 반대로 프라이어는 위의 문장이 다음과 같은 형식을 가지는 것으로 간주되어야 한다고 주장한다. 즉 존/다음과 같이 믿는다/2 더하기 2는 4이다.** 프라이어의 독해법에 따르면, '다음과 같이 믿는다'는 관계를 표현하는 것이 아니다. 그것은 문장들을 술어로 만들어주는 술어 형성사predicate – forming operator라 부를 수 있는 것이다. '다음과 같이 믿는다' 같은 언어적 표현은 문장에 붙어서 복합 술어(예를 들면 '다음과 같이, 즉 2 더하기 2는 4라고 믿는다'***와 같은 술어)를 만들어낸다. 이 술어는 어떤 사람에 대해 참이 되거나 그 사람에 의해 만족된다. 따라서 프라이어의 설명에 따르면, 잔디가 초록이라는 것을 어떤 사람이 믿는다고 말할 때, 그것은 어떤 사람과 그 무엇(명제) 사이에 어떤 관계가 존재함을 말하는 것이 아니다. 그때 우리가 하고 있는 것은 그냥 그 사람을 묘사하거나 특징짓는 것이다. 그 과정은 이렇게 진행된다. "잔디는 초록이다."라는 문장에다가 '다음과 같이 믿는다'라는 연결사를 붙인다. 그러면 우리는 심리적 상태에 관한 단항의 복합 술어complex psychological predicate를 얻는다. 그 술어로 우리는 어떤 사람을 묘사하거나 특징짓는 것이다.****

그러나 프라이어의 설명에는 단점이 있다. 초점이 참/거짓에 맞추어지든, 명제 태도적 동사에 맞추어지든, 프라이어의 설명은 완전한 형태를 갖춘 that–절을 우리가 가지고 있는 경우에만 잘 작동한다. 완전한 형태를 갖춘

---

* 원문은 다음과 같다. John/believes/that two plus two equals four.
** 원문은 다음과 같다. John/believes that/two plus two equals four.
*** 원문은 다음과 같다. 'believes that two plus two equals four.'
**** 프라이어의 주장은 다음과 같은 것이다. 어떤 사람이 p라는 명제와 믿음 관계에 놓인다고 하지 말고 대신 그 사람의 심리가 p적으로 된다고 보자는 것. 비유를 하자면 철수가 춤과 어떤 관계에 놓인다고 하지 말고 대신 철수의 몸이 춤적으로 된다고(춤추는 모양과 운동을 드러낸다고) 하자는 것.

that-절이란, 예를 들어 '2 더하기 2는 4라는 것'이나 '잔디는 초록이라는 것'처럼 완전한 문장을 지니고 있는 절을 말한다. 하지만 우리가 명제들에 관해 말할 때, 그 "명제들"이 아직 완전한 형태를 가지지 않거나 완전히 규정되지 않고 있는 경우들이 있다. 그리고 문장 (14), (17), (18)을 다루면서 프라이어가 채택한 전술이 이러한 경우에는 잘 적용되지 않는 것으로 보인다. 다음과 같은 것들이 그 예들이다.

> (19) 존은 어떤 거짓을 믿는다.
>
> John believes some falsehoods.
>
> (20) 샘은 피터가 말하는 모든 것을 믿는다.
>
> Sam believes everything Peter says.

문장 (19)에서는 참/거짓 개념이 작동하고 있다. 그렇지만 거기에는 완전한 형태를 갖춘 that-절이 없다. 따라서 진리에 관한 잉여 이론을 이용해 제거할 그 무엇이 없다. 그리고 문장 (19)와 (20)은 믿음에 관한 것이다. 그러나 그 문장들은 '다음과 같이 믿는다'를 적용할 만한 완전한 문장을 포함하고 있지 않다. 결론적으로 이 두 경우에서 우리는 다음과 같은 제안을 거부하지 못할 것 같다. 즉 진릿값의 소유자 기능을 하는 엔터티들과, 명제 태도적 동사의 대상이라는 기능을 하는 엔터티들이 정말로 존재한다.

이러한 어려움들을 처리하기 위해 프라이어는 다음과 같은 제안을 한다. 문장 변항sentence variable을 도입하자. 그리고 (19), (20) 같은 문장들이 이러한 변항들의 양화quantification를 포함한다고 간주하자.[20] 이렇게 해서 프라이어는 (19)를 다음과 같이 읽게 된다.

> (19-a) 어떤 p에 대해 not-p이고, 존은 p라는 것을 믿는다.

For some p, not-p and John believes that p.

(20)은 다음과 같이 읽힌다.

(20-a) 모든 p에 대해 피터가 p라는 것을 말한다면 샘은 p라는 것을 믿는다.
For every p, if Peter says that p then Sam believes that p.

기본적 개념은 이렇다. 참/거짓, 명제 태도적 동사들을 처리하는 프라이어의 기법을 양화사('어떤 p에 대해', '모든 p에 대해') 다음에 오는 문장들에 적용하자. 이렇게 해서 우리는 진리에 관한 잉여 이론이 갖는 핵심적 통찰이 어떤 모습을 갖추게 되는지를 볼 수 있다. 우선 진리에 관한 잉여 이론은 이런 것이었다. 즉 p가 참이라는 것을 긍정하는 것은 그냥 p를 긍정하는 것이고, p가 거짓이라는 것을 긍정하는 것은 그냥 p를 부정하는 것이다. 이러한 이론이 갖는 핵심적 통찰은 이제 다음과 같은 모습을 갖추고 나타난다. 문장 (19)에서 작동하고 있는 거짓falsehood이라는 개념은 not-p(문장 (19-a)에서 '어떤 p에 대해'라는 양화사 뒤에 나오는)에게 자리를 양보한다. 우리는 프라이어식의 재구성된 문장 안에서 나타나는 'p라는 것을 믿는다' 그리고 'p라는 것을 말한다'라는 언어적 표현을 이와 유사한 방식으로 읽어낼 수 있다. 이러한 언어적 표현들은 관계 구조(믿는다/p라는 것, 말한다/p라는 것)를 드러내는 것이 아니다. 이러한 언어적 표현들은 연결사-문장 구조(다음과 같이 믿는다/p, 그리고, 다음과 같이 말한다/p)를 드러낸다.

이러한 일반적 전술을 이해해 가는 동안, 독자들은 의아해할 수도 있을 것이다. (19), (20)과 연계된 문제들을 처리해 가는 동안 어떻게 프라이어는 (19-a), (20-a)를 이용할 수 있는가? 이러한 의문이 생기는 이유는 다음과 같은 사실 때문이다. (19-a)와 같은 경우에는 어떤 특별한 주장이 담겨 있다.

(19-a)를 형식논리학의 기호를 이용해 정식화하면, 우리는 다음과 같은 문장을 얻는다.

(19-b) (∃p)(not-p & (존은 p라는 것을 믿는다.))

(∃p)(not-p and (John believes that p.))

이때 (19-b)는 논리학자들이 존재 양화사existential quantifier라고 부르는 것을 포함하고 있다. 그러나 문제는 그 양화사가 '…에 대해for some…'로 읽힐 수도 있지만 더 일반적으로는 '…가 존재하는데there exists…'로 읽힌다는 것이다.[21] 따라서 프라이어가 문장 (19)를 다른 문장으로 재구성했을 때, 우리는 재구성된 그 문장 안에서 작동하는 그 무엇의 존재를 긍정하게 되어버린다. 그리고 우리가 그 존재를 긍정하는 바로 그 대상은 프라이어가 재구성을 통해 제거해 버리고자 한 바로 그것인 것으로 보인다. 명제 말이다.

이에 대해 대답할 때 프라이어는 ∃라는 양화사를 대상의 존재를 긍정하기 위한 장치vehicle로 이해해야 한다는 주장을 반박할 준비가 되어 있는 듯이 보인다.[22] 그는 ∃라는 양화사에 대한 언어적 해석을 선호한다. 그 언어적 해석이란 이렇다. 양화사 다음에 일련의 단어가 나오는데, 그 단어들 안에 있는 변항들은 빈칸과 같은 것으로서, 어떤 언어적 표현들로 채워진다. 그리고 양화 문장은 그것의 빈칸이 채워져 참인 문장이 될 수 있을 때에 참이다.[23] 따라서 문장 (19-b)는 대략 다음과 같이 쓰일 수 있다.

존은 ___을 믿으며, 그리고 not-___.

John believes that ___ and not-___.

그리고 다음과 같이 말하는 것이다. 빈칸을 채웠을 때 참인 문장이 나올 수 있다. 이런 관점에서 본다면, (19-b)가 참이 되기 위해 어떤 의심스러운 추상적 엔터티가 존재할 필요는 없다. 다음과 같은 단어들의 나열을 보자.

존은 p라는 것을 믿으며, 그리고 not-p.

John believes that p and not-p.

이 안에 있는 'p'가 어떤 언어적 표현에 의해 일괄적으로uniformly 대체된다고 해보자. (19-b)는 위와 같은 일련의 단어를 참인 문장으로 만들어주는 언어적 표현이 있을 때 참이다. 만약 존이 우리와 같은 그러한 그 무엇이라면, 위에서 말한 언어적 표현이 없을 이유는 없다. 예를 들어 다음과 같이 가정해 보자. 존이 요새 일어나는 일들에 대해 잘 모른다. 그래서 그는 닐 크녹이 영국의 수상이라고 잘못 생각하고 있다고 해보자. 그렇다면 (19-b)는 참이 되는 것이다. 왜 그런가? 조금 전 위에서 본 일련의 단어 안에 있는 'p'가 "닐 크녹이 영국의 수상이다."라는 문장으로 대체될 때, 그 대체로 인해 위의 일련의 단어는 참인 문장이 되기 때문이다. 따라서 우리는 명제와 같은 것이 존재한다고 가정할 필요가 없다. 그렇게 가정하지 않고서도 우리는 (19-b)에서 작동하고 있는 양화quantification를 완벽하게 이해할 수 있다. 그리고 만약 이것이 사실이라면, 프라이어는 우리가 "완전한 형태를 갖추지 않은 that-절의 문제"라고 부른 문제를 (19-a)를 사용해 처리할 수 있다. 그리고 이것은 명제를 가정하지 않는 존재론으로의 진정한 도약인 것이다.

프라이어는 문장 (19), (20)과 관련된, 완전한 형태를 갖추지 않은 "명제들"을 잘 처리할 수 있다. 그러나 그가, 실재론자들이 비지칭적undesignated 명제라고 부르는 것 모두도 잘 처리해 낼 수 있을지는 분명치 않다. 우리가 지금까지 고찰한 사례들은, 당장 that-절을 가지고 있지는 않지만 that-절을 갖게끔 할 수 있는 문장들이었다. 이러한 경우들에서 양화사에 대한 언어적 해석은 문장들, 예컨대 (19-a), (20-a)를 제대로 이해할 수 있게 해주었으며, 그렇게 해석함으로써 명제에 대한 지칭을 제거할 수 있었다. 그러나 또 다른 종류의 사례들이 있다. 그 경우의 문장들 안에는 참이라든가 거짓이라는 용어들이 들어 있기는 하지만, 그 용어들이 꾸미게 되는 that-절이 없으며, 또 that-절을 갖게끔 할 수도 없다. 그러한 경우는 다음과 같은 경우를 말한다. 참 혹은 거짓이 있기는 하지만 그것에 대한 언어적 표현이 없는 경우. 예를 들어 별들 사이에 우주 먼지가 있다고 해보자. 이것은 너무나 작고, 또 우리 나 그 어떤 언어 사용자들로부터도 멀리 떨어져 있다. 그래서 그 어떤 언어 사용자도 이것에 대한 지식을 전혀 갖고 있지 않다. 그 어떤 언어 사용자도 그것과 대면한 적이 없으니, 그 우주 먼지는 그 어떤 이름도 갖고 있지 않다. 그렇기는 하지만 그 우주 먼지와 관련해 수많은 참, 거짓이 있는 것이다. 따라서 다음과 같은 문장은 모두 참이다.

(21) 그 어떤 언어적 표현도 갖지 않는 어떤 것에 대한 참/진리들이 있다.

There are truths for which there is no linguistic expression.

(22) 그 어떤 언어적 표현도 갖지 않는 어떤 것에 대한 거짓들이 있다.

There are falsehoods for which there is no linguistic expression.

프라이어가 제시하는 방식으로 (21)과 (22)를 재구성하면, 우리는 다음을 얻는다.

(21-a) 어떤 p에 대해 p이고, 또 p에 대한 그 어떤 언어적 표현도 없다.

For some p, p and there is no linguistic expression for p.

(22-a) 어떤 p에 대해 not-p이고, 또 p에 대한 그 어떤 언어적 표현도 없다.

For some p, not-p and there is no linguistic expression for p.

이제 (21-a)와 (22-a) 안에 나타나는 양화사가 존재에 대한 함축을 갖고 있다면, 그 경우 우리는 (21-a)와 (22-a)가 어떻게 참이 되는지 이해하는 데 전혀 어려움을 느끼지 않을 것이다. 예를 들어 우리는 이렇게 말할 수 있을 것이다. (21-a)는 언어 독립적이고 정신 독립적인 추상적 엔터티(명제)가 있을 경우에 참이다. 이러한 명제는 언어적으로 표현된다는 특성은 없지만, 참 값을 가진다는 특성은 지니고 있다. 반면에 프라이어처럼 양화사에 대한 언어적 해석을 취한다고 해보자. 그렇게 하면 우리는 (21-a)와 (22-a)가 참이라는 것이 무슨 뜻인지 이해할 수 없게 된다. 양화사에 대한 언어적 해석을 취하고, 그런 다음 어떤 조건하에서 (21-a)가 참이 되는지 알아보자. 다음과 같이 변항을 포함하는 일련의 단어가 있다.

p이고, p에 대한 그 어떤 언어적 표현도 없다.

p and there is no linguistic expression for p.

(21-a)는 다음과 같은 경우 참이다. 위의 p를 대체함으로써, 위 문장을 참인 문장으로 만들어주는 어떤 언어적 표현이 있을 때. 그러나 그러한 언어적 표현은 없다. (21-a)가 참이라면, 그러한 언어적 표현은 단 하나라도 있을 수 없다. 프라이어가 이해한 바에 따른다면, (21-a)가 참이 되는 경우 (21-a)는 반드시 역설을 일으키게 된다. (21-a)가 우리에게 말하고 있는 바가 무엇인가? 어떠한 언어적 표현도 갖지 않는 참이 있다는 것이다. 따라서 위 문장을 참으로 만들어주는 언어적 표현이 있으면 그러한 언어적 표현이 없는 것이고, 또 그러한 언어적 표현이 없으면 위 문장을 참으로 만들어주는 언어적 표현이 있는 것이다. 이것은 (22-a)에도 똑같이 적용된다. 따라서 완전한 형태를 갖추지 않은 "명제들"을 다루는 프라이어의 전술이 잘 먹혀 들어가지 않는 경우가 있는 것이다. 즉 참이나 거짓이 있기는 하지만, 그것들을 표현

하는 어떠한 문장도 없는 경우 말이다. 실재론자들은 이와 같은 종류의 참과 거짓이 많이 있다고 주장할 것이다. 따라서 그들은 명제에 대한 언급을 제거하려는 프라이어의 시도가 실패했다고 주장할 것이다.

앞에서 말한 것처럼, 명제에 대한 언급을 제거하려는 셀라스의 전략에서도 이와 똑같은 종류의 문제가 그늘을 드리우고 있다. 셀라스는 that-절에 초점을 맞추어 자신의 설명을 제공하고 있다. 그리고 이러한 설명은 우리가 that-절을 다룰 수 있도록 다음과 같은 매우 직접적인 지침을 준다. 'that'을 빼라. 그리고 그 나머지에 점표를 찍어라. 그런데 완전한 형태를 갖춘 that-절이 없을 경우 우리는 어떻게 해야 하는가? 실재론자들이 '완전한 형태를 갖추지 않은 명제에 대한 지칭'이라고 부르는 것이 나올 때((19), (20)처럼), 셀라스도 프라이어처럼 양화quantification를 이용해 그것들을 처리한다.[24] 그의 설명에 따르면, 우리는 점표로 둘러싸인 언어적 표현을 양화해야 한다. 그래서 이러한 문장들의 경우, 우리는 완전히 규정되지 않은 함수적 조건(즉 완전히 규정되지 않은 언어적 역할)을 갖는 문장이 있다고 말하는 것이다. 실재론자들은 다음과 같은 사실 정도는 인정할 것이다. 즉 어떤 적절한 언어적 역할을 수행하는 문장이 실제로 있다면, 그 경우 셀라스의 전략은 잘 들어맞는다. 그러나 실재론자들은 다음과 같은 점을 지적할 것이다. 프라이어의 설명과 마찬가지로 셀라스의 설명도 어려움을 겪게 되는 경우가 있다. 즉 우리가 참이나 거짓을 갖고 있기는 하지만, 그에 대한 어떠한 언어적 표현도 없는 경우 말이다. 이 경우에 우리는 다음과 같은 사실을 보게 된다. 어떤 문장도 없을 때, 어떤 문장이 있다.

지금까지 우리가 고찰해 온 설명들(콰인에 의해 주장된 메타 언어적 설명, 셀라스의 메타 언어적 설명, 프라이어의 제거주의적 설명)은 그 핵심이 모두들 유명론적 형이상학의 입장을 취한다는 점에서 공통적이다. 그러나 명제를 거부하는 모든 이가 다 유명론자인 것은 아니다. 속성, 종, 관계와 같은 것들에 아무런 거부감도 느끼지 않는 철학자 중 몇몇도 명제라는 개념이 좀 의심스럽다는 것을 발견했다. 그래서 그들은 다음과 같은 사실을 보여주려고 했다. 즉 실재론자들이 제시하는 현상들이 우리로 하여금 명제 존재론을 받아들이도록 하는 것은 아니다. 이러한 철학자들 중 러셀이 있다. 오랫동안 러셀은 속성에 관한 실재론자였다. 그리고 러셀은 자신의 화려한 경력 초반기에 아무런 거리낌 없이 명제를 수용했다. 하지만 나중에 그는 "객관적 거짓objective falsehood"이란 개념에 의심을 품게 되었다. 그리고 이러한 의구심이 그로 하여금 명제 없이 철학할 수 있는 방법을 찾도록 했다. 노력 끝에 그는 결과물 하나를 얻었는데, 이는 다중 관계 이론multiple relation theory으로 알려져 있다.[25] 명제 존재론의 대안들을 살펴보는 우리의 논의를 마치기 전에, 이 이론에 대해 간략히 살펴보아야 할 것 같다.

조금 전 말했듯이, 러셀은 "객관적 거짓"이란 개념을 의심하게 되었다. 객관적 거짓은 다음과 같은 것이다. 그것은 생각하는 행위의 대상이 되는 그 무엇으로서, 거짓이라는 속성을 가진다. 그렇다면 그것은 간단히 거짓 명제인 것이다. 그런데 거짓 값을 갖는 것, 그리고 참 값을 갖는 것, 이 둘은 범주적으로 볼 때 종류가 같은 것들이다. 따라서 만약에 거짓 명제가 없다면, 참인 명제도 없는 것이며, 결국 명제라는 것은 없는 것이다. 그렇다면 참이나 거짓인 것들은 무엇인가? 러셀은 다음과 같이 주장한다. 정신적 행위가 어떤 대상을 가지며, 그 대상이 참 값, 거짓 값을 가진다는 생각을 버리자. 그 대신, 정신적 행위 자체가 진릿값의 가장 기본적이고 가장 적절한 소유자라고 생각하자. 그렇다면 러셀은 정신적 행위의 본성이나 그것의 구조를 설명해 주어야 할 것이다. 설명을 위해서 그가 채택한 예는 믿음 행위believing이다.

명제에 관한 전통적 설명 방식을 볼 때, 믿음이란 2항 관계로서, 사람과 명제를 연결해 주는 관계이다. 러셀은 이렇게 보지 말자고 제안한다. 그 대신 그는 믿음을, 항을 두 개 이상 가진 관계로 간주하자고 제안한다. 이 지점에서 그는 속성이라든지 관계 같은 보편자를 이용한다. 믿음 행위라는 다중 관계에 놓이는 것들이 바로 이러한 보편자들이다. 러셀은 예를 하나 드는데, 데스데모나가 카시오를 사랑한다는 것에 대한 오셀로의 믿음이 그것이다. 명제를 인정하는 입장에 따르면, 이러한 믿음은 다음과 같이 분석된다. 즉 이 믿음은 하나의 관계로서, 오셀로와 어떤 추상적 엔터티 사이에 놓이는 관계이다. 그리고 그 추상적 엔터티는 '데스데모나가 카시오를 사랑한다.'라는 표현에 의해 지칭된다. 반면 러셀은 다음과 같이 해보자고 제안한다. 믿음이라는 것은 다음과 같은 네 아이템을 묶어주는 관계이다. 오셀로, 사랑함, 데스데모나, 카시오. 믿음이라는 이러한 관계는 위의 네 아이템을, 러셀의 말대로 "묶어낸다knit". 그 결과 복합적 구조가 하나 나오는데, 그 구조는 바로 데스데모나가 카시오를 사랑한다는 것을 오셀로가 믿는다는 것이다. 여기서 러셀은 다음과 같은 점을 강조한다. 우리가 만일 이와 같은 복합 구조를 제대로 분석하고자 한다면, 믿음이라는 관계, 네 아이템만을 얘기해서는 안 된다. 왜냐하면 이 네 아이템을 포함하는 믿음 구조들은 여럿일 수 있기 때문이다. 그것들은 위의 네 아이템을 포함하는 믿음 구조들이지만, 데스데모나가 카시오를 사랑한다는 것을 오셀로가 믿는 것과는 서로 다른 믿음 구조들인 것이다. 그래서 다음과 같은 믿음 구조들이 있다. 카시오가 데스데모나를 사랑한다는 것을 오셀로가 믿음, 데스데모나가 오셀로를 사랑한다는 것을 카시오가 믿음 등. 그렇다면 데스데모나가 카시오를 사랑한다는 것을 오셀로가 믿음은 어떤 점에서 다른 것들과 구분되는가? 이를 구별하기 위해서는 네 아이템이 믿음이라는 관계에 놓일 때, 그 놓이는 순서에 주목해야 한다고 러셀은 말한다. 위에서 말한 그 믿음은 4항 관계로서, 오셀로, 사랑함, 데스데모나, 카시오를, 바로 이 순서로 연결시키는 관계이다. 혹은 다음과 같이 말할 수도 있다. 그 믿음은 다음과 같은 순서 4중체이다. 〈오셀로, 사랑함, 데스데모나, 카시오〉. 이것이 믿는 행위라는 관계에 놓임으로써 복합 구조를 하나 만들어내게 되는데, 그 구조는 바로 데스데모나가 카시오를 사랑한다고 오셀로가 믿음이라는 것이다.

그렇다면 어떤 믿음이 참이라는 것, 혹은 거짓이라는 것은 무슨 말인가? 이에 대해 러셀은 순서 4중체 안에 있는 첫 번째 아이템을 다른 아이템들과 구별하면서 대답한다. 러셀은 첫 번째 아이템, 즉 오셀로를 믿음 행위의 주체subject라고 부른다. 나머지 세 아이템(사랑함, 데스데모나, 카시오)은 믿음 행위의 대상object이라고 부른다. 대상들 중 첫 번째 아이템, 즉 사랑은 일종의 관계이다. 그러나 러셀은 다음과 같은 사실을 강조한다. "데스데모나가 카시오를 사랑한다는 것을 오셀로가 믿음"이라는 복합 구조 내에서 사랑함이라는 것은 관계의 기능을 하지 않는다. 그것은 그냥 네 아이템들 중 하나로서, 믿음 행위라는 관계를 통해 복합 구조에 묶여 들어가는 아이템일 뿐이다. "실제 세계real world"에서는 사랑함이라는 것이 나머지 두 대상, 즉 데스데모나와 카시오를 한데 "묶어낸다knit". 이렇게 사랑함이라는 것이 데스데모나와 카시오를 함께 묶어, 데스데모나가 카시오를 사랑함이라는 복합 구조를 만들어내면, 데스데모나가 카시오를 사랑한다는 것을 오셀로가 믿는다는 것은 참이 된다. 그렇지 않을 경우 위의 믿음은 거짓이 된다.

러셀의 설명은 명제 존재론의 대안으로서 아주 흥미롭다. 그러나 어려운 점은 러셀이 우리의 기대만큼이나 세밀하게 이 설명을 제시하고 있지 않다는 것이다. 그래서 이 설명이 완전히 정교해졌을 때 어떤 모습을 가질지 분명치 않다. 실제로 이 설명은 주석가들에게 많은 의문들을 남겨 놓았다. 예를 들어 이런 의문이 있다. 처음에는 믿음이라는 심리적 맥락 속에서 그냥 한 아이템이던 사랑이 어떻게 해서 나중에는 실제적인 순서 속에서 다른 사물들을 묶어내는 그 무엇으로 나타날 수 있는가? 또 다른 의문은 이런 것이다. 데스데모나가 카시오를 사랑한다는 것을 오셀로가 믿음이라는 것에서 작동하고 있는 관계는 4항 관계이다. 그런데 이와는 완전히 다른 관계, 3항 관계가 있을 수 있다. 예컨대 잔디가 초록이라는 것을 오셀로가 믿음이라는 것에서 작동하는 관계 말이다. 그렇다면 우리는 왜 여기서 한 단어를 사용해 그 둘 모두를 "믿음"이라고 부르는가? 또 다른 의문은 이렇다. 만약 진릿값의 소유자가 명제가 아니라 어떤 정신적 행위라고 한다면, 우리는 논리학에 어떤 의미를 부여할 수 있는가? 이런 의문이 드는 이유는 논리학이 진릿값을 어떤 것[명제]의 속성으로 간주하는 것 같기 때문이다. 그리고 그 어떤 것이란 정신적 활동의 대상/내용물, 혹은 진술을 하는 행위의 대상/내용물인 것이다. 러셀이 하고자 한 것을 이루고자 하는 이론이라면, 그 이론은 러셀의 제안으로부터 바로 제기되는 이러한 의문들에 대한 답부터 먼저 제시해야 할 것이다.

이 장에서 우리가 논한 견해들은 명제에 관한 전통 이론들을 유사한 방식으로 공격하고 있다. 이 공격들은 모두 다음과 같은 사실을 보여주고자 한다. 명제 없이는 안 될 것같이 느끼게 하는 여러 철학적 직관을 우리는 명제에 개입하지 않는 존재론 틀 내에서도 잘 설명할 수 있다. 하지만 요즘 들어 명제에 관한 전통적 이론들은 이와는 매우 다른 방향에서 도전받고 있다. 이 새로운 도전은 전통적 이론 틀을 불러온 바로 그 재료들에 대해 의문을 제기한다. 이러한 도전은 형이상학 본령 밖에다가 그 뿌리를 두고 있다. 즉 이것들은 언어철학, 심리철학 등에 그 뿌리를 두고 있다. 이 도전이 우리를 낯선 영역에 발 디디게 하는 것은 사실이다. 하지만 명제에 대한 우리의 논의가 이런 방향에서 제기되는 도전들을 포괄하지 못한다면, 우리의 논의는 불완전한 것이 될 것이다.

명제에 관한 전통적 교리에 따르면, 정신적 행위가 어떤 내용물을 가진다는 것은 간단히 그 행위의 주체(어떤 사람)가 어떤 추상적 엔터티(명제)와 특정 관계에 놓인다는 것이다(믿음 관계, 희망 관계, 두려움 관계, 등). 이에 더해서 명제를 지지하는 이론가들은 다음과 같이 주장한다. 정신적 행위에 내용물을 제공하는 명제는 그러한 정신적 행위를 진행시키고 있는 바로 그 사람에게 무매개적으로[그 어떤 상황적 배경 없이] 주어질 수 있다. 마지막으로 명제를 지지하는 이론가들은 다음과 같이 주장한다. 그 사람에게 이렇게 무매개적으로[어떤 상황적 배경 없이] 주어질 수 있는 추상적 엔터티는 가장 일차적인 의미에서 진릿값의 소유자이다. 최근의 비판자들은 명제를 지지하는 이론가들의 이 모든 주장이 잘못되었다고 공격한다.

이 비판자들은 명제에 관한 전통적 주장에 도전하기 위해 사고 실험을 하는데, 그 사고 실험들 중 가장 유명한 것이 퍼트넘Hilary Putnam의 쌍둥이 지구Twin Earth이다.[26] 거의 모든 면에서 지구와 구별되지 않는 곳이 있다고 가정해 보자. 그곳의 역사와 현재 모습은 지구의 그것들과 질적으로 동일하다. 따라서 그 쌍둥이 지구에는 당신의 쌍둥이가 있다. 그 쌍둥이와 당신은 분자 하나하나에서도 구별되지 않는다. 그러나 쌍둥이 지구는 중요한 한 측면이 지구와 다르다. 우리의 웅덩이, 호수, 강 등에는 H_2O가 있다. 쌍둥이 지구의 웅덩이, 호수, 강 등에는 어떤 물질이 있는데, 이것은 우리의 물과 지각으로는 구별되지 않는다. 그러나 이 물질은 우리의 물과 완전히 다른 화학 구조를 갖는데, XYZ가 그것이다. 그래서 쌍둥이 지구 사람들은 당연하게도 XYZ를 물이라고 부른다. 이제 당신이 물이 H_2O라고 생각하는 중이라고 가정해 보자. 쌍둥이 지구에 사는 당신의 쌍둥이는 당신과 정확히 똑같은 생리적, 심리적 상태에 있다. 그리고 당신의 쌍둥이는 "나는 물이 H_2O라고 생각한다."라는 말로 표현되는 관념을 가지고 있다. 퍼트넘은 다음과 같이 논한다. 당신과 당신의 쌍둥이는 질적으로 전혀 구별되지 않는 상태에 있음에도 불구하고, 당신과 당신의 쌍둥이가 갖는 관념의 내용물은 서로 다른 것이다. 당신은 당신이 매일 만나는 그 물질을 H_2O라고 생각하는 중이며, 당신의 쌍둥이는 그가 매일 만나는 물질을 H_2O라고 생각하는 중이다. 이 둘은 서로 다른 물질이다. 그리고 당신이 생각하는 것은 참이지만, 당신의 쌍둥이가 생각하는 것은 거짓이다. 이 사고 실험이 주는 중요한 교훈 하나는 이런 것이다. 명제에 대한 전통 교리가 기본적으로 전제하는 가정들은 잘못되었다. 어떤 추상적 엔터티와의 관계를 통해 어떤 이의 정신적 활동의 내용물이 결정된다는 생각은 의심스러운 것이다. 그 사람을 둘러싸고 있는 무매개적이며 구체적인 상황을 만들어내고 있는 아이템이 여기서는 필요한 것이다. 둘째, 어떤 사람이 행하는 정신적 활동의 내용물은 그 사람에게 무매개적으로[어떤 상황적 배경 없이] 주어진다는 생각은 의심스럽다. 왜냐하면 생리적으로나 심리적으로나 당신과 당신의 쌍둥이는 구별되지 않기 때문이다. 마지막으로, 이처럼 어떤 이에게 무매개적으로 주어지는 그것이 가장 근본적인 의미에서 진릿값의 소유자라는 생각은 의심스럽다. 당신과 당신의 쌍둥이 형제에게 주어지는 그것은 심리적 차원에서는 구별될 수 없다. 그러나 당신이 생각한 것은 참인 반면 당신의 쌍둥이 형제가 생각한 것은 거짓이다.

퍼트넘의 사고 실험은 명제에 관한 전통적 사고 틀에 대해 의미 있는 물음들을 던진다. 하지만 이 사고 실험의 함의는, 그리고 이와 유사한 그 밖의 사고 실험들이 갖는 함의는 명제에 관련된 형이상학적 주제에만 한정되는 것이 아니다.[27] 그러한 사고 실험들은 철학의 다양한 영역에서 의미 있는 물음들을 제기하고 있다. 예를 들면, 언어철학에서 의미의 본성에 관한 물음들, 그리고 의미와 지칭체 간의 관계에 관한 물음들. 심리철학에서 마음의 본성에 관한 물음들, 그리고 마음의 본성을 물리적 특성으로 환원해 설명할 수 있느냐 하는 물음들. 또 과학철학에서 심리학적 설명에 부과되는 제한에 관한 물음들 등. 몇 가지만 언급해도 이 정도가 된다. 그 결과 엄청나게 많은 양의 논문들이 이러한 사고 실험을 주제로 해서 나왔다. 많은 논문들은 명제에 관한 전통적 이론들을 둘러싼 이 사고 실험의 함의가 무엇인지를 놓고 단지 표면적인 측면만 다루지만, 어떤 논문들은 진정한 함의가 무엇인지를 결정하기 위해 애쓰고 있다. 그러한 노력들을 둘러싸고 많은 논쟁이 있었지만 아직 그 결과가 분명한 것은 아니다.

사실, 사태, 사건

명제 존재론을 지지하는 형이상학자들은 종종 다음과 같이 주장한다. 명제와 존재론적으로 같은 부류에 속하는 또 다른 엔터티들이 있다. 그것은 사실fact, 사태state of affairs, 사건event이다. 이 엔터티들은 최근의 형이상학적 사유에서 의미 있는 역할을 수행해 왔다. 서로 다른 범주에 속하는 이 엔터티들과 관련된 철학적 주제들은 복잡하고도 어렵다. 이 주제들을 상세히 다루기에는 시간이 여의치 않다. 하지만 우리가 다음 장들에서 어떤 것을 논의하려면, 우리는 이것들에 조금 익숙해져야 한다. 그래서 이것들에 관해 대략적으로 알아보자. 사실이라는 것부터 시작해 보자.

사실이라는 것은 정확히 무엇인가? 표준적인 대답은 이렇다. 사실이라는 것은 세계에 놓여 있는 어떤 것으로서, 참인 명제를 참이게끔 해주는 것이다.[28] 1장과 2장에서 주–술 명제가 어떤 존재론적 기반에서 참이 되는지에 관해 논의한 것을 기억한다면, 사실이라는 것 밑에 흐르는 주제들에 관해 낯설지 않을 것이다. 앞에서 주장은 이러했다. 명제가 참이 되려면, 그것들은 세계에 놓여 있는 어떤 것과 특별한 관계를 맺어야 한다. 즉 명제들은 세계에 놓여 있는 그것들과 "부합해야" 한다. 혹은 흔히 이런 식으로도 말하는데, 명제들은 세계에 놓여 있는 그것들과 대응해야 한다. 따라서 참인 각 명제는 세계에 놓여 있는 어떤 아이템들과 대응 관계를 맺고 있는 것이다. 그 아이템들과 대응 관계를 맺기 때문에 그 명제들은 참인 명제로 간주되는 것이다. 사실이라는 것이 독립적인 존재론적 범주를 형성하면서 존재한다는 것에 대한 핵심적 논증은 다음과 같은 방식으로 이루어진다. 세계에 놓여 있는 여러 개체와 속성(속성들, 종들, 류들, 관계들)을 열거한다 해도, 우리는 참인 명제를 참이게끔 해주는 것을 완전하게/적절하게 확인해 낼 수 없다. 데이비드 루이스는 수염을 가졌다는 명제는 참이다. 데이비드 루이스라는 개체를 언급하고, 수염을 가짐이라는 속성을 언급하고, 또 이 둘 모두 존재한다고 말해 보자. 그러나 이러한 것들을 단지 언급한다고 해서, 참인 명제를 참이게끔 해주는 것(세계 안에 놓여 있는)이 무엇인지에 대해 우리는 말할 수 없다. 데이비드 루이스가 수염을 가졌다는 명제가 참이 되기 위해서는 이 둘이 존재한다는 것 이상의 그 무엇이 필요하기 때문이다. 혹 어떤 이는 이렇게 생각할지 모른다. 만약에 우리가 우리의 목록에 우리가 예화라고 부른 연결 관계나 묶음을 첨가하면, 명제를 참으로 만들어주는 것이 무엇인지를 밝혀낼 수 있을 것이다. 하지만 잠시 생각해 보면 그렇지 않음이 드러난다. 데이비드 루이스, 수염을 가짐이라는 속성, 예화라고 불리는 묶음이 모두 존재하더라도, 데이비드 루이스가 수염을 가졌다는 명제가 거짓일 수 있기 때문이다. 개체들, 보편자들, 연결 관계들 등을 아무리 많이 열거해도 한 명제를 참이게끔 해주는 것이 무엇인지를 밝히기에는 충분치 않다. 명제의 객관적인 상관자 correlate, 그리고 세계 안에 놓여 있으면서 대응을 통해 명제를 참이게끔 만들어주는 바로 그것을 확인하기 위해서는 반드시 다음과 같은 것들을 언급해야 한다. 즉 "데이비드 루이스가 수염을 가짐이라는 속성을 예화한다는 것은 맞다." 혹은 "데이비드 루이스가 수염을 가짐이라는 속성을 예화한다는 것은 사실이다." 그리고 이런 말을 할 때, 우리는 개체를 지적하는 것도, 속성을 지적하는 것도, 연결 관계를 지적하는 것도 아니다. 우리는 사실이라는 것을 지적하는 것이다. 우리가 지적하는 바로 그 사실이라는 것은 분명 개체, 속성, 연결 관계를 포함하고 있다. 그렇지만 사실이라는 것은 개체, 속성, 연결 관계로 환원되지 않는다. 사실이라는 것은 이것들과 범주적으로 구분되는 독립적인 그 무엇이다.

그렇다면 사실이라는 것은 맞는 그 무엇이다. 우리는 다음과 같은 명사구를 통해 그것을 잡아낸다. 즉 '…라는 사실'. 이러한 명사구는 완전한 문장을 자기 안에 가진다. 우리는 이런 완전한 문장을 통해 사실을 확인하는데, 그 문장은 우리가 명제(사실에 근거해 참이 되는)를 잡아내는 데 사용하는 표준적 장치 안에 나타나는 바로 그 문장이다. 그래서 우리는 명제라는 것을 잡아내기 위해 '데이비드 루이스가 수염을 가졌다는 명제'라는 구를 사용한다. 반면에 명제를 참이게끔 만들어주는 사실을 확인해 내기 위해 우리는 '데이비드 루이스가 수염을 가졌다는 사실'이라는 구를 사용한다. 이렇게 본다면, 참인 명제를 잡아내는 언어적 장치, 사실을 잡아내는 언어적 장치는 형태가 유사한 것이다. 그래서 명제라는 것이 구조를 갖는 엔터티라고 생각하는 사람은 이러한 형태적 유사성에 호소해서 사실이라는 것을 지지한다. 그들은 이러한 형태적 유사성을 통해, 참인 명제와 사실 사이에 성립하는 대응 관계를 명확히 하려고 한다. 그들의 주장에 따르면, 언어적 형태 유사성은 그 밑에 깔려 있는 존재론적 형태 유사성에 근거하는 것이다. 명제와 사실은 모두 어떤 식으로든 서로 연결되어 묶인 구성요소들을 갖고 있다. 문장이 갖는 언어적 구조, 명제와 사실이 갖는 존재론적 구조 사이에는 정말로 어떤 유비 analogy가 있는 것이다. 이렇게 보면, 명제를 구성하는 아이템들, 예컨대 의미들은 세계에 놓인 어떤 대상들을 지적한다/드러낸다. 그리고 그 아이템들은 한 명제를 구성하면서 서로 연결되어 있다. 아이템들이 이렇게 서로 연결되어 있어서, 전체로서의 명제는 세계를 어떤 방식으로 그리게 되는 것이다. 한편 사실이라는 것은 개체 그리고/또는 보편자를 자신의 구성 요소로서 가진다. 이러한 아이템들은 한 사실을 구성하면서 서로 연결되어 있다. 이제 다음을 보자. 명제를 구성하는 아이템들은 사실을 구성하는 아이템들을 지시하고 있다. 그렇다면 다음과 같은 결론이 나온다. 명제를 구성하는 아이템들이 서로 연결되는 방식과 동일한 방식으로 사실을 구성하는 아이템들이 서로 연결되어 있을 때, 그때 한 명제는 참이 된다. 여기서 명제의 참은 엄밀한 의미에서 대응의 문제인 것이다. 명제를 구성하는 각 요소는 사실을 구성하는 각 요소를 지시한다. 그리고 전체로서의 명제가 갖는 구조는 전체로서의 사실이 갖는 구조를 드러낸다. 그렇다면 우리는 구성 요소들 사이의 일대일 대응 관계, 그리고 전체 사이의 일대일 대응 관계를 갖게 되는 것이다. 그리고 참이라는 것은 바로 이러한 대응 관계인 것이다.

그러나 사실에 관한 모든 이론가가 대응 개념을 방금 설명한 일대일 대응으로 이해하는 것은 아니다. 사실에 관한 어떤 이론가들은 다음과 같은 제안을 하기까지 한다. 우리는 사실이라는 개념을 한 명제의 진리 결정자로 이해할 수 있지만, 그럼에도 우리는 사실이나 명제가 구성요소를 가진 것이라는 견해에 개입할 필요는 없다. 그러나 이런 사람들은 소수이다. 더 전형적인 견해는 다음과 같은 것이다. 즉 명제나 사실 모두 논리적 형식logical form이라고 불리는 것을 가진다.[29] 여기서 논리적 형식은 하나의 함수이다. 이것은 사실과 명제가 갖는 요소들의 범주적 본성과 관련한 함수로서, 일종의 묶음이나 연결이다. 그래서 이러한 함수는 각 요소를 묶어 명제나 사실을 만든다. 그리하여 우리는 다음과 같이 말하는 형이상학자를 발견한다. 개별적 명제(예를 들면, 데이비드 루이스는 수염을 가졌다는 명제)가 있는 것처럼 개별적 사실이 있다. 이러한 사실들은 전형적으로 다음과 같은 두 형식 중 하나를 보여준다. 첫째, 한 개체가 일항 보편자/속성/종을 예화한다는 형식. 둘째, 여러 개체가 어떤 관계에 놓인다는 형식. 여기서 두 번째 형식은 무한한 방식으로 분할될 수 있다. 즉 개체들 사이의 2항 관계를 포함하는 관계적 사실로. 개체들 간의 3항 관계를 포함하는 관계적 사실로 등. 더욱이 전형적으로 볼 때, 사실에 관한 이론가들은 비환원적인 일반적/보편적 사실에 대해 이야기한다. 모든 인간은 죽는다는 사실, 혹은 모든 삼각형은 세 변을 가진다는 사실. 이러한 일반적/보편적 사실의 존재에 관한 논증은 다음과 같이 펼쳐진다. 여기서 일반성/보편성universality('모든'에 의해 지시되는 일반성/보편성)은 일련의 개별적 사실로부터 도출되지 않는다. 개별적 사실들이 아무리 많다 하더라도 말이다. 개별적 사실들의 총체는 존재하는 모든 인간을 포함한다는 것, 혹은 개별적 사실들의 총체는 존재하는 모든 삼각형을 포함한다는 것, 이러한 것들은 일반적/보편적 사실과는 또 다른 사실이다. 마지막으로 사실에 관한 이론가들은 이렇게 말한다. 우리가 긍정 명제와 부정 명제를 구분하는 것처럼, 우리는 긍정적 사실(예컨대 토니 블레어는 수상이라는 긍정적 사실)과 부정적 사실(예컨대 토니 블레어는 첼시의 센터백이 아니라는 부정적 사실)을 구분해야 한다.

사실과 아주 긴밀한 관계를 갖는 것이 철학자들이 말하는 사태state of affairs다.[30] 사태라는 것은 예를 들면 다음과 같은 것들이다. 즉 빌 클린턴이 느림보임, 2 더하기 2는 4임, 웨스트민스터에서 빅벤이 가장 높은 건축물임, 9는 소수임, QPR이 FA컵의 승자임. 이것들은 상황들이며, 필연적으로/본질적으로 다음과 같은 속성을 가진다. 구현됨 혹은 구현되지 않음. 어떤 사태(예컨대 2 더하기 2는 4임 같은 사태)는 필연적으로 구현된다. 다른 것들(예컨대 9는 소수임)은 필연적으로 구현되지 않는다. 또 다른 것들(클린턴이 느림보)은 구현되지만, 단지 우연적으로만 구현된다. 그리고 마지막으로, 어떤 사태들(예컨대 QPR이 FA컵의 승자임)은 우연히 구현되지 않은 것이다. 전형적으로 볼 때, 사태들은 플라톤적 실재론자들이 주장하는 보편자와 비슷한 것으로 이해된다. 플라톤주의자들에 따르면, 모든 보편자는 영원하며 필연적으로 존재하는 것이다. 이와 마찬가지로, 사태에 관한 지지자들은 모든 사태가 영원히, 필연적으로 존재한다고 주장한다. 그리고 플라톤주의자들이 속성의 존재와 예화를 구분하듯이, 사태에 관한 지지자들은 사태의 존재와 구현을 구분한다. 9가 소수임이라는 사태는 필연적으로 구현되지 않지만, 그럼에도 이 사태는 존재하는 것이다. 이러한 사태는 있는(존재하는) 것이다. 그리고 사태에 대한 지지자들은 이러한 사태가 존재함을 인정하는 데 문제가 될 것이 없다고 주장한다. 단지 문제가 되는 것은 바로 이러한 사태, 즉 9가 소수임이라는 사태가 구현되느냐 하는 문제이다. 물론 이러한 사태는 구현되지 않으며, 또 구현될 수도 없다.

사태는 명제와 긴밀한 내적 관계를 맺고 있다. 2 더하기 2는 4임이라는 사태는 다음과 같은 명제, 즉 2 더하기 2는 4라는 명제와 연계되어 있다. 그리고 9는 소수임이라는 사태는 다음과 같은 명제, 즉 9는 소수라는 명제와 연계되어 있다. 사태의 지지자들에 의하면, 이러한 연계는 우연이 아니다. 그들에 따르면, 명제와 사태 사이에는 일대일 대응 관계가 있다. 각 명제는 오직 한 사태를 규정한다. 그리고 각 사태는 오직 한 명제에 의해 규정된다. 더욱이 명제가 갖는 속성과 사태가 갖는 속성 사이에는 매우 긴밀한 연관이 있다. 한 명제는 그 명제가 규정하는 사태가 구현될 경우에 참이다. 또한 한 명제는 그 명제가 규정하는 사태가 구현되지 않을 경우에 거짓이다. 마찬가지로 한 명제는 그 명제가 규정하는 사태가 필연적으로 구현될 경우에 필연적으로 참이다. 또한 한 명제는 그 명제가 규정하는 사태가 구현되는 것이 불가능할 경우에 필연적으로 거짓이다. 우연적으로 참인 명제, 혹은 우연적으로 거짓인 명제도 사태라는 것과 관련해 이와 비슷하게 설명된다. 이제 사태에 대한 지지자들은 명제와 사태 사이의 이러한 연관이 다음과 같은 것을 보여준다고 주장한다. 명제가 참이 되는 것은 세계 내 사물들이 어떠한지[사태]에 근거한다. 한 명제가 참이라는 것은 그 명제에 의해 규정되는 사태가 구현되는 방식대로 세계가 존재한다는 것이다. 따라서 참인 명제와 세계 사이에는 대응이 있는 것이다. 그리고 사태에 대한 이론가들은 전형적으로 다음과 같이 말한다. 명제와 세계 사이의 대응은 사실-언어로 특징지어질 수 있다. 한 사실이 존재한다는 것은 무엇인가? 그것은 단지 사태가 구현된다는 것이다. 그래서 빌 클린턴이 대통령임이라는 사태가 구현될 경우, 빌 클린턴이 대통령이라는 것은 사실이 된다. 그래서 우리는 다음과 같이 말할 수 있다. 빌 클린턴이 대통령임이라는 사태가 구현되면 어떤 사실이 하나 나오는

데, 이 사실은 빌 클린턴이 대통령이라는 명제와 대응하게 된다.

그러나 사실에 대한 이야기든, 사태에 대한 이야기든 문제가 있다. 사실의 경우, 문제는 이런 것이다. 사실이라는 개념은 참인 명제라는 개념과 너무나 가깝다. 그래서 사실이라는 개념이 사실-이론가들이 부여한 설명적 역할을 제대로 수행할지 의심스럽다. 사실이라는 것은 어떤 엔터티로서, 한 명제와 대응함으로써 그 명제를 참이 되게 하는 엔터티로 보인다. 그러나 사실이라는 것이 단지 동어반복적인 표현이 아니라, 정말로 명제의 참을 설명하는 것이 되려면, 참인 명제라는 개념을 전제하지 않는 사실 개념이 필요하다. 이러한 요구가 충족되는가? 그런 것 같지 않다. 이것이나 저것이 사실이라고 말하는 것은 무엇을 뜻하는가? 이것이나 저것이 참이라고 말하는 것 아닌가? 그래서 빌 클린턴이 대통령이라는 것은 사실이라고 말하는 것, 그리고 빌 클린턴이 대통령이라는 명제는 참이라고 말하는 것, 이 둘은 같은 것 아닌가? 그렇다면 우리는 빌 클린턴이 대통령이라는 사실을 도입함으로써, 빌 클린턴이 대통령이라는 명제가 참임을 설명했다고 하기 어렵다. 이 둘은 하나인 것이다!

사태의 경우, 문제는 다음과 같다. 우리는 명제와 사태, 이 둘 모두를 필요로 하지 않는다. 사태에 관한 지지자들은 이렇게 말한다. 명제와 사태라는 범주 내의 엔터티들 사이에는 일대일 대응 관계가 있다. 그러나 명제와 사태는 너무나 유사하다. 그래서 이 둘 모두가 필요한지 의심스럽다. 이 둘 모두 파악되거나 이해되는 것들이다. 따라서 이 둘 모두 정신적 행위의 내용물/대상, 혹은 긍정하거나 부정하는 행위의 내용물/대상이라는 기능을 하는 것이다. 더욱이 명제의 참/거짓이라는 개념은 사태가 구현됨/구현되지 않음이라는 개념과 너무나 가깝다. 그래서 이 중 한 개념을 사용해 수행하는 이론적 작업은 다른 개념을 사용해서도 똑같이 수행될 수 있다. 그래서 만약 이러하다면, 명제와 사태를 독립된/구분된 형이상학적 범주로 간주하는 그 어떠한 존재론도 엔터티의 수를 필요 이상으로 증폭하고 있다는 비난을 면하기 어려워 보인다.

이 두 문제점이 『세븐티즈 *Seventies*』에서 치솜Roderick Chisholm이 방어하고자 하는 존재론적 틀의 동기가 된다.[31] 그는 사실이라는 개념과 참인 명제라는 개념이 구분된다고 생각하지 않았다. 그리고 그는 명제라는 개념과 사태라는 개념을 함께 묶고 있는 유비에 자극받았다. 그는 이렇게까지 생각했다. 이러한 유비는 명제와 사태의 경우를 넘어서서, 우리가 사건events이라고 부르는 것에까지 확장된다. 명제가 참이거나 거짓인 것처럼, 그리고 사태가 구현되거나 구현되지 않는 것처럼, 사건은 일어나거나 일어나지 않는다. 그리고 그는 이러한 유비 속에서 다음과 같은 착상의 근거를 보았다. 즉 우리는 여기서 독립적이고 구분된 세 범주를 갖는 것이 아니라 오직 한 범주만 가진다.

치솜은 기본적/근본적 개념으로서 사태 개념을 잡는다. 그는 사태를 다음과 같이 특징짓는다. 사태는 두 가지 본질적 특성을 갖는데, 첫째, 사태는 이해되는 것, 인지되는 것 혹은 "마음속에 간직되는" 것이다. 다시 말해 사태는 정신적 행위의 대상이 될 수 있는 것이다. 둘째, 사태는 구현되거나 구현되지 않는 것이다. 혹은 치솜식으로 말해, 사태는 발생하거나 발생하지 않는 것이다. 그리고 사태가 발생한다는 것과, 사태가 존재한다는 것은 서로 다른 것이다. 모든 사태는 필연적으로 존재한다. 그러나 모든 사태가 발생하는 것은 아니다.

이제 치솜은 다음과 같이 생각한다. 사태에는 두 종류 혹은 두 유형이 있다. 어떤 사태는 다음과 같은 특징을 가진다. 만약 그것이 발생한다면, 모든 시간에 발생한 것이다. 그리고 만약 이것이 발생하지 않는다면, 모든 시간에 발생하지 않은 것이다. 이러한 종류의 사태에 대해, 다음과 같은 일이 일어나는 것은 불가능하다. 서로 다른 시간 t와 t'에 대해, t에서 발생한 사태는 t'

에서는 발생하지 않는다. 치솜은 이러한 종류의 사태를 명제라고 부르면서 다음과 같이 말한다. 이러한 종류의 사태가 발생하거나 발생하지 않는다는 것은 그것들이 진릿값을 가진다는 것이다. 다시 말해 이러한 종류의 사태가 발생하거나 발생하지 않는다는 것은 그것들이 참이거나 거짓이라는 것이다. 그리고 치솜은 이렇게 말한다. 이러한 종류의 사태가 발생하면, 발생한 그 사태는 사실이 된다. 한편 또 다른 종류의 사태가 있다. 이러한 종류의 사태는 다음과 같은 특징을 가진다. 서로 다른 시간 t와 t′에 대해, 이러한 종류의 사태는 t에서 발생하지만, t′에서는 발생하지 않을 수 있다. 이런 종류의 사태를 치솜은 사건event이라고 부른다. 그리고 그에 따르면, 이런 종류의 사태가 발생하거나 구현될 때 우리는 사건이 일어난다고 하거나 사건이 발생한다고 말한다.

　이것이 정확히 무슨 말인가? 치솜은 사실 다음과 같은 점을 가정하고 있는 것이다. 즉 치솜이 명제라고 부르는 사태는 본질적으로, 자신이 갖는 진릿값을 변화시키지 않는다. 한 명제가 어떤 진릿값을 가진다면, 그 진릿값을 필연적으로 갖든, 우연적으로 갖든 간에 그 명제는 그 진릿값을 모든 시간에 걸쳐 가진다. 우리는 이 문제를 앞에서 다루었다. 그때 우리는 이 문제를 '딘지머맨이 자기 사무실로 뛰어가고 있다.'라는 문장을 가지고 다루었다. 나는 다음과 같이 말했다. 어떤 철학자들은 이 문장에 의해 표현되는 명제가 어떤 때는 참이고, 어떤 때는 거짓이라고 믿는다. 또 다른 철학자들은 이런 사실을 부정한다. 이들에 따르면, 오늘 내가 어떤 것을 긍정하기 위해 위의 문장을 발화한다면, 나는 어떤 명제를 표현하는 것이다. 한편 내일 내가 어떤 것이 거짓임을 말하기 위해 위의 문장을 발화한다면, 나는 또 다른 명제를 표현하는 것이다. 명제가 어떤 때는 참이고 어떤 때는 거짓임을 부정하는 철학자들은 오늘 내가 위의 문장을 발화함으로써 표현하게 되는 명제, 그리고 내일 내가 위의 문장을 발화함으로써 표현하게 되는 명제, 이 둘을 다른 명제라고 생각한다. 이 철학자들은 명제를 다음과 같은 것으로 보고 있다. 즉 명제는 다양한 맥락적 상황(시간, 공간, 등)을 자신 안에 포함하고 있다. 치솜은 이 철학자들에 동의하며, 더 나아가 진릿값이 바뀌지 않는 것이라는 것을 이런 종류의 사태(명제)의 정의로 사용한다.

따라서 어떤 사태(명제)는 언제나 발생하거나, 아니면 언제나 발생하지 않는다. 그러나 치솜이 사건이라고 부르는 또 다른 종류의 사태는 어떤 시간에는 발생하지만 다른 시간에는 발생하지 않을 수 있다. 여기서 치솜은 다음과 같은 가정을 하고 있다. 즉 사건은 반복될 수 있는 것이다. 혹은 그의 말처럼, 사건은 재발할 수 있는 것이다. 이것들은 일반성을 가진다. 이것들의 발생은 특정 시점에 국한되지 않는다. 각 사건은 특정 시점에 발생할 수 있다. 그러나 사건이 특정 시간에 발생한다 해도, 이것들은 그 시간 이후에도 계속 존재한다. 그래서 사건은 그 후의 어떤 시점에 다시 발생할 수 있다. 치솜의 견해에 따르면, 반복적이지 않은 것처럼 보이는 사건을 지칭할 때, 나는 정말로 그렇게 하는 것이 아니다. 그래서 1883년 7월 21일 10시 로스앤젤레스에서 발생한 지진에 관해 말할 때, 그리고 1903년 1월 14일 2시 로스앤젤레스에서 발생한 지진에 관해 말할 때, 나는 개별적이고 개체적인 사건들의 존재에 개입하는 것이 아니다. 다시 말해 나는 오직 한 번만 발생할 수 있는 사건의 존재에 개입하는 것이 아니다. 이 두 경우에 나는 단 한 사건만 말할 수 있는 것이다. 한 사건이 서로 다른 두 시간에 발생했다고 하면서 말이다. 따라서 치솜은 사건을 반복되며 재발할 수 있는 일반적인 것으로 간주하며, 더 나아가 이렇게 반복된다는 특성을 이런 종류의 사태(사건)의 정의로 간주한다.

치솜은 사태라는 개념만을 가지고 시작한다. 혹은 치솜은 정신적 행위의 대상, 그리고 일어나거나 일어나지 않음이라는 속성을 가지는 어떤 것만을 가지고 시작한다. 거기서 출발해 『세븐티즈』에서 치솜은 명제, 사실, 사건이 무엇인지를 다 설명할 수 있다고 주장한다. 그의 주장에 따르면, 그가 제안하는 개념 틀은 상식 차원의 모든 데이터를 조리할 수 있는 원천을 가진다. 실제로 명제, 사실, 사건에 대한 이론들이 정합적이려면, 그 이론들은 상식 차원의 데이터들을 잘 처리할 수 있어야 하는 것이다. 치솜의 이러한 주장들은 야심 찬 주장들이다. 그러나 치솜은『나인티즈*Nineties*』에서 더 이상 이 주장들을 확신할 수 없게 된다.**32** 어떠한 명제도 자신의 진릿값을 바꿀 수 없다는 것에 대해 치솜은『세븐티즈』에서보다는 덜 확신을 갖게 된 것으로 보인다. 그는 시간을 하나의 엔터티로 간주하길 거부하는 존재론적 개념 틀에 매력을 느끼게 되었다고 말한다. 그런데 시간을 부정하는 이 개념 틀은 명제적 내용을 "완결하는" 재료를, 그래서 모든 명제의 진릿값을 영원히 고정할 재료를 결여하고 있는 듯이 보인다. 만약 시간과 같은 것이 없다면, 우리는 왜 다음과 같이 생각해야 하는가? 오늘 내가 '딘 지머맨이 자기 사무실로 뛰어가고 있다.'라는 문장을 발화해 표현하는 명제와, 내일 내가 이 문장을 발화해 표현하는 명제는 서로 다른 명제이다.『나인티즈』에서 치솜이 진릿값의 변화 가능성을 어떻게 보고 있는지는 그리 분명치 않다. 그러나 그가 다음과 같이 생각하게 되었다는 것에는 의심의 여지가 없다. 즉 사건이라는 것을 반복적인 것으로 간주하는 존재론은 만족스럽지 못하다. 그래서 그는 사건이 개별적이라고 주장하게 되었다.

이 경우 치솜은 사건과 관련한 최근의 주류에 합류한 것이다. 지배적인 견해는 이렇다. 사건은 시간적 규정을 가지며, 공간적 규정을 갖는 개별자이다. 이 견해에 따르면, 1883년 7월 21일 오전 10시 로스앤젤레스에서 발생한 지진에 대해 말할 때, 혹은 1991년 4월 18일 오후 3시 반도체 공장을 붕괴시킨 폭발에 대해 말할 때, 나는 반복적이지 않은 개별적 사건에 대해 말하고 있는 것이다. 요새 철학계에는 사건을 개별적인 것이라 간주하는 많은 이론이 있다. 그러나 두 이론이 특별히 영향력을 행사하고 있으며, 또한 언급될 필요가 있다. 첫 번째 것은 김재권의 이론이다.[33] 김재권에 따르면, 사건이라는 개념은 특정 시간에 어떤 우연적 개체가 속성을 예화한다는 것이다. 그렇다면 그는 사건을 구조를 갖는 것으로 보는 것이다. 모든 사건은 어떤 우연적 개체(들)와 속성, 시간을 포함한다. 그리고 사건이 존재한다는 것, 혹은 사건이 발생한다는 것은 어떤 개체(들)가 어떤 개별적 시간에 어떤 개별적 속성을 가진다는 것이다. 이 견해(속성 예화 이론property exemplification view이라 불린다.)에 따르면, 한 사건 e는 다음과 같은 경우 e′와 수적으로 동일하다. 즉 e와 e′가 동일한 개체, 동일한 속성, 동일한 시간을 포함할 때. 따라서 1883년 7월 21일 오전 10시 로스앤젤레스에서 지진이 일어남이라는 사건, 그리고 1903년 1월 14일 오후 2시 로스앤젤레스에서 지진이 일어남이라는 사건, 이 둘은 서로 다른 사건이다. 왜냐하면 이 두 사건은 같은 개체(즉 로스앤젤레스라는 도시)와 같은 속성(즉 지진이 일어남)을 갖지만, 각자 서로 다른 시간을 포함하고 있기 때문이다.

사건에 대한 또 다른 설명은 데이비드슨Donald Davidson의 설명이다.[34] 데이비드슨은 사건이 독립적인 존재론적 범주를 형성한다고 할 수 있는 두 가지 이유가 있다고 생각한다. 첫 번째 이유는 인과 관계의 각 항 기능을 하는 것으로서의 사건이 필요하다는 것이다. 두 번째 이유는 우리가 다음과 같은 문장에서 나타나는 부사의 작동 방식에 대해 설명해야 한다는 것이다.

(21) 오늘 아침 부엌에서 물이 팔팔 끓었다.

The water boiled quickly in the kitchen this morning.

그는 다음과 같이 주장하기를 원한다. (21)과 같은 문장의 논리적 형식을 만족스럽게 설명하려면, 우리는 부사적 표현, 즉 '팔팔', '부엌에서', '오늘 아침'이 실제로는 사건을 특징짓거나 기술하는 형용사 역할을 한다고 간주해야 한다. (21)에 대한 그의 해석에 따르면, (21)은 어떤 존재에 대한 주장을 포함하고 있다. (21)은 어떤 사건, 즉 물이 끓음이라는 사건이 존재함을 우리에게 말해 준다. 그리고 (21)은 그 사건이 팔팔한 것이라고, 부엌에서 발생한 것이라고, 오늘 아침 일어났던 것이라고 묘사한다. 이 견해에 따르면, 사건은 개별적인 것이다. 나아가 사건은 여러 방식으로 묘사되고 특징지어질 수 있는 개별적인 것이다. 데이비드슨에 따르면, 한 사건이 있는데, 그 사건은 다음과 같이 기술될 수 있다. 내가 스위치를 올림, 내가 불을 켬, 내가 고양이를 놀라게 함, 내가 방 안의 쓰레기를 볼 수 있도록 함, 당신이 신문을 읽을 수 있도록 내가 빛을 제공함 등. 사건에 대한 김재권의 이해법을 따르자면, 여기서 우리는 서로 다른 사건 다섯 개를 가지고 있는 것이다. 이 모든 다섯 사건은 같은 시간에 일어난다. 그러나 이 사건은 다섯 개의 서로 다른 속성을 포함하고 있다. 그리고 이 모든 다섯 사건 안에 내가 등장하지만, 이 각 사건은 나와 다른, 그리고 그들 간에 서로 다른 하나 혹은 그 이상의 개체를 포함하고 있다. 그러나 사건에 대한 데이비드슨의 견해에 의하면, 사건 하나가 여러 방식으로 다양하게 묘사될 수 있다. 그런 의미에서 사건은 구조를 갖지 않는 개별자이다. 사건 하나에 대한 다양한 묘사들은 서로 다른 속성들과 서로 다른 개체들을 포함할 수 있다. 그런데 만약 사건이 김재권 식의 구조를 갖고 있지 않다면, 어떻게 한 사건과 다른 사건은 서로 다른 사건으로서 구별될 수 있는가? 무엇이 사건을 개별화하는가? 사건은 다양하게 특징지어질 수 있고, 또 다양하게 기술될 수 있다는 사실을 통해 데이비드슨은 다음과 같은 것을 보여주고자 한다. 즉 사건들은 "내재적intrinsic" 특성을 통해서는 개별화되지 않는다. 따라서 "외재적extrinsic" 결정 요소를 지칭해야만 한 사건과 다른 사건이 구분될 수 있다. 이러한 외재적 결정 요소가 무엇인지를 밝히면서 데이비드슨은 인과라는 개념과 사건이라는 개념 사이의 연관 관계를 파헤친다. 그는 이렇게 말한다. 한 사건 e는 다음과 같은 경우 e'와 수적으로 동일하다. 즉 e와 e'가 같은 원인, 같은 결과 모두를 공유할 때.

그래서 우리는 사건에 대한 서로 다른 이론 세 개를 가진다. 『세븐티즈』의 치솜의 이론이 있다. 이 이론에 따르면, 사건은 반복적/일반적인 사태이며, 우리의 인지 기능에 제공되는 내용물에 의해 사건들이 개별화된다. 김재권의 이론이 있다. 이 이론에 따르면, 사건은 구조화된 개별자로서, 한(혹은 여러) 개체, 속성, 시간을 자신의 구성요소로서 가진다. 또 데이비드슨의 이론이 있다. 이 이론에 따르면, 사건은 구조를 갖지 않는 개별자이다. 사건은 자신이 갖는 인과적 역사에 의해 개별화된다. 요즘 형이상학에서 중요한 물음은, 이러한 설명들 중 하나 혹은 제4의 이론이, 사건 이론에 부여되는 모든 요구를 다 처리할 수 있을 만큼 강력할 수 있는가 하는 것이다. 많은 요구가 있다. 그리고 그 요구들은 우리를 매우 다양한 방향으로 나아가게 한다. 이 요구들 중 몇 가지를 언급해 보자. 우리는 데이비드슨이 초점을 맞추고 있는 유형의 문장을 처리해 내는, 사건에 대한 설명이 필요하다. 인과성이라는 개념을 명확히 하고자 한다면, 우리는 사건에 대해 이해해야 한다. 왜냐하면 우리는 인과 관계에 놓이는 것이 바로 사건이라고 이해하고 있기 때문이다. (과학적) 설명에 관한 일관된 이론을 제공하려면, 우리는 사건에 대해 이해해야 한다. 왜냐하면 우리가 설명하는 것 중(아마도 가장) 핵심적인 것은 사건의 발생이기 때문이다. 변화와 시간 개념을 이해하고자 한다면 우리는 사건을 이해해야 한다. 심리철학에서 진보는, 구체적으로 말해 심적 사건과 물리적 사건 간의 관계에 대한 물음이 핵심인 심리철학에서 진보는 사건이라는 것이 무엇인지에 대한 우리의 앎을 전제로 한다. 그리고 인간 행위는 어떤 종류의 사건이므로, 우리가 사건을 적절하게 이해하지 못하는 이상, 행위 이론이나 윤리학에서의 분명함은 기대하기 어려운 것이다.

이제, 우리가 논의한 이 세 이론 중 하나 혹은 제4의 이론이 사건에 대한 충분한 개념화를 제공함으로써 이 모든 요구를 잘 처리할 수 있을지 모른다. 그러나 한편으로는 사건에 대한 우리의 개념이, 자신을 단 하나의 이론으로 정립되게 해줄 단일성을 결여하는 것으로 나타날 수도 있는 것이다. 다시 말해, 사건에 대한 이론에 부가된 어떤 요구들을 처리하기 위해 우리는 치솜 식의 사건을 필요로 할 수도 있지만, 또 다른 요구들을 처리하기 위해서는 김재권 식의 사건을 필요로 할 수도 있고, 또 데이비드슨 식의 사건을 필요로 할 수도 있는 것이다. 제4의 이론이 상정하는 사건이 필요할 수도 있고 말이다.[35] 이 의문들에 대한 판정관은 아직 나타나지 않고 있다.

주석

1. 다음을 참조하라. Bolzano(1972), "Beliefs and propositions" in Moore(1953), Frege(1892), Frege(1919), Russell(1904). 명제라는 개념에 대한 일반적 논의는 Pitcher(1964)에서 피처George Pitcher가 쓴 서론적 에세이를 보면 된다. David(1994)의 I, II장도 참조하라.
2. 이러한 접근법에 대한 주의 깊은 논의로는 Cartwright(1962) 참조.
3. 이 용어법은 Strawson(1950)에서 처음 등장한다.
4. 여기서 나는 지나치게 단순화한 면이 있다. 자유로운 행위와 관련한 문제들이 있는데, 어떤 철학자들은 이 문제들로부터 다음과 같은 주장으로 나아가게 되었다. 즉 모든 명제가 참이거나 거짓인 것은 아니다. 이들에 따르면, 어떤 명제(미래 시제 우연 명제)는 "제3의" 진릿값, 즉 미규정indeterminate이라는 진릿값을 가진다. 그러나 이러한 견해를 가진 사람은 소수이다.
5. 이러한 용어법과 관련해서는 Frege(1919) 참조.
6. 예를 들면 Chisholm(1976)의 IV장에서 명제에 대한 치솜의 설명 참조.
7. Chisholm(1976)의 IV장 참조.
8. That-절 내의 용어들이 갖는 지칭적 힘과 관련한 이러한 논의는 매우 개론적인 논의이다. 이 주제와 관련된 문헌은 방대하며 또 각 문헌은 서로 다른 여러 의미론적 접근법을 취하고 있다. 이 주제에 흥미를 느끼는 독자라면 다음과 같은 저작을 맨 먼저 읽는 것이 좋다. Frege(1892), "On denoting" 그리고 "The philosophy of logical atomism" in Russell(1956)과 Kaplan(1975).

9. 이러한 착상에 관한 논의로는 Plantinga(1987) 참조. 특히 208~209 참조.

10. 예를 들면 Church(1956) 참조.

11. 이러한 견해에 대한 비판으로는 Pitcher(1964)의 서문과 Cartwright(1962) 참조.

12. 물론 명제라는 것이 자신의 진릿값을 바꿀 수 있다고 생각하는 실재론자는 이 논변을 이용할 수 없다.

13. 이 점과 관련한 논의로는 Lemmon(1966) 참조.

14. Quine(1960 : 211~216) 참조.

15. 명제에 대한 셀라스의 처리법을 보기 위해서는 Sellars(1963b) 참조.

16. 예를 들면 Sellars(1975) 참조.

17. Prior(1971)의 I~III장 참조.

18. Ramsey(1927), 그리고 특히 Mellor(1990)의 38~39쪽.

19. Prior(1971 : 18~19).

20 같은 책, 24~26쪽.

21. 논리학에 친숙하지 않은 독자라면, 여기서 논의가 좀 거칠게 진행된다고 생각할 수 있다. 논리학자들은 '모든 A는 B이다.'와 같은 형태의 문장을, 보편 양화사 (x) 혹은 (∀x)를 이용해 처리하고자 한다. 그래서 '모든 A는 B이다.'는 다음과 같이 기호화된다. '(x)(만약 x가 A라면, x는 B이다).' 그리고 이것은 다음과 같이 읽힌다. '모든 대상 x에 대해, 만약 x가 A라면, x는 B이다.' '어떤 A는 B이다.'와 같은 문장은 다음과 같이 기호화된다. '(∃x)(x는 A이고 또 x는 B이다).' 그리고 이것은 전형적으로 다음과 같이 읽힌다. '적어도 하나의 대상 x가 존재하는데, x는 A이며 또 x는 B이다.' 이렇게 읽을 때, (19-b)에서의 (∃p)는 명제에 대한 존재 양화사인 것이다. 그리고 (19-b) 전체는 적어도 하나의 명제가 존재함을 주장하는 것이다. 프라이어의 견해는 다르다. 그에 따르면 양화사 ∃는 [존재 양화사가 아니래 개별 양화사particular quantifier로 불려야 하며, 따라서 다음과 같이 읽혀야 한다. '어떤 …에 대해서.'

22. Prior(1971 : 34~37) 참조.

23. 양화사에 대한 이러한 해석을 대입적 해석substitutional interpretation이라고 부른다. 대입적 해석은 대상적 해석objectual interpretation이나 지칭적 해석referential interpretation과 대립되는 해석이다. 대상적/지칭적 해석에서 양화 문장의 진리조건은, 그 양화 문장이 말하는 바의 조건을 만족시키는 대상들이 존재함을 지적함으로써 드러난다. 이 견해에 따르면, (19-b)는 다음과 같은 경우 참이 된다. 즉 어떤 대상이 존재하는데, 그것은 거짓이며 또 존이 그것을 믿을 때. 그러나 이러한 조건을 만족시킬 수 있는 대상은 명제밖에 없다. 따라서 대상적 해석하에서라면, (19-b)는 오직 명제 같은 것이 존재해야만 참이 될 수 있다. 대입적 해석은 (19-b)에 대한 진리조건을 제공하는 것에서, 대상들이 존재함을 요구하지 않는다. 대입적 해석은 (19-b)를 참으로 만들어주는

대입례에 근거해 (19-b)에 대한 진리조건을 제공한다.['not-p & (존은 p라는 것을 믿는다)'라는 문장 형식(변항이 포함되어 있으므로 이것은 완전한 문장이 아니라, 문장 형식이다)에서, p를 대체해 이 문장 형식을 문장으로 만들어주며, 또 이렇게 만들어진 문장을 참이게끔 해주는 어떤 문장이 적어도 하나는 있을 경우, 그 경우 (19-b)는 참이다. 그러한 문장 하나를 상상해 보면 좋을 것이다. 예컨대 p를 다음 문장으로 대체해 보라. '철수는 미국의 대통령이다.' —옮긴이] 따라서 이러한 해석에 따르면, (19-b)와 같은 문장을 인정하는 철학자일지라도, 명제의 존재에 자동적으로 개입하게 되는 것은 아니다.

24. Sellars(1963b : 193 이하) 참조.
25. Russell(1912 : XII장) 참조.
26. 이와 관련한 고전 격의 논문은 Putnam(1975)이다.
27. 어떤 이의 믿음 내용을 결정하는 데서, 그 사람이 속한 언어 공동체가 역할을 한다는 점을 보이고자 하는 또 다른 종류의 사고 실험은 Burge(1979)에서 찾아볼 수 있다.
28. 사실에 대한 고전 격의 논의는 러셀의 "The philosophy of logical atomism" in Russell(1956)과 Wittgenstein(1961)에서 찾아볼 수 있다.
29. 러셀의 "The philosophy of logical atomism" Lecture I in Russell(1956) 참조.
30. 사태에 관한 좋은 논의로는 Plantinga(1970) 참조.
31. Chisholm(1976)의 IV장 참조.
32. 치솜의 "States and events" in Chisholm(1989) 참조.
33. 예를 들면 김재권의 "Events as property exemplifications" in Kim(1993) 참조.
34. 예를 들면 데이비드슨의 "The individuation of events" in Davidson(1980) 참조.
35. 이러한 이론 중 하나가 최근 들어 인기를 더해 가고 있다. 이 이론은 사건을 트롭과 동일시한다. 이 견해에 따르면, 1991년 3월 18일 로스엔젤레스가 지진에 의해 흔들림이라는 사건은, 단지 1991년 3월 18일 로스엔젤레스가 지진에 의해 흔들림이라는 트롭일 뿐이다. 사건에 대한 트롭 이론적 접근법과 관련해서는 Bennett(1988) 참조.

더 읽을 책

명제, 그리고 이와 유사한 주제들에 관한 문헌들은 이해하기 쉽지 않다. 명제와 사실에 대한 일반적 논의로는 Pitcher(1964)의 서론이 좋다. 이 장의 첫 번째 부분에서 논의된 주제와 관련해서는 Frege(1892)와 Frege(1919)가 고전이다. 콰인의 견해와 관련해서는 Quine(1960 : 211~216) 참조. Prior(1971)는 어렵지만 이 책의 초반부 장들을 주의 깊게 읽는다면, 그 수고가 아깝지 않을 것이다. Russell(1912)의 XII장은 다중 관계 이론에 대한 좋은 설명을 제공한다. 사실 존재론에 대한 고전적인 옹호로는 "The philosophy of logical atomism" in Russell(1956) 참조. 명제와 사건에 대한 "Seventies"에서의 치솜의 견해는 Chisholm(1976)

의 IV장에서 찾아볼 수 있다. "Events as property exemplifications" in Kim(1993)은 사건에 대한 김재권의 견해를 아주 명확히 드러내고 있다. Davidson(1980)에 실린 사건에 대한 논문은 모두 데이비드슨 식의 접근법에 대한 좋은 길잡이가 된다.

5

가능 필연

M

metaphysics

필연, 가능 같은 개념들(이른바 "양상 개념들")은 형이상학에서 꼭 필요한 개념으로 보이지만, 전통적으로 경험론자들은 이 개념들을 거부해 왔다. 그러나 양상 논리 의미론의 개발로 인해 철학자들은 경험론자들이 이렇듯 거부하는 것을 조리할 수 있다고 믿을 만한 이유를 갖게 되었다. 양상 논리 의미론의 핵심에는 여러 가능 세계possible worlds라는 착상이 놓여 있다. 형이상학자들은 이러한 착상이 완전히 정당하며, 또 양상과 관련한 우리의 상식적 사유 행위 속에 이미 스며들어 있다고 주장한다. 또한 그들에 따르면, 가능 세계라는 착상은 명제 양상de dicto modality(명제에 귀속되는 개념으로서의 필연, 가능) 개념을 분명히 해줄 도구를 제공해 줄 뿐 아니라 사물 양상de re modality(사물이 어떤 속성을 갖는가와 관련한 필연, 가능) 개념도 분명하게 해준다.

　그러나 가능 세계 개념을 이해하는 서로 다른 두 가지 방식이 있었다. 어떤 철학자들은 가능 세계 개념이 환원주의적 유명론을 위한 재료들을 제공한다고 생각했다. 양상에 관한 루이스David Lewis의 이론이 이러한 접근법의 가장 훌륭한 예이다. 루이스는 가능 세계 개념을 기본적인primitive 것으로 간주한다. 그리고 가능 세계 개념을 사용해 속성, 명제, 명제 양상, 사물 양상 등의 개념 틀에 대한 환원주의적 설명을 제공한다. 루이스의 이론은 기술적으로 봤을 때 매우 우아한 이론이다. 그러나 그의 이론은 우리로 하여금 모든 가능 세계를 똑같이 실제적이며 또 완전히 구체적인 엔터티로 간주하도록 요구한다. 그리고 많은 철학자는 이것이 우아한 이론을 위해 지불해야 할 대가치고는 너무 비싼 것이라 생각한다.

그래서 가능 세계 개념의 설명력에 강한 인상을 받은 많은 철학자는 대안적인 접근법을 선호하는데, 이것은 플란틴가Alvin Plantinga의 저작에서 완전히 발전한 접근법이다. 이 견해에 따르면, 가능 세계 개념은 서로 연계된 여러 개념 그물망 내의 한 요소이다. 즉 가능 세계 개념은 속성, 명제, 명제 양상, 사물 양상 등과 같은 여러 개념 그물망 내의 한 요소이다. 그래서 플란틴가의 주장은 다음과 같다. 우리는 이러한 개념들을 그물망 밖에 있는 개념들로 환원할 수 없다. 우리는 다만 이러한 개념들이 서로 맺고 있는 관계를 드러냄으로써, 이 그물망 내의 개념들을 분명하게 할 수 있을 뿐이다. 플란틴가는 가능 세계를 플라톤적으로 이해한다. 그에 따르면, 가능 세계는 최대로 가능한 사태들이다. 그리고 플란틴가는 현실 세계를 현실적으로 구현된 최대로 가능한 사태라고 생각한다. 플란틴가는 오직 현실적으로 존재하는 것만이 실제적이라는 현실주의적 입장을 견지하면서, 가능 세계라는 개념 틀 전체를 받아들인다.

양상과 관련한 문제들

앞의 네 장 모두에서 우리는 필연, 가능, 우연이라는 개념을 자유롭게 사용해 왔다. 우리는 필연적으로 참인 명제 혹은 필연적으로 거짓인 명제와, 자신의 진릿값을 단지 우연적으로만 갖는 명제를 구분했다. 그리고 우리는 가능적으로 참인 명제와, 참임이 불가능한 명제를 구분했다. 마찬가지 방식으로 우리는 필연적으로 구현되거나 혹은 필연적으로 구현되지 않는 사태들에 관해 이야기했다. 그리고 우리는 이러한 사태들을 단지 우연적으로만 구현되거나, 아니면 단지 우연적으로만 구현되지 않은 사태들과 대비했다. 또 우리는 대상의 본질에 속하는 속성, 즉 대상이 필연적/본질적으로 예화하는 속성, 그리고 대상이 단지 우발적/우연적으로만 드러내는 속성, 이 둘을 구별했다. 여기에서 작동하고 있는 필연, 가능, 불가능, 우연 등의 개념을 양상 개념modal notion이라 부른다. 이러한 개념들에 대한 우리의 설명은 무척 간략했다. 예를 들어 우리는 이렇게 말했다. 한 명제가 필연적이라는 것은 그 명제가 거짓임이 불가능하다는 것이다. 또 우리는 이렇게 말했다. 한 속성이 어떤 사물에 본질적이라는 것은 그 속성 없이는 그 사물이 존재할 수 없다는 것이다. 간단히 말하자면, 우리는 특정 양상 개념[필연, 본질]을 다른 양상 개념[불가능]에 근거해 설명한 것이다. 여기서 가정은 이러한 것이었다. 즉 양상 개념들은 궁극적으로 봤을 때, 의심의 여지가 없는 것이고, 또 우리는 이 개념들을 잘 이해하고 있다. 우리가 이 개념들을 철학적으로 사용할 수 있었던 이유는 이러한 가정에 근거했기 때문이다.

그러나 많은 철학자는 이 개념들을 자유롭게 사용하는 것에 대해 거부감을 가진다.[1] 그들은 양상 개념들이 어떤 심각한 문제점을 갖고 있다고 생각한다. 그래서 이들은 이 개념들을 사용하는 것이 오만한 일이라 생각한다. 이들은 다음과 같이 말할 것이다. 우리가 양상 개념들을 확고하게 이해하고 있다고 가정하는 것은 순진한 생각이며, 이 개념들에 의존한다면 우리는 우리 자신을 모호함 속에 빠뜨리는 것이다. 왜 이 철학자들은 양상 개념을 이렇게 의심에 찬 눈빛으로 바라보는 것일까? 서로 다른 여러 이유가 있다. 그중 하나는 형이상학에서의 경험주의적 성향과 연계된 것이다. 양상 개념을 비판하는 사람들 중에는 경험론자들이 많다. 이들의 비판에 따르면, 양상 개념들은 세계와의 경험적 접촉으로 환원되지 않는다. 그들에 따르면, 경험은 어떤 것이 필연적으로 그러한지, 가능적으로 그러한지를 드러내주지 않는다. 경험은 단지 어떤 것이 그냥 그러한지만을 드러내준다. 그리고 이들은 다음과 같이 논한다. 세계를 경험할 때, 우리가 그 경험을 통해 세계의 양상적 측면을 파악할 수 없다면, 세계의 구조에 대한 형이상학적 묘사에서 양상 개념들을 사용할 권리가 없는 것이다. 이들의 견해에 따르면, 양상에 대한 말(어떤 것이 필연적이라는 말, 어떤 것이 가능하다는 말, 혹은 어떤 것이 불가능하다는 말)이 어떤 것을 보증하고 있다면, 그것은 언어적 보증 정도인 것이다. 그들은 다음과 같이 주장한다. 총각이 결혼하지 않았다는 것은 필연적으로 참이라 말할 수 있다. 그러나 이렇게 말할 때 우리는 비언어적 세계의 어떤 측면을 표현하고 있는 것이 아니다. 필연에 관한 말은 단어를 어떤 방식으로 사용할지에 관한 우리의 결정을 반영할 뿐이다. 총각이 결혼하지 않았다는 것은 필연적으로 참이다. 그러나 이것은 '총각'이라는 단어와 '결혼하지 않은 것'이라는 단어의 의미 때문에 그런 것이다. 이 유형의 경험론자들은 이러한 사실을 종종 다음과 같이 표현한다. 필연은 단지 언어적 필연verbal necessity인 것이다.

　형이상학에서 양상 개념들을 사용하는 것을 경험론자들이 반대해 온 지는 오래되었다. 그 역사는 적어도 흄까지 거슬러 올라간다. 또 다른 반대가 있는데, 이것은 좀 더 최근의 일이다. 필연과 가능에 대한 반대는 20세기 전반기에 영향력을 행사했다. 양상 개념 반대자들의 이러한 견해는 철학적으로 적절한 언어가 어떤 것이어야 하는가 하는 문제에 그 뿌리를 두고 있다. 이들의 주장은 다음과 같다. 어떤 문장들이 있을 때, 이 문장들이 이 반대자들의 검열을 통과하기 위해서는 외연적extensional이어야 한다. 어떤 담론이, 어떤 문장이 외연적인가? 이것은 쉽게 대답할 문제가 아니다. 그러나 우리의 목적을 위해 우리는 다음과 같이 말할 수 있다. 일련의 문장의 집합은 다음과 같은 조건하에서 외연적이다. 즉 각 문장을 이루는 요소 단어를 공지칭적 coreferential 단어(즉 같은 지칭체를 갖는 단어)로 대체했을 때, 그 문장의 진릿값이 바뀌지 않을 경우. 두 단칭 용어는 다음과 같은 경우 공지칭적 용어이다. 즉 이 두 용어 모두 동일한 사물의 이름일 때. 두 일반 용어는 다음과 같은 경우 공지칭적 용어이다. 즉 이 두 용어 모두 동일한 대상들에 대해 참이 될 때, 혹은 만족될 때. 그리고 두 문장은 다음과 같은 조건에서 공지칭적이다. 즉 이 두 문장 모두 같은 진릿값을 가질 때. 이러한 정의가 주어지면, 외연성이라는 것이 무엇인지 아는 것은 어려운 일이 아니다. 다음과 같은 문장들 각각은 외연적 문장들이다.

(1) 빌 클린턴은 와이오밍에서 휴가 중이다.

(2) 모든 인간은 죽는다.

(3) 2 더하기 2는 4이고, 토니 블레어는 영국의 수상이다.

우리가 문장 (1)에 나타나는 '빌 클린턴'을 공지칭적 용어, 즉 '미국의 42번째 대통령'으로 대체한다고 가정해 보자. 그 결과 우리는 문장 (1)과 동일한 진릿값을 갖는 문장을 얻는다. 마찬가지로, 우리가 문장 (2)에서 나타나는 '인간'이라는 일반 용어를 '날개 없는 두 발 동물'이라는 공지칭적 용어로 대체하면, 우리는 (2)가 참일 때 같이 참이고, 또 (2)가 거짓일 때 같이 거짓인 문장을 얻는다. 마지막으로 '2 더하기 2는 4이다.'를 '삼각형은 세 변을 가진다.'라는 문장으로 대체할 경우, 우리는 문장 (3)과 동일한 진릿값을 갖는 문장을 얻는다.

우리는 다음과 같이 말했다. 20세기 전반기의 여러 철학자는 철학적으로 인정할 만한 담론, 혹은 진지한 철학을 위한 담론은 방금 소개한 의미에서 외연적이어야 한다고 주장했다고. 왜 그런가? 여러 이유가 있지만, 그 핵심적 주장은 다음과 같은 것이다. 언어가 외연적이면 우리는 다양한 문장들 사이의 추론 관계가 어떤 의미를 갖는지 분명히 할 수 있다. 다시 말해, 우리는 주어진 문장이 다른 어떤 문장으로부터 추론되는지 알 수 있게 된다. 다음과 같은 사실을 보자. 우리는 잘 정식화된 논리 체계를 갖고 있다. 이 논리 체계는 외연적 언어 체계로서, 여러 문장 사이의 논리적 관계를 잘 정식화해 놓고 있다. 우선 우리는 명제 논리를 갖고 있다. 이것은 문장 연결사나 명제 연결사들('_가 아니다not', '그리고and', '혹은or', '만약 _라면, _이다if ... then', '만약 _라면, 오직 그 경우에만, _이다if and only if')의 논리적 작동 방식을 잘 정식화해 놓고 있다. 또 우리는 술어 논리를 가진다. 이것은 문장들의 내적 구조가 어떻게 문장들 사이의 추론적 관계와 연관되어 있는지를 보여준다. 또 우리는 집합론을 가진다. 이것은 집합론적 관계들을 표현하는 문장들 사이의 추론적 관계를 보여준다.

따라서 언어가 외연적일 경우, 우리는 문장들의 어떤 집합으로부터 다른 어떤 문장들이 도출되는가를 분명히 해주는 논리학을 갖게 된다. 바로 이러한 사실로부터, 철학을 위한 언어는 외연적 언어이어야 한다는 생각이 나오게 된 것이다. 그런데 이 모든 것이 양상과 무슨 관계가 있다는 것인가? 그 답은 다음과 같다. 양상 개념들을 표현하는 용어를 포함한 문장들은 위에서 말한 외연성 테스트를 통과할 수 없다. 두 가지 예만 들어도 여기서 나타나는 어려움을 드러내기에 충분하다. 다음과 같은 문장은 필연적으로 참이다.

(4) 2 더하기 2는 4이고, 총각은 결혼하지 않았다.

따라서 다음의 문장은 참이다.

(5) 필연적으로, 2 더하기 2는 4이고, 총각은 결혼하지 않았다.

그러나 만약 우리가 문장 (5) 안에서의 '2 더하기 2는 4이다.'를 같은 진릿값을 갖는 문장, 예컨대 '빌 클린턴은 미국의 대통령이다.'와 같은 문장으로 대체하면, 우리는 다음과 같은 거짓 문장을 얻게 된다.

(6) 필연적으로, 빌 클린턴은 대통령이고, 총각은 결혼하지 않았다.

클린턴이 대통령이라는 것은 단지 우연적으로만 참이라는 사실로부터 다음과 같은 연언문conjunction은 단지 우연적일 뿐이라는 사실이 나온다. 즉 '빌 클린턴은 대통령이고, 총각은 결혼하지 않았다.' 따라서 필연이라는 개념을 도입하는 것은 외연적 문장인 (4)를 비외연적 문장으로 만드는 것이다. 달리 말하자면, 여기서 필연이라는 개념을 도입하는 것은 외연적 문맥 extensional context을 내포적 문맥intensional context으로 바꾸는 것이다. 다음과 같은 문장도 외연적 문맥을 가진다.

(7) 인디애나 주에서 가장 큰 사람은 인디애나 주의 그 누구보다도 크다.

우리가 '인디애나 주에서 가장 큰 사람'을 '샘 스몰'이라는 공지칭어로 대체할 경우, 이 문장의 진릿값은 변하지 않는다. 그런데 문장 (7)은 필연적으로 참이다. 따라서 다음과 같은 문장은 참이다.

(8) 필연적으로, 인디애나 주에서 가장 큰 사람은 인디애나 주의 그 누구보다도 크다.

그러나 문장 (8)은 문장 (7)과 달리 더 이상 외연적이지 않다. 앞에서 했듯이 문장 (8) 안에 있는 '인디애나 주에서 가장 큰 사람'을 '샘 스몰'이라는 공지칭어로 대체할 경우, 우리는 다음과 같은 문장을 얻게 된다.

(9) 필연적으로, 샘 스몰은 인디애나 주의 그 누구보다도 크다.

문장 (9)는 거짓이다. 왜냐하면 분명 인디애나 주에서 샘 스몰보다 더 큰 어떤 사람이 있는 것은 가능한 일이기 때문이다.

따라서 우리 언어에 양상 개념을 표현하는 용어들이 포함될 경우, 외연적 문맥은 비외연적 문맥으로 바뀐다. 그리고 1940년대와 1950년대의 많은 철학자는 이러한 사실의 의미를 다음과 같은 것으로 이해했다. 진지한 철학 내에는 양상 개념이 들어설 자리가 없다.[2] 양상적 표현들을 포함하는 문장들은 명제 논리, 술어 논리, 집합론 등의 외연적 체계 내에서 자리를 잡지 못하므로, 이러한 양상 개념들을 고수한 철학자들조차 여러 양상적 주장 사이에 놓이는 추론적 관계에 대해 설명할 수 없었다. 양상적 주장을 할 때, 그들은 자신이 어떤 것에 개입하고 있는지를 정확히 이해하지 못한 것이다. 이러한 사실로 인해 비판자들은 다음과 같이 주장한다. 양상에 대해 이야기 하는 사람들은 자신이 무슨 말을 하는지 이해하지 못하고 있다.

어떤 사람은 이렇게 생각할 수도 있다. 양상 문장들 사이의 논리적 관계를 정식화하는 논리 체계만 있으면 모든 문제는 해결된다. 다시 말해, 필요한 것은 양상 논리학modal logic이다. 그런데 실제로 양상 논리 체계들이 있어왔다. 다만 어려운 점은 너무 많은 양상 논리 체계가 있어왔다는 것이다.[3] 논리학자들은 양상 추론을 체계화하는 작업을 수행해 왔다. 그런데 그들은 다음과 같은 사실을 발견했다. 서로 다르고 서로 환원되지 않는 여러 양상 논리학을 만들어낼 수 있다. 다시 말해 다음과 같은 질문에 대해 서로 다른 답을 제시하는 여러 양상 논리학이 있는 것이다. "주어진 양상 문장들의 집합으로부터 어떤 양상 문장들이 도출되는가?" 이러한 사실은 양상 개념의 사용에 대해 비판적 입장을 취하는 사람들에게 직접적인 이익을 가져다주었다. 이들의 관점에 따르면, 양상 추론에 관한 서로 환원되지 않는 여러 체계가 있다는 사실은 다음과 같은 사실을 보여주는 것이다. 우리는 필연, 가능 같은 양상 개념들에 대해 전혀 이해하는 바가 없다. 그리고 이러한 사실로부터 그들은 외연적 언어에 대한 자신의 이상(理想)을 확인하게 된 것이다.

따라서 형이상학에서의 경험론적 성향, 외연성에 대한 기술적 고려들이 있었고, 이러한 것들로 인해 필연, 가능, 우연 등의 개념 사용에 대한 회의론이 나타나게 된 것이다. 분명 많은 철학자는 양상 개념을 사용하는 것이 진지한 형이상학을 위해 필요하다고 계속 믿어왔다. 그러나 회의론이 제기하는 반론은 이들로 하여금 방어적 자세만을 취하도록 강요했다. 그런데 1950년대 말, 1960년대에 양상 논리 영역에서 발전이 있었고, 이러한 발전은 필연, 가능 같은 개념을 선호하는 이들로 하여금 자신의 입장이 그리 비관적이지는 않다고 믿게 만들 근거를 제공했다. 논리학자들은 다음과 같은 사실을 발견했다. 우리는 라이프니츠의 착상에 기댈 수 있다. 라이프니츠의 착상은 다음과 같다. 우리 세계, 다시 말해 현실 세계는 수없이 많은 가능 세계 possible worlds 중 하나다. 라이프니츠의 이러한 착상을 기반으로 해 우리는 여러 양상 논리학 내에서 작동하고 있는 필연, 가능 등의 개념의 의미를 분명히 할 수 있다.[4] 핵심 착상은 다음과 같은 것이다. 명제들이 현실 세계에서 참 혹은 거짓일 수 있는 것처럼, 이 명제들은 다른 가능 세계에서도 참 혹은 거짓일 수 있다. 그래서 토니 블레어는 영국의 수상이라는 명제는 우리 세계에서 참인데, 이 명제가 참인 다른 가능 세계가 많이 있다는 것이다. 물론 이 명제가 거짓인 가능 세계도 많이 있다. 이제 논리학자들은 다음과 같이 주장한다. 명제가 여러 가능 세계에서 진릿값을 가질 수 있다는 착상은 명제에 양상 개념들이 어떻게 적용되는지를 설명해 준다. 한 명제가 참이라는 것, 혹은 그 명제가 현실적으로 참이라는 것은 그 명제가 그 가능 세계, 즉 현실 세계에서 참이라는 것이다. 또 한 명제가 필연적이라는 것, 혹은 한 명제가 필연적으로 참이라는 것은 그 명제가 모든 가능 세계에서 참이라는 것이다.

또 한 명제가 가능적이라는 것, 혹은 그 명제가 가능적으로 참이라는 것은 그 명제가 어떤 가능 세계에서 참이라는 것이다. 이러한 설명에 따르면, 필연, 가능 등의 개념은 가능 세계들에 대한 양화quantification over worlds를 통해 설명될 수 있는 것이다. 명제 p가 필연적으로 참이라는 것은 가능 세계들을 전칭 양화하는 것이다. 다시 말해, 명제 p가 필연적이라는 것은 다음과 같이 말하는 것이다. "모든 가능 세계 W에 대해, p는 W에서 참이다." 또 명제 p에 대해, 이 명제가 가능적으로 참이라는 것은 가능 세계들을 특칭 양화하거나 존재 양화하는 것이다. 다시 말해, 명제 p가 가능적이라는 것은 다음과 같이 말하는 것이다. "적어도 하나의 가능 세계 W에 대해, p는 W에서 참이다."

이러한 설명의 완성된 형태는 우리가 그냥 지나쳐도 되는 온갖 종류의 기술적 세부사항을 포함하고 있다. 그러나 양상에 대한 이러한 신-라이프니츠적 접근법의 중요한 측면이 하나 있는데, 그것은 다음과 같은 것이다. 이러한 접근법을 통해 우리는 왜 양상 논리학이 여럿이었는지를 알 수 있다. 우리는 가능 세계에 대한 양화에 여러 종류의 형식적 제약을 가할 수 있다. 서로 다른 이 제약들 각각에 대응해 서로 다른 여러 양상 체계가 나온 것이다.* 그러나 이러한 접근법에는 이보다 더 중요한 측면이 있다. 양상적 담론의 주재료를 가능 세계들이라 간주하면서, 양상 논리에 대한 신-라이프니츠적 접근법을 선호하는 사람들은 이제 경험론자들의 실수에 대해 설명할 수 있게 되었다. 경험론자들은 필연성, 가능성 등을 우리의 일상적 경험과 관련해서만 이해하려고 했다. 그러나 우리가 어떤 것이 필연적이라고, 혹은 가능적이라고 말할 때 우리가 말하는 것은 단지 세계가 현실적으로 어떠한가에 관한 것만은 아니다. 우리가 말하는 것은 가능 세계들 전체에 관한 것

---

* 신-라이프니츠적 접근법의 세부사항과 관련해서는 이 장 말미의 「역자 보론」 참조.

이다. 따라서 경험론자들은 우리의 현실적인 지각 경험에만 주목함으로써, 양상적 담론의 주재료가 무엇인지를 밝혀내지 못한 것이다. 여기에 그들의 실수가 있다.

가능 세계

따라서 양상 논리를 다룰 때의 신−라이프니츠적 전략은 양상에 대한 회의론과의 싸움에서 효과가 있었다. 실제로 이러한 전략이 성공함으로써, 양상 연구의 황금기라고 할 만한 시대가 도래하게 되었다. 이것은 지금까지도 이어지고 있다. 철학자들은 다음과 같이 믿게 되었다. 만약 우리가 가능 세계라는 개념 틀을 우리 존재론의 일부로서 받아들이게 되면, 상당량의 어려운 철학적 문제들을 다룰 수 있는 도구를 얻게 된다. 처음 볼 때, 철학자들이 가능 세계에 대한 실재론적 해석을 취한다는 사실은 좀 의아스럽다. 앞의 네 장에서 우리는 온갖 종류의 이국적인 엔터티들과 만났다. 속성, 종, 관계, 무속성 기체, 명제, 사태 등. 비철학자들이 볼 때, 이러한 범주의 엔터티들이 존재한다는 주장은 과장되고 환상적인 것으로 보일 수 있다. 그러나 우리 세계가 많은 가능 세계 중 하나라는 주장과 위의 주장들을 비교해 보면, 위의 주장들은 차라리 얌전한 주장들로 보인다. 수없이 많은 가능 세계가 존재한다는 생각은 무엇이 존재하는가와 관련한 우리의 상식적 개념화와 거리가 멀어 보이며, 또 그러한 만큼 우리가 형이상학이라고 불러온 기획 자체에 의문을 품게 만든다.

우리가 "가능 세계 형이상학자들"이라고 부를 수 있는 철학자들은 이러한 반응이 잘못되었다고 주장한다.[5] 그들은 다음과 같이 주장한다. 철학자가 아닌 사람들이 이러한 종류의 가능 세계에 관해 이야기하지는 않지만, 가능 세계라는 개념 틀은 우리의 직관에 그 뿌리를 내리고 있는 것이다. 그들의 주장에 따르면, 가능 세계라는 착상은 우리가 공유하고 있는 상식적 믿음에 근거하는 것이다. 그들은 다음과 같은 방식으로 이를 설명한다. 우리 모두는 세상이 지금과는 달랐을 수 있다고 믿는다. 다시 말해 우리는 다음과 같이 믿는다. 세상의 현실적 존재 방식은 세상이 존재할 수 있는 여러 방식 중 하나다. 그런데 우리는 세상이 존재할 수 있는 여러 방식이 있음을 믿는 데서 그치지 않는다. 우리는 세상의 여러 존재 방식이 우리의 상식적 양상 믿음에 대한 진리 결정자라고 생각한다. 우리가 어떤 것이 필연적이라고(다시 말해 그것은 반드시 그런 것이라고) 믿는다고 해보자. 이 경우 우리가 믿는 것은 다음과 같은 것이다. 세상이 그 어떤 방식으로 존재할지라도 그것[필연적인 그것]은 사실이다. 달리 말하자면, 상황이 어찌되었든 그것은 사실이다. 마찬가지로 우리가 어떤 것이 가능하다고 믿는다고 해보자. 이 경우 우리가 믿는 것은 다음과 같은 것이다. 즉 세상이 돌아가는 어떤 방식이 있는데 만약 세상이 그렇게 돌아간다면, 그것[가능적인 그것]은 사실이 된다.

　이제 가능 세계 형이상학자들은 우리에게 다음과 같이 말한다. 가능 세계에 대한 이야기는 지금 여기서 작동하는 상식적 믿음을 조직화한 것일 뿐이다. 이 견해에 따르면, 존재론자들이 가능 세계에 대해 말할 때 그들이 하고 있는 것은 철학자든 철학자가 아니든 우리 모두가 믿고 있는 어떤 것에 대한 기술적 용어를 제공하는 것일 뿐이다. 우리 모두가 믿고 있는 그것은 무엇인가? 그것은 바로 세상이 다양한 방식으로 돌아갈 수 있다는 것이다. 가능 세계 형이상학자들은 세상이 돌아가는 이러한 방식 전체에 대한 기술적 용어를 제공한다. 이들은 다음과 같이 말한다. 양상 개념들은 가능 세계들에 대한 양화로 이해되어야 한다. 이때 이들이 하고 있는 일은 단지 가능 세계와 우리의 일상적 양상 믿음 사이의 관계를 겉으로 드러내는 것일 뿐이다. 가능 세계 W에 대해 명제 p가 모든 W에서 참일 경우, 명제 p는 필연적이다. 이러한 착상은 사실 다음과 같은 믿음을 형식화한 것일 뿐이다. 즉 한 명제가 필연적이라는 것은 세상이 어떻게 돌아가든[세상이 돌아가는 모든 존재 방식하에서] 그 명제가 참이라는 것이다. 또 가능 세계 W에 대해 명제 p가 어떤 W에서 참일 경우, 명제 p는 가능하다. 이러한 착상은 사실 다음과 같은 믿음을 형식화한 것일 뿐이다. 한 명제가 가능하다는 것은, 세상이 특정 방식으로 돌아가면[세상이 돌아가는 어떤 존재 방식하에서] 그 명제가 참이라는 것이다.

따라서 이들의 주장은 다음과 같다. 여기서 작동하고 있는 양상 개념들을 양상 논리를 통해, 그리고 가능 세계 형이상학을 통해 이해하려는 것은 철학자들의 발명품이 아니다. 이것은 상식이 확장된 것일 뿐이다. 이런 식으로 이해된 양상은 명제 양상de dicto modality이라고 불리는 것의 사례들이다. 명제 양상은 한 명제 전체에 적용되는 가능, 필연이다. 명제 양상을 부여할 때, 우리는 한 명제가 어떤 속성, 즉 필연적으로 참이라는 속성, 혹은 우연적으로 참이라는 속성을 가진다고 말한다. 그리고 우리가 보았듯이, 명제 양상에 관한 가능 세계적 설명은 가능, 필연 등의 속성을 가능 세계에 대한 양화[어떤 가능 세계나 모든 가능 세계]로 해석한다. 어떤 명제가 현실 세계에서 참일 경우, 그 명제는 현실적으로 참이라는 속성을 가진다. 마찬가지로 어떤 명제가 모든 가능 세계에서 참일 경우, 그 명제는 필연적으로 참이라는 속성을 가진다. 또 어떤 명제가 어떤 가능 세계에서 참일 경우, 그 명제는 가능적으로 참이라는 속성을 가진다. 마찬가지로 명제적 불가능성, 명제적 우연성 등의 양상적 속성에도 이러한 설명이 적용된다. 어떤 명제가 불가능하다는 것은 참임이 가능하지 않음이라는 속성, 혹은 필연적으로 거짓임이라는 속성을 그 명제에 부여하는 것인데, 어떤 명제가 그러한 속성을 가진다는 것은 그 명제가 그 어떤 가능 세계에서도 참이 아니라는 것이거나, 그 명제가 모든 가능 세계에서 거짓이라는 것이다. 그리고 어떤 명제가 우연적으로 참이라는 것은 그 명제가 현실세계에서는 참이지만 다른 가능 세계에서는 거짓이라는 것이고, 또 어떤 명제가 우연적으로 거짓이라는 것은 그 명제가 현실세계에서는 거짓이지만 다른 가능 세계에서는 참이라는 것이다.

또 다른 양상 개념이 있다. 이 개념은 우리가 앞 장에서 이야기한 것으로, 한 대상에게 본질적인 것, 또 한 대상에 우연적인 것 등의 개념이다. 여기서 작동하고 있는 양상을 사물 양상de re modality이라고 부른다. 명제 양상을 부여한다는 것은 명제 전체에 필연성(필연적으로 참/거짓), 가능성(가능적으로 참/거짓), 우연성(우연적으로 참/거짓) 등의 속성을 부여하는 것이다. 반면 사물 양상을 부여한다는 것은 한 사물이 어떤 속성을 예화할 때 드러나는 양상적 지위를 규정하는 것이다. 빌 클린턴은 필연적으로 혹은 본질적으로 인간이다. 그리고 빌 클린턴은 우연적으로 미국의 대통령이다. 이렇게 말할 때, 나는 사물 양상을 부여하고 있는 것이다. 나는 명제에 관해 말하는 것이 아니다. 나는 어떤 사람, 두 속성, 그 사람이 그 속성들을 예화하는 양상적 방식에 대해 말하고 있는 것이다. 그래서 나는 클린턴이 어떤 속성은 본질적/필연적으로 가지며, 다른 속성은 우연적으로 가진다고 말하는 것이다. 그렇다면 나는 어떤 양상적 속성들을 어떤 비명제적 대상, 즉 빌 클린턴에게 부여하고 있는 것이다. 나는 클린턴에게 양상적 속성 두 가지를 부여하고 있다. 즉 인간임이라는 속성을 필연적/본질적으로 예화함. 그리고 미국의 대통령임이라는 속성을 우연적으로 예화함.

스티븐 호킹이 수 2에 대해 생각하고 있다고 가정해 보자. 그럼 우리는 명제 양상과 사물 양상 사이의 차이를 분명히 할 수 있다. 수 2는 짝수임이라는 속성을 필연적/본질적으로 가진다. 따라서 다음과 같이 사물 양상을 부여하는 것은 참이다.

(1) 스티븐 호킹이 생각하고 있는 것은 필연적으로 짝수이다.

그러나 이에 대응하는 명제 양상을 부여한다면 그것은 거짓이 된다.

(2) 필연적으로, 스티븐 호킹이 생각하고 있는 것은 짝수이다.

(1)은 우리에게 다음을 말해 준다. 어떤 대상, 즉 호킹이 지금 생각하고 있는 것은 본질적/필연적으로 짝수이다. 그리고 그 대상이 수 2이므로, (1)은 참이다. 반면 (2)가 우리에게 말하는 바는 다음과 같은 명제가 필연적으로 참이라는 것이다.

(3) 스티븐 호킹이 생각하고 있는 것은 짝수이다.

호킹이 저 멀리 은하수의 블랙홀을 생각하고 있었다고 가정해 보자. 그렇다면 (3)은 거짓이다. 그가 블랙홀을 생각했을 수도 있으므로, (3)은 필연적으로 참이 아니다. 따라서 우리가 (2)에 할당한 명제 양상은 거짓이다.

따라서 사물 양상을 할당하는 것과 명제 양상을 할당하는 것은 구분되어야 한다. 그럼에도 가능 세계 개념 틀의 지지자들은 명제 양상뿐만 아니라 사물 양상도 가능 세계 개념 틀에 근거해 설명될 수 있다고 주장한다. 여기서 요구되는 것은 다음과 같은 사실을 이해하는 것이다. 명제가 가능 세계 안에서 참이거나 거짓인 것처럼, 대상도 가능 세계 안에 존재하거나 존재하지 않는다. 가능 세계에는 거주자들이 있는 것이다. 그리고 가능 세계 내의 거주자들은 다양하다. 가능 세계들 전체를 볼 때, 어떤 대상이 존재하는 가능 세계가 있고, 또 그 대상이 존재하지 않는 가능 세계가 있다. 대상들은 하나 이상의 여러 가능 세계에서 존재할 수 있다. 나는 현실 세계에 존재한다. 그러나 세상이 달리 돌아간다 하더라도, 나는 존재할 수 있는 것이다.[즉 나는 다른 가능 세계에서도 존재하는 것이다.] 이제 가능 세계 개념 틀의 지지자들은 이러한 사실이 우리로 하여금 사물 양상을 설명하게 해줄 원천을 제공한다고 주장한다. 설명은 간단하다. 한 대상 x가 어떤 속성 P를 필연적/본질적으로 가진다는 주장은 다음과 같은 주장이다. 즉 x가 현실 세계에서 P를 가지며, 또 x가 존재하는 모든 가능 세계에서 x는 P를 가진다. 달리 말하자면, x는 현실 세계에서 P를 가지며, x가 존재하는 가능 세계들 중에서 x가 P를 갖지 않는 세계는 없다. 클린턴은 인간임이라는 속성을 본질적으로 가진다. 그렇다면 현실적으로도 인간이지만, 그는 자신이 존재하는 모든 가능 세계에서도 인간인 것이다. 반면에 한 사물이 어떤 속성을 단지 우연적으로만 가진다는 것은 다음과 같이 주장하는 것이다. 현실 세계에서 그 사물이 그 속성을 갖기는 하지만, 그 사물이 존재하는 가능 세계 중 적어도 하나에서 그 사물은 그 속성을 갖지 않는다. 빌 클린턴은 대통령임이라는 속성을 갖지만, 그는 이 속성을 단지 우연적으로만 가진다. 이것이 의미하는 바는 다음과 같은 것이다. 그는 현실적으로[현실 세계에서] 이 속성을 갖기는 하지만, 세상이 달리 돌아갔다면[다른 가능 세계에서] 그가 여전히 존재하기는 하지만 대통령이 되지는 못했을 것이다.

따라서 필연적 참과 가능적 참에 대한 주장처럼, 본질적 속성과 우연적 속성에 대한 주장도 가능 세계와 관련된 주장으로 이해될 수 있다. 그리고 이 두 경우 모두 가능 세계들에 대한 양화를 포함하고 있다. 그러나 이 두 경우에서 양화사의 작동 방식은 서로 다르다. 명제 양상의 경우, 가능 세계에 대한 양화는 그 어떤 조건도 전제하지 않는다. 어떤 명제가 필연적으로 참이라고 할 때, 우리는 그 명제가 모든 가능 세계에서 참이라고 말하는 것이다. 어떤 사물이 어떤 속성을 필연적/본질적으로 가진다고 말할 때도 우리는 세계를 양화한다. 그러나 여기서 사용되는 양화사는 제한적이다. 빌 클린턴이 본질적으로 인간이라고 할 때, 이 주장은 빌 클린턴이 모든 가능 세계에서 인간임을 주장하는 것이 아니다. 빌 클린턴은 필연적 존재necessary being가 아니다. 빌 클린턴은 모든 가능 세계에 존재하지 않는다. 그는 단지 우연적인 존재contingent being로서, 그가 존재하지 않아서 그 어떤 속성도 갖지 않는 여러 가능 세계가 있는 것이다. 그래서 그가 본질적으로 인간이라는 주장은 좀 더 제한된 주장이다. 즉 그는 현실적으로 인간이며, 또 그가 존재하는 모든 가능 세계에서 인간이다. 마찬가지로 빌 클린턴이 단지 우연적으로만 대통령이라고 말할 때, 우리가 주장하고자 하는 것은 그가 대통령이 아닌 가능 세계가 있다는 것이 아니다. 우리는 이보다 좀 더 강한 주장을 하는 것이다. 즉 그가 존재하기는 하지만, 대통령은 아닌 가능 세계가 있다. 따라서 여기서도 세계를 양화하는 데 제한이 가해지는 것이다. 우리는 빌 클린턴이 존재하는 가능 세계만을 양화하는 것이다.

가능 세계 유명론

그래서 가능 세계 개념 틀은 양상 개념에 빛을 던져준다. 명제 양상, 사물 양상, 세상이 돌아갔을 다양한 방식, 그리고 여러 가능 세계, 이것들 사이에는 긴밀한 연관성이 있어 보인다. 그런데 우리는 이러한 연관성을 정확히 어떻게 해석할 수 있을까? 가능 세계 형이상학자들은 이 질문에 대해 모두 같은 답을 내지 않는다. 실제로 양상과 가능 세계 사이의 연관성을 어떻게 이해해야 할지에 관해 정확히 상반되는 두 입장이 있다. 가능 세계를 받아들이는 어떤 일군의 철학자는 다음과 같이 주장한다. 가능 세계, 명제적 가능/필연/우연, 본질적 속성/우연적 속성 등의 개념은 모두 어떤 개념적 그물망 내의 요소들로서, 이것들은 서로 연결되어 있고, 또 서로 보완하고 있다.[6] 이들이 믿는 바에 따르면, 이러한 그물망에 속하지 않는 개념들을 통해 위 개념들을 이해하는 것은 불가능한 일이다. 이 견해에 따르면, 만약 우리가 양상 현상을 이해하려 한다면, 우리는 이 그물망 안에 있는 각 개념이 그 그물망 안의 다른 개념들과 어떤 관계를 가지고 있는지를 보여주어야 한다. 반면에 또 다른 일군의 가능 세계 형이상학자는 완전히 다른 태도로 가능 세계 개념 틀에 접근한다.[7] 이들은 가능 세계 개념 틀 내에서 극단적.유명론의 환원론적 기획을 완수할 무기를 찾아내려 한다. 이 두 접근법 사이의 대립은 오늘날 형이상학의 핵심적 주제를 드러내주고 있다. 만약 양상이라는 주제를 분명히 하고자 한다면, 우리는 이 두 접근법 사이의 논쟁이 향하고 있는 논쟁점들을 이해해야만 한다. 전통 유명론의 환원론적 기획을 실현하고자 가능세계를 받아들이는 사람들의 견해부터 먼저 검토해 보자.

이러한 부류의 철학자들은 다음과 같이 주장하기를 원한다. 가능 세계 개념 틀은 사물 양상, 명제 양상을 분명히 이해할 수 있게 하는 것 이상의 일을 한다. 이들에 따르면, 가능 세계 개념 틀은 형이상학자로 하여금 속성이나 명제와 같은 개념들에 대해 진정으로 유명론적인 설명을 할 수 있게끔 해준다. 이러한 철학자들은 극단적 유명론의 존재론을 선호하지만, 예전의 유명론이 속성이나 명제 같은 것들에 대한 언급을 피할 수 없다고 믿는다. 이들은 우리가 2장과 4장에서 논한 어려움들, 즉 속성이나 명제를 유명론적으로 분석하고자 한 전통적 시도들에서 나타나는 어려움들에서 강한 인상을 받았다. 그러나 이들은 이러한 어려움이 유명론적 기획의 실패를 의미한다고 보지 않는다. 이들에 따르면, 이러한 어려움들이 보여주는 것은 단지 다음과 같은 것뿐이다. 즉 만약 유명론자들이 현실 세계의 내용물에만 갇혀 있다면, 그들은 자신의 기획을 성공적으로 수행해 낼 수 없다. 이들에 따르면, 유명론자들은 현실 세계에만 갇혀 있을 필요가 없다. 왜냐하면 다른 가능 세계들이 있으며, 또 그 안에 거주하는 다양한 대상이 있기 때문이다. 이제 우리가 "가능 세계 유명론자"라고 부를 철학자들은 다음과 같이 주장한다. 각 가능세계는 극단적 유명론자들이 선호하는 종류의 사물들만을 포함한다는 점에서 현실 세계와 똑같다. 즉 각 가능 세계는 현실 세계와 마찬가지로, 오직 구체적 개체들만을 포함한다. 이제 이들은 다음과 같이 주장한다. 다양한 가능세계들과 그 안에 거주하는 구체적 개체들을 이용해, 우리는 속성이나 명제 같은 것을 환원론적으로 설명하고자 하는 유명론적 기획을 완성할 수 있다.

이들의 주장에 따르면, 필요한 것은 단지 집합론뿐이다. 집합론을 가능 세계 전체와 그 내용물들에 적용함으로써, 우리는 형이상학적 실재론의 존재론을 구성하는 여러 엔터티에 대해 극단적-유명론적으로 설명할 수 있다. 우리는 속성이 어떠한 것인지를 설명하면서, 이미 극단적 유명론자들이 어떻게 집합을 이용하는지 살펴보았다. 극단적 유명론자들은 다음과 같이 말한다. 어떤 속성 F-ness란 단지 한 집합으로서, 그 집합은 자신의 원소로서 F인 개체들을, 그리고 F인 개체들만을 가진다. 이 견해에 따르면, 세모남 triangularity은 단지 어떤 커다란 집합으로서, 이 집합은 세모난 모든 대상을 자신의 원소로서 가진다. 용감함courage은 어떤 커다란 집합으로서, 이 집합은 용감한 모든 개체를 자신의 원소로서 가진다. 그런데 우리는 이러한 견해와 관련된 어떤 어려움을 지적했다. 이 견해로부터 귀결되는 다음과 같은 결과가 그 어려움이다. 우리가 서로 다르다고 알고 있는 속성들이, 사실은 같은 속성이 되어버린다는 것. 다음과 같은 조건에서 집합 α와 집합 β는 동일하다. 즉 α와 β가 같은 원소를 가질 때. 그런데 모든 인간은 날개 없는 두 발 동물이며, 날개 없는 모든 두 발 동물은 인간이다. 따라서 인간의 집합은 날개 없는 두 발 동물의 집합과 동일하다. 따라서 우리는 다음과 같은 불만족스러운 결론을 얻게 된다. 즉 인간임이라는 속성과 날개 없는 두 발 동물이라는 속성은 같은 속성이다. 여기서 가능 세계 유명론자들은 다음과 같이 주장한다. 집합론과, 가능 세계 개념 틀에 의해 추가적으로 제공되는 구체적 대상들[가능한 대상들]을 묶기만 하면, 우리는 이러한 어려움을 극복할 수 있다.

현실 세계에 날개 없는 두 발 동물들의 집합이 있고 또 인간들의 집합이 있는 것처럼, 다른 가능 세계에도 이에 해당하는 집합들이 있다. 다시 말해, 각 가능 세계 W에 대해, W 안에는 날개 없는 모든 두 발 동물을 자신의 원소로서 갖는 한 집합이 있으며, 또 W 안에는 모든 인간을 자신의 원소로서 갖는 또 한 집합이 있다. 이제 어떤 가능 세계는 이 두 집합이 동일하다는 점에서[동일한 원소를 가진다는 점에서] 현실 세계와 유사할 수 있다. 그러나 이러한 사실이 모든 가능 세계에 다 적용되는 것은 아니다. 날개 없는 두 발 동물들의 집합과 인간들의 집합이 서로 다른 여러 가능 세계가 있다. 날개 없는 두 발 동물이기는 하지만 인간은 아닌 대상들의 세계가 있으며, 또 인간이기는 하지만 어떤 유전적 변이나 어떤 이상한 환경적 요인 때문에 온 몸에 털이 나거나 다리가 둘 이상인 대상들의 세계가 있는 것이다. 따라서 가능 세계들 전체를 가로지르게 되면, 날개 없는 두 발 동물들의 집합과 인간들의 집합은 서로 빗나가게 된다. 서로 다른 각 가능 세계와 연계된 날개 없는 두 발 동물들의 집합들 모두를 한꺼번에 앞에 놓고서, 이것들로 집합론적 엔터티 하나를 구성하자. 그리고 각 가능 세계와 연계된 인간들 집합들 모두를 한꺼번에 앞에 놓고서, 이것들로 집합론적 엔터티 하나를 구성하자. 그 결과가 되는 두 집합론적 구조물은 서로 다를 것이다. 우리가 날개 없는 두 발 동물이라는 속성을 첫 번째 집합론적 구조물로 간주하고, 또 인간임이라는 속성을 두 번째 집합론적 구조물로 간주하면, 극단적 유명론자들이 찾고 있는 것을 얻게 된다. 즉 서로 다른 두 속성에 대한 설명. 그리고 이 설명은 오직 개체들로만 이루어진 집합론적 구조물들을 통해 얻는 것이다.

가능 세계 유명론자들은 서로 다른 두 속성에 대한 이러한 설명을 받아들이라고 주문한다. 그리고 그들은 이 설명을 다른 모든 속성들까지 확장해 일반화하고자 한다. 이러한 일반화는 전형적으로 다음과 같이 표현된다. 속성이라는 것은 가능 세계들로부터 대상들의 집합으로의 함수function이다. 이런 식의 일반화는 집합론의 기술적 세부사항을 포함하고 있으며, 따라서 우리는 그냥 넘어가도 된다. 그러나 이러한 일반화 밑바탕에 놓인 다음과 같은 핵심적 통찰을 이해하는 것이 중요하다. 속성 F-ness는 한 집합으로서, 이 집합은 다음과 같은 방식으로 구성된 아주 큰 집합이다. 즉 이 집합은 각 가능 세계, 그리고 각 가능 세계에서 F인 대상들의 집합, 이 둘을 연결한다. 종종 이렇게들 이야기하는데, 속성이란 집합론적 엔터티로서, 대상들의 집합 각각을 각 가능 세계에 "할당한다assign". 그래서 세모남이라는 속성은 하나의 집합론적 구성물로서, 이것은 세모난 대상들의 집합을 각 가능 세계에 할당하면서 가능 세계들을 가로지른다. 그리고 용감함이라는 것은 하나의 집합론적 구성물로서, 이것은 용감한 개체들의 집합과 각 가능 세계를 서로 연결한다.

　기술적 세부사항을 제쳐놓고 본다면, 가능 세계 유명론자들의 주장은 분명하다. 집합론과 가능 세계 개념 틀을 결합하면, 우리는 유명론적 기준을 충족하는 방식으로 속성을 설명할 수 있다. 가능 세계 유명론자들은 더 나아가 다음과 같이 주장하고자 한다. 집합론과 가능 세계 개념 틀을 결합하면, 명제라는 개념에 대한 극단적-유명론적 분석을 추가로 얻을 수 있다. 여기서 하는 주장은 다음과 같다. 한 명제라는 것은 가능 세계들의 집합일 뿐이다. 직관적으로 말하자면, 한 명제는 그 명제가 거기서 참인 가능 세계들의 집합이다. 그러나 이러한 직관적 설명은 만족스럽지 않다. 정의대로 본다면, 다음과 같은 주장은 분명 순환적이다. 명제 p는 가능 세계들의 집합으로서, 그 가능 세계는 명제 p가 거기서 참인 가능 세계이다. 여기서 설명되어야 할 개념, 즉 명제라는 개념이 이미 설명 속에 들어가 있다. 그러나 가능 세계 W에서 명제 p가 참이라는 것이 무엇을 의미하는지 계속해서 묻는다면, 우리는 가능 세계 유명론자들의 설명을 제대로 만들 수 있다. 어느 가능 세계 W에서 한 명제 p가 참이라는 것은 W가 바로, p가 사실인 세계라는 것 아닌가? 그렇다면 우리는 다음과 같이 말할 수 있다. W에서 p가 사실이라는 것은 W가 어떤 특정 종류의 세계라는 것이며 또 W가 어떤 특정 종류의 세계라는 것은 W에서 p가 사실이라는 것이다. 그런데 p가 사실이려면, W는 어떤 종류의 세계여야 하는가? 분명 W는 우리가 p-적인 세계라고 부를 수 있는 세계여야 한다. 이제 우리는 p-적인 세계라는 개념을 기본적인 것으로 간주해서 자신의 설명을 제공하고자 하는 가능 세계 유명론자들이 어떤 식으로 자신의 주장을 펼칠지 이해할 수 있게 되었다. 우리는 이들의 제안을 다음과 같이 표현할 수 있다. 한 가능 세계에 대해 그 가능 세계는 [모든 백조는 하얗다.]-적인 세계라는 것, 또 [철수는 수상이다.]-적인 세계라는 것, 혹은 [독일은 2차 세계 대전에서 승리한다.]-적인 세계라는 것 등은 그 세계에 대한 존재론적으로 기본적인 사실이다. 이제 위와 같은 사실들이 환원되지 않는 기본적인 사실이라고 우리가 가정한다면, 명제가 가능 세계들의 집합이라는 주장은 순환적이지 않게 된다. 모든 백조는 하얗다는 명제는 [모든 백조는 하얗다.]-적인 모든 가능 세계의 집합이다. 철수는 수상이라는 명제는 [철수는 수상이다.]-적인 모든 가능 세계의 집합이다. 독일이 2차 세계 대전에서 승리한다는 명제는 [독일은 2차 세계 대전에서 승리한다.]-적인 모든 가능 세계의 집합이다. 이렇게 이해한다면, 명제가 가능 세계들의 집합이라는 주장은 가능 세계 유명론자들이 속성을 처리할 때 쓴 방법이 확장된 결과일 뿐이다. 속성과 관련해 작동하는 핵심 착상은 다음과 같은 것이다. 속성 F-ness는 하나의 집합론적 구조물로서, 이 집합의 궁극적 원소들은 모두 F이거나 F-적인 사물들이다. 한편 명제 p가 p-적인 가능 세계들의 집합이라는 주장은 명제를 마치 총체적global 속성인 것처럼 다루자는 주장이다. 이 총체적 속성은 각 세계가 어떤 기술적 조건들descriptive conditions을 충족하느냐에 따라 (가능 세계의 거주자들을 집합으로 묶어내는 것이 아니라) 가능 세계들을 집합으로 묶어낸다.

속성과 명제에 관한 환원주의적 설명으로 무장한 후, 가능 세계 유명론자들은 명제 양상과 사물 양상에 관한 우리의 애초 주장을 개선하고자 한다. 앞 절에서 우리는 명제 필연/명제 가능, 그리고 사물 필연/사물 가능에 관한 가능 세계적 설명을 정식화했는데, 명제나 속성에 관한 언어를 사용해 이를 설명했다. 그러나 만약 가능 세계 유명론자들이 옳다면, 명제나 속성 같은 것들은 형이상학적 실재론자들이 옹호하는 종류의 환원 불가능한 기본적 엔터티가 아니다. 이것들은 단지 가능 세계와 가능 세계 내 거주자들의 집합일 뿐이다. 따라서 가능 세계 유명론자들은 명제 양상과 사물 양상에 어떠한 것들이 포함되어 있는지를 엄밀하게 유명론적으로 설명해야만 한다. 가능 세계 유명론자들은 이것이 가능하다고 주장한다.

어떤 명제가 필연적으로 참이라는 것은 무엇을 말하는 것인가? 가능 세계 유명론자들에 따르면, 어떤 명제가 필연적으로 참이라는 것은 다음과 같은 것이다. 즉 가능 세계들로 이루어진 어떤 집합이 있는데 그 집합은 모든 가능 세계를 자신의 원소로서 가진다. 2 더하기 2는 4라는 명제는 필연적으로 참이다. 이 말은 [2 더하기 2는 4이다.]-적인 세계들의 집합이 모든 가능 세계를 자신의 원소로서 가진다는 것이다. 반면에 어떤 명제가 가능하다는 것은 다음과 같은 것이다. 즉 가능 세계들로 이루어진 어떤 집합은 공집합이 아니다. 다시 말해, 이 집합은 적어도 하나의 가능 세계를 자신의 원소로서 가진다. 따라서 가능적으로, '철수는 수상이다.' 라는 것은 [철수는 수상이다.]-적인 가능 세계들의 집합이 적어도 하나의 원소를 가진다는 것이다. 유사한 방식으로, 어떤 명제가 우연적으로 참이라는 것은 다음과 같은 것이다. 가능 세계들로 이루어진 어떤 집합이 있는데, 이 집합은 모든 가능 세계를 자신의 원소로서 갖지는 않지만, 적어도 현실 세계는 자신의 원소로서 가진다. 그래서 빌 클린턴이 대통령이라는 명제가 단지 우연적으로만 참이라는 주장은 다음과 같은 주장인 것이다. 즉 [빌 클린턴은 대통령이다.]-적인 가능 세계들의 집합은 모든 가능 세계를 자신의 원소로서 갖지는 않지만(이 집합의 원소가 아닌 가능 세계들이 있지만), 그럼에도 이 집합은 자신의 원소로서 우리 세계, 즉 현실 세계를 가진다. 마지막으로 어떤 명제(예를 들어 '결혼한 총각들이 있다.' 라는 명제)가 필연적으로 거짓이라는 것, 혹은 어떤 명제가 불가능하다는 것은 단지 다음과 같은 것일 뿐이다. 즉 가능 세계들의 어떤 집합([결혼한 총각들이 있다.]-적인 세계들의 집합)은 공집합이다. 혹은 원소를 갖지 않는다.

따라서 가능 세계 유명론자들에 따르면, 명제 양상에 대한 이야기는 집합론적인 이야기로 이해될 수 있는 것이다. 이것은 사물 양상과 관련해서도 마찬가지이다. 그러나 여기서 가능 세계 유명론자들은 이를 어떻게 설명할지에 대해 의견이 갈린다. 다음과 같은 사실을 상기해 보자. 가능 세계 유명론자들에 따르면, 어떤 속성 F-ness는 한 집합으로서, 이 집합은 각 가능 세계, 그리고 이 가능 세계들 내에서 F인 대상들의 집합, 이 둘을 연결시킨다. 우리가 말했듯이 속성이라는 것은 한 함수로서, 각 가능 세계에 F인 대상들의 집합을 할당한다. 이것을 염두에 둔다면, 가능 세계 유명론자들이 사물 양상에 대해 우리에게 어떤 이야기를 해줄지 이해하기는 쉽다. 이 이야기에 따르면, 한 대상 x가 어떤 속성을 현실적으로 예화한다는 것은 다음과 같은 것이다. 하나의 집합론적 구성물로서의 그 속성은 현실 세계에 대상들의 집합을 할당하는데, x는 그 집합의 원소이다. 또 x가 어떤 속성을 본질적으로 예화한다는 것은 다음과 같은 것이다. 하나의 집합론적 구성물로서의 그 속성은 현실 세계, 그리고 x가 존재하는 가능 세계들에 대상들의 집합을 할당하는데, x는 현실 세계에 할당된 집합의 원소인 동시에 x가 존재하는 가능 세계들에 할당된 모든 집합의 원소이기도 하다. 이것을 다른 방식으로 말하자면 다음과 같다. x가 어떤 속성 F-ness를 본질적/필연적으로 예화한다는 말은 이런 것이다. 즉 x는 현실 세계에서 F인 대상들의 집합에 속하고, 또 x가 존재하는 다른 모든 가능 세계에서, F인 대상들의 집합에 속한다. 또 x가 F-ness를 단지 우연적으로만 예화한다는 것은 x가 현실 세계에서 F인 대상들의 집합에 속하기는 하지만, x가 그 안에 존재하기는 하지만 x가 F인 대상들의 집합에 속하지 않는 가능 세계들이 있다는 것이다.* 다음 절에서 우리가 보게 되겠지만, 가장 영향력 있는 유명론자 루이스David Lewis는 이러한 이야기를 거부한다. 루이스는 사물 양상과 관련해 이와 다른 이야기를 한다. 그러나 그의 이야기는 우리가 방금 한 이야기와 일치하는 부분이 있다. 루이스도 대상에 본질적이거나 우연적인 속성들에 관한 주장을 모두 집합론적 담론으로 간주한다. 루이스의 견해에서조차 한 사물이 어떤 속성을 본질적으로 예화한다는 것, 혹은 한 사물이 어떤 속성을 우연적으로 예화한다는 것, 이 모든 것은 단지 어떤 구체적 대상이 어떤 집합에 속하느냐, 그렇지 않느냐 하는 문제일 뿐이다.

가능 세계 유명론의 형이상학 : 데이비드 루이스

가능 세계 유명론자들은 다음과 같이 주장하기를 원한다. 우리는 형이상학적 실재론자들이 주장하는 모호한 엔터티에 개입하지 않고서도 속성이나 명제에 대해 말할 수 있다. 이들이 이해하는 바, 속성이라는 것은 단지 매우 커다란 집합으로서, 이 집합의 궁극적 원소는 구체적 개체들뿐이다. 또 명제라는 것은 이러한 구체적 개체들이 거주하는 가능 세계들의 집합일 뿐이다. 가능 세계 유명론자들에 따르면, 한 명제가 필연적/가능적/우연적으로 참이나 거짓이라고 말할 때, 또는 한 대상이 어떤 속성을 현실적/본질적/우연적으로 예화한다고 말할 때, 우리는 신비로운 속성이나 관계 같은 것을 설정하는 것이 아니다. 단지 우리는 복잡한 어떤 형태의 집합론적 담론에 개입하는 것일 뿐이다. 이제 내가 가능 세계 유명론자들이라 부른 사람들은 한걸음 더

---

* 현실 세계를 W_1이라고 하고, x가 존재하는 세계를 W_2, W_3, ⋯, W_i라고 하자. x는 필연적 존재가 아니므로 모든 가능 세계에 존재하지는 않는다. 그래서 x는 W_j, W_k 등의 가능 세계에서는 존재하지 않는다. 이제 x는 임의의 속성 F-ness를 갖는데, 그 속성을 갖는 세 가지 방식이 있다. (1) x는 F-ness를 가능적으로 가진다. (2) x는 F-ness를 우연적으로 가진다. (3) x는 F-ness를 필연적/본질적으로 가진다. 이들 각각은 다음과 같이 분석된다. (1′) x는 W_2, W_3, ⋯, W_i 중 적어도 하나의 가능 세계에서(모두는 아니고) F인 대상들의 집합에 속한다. (2′) x는 W_1(현실 세계)에서 F인 대상들의 집합에 속하지만 W_2, W_3, ⋯, W_i 중 어떤 가능 세계에서는 이 집합에 속하지 않는다. (3′) x는 W_2, W_3, ⋯, W_i(즉 x가 존재하는 모든 가능 세계)에서 F인 대상들의 집합에 속한다.

나아가 다음과 같이 주장한다. 유명론적 취향을 가진 철학자들이 전통적으로 문제라 여긴 다른 형태의 담론들도, 가능 세계 개념 틀에 근거해 위와 마찬가지의 방식으로 분석될 수 있다. 유명론자들은 항상 의미meaning에 관한 이야기가 설명되기 어렵다는 점을 발견해 왔다. 사실 어떤 유명론자들은 의미라는 개념이 유명론적으로 분석되기가 매우 어렵다는 점을 발견하고는, 의미에 대해 말하는 것을 포기해야 한다고 결론 내리기까지 했다. 반대로 가능 세계 유명론자들은 그렇게까지 과격할 필요는 없다고 주장한다. 그들에 따르면, 우리는 언어적 의미에 관해 완벽하게 만족스러운 집합론적 설명을 제공할 수 있으며, 또 이러한 설명은 의미라는 개념을 통해 우리가 개입하게 되는 것은 오직 가능 세계와 가능 세계의 거주자인 구체적 개체들뿐임을 보여준다.[8] 유사한 방식으로 그들은 다음과 같이 주장한다. 가능 세계 개념 틀을 통해 우리는 반사실적 조건문counterfactual conditional, 즉 '만약 p가 사실이었다면, q가 사실이었을 것이다.'의 형태로 된 문장을 설명할 수 있다. 만약 우리가 현실 세계의 내용물에만 초점을 맞춘다면, 우리는 반사실적 조건문이 어떤 기능을 하는지 설명하기 힘들 것이다. 여기서 가능 세계 유명론자들은 이렇게 말한다. 반사실적 조건문은 현실 세계 말고도 다른 가능 세계와 관련한 주장이라고 가정하자. 그렇게 하면 매우 부드럽게 설명된다.[9]

이 모든 경우에서 가능 세계 유명론자들의 설명은 환원주의적 성격 덕분에 힘을 지니게 된다. 속성, 명제, 명제 양상, 사물 양상, 의미, 반사실적 조건문, 이 모든 것에 대해 그들이 제공하는 설명은 우리에게 다음과 같은 사실을 보여주게끔 고안되어 있다. 즉 문젯거리로 여겨지는 그 어떤 담론도 극단적 유명론자들의 존재론, 다시 말해 오직 개체들만을 포함하는 존재론 내에서 잘 처리될 수 있다. 그런데 만약 가능 세계 유명론자들이 제안하는 설명이 이러한 환원주의적 열망 속에서 착수되었다면, 가능 세계들이 어떠한 것인지는 이러한 가능 세계를 통해 설명되는 것들과는 독립적으로 이해되어야 할 것이다. 그렇지 않다면, 제안된 분석은 심한 흠집을 갖게 될 것이다. 따라서 가능 세계 개념 틀을 "공식적으로" 도입할 때 가능 세계 유명론자들은 명제, 언어적 의미 등의 개념을 이용할 수 없다. 사물 양상, 명제 양상 등의 개념, 반사실적 조건문의 경우도 마찬가지이다. 가능 세계라는 것이 어떤 것인지 설명하고자 할 때, 가능 세계 유명론자들은 이 개념들에 의존할 수 없다. 그렇다면 그들은 어떻게 가능 세계를 도입할 수 있는가? 어떻게 그들은 가능 세계를 칠판에 올려놓고, 이것들을 이용해 자신의 환원론적 기획을 실현할 수 있는가? 서로 다른 여러 전략이 있었다. 그러나 지금까지 가장 탁월한 전략은 루이스의 전략이다.[10]

루이스는 이렇게 말한다. 가능 세계라는 것이 어떠한 종류인지 알기 위해 우리가 복잡한 철학적 설명을 제시할 필요는 없다. 우리는 그냥 현실 세계를 둘러보기만 하면 된다. 다른 가능 세계들은 "현실 세계와 종류가 같은 것으로서, 현실 세계와 비슷한 것들이 더 있다고 보면 된다. 가능 세계와 현실 세계가 다른 것은 단지 거기서 어떤 일들이 일어나는가 하는 것뿐이다."[11] 여기서 루이스는 가능 세계 개념 틀 밑에 깔린 상식적 직관을 이용하고 있다. 가능 세계는 사물들이 어떠어떠했을 수 있는 총체적 방식이다. 혹은 가능 세계는 세상이 어떠어떠하게 돌아갔을 수 있는 총체적 방식이다. 루이스는 이렇게 말한다. 현실 세계는 사물들이 어떠어떠했을 수 있는 여러 방식 중 하나일 뿐이다. 그리고 현실 세계는 나와 "내 주위에 있는 모든 것"이다.[12] 이것들 말고는 아무것도 없다. 현실 세계는 우리가 우주라고 부르는 바로 그것이다. 현실 세계는 아주 커다랗고 모든 것을 포함하는 구체적 대상으로서, 이보다 작은 구체적 대상들이 이 현실 세계의 부분이 된다. 이러한 구체적 대상들 각각은 다른 구체적 대상들과 시공간적 관계를 가진다. 이러한 시공간적 관계는 오직 구체적 대상들 사이에서만 성립한다. 루이스는 이렇게 결론 내린다. 다른 가능 세계들도 이와 종류가 똑같은 것들이다. 다른 가능 세계들도 또 다른 [커다란] 구체적 대상일 뿐이며, 시공간적 관계를 맺는 [작은] 구체적 대상들이 이것의 부분이 된다. 루이스에 따르면, 이 모든 구체적 대상들은 완전히 실제적이며, 또 완전히 존재하는 것이다. 말하자면, 이것들은 정말로 거기에 있는 것이다. 그러나 각 가능 세계는 시공간적으로 닫혀 있다. 다시 말해, 어느 한 가능 세계 안에 있는 어떤 것은 오직 그 세계 안에 있는 다른 대상들과만 시공간적 관계를 맺는다. 따라서 어느 한 세계에 있는 대상과, 다른 세계에 있는 대상을 묶어내는 인과 관계는 없다. 결국 다른 가능 세계와 그 세계의 거주자들은 모든 면에서 우리 세계와 우리 세계의 거주자들만큼이나 실제적이지만, 다른 가능 세계의 그 어떠한 대상도 우리 세계의 대상과 시공간적 관계를 맺지 못하며, 또한 다른 세계의 대상들과 우리 세계의 대상들 사이에는 그 어떤 인과 관계도 없다.

그런데 우리는 우리 세계가 특별한 존재론적 지위를 지닌다고 생각하지 않는가? 우리 세계만이 현실 세계라고 말할 때, 우리는 우리 세계를 다른 가능 세계들보다 더 실제적인 세계라고 생각하는 것은 아닌가? 루이스는 그렇지 않다고 생각한다. 루이스의 생각은 이렇다. 우리 세계를 "현실 세계"라고 부를 때, 우리는 우리 세계에 어떤 특별한 속성을 부여하는 것이 아니다. 루이스에 따르면, '현실'이라는 단어는 단지 상황지시어일 뿐이다. 즉 단어가 발화되는 맥락에 따라서만 단어의 지칭체가 규정되는 단어 말이다.[13] 이 단어는 '나' 나 '여기'와 비슷한 것이다. '나'는 사람을 지칭하는 단어이다. 이 단어의 특징은 이 단어를 발화하는 사람이 바로 이 단어의 지칭체가 된다는 것이다. 나를 '나'로서 지칭할 때, 나는 나를 형이상학적으로 특별한 사람으로 간주하는 것이 아니다. 내 동료들 모두 이 고유대명사를 사용함으로써 자신을 지칭할 수 있다. 마찬가지로 '여기'는 장소를 지칭하는 단어이다. 이 단어는 이 단어가 발화되는 장소를 지칭한다. 따라서 어떤 장소를 '여기'라고 지칭하는 것은 그 장소에 어떤 특별한 존재론적 지위를 부여하는 것이 아니다. 그 어떤 장소든, "여기"라고 지칭될 수 있다. 발화자가 그곳에 있다면 말이다. 루이스에 따르면 이러한 사실은 '현실 세계'라는 단어에도 마찬가지로 적용된다. 이 표현은 가능 세계를 지칭하기 위한 장치이다. 이 표현의 지칭체는 이것이 발화되는 바로 그 가능 세계이다. 따라서 우리 세계를 '현실 세계'라고 지칭하는 것은 그 세계에 어떤 특별한 존재론적 지위를 부여하는 것이 아니다. 우리는 단지 그 세계가 우리가 거주하는 세계라고 생각하는 것일 뿐이다. 우리가 우리 세계에 놓여 있으므로, 우리가 '현실 세계'라는 표현을 사용하면 이 단어는 오직 한 세계만 지칭하게 된다. 이 세계 말이다. 그러나 다른 세계의 거주자들에게도 이와 유사한 것이 허용된다. '현실 세계'라는 단어를 다른 가능 세계의 거주자들도 우리와 똑같은 방식으로 이해한다면, 그들이 이 단어를 사용할 때, 이 단어는 오직 한 가능 세계만 지칭하게 된다. 그들 세계 말이다. 나는 '나'라는 단어를 사용해 마이클 루를 지칭할 수 있는 유일한 사람이다. 그리고 우리는 '현실 세계'라는 단어를 사용해 오직 우리 세계만 지칭한다. '나'라는 단어를 사용하는 것보다 '현실 세계'라는 단어를 사용하는 것이 형이상학적으로 보았을 때 더 의미 있는 것은 아니다.

우리는 '현실 세계'라는 표현을 사용해 오직 한 가능 세계, 즉 이 세계를 지칭한다. 그럼에도 다른 모든 가능 세계와 그 세계 내의 거주자들은 완전히 실제적이며, 또 완전히 존재한다. 그러나 사실이 이렇다면, 어떻게 한 구체적 대상이 통세계적 개체transworld individual가 될 수 있는지 이해하기 어렵다. 즉 어떻게 구체적 대상 하나가 하나 이상의 가능 세계에서 존재할 수 있는지 이해하기 어렵다. 왜냐하면 만약 모든 가능 세계가 실제적으로 흘러간다고 한다면, 그리고 만약 그 세계의 거주자들이 실제적인 삶을 살아가면서 자신의 실제적인 역사를 만들어간다고 한다면, 어떤 개체가 하나 이상의 세계에 거주한다는 개념은 다음과 같은 개념으로 귀결되기 때문이다. 즉 단일한 개체가 정말로 서로 다른 여러 삶을 살며, 또 단일한 개체가 정말로 서로 다른 여러 역사를 만들어간다. 어떻게 이럴 수 있는지 이해하기 어렵다. 루이스는 이에 동의한다.[14] 그는 다음과 같이 말한다. 통세계적 개체라는 개념이 직관적으로 볼 때 혼란스러운 이유는 이 개념, 즉 단일한 개체가 하나 이상의 가능 세계에 존재할 수 있다는 개념이 동일자 구별 불가능성Indiscernibility of Identical이라 알려져 있는 원리를 깨기 때문이다. 이 원리는 다음과 같이 정식화된다.

어떤 대상 a, b와 어떤 속성 Φ가 있다고 하자. 만약 a와 b가 동일하다면, a가 Φ를 가질 경우에 b도 Φ를 갖고, 또 b가 Φ를 가질 경우에 a도 Φ를 가진다.

이 원리는 우리가 3장에서 본 원리, 즉 구별 불가능자 동일성 원리를 뒤집어놓은 것이다. 구별 불가능자 동일성 원리는 다음과 같이 말한다. 속성 수준에서 구별되지 않는 것은 수적으로 동일하다. 이를 뒤집어놓은 동일자 구별 불가능성 원리는 다음과 같이 말한다. 수적으로 동일한 것은 속성 수준에서 구별되지 않는다. 구별 불가능자 동일성 원리와 관련해서는 많은 논쟁이 있다. 그러나 동일자 구별 불가능성 원리가 옳다는 것에 대해서는 모든 철학자가 견해를 같이하는 것으로 보인다.

통세계적 개체의 존재가 이 원리와 충돌한다는 것을 보이기 위해 루이스는 다음과 같이 가정해 보라고 한다. 어떤 개체(x라고 부르자.)가 W_1과 W_2에 존재한다. W_1에서 관찰되는 x를 x-in-W_1이라고 할 수 있고, W_2에서 관찰되는 x를 x-in-W_2라고 할 수 있다. 이제 W_1과 W_2가 정말로 다른 세계라면, x-in-W_1과 x-in-W_2 각각에 대해 세상은 달리 돌아갈 것이다. x-in-W_1은 하와이에서 파도타기에 시간을 쏟는 가무잡잡한 건달이라 가정하고, x-in-W_2는 연구에만 매진하는 창백한 형이상학자라 가정하자. 만약 그렇다면 x-in-W_1은 갖지만 x-in-W_2는 갖지 않는 속성들이 있다. 즉 가무잡잡하다는 속성, 건달이라는 속성, 파도타기꾼이라는 속성. 따라서 x가 W_1과 W_2, 모두에 [같은 것으로서] 존재한다면, 동일자 구별 불가능성 원리는 깨지게 된다. 루이스는 다음과 같이 결론 내린다. 우리 중 그 누구도 이 원리를 포기할 준비가 되지 않았다. 따라서 우리는 위의 가정, 즉 하나 이상 되는 세계에 x가 존재한다는 가정을 포기해야 한다.

어떤 이는 다음과 같이 반박할 수 있을 것이다. 통세계적 개체의 존재와 동일자 구별 불가능성 원리 사이에 긴장이 있음을 보이는 데 루이스가 성공했다면, 그것은 단지 그가 x의 상황을 자기 식대로 묘사했기 때문인 것이다. x의 상황을 묘사할 만족스러운 방식이 또 있다. 이러한 묘사 방식을 통해 동일자 구별 불가능성 원리의 반례를 없앨 수 있다. x-in-W_1이 가무잡잡함이라는 속성을 가지며 x-in-W_2는 이 속성을 갖지 않는다고 말하는 대신, 우리는 다음과 같이 말할 수 있다. 즉 x는 W_1에서-가무잡잡함이라는 속성을 가지지만, x는 W_2에서-가무잡잡함이라는 속성은 갖지 않는다. 이 제안은 다음과 같은 것이다. x를 묘사할 때 세계 꼬리표 속성world indexed property 이라 부를 수 있는 것을 이용하자. 세계 꼬리표 속성이라는 것은 어떤 사물이 특정 가능 세계에서 갖는 속성이다. 그래서 다음과 같은 주장이 나오게 된다. x의 상황을 묘사할 때 이러한 종류의 속성을 이용하면, 우리는 루이스의 결론, 즉 어떤 사물이 가지면서 또 동시에 갖지 않는 속성이 하나 있다는 결론을 피할 수 있다. W_1에서-가무잡잡함이라는 속성, W_2에서-가무잡잡함이라는 속성, 이 둘은 서로 완전히 다른 속성들이다. 따라서 한 사물이 첫 번째 속성은 갖지만 두 번째 속성은 갖지 않는다 해도 문제가 될 것이 전혀 없다.

루이스는 다음과 같은 사실을 인정한다. 통세계적 개체를 인정하는 사람들은 이와 같은 전략을 사용해 동일자 구별 불가능성 원리를 깨지 않을 수 있다. 그러나 그는 이 전략이 비싼 대가를 치러야만 한다고 주장한다. 이 전략의 목적은 x의 사례가 동일자 구별 불가능성 원리의 반례가 되지 않음을 보이고자 하는 것이다. 따라서 x의 사례를 루이스처럼 묘사하면 이 원리를 깨게 되므로, 이 전략에 따르면 x의 사례를 묘사하는 유일한 방식은 오직 세계 꼬리표 속성을 이용하는 방식이어야 한다. 그러나 이러한 주장은 곧 다음과 같은 주장이 된다. 즉 어떤 사람이 그냥 가무잡잡하거나, 건달이거나, 파도타기꾼이라는 것은 불가능하다. 사물들은 이러한 종류의 속성을 갖지 않는다. 사물들은 오직 다음과 같은 형태의 속성들만을 가진다. 즉 W_1에서-가무잡잡함, W_2에서-건달임, W_3에서-파도타기꾼. 이제 루이스는 다음과 같이 주장한다. 위와 같은 견해는 다음과 같은 터무니없는 결론을 내게 한다. 즉 내가 인간이라는 것은 참이 아니다. 빌 클린턴이 아칸소 출신이라는 것은 참이 아니다. 에버튼이 우승했다는 것은 참이 아니다. 세계 꼬리표 속성을 갖든 갖지 않든 사물들은 우리가 그것들에게 귀속시키는 속성들을 분명 가진다. 세계 꼬리표가 붙지 않은 속성들 말이다. 그리고 사정이 이러한 이상, 통세계적 개체가 존재한다는 것은 그 누구도 포기하지 않을 원리[동일자 구별 불가능성 원리]의 반례 중 하나가 되는 것이다.

그래서 루이스는 통세계적 개체를 인정하지 않는다. 그의 견해에 따르면, 각 개체는 오직 한 가능 세계 안에서만 존재한다. 각 개체는 이른바 자기 세계에 묶인 개체들world-bound individuals이다. 우리가 지적했듯이, 이 견해는 모든 가능 세계가 동일한 존재론적 지위를 가진다는 주장으로부터 자연스럽게 흘러나오는 견해이다. 그러나 다음과 같은 점을 이해하는 것이 중요하다. 모든 개체가 자기 세계에 묶여 있다는 착상은 우리의 직관에 반하는 결과를 가져온다. 만약 내가 오직 한 가능 세계 안에서만 거주한다면, 가능 세계 개념 틀 내에서 양상이 이해되는 방식으로 미루어보아, 나에게 세상은 달리 돌아갔을 수 없는 것이 된다. 가능 세계 이론가들은 다음과 같은 견해를 가진다. 나에게 세상이 달리 돌아갔을 수 있다는 말은 그렇게 달리 돌아가는 가능 세계가 있다는 말이다. 그러나 그렇다고 한다면 루이스의 주장, 즉 나는 오직 한 세계에서만 존재한다는 주장은 다음과 같은 주장이 되고 만다. 이 세계 안에서 나에게 일어나는 모든 것은 형이상학적 필연의 문제인 것이다. 그리고 당연히 이러한 사실은 이 세계 내의 다른 모든 개체에게도 그러한 것이고, 또한 다른 모든 가능 세계 내의 모든 개체에게도 마찬가지인 것이다. 따라서 만약 모든 개체가 자기 세계에 묶여 있다면, 그 어떤 개체도 자신이 갖는 역사와 조금이라도 다른 역사를 가질 수 없다. 우리는 세상이 달리 돌아갔을 수도 있다는 주장을 받아들인다. 그러나 통세계적 개체를 부정하는 루이스 같은 철학자들이 이 주장에 의미를 부여한다면, 그 의미는 오직 다음과 같은 것일 뿐이다. 즉 완전히 다른 개체들의 집단이 있었을 수도 있다. 그래서 루이스는 가능 세계의 거주자들에게 세상은 달리 돌아갔을 수도 있었음을 부인해야 할 것으로 보인다.

　가능 세계 이론가들이 사물 양상에 대해 하고자 하는 일반적 형태의 설명을 우리가 상기해 본다면, 지금 내가 지적하고자 하는 어려움은 더욱 분명해진다. 그 설명에 따르면, 한 사물이 어떤 속성을 본질적으로 예화한다는 것은 그 사물이 그 속성을 현실 세계에서 예화하고, 또 그 사물이 존재하는 모든 가능 세계에서도 예화한다는 것이다. 반면에 어떤 사물이 어떤 속성을 단지 우연적으로만 가진다는 것은 그 사물이 현실적으로는 그 속성을 갖지만, 그 사물이 존재하는 어떤 가능 세계에서는 그 속성을 갖지 않는다는 것이다. 그런데 만약 그 어떤 개체도 하나 이상의 세계에서 존재할 수 없다면, 현실 세계에서 어떤 개체가 예화하는 모든 속성은 그 개체에게 본질적인 속성이 되는 것이다. 왜냐하면 현실 세계에 존재하는 그 어떤 개체도 다른 가능 세계에서 존재할 수 없으므로, 현실 세계에서 예화하는 모든 속성은 그 개체가 자신이 존재하는 모든 가능 세계에서 예화하는 속성이기 때문이다. 그리고 이러한 사실은 다른 가능 세계 내의 개체들에게도 마찬가지인 것이다. 그래서 우리가 통세계적 개체를 부정한다면, 한 사물에 본질적인 속성과 한 사물에 우연적인 속성 사이의 구분은 사라지게 된다. 그런데 처음 우리가 가능세계 개념 틀을 그토록 매력적이라 느낀 이유는 바로 이 개념 틀이 이러한 구분에 대한 영감을 주고 있기 때문이었다. 따라서 만약 루이스를 따라 통세계적 개체를 부인한다면, 우리는 그 어떠한 개체도 자신의 속성을 우연적으로 가질 수 없다는, 우리의 직관에 반하는 결과를 얻게 된다. 또한 처음에 우리로 하여금 가능 세계 개념 틀을 채택하게 한 여러 분석 중 하나를 희생시켜야 하는 처지에 놓인다.

루이스는 이에 대답한다. 그의 대답은 이러한 걱정들이 근거가 없다는 것이다.[15] 그는 다음과 같이 주장한다. 우리는 통세계적 개체 없이도 사물 양상적 구분을 해낼 수 있다. 물론 루이스는 어떤 가능 세계 내의 개체, 다른 가능 세계 내의 개체, 이 둘 사이의 수적 동일성 관계를 부정한다. 그러나 그는 다음과 같이 주장하길 원한다. 한 세계 내의 개체, 다른 세계 내의 개체, 이 둘을 묶는 (수적 동일성 관계보다는 약한) 어떤 관계가 있다. 그리고 그는 다음과 같이 주장한다. 이 관계는 양상에 관한 우리의 상식적 직관을 충분히 보장해 줄 수 있을 정도의 힘을 갖고 있다. 그는 이 관계를 상대역 관계 counterpart relation라 부른다. 이 관계는 유사성 혹은 닮음 관계이다. 루이스는 이 관계를 다음과 같이 설명한다.

당신은 현실 세계에 있다. 당신은 다른 가능 세계에서는 존재하지 않는다. 그러나 당신은 다른 여러 가능 세계 내에 당신의 상대역들을 가진다. 당신의 상대역들은 그 내용에서나 그 맥락에서나 중요한 측면에서 당신과 닮았다. 이들은 당신과 닮았는데 어떻게 닮았냐 하면, 그들 세계 각각의 다른 모든 이들 중 가장 당신과 닮았다. 그러나 그들은 진정 당신은 아니다. 왜냐하면 이들 각각은 자신들 세계 안에 있으며, 오직 당신만이 여기 이 현실 세계에 있기 때문이다.[16]

이제 루이스가 하고자 하는 주장은 다음과 같은 것이다. 우리는 한 개체가 갖는 상대역들을 이용해 한 개체에 본질적인 속성과 한 개체에 우연적인 속성 사이의 구분에 대한 가능 세계적 설명을 제공할 수 있다. 우리는 다음과 같이 말할 수 있다. 만약 한 개체와 그 개체의 상대역들 모두가 어떤 속성을 예화한다면, 그 속성은 그 개체에 본질적이다. 그리고 만약 한 개체가 어떤 속성을 예화하지만 그 개체의 상대역 중 어떤 이들이 그 속성을 예화하지 않는다면, 그 속성은 그 개체에 우연적이다. 이러한 설명에 따르면, 우리는 우리가 원하는 바로 그 결과를 얻게 되는 것으로 보인다. 빌 클린턴은 본질적으로 인간이다. 따라서 만약 그 상대역들이 인간이 아니라면, 그들은 빌 클린턴의 상대역이 될 만큼 충분히 그를 닮았다고 할 수 없다. 인간임이라는 속성은 클린턴, 그 상대역이 되는 다른 모든 가능 세계의 대상들, 이 모두에 의해 공유되는 것이다. 그러나 클린턴은 단지 우연적으로만 대통령이다. 따라서 다른 가능 세계의 클린턴의 상대역들 중 일부는 이러한 직위를 얻지 못하고 있다. 이제 루이스가 상대역 이론이라 부르는 것, 가능 세계에 대한 그의 설명, 이 둘이 결합되면, 다음과 같은 결론, 즉 그 어떤 개체도 자신의 속성을 우연적으로 갖지 않는다는 결론을 피할 수 있게 된다. 우리는 사물 양상적 구분을 유지할 수 있게 되는 것이다.

상대역 이론은 가능 세계에 대한 루이스의 주장을 완성한다. 각 가능 세계는 하나의 [커다란] 구체적 대상이다. 이 구체적 대상은 다른 [작은] 구체적 대상들로 이루어져 있고, 이 [작은] 구체적 대상들은 시공간적 상호 관계에 놓인다. 모든 세계는 똑같이 실제적이다. 그리고 우리가 '현실 세계'라는 표현을 통해 오직 우리 세계만 지칭한다는 사실은 우리 세계만이 특별한 존재론적 지위를 가진다는 것을 보여주지 않는다. '현실 세계'라는 단어는 상황 지시적 표현인 것이다. 모든 가능 세계가 똑같이 실제적이므로, 그 어떠한 개체도 하나 이상의 세계에 존재할 수 없다. 모든 개체는 자신의 세계에 묶여 있다. 그러나 이러한 사실로부터 한 개체가 갖는 모든 속성은 그 개체에 필연적이라는 사실이 따라 나오지는 않는다. 한 개체에 본질적인 것, 한 개체에 우연적인 것, 이 둘 사이의 구분은 다른 가능 세계에서 그 개체에게 어떤 일이 일어나는지에 근거하는 것이 아니다. 이 구분은 다른 가능 세계에 놓인 그 개체의 상대역에게 어떤 일이 일어나는지에 근거하는 것이다.

이제 우리가 가능 세계 개념 틀에 대한 루이스의 설명에 부과되는 여러 요구사항을 상기해 본다면, 그의 설명이 갖는 힘은 분명해진다. 루이스는 가능 세계 개념 틀을 이용해, 속성, 명제, 명제 양상, 사물 양상, 의미에 대한 이론, 반사실적 조건문 등을 설명하고 있다. 그런데 그는 매우 극단적인 유명론적 기획에 개입하고 있다. 그에 따르면 존재하는 것은 오로지 구체적 개체들과 집합뿐이다. 그리고 루이스는 우리가 이것들을 자유롭게 다룰 수 있다고 주장하고자 한다. 그의 집합론적 형태의 극단적 유명론은 우리를 아주 좁은 길로 인도한다. 그러나 우리는 이 좁은 길을 벗어나지 않고도 가능 세계 개념 틀의 장점을 모두 취할 수 있다. 그런데 이러한 기획이 성공하려면 가능 세계라는 것은 엄밀한 유명론적 용어들로 특징지어지고, 또 엄밀한 유명론적 방식으로 도입되어야 한다. 가능 세계가 무엇인지와 관련해 속성이라든지, 명제라든지, 양상이라든지 하는 개념들이 미리 전제되어서는 안 된다. 루이스는 이것을 해내고 있다. 그는 존재론적으로 온순한 것들로부터 시작한다. 우리가 알고 있는 이 우주 말이다. 즉 나와 "나를 둘러싸고 있는 모든 것." 가능 세계는 이러한 것들과 유사한 것으로서 도입된다. 그리고 모든 가능 세계, 즉 우리 세계와 그 밖의 모든 세계는 유명론적인 방식으로 규정되고 있다. 가능 세계는 구체적 개체들로서, 오직 구체적 개체들로만 이루어진 것이다. 루이스의 설명을 좋아하든 싫어하든, 그의 설명은 그 목적을 달성하고 있는 듯이 보인다. 그의 손에서 가능 세계 개념 틀은 완전히 유명론적으로 설명되고 있다.

현실주의와 가능 세계 : 앨빈 플란틴가

불행하게도 철학자들 대다수는 루이스의 설명을 좋아하지 않는다. 이 설명에 대한 전형적인 반응은 루이스 자신이 "의심의 눈초리"라고 표현한 바로 그 반응이다.[17] 비판가들은 루이스의 견해를 공상 과학 소설과 같은 기묘한 것이라 생각한다. 이들의 반응은 앞의 몇 페이지를 읽는 동안 다음과 같이 외칠 수밖에 없는 독자의 반응과 똑같은 것이다. "루이스는 모든 가능 세계와 그 세계의 거주자들이 정말로 거기 있다고 믿을 수는 없을 거야!" 그러나 루이스는 실제로 그렇게 믿는다. 그리고 그가 "의심의 눈초리"에 대해서는 별로 답할 거리가 없지만, 사실 그는 가능 세계에 대한 자신의 견해에 반대하는 모든 철학적 반론을 다루는 데 극히 능숙하다. 그는 그의 존재론에 새롭게 손댄 적이 거의 없을 정도이다. 루이스의 존재론은 우리가 가능주의 possibilism라 부를 수 있는 존재론의 한 형태이다. 루이스는 이렇게 주장한다. 현실적이지 않으면서, 가능하기만 한 대상들이 존재한다. 그러나 철학자들 대다수는 아주 완강하게 다음과 같은 견해를 취한다. 존재하는 유일한 것은 현실 세계를 이루고 있는 것들뿐이다. 이들을 현실주의자actualist라고 한다. 이들은 현실주의를 뒷받침하는 직관적 근거가 매우 강력하다고 생각한다. 따라서 이들은 양상 현상에 대한 루이스의 가능주의적 접근법이 가진 설명력에 감탄하면서도 그것을 거부해 버린다. 루이스의 설명이 현실적으로 존재하지 않는 대상들을 상정하고 있다는 단순한 근거에서 말이다.

그러나 사실로 보자면, 많은 철학자는 루이스의 이론이 그가 생각하는 것만큼 설명력이 강하지 않다고 생각한다. 그들은 다음과 같이 논한다. 양상 현상을 비양상적으로, 유명론적으로 분석하고자 하는 루이스의 시도는 실패이다. 이들은 이를 논할 때 기술적인 근거들, 그리고 더욱 일반적인 철학적 근거들을 제시한다. 기술적인 면에서 그들은 다음과 같이 논한다. 명제와 속성에 대한 루이스의 집합론적 설명은 불만족스러운 결과를 낳는다.[18] 그들은 다음과 같은 점을 지적한다. 한 명제가 가능 세계들의 집합(직관적으로 그 명제가 참이 되는 가능 세계들의 집합)일 뿐이라고 한다면, 우리는 다음과 같은 결과를 얻게 된다. 즉 필연적으로 참인 명제는 오직 하나이며, 또 필연적으로 거짓인 명제도 오직 하나이다. 루이스에 따르면, 필연적으로 참인 명제는 모든 가능 세계의 집합이다. 그런데 모든 가능 세계를 자신의 원소로서 갖는 집합은 오직 하나이다. 그러나 필연적으로 참인 서로 다른 여러 명제가 있다. 2 더하기 2는 4라는 명제도 필연적으로 참이며, 총각들은 결혼하지 않았다는 명제도 필연적으로 참이다. 그러나 이 둘은 분명 다른 명제이다. 마찬가지로, 루이스에 따르면 필연적으로 거짓인 명제(불가능한 명제)는 가능 세계들의 집합으로서, 이 집합은 원소를 갖지 않는다. 그런데 공집합은 오직 하나인 반면, 불가능한 명제는 여럿이다. 루이스 비판자들에 따르면, 명제에 대한 가능 세계적 유명론자들의 설명을 둘러싼 이러한 기술적 어려움은 속성에 대한 설명에서도 마찬가지로 나타난다. 루이스에 따르면, 속성은 집합론적 구성물로서, 각 가능 세계에 대상들의 집합(직관적으로 그 세계에서 그 속성을 예화하는 대상들의 집합)을 할당한다. 그러나 이 견해에 따르면, 모든 가능 세계를 가로질러 똑같이 예화되는 속성들은 서로 동일한 속성이라는 결론이 나온다. 그런데 모든 가능 세계에서 삼각형인 것은 삼변형이기도 하고, 또 모든 가능 세계에서 삼변형인 것은 삼각형이기도 하다. 그렇다면 우리는 가능 세계 유명론자들이 속성이라고 간주하는 종류의 집합론적 구성물을 단 하나만 얻게 된다. 결국 가능 세계 유명론자들은 다음과 같은 거짓 견해에 개입하게 된다. 세 각을 가짐이라는 속성과 세 변을 가짐이라는 속성은 같은 속성이다.

가능 세계 유명론의 비판자들은 이러한 기술적 문제만이 전부가 아니라고 주장한다. 그들은 명제를 집합이라고 생각하는 것이 철학적으로 문제가 있다고 본다.[19] 명제는 우리 믿음의 대상, 혹은 우리 앎의 대상이다. 그러나 집합은 이러한 명제 태도의 대상이 될 수 없다. 마찬가지로 명제는 진릿값의 소유자다. 그러나 집합은 참이거나 거짓인 것이 아니다. 또 명제는 세계 내 사물들을 이러저러한 방식으로 표상하는 엔터티이다. 그러나 집합은 그 어떠한 표상적 힘도 갖지 않는다. 집합은 대상들의 모임일 뿐이다. 말하자면, 집합은 표상적으로 벙어리이다.

그래서 루이스의 비판자들은 다음과 같이 주장한다. 우리는 가능주의자들의 생각, 즉 현실 세계에서 관찰되지 않는 대상들이 존재한다는 생각을 버려야 한다. 대신 우리는 다음과 같은 현실주의적 견해를 취해야 한다. 우리 세계 안에 있는 것들만이 존재하는 모든 것이다. 이들의 주장에 따르면, 루이스적 가능주의를 추동하는 환원주의적 기획은 성공하지 못한다. 그러나 루이스의 비판자들 중 다수도 가능 세계 개념 틀 자체는 적절한 것으로 본다. 그들의 주장은 이렇다. 우리는 가능 세계를, 현실 세계 내에서 발견되는 사물들과 동일한 것으로 생각할 수 있다. 이들에 따르면, 세상이 돌아갈 여러 방식이 있다는 착상은 완전히 현실주의적으로 설명될 수 있다. 이들의 설명에서 가능 세계 개념 틀은 루이스의 이론 내에서 이 개념 틀이 수행하는 역할과는 완전히 다른 역할을 수행한다. 가능 세계는 양상을 비양상적으로 환원하려는 유명론자들의 목적에 더 이상 봉사하지 않는다. 이러한 철학자들에 따르면, 명제, 속성, 명제 양상, 사물 양상 등의 개념은 일종의 개념적 그물망을 형성하는데, 우리는 이 개념적 그물망 밖으로 나갈 수 없다. 이들은 루이스와는 다르게 가능 세계에 접근하려고 한다. 이것은 3절에서 언급했다. 이들의 주장에 따르면, 가능 세계 개념은 양상 개념들의 그물망 중 일부를 이루며, 또 이 가능 세계 개념은 그 그물망을 통해서만 이해될 수 있다. 이들의 주장에 따르면, 이러한 사실은 가능 세계 유명론자들의 환원주의적 기획이 실패할 수밖에 없음을 함축한다. 이들은 가능 세계 개념 틀이 양상 현상을 설명하는 아주 중요한 도구임을 인정한다. 그러나 이들은 양상 현상에 대한 환원주의자들의 설명이 잘못되었다고 생각한다. 일련의 개념으로 이루어진 집합이 주어졌을 때, 환원론자들은 그 집합을 이루는 개념들이 다소 이상하다고 생각하고는, 이상한 점을 제거하기 위해 이 집합 내의 개념들을 이 집합 밖의 개념들로 환원한다. 환원주의자들의 믿음에 따르면, 우리는 개념들의 그물망 바깥으로 나갈 수 있고, 또 이 그물망을 구성하는 개념들을 다른 개념들로 설명할 수 있는 것이다. 그리고 오직 이러한 한에서만 우리는 개념들의 그물망을 이해할 수 있는 것이다. 루이스의 비판자들은 우리가 이러한 양상 개념들의 그물망에서 벗어날 수 있다고 생각하지 않는다. 그리고 그들은 그럴 필요조차 없다고 생각한다. 이들의 생각에 따르면, 양상 개념들은 그 자체로 잘 정리되어 있는 개념이다. 따라서 그 어떠한 환원도 필요치 않다. 그러나 그들은 다음과 같이 믿는다. 만약 우리가 이러한 개념들 사이의 관계들을 드러낸다면, 그래서 이러한 개념들의 질서와 그 구조를 밝혀낸다면, 우리는 양상 개념들의 그물망을 더 깊이 이해할 수 있다. 그리고 이들에 따르면, 이러한 일을 할 수 있도록 해줄 아주 유용한 도구가 되는 것이 바로 가능 세계라는 개념이다.

그래서 이제 가능 세계에 대한 현실주의적이면서 비환원적인 설명이 제공될 수 있는가가 관건이다. 여러 철학자가 이러한 일을 시도했는데, 그중 가장 잘 개발된 것이 바로 플란틴가Alvin Plantinga의 설명이다.[20] 이제 가능 세계에 대한 플란틴가의 접근법을 검토해 보자. 플란틴가에 따르면, 세계에 대한 형이상학적 이론 중 그 어떤 것도 반드시 명제 양상 개념, 사물 양상 개념을 언급해야 한다. 또한 이러한 이론은 속성, 종, 관계, 명제 같은 것들을 반드시 언급해야 한다. 그런데 그는 명제 필연/사물 필연, 가능, 우연 등과 같은 개념이 비양상적 개념들을 통해 이해될 수 있다고 생각지 않는다. 또한 속성이나 명제 같은 것들을, 유명론자들의 존재론을 구성하는 엔터티들[개체들과 집합]과 동일한 것이라 생각지 않는다. 그가 이해하는 바에 따르면, 양상에 관한 이야기, 속성이나 명제 같은 것들에 관한 이야기, 이 둘은 서로 함께 가는 것이다. 명제에는 명제 양상de dicto modality이 부여된다. 그러나 명제 proposition라는 것이 그 자체로 이해되지 못하면, 명제 양상 개념 역시 이해 될 수 없다. 또 어떤 사물이 어떤 속성, 종, 관계를 갖는데, 거기에는 사물 양 상이 포함된다. 그러나 사물이 속성, 종, 관계를 가진다는 것 자체가 이해되 지 못한다면, 사물 양상 역시 이해될 수 없다. 한편 뒤집어 말한다면 명제에 는 명제 양상이 부여되는데 이 명제가 명제 양상이 부여되는 것으로서 이해 되지 않는다면, 명제라는 것 자체가 이해될 수 없다. 또한 한 사물은 속성, 종, 관계를 갖는데, 여기에 포함되는 양상적 성격[사물 양상]이 이해될 수 없 다면 한 사물이 속성, 종 관계를 가진다는 것 자체도 이해될 수 없다. 양상, 속성, 명제 같은 것들은 서로 연결되어 개념들의 그물망을 이룬다. 그리고 이러한 것들 중 그 어느 것도 다른 것들과 독립해서 이해될 수 없다. 이제 플 란틴가는 다음과 같이 주장하기를 원한다. 가능 세계라는 개념도 이러한 양 상 개념들의 구조화된 그물망 내의 한 요소이다. 그는 이 그물망 내의 어떤 요소도 이 그물망 밖의 개념으로 이해될 수 없다고 주장한다. 따라서 그의 생각에 따르면, 가능 세계 개념을 비양상적 개념으로 환원하려는 시도는, 혹 은 가능 세계 개념을 극단적인 유명론적 재료들로 환원하려는 시도는 모두 반드시 실패한다. 그는 우리가 "양상적 개념 틀the modal framework"이라 부 를 수 있는 것을 전적으로 신뢰한다. 따라서 그는 환원주의자들이 가능 세계 를 설명하는 데 실패했다고 해서, 양상 현상이 어떤 문제점을 가진다고 생각 하지 않는다. 또한 그는 이들의 실패가 가능 세계 개념이 형이상학적으로 쓸 모없음을 보여준다고 생각지도 않는다. 그에 따르면 양상 현상에 대한 통찰 을 구하는 형이상학자는 이러한 개념 틀 전체를 액면 그대로 받아들여야 한 다. 그리고 이 개념 틀의 구성 요소들이 무엇인지 밝히고, 또 이것들이 서로 어떻게 연관되어 있는지를 설명하면, 그것으로 충분한 것이다. 그런데 가능 세계 개념은 양상 개념 틀의 핵심부에 놓여 있다. 따라서 가능 세계 개념은 세계의 양상적 구조를 밝히고자 하는 형이상학자의 시도에서 중심에 놓일 것이다.

그래서 플란틴가는 가능 세계라는 주제에 비환원주의적인 태도로 접근하고 싶어한다. 그런데 그는 가능 세계에 대한 현실주의적인 설명 또한 제공하고 싶어한다. 현실주의를 선호하는 것이 그에게는 존재론자들이 취할 수 있는 여러 선택지 중 하나가 아니다. 그에 따르면, 루이스 같은 가능주의자들의 주장, 즉 현실적으로 존재하지 않는 사물들이 존재한다는 주장은 부정합성으로 귀결된다. 왜냐하면 플란틴가에 따르면, 우리가 갖는 유일한 존재 개념은 현실적으로 존재하는 사물에 대한 것이기 때문이다.[21] 따라서 플란틴가가 가능 세계에 대해 현실주의적 해석을 강조하는 것은 단지 이상한 공상 과학 소설을 피하고자 하기 때문만은 아니다. 그는 다음과 같이 생각하는 것이다. 가능 세계 개념의 성격을 규정하고자 할 때 일관된 존재론적 개념 틀을 얻으려면, 우리는 존재 개념을 현실주의적으로 이해해야 한다. 왜냐하면 이것이 바로 우리가 존재 개념을 이해하는 방식이기 때문이다.

가능 세계를 현실주의적으로 설명하려는 플란틴가를 처음 볼 때 우리는 좀 의아해할 수 있다. 우리는 다음과 같이 생각한다. 여러 가능 세계가 있다는 것은 우리 세계, 즉 현실 세계만이 유일한 가능 세계가 아니라는 것이다. 그렇다면 현실적이지 않은 어떤 가능 세계가 있는 것이다. 그렇다면 우리는 물을 수 있다. 현실적으로 존재하는 것은 아니지만 존재하기는 하는 어떤 세계가 있다고 가정하지 않는다면, 우리는 어떻게 위와 같은 주장을 할 수 있는가? 우리는 다음과 같은 결론을 내리고자 하는 유혹에 빠진다. 현실주의자라면 그 누구도 다음과 같은 생각, 즉 현실 세계는 여러 가능 세계 중 하나일 뿐이라는 주장을 받아들일 수 없다. 다시 말해, 현실주의자들은 여러 가능 세계라는 생각을 거부해야 한다.

그러나 플란틴가는 다음과 같이 주장한다. 가능 세계에 대한 현실주의적 이론과 관련해 위와 같은 반응을 보이는 것은 양상 현상에 대한 자신의 비환원주의적 접근법의 토대를 이해하지 못한 결과이다. 플란틴가는 양상 개념 그물망 내의 어떤 요소를 환원/분석하기 위해 가능 세계를 이용할 수 있음을 부정한다. 따라서 그는 가능 세계가 무엇인지에 대한 설명을 제공할 때 이 그물망 내의 여러 요소를 자유롭게 이용할 수 있다. 이렇듯 이 그물망 내의 여러 요소를 자유롭게 이용할 수 있기 때문에 그는 다음과 같은 사실을 보여줄 수 있다. 현실적이지 않은 가능 세계들이 있다는 사실, 현실주의, 이 둘은 양립 가능하다. 플란틴가는 우리가 1장에서 추상적 엔터티에 대한 플라톤주의적 설명이라 부른 설명을 선호한다. 다음과 같은 점을 다시 생각해 보자. 예를 들어 속성에 대해 플라톤주의자들은 다음과 같이 생각한다. 우리는 속성이 존재한다는 것, 속성이 예화된다는 것, 이 둘을 반드시 구분해야 한다. 이 견해에 따르면, 모든 속성은 필연적 존재이다. 이것들은 모두 필연적으로 존재한다. 그러나 이들 모두가 예화되는 것은 아니다. 따라서 속성은 예화되지는 않더라도 존재할 수는 있는 것이다. 이제 플란틴가는 다음과 같이 주장하길 원한다. 이와 유사한 구분이 다른 범주의 추상적 엔터티, 즉 우리가 4장에서 사태라고 부른 엔터티에도 적용된다. 4장에서 우리가 논한 것처럼 사태는 상황이다. 내가 형이상학 개론서의 저자임, 빌 클린턴이 아칸소에서 태어남, 블랙번이 우승자임 등과 같은 것들 말이다. 이러한 것들은 구현되거나 구현되지 않는 것들이다. 그리고 사태가 구현된다는 것은 속성이 예화된다는 것과 유사한 것이다. 플란틴가는 다음과 같이 주장한다. 우리가 속성의 존재와 예화를 구분하는 것처럼, 우리는 사태의 존재와 구현을 구분해야 한다. 모든 사태는 필연적 존재이다. 따라서 모든 사태는 존재하며, 그것들은 현실 세계에 존재한다. 그런데 어떤 사태들은 구현되지 않는다. 플란틴가의 제안은 다음과 같은 것이다. 가능 세계는 모두 어떤 종류의 사태이다. 모든 사태가 필연적 존재이므로, 모든 가능 세계는 현실적으로 존재한다. 모든 가능 세계는 현실 세계의 내용물들 중 일부이다. 그런데 모든 가능 세계가 구현되는 것은 아니다. 가능 세계들 중 오직 하나만 구현된다. 이 세계, 즉 현실 세계가 그것이다. 이 세계가 현실적이라는 것은 그것이 구현되었다는 것이다. 이제 플란틴가가 가능 세계로서의 사태가 무엇인지를 확실히 할 수 있으려면, 가능 세계에 대한 일관된 현실주의적 설명을 제공할 수 있어야 한다. 그 설명은 다음과 같이 이루어진다. 모든 사태는 현실 세계의 요소이므로, 가능 세계는 현실적으로 존재하는 것들이다. 그리고 어떤 가능 세계가 현실적이라는 것, 그 세계가 현실적으로 존재한다는 것, 이 둘은 서로 다른 것이다. 그러므로 오직 한 세계만이 현실적이라는 주장[현실주의], 현실적으로 존재하지 않는 것은 없다는 주장[현실적이지 않지만 현실적으로 존재하기는 하는 가능 세계들이 있다는 주장], 이 두 주장은 양립 가능하다.*

그렇다면 어떤 사태들이 가능 세계인가? 구현이 불가능한 사태들(9는 소수임이라는 사태 같은 것)과 구현이 가능한 사태들(QPR가 승자임이라는 사태 같은 것)을 구분한다면, 그리고 후자를 가능한 사태들이라고 부른다면, 우리는 플란틴가에게 가능 세계란 가능한 사태들이라고 말할 수 있다. 그러나 모든 가능한 사태가 가능 세계는 아니다. QPR가 승자임은 가능 세계가 아니다. 이것은 충분히 포괄적인 사태가 아니기 때문이다. 가능 세계는 매우 포괄적인

---

* 이것을 라이프니츠의 생각을 빌려 이해해 보자. 신은 이 세계(현실 세계)를 창조하기 전에 수없이 많은 가능 세계를 머릿속에 떠올리고 있었다. 예컨대 그리스 신화적 세계, 단군 신화적 세계, 아담과 이브 신화적 세계 등. 플란틴가에 따르면 이 모든 세계는 필연적 존재이다. 다시 말해 이것들은 그 어떤 것이 창조될지와 상관없이 존재하는 것이다. 은유적으로 말하자면 이것들은 창조된 현실 세계 위(신의 정신 안)에서 존재하는 것이다. 이 중 하나를 선택해 신은 창조를 했다. 그것이 현실 세계이다. 그래서 기독교인들이 믿는 바에 따른다면, 아담과 이브 신화적 세계는 현실적 세계이며 그리스 신화적 세계나 단군 신화적 세계는 현실적 세계가 아니다. 그러나 이 모든 세계는 필연적 존재이다. 즉 모든 가능 세계에 존재한다. 따라서 이 모든 세계는 현실적으로도 존재한다. 결국 아담과 이브 신화적 세계만 현실적 세계이지만, 다른 모든 세계도 현실적으로 존재하는 세계인 것이다.

사태로서, 우리가 최대한 포괄적인 사태라고 부를 수 있는 것이다.[22] 이 개념의 성격을 규정하기 위해 플란틴가는 다음과 같이 말한다. 사태들은 서로 간에 논리적 관계에 놓인다. 그가 말하듯이, 한 사태는 다른 사태를 포함하거나 배제할 수 있다. 플란틴가는 이러한 관계들을 다음과 같이 정의한다. 다음과 같은 경우에 사태 S는 사태 S′를 포함한다. 즉 S는 구현되지만 S′는 구현되지 않는 것이 불가능할 때.* 그리고 다음과 같은 경우에 사태 S는 사태 S′를 배제한다. 즉 S와 S′ 모두 구현되는 것이 불가능할 때.** 따라서 플라톤의 『국가』 사본이 내 책상 위에 있음이라는 사태는 내 책상 위에 무엇이 있음이라는 사태를 포함하며, 또한 내가 책상 하나를 가짐이라는 사태, 적어도 책상 하나와 적어도 책 하나가 있음이라는 사태 등을 포함한다. 반면에 시어스 타워가 세계에서 가장 높은 빌딩임이라는 사태는 엠파이어스테이트 빌딩이 세계에서 가장 높은 빌딩임이라는 사태를 배제하며 또한 그 어떤 물질적 대상도 없음이라는 사태, 월드 트레이드 센터가 시어스 타워보다 더 큼이라는 사태 등을 배제한다. 사태의 포함, 사태의 배제 등의 개념을 이용해 플란틴가는 우리에게 다음과 같이 말한다. 한 사태는 다음과 같은 경우에 최대한 포괄적인 사태이다. 즉 임의의 사태 S가 S′를 포함하거나 배제할 때. 최대한 포괄적인 사태는, 말하자면 각 사태에 대해 어떤 판단을 한다. 그 사태들을 포함할지, 배제할지 하는 판단 말이다. 이제 마지막으로 플란틴가는 가능한 사태라는 개념, 최대한 포괄적인 사태라는 개념, 이 둘을 함께 묶어 다음과 같이 말한다. 하나의 가능 세계는 최대한 포괄적인 가능 사태들의 총체이다.

---

* 12월 내내 눈이 옴이라는 사태는 크리스마스에 눈이 옴이라는 사태를 포함한다. 왜냐하면 위의 정의에 따라 12월 내내 눈이 오지만 크리스마스에 눈이 오지 않는 것은 불가능하기 때문이다.
** 화이트 크리스마스임이라는 사태는 12월 25일 맑음이라는 사태를 배제한다. 왜냐하면 위의 정의에 따라 화이트 크리스마스이면서 12월 25일에 맑다는 것은 불가능하기 때문이다.

가능 세계는 따라서 최대라는 속성을 갖는 가능한 사태이다. 가능한 모든 사태가 그런 것처럼 가능 세계도 구현될 수 있다. 그러나 그중 오직 하나만 현실적으로 구현된다. 바로 이 세계, 우리의 세계가 그것이다. 그래서 우리는 가능 세계 개념 틀을 얻게 되었다. 여기서 가능 세계 개념 틀에 대한 플란틴가의 개념화가, 가능 세계 개념 틀에 대한 루이스의 개념화와 얼마만큼 다른지 아는 것이 중요하다. 루이스는 가능 세계 개념 틀을 받아들이면서, 우리로 하여금 현실 세계에서 발견되지 않는 사물들의 존재에 개입하게 한다. 즉 현실화되지 않은 가능한 것들의 존재에 말이다. 반면에 플란틴가에 따르면 여러 가능 세계는 현실 세계에 거주하는 것이다. 또 루이스는 엄격한 비양상적 용어로, 극단적 유명론의 용어로 가능 세계 개념 틀이 특징지어질 수 있으며, 또 이러한 방식으로 가능 세계 개념 틀이 도입될 수 있음을 보이고자 한다. 반면에 플란틴가는 전혀 주저하지 않고 사태라는 플라톤적 개념을 사용하며, 또 가능 세계를 설명할 때 가능성, 포함, 배제처럼 명백히 양상적인 개념들을 사용한다. 또 루이스는 현실성에 대한 상황지시어 이론을 제공한다. 그의 견해에 따르면, 이 세계에 사는 우리는 "현실 세계"라고 말함으로써 오직 한 세계만 지칭하지만 사실 다른 가능 세계에서 일어나는 일, 우리 세계에서 일어나는 일, 이 둘은 똑같은 존재론적 지위를 가진다. 반면에 플란틴가는 현실성[현실화됨]을 사태의 구현으로 이해한다. 그리고 이 구현이라는 것은 사태가 갖는 존재론적으로 의미 있는 속성이다. 최대한 포괄적인 어떤 사태가 구현된다는 것은 그 사태가 존재론적으로 특별하다는 것이다. 플란틴가에 따르면 오직 한 가능 세계만 구현된다. 그리고 오직 한 가능 세계만 구현된다는 사실은 다음과 같은 결과를 불러온다. 즉 오직 그 세계에서 일어나는 일만 실제로 일어나는 일이다. 이런 차이들이 있지만, 이 두 설명 사이의 가장 중요한 차이는 이런 것이다. 루이스의 가능 세계들은 사실 구체적 개체이다. 반면 플란틴가의 가능 세계들은 추상적 엔터티이다. 플란틴가의 견해에 따르면, 우리 세계, 즉 현실 세계조차도 하나의 추상적 대상이다. 그가 말하듯이, 현실 세계는 "질량의 중심을 갖지 않는다. 이것은 구체적 대상도 아니고, …… 구체적 대상들의 합도 아니다. …… [이것은] 공간적 부분들도 갖지 않는다."[23] 따라서 현실 세계라는 것은 나와 "내 주위의 모든 것을" 포함하는 물리적 우주와는 다른 무엇이다. 플란틴가에 따르면 우리가 물리적 우주라고 부르는 것은 하나의 우연적 존재이다. 이 물리적 우주나, 아니면 물리적 우주를 이루고 있는 각 물리적 대상은 존재하지 않았을 수도 있다. 그러나 현실 세계는 하나의 사태로서, 필연적 존재이다. 이것은 존재하지 않을 수 없다. 현실 세계는 구현되지 않았을 수도 있다. 그러나 사실로 보자면 현실 세계는 구현되었다. 그리고 이것이 구현되었기 때문에 물리적 우주와 그것을 이루는 모든 대상이 존재하는 것이다. 이 가능 세계, 즉 우리 세계가 구현되었기 때문에 우리가 아는 물리적 세계가 존재하는 것이다. 그러나 현실 세계와, 나와 "내 주위의 모든 것"으로 구성된 구체적 전체[물리적 우주], 이 둘은 서로 다른 것이다.*

바로 앞 장에서 보았듯이, 사태를 인정하는 어떤 이론(치솜이 지지하는 이론)은 명제를 일종의 사태로 간주한다. 플란틴가는 명제와 사태가 긴밀히 연

---

* 『형이상학 서설』에 나오는 라이프니츠의 창조설화를 보면, 플란틴가의 주장을 좀 더 잘 이해할 수 있을 것 같다. 라이프니츠에 따르면, 창조에 앞서 신은 수없이 많은 설계도를 가지고 있었다. 이런 세계를 창조할지, 저런 세계를 창조할지에 관한 설계도. 우리는 이 설계도들을 수없이 많은 소설 혹은 수없이 많은 이야기로 이해할 수 있다. 수없이 많은 이 소설 속에는 수없이 많은 등장인물이 수없이 많은 행위를 하면서 산다. 플란틴가의 견해에 비추어본다면, 수없이 많은 이 소설이 바로 가능 세계들이다. 이제 라이프니츠에 따르면, 신은 이 중 하나를 선택해 창조를 한다. 그렇게 해서 우리 세계가 창조되었다. 이렇게 볼 때, 우리 세계는 2중적인 존재론적 지위를 가진다. 신이 이 세계를 창조하기 전에 우리 세계는 일종의 이야기/소설이었다. 창조 이후에 우리 세계는 물리적 우주가 된 것이다. 이렇게 본다면 우리는 플란틴가가 현실 세계와 물리적 우주를 나누는 기준이 무엇인지 이해할 수 있다. 현실 세계는 창조 이전에 신의 정신 안에 있었던 일종의 소설이다.(플란틴가는 이것을 현실 세계라고 부르며, 이것이 필연적 존재이며 추상적 존재라고 생각한다.) 반면에 물리적 우주는 신의 창조를 통해 만들어진 구체적 대상들의 총체이다.(플란틴가는 이것을 물리적 우주라고 부르며, 이것이 우연적 존재이며 구체적 존재라고 생각한다.)

관되어 있음을 인정한다. 모든 사태 각각에 대응하는 명제들이 있는데, 명제가 참일 경우에 사태가 구현되는 것이다. 그러나 플란틴가는 명제와 사태를 구분하길 원한다.²⁴ 자신의 이러한 견해를 방어하기 위해 플란틴가는 다음과 같이 논한다. 명제는 사태가 갖지 못하는 어떤 속성을 가진다. 명제는 참이거나 거짓이다. 그리고 플란틴가는 명제는 어떤 특정 가능 세계에서도 참이거나 거짓일 수 있다고 주장한다. 그의 설명에 따르면, 명제 p는 다음과 같은 조건하에서 가능 세계 W에서 참이다. 즉 p가 참이 아니면서도 W가 구현됨이 불가능할 때. 다른 말로 하자면, 한 명제는 어떤 가능 세계에서 참인데, 그 세계가 현실화되면 그 명제가 참이 되는 경우에 그러하다.* 이러한 설명이 주어지면, 명제 필연, 명제 가능, 명제 불가능 등에 대한 친숙한 주장들이 따라 나온다. 필연적으로 참인 명제는 모든 가능 세계에서 참인 명제이다. 가능적으로 참인 명제는 어떤 가능 세계에서 참인 명제이다. 불가능한 명제, 혹은 필연적으로 거짓인 명제는 그 어떤 가능 세계에서도 참이 아닌 명제, 혹은 모든 가능 세계에서 거짓인 명제이다. 이와 마찬가지로 [그냥] 참인 명제는 현실 세계에서 참인 명제이며, 또 우연적으로 참인 명제는 현실 세계에서는 참이지만 다른 어떤 가능 세계에서는 거짓인 명제이다. 플란틴가는 이 모든 주장을 옹호하지만, 그럼에도 그는 이러한 것들이 잘못 이해될 가능성에 대해 경고한다. 첫째, 이러한 설명들은 비양상적 개념을 통해 명제 양상을 정의하고 있지 않다. 이 설명들은 가능 세계라는 개념 속에 이미 포함되어 있는 양상 개념들을 전제로 삼는다. 또한 이 설명들은 어떤 가능 세계에서 참이라는 것이 무엇인지를 정의하는 작업 속에서 작동하고 있는 양상 개

---

* "곰이 마늘을 먹고 사람이 되었다."라는 명제는 단군 신화적 세계에서 참이다. 왜냐하면 "곰이 마늘을 먹고 사람이 되었다."라는 명제가 참이 아니면서 단군 신화적 세계가 구현되는 것은 불가능하기 때문이다. 다른 말로 하면, "곰이 마늘을 먹고 사람이 되었다."라는 명제는 단군 신화적 세계에서 참인데, 왜냐하면 단군 신화적 세계가 현실화되면 "곰이 마늘을 먹고 사람이 되었다."라는 명제가 참이 되기 때문이다.

넘들을 전제로 삼는다. 둘째, 이 설명들은 한 명제가 참이라는 것이 무엇을 의미하는지 설명하지 않는다. 플란틴가는 다음과 같이 주장한다. 적절한 현실주의적 설명은 반드시 참임이라는 단순 개념[분석/환원되지 않는 개념]을 가지고 시작해야 하며, 참임이라는 이 단순 개념을 이용해 어떤 세계에서 참임이라는 것을 설명해야 한다. 플란틴가의 설명은 이런 식으로 구조화되어 있다.[25]

플란틴가에 따르면, 명제가 가능 세계에서 참이거나 거짓인 것처럼 가능 세계 내에는 대상들이 존재한다. 가능 세계 내에 대상들이 존재한다는 주장은 가능 세계에 대해 다음과 같은 인상을 줄 수도 있다. 즉 가능 세계는 대상들을 포함하는 거대한 통 같은 것이라고. 그러나 플란틴가는 다음과 같이 주장한다. 어떤 가능 세계에서 존재한다는 것, 가능 세계는 추상적 엔터티라는 것, 이 둘은 모순 없이 설명될 수 있다. 현실적 존재라는 개념을 기본적인 것으로 간주하면, 우리는 다음과 같이 말할 수 있다. 한 대상 x는 다음과 같은 조건하에서 가능 세계 W에 존재한다. 즉 x가 존재하지 않으면서 W가 현실화됨이 불가능할 때. 따라서 한 사물이 어떤 가능 세계에 존재한다는 말은 그 사물이 그 세계 안에 물리적으로 담겨 있다는 말도 아니고 그 사물이 그 세계 안에 문자 그대로 놓여 있다는 말도 아니다. 어떤 사물이 어떤 가능 세계 내에 존재한다는 주장은 단지 다음과 같은 반사실적 주장을 하는 것일 뿐이다. 즉 그 세계가 현실화되었다면, 그 사물은 존재했을 것이다.*

대상들은 가능 세계에서 그냥 존재하는 것이 아니다. 그것들은 그 세계에서 속성을 갖고서 존재한다. 이제 이 개념에 대한 플란틴가의 설명은 어떤 세계에서 참임, 어떤 세계에서 존재함 등의 설명과 나란히 간다. 어떤 속성

---

* 웅녀가 단군 신화적 세계에 존재한다는 것은 웅녀가 존재하지 않으면서 단군 신화적 세계가 현실화됨이 불가능하다는 것이다. 그래서 다음과 같은 반사실적 주장은 참이다. 단군 신화적 세계가 현실화되었다면 웅녀는 존재했을 것이다.

을 가진다는 것에 대한 현실주의적 이해를 기본적인 것[분석/환원되지 않는 것]으로 간주하면서, 플란틴가는 다음과 같이 말한다. 어떤 가능 세계 W에서 한 대상 x가 한 속성 p를 가진다는 말은 다음과 같은 말이다. 즉 W가 현실화되었다면, x는 p를 가졌을 것이다. 이제 한 세계 내에서 존재함이라는 개념과, 한 세계 내에서 속성을 소유함이라는 개념을 결합함으로써, 플란틴가는 사물 양상을 특징지을 수 있다. 이 설명은 우리에게 친숙한 것이다. 한 사물은 다음과 같은 경우 어떤 속성을 본질적/필연적으로 가진다. 즉 그 사물이 그 속성을 현실 세계에서 갖고, 또 그 사물이 존재하는 모든 가능 세계에서도 가질 때. 반면에 한 사물은 다음과 같은 조건하에서 어떤 속성을 단지 우연적으로만 가진다. 즉 그 사물이 현실 세계에서 그 속성을 갖지만, 그 속성을 갖지 않으면서 그것이 존재하는 가능 세계가 있을 때.

우리가 본 것처럼, 만약 이러한 종류의 설명을 지지하는 사람이 다음과 같은 강한 결정론적 결과를 피하려면, 즉 그 무엇도 자신의 속성을 우연적으로 가질 수 없다는 결정론적 결과를 피하려면, 통세계적 개체가 존재한다는 생각을 반드시 받아들여야 한다. 지금까지 고찰한 플란틴가의 설명, 그리고 그 어떠한 개체도 하나 이상의 세계에 존재할 수 없다는 견해, 이 둘을 결합하면, 우리는 다음과 같은 결과를 얻게 된다. 즉 모든 대상은 자신이 갖는 모든 속성을 본질적/필연적으로 가진다. 왜냐하면 만약 현실적으로 존재하는 그 어떤 대상이라도 현실 세계 외의 다른 가능 세계에서는 존재할 수 없다면, 그 대상이 갖는 모든 속성은 그 대상이 현실 세계에서, 그리고 자신이 존재하는 모든 가능 세계에서 갖는 속성이 될 것이기 때문이다. 모든 개체는 각 세계에 묶여 있고 속성들을 우연적으로 가진다고 생각하는 사람이 있다면, 그는 결정론에 빠지지 않기 위해 다음과 같은 설명(루이스의 설명)을 취할 수밖에 없는 것이다. 즉 상대역 관계를 통해 본질-우연 구분에 대해 설명하는 것.

플란틴가가 통세계적 개체를 인정한다는 것은 따라서 놀라운 일이 아니다. 그는 다음과 같이 믿는다. 본질-우연 구분을 유지하기 위해 루이스처럼 상대역 관계를 도입하는 것은 우리의 상식적 직관에 반하는 것이다. 플란틴가는 통세계적 개체에 대한 개념에 문제가 있음을 보이기 위해 고안된 [루이스의] 논증이 실패한다고 생각한다. 본질-우연의 구분에 대한 만족스러운 분석과 관련해, 자기 세계에 묶인 개체를 주장하는 철학자들은 상대역 관계에 호소하고 있는데, 이러한 설명이 성공적이지 않다고 보는 사람은 플란틴가만이 아니다. 예를 들어 크립키Saul Kripke는 다음과 같이 주장한다. 상대역 이론으로부터 우리가 얻게 되는 양상 개념은 어떤 것이 본질적이고 또 어떤 것이 우연적인가에 대한 우리의 상식적 직관 속에 포함되어 있는 양상 개념과 매우 다르다. 따라서 상대역 이론은 우리가 가진 본질, 우연 개념을 분석하고 있다고 볼 수 없다. 상대역 이론은 주제를 바꾸고 있는 것이다.[26] 우리가 여러 속성을 우연적으로 소유하고 있다는 상식 차원의 믿음은 세상이 달리 돌아갔을 수 있는 여러 방식이 있다는 믿음이다. 이 믿음은 우리 자신, 우리가 겪는 상황들에 대해서 우리가 갖게 되는 느낌, 태도 등, 이 모든 것의 핵심에 놓여 있는 것이다. 이 믿음은 이러한 느낌, 태도 등을 납득할 수 있도록, 또 이해할 수 있도록 해준다. 대형 교통사고를 겨우 모면했을 때, 나는 나에게 세상이 달리 돌아가지 않았음에 대해 깊은 안도의 한숨을 쉰다. 내가 안도의 한숨을 쉬는 것은 내가 교차로에 진입하지 않았기 때문이며, 내 차가 망가지는 것을 피했기 때문이며, 내가 물리적인 고통을 모면했기 때문이며, 내가 오래 병원 신세를 지지 않을 수 있게 되었기 때문이다. 이러한 감정은 완전히 자연스러운 것이며, 또 이해할 만한 것이다. 이제 크립키는 다음과 같이 논한다. 만약 양상에 대한 상대역 이론가들의 설명이 옳다면, 나의 이러한 반응은 이해될 수 없는 것이다. 상대역 이론가들에 따르면, 내가 사고가 날 수도 있었다는 주장, 내 차가 망가질 수도 있었다는 주장, 내가 고통을 겪게 될 수도 있었다는 주장, 내가 병원 신세를 지게 될 수도 있었다는 주장, 이 모든 주장은 사실 나에 대한 주장이 아니다. 이것은 다른 누구에 대한 주장으로서, 나와 아주 닮았고 또 내 상황과 유사한 상황에 놓여 있지만 나는 아닌 누구에 대한 주장이다. 그러나 내가 사고를 당했을 수도 있었다고 내가 믿을 때, 내가 믿는 것이 이러한 것이라면, 세상이 이런 식으로 돌아가지 않았음에 대해 나는 왜 안도의 한숨을 쉬는 것일까? 정말로 나를 포함하는 상황을 내가 면했다고 믿기 때문에 안도의 한숨을 쉬는 것 아닌가? 다른 누구에 대한 재앙이 아니라 바로 나 자신에 대한 재앙이라고 여겨지는 상황을 면했기 때문에 나는 안도의 한숨을 쉬는 것 아닌가? 바로 내가 그 상황을 피했기 때문에 나는 안도의 한숨을 쉬는 것이다.

플란틴가는 크립키에 동의한다. 플란틴가는 이렇게 생각한다. 상대역 이론가들은 양상에 대해 우리가 가진 개념을 분석하는 데 실패하고 있다. 그의 생각에 따르면, 본질-우연의 구분을 유지하고자 하는 철학자들은 상대역 관계를 도입할 필요가 없다. 플란틴가가 이렇게 생각하는 데에는 이유가 있다. 플란틴가는 루이스의 논변, 즉 통세계적 개체가 존재한다면 동일자 구별 불가능성 원리가 깨지게 된다는 루이스의 논변을 거부한다.[27] 이 논변이 어떻게 이루어지는지 다시 한 번 생각해 보자. 우리는 서로 다른 속성을 갖는 x-in-W_1과 x-in-W_2를 가진다. 루이스의 주장은 다음과 같다. 만약 x-in-W_1과 x-in-W_2를 동일하다고 간주하면, 우리는 다음과 같이 주장해야 한다. 두 사물이 속성 수준에서 구별 가능하면서도 서로 동일할 수 있다. 그러나 이것은 동일자 구별 불가능성 원리를 깨는 것이다. 이 논변에 대한 플란틴가의 답은 우리가 앞서 언급한 것이다. 그는 다음과 같이 말한다. 만약 x가 W_1에서는 가무잡잡하고 W_2에서는 그렇지 않다면, 이것은 x가 가무잡잡함이라는 속성을 가지는 동시에 갖지 않는다는 말이 아니다. 오히려 이것이 의미하는 바는 다음과 같은 것이다. 즉 x는 W_1에서-가무잡잡함이라는 세계 꼬리표 속성을 갖지만, W_2에서−가무잡잡함이라는 세계 꼬리표 속성은 갖지 않는다. 여기서 플란틴가는 다음을 지적한다. 이 둘은 서로 다른 세계 꼬리표 속성이므로, x의 상황은 어떤 한 사물이 어떤 단일 속성을 가지는 동시에 갖지 않음을 보여주는 것이 아니다.

여기서 독자들은 루이스가 세계 꼬리표 속성들을 반대한 것을 떠올릴 것이다. 루이스에 따르면, 만약 우리가 x의 상황을 묘사할 때 세계 꼬리표 속성을 이용한다면, 다음과 같은 사실을 인정해야 한다. 즉 x는 가무잡잡함 혹은 창백함 등의 보통의 일상적 속성들을 가지지 못한다. 이에 대한 플란틴가의 답은 이렇다. 플란틴가 자신이 세계 꼬리표 속성들을 이용한다 하더라도, 세계 꼬리표가 붙지 않은 속성들을 통해 사물들을 묘사할 수 있다. 플란틴가는 x가 W_1에서−가무잡잡함이라는 속성을 가지며, W_2에서−가무잡잡함이라는 속성을 갖지 않는다고 말한다. 그러나 플란틴가에 따르면 이러한 사실로부터 세계 꼬리표가 붙지 않은 속성들을 이용해 x를 묘사할 수 없다는 결론이 나오는 것은 아니다. 플란틴가는 현실주의자이다. 따라서 그는 자신이 다음과 같은 사실에 개입한다고 주장한다. (그냥) 가무잡잡함이라는 개념은 W_1에서−가무잡잡함 혹은 W_2에서−가무잡잡함 등의 세계 꼬리표가 붙은 개념에 존재론적으로 선행한다. 그의 견해에 따르면 세계 꼬리표가 붙은 개념들은 세계 꼬리표가 없는 개념에 의해 설명될 수 있다. 따라서 사물들은 세계 꼬리표가 없는 속성들을 갖는 것이다. 어떤 속성들을 말하는 것인가? 사물들이 현실적으로 갖는 속성들[현실 세계에서 가지는 속성들]이 바로 그것이다. 그렇다면 만약 W_1이 현실 세계일 경우, x는 W_1에서−가무잡잡함이라는 세계 꼬리표 속성만 갖는 것이 아니다. x는 (그냥) 가무잡잡함이라는 세계 꼬리표가 없는 속성도 갖는 것이다. 또한 x는 세계 꼬리표 속성, 즉 W_2에서−가무잡잡함이라는 속성을 갖지 않는다. [W_2에서 x는 창백하기 때문에.] 그럼에도 x는 [W_1에서] (그냥) 가무잡잡함이라는 세계 꼬리표가 없는 속성을 가질 수 있다.

따라서 x가 가지는 동시에 갖지 않는 속성은 없다. 결국 동일자 구별 불가능성 원리는 깨지지 않는다.

이렇게 해서 플란틴가는 통세계적 개체에 대한 루이스의 논변을 깨게 된다. 그러나 어떤 이는 이렇게 생각할지 모른다. 이 점과 관련해서는 성공했을지 모르지만, 개체가 서로 다른 여러 가능 세계에 존재한다는 주장에 대한 정당화는 부족하지 않은가? 통세계적 개체의 존재, 동일자 구별 불가능성 원리가 양립할 수 있다 하더라도 어떤 사람에게는 통세계적 개체라는 개념 자체가 이상하게 여겨질 수 있다. 어떤 이는 이렇게 물을 수 있다. "단일한 사물이 어떻게 서로 다른 여러 세계에 동시에 존재할 수 있는가?" 플란틴가는 통세계적 개체에 대한 이런 식의 거부감이 잘못된 것이라 믿는다. 그가 이해하는 바에 따르면, 통세계적 개체는 날카로운 눈매의 형이상학자들에 의해 고안된 이국적 발명품이 아니다. 통세계적 개체는 우리의 가장 일상적인 믿음 안에 등장하는 것이다. 나에게 세상이 달리 돌아갔을 수 있다고 믿을 때, 나는 바로 나에게 세상이 달리 돌아갔을 수 있다고 믿는 것이다. 그리고 이러한 믿음은 내가 통세계적 개체이어야만 참일 수 있다. 따라서 통세계적 개체가 있다는 견해는 모든 사람이 공유하는 믿음을 전제로 하는 것이다. 오로지 무감각한 상대역 이론가들만 빼고 말이다. 그리고 플란틴가의 설명에 따르면 이러한 견해는, 상식이 말해 주듯이, 아무런 문제가 없는 것이다. 플란틴가가 설명하듯이, 내가 이 세계 외의 다른 가능 세계들에서 존재한다는 것은 단지 다음과 같은 것이다. 현실 세계 외의 다른 가능 세계들이 있는데, 그중 어느 하나가 현실화되었다면 나는 [특정 방식으로] 존재했을 것이다. 이것은 단지 반사실적 주장을 하는 것일 뿐이다. 이것은 서로 다른 여러 존재를 내가 가진다는 애기가 아니다. 또한 이것은 내가 특정 시간에 서로 떨어진 두 부분에 물리적으로 놓여 있다는 애기도 아니다. 내가 이 세계 말고 다른 가능 세계들에서 존재한다는 것은 그냥 다음과 같은 주장일 뿐이다. 즉 내가 포함되어 있는 어떤 사태들이 있는데, 이것들은 구현될 수도 있었지만 실제로 구현되지는 않았다. 혹은 내가 이 세계 말고 다른 가능 세계들에서 존재한다는 것은 그냥 다음과 같은 주장일 뿐이다. 즉 나에 대한 명제가 있는데, 그 명제는 우연적으로 거짓이다.

통세계적 개체에 대한 착상에 문제가 없다면, 사물 양상들을 구분해 내고자 하는 플란틴가의 시도는 우리가 원하는 결과를 안겨준다. 사물들은 본질적 속성, 우연적 속성을 가진다는 것. 사물들이 어떤 속성을 본질적으로 갖고, 또 어떤 속성을 우연적으로 갖는지와 관련해, 플란틴가는 아리스토텔레스주의적 전통을 따르는 형이상학자들과 어깨를 나란히 한다. 3장에서 언급했듯이, 아리스토텔레스주의자들은 한 사물이 갖는 모든 속성이 그 사물에 본질적이라는 다발 이론가들의 주장에도 반대하며, 또 한 사물이 갖는 그 어떤 속성도 그 사물에 본질적이지 않다는 기체 이론가들의 주장에도 반대한다. 우리는 다발 이론가들을 초본질주의자라고 불렀고, 기체 이론가들을 반본질주의자라고 불렀다. 이제 우리는 이렇게 말할 수 있다. 플란틴가나 아리스토텔레스주의적인 형이상학자들 모두 본질주의자essentialist이다. 그러나 플란틴가와 아리스토텔레스주의적인 형이상학자들 사이에는 차이가 있다. 아리스토텔레스적 본질주의자들은 다음과 같이 주장하고자 한다. 한 사물에 본질적인 속성은 다른 사물들과 공유된다. 3장에서 본 것처럼, 아리스토텔레스주의자들은 본질이 일반적이라고 주장한다. 이 점에서 플란틴가는 아리스토텔레스주의자들과 견해를 달리한다. 플란틴가는 앞에서 우리가 라이프니츠적 본질주의자Leibnizian essentialist라 부른 부류에 속한다. 플란틴가는 개별적 본질individual essence이 있다고 주장한다.[28]

플란틴가는 다음과 같은 것을 인정한다. 어떤 한 사물에 본질적인 속성들 중 많은 속성은 다른 사물들에게도 본질적이다. 따라서 모든 대상은 자기 자신과 동일함이라는 속성, 빨갛거나 빨갛지 않음이라는 속성, 만약 초록이라면 색을 가짐이라는 속성 등을 본질적으로 가진다. 플란틴가는 이 모든 속성을 하찮은 본질적 속성trivially essential property이라 부른다. 이것들은 모든 대상에게 본질적이다. 반면에 하나 이상의 대상에 대해 본질적이지만, 모든 대상에 본질적이지는 않은 속성들이 있다. 수 2와 다름이라는 속성이 그러한 속성이며* 인간임이라는 속성 또한 그러한 속성이다. 그래서 여러 사물이 공유하는 본질적 속성이 있다. 그런데 플란틴가는 다음과 같이 주장하고자 한다. 개별적 본질individual essence 혹은 이것임haecceity(문자적으로는 "이것임thisness")이라고 불리는 것들도 있다. 한 사물이 갖는 개별적 본질이라는 개념을 설명하면서 그는 다음과 같이 말한다. 이것은 한 사물이 갖는 어떤 속성으로서, 그 사물은 이 속성을 본질적으로 가지며, 필연적으로 이 사물 외의 그 어떤 사물도 이 속성을 갖지 않는다. 그래서 클린턴이 갖는 개별적 본질은 한 속성으로서, 클린턴은 현실 세계에서 이 속성을 가지며, 또 그가 존재하는 모든 가능 세계에서 이 속성을 가진다. 그리고 클린턴이 아닌 그 어떤 것도, 그 어떤 가능 세계에서도 이 속성을 갖지 않는다. 이것은 클린턴에게 본질적인 속성이며, 또한 필연적으로 그에게만 고유한 속성이다. 플란틴가는 클린턴이 이러한 속성을 가진다고 주장한다. 클린턴과 동일함이라는 속성은 플란틴가의 이 기준을 만족시킨다. 클린턴은 현실적으로 이 속성을 가진다. 그리고 그가 존재하는 모든 가능 세계에서 이 속성을 가진다. 그리고 그 어떤 가능 세계에서라도 클린턴이 아닌 그 어떤 대상도 이 속성을 갖지 않는다. 그리고 모든 대상에 이와 같은 동일성 속성이 있으므로, 모든 대상은 개별적 본질을 갖는 것이다.

그런데 플란틴가는 모든 대상이 개별적 본질을 여럿 가진다고 주장한다. 이 점을 보이기 위해 플란틴가는 다음을 논증한다. 한 사물이 갖는 모든 세

---

* 다른 모든 사물은 이 속성을 본질적으로 갖지만, 수 2는 이 속성을 본질적으로 갖지 않는다.

계 꼬리표 속성은 그 사물이 본질적으로 갖는 속성이다. 어떤 가능 세계 W를 가정하자. 그리고 이 세계에서 클린턴은 정치인이 아니라 수도사라 가정하자. 그렇다면 클린턴은 현실 세계에서 세계 꼬리표 속성, 즉 W에서−수도사임이라는 속성을 가진다. 클린턴은 어쨌든 간에 W에서 수도사인 사물이다. 그런데 클린턴은 이 속성[W에서 수도사임]을 현실 세계에서만 갖는 것이 아니다. 그는 그가 존재하는 모든 가능 세계에서 이 속성을 가진다. 왜냐하면 클린턴이 존재하는 모든 가능 세계에서 그는 어쨌건 W에서−수도사인 개체이기 때문이다. 따라서 W에서−수도사임이라는 속성은 클린턴에게 본질적인 속성이다. 이러한 사실은 클린턴이 갖는 다른 모든 세계 꼬리표 속성의 경우에도 마찬가지다. 즉 클린턴이 갖는 모든 세계 꼬리표 속성은 그에게 본질적이다. 이제 어떤 속성 P를 취하자. 그리고 어떤 가능 세계 W′를 가정하고, 이 세계에서 오직 클린턴만이 속성 P를 예화하는 개체라고 해보자. 우리는 이미 다음과 같은 사실을 보았다. 즉 W′에서−P를 가짐이라는 세계 꼬리표 속성은 클린턴에게 본질적인 속성이다. 그런데 이 속성은 필연적으로 클린턴에게만 고유한 속성이기도 하다. 다시 말해 그 어떠한 가능 세계에서라도, 클린턴이 아닌 그 어떤 개체도 W′에서 P를 가짐이라는 속성을 갖지 않는다. 왜 그런지 보기 위해 다음과 같이 가정하자. 가능 세계 W″가 있고 또 W″에는 한 개체가 있다. 그리고 그 개체는 W′에서 P임이라는 세계 꼬리표 속성을 가진다. 만약 그렇다면 이 개체는 반드시 클린턴이어야 한다. 왜냐하면 W′에서 오직 클린턴만이 P를 갖기 때문이다. 결국 W′에서−P를 가짐이라는 세계 꼬리표 속성은 클린턴이 갖는 개별적 본질인 것이다. [클린턴이 모든 가능 세계에서 가지며, 또 클린턴만이 가지는 속성]. 이 속성은 그에게 본질적이면서, 또 필연적으로 그에게만 고유한 속성이다. 따라서 클린턴은 하나 이상의 개별적 본질을 가진다. 그리고 이 사실은 우리 각각에게도 마찬가지인 것이다. 플란틴가는 모든 대상은 여러 개별적 본질을 가진다는 매우 강력한 주장을 하고 있다. 그가 왜 이러한 주장을 하고 있는지 알기 위해 우리는 단지 다음과 같은 사실만 생각해 보면 된다. 이 문단을 읽을 때, 당신은 당신이 지금 점유하고 있는 특정 공간을 점유하는 유일한 사람이다. 그 시간에 그 특정 공간을 점유함이라는 속성을 Q라고 부르자. 그렇다면 당신만이 Q를 가진다. 당신은 이 세계에서 Q를 갖는 유일한 개체다. 그렇다면 이 세계에서-Q를 가짐이라는 세계 꼬리표 속성이 있으며, 오직 당신만이 이 세계 꼬리표 속성을 가진다. 당신은 당신이 존재하는 모든 가능 세계에서 이 속성을 가지므로, 이 속성은 당신에게 본질적이다. 그리고 그 어떤 가능 세계에서라도, 당신이 아닌 다른 사물은 이 속성을 갖지 않으므로, 이 속성은 필연적으로 당신에게 고유한 속성이다. 이 논변이 다음과 같은 사실을 보여주도록, 즉 우리는 많은 개별적 본질을 가진다는 사실을 보여주도록 확장될 수 있음을 이해하는 데에는 그다지 많은 상상력이 필요치 않을 것이다.

그러나 어떤 이는 이러한 사실이 어떤 의미를 갖는지 의아해할지 모른다. 플란틴가의 정의에 따르면, 우리는 많은 개별적 본질을 가진다. 이것은 인정할 수 있다. 그러나 플란틴가의 개별적 본질이 형이상학적으로 흥미로운 속성인가에는 의심의 여지가 있을 수 있다. 이러한 속성들은 존 메이저와 동일함, 빌 클린턴과 동일함, W에서-전화기의 발명자임, W에서-영국 해협을 헤엄쳐 건넌 첫 번째 사람임 등과 같은 속성이다. 어떤 이는 이러한 속성들이 대단할 것 없는 속성들이라서, 플란틴가의 말대로 "좀 허전하다고a bit thin" 느낄 수도 있다.[29] 그러나 플란틴가는 그가 개별적 본질이라고 부르는 이 개념이 매우 풍부한 개념이라고 주장한다. 얼마나 풍부한가 하면, 전지한 존재가 한 사물의 개별적 본질을 검토하기만 하면 그 사물이 현실적으로 갖는 모든 속성을 다 읽어낼 수 있을 정도로 풍부하다.[30] 이 주장을 정교화하기 위해 플란틴가는 다음과 같이 말한다. 한 속성은 다른 속성을 함축할 수 있다. 그는 함축이라는 개념을 다음과 같이 설명한다. 한 속성 P는 다른 속성

P′를 다음과 같은 경우에 함축한다. 즉 P를 예화하는 모든 대상이 P′도 필연적으로 예화할 때. 그래서 빨강임이라는 속성은 어떤 색을 가짐이라는 속성을 함축한다. 또 총각임이라는 속성은 결혼하지 않음이라는 속성을 함축한다. 그리고 삼각형임이라는 속성은 세 각을 가짐이라는 속성을 함축한다. 이제 플란틴가는 다음과 같이 주장한다. 한 사물이 가지는 어떤 개별적 본질은 그 사물에 본질적인 모든 속성을 함축한다. 예를 들어, 소크라테스와 동일함이라는 속성은 소크라테스에게 본질적인 모든 속성을 함축한다. 분명, 소크라테스가 본질적으로 갖는 모든 속성을 갖지 않고서는 그 누구도 소크라테스가 될 수 없을 것이다. 그런데 우리가 본 것처럼, 한 사물이 갖는 모든 세계 꼬리표 속성은 그 사물이 본질적으로 가지는 속성이다. 따라서 한 사물이 갖는 그 어떤 개별적 본질도 그 사물이 갖는 세계 꼬리표 속성들 각각을 함축한다. 플란틴가는 다음과 같이 결론짓는다. 한 사물이 갖는 개별적 본질을 보는 것만으로도, 전지한 존재는 그 사물이 존재하는 각 가능 세계에서 그 개체에게 정확히 어떤 일이 일어날지를 추론할 수 있다. 그런데 전지한 존재는 어떤 가능 세계가 현실 세계인지 안다. 따라서 전지한 존재는 한 사물의 개별적 본질을 보는 것만으로도 그 사물이 현실적으로 갖는 모든 속성을 추론해 낼 수 있는 것이다.

이제 우리는 가능 세계 개념 틀에 대한 플란틴가의 설명을 더 깊이 있게 탐구할 수도 있을 것이다. 그러나 우리는 그의 접근법이 어떤 풍미를 갖는지 이미 충분히 이야기했다. 그의 설명은 루이스의 설명과 정반대되는 지점에 놓여 있다. 앞에서 이야기했듯이, 가능 세계 개념 틀을 이용해 극단적 유명론의 환원주의적 기획을 실현하고자 하는 사람은 루이스만이 아니다. 이와 마찬가지로 플란틴가 말고도 다른 여러 철학자가 가능 세계에 대한 비환원론적 현실주의를 고수해 왔다. 그러나 양상 이론에 대한 이 두 접근법 중 가장 완전하게 개발된 것이 바로 루이스와 플란틴가의 설명이다. 이들의 견해를 이해하기 위해서는, 현대 형이상학자들이 필연, 가능, 우연 같은 아주 어려운 개념들과 싸워서 이기고자 할 때 어떤 전략들을 세우는지를 잘 이해하고 있어야 한다.

주석

1. 양상 개념들을 가장 탁월하게 비판한 사람은 콰인이다. 자신의 철학 경력 내내 그는 필연, 가능 같은 개념을 사용하는 것에 반대하는 논변들을 펼쳐왔다. 예를 들어 다음을 참조하라. "Two dogmas of empiricism" in Quine(1954)과 Quine(1960 : 195~200).
2. 예를 들면 Quine(1947과 1953) 참조.
3. 논리학 기본 과정을 마친 독자라면, 이 문제점에 대한 논의를 다음에서 찾아볼 수 있을 것이다. "Modality and metaphysics" in Loux(1979).
4. 여기서 핵심적 철학자는 크립키이다. Kripke(1963) 참조. 크립키의 의미론에 대한 비형식적 설명을 보려면, 논리학 기본 과정을 마친 후 다음을 참조하라. "Modality and metaphysics" in Loux(1979).
5. 이 주장에 대한 명확한 설명을 보려면, "Possible worlds" in Lewis(1973) 참조. 이것은 Loux(1979)에 재수록되어 있다.
6. 이 접근법은 플란틴가의 저작들 속에서 발전되어 왔다. Plantinga(1970, 1974, 1976, 1987) 참조. 이러한 접근법을 옹호하는 또 다른 논의로는 다음을 참조. Stalnaker(1976), Adams(1974).
7. 루이스는 이 견해를 다음과 같은 곳에서 옹호하고자 한다. "Possible worlds" in Lewis(1973), Lewis(1986). 이러한 접근법을 옹호하는 또 다른 논의로는 다음을 참조. Cresswell(1972), Hintikka(1975).
8. 예를 들면 Lewis(1972) 참조.
9. 예를 들면 Lewis(1973) 참조. 반사실적 조건문에 대한 루이스의 설명은 6장에서 논의될 것이다.
10. "Possible worlds" in Lewis(1973)와 Lewis(1986) 참조. Cresswell(1972)에서 또 다른 전략을 찾아볼 수 있다.
11. "Possible worlds" in Loux(1979 : 184).
12. 같은 책.
13. 같은 책.
14. Lewis(1986 : 198~205) 참조.

15. 같은 책.

16. Lewis(1986 : 112).

17. Lewis(1986).

18. 예를 들면 Plantinga(1976 : 259) 참조.

19. Plantinga(1987 : 208) 참조.

20. 플란틴가의 견해는 서로 다른 여러 저작에서, 서로 다른 여러 방식으로 발전해 왔지만, 내가 믿기로 그의 접근법에 대한 가장 좋은 입문서는 Plantinga(1976)이다.

21. Plantinga(1976 : 257).

22. 플란틴가는 완전한complete 사태 혹은 최대의maximal 사태에 대해 말한다. Plantinga(1976 : 258) 참조.

23. 같은 책.

24. 같은 책, 258~259쪽.

25. 같은 책.

26. Kripke(1971 : 148~149) 참조.

27. Plantinga(1973) 참조.

28. Plantinga(1976 : 262 이하, 그리고 1970 : 366~385) 참조.

29. Plantinga(1970 : 381).

30 같은 책, 385쪽.

| 더 읽을 책 |

논리학 기본 과정을 이수하지 않은 학생들은 양상이나 가능 세계에 관한 문헌들이 어려울 수 있다. 다행히 루이스의 "Possible worlds"(원래는 Lewis(1973)의 한 장이고, 나중에 Loux(1979)에 재수록되었다.)는 그의 가능주의에 대해 명확하게, 비전문적으로 설명하고 있다. Lewis(1986)는 그의 견해를 좀 더 폭넓게 설명하고 있는데, 좀 어렵기는 하다. 그러나 루이스 이론에 대한 나의 논의를 충실히 따라간 학생이라면, 매우 중요한 이 책을 이해할 수 있을 것이다. 플란틴가의 비환원적 현실주의에 대한 가장 명확한 설명은 Plantinga(1970, 1974, 1976)에서 찾아볼 수 있다. 플란틴가와 루이스의 견해에 대한 좋은 논의로는 Van Inwagen(1986)이 있다. 루이스의 "Possible worlds," Plantinga(1976)와 Lewis(1986)는 *Metaphysics: Contemporary Readings*에 실려 있다. 매우 영향력 있는 Kripke(1971) 역시 거기에 실려 있다.

양상 명제들에 대한 추론을 체계화하는 과정에서 적어도 네 가지 양상 시스템들이 나타났다. 그 시스템들을 간략히 살펴보자. 네 가지 양상 시스템은 프린키피아 마테마티카의 모든 기호를 채택하고, 거기에 더해 두 기호, 즉 '□'와 '◇'를 채택하는데, 이 둘은 각각 필연, 가능을 표현한다. 그래서 □A를 '필연적으로 A이다'(혹은 'A임은 필연적이다')로 읽고, ◇A는 '가능적으로 A이다'(혹은 'A임은 가능하다')로 읽는다. 네 가지 양상 시스템은 프린키피아 마테마티카를 포함하는데, 여기서 포함한다는 말은 네 가지 양상 시스템들 모두 프린키피아 마테마티카의 모든 공리와 정리(모든 공리와 정리를 통칭해 테즈라고 부른다)를 자신의 공리, 정리로 삼는다는 말이다. 네 시스템 중 가장 약한 시스템을 M(때로는 T) 시스템이라고 부른다. 위에서 말했듯이 이 시스템은 프린키피아 마테마티카의 모든 테즈를 자신의 테즈로서 가진다. 거기에 더해서 M 시스템은 다음과 같은 두 양상 명제를 공리로서 가진다.

    (1) □(A⊃B)⊃(□A⊃□B)
    (2) □A⊃A

또한 M 시스템은 두 가지 기본 규칙을 갖는데 전건 긍정과 필연 규칙이 그것이다. 전건 긍정은 만약 A⊃B이고 A가 테즈라면 B도 테즈가 됨을 허용하는 규칙이며, 필연 규칙은 만약 A가 테즈라면 □A도 테즈임을 허용하는 규칙이다. M 시스템보다 강한 시스템을 브라우어 시스템이라고 부른다. 이 시스템은 M 시스템을 포함한다. 다시 말해 M 시스템의 모든 공리와 정리는 브라우어 시스템의 공리 혹은 정리이다. 브라우어 시스템은 M 시스템의 공리에 다음과 같은 공리를 덧붙임으로써 형성된다.

(3) A⊃□◇A

S-4라고 부르는 또 다른 시스템이 있다. 이 시스템은 M 시스템을 포함하며, M 시스템의 공리에 (3) 대신 다음의 공리를 덧붙임으로써 형성된다.

(4) □A⊃□□A

마지막으로 S-5 시스템이 있다. 이 시스템은 브라우어 시스템과 S-4 시스템을 포함한다. 따라서 이 시스템은 M 시스템의 공리에 (3)과 (4)를 덧붙임으로써 형성된다.

이렇게 해서 서로 다른 네 가지 양상 시스템이 나오게 된다. 여기서 의문이 생긴다. 각 시스템의 공리들은 무엇에 대해 말하고 있는 것인가? 또 다른 문제는 다음과 같은 것이다. 우리가 원하는 것은 양상 추론에 대한 일반적 체계화이다. 우리는 어떤 양상 추론이 정당한지, 또 어떤 양상 추론이 부당한지를 딱 부러지게 말해 줄 이론을 원한다. 그러나 우리가 '어떤 양상 추론이 정당한가?'라고 물을 때, 이 네 양상 시스템은 서로 다른 답을 준다. 예를 들어 S-5 시스템 내에서는 □(A∨B)⊃(□A∨◇B)라는 정리가 추론될 수 있다. 하지만 M 시스템에서는 이 명제가 추론되지 않는다. 따라서 '이 명제에 대한 추론이 정당한가?'에 대한 답으로 S-5는 '예'라고 대답하지만 M은 '아니오'라고 대답하는 것이다. 왜 한 사실(양상 개념을 둘러싼 사실)에 대해 서로 다른 여러 이론이 나오는가?

이에 대한 답은 크립키와 그 밖의 논리학자들이 양상 논리 의미론을 제시하면서 나왔는데, 기본적인 착상은 라이프니츠의 '가능 세계' 개념을 양상 의미론에 도입하는 것이다. 이제 이 답이 어떻게 나오게 되었는지 살펴보자.

의미론을 제공한다는 것은 각 문장이 무엇을 의미하는지를 설명해 줄 모델을 제공한다는 것이다. 크립키가 이러한 모델을 제공했는데, 그 모델은 다음의 세 가지로 구성된다.

(1) 문장들이 놓이는 가능 세계들, W.
(2) 가능 세계들 사이에 성립하는 접근 가능성 관계, R.
(3) 문장들에게 할당될 진릿값, 참 혹은 거짓.

(1)이 말하는 것처럼, 각 가능 세계 안에는 문장들(예를 들어, A, B, (A∨B), □A 등)이 놓인다고 가정된다. (2)가 말하는 것은 가능 세계들 사이에 성립하는 접근 가능성 관계인데, 직관적으로 볼 때 우리는 이 관계를 '보다' 라는 관계로 이해하면 된다. 따라서 가능 세계 W가 가능 세계 W′에 접근할 수 있다는 것은 W에서 W′를 볼 수 있다는 것이다. 각 가능 세계에는 문장들이 놓여 있으므로, 만약 W가 W′에 접근할 수 있으면, W에서 W′ 안에 있는 문장을 볼 수 있으며, 따라서 그 문장이 참인지 거짓인지 알 수 있는 것이다.

이제 다음과 같은 네 가지 규칙을 따라 우리는 어떤 세계에 놓여 있는 문장(복합 문장)의 진릿값을 결정할 수 있다.

(a) W 안에 있는 복합 문장 −A는 다음과 같은 경우 참이다. 즉 W에서 A가 거짓일 때.
(b) W 안에 있는 복합 문장 (A∨B)는 다음과 같은 경우 참이다. 즉 W에서 A가 참이거나 B가 참이거나, 아니면 둘 다 참일 때.
(c) W 안에 있는 복합 문장 ◇A는 다음과 같은 경우 참이다. 즉 적어도 한 가능 세계 W′에 대해, W가 W′에 접근할 수 있고, 또 W′ 안에서 A가 참일 때.
(d) W 안에 있는 복합 문장 □A는 다음과 같은 경우 참이다. 즉 모든 가능 세계 W′에 대해, W가 W′에 접근 가능하고, 또 W′ 안에서 A가 참일 때.

이 네 가지 규칙에 따라 M 시스템을 발생시키는 다음과 같은 두 번째 공리를 해석해 보자.

(1) □A⊃A

(A⊃B)는 정의에 의해 (~A∨B)이다. 따라서 우리는 규칙 (a), (b)를 따르면 되고, 또 □A의 경우에는 규칙 (d)를 따르면 된다. 이제 이 문장이 놓여 있는 가능 세계 하나를 취해 그것을 W라고 부르자. 이제 우리의 관심은 어떤 해석하에서 (1)이 참이 되는가이다. 조건문은 전건이 참이고 후건이 거짓인 경우에만 거짓이 되므로, 전건 □A가 참이고 후건 A가 거짓인 경우에만 (1)은 거짓이고 그 외의 경우에는 모두 참이다. 우선 (1)을 참으로 만들어줄 해석 하나를 보자. □A가 거짓이면 전체 조건문이 참이 되므로, □A가 거짓인 경우를 살펴보면 우리는 (1)을 참이 되게 해줄 해석 하나를 얻게 될 것이다. 앞의 규칙에 따라 □A가 거짓이기 위해서는, W가 접근할 수 있는 적어도 한 가능 세계에서 A가 거짓이면 된다. 그 한 가능 세계를 W′라고 할 때, 만약 W′에서의 A에 우리가 거짓 값을 할당하면, W에서의 □A⊃A는 참이 된다. 이것이 W에서의 (1)에 참 값을 할당하는 한 가지 해석이 된다.

그러나 우리가 다른 해석을 주면 W 안의 □A⊃A는 거짓이 된다. 다음과 같은 해석을 살펴보자. W에서의 A에 대해서는 거짓 값을 할당하지만, W가 접근할 수 있는 모든 가능 세계에서의 A에게는 참 값을 할당하는 해석. 이렇게 하면 W에서 □A는 참이지만 A는 거짓이 되므로, 전체 조건문 □A⊃A는 W에서 거짓이 된다.

이렇게 볼 때, W에서의 □A⊃A는 해석에 상대적으로 참이거나 거짓이다. 어떤 해석은 W 안의 □A⊃A에 참 값을 할당하지만, 어떤 해석은 거짓 값을 할당한다. 이렇게 해서 우리는 양상 논리 의미론에서의 '해석하에서의 참'

이라는 개념을 정의할 수 있다. 해석은 각 가능 세계 내의 문장들에 참 값 혹은 거짓 값을 할당한다. 그리고 앞에서의 규칙에 따라, 해석은 W 안의 복합 문장(위의 예에서는 □A⊃A)에 참 값 혹은 거짓 값을 할당한다. 해석이 W에서의 복합 문장에 참 값을 할당할 경우, 우리는 그 문장이 '해석하에서 참 값을 얻었다'고 말한다.

이제 양상 논리 의미론에서의 타당성을 정의하자. 임의의 가능 세계 W의 문장은 모든 해석하에서 참일 경우(무조건적으로 참일 경우)에 타당하다. 다시 말해 임의의 가능 세계 W에 있는 복합 문장은, 그 세계가 접근할 수 있는 가능 세계들 내에 있는 원자 문장들에게 그 어떤 진릿값을 할당하더라도 참이 될 경우에 타당하다. 따라서 우리가 위에서 본 문장 □A⊃A는 타당한 문장이 아니다. 왜냐하면 우리가 W에서 A에 거짓 값을 할당하고, 또 그 세계에서 □A에 참 값을 할당하면, 전체 복합 문장 □A⊃A는 거짓이 되기 때문이다. 이러한 해석이 있는 이상, 이 문장은 타당하지 않다. 그러나 W에 있는 어떤 문장은 모든 해석하에서 참일 것이다.(이런 문장을 뒤에서 곧 보게 될 것이다.) 그런데 우리는 W를 무작위적으로 선택했다. W가 무작위적으로 선택된 이상, W는 모든 가능 세계를 대표하게 될 것이다. 따라서 W 안의 어떤 문장이 모든 해석하에서(무조건적으로) 참이라면, 그 문장은 모든 가능 세계에서, 모든 해석하에서(무조건적으로) 참이 될 것이다. 그래서 이제 우리는 양상 논리학에서의 타당한 문장을 다음과 같이 정의한다. 한 문장은 다음과 같은 경우 타당하다. 즉 그 문장이 모든 해석하에서(무조건적으로), 모든 가능 세계에서 참일 때.

이제 크립키의 모델에 근거해 각 양상 시스템의 모델들을 살펴보자. 우선 M 시스템의 모델부터 살펴보자. M 모델에서의 접근 가능성 관계는 재귀적인 것으로 정의된다. 시스템 M을 발생시키는 다음과 같은 공리를 통해, 왜 M 모델에서의 접근 가능성 관계가 재귀적이어야 하는지를 살펴보자.

(1) □A⊃A

우리는 (1)이 M 시스템에서 타당한 문장이 되기를 원한다. 다시 말해 (1)이 모든 해석하에서(무조건적으로), 모든 가능 세계에서 참이 되기를 원한다. 이제 아무 가능 세계 하나를 취해 그것을 W라고 하자. 우리는 (1)이 W에서 무조건 참이기를 원한다. W는 무작위적으로 선택된 세계이므로, 만약 (1)이 W에서 무조건적으로 참이 된다면, 그것은 모든 가능 세계에서 참이 되며 따라서 타당한 문장이 될 것이다. 이제 어떻게 하면 W에서 (1)이 무조건 참이 될지를 살펴보자. 그 전략은 다음과 같다. W에서 (1)이 거짓이 될 가능성을 제거하는 것. 우선 W에서 (1)이 거짓이 될 경우를 살펴보자. 조건문이 거짓이 될 경우는 전건이 참이고 후건이 거짓인 경우이다. 따라서 (1)이 거짓이 될 경우는 W에서 □A는 참이지만 A는 거짓인 경우이다. 앞에서 언급한 규칙에 따르면, W에서 □A가 참이려면 W가 접근할 수 있는(볼 수 있는) 모든 가능 세계에서 A가 참이어야 한다. 따라서 W에서 (1)이 거짓이려면, A가 W에서는 거짓이지만 W가 접근할 수 있는 모든 가능 세계에서는 참이어야 한다. 만약 이런 가능성이 제거된다면, 즉 A가 W에서는 거짓이지만 W가 접근할 수 있는(볼 수 있는) 모든 가능 세계에서는 참이 될 가능성이 제거된다면, (1)은 W에서 무조건 참이 될 것이다. 이 가능성을 제거하기 위해 접근 가능성 관계를 재귀적이게끔 제한하자. 이렇게 한다면 M 모델의 가능 세계들은 자기 자신에 접근할(자기 자신을 볼) 수 있다. 이제 M 모델에서의 접근 가능성 관계를 재귀적이게끔 제한하면 (1)은 W에서 무조건 참이다. 왜 그런가? W에서 □A가 참이라는 말은 W가 접근할 수 있는 모든 가능 세계에서 A가 참이라는 말이다. 그런데 접근 가능성 관계가 재귀적이므로 W는 자기 자신에 접근할(자기 자신을 볼) 수 있다. 그렇다면 W에서 □A가 참이면, 거기서는 A도 반드시 참이어야 한다. 이렇게 접근 가능성 관계를 재귀적이게끔 제한하

면 우리는 W에서 (1)이 거짓이 될 가능성을 제거하게 되는 것이다. 따라서
접근 가능성 관계가 재귀적이면 (1)은 W에서 무조건 참이 된다. 이제 우리가
W를 무작위적으로 선택했으므로 W는 어떤 특정한 세계가 아니다. 따라서
(1)은 어떤 세계에서도 무조건 참이 될 것이다. 즉 (1)은 모든 해석하에서(무
조건적으로), 모든 가능 세계에서 참인 타당한 문장이다.

다음으로 브라우어 모델에서의 접근 가능성 관계는 재귀적인 동시에 대칭
적인 것으로 정의된다. 접근 가능성 관계가 재귀적인 이유는 브라우어 시스
템이 M 시스템을 포함하기 때문이다. 이제 브라우어 시스템을 발생시키는
다음과 같은 공리를 살펴보면서, 왜 브라우어 시스템 모델에서의 접근 가능
성 관계가 대칭적이어야 하는지를 살펴보자.

(2) A⊃□◇A

우리는 (2)가 브라우어 시스템에서 타당한 문장이 되기를 원한다. 다시 말
해 (2)가 모든 해석하에서(무조건적으로), 모든 가능세계에서 참이 되기를 원
한다. 이제 아무 가능 세계 하나를 취해 그것을 W_1이라고 하자. 그리고 W_1
이 접근할 수 있는 아무 가능 세계 하나를 취해 그것을 W_2라고 하자. 이제
W_1에서 (2)가 거짓이 될 경우를 살펴보자. W_1에서 (2)는 전건이 참이고 후건
이 거짓일 경우, 즉 A가 참이고 □◇A가 거짓일 경우에만 거짓이 된다. W_1
에서 □◇A가 거짓일 경우는, '□'의 정의에 따라 W_1이 접근할 수 있는 적어
도 한 가능 세계(W_2라고 하자.)에서 ◇A가 거짓일 경우이다. 이렇게 볼 때 (2)
가 거짓이 될 경우는 오직 다음과 같은 경우뿐이다. W_1에서 A는 참이고, 또
W_1이 접근할 수 있는 어떤 세계 W_2에서 ◇A가 거짓일 경우. 따라서 우리가
(2)를 W_1에서 무조건 참이게 만들고자 한다면, W_1에서 A는 참이지만, W_1이
접근할 수 있는 어떤 세계 W_2에서는 ◇A가 거짓인 경우를 제거하면 된다.

이런 경우를 제거하기 위해 접근 가능성 관계를 대칭적이게끔 제한하자. 접근 가능성 관계의 대칭성은 다음과 같이 정의된다. 어떤 가능 세계 W_1과 W_2에 대해 W_1이 W_2에 접근할 수 있다면, W_2도 W_1에 접근할 수 있다. 브라우어 모델의 접근 가능성 관계를 대칭적이게끔 제한하면 (2)는 W_1에서 무조건 참이다. 왜 그런가? (2)가 거짓일 경우를 다시 보자. 앞에서 보았듯이 W_1에서 A가 참이지만 W_2에서 ◇A가 거짓이면 (2)는 W_1에서 거짓이다. 그런데 브라우어 모델에서 접근 가능성 관계는 대칭적이다. 즉 W_1이 W_2를 볼 수 있다면 W_2도 W_1을 볼 수 있다. 그런데 W_1에서 A는 참이다. 그렇다면 W_2에서 ◇A는 무조건 참이다. 왜냐하면 W_2는 W_1을 볼 수 있으므로, W_1에서 A가 참이라면 W_2에서 ◇A도 반드시 참이어야 하기 때문이다(규칙 (c)에 의해). 따라서 우리가 접근 가능성 관계를 대칭적으로 만들게 되면 (2)는 W_1에서 무조건 참이 된다. 그리고 우리가 W_1을 무작위적으로 선택했으므로, (2)는 모든 해석하에서(무조건적으로), 모든 가능 세계에서 참인 문장이 되며, 따라서 타당한 문장이 되는 것이다.

다음으로 S-4 모델에서의 접근 가능성 관계는 재귀적인 동시에 추이적인 것으로 정의된다. 접근 가능성 관계가 재귀적인 이유는 S-4 시스템이 M 시스템을 포함하기 때문이다. 이제 S-4 시스템을 발생시키는 다음과 같은 공리를 살펴보면서, 왜 S-4 시스템 모델에서의 접근 가능성 관계가 추이적이어야 하는지를 살펴보자.

(3) □A⊃□□A

우리는 (3)이 S-4 시스템에서 타당한 문장이기를 원한다. 다시 말해 (3)이 모든 해석하에서(무조건적으로), 모든 가능 세계에서 참이 되기를 원한다. 이제 아무 가능 세계 하나를 취해 그것을 W_1이라고 하자. 그리고 W_1이 접근할 수 있는 가능 세계 하나를 취해 그것을 W_2라고 하자. 그리고 W_2가 접근할 수 있는 가능 세계 하나를 취해 그것을 W_3이라고 하자. 우리는 (3)이 W_1에서 무조건 참이 되기를 원한다. W_1은 무작위적으로 선택된 세계이므로 만약 (3) 이 W_1에서 무조건 참이 된다면, 그것은 모든 가능 세계에서 무조건 참이 되며 따라서 타당한 문장이 될 것이다. 이렇게 하기 위해 우리는 W_1에서 (3)이 거짓이 될 경우를 제거해야 한다. 우선 $W1$에서 (3)이 거짓이 될 경우를 살펴보자. 그것은 (3)의 전건은 참이지만 후건은 거짓인 경우이다. 따라서 W_1에서 (3)이 거짓이 될 경우는 □A는 참이지만 □□A는 거짓인 경우이다. 이제 이런 경우를 제거해 보자.

  W_1에서 □□A가 거짓이 될 경우는 W_1이 접근할 수 있는 적어도 한 가능 세계(W_2라 하자.)에서 □A가 거짓인 경우이다. 이제 W_2에서 □A가 거짓인 경우를 보자. W_2에서 □A가 거짓인 경우는 W_2가 접근할 수 있는 적어도 한 가능 세계(W_3이라고 하자.)에서 A가 거짓인 경우이다. 따라서 W_1에서 □□A가 거짓이 되려면 W_3에서 A가 거짓이어야 한다. 이러한 경우를 제거하기 위해 접근 가능성 관계를 추이적이게끔 제한하자. 접근 가능성 관계의 추이성은 다음과 같이 정의된다. 어떤 가능 세계 W_1, W_2, W_3에 대해 만약 W_1이 W_2에 접근 가능하고, 또 W_2가 W_3에 접근 가능하면, W_1은 W_3에 접근 가능하다. 접근 가능성 관계를 추이적이게끔 제한하면 어떤 일이 일어나는지 살펴보자. 위에서 말했듯이, (3)이 W_1에서 거짓일 경우는 □A가 참이고, □□A가 거짓인 경우이다. 그리고 W_1에서 □□A가 거짓일 경우는 W_1이 접근할 수 있는 적어도 한 가능 세계 W_2에서 □A가 거짓인 경우이다. 그리고 W_2에서 □A가 거짓인 경우는 W_2가 접근할 수 있는 적어도 한 가능 세계 W_3에서 A 가 거짓인 경우이다. 그런데 우리가 접근 가능성 관계를 추이적이게끔 만들면, W_1은 W_3에 접근할 수 있게 된다. 그런데 W_1이 W_3에 접근할 수 있다면, W_3에서 A가 거짓인 한 W_1에서 □A는 참이 될 수 없다. 왜냐하면 W_1에서 □

A가 참이 되려면 W_1이 접근할 수 있는 모든 가능 세계에서 A가 참이어야 하기 때문이다. 따라서 W_1에서 □A가 참이려면 W_1이 접근할 수 있는 W_3에서 A는 무조건 참이어야 하고, W_3에서 A가 무조건 참인 이상 W_2에서의 □A도 무조건 참이어야 하며, 따라서 W_1에서의 □□A도 무조건 참이어야 한다. 이처럼 접근 가능성 관계를 추이적이게끔 제한하면 우리는 W_1에서의 (3)이 거짓이 될 가능성을 제거하게 되는 것이다. 따라서 접근 가능성 관계가 추이적이면 (3)은 W_1에서 무조건 참이 되며, 우리가 W_1을 무작위적으로 선택했으므로, (3)은 모든 해석하에서(무조건적으로), 모든 가능 세계에서 참인 명제, 즉 타당한 명제가 되는 것이다.

마지막으로 S-5 시스템은 브라우어 시스템과 S-4 시스템을 포함하므로, S-5 모델에서의 접근 가능성 관계가 왜 재귀적이며 대칭적이며 추이적이어야 하는지 아는 것은 어려운 일이 아닐 것이다.

이렇게 해서 크립키는 각 양상 시스템을 발생시키는 공리들의 타당성을 각 모델에 근거해 보여줄 수 있었다. 이제 이러한 작업의 의미에 대해 간단히 살펴보자. 우선 크립키의 작업은 각 양상 시스템이 무엇에 대해 말하고 있는지를 보여주고 있다. 각 양상 시스템 내의 문장들이 지시하고 있는 것은 접근 가능성 관계로 맺어진 각 가능 세계 내에서의 진릿값들이다. 문장들이 진릿값을 지시하긴 하되, 그 진릿값은 접근 가능성 관계로 맺어진 각 가능 세계 내의 요소 문장들의 진릿값에 의해 결정되는 것이다. 결국 각 시스템은 가능 세계, 가능 세계들 간의 관계, 그리고 그 세계들에서의 진릿값에 대해 말하고 있는 것이다. 따라서 우리가 앞에서 한 다음 물음에 대한 답이 나온다. 각 양상 시스템의 문장들은 무엇에 대해 말하고 있는가? 그것들은 가능 세계, 가능 세계들 간의 접근 가능성, 그리고 그 세계에서의 진릿값에 대해 말하고 있는 것이다.

가능 세계, 접근 가능성, 진릿값으로 구성된 모델을 제시함으로써 크립키는 또 다른 문제를 해결하고 있다. 왜 양상 시스템은 하나가 아니고 여럿인가? 답은 이렇다. 각 양상 시스템들은 양상 개념에 대한 특정 관점을 보여주고 있는 것이다. M 시스템은 접근 가능성 관계가 재귀적일 경우의 양상을, 브라우어 시스템은 접근 가능성 관계가 재귀적/대칭적일 때의 양상을, S-4 시스템은 접근 가능성 관계가 재귀적/추이적일 때의 양상을, S-5 시스템은 접근 가능성 관계가 재귀적/대칭적/추이적일 때의 양상을 각각의 관점에서 표현하고 있는 것이다. 양상 개념은 하나이다. 다만 접근 가능성 관계를 어떻게 제한하느냐에 따라 네 가지 양상 시스템이 나타났을 뿐이다.(Loux (1979), 「서론」 참조)

6

인과성

M

metaphysics

전통형이상학자들은 인과성causation을 양상 개념으로 이해했다. 그들은 원인이 결과를 필연적으로 낳는다necessitate고 주장했다. 흄은 이러한 생각을 공격했다. 개념들에 대한 경험론적 이론에 의거해 흄은 다음과 같이 주장했다. 만약 인과성이라는 개념이 필연적 연결necessary connection이라는 개념을 포함한다면, 여기서 필연성이라는 것은 각 인과적 연쇄particular causal sequence가 드러내어서 우리가 경험적으로 확인할 수 있는 것일 텐데, 실은 그렇지 않다. 그는 다음과 같이 주장한다. 인과성은 단지 변함없는 [사건들의] 결합constant conjunction, 혹은 [사건들의] 규칙적인 연쇄regularity of succession 일 뿐이다. 전통적 견해를 취하는 사람들은 여러 방식으로 흄의 주장에 답한다. 어떤 이(칸트와 같은 철학자)는 흄의 경험론을 거부한다. 그러고는 다음과 같이 주장한다. 인과성은 선험적apriori 개념이다. 다른 사람들은 다음과 같이 주장한다. 흄의 논변은 단지 인과성이라는 것이 관찰적 개념observational notion이 아니라는 것만을 보여준다. 그러고는 그들은 다음과 같이 주장한다. 인과성이라는 것은 이론적 개념이다. 또 다른 이들은 다음과 같이 주장한다. 인과 관계라는 것은 직접적으로 관찰될 수 있는 것이다. 그러나 철학자들이 취하는 더욱 전형적인 태도는 다음과 같은 흄의 주장을 받아들이는 것이다. 즉 우리는 인과성에 대한 비양상적 설명을 제공할 수 있다. 근래의 형이상학자들 중에 어떤 이(매키J. L. Mackie와 같은 철학자)는 규칙성 분석 regularity analysis이 그러한 비양상적 설명을 제공한다고 믿고 있다. 반면 다른 이들은 루이스를 따라, 인과성에 관한 반사실적 분석을 옹호한다.

인과성에 대한 흄의 설명

우리가 세계에 대해 생각할 때, 인과성이라는 개념만큼 핵심적인 개념도 아마 없을 것이다. 우리는 인과 현상에서 핵심적 역할을 수행하는 것을 사건 들이라 간주하는데, 사실 인과성이라는 것을 사건들 사이의 어떤 관계로 보고 있다. 우리는 이렇게 말한다. 한 사건이 다른 사건의 원인이 된다cause. 이 경우 앞의 사건이 원인이고, 뒤의 사건이 결과이다.[1] 우리는 다음과 같이 생각한다. 이러한 관계는 일종의 접착제로서, 우리 세계를 묶어내는 것이다. 이것에 의해 묶이지 않았다면 서로 떨어지고 독립적이었을 현상들을 결합하면서 말이다. 또 우리는 다음과 같이 생각한다. 이러한 관계는 일종의 엔진 으로서 우리 세계를 굴러가게 한다. 인과 관계가 없다면, 이 세계의 역사를 이루는 변화들, 과정들도 없을 것이다. 또한 우리는 다음과 같이 생각한다. 인과 관계라는 것은 물리적 세계와 관련해서만 이러한 역할을 수행하는 것 이 아니다. 인과성이라는 것은 관계로서, 이 관계는 물리적 세계와 정신적 세계를 연결한다. 야구공을 던짐이 유리창이 깨짐의 원인이 되는 것과 마찬 가지로, 비가 오고 있다는 나의 믿음, 그리고 젖어서는 안 된다는 나의 욕망, 이 둘은 일하러 나가기 전에 우산을 챙겨드는 나의 행위에 대한 인과적 설명 을 제공한다. 그리고 인과성이라는 개념은 세계에 대해 일상적인 생각을 펼 칠 때에도 이러한 역할을 수행하지만, 더욱 전문적인 사유를 할 때에도, 즉 의학이라든지 법학, 혹은 그 밖의 여러 과학의 맥락에서 사유할 때에도 이러 한 역할을 수행한다. 이렇듯이 이 개념이 핵심적이라는 것, 그리고 이 개념이 모든 영역과 관련 있다는 것, 이 두 가지 점 때문에 이 개념은 자연스럽게 형이상학적 분석의 표적이 된다. 그리고 형이상학의 역사 전반에 걸쳐, 이 개념은 실제로 그러한 표적이 되어왔다.

전통 형이상학자들은 인과성에 대한 서로 다른 여러 설명을 제공한다. 그러나 전통 형이상학자들의 설명에서 계속 반복되는 주제가 하나 있는데, 그것은 다음과 같은 것이다. 즉 한 사건을 한 원인으로 만들어주는 것은 어떤 특별한 힘power/force 혹은 에너지라는 것이다. 그러한 힘, 에너지로 인해 한 사건(원인)은 다른 사건(결과)을 낳는 것이다. 그리고 이는 필연적으로 그러한 것이다. 따라서 원인과 결과 사이의 연관성은 양상적인 연관성인 것이다. 원인은 결과를 필연적으로 낳는다. 원인은 결과가 일어나게 한다. 원인이 발생하면, 결과가 되는 사건은 반드시 발생한다. 다시 말해 발생하지 않을 수 없는 것이다.[2]

그래서 전통 형이상학자들은 원인과 결과에 대해 다음과 같이 말한다. 즉 원인과 결과는 양상적 관계에 의해 함께 묶여 있다. 원인과 결과는 일종의 필연적 연관 관계에 의해 묶여 있다. 그렇다면 인과 관계라는 것은 어디서든 볼 수 있는 것이므로, 인과성에 관한 이러한 전통적 설명은 다음과 같은 그림 하나를 보여주고 있는 것이다. 이 세계는 양상[필연성]으로 꽉 채워져 있는 것이다. 양상 개념에 회의적인 철학자에게 이러한 전통적 설명은 당연히 문제가 있는 것처럼 보일 것이다. 앞 장에서 언급했듯이 흄은 이 세계가 정말로 양상적 특징을 가진다는 생각에 대해 깊이 회의한 철학자다. 그래서 그가 인과성에 관한 전통적 설명을 공격한 주요 인물이었다는 점은 놀라운 일이 아니다.[3]

필연적 연관이라는 관념에 흄이 공격을 가할 때, 그 공격의 핵심은 관념에 대한 특정 주장과 연계되어 있다. 그 주장은 다음과 같다. 즉 모든 관념은 경험에 그 뿌리를 두고 있다. 흄은 경험 중에서 즉각적으로 주어진 것을 인상

impression이라고 부른다. 그에 따르면 두 종류의 인상이 있는데, 우선 감각 인상impression of sensation이 있다. 감각 인상이라는 것은 외부 세계를 구성하는 대상들에게 우리가 관심을 집중할 때, 즉 우리가 관심을 밖으로 향하게 할 때 얻어진다. 다음으로 반성적 인상impression of reflection이 있다. 반성적 인상이라는 것은 의식 내의 자기 관찰적 데이터들에 우리가 관심을 집중할 때, 즉 우리가 관심을 안으로 향하게 할 때 얻어진다. 그래서 흄은 다음과 같이 생각한다. 우리의 모든 관념은 감각 인상과 반성적 인상에 뿌리를 두고 있다. 그는 다음과 같이 생각한다. 우리의 모든 관념은 이 두 종류의 인상을 복사한 복사물이거나, 아니면 복사물로서의 여러 관념이 결합해 만들어진 것이다.

흄은 전통 형이상학자들의 주장들이 모호하다고 생각한다. 그에 따르면 전통 형이상학자들의 주장 중 많은 것이 불분명하거나 아니면 이해될 수 없는 것들이다. 여기서 흄이 지적하는 문제는 다음과 같은 점이다. 즉 전통 형이상학자들은 구분된 그 어떤 경험적 내용도 없는 언어를 사용한다는 것. 그리고 흄에 따르면, 그 사실의 가장 전형적인 예가 바로 인과성에 관한 전통 형이상학의 담론이라는 것이다. 여기서 핵심적 주장은 우리가 앞에서 얘기한 것이다. 즉 원인은 어떤 특별한 힘 혹은 에너지를 내뿜는다. 그리고 그 때문에 원인의 발생은 필연적으로 결과의 발생을 낳는다. 당연히 흄은 이러한 주장을 거부한다. 그리고 그는 다음과 같이 말함으로써 자신의 거부감을 정식화한다. 전통 형이상학자들이 사용하는 언어적 표현, 즉 '필연적 연관'이라는 언어적 표현에 대응하는 그 어떤 관념도 없다. 우리가 그러한 관념을 찾게 된다면, 이 관념의 경험적 근거를 추적할 수 있을 것이다. 다시 말해 이러한 관념은 대응하는 감각 인상 혹은 대응하는 반성적 인상이 있는 관념일 것이다. 그래서 인과성에 대한 전통적 설명이 갖는 이해 가능성 자체를 부정하기 위해 흄은 다음과 같이 제안한다. 우리가 감각을 할 때나 내적 반성을 할 때 접하게 되는 인과성의 개별적 사례들을 검토해 보자. 이렇게 해서 그는 다음과 같이 논한다. 이러한 사례들을 검토해 봤을 때, 거기에는 그 어떤 양상적 특징도 드러나지 않는다. 거기에는 그 어떤 힘도 없다. 거기에는 그 어떤 에너지도 없다. 거기에는 그 어떤 필연적 연관도 없다.

흄은 감각부터 시작한다. 우리가 상호작용하는 물체들을 접하는 경우 말이다. 그가 염두에 두는 사례는 우리에게 매우 친숙한 사례이다. 즉 첫 번째 당구공이 두 번째 당구공을 때려 그것을 움직이도록 하는 경우. 그는 다음과 같이 주장한다. 이러한 상호작용의 사례 하나만 검토해 본다면 우리는 다음과 같은 것을 발견하게 된다. 즉 여기에는 시간적 관계temporal relation를 드러내는 두 사건이 있다. 우선 우리가 원인이라고 부르는 사건이 있다. 즉 첫 번째 공이 두 번째 공을 때림이라는 사건 말이다. 다음으로 우리가 결과라고 부르는 사건이 뒤따른다. 즉 두 번째 공이 움직임이라는 사건 말이다. 그래서 우리는 사건들 사이의 시간적 연쇄temporal succession를 관찰한다. 또한 우리는 다음과 같은 것을 관찰한다. 즉 첫 번째 공이 두 번째 공을 때릴 때, 이 두 공은 서로 접촉한다. 그래서 우리는 흄이 시간적 연쇄에 대한 인상이라고 부르는 것, 그리고 그가 공간적 근접성spatial contiguity에 대한 인상이라고 부르는 것, 이 둘을 갖게 된다. 여기서 흄은 다음과 같은 점을 강조한다. 위와 같은 상호작용을 검토할 때 우리가 경험하는 유일한 관계란 위의 두 가지 것[시간적 연쇄와 공간적 근접성] 외에는 아무것도 없다. 특히 우리는 전통 형이상학자들이 말하는 힘, 에너지 혹은 필연적으로 일으킴necessitation과 같은 것에 대응하는 그 어떠한 것도 관찰하지 못한다. 우리는 공간상의 매우 협소한 영역 내에서 한 사건 다음에 다른 사건이 뒤따르는 것을 본다. 그리고 이것이 우리가 보는 전부이다. 우리가 첫 번째 사건 안에서 어떤 특별한 인과적 힘에 대한 감각 인상을 가진다고 해보자. 그렇다면 우리가 이러한 종류의 [인과] 연쇄를 처음 접했을 때도, 우리는 이 [인과] 연쇄의 첫 번째 사건에 대한 경험으로 정확히 어떤 사건이 뒤따를지를 추론해 낼 수 있을 것이다. 그러나 우리가 처음 접하는 [인과] 연쇄를 관찰하는 것만으로는 이러한 것을 알 수 없다. 흄은 이렇게 말한다. 이것은 우연적인 일이 아니다. 위의 예에서 보듯이 분리되고 구분된 것들[사건들]이 두 개 있을 때, 이것들은 완전히 독립적이다. 한 사건으로 다른 사건을 추론할 보증서가 없는 것이다. 흄은 다음과 같이 주장하길 원한다. 사건들이 구분되고 분리되어 있음은 바로 여기[추론이 되지 않음]에 근거하는 것이다.

감각이 만약 어떤 사건을 필연적으로 낳는 인과적 힘에 대한 인상을 제공하지 않는다면, 내성(자기 관찰)은 그런 인상을 제공할 수 있지 않을까? 여기서 우리는 의지volition라는 현상을 만나게 된다. 이 현상에 주목해 보자. 그렇다면 어떤 이가 전통 형이상학자들이 말하는 어떤 힘, 어떤 에너지를 인지하는 경우가 주어진다. 나는 내 의자에 앉아 졸고 있다. 그러나 나는 설거지를 해야 한다는 것을 기억한다. 따라서 나는 어서 일어나 부엌으로 가야겠다고 결심한다. 그러나 나는 졸리다. 일어나기가 힘들다. 따라서 나는 나의 의도적 행위intended action에 초점을 맞춘다. 나는 나의 의지를 발동한다. 그리고 나의 몸은 이에 반응한다. 이 경우 나는 어떤 사건을 필연적으로 발생시키는 인과적 힘 혹은 인과적 효력efficacy을 직접 목격하고 있는 것이 아닌가?

흄은 그렇게 생각하지 않는다. 그는 다음과 같이 말한다. 위 경우와 같은 상호작용 안에서 우리가 경험할 수 있는 것은 심적 사건 다음에 물리적 사건이 따라 나온다는 것뿐이다. 이것 외에는 아무것도 없다. 그리고 내가 이 두 사건 사이의 연결 관계에 대한 지식을 갖고자 한다면, 먼저 심적인 것과 물리적인 것이 어떻게 상호작용하는지를 이해해야 한다. 그러나 여기서 흄은 다음과 같은 점을 상기시킨다. 정신과 물체의 관계는 완전히 베일에 가린 것이며, 그 어떤 철학자도 이 베일을 열어 본 적이 없다. 그는 다음과 같이 말한다. 더욱이, 만약 내가 나의 의지 행위, 내 몸이 의자에서 일어나는 것, 이 둘 사이의 필연적 연결을 직접적으로 파악한다면, 나는 의지에서 몸의 운동으로 이어지는 사건들 계열 내의 모든 매개적 요소를 바로 알 수 있을 것이다. 그러나 최고로 예리한 생리학자일지라도 그 모든 매개적 요소가 어떤 것인지 알지 못한다. 이 점과 관련해 더 중요한 것이 있다. 의지에 관한 일인칭적 현상학의 관점에서 볼 때, 우리 중 그 누구도 의지 행위와 몸의 반응 사이에 놓이는 매개적 사건들에 대해 파악하지 못한다. 우리가 관찰하는 것은 단지 사건들의 연쇄뿐이다. 따라서 내성(자기 관찰)의 경우는 당구공의 경우보다도 못하다. 당구공의 경우에는 시간적 연쇄, 공간적 인접성이 있다. 그러나 우리는 심적 사건들이 공간적 위치를 갖는 것으로 파악하고 있지 않으므로, 의지의 경우에는 단지 원인과 결과 사이의 시간적 연쇄만이 경험된다. 그리고 이 두 경우 모두에서 우리는 그 어떤 종류의 에너지에 대한 인상도, 그 어떤 종류의 힘에 대한 인상도, 그 어떤 종류의 필연적 연결에 대한 인상도 갖지 않는다. 그런데 모든 관념은 경험적 인상으로부터 오는 것이다. 따라서 우리는 다음과 같은 결론에 이르게 되는 것 같다. 즉 우리는 원인과 결과 사이의 필연적 연결에 관한 그 어떤 분명한 관념도, 그 어떤 일관적인 관념도 갖고 있지 않다. 그리고 이것이 말해 주는 바는 다음과 같은 것이다. 즉 인과적 힘 등에 대한 전통 형이상학자들의 주장은 매우 혼동되어 있는 것이거나 아니면 아예 의미 없는 것이다.

그러나 전통 형이상학자들과 관련해서는 사정이 그렇다 하더라도, 인과성에 대한 우리의 관념이 단지 시간적 계기에 대한 관념, 공간적 근접성에 대한 관념만을 포함하고 있다는 주장은 문제가 있어 보인다. 분명, 원인과 결과로 묶여 있지 않아도 사건들은 이러한 관계[시간적 연쇄, 공간적 근접성]에 놓일 수 있다.* 흄은 이에 동의한다. 그는 인과성에는 이것 이상의 무엇이 있

---

* 다음과 같은 예가 그것이다. 까마귀가 배나무 옆에서 날자마자 배가 떨어졌다.

다고 생각한다. 그리고 그는 다음과 같이 생각한다. 빠져 있는 요소를 발견하려면, 우리는 [사건들 사이의 관계를 더 뚫어져라 보는 것이 아니라 오히려] 관찰 범위를 확대해야 한다. 우리는 인과적 계기에 관한 위의 사례를 넘어서서, 위 사례의 원인과 유사한 사건들을 포함하는 경우들을 살펴보아야 한다. 예를 들어, 우리는 두 당구공의 사례를 넘어서서, 움직이는 한 대상이 크기와 질량이 비슷한 다른 한 대상을 때리는 여러 경우를 살펴보아야 한다. 흄은 다음과 같이 말한다. 각 경우에서 우리가 발견하게 되는 것은 두 번째 대상이 움직이는 것이다. 그래서 우리는 다음과 같은 사실을 발견하게 된다. 즉 우리의 처음 사례의 원인과 비슷한 어떤 사건들, 그리고 우리의 처음 사례의 결과와 비슷한 어떤 사건들, 이 둘은 서로 연계되어 있다. 더욱이 우리는 다음을 관찰한다. 각 경우에서 두 사건은 우리의 처음 사례의 원인과 결과가 연결되는 방식과 똑같은 방식으로 연결되어 있다. 즉 이 사건들은 시간적 연쇄와 공간적 근접성에 의해 연결되어 있는 것이다. 그리고 우리는 시간적으로 선행하는 사건을 원인이라고 부르며, 그 뒤를 잇는 사건을 결과라고 부르는 것이다. 그런데 이 모든 경우를 보자면, 우리의 처음 사례에 없던 무엇이 새로 들어가 있지는 않다. 그렇다면 이 모든 계열이 인과적이게끔 만들어주는 것은 무엇인가?

흄의 대답은 다음과 같다. 개별적으로 봤을 때 이 계열들 중 그 어떤 계열도 인과적이라 불릴 만한 특징을 보이지는 않는다. 그럼에도 이 계열들 모두는 어떤 일반적 유형을 따르고 있다. 서로 비슷한 사건들로 이루어진 두 집합이 있다. 그리고 각 계열에서 한 집합에 속하는 사건은 다른 집합에 속하는 사건과 특정한 시·공간적 관계를 맺는다. 더 정확히 말하면 다음과 같다. 사건들의 집합 K_1, K_2가 있다. 그리고 각 계열에서 K_1에 속하는 사건 다음에는 이 사건과 공간적으로 인접한 K_2에 속하는 사건이 뒤따른다. 우리는 다음과 같이 말할 수 있다. K_1에 속하는 사건이 일어날 때마다, 이 사건과 공간적으로 인접한 K₂에 속하는 사건이 따라 나온다. 그리고 흄에 따르면, 이 것이 인과성과 관련한 모든 것이다. 인과성은 이러한 유형 내에서 작동하는 불변하는 결합일 뿐이다. 따라서 한 사건이 다른 사건의 원인이 된다고 말할 때, 우리는 사건들이 갖는 어떤 특징, 즉 이 두 사건만 따로 고찰될 때 이 사건들이 드러내는 것으로 보이는 어떤 특징에 대해 말하는 것이 아니다. 대신 우리는 이 두 사건이 위에서 언급한 일반적 패턴의 한 사례일 뿐이라고 말하는 것이다.

따라서 인과성에 대한 우리의 관념은 양상 개념을 포함하지 않고 있다. 인과성은 단지 불변하는 결합 혹은 규칙적 연쇄일 뿐이다. 여기서 흄은 다음과 같이 생각한다. 우리가 이러한 사실을 음미해 본다면, 왜 전통 형이상학자들이 인과 관계에 대한 우리의 관념 안에 필연적으로 낳음necessitation이라는 개념을 잘못 포함시키고 있는지를 이해할 수 있다. 경험이 일단 우리에게 어떤 인과 유형을 제공하게 되면, 즉 어떤 종류의 사건들 다음에 그 사건들과 공간적으로 인접한 다른 종류의 사건들이 뒤따라 나오는 인과 유형이 제공되면, 우리는 첫 번째 종류에 속하는 사건의 발생을 관찰하자마자, 두 번째 종류에 속하는 사건을 기대하게 된다. 실제로 이러한 유형에 친숙한 그 누구라도, 첫 번째 종류에 속하는 사건을 단지 생각하는 것만으로도 바로 두 번째 종류에 속하는 사건에 대한 생각으로 넘어가는 것이다. 이 모든 경우에서 정신은 원인으로부터 결과로 넘어가는 것이다. 흄은 이렇게 생각한다. 바로 이 넘어감 때문에 전통 형이상학자들은 힘, 에너지, 필연적으로 낳음 등에 관해 얘기하게 된 것이다. 당연히 전통 형이상학자들은 혼동을 일으키고 있는 것이다. 이들은 인과 계열에 대한 우리의 생각이라는 완전히 주관적인 특성을 인과 계열 그 자체가 갖는 객관적 특성으로 이해하고 있는 것이다. 왜 이들은 이런 실수를 저지르고 있는가? 아주 유명한 구절에서 흄은 이렇게 설명한다.

외부 대상들은 내적 인상을 낳는다. 그리고 외부 대상들이 감각에 나타날 때, 바로 그때마다 내적 인상이 나타난다. 정신은 자기 자신을 외부 대상에 투영해 spread 외부 대상과 내적 인상을 결합하는 아주 고질적인 버릇propensity을 갖고 있다.[4]

우리 인간에게는 현상에 대한 우리의 주관적 반응을 현상 그 자체에 투영하는 경향이 있다. 바로 이 때문에 우리는 원인이 결과를 필연적으로 낳는다고 생각하는 것이다. 원인에 대한 인상 혹은 원인에 대한 관념으로부터 결과에 대한 관념으로 옮겨가는 정신의 버릇/성향은 흥미를 자아낸다. 그러나 어쨌든 이 버릇/성향은 인과 관계가 갖는 우연적인 특징일 뿐이다. 그런데 흄이 이러한 버릇/성향을 인과성 정의의 일부분으로, 혹은 인과성의 여러 정의 중의 일부분으로라도 삼기를 원했다는 것은 의미 깊은 일이다. 흄은 원인 개념의 서로 다른 두 정의를 제공하면서 인과성에 대한 자신의 논의를 정리한다. 첫 번째 것은 그냥 항상적 결합이라는 착상을 포함한다.

우리는 원인을 다음과 같이 정의할 수 있다. 즉 다른 대상에 선행하며 또 인접해 있는 어떤 대상. 그리고 여기서 첫 번째 대상과 유사한 모든 대상은 두 번째 대상과 유사한 모든 대상과 선행 관계, 인접 관계에 놓인다.[5]

그러고 나서 그는 다음과 같이 말한다. 만약 원한다면, 우리는 이 정의를 다음과 같은 정의로 대체할 수 있다.

원인은 다른 대상에 선행하며 또 거기에 인접해 있는 어떤 대상이다. 그리고 그렇게 결합됨으로써 한 대상에 대한 관념은 정신으로 하여금 다른 대상에 대한 관념을 형성하게 한다. 또 그렇게 결합됨으로써 한 대상에 대한 인상은 정신으로 하

여금 다른 대상에 대한 더욱 생생한 관념을 형성하게 한다.[6]

흄의 견해에 대한 대응

그래서 흄의 생각은 다음과 같은 것이다. 두 종류의 사건들 사이의 항상적 결합이라는 어떤 패턴이 있는데, 우리에게 어떤 [개별적] 인과 계열이 있다면 이 인과 계열은 위 패턴의 한 예인 것이다. 그리고 이 패턴은 정신으로 하여금 한 사건에 대한 경험 혹은 한 사건에 대한 관념으로부터 다른 사건에 대한 관념으로 나아가게 한다. 이렇게 본다면, 인과성은 완전히 비양상적인 개념인 것이다. 이에 반대하는 사람들은 흄의 분석에 대해 여러 가지 반대 의견을 제기해 왔다. 한 가지 의견은 다음과 같은 것이다. 즉 흄의 설명은 너무 광범위하다. 그래서 이 비판자들은 다음과 같은 점을 지적한다. 즉 어떤 종류의 사건들로부터 다른 종류의 사건들이 규칙적으로 따라 나오기는 하지만, 이러한 패턴이 인과적이지는 않은 경우가 있다. 리드Thomas Reid는 이러한 패턴의 예로서 밤-낮 계열을 든다.[7] 낮이 끝나면 언제나 변함없이 밤이 찾아온다. 그렇다고 하더라도 우리는 낮이 밤의 원인이 된다고 말하지는 않는다. 그 이유는 밤이 낮의 원인이 된다고도 말할 수 있기 때문이다. 그러나 이러한 주장은 다음과 같은 결과를 불러온다. 즉 한 사건이 다른 사건의 원인인 동시에 결과이다. 그런데 우리는 원인과 결과가 비대칭적으로 연결되어 있다고 믿는다. 즉 우리는 다음과 같이 믿는 것이다. 한 사건 c가 다른 사건 e의 원인이라면, 사건 e는 사건 c의 원인이 아닌 것이다. 유잉A. C. Ewing이 또 다른 예를 들고 있는데,[8] 그것은 다음과 같다. 런던에 있는 한 공장에서 아침 8시마다 경적이 울린다. 그러면 맨체스터에 있는 다른 공장의 노동자들이 바로 공장에 들어가 일을 하기 시작한다. 경적은 물론 런던 공장의 작업 시작을 알리기 위해 울린 것이지 맨체스터 공장의 작업 시작을 알리기 위해 울린 것은 아니다. 여기서 유잉은 다음과 같이 논한다. 규칙성 분석이 옳다면, 우리는 다음과 같이 말해야 한다. 런던에서 경적이 울린 것은 노동자들로 하여금 런던 공장에 들어가게 한 원인일 뿐만 아니라, 노동자들로 하여금 맨체스터 공장에 들어가게 한 원인이기도 하다.

개별적 인과 판단singular causal judgemen은 규칙성 이론이 갖는 두 번째 종류의 어려움을 보여준다. 흄을 따른다면, 우리가 어떤 개별적 사건 c가 어떤 개별적 사건 e의 원인이 된다고 말할 때, 우리의 이러한 주장이 참이려면 다음과 같은 점이 전제되어야 한다. 즉 우리는 어떤 집합 K_1과 K_2를 규정할 수 있어야 하는데, 이 집합에서는 첫째, 개별적 사건 c와 개별적 사건 e가 각각 K_1, K_2의 원소이어야 하며, 둘째, K_1의 원소들 다음에 K_2의 원소들이 항상 나와야 한다. 이런 의미에서 볼 때, 만약 흄의 주장이 옳다면 개별적 인과 판단들은 모두 일반적인 것이다. 그러나 올바른 여러 인과 판단 중에는 이러한 일반적 판단이 그 배경에 깔리지 않은 판단들도 많이 있다. 역사적 주장들이 이에 해당하는 자명한 경우이다. 페르디난트 대공의 암살이 1차 세계 대전의 원인이 되었다는 주장은 참인 인과 주장이다. 그러나 이 주장은 흄이 말하는 일반화에 포섭되지 않는다.

인과성과 규칙성에 대한 흄의 주장이 옳다면, 사건들의 연쇄에 대한 단 한 번의 경험만으로는 인과적 판단이 나올 수가 없다. 인과 판단을 위해서는 많은 사례를 우리가 경험해야만 하는 것이다. 여기서 흄의 비판자들은 다음과 같은 점을 지적한다. 우리는 종종 사건들의 연쇄 사례 단 하나만 가지고도 인과적인 판단을 할 수가 있다. 다음과 같이 가정해 보자. 내가 당신에게, 당신이 한 번도 보지 못한 이상한 기계를 보여준다고. 그리고 내가 그 기계를 건드리면, 벨 소리가 나고 휘파람 소리가 나고, 빛이 나온다고. 당신이 다음과 같이 말한다. 즉 내가 기계를 건드림이 위와 같은 반응들의 원인이 되었다고. 그렇다면 당신은 분명 올바른 주장을 하고 있는 것이다.[9]

인과성이 힘, 에너지 혹은 필연적 연결 등의 개념을 포함하고 있다는 전통 형이상학자들의 착상에 동의하는 철학자들은 이러한 반론들이 그럴듯하다고 생각한다. 그러나 그들은 자신의 접근법에 대한 흄의 공격에 대답해야만 한다. 흄이 주로 공격하는 것은 다음과 같은 것이다. 인과 관계를 특징짓는다고 간주되는 힘, 에너지 혹은 필연적 연결 등에 대해 우리는 그 어떤 경험도 갖지 못한다. 따라서 다음과 같은 결론이 나온다. 즉 우리는 전통 형이상학자들의 설명을 거부해야만 한다. 흄에 반대하는 사람들은 여러 방식을 동원해 이러한 공격에 대응한다. 한 가지 대응 방식은 다음과 같은 것이다. 즉 인과성이라는 관념이 경험에 뿌리내리고 있지 않음은 인정되어야 하지만, 그럼에도 이러한 사실로부터 흄이 끌어낸 결론은 거부되어야 한다. 어떤 이는 다음과 같이 논할 것이다. 우리가 경험이라고 부르는 것은 인과성에 대한 강한 양상적 개념화를 전제로 하고 있다. 그러면서 그는 다음과 같이 결론 내릴 것이다. 인과성이라는 개념은 선험적인 개념이다. 즉 이 개념은 경험으로부터 나온 개념이 아니다. 이것이 흄에 대한 칸트의 답변이다.[10] 칸트는 다음과 같이 주장한다. 우리가 실제로 갖게 되는 통일되고unified 일관된 경험을 위해서는 규칙 지배적인 어떤 방식에 의해 잡다한 사건들이 연결되어야 한다. 규칙 지배적인 방식을 통해 우리는 어떤 사건의 발생으로부터 다른 사건의 발생을 추론할 수 있는 것이다. 따라서 어떤 사건이 다른 사건들과 강한 양상적 인과 관계에 놓이지 못한다면, 그 어떤 사건도 우리 경험의 대상이 될 수 없는 것이다. 이러한 종류의 양상 개념들은 경험적 뿌리를 가질 수 없다는 흄의 논증을 받아들이면서도 칸트는 다음과 같은 결론을 낸다. 인과성이라는 개념은 선천적innate인 개념이다. 인과성이라는 개념은 12개의 선험적apriori 개념 혹은 12개의 선험적 범주 중 하나로서, 우리 오성understanding은 내적 감각 혹은 그 밖의 감각(감각 작용과 내성)에 주어진 규정되지 않은raw 자료들에 이것을 부가함으로써, 우리가 경험 대상이라 부르는 것을 산출한다.

칸트는 인과성이라는 것을, 경험적 뿌리를 가질 수 없는 강한 양상적 관계로 본다. 우리는 칸트의 이러한 견해에 동조하는 이들을 20세기 초반의 관념론자 중에서 찾아볼 수 있다. 이들은 인과 관계를 실체적으로 특징지음으로써 칸트의 견해를 발전시키고자 한다. 그들은 다음과 같이 말한다. 인과 관계는 함축entailment이라는 논리적 관계와 유사한 것이다.[11] 타당한 논증의 전제로부터 결론이 필연적으로 나오듯이, 원인으로부터 결과가 필연적으로 나온다. 인과 관계가 논리적 관계와 유사하다는 사실은 다음과 같은 사실을 통해 보일 수 있다. 첫째, 우리에게 원인이 주어지면, 우리는 결과를 추론해 낼 수 있다. 둘째, 우리에게 결과가 주어지면, 우리는 원인을 언급함으로써 왜 이런 결과가 나오는지를 설명할 수 있다. 이 두 사실 모두 인과성이 함축과 유사한 어떤 것이라는 가정하에서만 이해될 수 있는 것이다.

그래서 흄에 대한 답 중 한 가지는 인과성이 갖는 양상적 특징을 강조하면서 인과 관계를 선험적 개념이나 선천적 개념으로 간주한다. 이런 식의 대답을 선호한다는 것은 다음과 같은 주장, 즉 경험론이 인간 인지 행위에 나타나는 모든 관념의 기원을 잘 설명한다는 주장을 거부함을 의미한다. 흄에 대한 또 다른 반대 의견은 경험론 일반을 부정하지는 않는다. 단지 부정되는 것은 흄이 제공하고 있는 극단적 형태의 경험론일 뿐이다. 흄에 대한 이러한 비판에 따르면, 흄이 확립해 놓은 것은 단지 다음과 같은 것일 뿐이다. 즉 인과성이라는 양상 개념은 관찰적 개념이 아니다. 다시 말해 인과성 개념은 감각 경험이나 내성에 근거해 자신의 적용 가능성을 보장받는 것이 아니다. 흄은 우리에게 다음과 같이 주문한다. 필연적 연관 관계나 인과적 힘으로 간주될 수 있는 어떤 것이 경험 안에(내적 경험이든 외적 경험이든 간에) 있는지 확인해 보라. 여기서 우리가 고찰하고 있는 흄 비판자들은 다음과 같이 주장한다. 흄이 주문하는 것을 우리가 제공하지 못한다 하더라도, 그 사실 때문에 인과성이 흄의 말대로 양상적이지 않다고 할 수는 없는 것이다. 이들은 다음과 같이 주장한다. 만약 우리가 흄의 주문을 일반화한다면, 다음과 같은 결론을 얻는다. 즉 우리가 갖는 어떠한 이론적 개념theoretical concept도 흄이 요구하는 정당성을 얻지 못한다. 전자라든지, 쿼크라든지, 뮤온이라든지, 글루온이라든지 하는 모든 개념은 흄의 요구를 충족하지 못한다. 그럼에도 우리가 성취해 낸 최고의 물리학은 이러한 개념들을 꼭 필요로 하며, 또 이러한 물리학이야말로 성공적인 지적 기획의 전형을 보여주고 있는 것이다.

이론적 개념들은 흄이 제기하는 극단적 형태의 경험론에 핵심이 되는 개념 형성 모델에 부합하지 않는다. 그리고 지금 우리가 고찰하는 흄에 대한 비판들에 따르면, 인과성은 이론적 개념인 것이다.[12] 우리는 인과 관계를 직접 경험하지 못한다. 인과 관계는 오히려 우리에 의해 요청되는postulate 관계인 것이다. 상호 연계된 개념적 비약들moves[특정 사실로부터 다른 사실로 넘어가는 것]의 총체가 있다. 이러한 개념적 비약에는 추정extrapolation, 유비analogy, 최상의 설명을 위한 추측inference 등이 포함된다. 모든 이론적 개념은 이 개념적 비약에 뿌리를 두고 있다. 인과성 개념도 마찬가지이다. 그리고 다른 모든 이론적 개념이 그런 것처럼 인과성 개념도 그것이 수행하는 설명적 기능에 의해 정당성을 획득한다. 그리고 이 모든 개념적 비약은 덜 극단적이거나 더 진보된 형태의 경험론과 잘 양립할 수 있다. 이러한 입장을 취하는 이들에 따르면, 인과 관계의 요청을 통해 설명되는 것은 바로 흄이 인과성과 동일시한 현상이다. 이 견해에 따르면, 흄이 규칙적 연쇄와 인과성을 연계한 것은 잘못이 아니다. 전형적으로 볼 때 적어도 사건들 사이의 인과 관계는 규칙적 계열을 드러내준다. 그러나 규칙적 계열은 인과성이 아니다. 오히려 규칙적 계열은 인과성이라는 강한 양상적 관계가 존재함을 보여주는 징후일 뿐이다. 이러한 관계는 관찰되지 않는다. 그러나 궁극적으로 그것은 관찰되는 규칙적 계열이 설명되게 해준다.

전통적 설명을 선호하는 이들이 제공하는 마지막 대답은 다음과 같다. 인과성이라는 강한 양상적 개념은 관찰적 개념으로 간주될 수 있다. 이러한 입장을 취하는 이들은 다음과 같이 주장할 것이다. 우리는 실제로 인과적 힘을 관찰할 수 있다. 우리는 어떤 것이 다른 것을 일어나게 하는 것을 직접 경험할 수 있다. 이러한 주장을 선호하는 이들은 다음과 같이 주장한다. 흄은 의지와 관련한 현상학에서 잘못을 범하고 있다. 그들은 다음과 같이 주장한다. 실제 행위로 귀결되는 의지 작용을 경험할 때, 우리는 내적 관찰을 통해 인과적 힘을 알 수 있게 된다.[13] 한편 또 다른 이들은 다음과 같이 주장한다. 우리는 우리를 둘러싸고 있는 세계 내에서 인과적 힘을 지각할 수 있다.[14] 이러한 주장을 하는 이론가들은 한 사물이 다른 사물을 밀고 당기고 때리는 일상적인 것들에 대한 경험을 언급한다. 이들은 다음과 같이 말한다. 이 모든 경우에서 한 사물이나 사건은 다른 사물이나 사건을 발생시키고 산출하고 야기한다. 그래서 이들의 주장은 다음과 같은 것이다. 이 모든 경우는 어떤 것이 다른 것을 일어나게 하는 전형적인 경우를 보여주는 것이다. 이 견해에 따르면, 감각-지각을 이해하기에는 너무나 빈약한 모델에 흄이 집착하고 있다. 그러한 이유로 흄은 우리가 지각을 통해 인과적 힘을 알 수 있음을 부인하게 되었다는 것이다. 흄은 감각 경험의 대상으로서 색, 소리, 냄새, 형태 등을 들고 있다. 흄의 비판자들은 다음과 같이 주장한다. 우리의 감각 경험이 이러한 것들에만 한정된다면, 우리는 필연적 연결에 대한 경험만 부정하게 되는 것이 아니다. 흄이 인과적이라고 부르는 규칙적 계열에 놓이는 사물들, 즉 당구공들, 나무들, 돌멩이들 역시 지각될 수 없다고 해야만 하는 것이다. 세계에 대한 우리의 경험이 존중되어야 한다면, 좀 더 폭넓은 지각 개념이 필요한 것이다. 우리로 하여금 다음과 같이 말할 수 있도록 해주는 폭넓은 지각 개념 말이다. 즉 우리는 우리에게 친숙한 구체적 개체만을 지각하는 것이 아니다. 우리는 물리적 변화, 물리적 과정, 사건들, 그리고 이 사건들 사이의 상호작용 등도 지각한다.

새로운 흄주의적 접근들

 인과성에 대한 양상적 설명을 선호하는 철학자들이 있기는 하지만 그들은 소수이다. 최근 형이상학자들 사이에서 더 인기 있는 쪽은 흄의 주요 목표에 동조하는 쪽이다. 흄과 마찬가지로 이 철학자들도 다음과 같이 주장한다. 즉 인과성은 환원 불가능한 양상적 관계가 아니다. 그러면서 이들은 전통적 설명 방식의 대안을 찾고자 한다. 이들 중 어떤 이들은 흄에 동조해 가장 가망 있는 비양상적 설명 방식은 규칙성 분석이라고 생각한다. 그러나 이들은 흄의 분석을 보완해 반례들을 처리할 수 있어야 한다고 생각한다. 혹 이들은 다음과 같이 생각하기도 한다. 규칙성이라는 용어를 통해 인과성이 이해되어야 한다는 통찰에 대한 완전히 새로운 정식화가 필요하다. 흄의 목표에 동조하는 또 다른 사람들은 다음과 같이 생각한다. 만족스러울 정도로 인과성을 비양상적으로 설명하려면, 우리는 규칙성 분석을 버려야 한다. 우리는 이러한 두 종류의 비양상적 분석과 관련한 여러 예를 살펴보아야 할 것 같다.

 규칙성 분석을 옹호하는 이들은 우리가 앞 절 초반부에서 본 여러 반대 의견에 대해 답해야만 한다. 거기에서는 두 유형의 반대 의견이 있었다. 하나는 규칙적이긴 하지만 비인과적인 계열과 관련한 것이고, 다른 하나는 개별적 인과 판단과 관련한 것이었다. 흄적인 규칙성 분석의 지지자들은 전형적으로 두 번째 유형의 반박을 그리 심각하게 받아들이지 않는다. 그들은 다음과 같이 주장한다. 개별적 경험처럼 보이는 것을 기반으로 해 우리가 인과적 판단을 할 경우, 사실 정말로 새로운 사례에 관한 어떤 개별적 판단을 하는 것이 아니다. 흄이 요구하는 규칙성을 지닌 잘 알려진 어떤 패턴이 있으며, 우리는 우리에게 있는 사례를 이 패턴에 결부함으로써 우리의 인과 판단을 확립하는 것이다. 그래서 이상한 기계의 경우, 우리는 잘 알려진 사례들을 이미 갖고 있다. 즉 어떤 조작을 하면, 관찰 가능한 어떤 결과들이 나오는 사례들 말이다. 스위치를 툭 건드리면, 빛이 나온다. 단추를 누르면 TV 화면이

켜진다. 손잡이를 당기면, 문이 열린다. 내가 이상한 기계를 건드림이 소리와 빛이 나옴의 원인이 된다는 개별적 판단은 단지 다음과 같은 믿음에 대한 한 표현일 뿐이다. 즉 이 계열은 잘 알려진 패턴의 한 예라는 믿음.

또 다른 종류의 어려움, 즉 규칙적이기는 하지만 비인과적인 연쇄와 관련된 어려움은 인과성에 대한 규칙성 분석을 방어하고자 하는 후기 흄주의자들의 시도에서 더욱 핵심적인 역할을 했다. 밀John Stuart Mill은 다음과 같이 생각했다. 리드가 제기하는 밤/낮의 예는 흄의 설명이 보충되어야 함을 보여 준다.[15] 밀은 다음과 같이 말한다. 진정한 인과적 규칙성은 불변해야 할 뿐 아니라 무조건적unconditional이어야 한다. 다시 말해 인과적 규칙성은 사정이 어떻든 간에 효력을 발휘해야 한다. 인과적 규칙성은 꼭 충족될 필요가 없는 조건들에 좌지우지되어서는 안 된다. 그러나 밤/낮의 경우는 이 요건을 충족하지 못한다. 혹은 밀은 밤/낮의 경우가 이 요건을 충족하지 못한다고 말한다. 그는 다음과 같이 말한다. 태양이 소진된다면, 혹은 지구가 자전을 멈춘다면 이 계열은 깨지게 된다. 그리고 그는 다음과 같이 결론짓는다. 밤/낮 계열은 오직 조건적으로만 충족되는 것이다.

규칙적이기는 하지만 비인과적인 계열을 다루고자 하는 또 다른 전략이 1920~1940년대의 논리 실증주의자들Logical Positivists에 의해 제기되었다. 이들에 따르면, 규칙성 분석을 정말로 위협하는 것은 두 공장의 사례에서 볼 수 있는 단지 우연적인 계열의 경우이다. 그리고 이들은 다음과 같이 주장한다. 사건들의 진정한 인과 연쇄와, 사건들의 단지 우연적인 결합을 구분해 주는 것은 다음과 같은 사실이다. 즉 진정한 인과 연쇄는 자연 법칙의 지위를 가진다. 혹은 그러한 지위를 갖는 것으로부터 도출될 수 있다.[16] 물론 이러한 접근법이 성공하려면, 규칙성 이론가들은 인과성 개념 없이 법칙 개념을 설명해 낼 수 있어야 한다. 이러한 분석을 위해 논리 실증주의자들은 많은 시도를 해왔다. 그 시도들 중 어떤 것은 법칙을 표현하는 문장들(이른바 법칙 형태 문장들lawlike sentences)의 논리적 형태에 초점을 맞추고 있다. 이 문장들이 갖는 독특한 구문론적, 의미론적 속성에 주목하면서 말이다. 또 다른 시도들은 법칙이 수행하는 전형적인 역할, 즉 과학적 활동들에서 핵심이 되는 설명과 예측에 강조점을 둔다.

규칙성 이론가들 사이에 유행한 인과성에 대한 또 다른 접근법은 필요조건necessary condition, 충분조건sufficient condition이라는 개념을 이용한다. 이러한 설명들 중 가장 영향력이 있는 것은 매키의 설명이다.[17] 매키는 우리가 실제로 행하고 있는 인과적 주장에 관심을 가진다. 이것은 과학이나 의학 같은 전문적 맥락에서의 인과적 주장일 수도 있고, 혹은 일상생활 같은 비전문적 맥락에서의 인과적 주장일 수도 있다. 그는 다음과 같이 생각한다. 이러한 인과적 주장들은 언제나 배경 틀background setting을 전제한다. 매키는 이러한 배경 틀을 인과 장causal field이라고 부른다. 인과 장은 원인이 작동하는 맥락을 말한다. 인과 장은 어떤 영역/범위로서, 그 안에서 원인이 결정된다. 매키에 따르면, 인과적 주장은 인과적 물음에 대한 답인데, 이러한 물음은 대개 완전하지 않고 또 규정되어 있지 않다. 이러한 물음을 완전하고 규정된 것으로 만들려면, 우리는 인과 장을 분명히 해야 한다. 예를 들어 우리가 다음과 같이 묻는다고 해보자. 이 사람은 왜 암에 걸렸는가? 이때 우리가 묻는 것은 왜 이 사람이 예전이 아니라 지금 암에 걸렸는가 하는 것이다. 이 경우 인과 장은 이 사람의 일생이다. 반면 우리는 다음과 같이 물을 수도 있다. 공장에서 석면에 노출된 다른 사람들은 그렇지 않은데 왜 하필 이 사람은 암에 걸렸는가? 이 경우 인과 장은 그 공장에서 석면에 노출된 사람들 전체이다.

그래서 인과적 주장은 언제나 특정한 인과 장과 관련해서만 제기된다. 그런데 이러한 방식으로 제한된 인과 주장을 할 때, 우리가 말하고 있는 것은 무엇인가? 매키는 어떤 집에 불이 난 것을 예로 들어 설명한다. 불이 꺼진 후에 전문가들이 그 집을 조사한다. 그리고 그들은 다음과 같이 말한다. 화재의 원인은 전기 합선이다. 매키는 다음과 같이 말한다. 전문가들이 우리에게 얘기하는 것은 합선이 화재의 필요조건이라는 것이 아니다. 전문가들은 분명 다음과 같은 사실을 알고 있는 것이다. 즉 그 시각에 합선 외의 또 다른 여러 요인이 화재를 낳을 수 있었다. 또한 전문가들이 우리에게 얘기하는 것은 합선이 화재의 충분조건이라는 것도 아니다. 전문가들은 분명 다음과 같은 사실을 알고 있는 것이다. 즉 합선 그 자체만으로는 집에 불이 나기에는 충분치 않다. 다른 요인들도 거기 있어야만 하는 것이다. 마른 천이 콘센트 옆에 있었어야 한다. 스프링클러가 망가졌어야 한다 등.

따라서 전문가들이 화재의 원인으로서 짚어낸 것은 화재 발생의 필요조건도, 충분조건도 아니다. 그들이 화재의 원인으로서 짚어낸 것은 여러 요인으로 이루어진 거대한 다발 안에 들어 있는 필수불가결한 어떤 요소인 것이다. 이러한 여러 요인은 화재 현장에 있었으며, 이것들 전체가 화재의 발생에 충분했던 것이다. 물론 화재를 일으키기에 충분한 여러 요인의 또 다른 다발들이 있을 수 있다. 그러나 이 다발들 중 그 어떤 것도 화재 현장에 없었다. 그렇다면 전문가들이 원인이라고 부르는 것은 다음과 같은 것이다. 우선 여러 요인으로 이루어진 다발 하나가 있다. 이 다발은 화재 발생에 꼭 필요한 것은 아니지만unnecessary 화재 발생에 충분하기는 하다sufficient. 전문가들이 원인으로 지목한 것은 이 다발 내의 한 요소로서, 화재 발생에 충분하지는 않지만insufficient, 꼭 필요한necessary 요소이다.* 이러한 요인/요소를 매키는 아이너스 조건INUS condition이라고 부르는데, [역주에 나오는] 위의 문장에서 영어 단어들의 첫 글자를 따서 그렇게 부르는 것이다. 매키는 다음과 같

---

* 원문은 다음과 같다. "*Insufficient*, but *Necessary* component in a bundle of factors that was *Unnecessary*, but *Sufficient* for the occurrence of the fire."

이 주장하고자 한다. 우리가 원인이라고 말하는 것은 바로 위의 전문가들이 화재의 원인이라고 부르는 것, 즉 아이너스 조건이다. 그래서 주어진 인과 장과 관련해, 어떤 사건의 발생에 충분하기는 하지만 꼭 필요하지는 않은 요인들의 다발들이 있다. 이 인과 장과 관련해 우리가 어떤 사건의 원인을 짚어낸다는 것은, 이러한 다발들 중 하나 안에 있으면서 사건을 발생시키기에 그 자체로는 충분하지 않지만 꼭 필요하기는 한 요소를 분명히 하는 것이다. 다발을 이루는 모든 요인이 거기에 있었다고 말하고, 또 위 사건을 발생시키기에 충분한 다른 다발들은 거기에 없었다고 말하면서 말이다.

우리가 앞에서 말한 것처럼, 이 설명은 인과성을 규칙성으로 분석하고자 하는 접근법의 한 형태이다. 그러나 이 설명이 주장하는 필요조건과 충분조건이 규칙성과 관련한 용어들로 이해될 수 없다면, 이 설명은 규칙성 분석이 될 수 없을 것이다. 필요조건과 충분조건이 규칙성과 관련한 용어들로 이해될 수 있음을 보이기 위해 매키는 다음과 같은 제안을 한다. 우리는 필요조건과 충분조건을 어떤 조건문conditional statement으로 분석해 이해할 수 있다. 그래서 그는 다음과 같이 제안한다. 다음과 같은 주장이 있다.

(1) 사건 x는 사건 y의 필요조건이다.

Event x was a necessary condition for event y.

우리는 이 주장을 다음과 같은 반사실적 조건문counterfactual conditional으로 분석해 이해할 수 있다.

(2) x가 발생하지 않았다면, y는 발생하지 않았을 것이다.

If x had not occurred, y would not have occurred.

또 매키는 다음과 같이 제안한다. 다음과 같은 주장이 있다.

(3) 사건 x는 사건 y의 충분조건이다.
　　Event x was a sufficient condition for event y.

우리는 이 주장을 다음과 같은 사실적 조건문factual conditional(굿맨Nelson Goodman이 이 용어를 제안했다.)으로 분석해 이해할 수 있다.

(4) x가 발생했기 때문에 y가 발생했다.
　　Since x occurred, y occurred.

그러나 필요조건, 충분조건을 비양상적으로 특징지으려 하는 이 제안들은 너무나 실망스럽다. 이 제안들은 아이너스 조건 설명 틀이 일종의 규칙성 분석임을 보여주지 못하는 듯하다. 더욱이 이 제안들은 다음과 같은 사실을 암시하고 있다. 즉 궁극적으로 볼 때, 아이너스 조건 설명 틀은 양상적인 이론인 것이다. 요컨대 문장 (2)와 (4)가 의미를 가지려면, 우리는 양상 개념들을 필요로 하는 것 아닌가? 매키는 그렇게 생각하지 않는다. 매키는 다음과 같이 생각한다. 우리는 이 조건문들을 응축된condensed 논증 형태나 단축된 telescoped 논증 형태라고 이해할 수 있다. 따라서 (2)는 다음과 같이 이해될 수 있다.

(5) x가 발생하지 않았다고 가정하자. 그리고 y는 발생하지 않았다.
　　Suppose x did not occur ; then y did not occur.

그리고 (4)는 다음과 같이 이해될 수 있다.

(6) x가 발생했다. 따라서 y가 발생했다.

　　x occurred ; therefore y occurred.

　　물론 이러한 논변들에는 살이 붙어야 한다. 이것들 모두 추가적인 전제들을 필요로 한다. 그러나 매키는 다음과 같이 주장한다. 이 전제들은 결국 흄적인 일반화라는 게 드러날 것이다. 즉 비양상적인 규칙성 진술들 말이다. 그리고 매키는 다음을 강조한다. (1)과 (3) 같은 형태의 주장들 밑에 깔린 단축된 논변을 완전하게 하기 위해서는 흄적인 일반화가 필요하지만, 화자는 그것이 정확히 어떤 일반화이어야 하는지를 적시할 수 없어도 (1)과 (3) 같은 형태의 주장을 할 수 있는 것이다.

　　그래서 우리는 인과성을 규칙성으로 분석하는 접근법을 하나 갖게 되었다. 그러나 앞에서 언급했듯이, 인과성에 관한 모든 비양상적 분석이 규칙성 분석은 아니다. 인과성에 관한 가장 영향력 있는 최근 설명은 루이스David Lewis가 한 것인데, 그는 다음과 같이 주장한다. 인과라는 현상은 반사실적 용어들을 통해 이해될 수 있다.[18] 루이스는 규칙성 분석이 성공할 수 있다는 전망에 대해 부정적이다. 그는 이 분석이 갖고 있는 많은 문제점을 지적한다. 그리고 루이스가 매키라는 이름을 직접 언급하고 있지는 않지만, 문제점들을 파헤칠 때 그는 아이너스 조건 설명 틀을 염두에 두고 있는 것으로 보인다. 문제점들 중 하나는 루이스가 부수 결과epiphenomenal effect라고 부르는 것과 관련되어 있다. 한 사건 a가 서로 다른 두 사건 b, c의 원인이 된다고 해보자. 또 b는 그 어떤 인과적 결과도 갖지 않는다고 해보자. 즉 b는 인과적으로 죽은 것, 혹은 a의 부수 결과인 것이다. 마지막으로 a의 또 다른 결과 c가 그 다음 결과 d의 원인이 된다고 해보자.

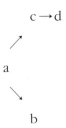

$$c \rightarrow d$$
$$a$$
$$b$$

a가 b와 c의 원인이 된 것은 법칙들과 상황들 때문이므로, b는 d의 아이너스 조건인 것으로 드러난다. 왜냐하면 법칙들과 상황들이 주어졌을 때, b는 다음과 같은 것이기 때문이다. 즉 b는 요인들(a, b, c)로 이루어진 한 다발 내의 충분하지는 않지만 꼭 필요한 요소이며, 이 다발(a, b, c)은 d의 발생에 꼭 필요하지는 않지만 충분하기는 하다. 따라서 매키의 아이너스 조건 설명 틀에 따르면, b는 인과적으로 죽었음에도 불구하고, 즉 그 어떤 결과도 낳지 못하는 사건임에도 불구하고 d의 원인인 것으로 드러난다.*

루이스는 매키 식의 설명이 갖는 또 다른 문제점을 언급한다. 이것은 인과적 선점causal pre-emption의 문제이다. 여기서 우리는 두 사건 a, b를 가진다. 이들 각각은 제3의 사건 c의 원인이 되게끔 되어 있다. 그런데 a와 b가

---

* 다음과 같은 예가 도움이 될 것 같다. 저격자가 총을 쏘았다. 그리고 유리창이 깨지면서 유리창 바로 뒤에 앉은 김씨가 총을 맞았다. 그 결과 김씨가 사망했다. 이를 위의 표로 보자면 다음과 같다.

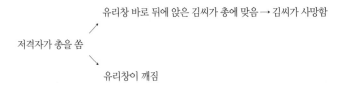

유리창 바로 뒤에 앉은 김씨가 총에 맞음 → 김씨가 사망함
저격자가 총을 쏨
유리창이 깨짐

여기서 {저격자가 총을 쏨, 유리창이 깨짐, 유리창 바로 뒤에 앉은 김씨가 총에 맞음}은 김씨의 사망을 낳은 다발로서, 꼭 필요하지는 않지만 충분하기는 하다. 그리고 유리창이 깨짐은 그 자체로 충분하지는 않지만 김씨의 사망을 위해서는 꼭 필요한 요인이다. 결국 유리창이 깨짐은 김씨 사망의 아이너스 조건, 즉 김씨 사망의 원인이 되는 것이다.

발생할 때, a는 b의 정상적 인과 역할을 막고, 혼자서 c의 원인이 된다.

$$a \longrightarrow c$$
$$\searrow$$
$$b \parallel$$

따라서 b는 발생하지만, a에게 선점당하게 된다. 그런데 이 상황은, 만약 a 가 b를 막지 않았으면 b가 c의 원인이 되었을 상황이다. 따라서 b는 c의 발생에 충분하기는 하지만 꼭 필요하지는 않은 요인들의 다발(b와 적당한 상황들을 포함하는) 내의 충분하지는 않지만 꼭 필요한 요소인 것이다. 따라서 b는 c의 아이너스 조건인 것이다. 그럼에도 b는 c의 원인이 아니다. 따라서 또다시 이것은 매키의 분석에 대한 한 반례가 된다.*

이러한 어려움에 직면해 루이스는 다음과 같은 제안을 한다. 우리는 반사실성counterfactuality이라는 개념을 통해 인과성에 대한 분석을 시도해야 한다. 루이스는 반사실 분석이 규칙성 분석과 대립하는 것으로 간주한다. 그럼에도 루이스는 다음과 같이 생각한다. 첫째, 반사실 분석은 비양상적 설명틀이다. 둘째, 반사실 분석은 진정한 흄적 접근법이다. 우리는 앞에서 다음과 같은 사실을 지적했다. 즉 반사실 담론들은 양상적 담론의 형태를 띤다

---

* 다음과 같은 예를 보는 것이 도움이 될 것 같다. 두 사람의 저격수가 있다. 이들은 K를 죽이려고 한다. 이들은 미리 약속을 한다. 자격에 실패해서는 안 되니까, 이중 사격을 하자고. 그래서 이 둘은 K의 머리를 겨누어 총을 쏘았다. 그런데 첫 번째 저격수의 총알이 두 번째 저격수의 총알보다 먼저 K의 머리에 닿았다. 따라서 첫 번째 저격수가 총을 쏨(a)이 K가 머리에 총을 맞음(c)의 원인이다. 그러나 매키의 분석에 따르면 두 번째 저격수가 총을 쏨(b)이 K가 머리에 총을 맞음의 아이너스 조건이 되며 따라서 두 번째 저격수가 총을 쏨이 K가 머리에 총을 맞음의 원인이 된다. 왜냐하면 b는 다른 요인들과 결합해 c라는 결과를 산출하는, 꼭 필요하지는 않지만 충분한 다발을 이루며, 이 다발 안에서 b는 그 자체로는 c를 산출할 수 없지만(충분하지는 않지만) 꼭 필요한 요인이기 때문이다.

고. 그러나 앞 장에서 우리는 다음과 같은 것을 보았다. 즉 넓은 범위의 양상적 현상들을 환원주의적으로 분석할 때 루이스는 구체적 개체들로서의 가능세계를 유명론적으로, 완전히 비양상적으로 설명한다. 이제 루이스는 다음과 같이 주장하고자 한다. 이와 똑같은 전술을 사용해 우리는 반사실 조건문을 환원주의적으로, 비양상적으로 설명할 수 있다. 그리고 루이스는 다음과 같이 생각한다. 인과성이라는 것이 반사실 용어를 통해 이해되어야 한다는 착상은 흄에게서도 찾아볼 수 있다. 이 장의 첫째 절에서 우리는 흄의 초기 저작 『인간 본성에 관한 논고 *Treatise on Human Nature*』에 나오는, 인과성에 관한 서로 다른 두 정의를 인용했다. 후기 저작 『인간 오성에 관한 탐구 *Enquiry into Human Understanding*』에서 흄은 다시 한 번 두 정의를 제시하며 인과성에 대한 자신의 논의를 다듬는데, 첫 번째 정의는 인과성을 항상적 결합으로 정리하고 있고, 두 번째 정의는 원인으로부터 결과로 나아가는 정신의 운동[심리적 비약]을 언급하고 있다. 그런데 이 두 정의 중 첫 번째 정의에는 『인간 본성에 관한 논고』에서 찾아볼 수 없는 어떤 것이 첨가되어 있다. 흄은 이렇게 말하고 있다.

우리는 원인을 다음과 같이 정의할 수 있다. 한 대상으로부터 다른 대상이 따라 나오며, 위의 첫 번째 대상과 유사한 모든 대상으로부터 위의 두 번째 대상과 유사한 모든 대상이 따라 나올 때, 그 첫 번째 대상을 원인이라고 한다. 혹은 달리 말하자면, 첫 번째 대상이 없었다면 두 번째 대상은 존재하지 않았을 경우, 첫 번째 대상을 원인이라고 한다.[19](강조 표시는 저자가 한 것)

루이스는 내가 강조한 문장에 초점을 맞춘다. 그리고는 다음과 같이 말한다. 흄은 이 문장을 앞의 문장과 같은 정식화로 보지만 실제로 이 문장은 형태가 완전히 다른 분석을 요약하고 있는 것이다. 이것은 인과성에 대한 규칙성 분석과 대립하는 반사실적 분석을 요약하고 있다.

매키와 마찬가지로 루이스도 '원인'이라는 용어를 넓은 의미로 사용한다. 즉 전문적인 맥락뿐 아니라 일상생활에서 사용되는 경우까지 포함해서 말이다. 이 용어가 그렇게 사용될 때, 우리가 어떤 사건의 원인이라고 부르는 것은 그 사건의 발생과 관련된 서로 다른 여러 요인 중 어느 한 요소인 것이다. 서로 다른 여러 요소 중 하나를 끄집어내는 것은 탐구에서의 우리의 관심과 목적에 달려 있다. 이러한 관심과 목적이 전제되었을 때, 우리는 다른 요인들을 그냥 조건이라고만 부른다. 그러나 우리가 다른 관심을 가진다면, 그리고 우리가 다른 인과장을 염두에 둔다면, 위 사건의 발생과 관련된 다른 요인(들)을 원인으로서 짚어내게 되는 것이다.

그래서 루이스가 자신의 반사실 분석을 통해 잡아내려고 하는 인과 개념은 넓은 의미의 인과 개념이다. 가장 일반적인 형태에서 반사실 분석이 말하고자 하는 것은 방금 전에 우리가 『인간 오성에 관한 탐구』에서 인용한 문구 중 마지막 문장에서 흄이 말한 바로 그것이다. 즉 어떤 사건 c가 다른 사건 e의 원인이 된다고 말하는 것은 만약 c가 발생하지 않았다면 e도 발생하지 않았을 것이라고 말하는 것이다. 물론 인과에 관한 비양상적 설명을 제공하고자 하는 사람이라면, 흄이 부리지 않은 기교를 부려야만 한다. 즉 흄의 주장에서 작동하는 종류의 반사실성이 적절하게 비양상적으로 설명될 수 있음을 보여야 한다. 이제 일반적인 틀에서 루이스는 다음과 같은 주장을 하고자 한다. 어떤 세계 W에서 발화된 반사실적 조건문은 어떤 주장으로서, 다른 가능 세계에서 벌어지고 있는 일에 대한, 더 자세하게 말해 W와 다르기는 하지만 중요한 점에서 W와 유사한 다른 가능 세계에서 벌어지고 있는 일에 대한 주장이다. 이렇게 반사실성에 대한 비양상적 분석을 제공하기 위해 루이스는 가능 세계들 사이에 성립하는 비교 유사성comparative similarity이라는 개념을 도입한다. 착상은 이런 것이다. 어떤 가능 세계 W_1은 다른 가능 세계

W_2를, 또 다른 가능 세계 W_3보다 더 닮을 수 있다. 루이스에 따르면, 비교 유사성이 있는지 없는지를 판단할 때, 이러한 판단과 관련된 요인들에는 여러 가능 세계에서 구현된 개별적 사실들뿐 아니라 그 세계들 각각에서 작동하는 자연 법칙까지도 포함된다. 루이스는 이 관계[비교 유사성 관계]를 기본적인 것으로 간주한다. 그래서 이 개념에 대한 형식적 정의를 내리지는 않는다.

내가 말한 것처럼 루이스는 어떤 세계 W에서 발화된 반사실적 조건문을 어떤 주장으로 이해하는데, 그 주장은 W와 유사성 관계를 맺고 있는 다른 가능 세계에서 일이 어떻게 돌아가고 있는지에 대한 주장이다. 그런데 우리가 실제로 하고 있는 인과적 주장은 우리 세계, 즉 현실 세계에서 발화되는 반사실적 조건문이다. 그래서 루이스는 비교 유사성 관계에 근거해 우리 세계를 기준으로 다른 가능 세계들을 순서지어 보라고 주장한다. 이 순서 안에서 우리는 우리 세계와 더 닮은 세계들로부터 우리 세계와 점차 덜 닮은 세계들로 이동하게 된다. 이 순서가 주어지면 우리는 다음과 같은 형태의 반사실적 조건문이 언제 참이 되는지를 설명할 수 있게 된다.

(7) p가 사실이었다면, q가 사실이었을 것이다.

우리는 p-세계들(그 안에서 명제 p가 참인 가능 세계들)과 q-세계들(그 안에서 명제 q가 참인 가능 세계들)을 골라내는 것으로 시작한다. 그런 다음, 만약 우리가 우리 세계와 가장 가깝거나 가장 닮은 p-세계 같은 것이 있다는 가정을 받아들인다면, 다음과 같이 말할 수 있다. 우리 세계와 가장 가까운 p-세계가 q-세계이기도 할 때, (7)은 참이다. 다시 말해 p가 참인 모든 가능 세계 중 우리 세계를 가장 많이 닮은 세계에서 q가 참일 경우, (7)은 참이다.

이제 반사실성에 대한 가능 세계 이론의 지지자들 중 어떤 이들은 위의 가정[우리 세계와 가장 가깝거나 가장 닮은 p-세계 같은 것이 있다.]을 받아들이며,

따라서 위에서 정식화된 분석을 받아들인다.[20] 그러나 루이스는 이 가정을 미심쩍어한다. 그는 다음과 같이 생각한다. 어떤 명제 r에 대해, 우리 세계와 가장 닮은 r-세계가 있다고 가정하는 것은 위험하다. 그의 생각에 따르면, 임의의 어떤 가능 세계 W에 대해, W보다 더 우리 세계를 닮은 가능 세계 W′가 있을 수 있다. 따라서 그는 다음과 같이 말한다. (7)과 같은 형태의 반사실적 조건문은 다음과 같은 경우에만 참이다. 즉 p-세계인 W가 있는데, q는 W에서 참이고, 또 W는 q가 그 안에서 거짓인 그 어떤 p-세계보다도 우리 세계와 더 닮았을 때.

어쨌든 우리가 관심을 갖는 것은 사건들 사이의 인과 관계이다. 그리고 우리는 인과성에 관한 반사실적 접근법의 배후에 다음과 같은 핵심 착상이 있음을 보았다. 즉 어떤 사건 c가 다른 사건 e의 원인이 될 때, 이러한 사실은 다음과 같은 반사실적 조건문을 통해 이해되어야 한다.

(8) c가 발생하지 않았더라면, e도 발생하지 않았을 것이다.

반사실문의 진리 조건에 대한 루이스의 설명을 명제 (8)에 적용하면, 우리는 다음과 같은 결과를 얻는다. 명제 (8)은 다음과 같은 경우에만 참이다. 즉 어떤 가능 세계 W가 있는데, c도, e도 W에서 발생하지 않았고, 또한 W는 c는 발생하지 않았지만 e는 발생한 그 어떤 가능 세계보다도 더 우리 세계와 닮았을 때. (8)과 같은 명제가 참일 때, 우리는 e가 c에 인과적으로 의존한다고 말할 수 있다. 이제 이러한 인과적 의존 관계를 통해 연결된 사건들의 연쇄가 있을 수 있다. 그래서 우리는 a, b, c, d 등의 사건들의 연쇄를 가질 수 있다. 여기서 b는 a에 인과적으로 의존하며, c는 b에, 그리고 d는 c에 인과적으로 의존한다. 루이스는 이러한 연쇄를 인과 연쇄라고 부르면서 다음과 같이 말한다. 한 사건 c는 다음과 같은 경우에 다른 사건 e의 원인이 된다고 할 수 있다. 즉 c로부터 시작해 e까지 연결된 인과 연쇄가 있을 경우. 따라서 다음과 같은 결론이 나온다. 인과성은 인과적 의존 관계로 이해될 수 있다. 그리고 인과적 의존 관계는 반사실성으로 이해될 수 있다. 그리고 반사실성은 비교 유사성 관계에 의한 가능 세계들의 순서화로 이해될 수 있다. 그런데 루이스에 따르면, 가능 세계는 단지 구체적 개체들일 뿐이다. 즉 가능 세계는 완전히 비양상적인 용어로 이해될 수 있는 것이다. 따라서 루이스의 설명은 그의 의도대로 완전히 비양상적인 것이다.

그런데 규칙성 분석에 대해 루이스가 제기한 여러 문제점이 루이스 자신의 반사실적 분석에도 그대로 나타나지는 않을까? 부수 결과 문제를 생각해 보자. 한 사건 a가 다른 두 사건 b, c의 원인이 된다. 그리고 c는 네 번째 사건 d의 원인이 된다. 그런데 b는 부수 결과이다. 즉 그 어떤 결과도 낳지 못하는 결과이다. 이제 다음과 같이 가정해 보자. 일련의 법칙과 상황 속에서 d는 a와 c 없이는 발생할 수 없었다. 그런데 그렇다고 한다면, 일련의 법칙과 상황 속에서 만약 b가 발생하지 않았더라면, 그것의 원인인 a 역시 발생하지 않았을 것이며, 따라서 c나 d도 발생하지 않았을 것이다. 결국 우리는 다음과 같은 결론을 얻게 된다. b가 발생하지 않았더라면, d도 발생하지 않았을 것이다. 따라서 여기서도 다시 한 번, 인과적으로 죽은 결과이거나 단지 부수 결과인 것[b]이 d의 원인이 되는 것이다.

이와 유사하게 어떤 종류의 인과적 선점 역시 루이스에게 문젯거리가 되는 것으로 보인다. 두 사건 a와 b가 발생했다고 해보자. 각각 따로 떼어놓고 보면, a는 매개 원인 c를 거쳐 사건 f의 원인이 될 수 있었고, b는 매개 원인 d를 거쳐 사건 f의 원인이 될 수 있었다. 그런데 사건 a와 b가 함께 발생했을 때, a는 d의 발생을 막게 되고, 따라서 f는 인과 연쇄 a, c, f에 의해 인과적으로 발생하게 된다.

$$a \rightarrow c \rightarrow f$$
$$\searrow$$
$$b \parallel$$

　그런데 루이스의 분석에 근거해 볼 때, 만약 c가 발생하지 않았더라면 그것의 결과인 f도 발생하지 않았을 것이다. 그러나 이것은 거짓인 것으로 보인다. 왜냐하면 c가 발생하지 않았다면 그것의 원인인 a도 발생하지 않았을 텐데, 만약 그렇다면 인과적 선점[a가 b의 발생을 막는 것]이 없었을 테니, b의 결과인 d가 발생함으로써 f의 원인이 되었을 것이기 때문이다. 루이스의 설명에 따른다면, 이로부터 다음과 같은 결론을 내야 할 것으로 보인다. 실제로 c가 f의 원인이 되지만, 우리는 그렇다고 말할 수 없다.*

　루이스는 이 두 사례 모두 자신이 한 설명의 반례가 되지 못한다고 주장한다. 루이스에 따르면, 이 두 사례에서 우리가 기대치 않은 결론에 도달하는 이유는 루이스가 역행적 반사실문backtracking counterfactual이라 부르는 것을 우리가 인과적 맥락에서 이용하기 때문이다. 역행적 반사실문은 조건문으로서, 과거에 발생한 사건을 그 다음에 발생한 사건에 반사실적으로 의존하게

---

* 다음과 같은 예를 보는 것이 도움이 될 것 같다. 두 저격수가 있다. 이들은 K를 죽이려고 한다. 이들은 미리 약속을 한다. 저격에 실패해서는 안 되니까, 이중 사격을 하자고. 그리고 첫 번째 저격수는 K의 머리를 겨누고, 두 번째 저격수는 K의 가슴을 겨눈다. 첫 번째 저격수가 총을 쏘았다(a). 그래서 K가 머리에 총을 맞았다(c). 그래서 K가 사망했다(f). 첫 번째 저격수가 총을 제대로 쏘았기(a) 때문에 두 번째 저격수는 총을 쏘지(b) 않았다. 그래서 K는 가슴에 총을 맞지(d) 않았다. 루이스의 분석대로라면, K가 머리를 맞지 않았더라면, 그 결과인 K의 사망도 발생하지 않았을 것이다. 그러나 이것은 거짓으로 보인다. 왜냐하면 K가 머리에 총을 맞지 않았다면 그 원인인 첫 번째 저격수의 사격도 없었을 텐데, 만약 그렇다면 인과적 선점(첫 번째 저격수가 총을 제대로 쏜 것이 두 번째 저격수가 총을 쏘는 것을 막은 것)이 없었을 테니, 두 번째 저격수가 K의 가슴에 총을 쏜 것이 K의 죽음의 원인이 되었을 것이기 때문이다. 루이스의 설명을 따른다면, 이로부터 다음과 같은 결론을 내야 할 것으로 보인다. 실제로 K가 머리에 총을 맞음이 그의 죽음의 원인이 되었지만, 우리는 그렇다고 말할 수 없다.

하는 것이다. 그래서 첫 번째 사례와 관련해 우리는 다음과 같이 가정하고 있었다. 만약 부수 결과 b가 발생하지 않았더라면, 그것의 원인인 a도 발생하지 않았을 것이다. 인과적 선점의 경우에도 우리는 다음과 같이 가정하고 있었다. 만약 매개 원인 c가 발생하지 않았더라면, 그것의 원인인 a도 발생하지 않았을 것이다. 루이스는 역행적 반사실문을 이용할 수 없다고 생각한다. 그래서 그는 위의 두 가정을 모두 거부한다. 역행적 반사실문을 사용하는 것은 과거가 현재나 미래에 의존한다는 사실을 전제로 한다. 루이스는 이것이 잘못되었다고 생각한다.[21] 과거에 세상이 어떻게 돌아갔는지는 미래에 세상이 어떻게 돌아갈지에 반사실적으로 의존하지 않는다. 이와 반대로 미래가 과거나 현재에 의존하는 것이다. 이렇게 해서 만약 우리가 역행적 반사실문의 사용을 금지한다면, 부수 결과나 인과적 선점 모두 루이스 설명에 대한 문제점을 드러내지 못하는 것이다.

그러나 또 다른 사례가 하나 남아 있다. 이 사례와 관련해 비판가들은 루이스의 설명이 우리가 원하는 결과를 내지 못한다고 주장한다. 인과적 과잉 causal overdetermination이 바로 그것이다. 인과적 과잉은 다음과 같은 것이다. 두 가지 원인이 있는데, 이들은 다른 것 없이도 어떤 결과를 각각 낼 수 있었다. 하지만 이 둘은 동시에 그 결과를 냈다. 예를 들어 두 사람이 동시에 어떤 사람의 가슴에 총알을 발사했고, 그래서 그 사람이 죽었다. 루이스의 설명을 보자면, 그 사람의 죽음은 두 총알 중 어느 것에도 반사실적으로 의존하지 않는다. 따라서 우리는 다음과 같은 결론을 얻게 된다. 두 총알 중 어느 것도 그 사람의 죽음의 원인이 아니다. 루이스는 자신을 방어하면서 다음과 같이 주장한다. 인과적 과잉은 인과성 이론을 검증하는 데 사용될 수 없다. 그는 이렇게 생각한다. 인과적 과잉은 우리 직관이 무기력함을 보여주는 사례이다. 우리는 이러한 사례들에 대해 뭐라 말할지 그냥 모를 뿐이다. 따라서 인과적 과잉에 대해 명확한 판결을 낼 수 없는 만큼, 이것이 인과 이론

에서의 어떤 결함을 드러내는 것이라 할 수 없는 것이다.[22]

주석

1. 그러나 때때로 우리는 인과적 역할을 수행하는 것으로서 [사건 말고] 다른 범주에 속하는 것에 대해 말하는 경우가 있다. 그래서 우리는 때때로 실체[개체]가 원인이라고 말하기도 한다. 이렇게 말할 때, 우리는 주로 합리적 행위자 혹은 [의지를 가지고 있는] 사람들을 떠올리는 것인데, 이러한 생각 때문에 어떤 형이상학자들은 행위자 인과 이론theory of agent causation을 개발하기도 했다. Chisholm(1964), Taylor(1966), O'Connor(2000) 참조. 그러나 형이상학자들 대다수는 인과성을 사건들 사이의 관계로 간주하고 있다. 그래서 나도 이 장에서 이들의 저작에 초점을 맞추고자 한다.

2. 예를 들면 아리스토텔레스의 *Metaphysics* IX. 5(1048a5-7) 참조.

3. 이 논의의 핵심을 제공하고 있는 저작은 다음과 같다. Hume(1739: I권, III부, XIV절), Hume(1748: VII부).

4. Hume(1739: 167).

5. Hume(1739: 172).

6. 같은 책.

7. 흄의 설명에 대한 리드의 공격은 Reid(1788: essay 4)에서 찾아볼 수 있다.

8. Ewing(1951: VIII장). 어떤 이는 유잉의 예가 흄 분석에 대한 진정한 반례가 되지 못한다고 논할 수 있다. 왜냐하면 경적 소리와, 맨체스터 공장으로 노동자들이 들어가는 것, 이 둘 사이에는 흄 분석에서 요구되는 공간적 인접성이 없기 때문이다. 그러나 내가 생각하기에 유잉은 다음과 같은 점을 지적하면서 이에 답할 수 있다. 심적 인과성의 경우(즉 그어떤 공간적 위치도 갖지 않는 사건의 경우), 원인과 결과 사이의 공간적 인접성은 인과관계에서 본질적 요소가 아니다. 따라서 유잉은 다음과 같이 말할 것이다. [이 경우에는 공간적 인접성이 제외되므로], 흄 분석에서 남는 것은 규칙적인 시간적 연쇄뿐이다.

9. 이 예는 Ducasse(1951: 91~100)에서 가져온 것이다.

10. Kant(1787: 제2유비, 218~233) 참조.

11. 예를 들면 Ewing(1951: VIII장) 참조.

12. 이러한 접근법에 대한 논의로는 Tooley(2003: 425~430) 참조.

13. 예를 들면 Armstrong(1997: 319~328) 참조.

14. 예를 들면 Anscombe(1971) 참조. 엔스콤은 인과관계가 필연성을 포함한다고 보지 않는다. 그에 따르면, 결과는 그것의 원인으로부터 도출되거나, 혹은 그로부터 나온다. 그리고 우리는 원인으로부터 결과의 도출을 지각할 수 있다.

15. 인과성에 대한 밀의 이론을 보려면, Mill(1843 : vol. I, 3권, 4~6장과 vol. II, 3권, 21장) 참조.
16. 예를 들면 Schlick(1932) 참조.
17. 이러한 이론에 대한 가장 자세한 설명은 Mackie(1965)에서 찾아볼 수 있다.
18. 루이스의 설명에 대해서는 Lewis(1973) 참조. 이 견해에 대한 더욱 세부적인 분석은 Lewis(1986b)에서 찾아볼 수 있다.
19. Hume(1748 : 51).
20. 예를 들면 Stalnaker(1968) 참조.
21. 역행적 반사실문을 허용하지 않기 위해서는 분명 더 많은 것들이 이야기되어야 한다. Lewis(1979)를 참조하라. 이것은 Lewis(1986a : vol. II)에 재수록되어 있다. Lewis (1986a : vol. II)의 후기도 참조하라.
22. 루이스의 설명에 대한 또 다른 종류의 반박은 다음과 같다. 인과적 결정과 아무런 관련이 없는 반사실적 조건문이 있으므로, 인과성에 대한 분석으로서의 반사실성 개념은 너무 넓은 개념이다. 이 반박과 관련해 Kim(1973) 참조.

더 읽을 책

인과성에 대한 형이상학에 관심이 있다면, Hume(1739)과 Hume(1748)에서 인과성에 대한 흄의 논의를 반드시 읽어야 한다. 반-흄주의적 접근법으로는 Kant(1787)의 제2유비에서의 인과성에 관한 논의를 읽어볼 것을 권한다. Ewing(1951)의 VIII장, Anscombe(1971)도 권하고 싶다. 최근 문헌들 중 인과성에 대한 규칙성 분석으로는 Mackie(1965)가 가장 영향력이 있다. Lewis(1973)는 반사실적 접근법에 대한, 아주 쉽지는 않지만 매우 명료한 설명을 제공한다. 마지막으로, 2000년 4월에 *Journal of Philosophy*는 인과성에 관한 아주 최근의 사유들을 보여주는 논문들을 엮어낸 바 있다.

7

시간의 본성

M

metaphysics

시간에 대한 최근 형이상학적 작업은 시간이 실제적이지 않다는 맥타가르트McTaggart의 논변으로부터 시작된다. 맥타가르트는 다음과 같이 주장했다. 시간 안에 있는 사물들(사건과, 사건들이 그 안에서 발생하는 시간)은 두 가지 방식으로 순서지을 수 있다. 우선 B-계열이 있는데, 이는 더 먼저, 더 나중에라는 무시제적tenseless 관계를 통해 사건들과 시간들을 순서짓는다. 그리고 A-계열이 있는데, 이는 과거, 현재, 미래라는 시제적 속성들을 통해 사건들과 시간들을 순서짓는다. 우선 맥타가르트는 B-계열이 A-계열을 전제로 한다고 논한다. 그리고 둘째로 그는 A-계열이 있다는 가정은 모순에 이른다고 논한다. 결국 그는 다음과 같은 결론에 도달한다. 시간은 실제적이지 않다.

맥타가르트에 대한 답변으로는 두 종류가 제기되었다. 일군의 사상가들(B-이론가들)은 B-계열이 A-계열을 전제로 하고 있다는 맥타가르트의 주장을 공격한다. 이들은 B-계열이 그 자체만으로도 적절한 시간 틀이라 주장한다. 그들은 시간이 3차원 공간과 함께 가는 또 다른 한 차원일 뿐이라 주장한다. 그들에 따르면 모든 시간과, 시간 내의 모든 내용물은 똑같이 실제적인 것이다. 그리고 이들은 다음과 같이 주장한다. 시제를 갖는 언어는 무시제적 언어로 번역될 수 있다. 다른 사상가들(A-이론가들)은 A-계열이 모순적이라는 맥타가르트의 주장을 반박한다. 이들에 따르면, 시간은 그 자체로 시제적이다. 그래서 이들은 시제적 언어를 무시제적 언어로 환원하려는 B-이론가들을 공격한다. 시제적 언어를 제거하려는 시도에 대한 이들의 공격에 자극받은 많은 사람들은 B-이론을 거부하게 되었다. 그리고 나서 1980년대에 새로운 B-이론가들이 철학적 무대에 등장하게 되었다. 이들은 과거의 B-이론이 제기하는 형이상학적 주장을 선호하지만, 시제적 언어가 제거될 수 있다는 주장만큼은 거부한다. 이들은 다음과 같이 논한다. 시제적 언어는 제거될 수 없다. 그럼에도 이들에 따르면 시제적 문장의 진리 조건을 구성하는 사태는 무시제적 사태, 즉 B-계열을 구성하는 무시제적 사태일 뿐이다.

맥타가르트의 논변

우리 세계는 시간에 의해 구조화되어 있는 것처럼 보인다. 사건들은 시간 안에서 발생한다. 우리에게 친숙한 개체들은 시간 안에 놓인다. 그것들은 어느 정도의 시간 동안 어떤 일들을 겪는다. 그리고 그것들은 어느 시간에 자신의 존재를 끝마친다. 시간 안에 있지 않은 사물들이 있음을 우리는 인정할 수 있다. 철학자들의 주장에 따르면, 예를 들어 신은 시간적 존재자가 아니다. 또한 속성, 명제, 수와 같은 추상적 엔터티들은 시간을 벗어나 있다. 그러나 이러한 것들은 그러할지 모르나, 우리를 둘러싸고 있으면서 이 세계를 구성하는 우연적 존재자들은 모두 시간 안에서 자신의 존재를 가진다는 데에는 의심의 여지가 없다. 그러나 이러한 생각 자체가 문제점을 갖지 않는 것은 아니다. 우리에게 시간은 혼동스러운 것일 수 있다. 참으로 철학사를 두루 거치면서 형이상학자들은 시간은 존재하지 않는다는 것, 혹은 시간은 실제적이지 않다는 것을 증명하기 위해 여러 논증을 고안해 왔다. 우리는 아리스토텔레스 시대까지 거슬러 올라가 이러한 논증들을 만나게 된다.[1] 이것들이 건전하다면, 아리스토텔레스의 논증은 철저히 파헤쳐 나간 감동적인 논증이 될 것이다. 이 논증들은 우리로 하여금 다음과 같은 결론을 내게 한다. 우리 자신, 세계, 그리고 세계 안에 우리가 놓인 위치에 대한 우리의 가장 근본적인 믿음들 중 많은 것은 거짓이다. 분명 아리스토텔레스는 이러한 결론을 받아들일 준비가 되어 있지 않다. 아리스토텔레스는 시간에 대한 믿음을 훼손하고자 기획된 어떠한 형이상학적 논증보다도 시간에 대한 우리의 상식적 믿음에 신뢰를 두고 있었다. 실제로 아리스토텔레스가 이 논증들을 소개한 이유는 이 논증들이 건전하다고 생각했기 때문이 아니다. 오히려 그는 이 논증들의 결점을 반성해 보는 것이 시간의 본성에 대한 적절한 설명을 얻을 수 있는 길이라 생각했기 때문에 이 논증들을 소개한 것이다. 철학사에서 보자면, 시간이 존재하지 않음을 주장하는 많은 논증을 소개한 여러 철학자도 이러한 마음가짐을 갖고 있었다. 적어도 통상적으로는 말이다. 그러나 시간이 실재하지 않는다는 극단적인 주장을 정말로 선호한 철학자들도 있었다. 그들은 논증이라는 형태를 통해 이러한 충격적 주장을 뒷받침하고자 했는데, 그 철학자들 중 하나가 바로 20세기 초반의 영국 관념론자인 맥타가르트이다. 맥타가르트는 다음과 같은 사실을 보여주는 논증을 제시한다. 시간 같은 것은 없다. 그는 자신의 논변이 다음과 같은 사실, 즉 시간에 대한 우리의 상식적 생각은 완전히 잘못되었다는 사실을 보여준다고 생각한다. 상식에 반하는 주장임에 불구하고 그는 이러한 자신의 논변을 철저히 방어하고 있다. 맥타가르트의 논변은 이후에 나올 시간에 대한 형이상학적 작업 거의 대부분에서 핵심이 된다. 우리가 이러한 작업들 내부로 들어가려면 먼저 맥타가르트의 논변을 이해해야 한다.[2]

맥타가르트의 논변을 정확히 어떻게 해석할지에 관해 많은 논쟁이 있어왔다. 그러나 우리가 그의 논변의 주요 주제를 끄집어내기 위해 이 논쟁들의 세부 사항까지 들어갈 필요는 없다. 자연스러운 출발점은 다음과 같은 맥타가르트의 생각이다. 맥타가르트가 시간 내에서의 다양한 위치라고 부르는 것은 서로 다른 두 개념군에 의해 특징지어질 수 있다. 시간 안에서의 위치는 사건들과 사건들이 발생하는 개별적 시간들을 포함한다. 이제 맥타가르트는 다음과 같이 말한다. 우리는 이 위치들을 다음과 같이 특징지을 수 있다. 첫째, 더 먼저, 더 나중이라는 관계적 개념들을 통해. 둘째, 과거, 현재, 미래라는 [단항적] 개념들을 통해. 그리고 그는 다음과 같이 주장한다. 이러한 개념들의 두 집합 각각을 통해 사건들과 시간들은 순서지어진다. 더 먼저, 더 나중이라는 관계적 개념들을 통한 순서화를 맥타가르트는 B-계열이라 부른다. 우리는 이 계열을 다음과 같이 이해할 수 있다. 이 계열에서 우리는 먼저 있는 사건이나 시간으로부터 나중의 사건이나 시간으로 가거나, 혹은 이와 반대로 나중의 사건이나 시간으로부터 먼저의 사건이나 시간으로 간다. 이 계열에서 우리가 둘 중 어떤 방식을 취하든 각 사건과 시간은 B-계열 내에서 자신의 고유한 위치를 차지한다. 사건들의 각 쌍 e_1과 e_2에 대해 다음이 성립한다. e_1이 e_2보다 먼저이거나, e_1이 e_2보다 나중이거나, 아니면 e_1이 e_2보다 먼저도 아니고 나중도 아니다. 즉 이 둘은 동시적이다. 그리고 사건들이 발생하는 각 시간에 대해서도 이것은 마찬가지로 성립한다. 과거, 현재, 미래라는 개념들을 통한 사건들의 순서화를 맥타가르트는 A-계열이라고 부른다. 이 계열에서 우리는 먼 미래로부터 현재를 통과해 저 멀리 과거로 간다.

그래서 B-계열과 A-계열은 각자의 개념 틀을 구조화하는 개념들에서 차이가 난다. 이것들은 또 다른 방식으로도 차이가 난다. B-계열 내에서 한 사건이나 시간은 고정된/불변하는 위치를 가진다. 특정 시간에 한 사건 e_1이 다른 사건 e_2보다 먼저라면, e_1이 e_2보다 먼저라는 것은 언제나 참이다. 그리고 더 나중이라는 관계에 대해서도 이는 마찬가지이다. B-계열이 이렇게 정적이며 또 변화하지 않는 시간 틀인 반면, A-계열은 동적인 시간 틀이다. 사건들과 시간들이 가지는 A-규정성은 끊임없이 변한다. 저 먼 미래의 한 사건은 차츰차츰 현재로 다가온다. 그리고 이것은 현재가 된다. 그런 다음 이것은 과거가 되며, 점점 저 멀리 과거로 후퇴한다. A-규정성과 관련해 사건들과 시간들이 겪는 이러한 변화를 맥타가르트는 시간적 도래temporal becoming라고 부른다.

이 두 시간 틀을 가지고서 우리는 시간의 비실제성에 대한 맥타가르트의 논변이 어떤 일반적 구조를 갖는지 예시할 수 있다. 이 논변은 두 부분으로 이루어져 있다. 첫 번째 부분에서 맥타가르트는 다음과 같은 것을 증명하고자 한다. B-계열은 A-계열을 전제로 하고 있다. 그의 주장은 다음과 같다. B-계열을 구성하는 요소들은 그 시간 틀을 구성할 때 여러 A-규정성을 필요로 한다. 따라서 B-계열이라는 시간 틀이 있는데, 이것은 다른 시간 틀이 미리 있어야만 가능한 시간 틀이다. 즉 A-계열이라는 시간 틀 말이다. 그런 다음에, 논증의 두 번째 부분에서 맥타가르트는 다음과 같은 사실을 보이고자 노력한다. 즉 A-계열은 모순으로 귀결된다. 그런데 B-계열은 A-계열을 전제로 하고 있다. 따라서 A-계열이 불가능하다면, B-계열도 불가능한 것이다. 맥타가르트는 시간을 특징짓는 개념 틀로서, A-규정성과 B-규정성 말고는 다른 개념들이 없다고 생각한다. 따라서 그는 다음과 같이 결론짓는다. 시간 같은 것이 존재한다는 것은 불가능하다.

그래서 맥타가르트 논변의 첫 번째 부분은 다음과 같은 사실을 보이려 한다. B-계열이 적절한 시간 틀이 되려면, B-계열을 구성하는 사건들과 시간들은 과거, 현재, 미래라는 A-규정성의 영향하에 있어야 한다. 맥타가르트는 왜 이렇게 생각할까? 이 물음에 대한 답은 다음과 같은 맥타가르트의 믿음에 놓여 있다. 즉 시간은 변화를 전제로 한다. 맥타가르트가 처음으로 이러한 생각을 한 것은 아니다. 시간이 존재하려면 변화의 발생을 전제로 해야 한다는 착상은 아리스토텔레스와 같은 초기 철학자들의 사상에도 이미 나타나며, 또 이후의 사상가들이 시간을 다룰 때에도 반복적으로 나타난다.[3] 실제로 맥타가르트는 이 착상이 보편적으로 받아들여지고 있는 것이라 말한다. 이 착상이 참이든 거짓이든 다음과 같은 것은 분명 사실이다. 즉 만약 우리가 시간은 변화를 전제로 한다는 착상을 받아들인다면, 다음과 같은 사실을 인정해야 한다. 즉 B-계열만으로는 변화가 일어나지 않는다. 그렇다면 B-계열 그 자체만으로는 적절한 시간 틀을 구성해 낼 수 없는 것이다. 더 구체적으로 얘기하자면 다음과 같다. B-계열은 오직 다음과 같은 조건하에서만 A-규정성으로부터 독립적인 진정한 시간 틀의 위상을 가진다. 즉 B-계열을 구성하는 요소들이 A-규정성이 제공하는 변화 외의 다른 변화를 겪을 수 있을 때. 그러나 맥타가르트는 이것이 가능하다고 보지 않는다.

B-계열만으로는 변화가 있을 수 없다는 맥타가르트의 논변을 이해하기 위해서 우리는 먼저 그가 변화를 어떻게 개념화했는지를 이해해야 한다. 내 생각에 우리는 다음과 같은 사실에 모두 동의할 수 있을 것이다. 즉 적어도 변화는 사물의 존재 방식이 바뀜을 함축한다. 이제 맥타가르트는 다음과 같이 생각한다. 사물의 존재 방식은 사건이 발생함에 대한 문제이다. 따라서 그는 다음과 같이 생각한다. 변화가 있기 위해서 반드시 발생해야 할 것은 세계를 이루고 있는 사건들 내에 어떤 것이 바뀌는 것이다. 그리고 맥타가르트에 따르면 이것이 의미하는 바는 다음과 같다. 즉 이러한 사건들 자체가 변화를 겪어야 한다는 것.

B-계열 자체에 의해 변화가 있을 수 있다고 생각하는 사람이라면, 사건들이 겪을 수 있는 변화가 어떤 종류인지를 분명히 해야 한다. 또 문제의 그 변화는 A-규정성들을 포함하지 않는 변화여야 한다. 처음 볼 때, 이러한 종류의 변화가 어떤 것인지 분명히 하는 것은 쉬워 보인다. 사물들의 존재 방식에서 어떤 것이 바뀌려면, 예전 사건은 새로운 사건으로 대체되어야 한다.

그리고 이러한 일이 일어나려면, 다음과 같은 것이 필요하다. 즉 예전 사건은 존재를 멈추고, 새로운 사건은 존재를 시작해야 한다. 맥타가르트가 말하듯, 예전 사건은 사건이기를 멈춰야 하며, 새로운 사건은 사건으로서 시작되어야 한다.

그러나 맥타가르트는 이러한 제안을 거부한다. 그에 따르면, B−계열 내의 사건들은 생성될 수도, 소멸될 수도 없다. B−계열 내의 여러 위치는 고정되어 있고, 또 불변한다는 점을 다시 생각해 보자. 따라서 어떤 것이 B−계열 내의 특정 위치를 점하는 특정 사건이라면, 그것은 언제나 그 위치에서의 그 사건일 뿐이다. 그러나 만약 사실이 그렇다고 한다면, 그것은 존재하기를 멈출 수도 없고 또 한 사건이기를 멈출 수도 없다. 그것은 언제나 B−계열 내의 고유한 자기 위치를 점하는 바로 그 사건으로서 존재하는 것이다. 그 사건은 존재하기를 시작할 수도, 또 사건으로서 시작될 수도 없다. 이것이 언제나 존재한다면, 이것이 언제나 한 사건이라면, 그것은 존재를 시작할 수도 혹은 사건으로서 시작할 수도 없다.

B−계열 사건들이 존재하기를 시작함으로써 변화할 수도 없고, 존재하기를 멈춤으로써 변화할 수도 없다면, 아마도 B−계열 내에서 변화는 예전 사건이 새로운 사건에 스며듦으로써 얻어질 수도 있을 것이다. 이 착상은 다음과 같은 것이다. 예전 사건 중 어떤 것이 새로운 사건 안에서 계속 이어지며, 따라서 과거 사건이 완전히 사라지는 것도 아니면서 또 새로운 사건이 갑자기 존재하는 것도 아닐 때 변화가 가능한 것이다. 그런데 이러한 제안은 다음과 같은 것을 필요로 한다. 즉 사건은 서로 다른 여러 요소로 구성된 복잡한 구조물이다. 그렇다면 위의 착상은 다음과 같은 것이 된다. 즉 예전 사건과 새로운 사건은 일부 겹친다. 다시 말해 이 두 사건이 어떤 요소를 공유한다는 말이다. 그런데 여기서 진정한 변화가 있으려면, 예전 사건과 새로운 사건은 반드시 달라야 한다. 즉 이 두 사건은 서로 다른 요소들을 가져야 한

다. 그러나 그러기 위해서는 예전 사건의 어떤 요소가 존재하기를 멈춰야 하며, 또 새로운 사건의 어떤 요소가 존재하기 시작해야 한다. 맥타가르트가 우리에게 말해 주는 결론은 다음과 같다. 이러한 두 번째 제안 역시 첫 번째 제안이 가진 어려움에 봉착한다. B-계열 내의 한 사건의 위치는 고정되어 있으며 또 불변한다. 이것이 의미하는 바는 다음과 같다. 사건과 마찬가지로 사건을 구성하는 모든 요소도 B-계열 내에서 자기 고유의 위치를 점하며, 또 언제나 존재한다. 그렇다면 사건과 마찬가지로 한 사건의 요소들 역시 생성되거나 소멸할 수 없는 것이다.

맥타가르트는 이렇게 생각한다. B-계열이 고정되어 있으며 또 변화하지 않는 시간 틀이라는 사실은 범위가 더욱 넓은 함축을 가진다. 사건들은 생성하거나 소멸할 수 없다. 사건들은 자신의 요소들을 얻거나 잃을 수 없다. 그러나 그뿐만이 아니다. 어느 모로 보나 사건들은 바뀔 수도 없고 변화할 수도 없다. 한 유명한 글에서 맥타가르트는 여왕 앤의 죽음이라는 사건을 예로 들어 다음과 같이 말한다.

이것은 하나의 죽음이다. 이것은 앤 스튜어트의 죽음이다. 이것은 이러저러한 이유들을 가지며, 이것은 이러저러한 결과들을 가진다. 이런 종류의 모든 특징들은 결코 변하지 않는다. "별들이 서로를 또렷이 보기 전에" 문제의 그 사건은 앤 여왕의 죽음이었다. 시간의 마지막 순간에—만약 시간이 마지막 순간을 가진다면—그것은 여전히 앤 여왕의 죽음인 것이다.[4]

따라서 B-계열 내에 있는 것으로서만 간주되는 사건들은 변화할 수 없다. B-계열 내에 변화가 있으려면, B-계열을 구성하는 사건들이 변해야 하기 때문이다. B-계열만 따로 본다면, B-계열은 그 어떠한 변화도 허용하지 않는다. 이제 다음과 같은 가정을 다시 떠올려보자. 즉 어떤 순서화는 변화를 포함해야지만 제대로 된 시간적 순서화일 수 있다. 이로부터 다음과 같은 사실이 따라 나온다. B-계열 그 자체만 보았을 때, B-계열은 진정한 시간 틀이 아니다. 그렇다면 B-계열은 시간 틀 말고 다른 무엇이 될 수 있는가? 시간 틀이 아니라면, 이것은 아무것도 아닌 것이다.

B-계열이 어떤 시간 틀을 구성하려면, B-계열을 이루고 있는 사건들은 어떤 변화를 겪어야 한다. 그러나 B-규정성만 가지고는 사건들이 변화할 수 없다. 그런데 우리는 사건들이 변화할 수 있는 다른 방도가 있음을 이미 보았다. 즉 사건들은 A-규정성과 관련해서는 변화할 수 있다. 아주 먼 미래의 한 사건은 점점 현재로 다가온다. 그 사건은 현재가 된다. 이 사건은 과거가 되며 점점 더 먼 과거로 후퇴한다.

따라서 B-계열을 구성하는 사건들은 어떤 형태의 변화를 겪을 수 있는 것으로 보이며, 이 변화로 인해 B-계열은 제대로 된 시간적 순서화라는 위상을 갖게 되는 것이다. 그런데 문제의 그 변화는 사건들이 갖는 A-규정성[과거, 현재, 미래]에 근거해 이루어진다. 따라서 B-계열이 제대로 된 시간 틀이기 위해서는 다음과 같은 조건이 필요하다. 즉 B-계열을 구성하는 요소들은 A-계열로 들어가야 한다. 시간 틀이 아니라면, B-계열은 아무것도 아니다. 따라서 존재하기 위해서 B-계열은 A-계열의 존재를 전제로 해야만 한다. 이제 우리는 맥타가르트의 매우 야심 찬 논증의 첫 번째 부분에 대한 결론을 얻게 되었다. A-계열, B-계열이라는 두 시간 틀 중 A-계열이 더 근본적인 시간 틀이다.

그러나 반론이 제기될 수도 있겠다. 누구는 이렇게 반박할 수도 있을 것이다. 맥타가르트가 이러한 결론을 낼 수 있는 것은 오직 그가 다음과 같이 가정하기 때문이다. 즉 변화를 겪는 것은 사건들이다. 그런데 이러한 가정에는 의심의 여지가 있다. 이 반론에 직면해 맥타가르트는 이렇게 되묻는다. 그렇다면 다른 어떤 것이 변화를 겪겠는가? 분명, 사건들이 발생하는 순간들이 변화를 겪는 것은 아니다. 사건들만큼이나 순간들도 B-계열 내에서 고정되어 변화하지 않는 위치를 차지하고 있다. 따라서 순간들도 생성되거나 소멸하지 않는다. 한 순간은 다른 순간 속에 스며들지도 않는다. 또한 순간들은 B-계열의 그 어떤 규정성과 관련해서도 변화할 수 없다. 그러나 사건들이 그런 것처럼 순간들도 A-규정성과 관련해서는 변화할 수 있다. 순간들은 미래로부터 와서 현재를 거쳐 과거로 간다. 그렇다면 이러한 결론은 단지 맥타가르트 논변의 첫 번째 부분의 결론과 다를 바 없는 것이다. 살짝 다른 길을 통해 도달한 결론이기는 하지만 말이다.

반론을 구성하는 더욱 그럴듯해 보이는 방법은 다음과 같이 주장하는 것이다. 변화하는 것은 사건들이 아니라 사물들이다. 그리고 오직 B-계열만 있더라도 사물들은 변화를 겪을 수 있다. 사건들, 시간들은 그러지 못하지만 말이다. 한 사물이 변화한다는 것은 그 사물이 서로 다른 여러 순간에 서로 다른 여러 속성을 가진다는 것이다. 그리고 이것은 B-계열 내에서 가능한 것으로 보인다. 한 사물은 수요일에 뜨겁지만 다음 날 차가울 수 있는 것이다.

이렇게 구성된 반론에 대답하기 위해 맥타가르트는 다음과 같은 착상, 즉 한 대상이 B-계열의 한 순간에 뜨겁고 또 그 다음 순간에 차갑다면, 이것으로써 변화는 충분히 가능하다는 착상에 도전한다. 우리의 목적과 관련해 보자면, 맥타가르트의 이 도전은 두 측면으로 이루어져 있다. 첫째, 맥타가르트는 위의 사례와 유사하다고 여겨지는 사례를 검토한다. 그는 다음과 같은 사실을 지적한다. 공간적으로 연장되어 있는 한 대상은 여러 부분을 갖는데, 어떤 부분은 뜨거울 수 있고, 또 다른 어떤 부분은 차가울 수 있다. 여기서 맥타가르트는 다음과 같이 말한다. 그 누구도 이러한 사실을 변화라고 간주하지는 않을 것이다. 그는 이렇게 묻는다. 그렇다면 우리는 왜 시간의 경우는 공간의 경우와 다르다고 해야 하는가? 누가 이렇게 대답할지 모른다. 공간과는 달리 시간은 변화의 차원이라고. 그러나 이러한 대답은 불충분하다.

우리는 B-계열 자체만 다루고 있다. 따라서 B-계열이 그 안에서 변화가 발생하는 시간 틀이라고 주장한다면 이러한 주장은 맥타가르트가 지적하듯이, 증명되어야 할 것[B-계열에서 변화가 가능하다는 것]을 미리 가정하고 있는 것이다. 이렇듯 시간이 변화의 차원이라는 주장은 증명되어야 할 것을 미리 가정해 버리고 그 가정을 통해 맥타가르트의 논증, 즉 B-계열 그 자체만으로는 변화가 불가능하다는 논증을 반대하고 있는 것이다.

둘째, 맥타가르트는 다음과 같이 주장한다. 진정한 변화가 있으려면, 그 변화는 사물의 특성이나 속성과 관련해 일어나야 한다. 그러나 한 사물이 B-계열 내의 어떤 수요일에 뜨겁고 목요일에 차갑다면, 사물이 갖는 속성과 관련해 그 어떤 변화도 없는 것이다. B-계열만이 전제되었을 경우, 한 사물이 갖는 특성은 다른 모든 것이 그러하듯 불변하며 또 고정되어 있다. 만약 어떤 사물이 B-계열 내의 어떤 수요일에 뜨거움이라는 특성을 가진다면, 그 사물은 언제나 그 특성을 갖는 것이다. 그리고 그 사물이 B-계열 내의 그 다음 날에 차가움이라는 특성을 가진다면, 그것은 언제나 그 특성을 갖는 것이다. 사물들이 갖는 특성은 B-계열 내에서 변화할 수 없다. 따라서 B-계열만 있다면, 시간이나 사건과 마찬가지로 사물들도 변화를 겪을 수 없는 것이다.

그래서 맥타가르트는 자기 논증의 첫 번째 부분이 성립한다고 결론 내린다. B-계열 내의 어떤 것이 겪을 수 있는 유일한 형태의 변화는 A-규정성과 관련한 변화뿐이다. 따라서 B-계열은 A-계열을 전제로 하고 있는 것이다. A-규정성들이 근원적인 시간 개념들인 것이다. 시제적인 개념들(즉 일시성을 포함하는 과거, 현재, 미래라는 개념들)이 시간의 본성에서 본질적인 것이다. 그러나 맥타가르트는 이러한 사실에서 다음과 같은 결론이 나온다고 생각한다. 즉 시간은 실제적이지 않다. 그리고 이것이 맥타가르트가 자기 논증의 두 번째 부분에서 보이고자 하는 것이다.

시간의 비실재성에 대한 맥타가르트 논변의 두 번째 부분은 첫 번째 부분보다 더 대담하다. 이 논변의 두 번째 부분의 목적은 A-계열이 불가능하다는 사실을 보이는 것이다. 이 결론을 위해 맥타가르트는 다음과 같은 점을 지적한다. 과거, 현재, 미래 등의 속성은 서로 양립 불가능하다. 어떤 사건이 미래라면, 필연적으로 그 사건은 현재도, 과거도 아니다. 어떤 사건이 현재라면, 필연적으로 그 사건은 미래도, 과거도 아니다. 어떤 사건이 과거라면, 필연적으로 그 사건은 현재도, 미래도 아니다. 여기서 맥타가르트는 다음과 같이 주장한다. 만약 A-계열이 있다면, 이 계열 내의 모든 사건은 이 세 속성 모두를 가져야 한다. A-계열이라는 착상에서 본질적인 것은 사건들이 먼 미래로부터 출발해 현재를 거쳐 먼 과거로 간다는 것이다. 그러나 그렇다고 한다면[한 사건이 과거, 현재, 미래라는 속성을 모두 가진다면], 어떤 사건이 이 세 속성 모두를 갖는 것은 불가능하므로 A-계열 자체도 불가능한 것이다.

맥타가르트는 이 논변에 대한 명백한 반론이 있음을 지적한다. 그 반론은 다음과 같다. 이 논변이 A-계열의 불가능성을 보이는 데 성공하려면, 이 논변이 전제로 하고 있는 다음과 같은 가정이 참이어야 한다. 즉 모든 사건은 과거, 현재, 미래라는 세 속성을 동시에 가져야 한다. 그러나 사실로 보자면 한 사건은 이 세 속성을 잇달아 갖는 것이지, 동시에 갖는 것은 아니다. 그리고 우리는 시제화된 형태의 동사를 사용해 여기에 아무런 문제도 없음을 보일 수 있다. 시간적 경과라는 현상은 한 사건이 동시에 과거, 현재, 미래에 있음을 보여주는 것이 아니다. 오히려 이것이 보여주는 바는 다음과 같은 것이다. 즉 [지금] 미래 사건인 것은 현재가 될 것이며, 과거가 될 것이다. 또 [지금] 현재 사건인 것은 미래였으며, 과거가 될 것이다. 또 [지금] 과거 사건인 것은 현재였으며, 미래였다.

이러한 반론에 대한 맥타가르트의 답변은 다음과 같다. 우리는 시제화된 형태의 동사['였다', '이다', '일 것이다']를 액면 그대로 받아들일 수 없다. 다시 말해 우리는 다음과 같이 말하는 것이 무엇을 의미하는지 설명할 수 있어야 한다. 즉 한 사물을 x, 어떤 속성을 Φ라 할 때, x는 Φ이다(현재 시제). 그리고 x는 Φ였다. 그리고 x는 Φ가 될 것이다. 맥타가르트에 따르면 여기서 요구되는 분석은 간단하다. x가 Φ라고 (현재 시제로) 말하는 것은 x가 현재의 어떤 순간에 (무시제적으로) Φ라는 말이다. x가 Φ였다고 말하는 것은 x가 과거의 어떤 순간에 (역시 무시제적으로) Φ라는 말이다. 그리고 x가 Φ가 될 것이라는 말은 x가 미래의 어떤 순간에 (무시제적으로) Φ라는 말이다.

우리가 이러한 형태의 분석을 현재 사건이며, 미래 사건이었으며, 과거가 될 사건의 경우에 적용한다면, 다음과 같은 결과를 얻게 된다. 즉 이 사건은 현재의 어떤 순간에 (무시제적으로) 현재이며, 미래의 어떤 순간에 (무시제적으로) 과거이며, 과거의 어떤 순간에 (무시제적으로) 미래이다. 그러나 이렇게 한다면 어려움이 발생한다. 이러한 시간들[과거, 현재, 미래]은 특정 A-속성[시제에 의해 표현되는 속성]을 갖는 것이 아니라 원래의 사건들처럼 세 속성 모두를 가진다. 따라서 우리가 시제를 이용해 제거하고자 한 양립 불가능성은 우리가 시제화된 언어의 기능을 설명하고자 할 때 다시 나타난다. 그리고 만약 시제를 이용해 이러한 새로운 양립 불가능성을 제거하고자 한다면(즉 원래의 사건을 현재이며 미래였으며 과거가 될 것으로 만들어주는 시간), 우리는 시제화된 언어를 다시 이용하는 것에 대해 설명해야 할 것이다. 그러나 이 설명은 새로운 시간들을 도입하게 될 것이다(2차 시간 혹은 고차 시간). 그리고 이러한 새로운 시간들 역시 동일한 양립 불가능성을 갖게 될 것이고 말이다. 따라서 우리는 무한 퇴행에 빠지게 된다. 그리고 맥타가르트는 이러한 퇴행이 옳지 못하다고 주장한다.

이러한 어려움은 단지 우리가 고른 사건에서만 나타나는 것은 아니다. (사건이든 시간이든) 어떤 것이 미래로부터 출발해 현재를 거쳐 과거로 감으로써 시간적 도래를 겪는다고 가정하는 것은 모두 이와 똑같은 결과를 내게 된다.

그런데 A-계열이라는 것은 사건들과 시간들이 그 안에서 시간적 도래를 겪는 시간 틀, 그 이상도 이하도 아니다. 따라서 [A-계열이 무한 퇴행에 빠지는 이상] A-계열은 불가능하다. 맥타가르트 논변의 첫 번째 부분은 다음과 같은 주장을 했다. B-계열은 A-계열을 전제로 한다. 따라서 A-계열이 불가능하다면 B-계열도 불가능하다는 결론이 나온다. 그렇다면 어떤 것이 과거, 현재, 미래일 수도 없을뿐더러, 어떤 것이 다른 것보다 먼저 혹은 나중이거나 다른 것과 동시적일 수도 없는 것이다. 결국 다음과 같은 결론이 나온다. 시간 같은 것이 존재한다는 것은 불가능하다.

B-이론

맥타가르트의 논변에 대한 논의들은 엄청나게 많다. 그중 두 가지 대답이 인기를 끌어왔다. 한 부류의 비판가들은 맥타가르트 논변의 첫 번째 부분을 공격한다. 이러한 비판은 다음과 같이 주장한다. 즉 맥타가르트는 B-계열이 A-계열을 전제로 하고 있음을 보이는 데 실패하고 있고, 따라서 B-계열 자체가 제대로 된 시간 틀이 아님을 보이는 데 실패하고 있다. 또 다른 부류는 맥타가르트 논변의 두 번째 부분을 공격한다. 이들은 다음과 같이 주장한다. 맥타가르트는 사건들과 시간들이 A-속성들을 가진다는 착상이 모순적이라 주장하지만 그는 그것을 증명하는 데 실패하고 있다. 이 두 비판은 그 밑에 깔린 어떤 이론적 근거 없이 나타나는 것이 아니다. 이 두 비판은 시간의 본성에 관한 아주 포괄적인 형이상학적 이론들로부터 성장해 온 것이다. 맥타가르트 논변의 첫 번째 부분을 공격하는 이들은 다음과 같이 생각하기 때문에 공격을 감행한다. 즉 시간은 B-계열에 대한 맥타가르트의 설명이 묘사하는 바로 그러한 것이다. 반면 맥타가르트 논변의 두 번째 부분을 공격하는 이들은 다음과 같이 생각하기 때문에 공격을 감행한다. 즉 맥타가르트의 A-계열과 연계된 시제적인 그림이야말로 시간을 이해하기 위한 가장 적절한 모델이 된다. 맥타가르트 논변을 비판하기 위해서는 시간의 본성에 관한 핵심적이고도 주요한 어떤 이론에 뿌리를 두어야 한다는 것은 분명하다. 맥타가르트의 논변은 시간에 대한 어떤 피상적 측면만 다루고 있는 것이 아니다. 그의 논변은 시간 현상에 대한 근원적인 구조적 측면에 뿌리를 두고 있다. 따라서 시간에 관한 어떤 포괄적 이론이 제공하는 기반 없이, 맥타가르트의 논변에 저항하는 것은 어려운 일이다. 이제 맥타가르트의 논변에 대한 두 가지 대답을 살펴보자. 그리고 그러한 대답으로부터 확장되어 나온 이론들을 살펴보자. 우선 맥타가르트 논변의 첫 번째 부분을 공격하는 이들을 고찰하는 것부터 시작한다.

우리가 보았듯이, 이 이론가들은 다음과 같이 생각한다. 시간의 본성은 맥타가르트의 B-계열에 근거해 잘 특징지어질 수 있다.[5] 이들을 B-이론가라 한다. A-이론가들(맥타가르트 논변의 두 번째 부분을 공격하는 이론가들)에 대비해서 말이다. B-이론가들은 시간에 대해 다음과 같이 생각한다. 시간은 더 먼저, 더 나중에, 동시에라는 무시제적 관계들에 의해 구조화된 영원히 고정된 틀이다. 이 견해에 따르면, 시간은 공간적 3차원과 함께 가는 차원이다. 시간은 사물들이 그 안에서 펼쳐져 있는 또 다른 차원일 뿐인 것이다. 또한 B-이론가들은 다음과 같이 주장한다. 모든 공간적 위치와 그 안의 내용물들과 마찬가지로, 다양한 시간적 위치나 그 시간 안의 모든 사물은 똑같은 존재론적 위상을 가진다. 내가 "여기"라고 부르는 장소가 그 어떤 특권도 갖지 않는 것처럼, 내가 "지금" 혹은 "현재"라고 부르는 시간도 형이상학적으로 특별할 것이 없는 것이다. 참으로, 모든 시간과 그 안의 내용물들은 똑같이 실제적인 것이다. 무시제적 언어를 사용함으로써 우리는 이러한 사실을 명료하게 표현할 수 있다. 그래서 율리우스 카이사르, 조지 워싱턴, 토니 블레어, 그리고 (있다고 가정한다면) 미국의 60번째 대통령, 이들 모두는 존재하는 것이다. 분명 이들 각각은 자신의 시간에 존재한다. 그러나 이 넷 모두 똑같이 실제적인 것이다. 이와 유사하게, 율리우스 카이사르의 암살, 프랑스 혁명, 2차 세계 대전, 그리고 (있다고 가정하면) 미국의 60번째 대통령의 취임, 이 모두는 발생하는 것이다. 분명 이것들은 자신들의 시간에 발생한다. 그러나 이 넷 모두는 똑같이 실제적인 것이며, 똑같이 발생하는 것이다.

따라서 B-이론가들은 4차원주의자들로서, 이들은 모든 시간과 그 시간 안의 모든 내용물을 똑같이 실제적인 것으로 간주한다. 4차원주의, 그리고 모든 시간과 그 안의 내용물들은 완전히 실제적이거나 완전히 존재한다는 주장, 이 둘의 결합을 영원론eternalism이라 부르자. 그렇다면 B-이론가들은 영원론자들이다. 그리고 이 영원론은 B-계열에 대한 맥타가르트의 영원론적 특성화에 뿌리를 두고 있다. B-계열은 고정되고 불변하는 시간 틀로서, 그 구조는 B-관계를 통한 무시제적 언어에 의해 완전히 특징지어질 수 있다. B-계열을 고정된 틀로 간주한다는 점에서 B-이론가들의 견해는 맥타가르트와 일치한다. 그러나 B-이론가들은 B-계열이 제대로 된 시간 틀이라고 주장한다. B-이론가들은 시간과 변화가 내적으로 긴밀하게 연결되어 있음을 인정한다. 그러나 이들은 자신의 무시제적 시간 틀 내에서도 변화가 가능하다고 주장한다. 그들은 다음과 같이 논한다. 맥타가르트는 다음과 같은 점에서, 즉 변화가 있다면 그러한 변화를 겪는 것은 사건이라고 생각한다는 점에서 잘못되었다. 이들의 생각에 따르면, 사건들이 변화한다는 주장은 범주 오류이다. 사건들은, 혹은 적어도 그중 어떤 것들은 변화 자체이다. 사건들은 발생한다. 변화하는 것은 이러한 사건들을 겪는 대상들, 혹은 이러한 사건들을 겪는 사물들이다. B-이론가들에 따르면, 사물들은 다양한 방식으로 변화할 수 있다. 그것들은 어떠어떠해질 수 있고, 또 어떠어떠함을 멈출 수 있다. 그것들은 속성들을 얻거나 잃을 수 있다. B-이론가들은 이러한 변화가 세계에 대한 자신들의 영원론적 설명 안에서 완벽하게 특징지어질 수 있다고 생각한다. 우리에게 친숙한 대상들은 공간 안에서뿐만 아니라 시간 안에서도 펼쳐져 있다. B-이론가들이 말하듯, 대상들은 시공간적 벌레spacetime worm이다. 대상들은 시간적 경계boundary를 가진다. 각 개체는 그것이 존재하는 최초의 순간이 있고, 그것이 더 이상 존재하지 않는 최후의 순간이 있다. 어떤 시간에 한 개체가 존재하기 시작했다고 말하는 것은 그 시간이 그 개체가 존재하는 최초의 순간이라고 말하는 것이다. 그리고 어떤 시간에 한 개체가 존재하기를 멈췄다고 말하는 것은 그 개체가 더 이상 존재하지 않는 최후의 순간을 확인하는 것이다. 마찬가지로 어떤 대상이 속성이 변화한다고 말하는 것은 그 대상이 어떤 시간에 어떤 속성을 갖다가 다른 시간에 그 속성을 갖지 않는다고 말하는 것이다.

물론 맥타가르트는 생성, 소멸, 속성 변화의 가능성에 대해 반대하는 논변들을 내놓고 있다. 이러한 논변들은 B-이론가들이 제공하는 설명을 직접적으로 겨냥하고 있다. 이 논변들에 B-이론가들이 항상 충실하게 답하는 것은 아니다. 그럼에도 이 논변들에 대한 직접적인 대답들이 있다. 생성과 소멸의 불가능성에 대한 맥타가르트의 논변은 사건들의 경우와 관련해서 정식화되어 있다. 그러나 분명 이 논변은 사물들의 경우에까지 확장될 수 있다. 이 경우를 처리할 수 있도록 일반화한다면, 그 논변이 말하는 바는 다음과 같은 것이다. B-계열의 일부를 이루는 그 무엇이라도 자기 고유의 시간에 존재한다. 또 B-계열의 모든 사실은 영원히 무시제적이다. 따라서 B-계열 내의 것들 각각은 자기 고유의 시간에 존재함이라는 속성을 영원히 가진다. 그렇다면 그것들이 그 속성을 갖게 된다는 것은 불가능하며, 또 그것들이 그 속성을 갖지 않게 된다는 것도 불가능하다. 그것들은 언제나 그 속성을 갖는 것이다. 그렇다면 B-계열 내의 어떠한 것도 생성하거나 소멸할 수 없다.

그러나 B-이론가들은 다음과 같이 논할 수 있다. 위의 추론은 서로 다른 두 존재 속성existence properties을 혼동하고 있다. 즉 시간 t에 존재함 existing-at-t이라는 시간 꼬리표 속성time-indexed property과, 그냥 존재함

just plain existing 혹은 단순히 존재함existing simpliciter이라는 비시간 꼬리표 속성non-time indexed property. 한 대상 x가 어떤 시간 t에 존재한다고 가정하자. 이때 B-이론가들은 다음과 같은 것에 동의할 수 있다. 즉 x는 t에 존재함이라는 시간 꼬리표 속성을 영원히 가진다. 따라서 B-이론가들은 다음에 동의할 수 있다. 즉 x는 이 속성을 갖게 될 수도 없고, 갖지 않게 될 수도 없다. 분명 이러한 사실은 x가 갖는 속성, 즉 t′에서 존재함이라는 형식을 가진 그 밖의 모든 속성에 대해서도 참이다. 그럼에도 B-이론가들은 다음과 같이 주장할 수 있다. 즉 그냥 존재함, 혹은 단순히 존재함이라는 비시간 꼬리표 속성과 관련해 본다면 상황은 완전히 달라진다. x가 이 속성[비시간 꼬리표 속성]을 갖는 시간이 있음은 가능하며, 또 x가 이 속성[비시간 꼬리표 속성]을 갖지 않는 시간이 있음도 가능하다. B-계열과 관련한 그 어떤 것도 이러한 가능성을 배제하지 않는다. 더욱이 B-이론가들은 다음과 같이 주장할 수 있다. 즉 단순히 존재함이라는 비시간 꼬리표 속성을 x가 드러내는 최초의 순간이 있음은 가능하며, 또 이후에 x가 더 이상 그러한 속성을 드러내지 않는 최후의 순간이 있음도 가능하다. 여기서 B-이론가들은 다음과 같은 결론을 내릴 수 있다. 이러한 가능성이 실현된다면, 필요한 것은 다 갖추어지는 것이다. 즉 x가 생성하며, 그런 다음 소멸한다는 것이 참이기 위해 필요한 모든 것 말이다.

  B-이론가들은 다음과 같이 논증할 수 있다. 위와 유사한 혼동이 맥타가르트의 다음과 같은 논변, 즉 존재라는 속성 외의 다른 종류의 속성들과 관련해서도 변화는 불가능하다는 맥타가르트의 논변을 약화시킨다. 맥타가르트는 이렇게 논증한다. 어떤 사물 x가 시간 t에 뜨겁고 또 다른 시간 t′에 차갑다면, x는 시간 t에 뜨겁고 또 다른 시간 t′에 차가움이라는 속성들을 영원히 가진다. 따라서 x는 이 두 속성 중 어느 것도 잃거나 얻을 수 없다. 그렇다면 x는 온도에서의 변화를 겪을 수 없는 것이다. 이것은 x를 특징짓는 그 어떤

속성에 대해서도 마찬가지일 것이다. 따라서 속성과 관련해 x가 변화하는 것은 불가능하다. 그러나 위에서와 마찬가지로, B-이론가들은 다음과 같이 주장할 수 있다. 맥타가르트는 시간 꼬리표 속성과 비시간 꼬리표 속성을 혼동하고 있다. B-이론가들은 다음에 동의할 수 있다. 즉 x는 t에서 뜨거움이라는 시간 꼬리표 속성과 t′에서 차가움이라는 시간 꼬리표 속성을 영원히 가진다. 따라서 x는 이러한 속성들과 관련해 변화를 할 수 없다. 그러나 B-이론가들은 x가 갖는 속성들이 모두 시간 꼬리표 속성임을 부인할 수 있다. 단순히 뜨거움이라는 속성, 단순히 차가움이라는 속성 등도 있는 것이다. 여기서 B-이론가들은 다음과 같이 주장할 수 있다. x가 어떤 시간에 이 두 속성 중 하나를 갖고, 또 다른 시간에 나머지 속성을 갖는 것은 충분히 가능하다. 따라서 B-이론가들은 다음과 같이 결론내릴 수 있다. x가 온도와 관련해 변화를 겪기 위해서는 이것으로 충분하다.

따라서 B-계열 내의 사물들은 다양한 변화를 겪을 수 있다. 그것들은 생성하고 소멸할 수 있으며, 또 속성에서의 변화를 겪을 수 있다. 따라서 우리가 변화와 시간은 함께 간다는 맥타가르트의 주장을 받아들인다면, 다음과 같은 사실에 동의해야 할 것으로 보인다. B-계열은, 맥타가르트에게는 미안한 말이지만, 제대로 된 시간 틀이다. 그런데 B-이론가들은 더 강한 주장을 하고 싶어한다. 그들은 다음과 같이 주장하고자 한다. 오직 B-계열만이 제대로 된 시간 틀이다. B-이론가들은 전형적으로 맥타가르트에 동의해 A-계열이 모순을 포함한다고 생각한다. 이들이 시간적 도래라는 개념을 모순적이라 생각하지는 않는다. 그러나 그들은 이 개념이 매우 문제점이 많다고 생각한다. 그들은 다음과 같이 말한다. 만약 한 사물이 움직일 수 있다면, 그것이 얼마나 빨리 혹은 얼마나 느리게 움직이는지 묻는 것은 의미 있는 일이다. 그렇다면 A-계열을 구성하는 시간들이 미래로부터 출발해 현재를 거쳐 과거로 운동하는/지나가는 어떤 빠르기의 율rate이 있어야만 한다. 그러나 이것은 어떤 고차 시간, 어떤 2차 시간을 필요로 한다. 원래의 A-계열을 구성하는 시간들이 움직이는 속도를 측정하기 위한 2차 시간 말이다. 그런데 이 2차 시간을 구성하는 시간들은 움직일까? 그 일반성과 관련해 A-이론이 옳다면, 움직여야 한다. 그렇다면 우리는 이 시간들의 움직임을 측정하기 위한 3차 시간이 필요하다. 결국 우리는 무한 퇴행에 빠진다. B-이론가들은 이렇게 말한다. 최선의 방책은 시간의 본성에 관한 유일한 이론으로서 B-이론을 채택하는 것이다.

B-이론가들에 따르면, 이렇게 하는 것에 대한 좋은 이유가 있다. 시간에 대한 B-이론가들의 설명은 과학이 많이 보증해 준다. 아인슈타인의 특수 상대성 이론을 통해 우리가 개입하게 되는 시간에 대한 설명이 바로 B-이론가들의 설명이다. 더욱이 시간을 특징지을 때 B-이론이 채택하는 개념들은 매우 객관적이다. 임의의 사건이 다른 사건들과 B-관계를 맺는다는 사실은 객관적인 사실이다. 이 사실은 이 사람이나 저 사람의 주관적 관점에 의존하는 사실이 아닌 것이다. 반면에 한 사건이 갖는 A-규정성들은 시간에 따라 달라진다. 하나의 시간이나 한 사건에 대해 정확히 어떤 A-술어가 참이 되는지는 그 술어를 적용하는 사람의 시간적 관점에 의존한다. 그러나 분명 세계를 구성하는 사실들은 객관적인 사실들이다. 다시 말해 세계를 구성하는 사실들은 B-이론의 무시제적 언어에 의해 표현되는 사실들인 것이다.

그런데 우리가 A-술어를 적용하는 문장들, 혹은 시제화된 형태의 동사를 적용하는 문장들이 참이라는 것은 사실이 아닌가? 그리고 그것들이 참이라는 것은 시제화된 속성, 시제화된 사실, 시제화된 사태들이 존재한다는 것이 아닌가? B-이론가들은 그러한 문장들이 참임을 인정한다. 그러나 그들은 다음과 같이 주장한다. 이 문장들이 참임은 B-이론의 영원론적 형이상학과 양립 가능하다. 그러나 이 대답은 B-이론의 역사를 통틀어 다양한 형태를 취해 왔다. 1970년대에 B-이론가들은 의미와 번역이라는 개념을 전형적으로 이용하고 있다. 이들의 주장은 다음과 같다. 시제화된 형태의 동사를 포함하는 모든 문장, 혹은 '과거', '미래'와 같은 A-술어를 포함하는 모든 문장은 B-이론적인 번역이 가능하다. 즉 이러한 문장들은, 자신들과 의미론적으로는 등가이지만 오직 무시제적 동사만을 포함하는, 혹은 '더 먼저', '더 나중에'와 같은 B-이론적 술어만을 포함하는 문장들로 번역될 수 있다. 따라서 모든 A-이론적 문장에 대응하는 B-이론적 문장이 있는데, B-이론적 문장은 A-이론적 문장의 의미를 제공하게끔 번역되는 것이다. 만약 사실이 이러하다면, 우리는 시제화된 문장들이 어떻게 참이 될 수 있는지를 설명하기 위해 A-이론적 사태 같은 것을 가정할 필요가 없다. 겉보기와는 달리, 시제화된 문장들은 사실 B-이론적 사태를 표현하는 것일 뿐이다. B-계열을 구성하는 무시제적 사태 말이다.

그러나 이 번역이 어떻게 이루어져야 할지에 대해 B-이론가들 모두가 견해를 같이하는 것은 아니다. A-이론적 문장에 대한 B-이론적 번역을 제공하려는 전략 중 하나는 날짜를 사용하는 것이다.[6] 이 설명에 따르면, 한 사건의 발생을 보고하는 어떤 시제화된 문장은 그 내용의 손실 없이 무시제적 문장으로 대체될 수 있는데, 이 무시제적 문장은 그 사건 발생의 시간을 달력 날짜에 근거해 정한다. 2005년 성탄절에 내가 다음과 같은 시제화된 문장을 발화했다고 해보자.

(1) 어제 눈이 왔다.

다음과 같은 무시제적 문장이 내가 말한 바를 잡아낸다.

(2) 2005년 12월 24일에 눈이 온다.

시제를 제거하려는 또 다른 전략은 개별어 상관 분석token reflexive analysis을 통해 제공된다.[7] 이 분석에 따르면, A-이론적 문장의 개별어(즉 문장의 발화나 필기)는 항상 그 개별어(문장의 발화/필기) 자체에 대한 지칭을 포함한다. 그리고 시제화된 문장은 사실 어떤 사건의 발생 시간을 규정하고 있다. 이 설명에 따르면, 그 발생 시간은 다음과 같은 방식으로, 즉 사건의 발생과 그것을 보고하는 발화/필기, 이 둘 사이의 B-관계에 근거해 규정된다. 내가 다음과 같이 말한다고 가정해 보자.

(3) 지금 눈이 오고 있다.

내가 말하는 바는 다음과 같은 B-이론적 문장에 의해 표현된다.

(4) 이 발화와 동시에 눈이 온다.

그리고 내가 문장 (1)을 쓴다면, 나의 필기가 갖는 효력은 다음과 같은 무시제적 문장에 의해 파악된다.

(5) 이 필기보다 하루 먼저 눈이 온다.

그래서 A-문장을 B-문장으로 번역하는 데는 서로 다른 여러 가지 조리법이 있다. 그럼에도 이 조리법들의 목적은 언제나 똑같다. 즉 우리가 참인 진술을 하기 위해 A-이론적 문장들을 사용한다 해도, A-속성, A-사실, A-사태 등의 존재에 개입하는 것은 아니라는 것을 보여주는 것. A-문장은 분명 무시제적인 B-문장과 달라 보인다. 그러나 사실 A-문장은 가면을 쓴 B-문장일 뿐이다.

A-이론

B-이론가들이 시간을 맥타가르트의 B-계열로 이해하는 반면, A-이론가들은 시간을 A-계열적인 특성을 갖는 것으로 간주한다.[8] A-이론가들은 시간이 고정되고 불변하는 틀이라는 것을 부정하며, 또 이 틀 안에 있는 모든 시간, 사건, 사물은 불변하는 혹은 똑같이 실제적인 위치를 가진다는 것을 부정한다. A-이론가들은 시간을 시제적인 것이라 생각하며, 또 이 사실은 환원될 수 없는 사실이라 생각한다. 이들은 다음과 같이 생각한다. 시제와 관련된 여러 언어적 표현(시제화된 동사, '과거', '현재', '미래' 등과 같은 술어들, '지금', '그때', '어제', '오늘' 등과 같은 지칭적 표현들)은 시간이 갖는 객관적인 측면들을 보여주는 것이다. 다시 말해 이러한 표현들은 생각하는 존재자가 하나도 없는 세계에서라도 시간이 갖게 되는 측면을 보여주는 것이다. A-이론가들은 이 측면들이 객관적이라 생각하지만 그럼에도 이것들이 나타났다 사라졌다 할 수 있다고transitory 생각한다. 시간들, 사건들, 대상들은 여러 시간적 속성과 관련해 변화하는 것이다. 이것에 더해서 이들은 여러 시간적 측면 사이에는 존재론적으로 의미 있는 차이가 있다고 생각한다. 현재는 형이상학적으로 특권적인 어떤 지위를 갖는 것이다. 지금 현재 진행되는 것만이 실제적인 것이다. 과거나 미래는 실제적이지 않은 것이다.

따라서 A-이론가들은 모두 다음과 같은 사실에 동의한다. 시간은 시제적이며, 이러한 사실은 다른 사실로 환원될 수 없다. 그리고 이러한 것은 존재론적으로 의미 있는 사실이다. 이들은 또한 다음과 같은 사실에 모두 동의한다. 즉 시제화된 언어를 무시제적 언어로 환원하려는 B-이론가들의 시도는 실패하고 있다. 날짜 분석에 반대해 그들은 다음과 같이 논한다. 다음과 같은 시제적 문장이 있다.

(1) 어제 눈이 왔다.

이 문장은 다음과 같은 무시제적 문장으로 번역될 수 없다.

　(2) 2005년 12월 24일에 눈이 온다.

이들에 따르면 (1)은 (2)로 번역될 수 없다. 그 이유는 다음과 같다. 만약 문장 (2)가 문장 (1)의 의미를 제공해 준다면, 내가 (1)이 말하는 바를 믿는 경우에 (2)가 말하는 바도 반드시 믿어야만 하는데, 사실 그렇지 않다. A-이론가들은 (1)은 믿지만, (2)는 믿지 않는 것이 가능하다고 주장한다. 2005년 성탄절 전날 내가 오랜 혼수상태에서 깨어나 눈이 오는 것을 보았다고 가정해 보자. 혼수상태에서 방금 깨어났으므로, 나는 날짜에 대해서는 아무것도 모른다. 다음 날 여전히 날짜에 대해서는 아무것도 모르는 상태에서, 나는 (1)에는 동의하지만 (2)에는 동의하지 않을 수 있다.

　마찬가지로 A-이론가들은 개별어 상관 분석을 통해 번역을 수행하고자 하는 B-이론가들을 비판한다. 다음과 같은 시제적 문장이 있다.

　(3) 지금 눈이 오고 있다.

이 문장은 다음과 같은 무시제적 문장으로 분석될 수 없다.

　(4) 이 발화와 동시에 눈이 온다.

(3)과 (4)는 서로 다른 함축entailment을 가진다. 그리고 서로 다른 함축을 갖는 문장들은 그 의미도 다르다. (4)는 다음과 같은 사실을 함축한다. 즉 날씨에 관한 어떤 발화가 있었다. 그러나 (3)은 이러한 것을 함축하지 않는다. 따라서 (3)이 표현하는 바는 언어 사용자가 하나도 없는 세계에서조차도 참

일 수 있다. 그러나 (4)는 그렇지 않다.

B-이론가들에게 문젯거리가 되는 문장에 대한 특별히 강력한 예 하나를 프라이어Arthur Prior가 제안했다.[9] 프라이어는 다음과 같은 사실을 지적한다. 정말 고통스러운 경험이 끝나면 어떤 이는 이렇게 말한다. "감사합니다. 이제 끝났어!" 프라이어는 다음과 같이 주장한다. 이 문장은 특정한 날에 고통스러운 경험의 마지막 순간이 왔음에 대한 화자의 안도감을 표현하고 있는 것이 아니다. 왜냐하면 그 경험이 끝났음에 안도하면서도 그는 날짜를 혼동했을 수 있기 때문이다. 또한 프라이어에 따르면 화자는 다음과 같이 말하고 있는 것도 아니다. "고통스러운 경험의 마지막 순간이 이 발화보다 먼저임에 감사드립니다." 왜 화자는 이것에 대해 안도해야 하는가? 프라이어의 물음이다.

모든 A-이론가는 다음과 같이 생각한다. 시제적 문장들을 무시제적 문장들을 통해 분석하려고 하는 B-이론가들의 시도는 모두 실패다. 그러나 어떤 A-이론가들은 시제적으로 참인 문장들에 더해서, 무시제적으로 참인 문장들이 있음도 인정한다. 예를 들어 논리학이나 수학 같은 분과에서의 참인 문장들. 그러나 또 다른 A-이론가들은 다음과 같이 주장하기를 원한다. 즉 정말로 무시제적인 주장은 없다. 이러한 유형의 이론을 지지하는 A-이론가들은 다음과 같이 주장한다. B-문장은 A-문장에 대한 분석을 제공하기는커녕, 오히려 암묵적으로는 시제화되어 있는 문장이다. 이 견해에 따르면, 다음과 같이 명백히 무시제적인 주장, 즉 한 사건 e는 다른 사건 e' 보다 먼저라는 주장은 실제로는 다음과 같은 연언 형태의 주장의 위장된 형태이다. 즉 e가 과거일 때 e' 는 현재이고, e가 현재일 때 e' 는 미래이다. 매우 강한 이 유형의 A-이론을 지지하는 사람들은 다음과 같이 주장할 것이다. 2 더하기 2는 4라는 명제가 영원한 진리라고 말할 때, 우리가 진정한 무시제적 진리에 개입하는 것은 아니다. 우리가 말하고 있는 것은 단지 다음과 같은 것이다.

즉 2 더하기 2는 4라는 것은 언제나 참이며, 또 2 더하기 2는 4라는 것은 언제나 참일 것이다.

시간에 대한 이처럼 강한 유형의 시제 이론을 채택하든, 채택하지 않든 모든 A-이론가는 다음과 같은 사실에 동의할 것이다. 즉 시제적 언어는 액면 그대로 받아들여져야 한다. 시제적 언어는 환원되지 않는 시제적 속성, 환원되지 않는 시제적 사태를 가리키는 것이다. 또 A-이론가들은 이러한 시제적 속성이나 시제적 사태에 신비로운 어떤 것이 있다고 생각하지 않는다. 그들은 다음과 같이 주장하기를 원한다. 시제와 관련한 형이상학적 구분들은 현상학적으로 표현된다. 그들에 따르면, 현재임이라는 속성은 우리의 모든 경험을 동반한다. 현재는 지각과 내성 안에서 우리 앞에 주어진 것이다. 어떤 A-이론가가 말하듯이, 현재는 우리 경험 속에 "살아 있는" 것이다.[10] 나의 경험은 오직 지금 이루어지는 것만이 갖는 실재성을 가진다. 따라서 경험 안에서 우리는 현재임이라는 속성과 대면하는 것이다. 반면 우리는 과거도, 미래도 직접 경험하지 못한다. 대신 우리는 과거를 기억하며, 안도의 한숨을 쉬며, 후회하며, 그리워한다. 우리는 미래를 예측하며, 두려워하며, 무서워하며, 희망한다. 그리고 이렇듯 서로 다른 우리 태도는 적절한 것이다. 이 태도들은 과거, 현재, 미래가 갖는 존재론적 차이들과 대응하는 것이다.

맥타가르트는 사건들이 A-규정성들을 드러낸다는 가정이 모순으로 귀결된다고 논증했다. 우리가 언급했듯이 어려움은 다음과 같은 것이다. 과거, 현재, 미래라는 속성들이 양립 불가능함에도 불구하고 각 사건은 이 세 속성 모두를 갖는 것으로 보인다. A-계열에 대한 이러한 공격에 A-이론가들은 다음과 같은 점을 지적하면서 대응한다. 한 사건은 이 세 속성을 동시에 갖는 것이 아니라 차례차례 가진다. 그리고 우리는 시제화된 동사를 이용해, A-속성들에 아무런 문제가 없음을 보일 수 있다. 따라서 어떤 사건은 과거이고, 현재이고, 미래인 것이 아니다. 그 사건은 지금 현재이고, 앞서서 미래였고, 과거가 될 것이다.

　이러한 주장은 우리에게 친숙한 것이다. 왜냐하면 위에 나온 양립 불가능성을 해결하기 위해 맥타가르트가 이미 이 전술을 사용했기 때문이다. 그러나 맥타가르트는 다음과 같이 논했다. 이 전술은 궁극적으로 실패이다. 그의 주장에 따르면 어려움은 다음과 같은 사실에 놓여 있다. 즉 우리는 시제화된 형태의 동사를 액면 그대로 이용할 수 없다. 우리는 이 전술에서 사용되는 시제화된 동사를 분석할 필요가 있다. 그리고 맥타가르트는 이러한 분석이 다음과 같이 진행된다고 우리에게 말했다. 한 사건이 (시제적인 의미로) 현재라는 것은 그 사건이 현재의 어떤 순간에 (무시제적으로) 현재라는 것이다. 어떤 사건이 미래였다는 것은 그 사건이 과거의 어떤 순간에 (무시제적으로) 미래라는 것이다. 어떤 사건이 과거가 될 것이라는 것은 그 사건이 미래의 어떤 순간에 (무시제적으로) 과거라는 것이다. 그러나 이러한 시간들 자체도 양립 불가능한 세 속성을 갖는 것이다. 따라서 우리는 무한 퇴행에 빠지는 것이다.

　A-이론가들은 이 논변에 대해 별 감흥이 없다. 맥타가르트는 다음과 같이 주장했다. 사건들이 차례차례 A-규정성들을 가진다고 주장할 때, 우리는 여기서 작동하고 있는 시제화된 동사를 분석할 필요가 있다. 그러나 A-이론가들이 보기에 맥타가르트의 이 주장은 별 의미가 없다. 왜 우리는 시제를 액면 그대로 받아들일 수 없는가? 맥타가르트는 이러한 분석이 필요한 이유를 제시하지 못하고 있다. 그리고 정말 중요한 것은 맥타가르트의 이 분석이 A-계열과 B-계열의 관계에 대한 그의 견해와 양립할 수 없다는 것이다. 궁극적으로 맥타가르트는 A-계열이 B-계열보다 더 근원적이라고 주장하기를 원했다. 그런데 이러한 주장은 다음과 같은 주장일 뿐이다. 즉 시제적 언어가 무시제적 언어보다 기본적이다. 그러나 만약 사실이 이러하다면, 다음과 같이 주장하는 것은 완전히 잘못된 것이다. 즉 시제화된 형태의 동사(A-

규정성에 대한 전형적인 표현들)는 무시제적 형태의 동사를 통해 분석될 필요가 있다.

따라서 모든 A-이론가는 다음과 같은 사실에 동의한다. 즉 A-술어들은 환원될 수 없으며, 또 그것들은 시간의 객관적인 측면을 표현하고 있다. 그리고 이러한 사실에 어떤 문제가 있다고 가정함으로써, 맥타가르트는 잘못을 저지르고 있다는 것이다. 다시 말해 맥타가르트의 논변에서 두 번째 부분은 실패인 것이다. 그러나 이들은 나타났다 사라지는 시간의 특성이 정확히 어떻게 표현될 수 있는지에 대해서는 의견 차이를 드러내고 있다. 우리가 보았듯이, 맥타가르트는 나타났다 사라지는 시제의 본성을 시간적 도래라고 부른다. 그 주장은 다음과 같은 것이다. 즉 A-계열을 구성하는 대상이나 사건은 미래로부터 출발해 현재를 거쳐 과거로 이동해 간다. 20세기 초반의 저명한 A-이론가인 브로드C. D. Broad는 나타났다 사라지는 시간의 특성을 다른 방식으로 표현하고 있다.[11] 그는 [자신이 받아들이지는 않는] 유비 하나를 언급한다. 거리에 일렬로 늘어선 집들을 가정하자. 경찰관은 경찰차 안에서 그 거리를 달린다. 달릴 때 그는 집들을 향해 라이트를 켠다.(브로드는 이것을 경찰관의 각등이라고 부른다.) 각 집이 자기 순서에 맞게 한 차례에 하나씩 밝혀지도록 말이다. 이 집들이 바로 자신들의 시간적 순서에 따라 정렬된 일련의 사건이다. 경찰관의 각등 혹은 라이트는 현재이다. 이미 비춰진 집들은 과거 사건들을 표현한다. 아직 밝혀지지 않은 채로 남아 있는 집들은 미래를 표현한다. 그래서 이 착상은 다음과 같은 것이다. 과거, 현재, 미래의 사건들은 어떤 방식으로든 거기 있는 것이지만, 현재에 의해 비춰지는 사건들은 존재론적으로 특권적인 것이다. 현재에 의해 비춰지는 사건들은 이미 비춰진 사건들보다, 아직 비춰지지 않은 사건들보다 더 실제적인 것이다. 이 설명에 따른다면, 움직이는 것은 현재이다. 현재는 줄지어 있는 사건들을 가로질러 움직인다. 그러나 이 운동은 독특한 형태의 운동이다. 이것은 우리에게 익숙

한 형태의 운동이 아니다. 그래서 우리는 이것이 얼마나 빠른지, 얼마나 느린지 질문할 수 없다.[12]

　브로드 자신은 움직이는 현재라는 이러한 그림을 거부한다. 대신 그는 시간에 대한 커져가는 덩어리 이론growing block theory of time이라고 불리는 형태의 A-이론을 채택한다.[13] 브로드는 다음과 같이 주장하기를 원한다. 현재와 과거는 모두 완전히 실제적인 것이다. 그러나 미래는 그 어떤 존재도 갖지 않는다. 따라서 여기서 실제성이란 어떤 덩어리를 말한다. 그리고 현재란이 덩어리의 맨 앞쪽 끝부분이다. 그리고 브로드가 말하듯, "존재의 총합은항상 증가한다."[14] 현재가 과거가 될 때 일어나는 일은 "이 세계의 전체 역사에 존재의 새로운 층이 더해지는 것이다."[15] 사건들은 존재를 멈추지 않는다. 단지 이것들은 자신보다 뒤에 오는 새로운 사건들을 갖게 될 뿐이다. 새로운사건들은 생성한다. 그리고 맥타가르트의 용어를 빌려 브로드는 사건들이이렇게 존재하게 되는 것을 도래라고 부른다. 그는 도래가 독특한 종류의 변화라고 말한다. 이것은 우리에게 더욱 친숙한 다른 종류의 변화로 환원되지않는다. 브로드는 이 변화가 얼마나 빠른지, 얼마나 느린지 묻는 것은 의미없는 것이라 주장한다. 그리고 이 변화야말로 다른 모든 종류의 변화의 근거가 되거나, 다른 모든 종류의 변화가 전제로 삼고 있는 변화라고 브로드는주장한다.

　그렇다면 브로드의 견해에 따를 경우, 사건의 도래는 무로부터의 출몰이라는 극단적 형태를 띤다. 도래 이전에는 사건이 그 어떠한 존재론적 위상도갖지 않는다. 따라서 사건이 도래한다는 것은 낮은 수준의 존재로부터 높은수준의 존재로 옮겨가는 것이 아니다. 또한 사건이 도래한다는 것은 어떤 존재론적 범위(미래)로부터 다른 존재론적 범위(현재)로 움직여가는 것도 아니다. 미래는 그 어떤 존재론적 위상도 갖지 않는다. 그리고 어떤 순수한 사건이나 시간, 대상들이 갖고 있을 것이라 생각되는 미래임이라는 속성도 존재하지 않는다. 브로드는 다음과 같이 말한다. 자신의 이러한 견해로 인해 그는 다음과 같은 주장, 즉 미래에 대한 그 어떠한 명제도 규정된 진릿값을 갖지 않는다는 주장에 개입하게 되었다고. 미래라는 것은 없다. 따라서 미래 시제의 명제를 참이나 거짓으로 만들어주는 것도 없다. 따라서 내가 오늘, 내일 비가 올 것이라고 말한다면, 내가 말한 것은 참도 거짓도 아니다. 이러한 착상은 근본적인 논리학적 원리와 충돌한다. 즉 모든 명제 P는 참 아니면 거짓이라는 원리 말이다. 브로드는 이러한 충돌을 인정한다. 그러면서 그는 다음과 같이 말한다. 이러한 처지에 놓인 형이상학은 우리로 하여금 다음과 같이 말하도록 강요한다. 즉 이 원리는 현재와 과거 시제의 명제들에만 적용되는 원리이다.

브로드가 이러한 견해를 취하게 된 동기는 그의 다음과 같은 직관 때문이다. 과거와 현재는 충분히 규정되어 있는 반면, 다시 말해 이미 쌓여 있는 반면, 미래는 아직 규정되어 있지 않다. 그리고 이러한 직관은 다음과 같은 착상과 분명하고도 의미 있는 연관성을 가진다. 즉 우리는 자유로운 행위자로서, 앞으로 세상이 어떻게 돌아갈지는 진정 우리에게 달려 있는 것이다. 브로드의 이러한 직관과는 또 다른 직관이 있는데 그것은 다음과 같은 것이다. 과거는 "끝났다." 이 직관은 형태가 조금 다른 A−이론을 추동할 수 있다. 줄어드는 덩어리 이론shrinking block theory이라 불리는 이론이 그것이다. 이 견해에 따르면, 현재와 미래는 실제적이다. 그러나 과거는 그 어떤 존재론적 위상도 갖지 않는다. 이 역시 어떤 덩어리에 대한 그림이다. 그러나 이 덩어리는 끊임없이 자신의 부분들을 잃어간다. 이 견해에 의하면, 현재는 쇠퇴하는 실재성의 아래쪽 끝부분이다. 이 그림에서 소멸은 있지만 생성은 없다. 그리고 이 견해를 내세우는 사람들은 다음과 같은 질문이 의미 없는 것이라 다시 한 번 주장한다. 즉 이 덩어리는 얼마나 빨리, 혹은 얼마나 느리게 자신의 부분들을 잃어가는가?

그래서 경찰차 라이트(혹은 각등) 이론, 커져가는 덩어리 이론, 줄어드는 덩어리 이론, 이 셋은 나타나고 사라지는 A-규정성의 본성을 표현할 수 있는 세 가지 방식이 된다. 다음과 같은 점에 주목하라. 이 셋 모두 4차원주의라는 철학적 입장을 따른다는 점.[16] 커져가는 덩어리 이론, 줄어드는 덩어리 이론의 경우를 보면 이것은 분명하다. 이 이론들은 자신들이 실재성이라고 부르는 것을 덩어리로, 즉 공간적 연장과 시간적 연장을 갖는 덩어리로 간주한다. 이 각 모델에서 우리는 4차원적 덩어리를 가진다. 라이트 이론 역시 4차원주의적이다. 라이트 이론가들은 과거와 미래에 어떤 종류의 실재성, 어떤 종류의 존재론적 위상을 부여한다. 실재성이 4차원적으로 펼쳐져 있다고 하지 않는다면, 이러한 위상 부여는 이해하기 어려울 것이다. 따라서 A-이론의 이 세 유형 모두 실재성에 대한 4차원적인 그림을 받아들인다. 그리고 이 점에서 그들은 B-이론가들과 견해를 같이하는 것이다. 이들이 B-이론가들과 다른 점은 모든 시간은 똑같이 실재적이라는 것을 부정한다는 점, 그리고 실재성이란 그 자체로 시제적이며 이러한 사실은 환원될 수 없는 것이라는 주장을 한다는 점에 있다.

이 세 형태의 A-이론이 4차원주의를 받아들이지만, 지금까지 가장 인기 있는 유형의 A-이론(현재론presentism이라 알려져 있다.)은 4차원주의를 받아들이지 않는다.[17] 이 견해에 따르면, 실재는 시간적으로 연장되어 있는 것이 아니다. 과거로부터 현재로 연장되어 있든, 현재로부터 미래로 연장되어 있든, 그 어떤 방식으로도 실재는 시간적으로 연장되어 있지 않다. 이름이 암시해 주듯, 현재론자들은 다음과 같은 견해를 내세운다. 지금 존재하는 것만이, 혹은 현재 존재하는 것만이 실제로 존재하는 것이며, 지금 일어나는 일만이, 혹은 현재 일어나는 일만이 실제로 일어나는 것이다. 현재론자들은 다음과 같은 주장에 동의할 것이다. 더 이상 존재하지 않는 것들이 이전에 존재했으며, 아직은 존재하지 않지만 앞으로 존재할 것들이 있다. 그러나 그들은 이러한 사실로부터 다음과 같은 사실이 따라 나오지는 않는다고 주장한다. 즉 현재 존재하지 않는 것들이 지금 존재한다. 현재론자들은 다음과 같은 것에 동의할 것이다. 지금 발생하는 것은 아니지만 이전에 발생한 사건들이 있고, 또 아직 일어나지는 않았지만 앞으로 일어날 사건들이 있다. 그럼에도 현재론자들은 이러한 사실로부터 다음과 같은 사실이 따라 나온다는 것은 부정할 것이다. 현재 일어나는 사건은 아니지만, 그럼에도 사건들이 일어나는 실재성의 어떤 특별한 영역이 지금 있다. 현재론자들이 주장하고자 하는 것은 다음과 같은 것이다. 실제적이라는 것과 현재적이라는 것은 같은 것이다.

현재론자들은 과거의 대상이나 사건, 미래의 대상이나 사건 등의 존재를 부정한다. 따라서 이들은 나타났다가 사라지는 시간의 본성을, 시간적 도래라는 맥타가르트적 그림을 통해 표현할 수 없으며, 또 우리가 지금까지 논한 여러 형태의 A-이론과 연계된 그림을 통해서도 표현할 수 없다. 그들은 나타났다 사라지는 시제라는 현상을, 형이상학적으로 볼 때 좀 더 보수적인 방식을 통해 표현한다. 전형적으로 현재론자들은 우리가 4장에서 본 다음과 같은 주장을 고수한다. 즉 시간의 흐름에 따라 진릿값이 변하는 명제들이 있다. 예를 들어 그들은 다음과 같이 말한다. '빌 클린턴은 지금 대통령이다.'와 같은 문장은 어떤 시제적 명제를 표현하는데, 이 명제는 어떤 때는 참이고, 어떤 때는 거짓이다.

현재론은 다음과 같은 주장을 통해 정의된다. 즉 현재가 실재하는 것의 전부이다. 그리고 현재론자들에 따르면, 이러한 주장을 하게 되는 강력한 동기가 있다. 그중 하나는 다음과 같다. 앞에서 언급했듯이, 현재론은 시간에 대한 현상학적 사실들과 잘 맞아 떨어진다. 우리가 경험하는 것은 지금 존재하는 것, 지금 일어나고 있는 것이다. 흔히 말하듯, 현재는 "살아 있는" 것이다. 현재는 실제적인 것이다. 우리는 현재를 경험한다. 그리고 현재만을 경험한다. 더욱이 현재론은 우리가 앞에서 언급한 상식적 직관과 일치한다. 우리는 과거를 "끝났다"고 생각한다. 우리는 미래가 아직 규정되지 않았다고 생각한다. 우리가 지적했듯이 이러한 직관은 다음과 같은 믿음과 연계되어 있다. 즉 우리는 자유로운 행위자이며, 세상이 어떻게 돌아갈지는 진정 우리에게 달려 있다.

그럼에도 현재론은 여러 반론에 직면한다. 이 책에서는 두 가지 반론을 검토하겠다. 첫째, 현재론은 특수 상대성 이론과 양립할 수 없다. 이 반론에 대한 기술적인 배경은 옆으로 치워놓아도 된다. 다만 우리는 다음과 같이 말할 수 있다. 특수 상대성 이론은 어떤 시간이 다른 시간보다 더 특권적이라는 견해와 양립할 수 없다. 이것이 특수 상대성 이론과 관련해 일반적으로 받아들여지고 있는 생각이다. 따라서 특수 상대성 이론은 세계에 대한 B–이론적 그림, 즉 영원론적 그림을 전제로 하고 있는 것으로 보인다. 따라서 위의 반론은 모든 형태의 A–이론에 적용된다고 할 수 있다. 그러나 특별히 현재론은 현재 존재하는 것만이 실제적이라 주장하므로, 이 반론은 전형적으로 현재론에 대해 제기되는 반론이다. 이제 어떤 현재론자들은 우리가 상대성 이론에 대해 실재론적인 입장을 취할 필요가 없다고 주장함으로써, 이 반론에 대답할 수 있다. 우리는 상대성 이론이 세계에 대한 참된 묘사를 제공하고 있는 시도라 생각할 필요가 없다는 것이다. 현재론자들에 따르면, 상대성 이론은 우리로 하여금 관찰 진술들 한 무리로부터 다른 무리로 옮겨가게 해주는 도구일 뿐이다. 그래서 이러한 대답은 위의 반론에 대한 선택지 중 하나가 된다. 그러나 현재론자 중 다수가 이 대답을 채택하는 것은 아니다. 더욱 전형적으로는 다음과 같은 점을 인정한다. 상대성 이론은 세계를 특징짓고 있으며, 이 이론은 현재론이라는 형이상학과는 양립할 수 없다.[18] 그러나 이들은 다음과 같이 주장한다. 물리학의 영역 내에는, 경험적으로 볼 때 특수 상대성 이론과 등가이면서도 현재론과 양립할 수 있는 이론들이 있다. 이 이론들 중 어떤 이론은 상대성 이론의 건전한 대안이 되며, 또 세계에 대한 올바른 형이상학적 그림을 그리는 것과 관련해 우리는 이 대안적 이론들을 선호해야 한다.

또 다른 반론은 다음과 같은 사실에 초점을 맞춘다. 우리는 현재에 대해서만 어떤 주장을 하는 것이 아니라, 과거나 미래에 대해서도 어떤 주장을 한다. 그러나 과거와 미래가 실제적이지 않다면, 이러한 주장을 할 때 우리가 무엇에 대해 말하고 있는지 이해하기 어렵다. 첫 번째 반론과 마찬가지로, 이 반론도 현재론뿐 아니라 다른 형태의 A-이론들에도 적용됨에 주목하라. 이 반론이 제기하는 어려움은 커져가는 덩어리 이론과 줄어드는 덩어리 이론 모두에 해당한다. 커져가는 덩어리 이론과 관련해 나타나는 어려움은 미래에 대한 주장과 연계되어 있다. 우리는 브로드가 이 어려움을 어떻게 극복하는지 보았다. 브로드는 다음과 같이 주장한다. 미래 대상은 없는 것이다. 따라서 미래 시제 진술은 진릿값을 갖지 않는다. 우리는 이러한 주장이 어떻게 방어될 수 있는지를 보았다. 이 주장은 자유, 행위자 등에 대한 상식적 직관을 통해 방어된다. 미래 시제 명제가 진릿값을 갖지 않는다는 견해(흔히 이야기되듯, 미래는 열려 있다는 견해) 그 자체에 문제점이 없는 것은 아니다. 그러나 그냥 다음과 같이 가정하자. 즉 현재론자들은 브로드의 견해를 매력적이라 생각할 수 있다고.

그래도 문제는 남는다. (줄어드는 덩어리 이론의 지지자들과 더불어) 현재론자들은 과거 시제 주장들을, 특히 단칭 과거 시제singular past tensed 주장들을 어떻게 다룰 수 있는가? 예를 들어 우리는 이렇게 말한다. 조지 워싱턴은 의치를 끼고 있었다. 그러나 이 주장이 참이려면, 우리가 말하고 있는 어떤 것이 있어야 한다. 그러나 현재론(혹은 줄어드는 덩어리 이론)이 옳다면, 조지 워싱턴과 같은 사물은 없는 것이다. 그리고 이러한 사실로부터 다음과 같은 사실이 따라 나오는 것으로 보인다. 즉 조지 워싱턴이 의치를 끼고 있었다는 주장은 거짓이다. 그러나 역사가들은 우리에게 조지 워싱턴이 정말로 의치를 끼고 있었다고 말해 준다. 그리고 미국 역사가가 아닌 우리로서는 이들의 주장에 반대할 그 어떤 권리도 없는 것이다. 그러나 현재론을 선호한다면, 우리는 정말로 미국 역사가들에게 반대해야 할 것으로 보인다.

현재론자들은 이러한 어려움을 심각하게 받아들인다.[19] 그들에 따르면 이 문제는 과거 시제 문장에 대한 해석에 관한 것이다. 즉 과거 시제 문장에 의해 표현되는 명제는 정확히 어떤 명제인가에 대한 문제이다. 그들은 참인 명제를 표현하기 위해 다음과 같은 문장이 사용될 수 있음을 인정한다.

(6) 조지 워싱턴은 의치를 끼고 있었다.

그러나 이들은 다음과 같이 주장한다. 우리는 문장 (6)이 조지 워싱턴에 대한 명제를 표현하고 있다고 느슨하게 말할 수 없다. 그렇다면 문장 (6)은 어떤 명제를 표현하고 있는가? 이 물음에 답하면서 현재론자들은 다음과 같은 사실을 환기시킨다. 명제는 필연적 존재이다. 명제는 모든 가능 세계에 존재한다. 그리고 이러한 사실은 일반 명제뿐 아니라 단칭 명제에도 마찬가지이다. 다음과 같은 문장에 의해 표현되는 명제를 보자.

(7) 조지 부시는 텍사스 출신이다.

이 문장에 의해 표현되는 명제는 모든 가능 세계에 존재한다. 이 명제는 조지 부시가 존재하는 가능 세계에만 존재하는 것이 아니라 그 외의 모든 가능 세계에도 존재한다. 더욱이 이 명제는 모든 가능 세계에서, 모든 시간에 존재한다. 따라서 특정 시간[예컨대 현재]에 부재하는 어떤 대상에 관한 단칭 명제는 그럼에도 그 특정 시간에 존재하는 것이다. 따라서 다음과 같은 현재

시제 명제는 조지 워싱턴이 더 이상 존재하지 않을지라도 여전히 존재하는 것이다.

(8) 조지 워싱턴은 의치를 끼고 있다.

이제 현재론자들은 다음과 같이 말한다. 현재 존재하는 대상들은 우리가 회고적 속성backward looking property이라고 부를 수 있는 속성을 가진다. 그래서 조지 부시는 예일 대학에 재학했음이라는 속성을 가지며, 텍사스 주의 주지사였음이라는 속성을 가진다. 이제 우연적으로 존재하는 구체적 개체뿐 아니라 명제들도 회고적 속성을 가질 수 있다. 그래서 현재론자들은 다음과 같이 말할 수 있다. 문장 (6)을 이해하는 방식 중 하나는 이 문장이 다음과 같은 명제를 표현하고 있다고 보는 것이다. 즉 문장 (8)에 의해 표현되는 명제가 예전에 한 번 참이었음이라는 회고적 속성을 가지고 있다는 명제. 우리가 미국의 역사학자들을 신뢰할 수 있다면, 이 명제는 참이다. 그렇다면 우리는 직관적으로 매력적인 다음과 같은 결과를 얻게 되는 것이다. 즉 조지 워싱턴이 존재하지 않지만 그럼에도 문장 (6)은 참인 명제를 표현한다.

문장 (6)에 대한 이러한 설명을 작동하도록 만들어주는 것은 다음과 같은 것이다. 조지 워싱턴은 의치를 끼고 있다는 현재 시제 명제는 필연적인 존재이다. 따라서 이 명제는 모든 시간에 존재한다. 이 명제가 거짓인 시간까지 포함해서 말이다. 그런데 이러한 사실은 현재론자들이 문장 (6)을 처리할 수 있는 또 다른 방법을 보여준다. 그들은 다음과 같이 말할 수 있다. 문장 (6)은 조지 워싱턴에 관한 명제를 표현하는 것이 아니라 조지 워싱턴의 개별적 본질individual essence에 관한 명제를 표현한다. 개별적 본질은 조지 워싱턴은 의치를 끼고 있다는 명제만큼이나 필연적 존재이다. 따라서 이것은 조지 워싱턴이 존재하지 않는 지금도 여전히 존재하는 것이다. 문장 (6)은 개별적 본질에 관한 어떤 명제를 표현하는가? 문장 ⑥은 다음과 같은 명제를 표현한다. 개별적 본질이, 의치를 낌이라는 속성과 함께 예화되었음이라는 회고적 속성을 가진다는 명제. 따라서 우리는 현재론자들이 원하는 결과를 다시 한 번 얻게 된다. 즉 문장 ⑥은 참인 명제를 표현한다.

새로운 B-이론

B-이론에 따르면 시제적 문장은 무시제적 문장을 통해 분석될 수 있다. 그리고 무시제적 문장이 시제적 문장의 의미를 제공한다. 우리는 이러한 분석이 어떻게 이루어지는지에 대한 두 가지 설명을 언급했다. 즉 날짜를 통한 분석, 개별어 상관 분석. 그런데 B-이론을 설명할 때 언급했듯이, 시제적 언어에 대한 이러한 접근은 1980년대 이전에 이루어진 B-이론적 작업의 전형적 특징이다. 1980년대에 이르러서는 이와는 다른 새로운 유형의 B-이론이 등장하게 되었다.[20] 이것을 시간에 대한 새로운 무시제 이론, 혹은 새로운 B-이론이라 부른다. 이 새로운 B-이론이 예전의 이론을 완전히 대체하게 된다.

시간에 대한 형이상학에서 새로운 B-이론가들은 예전의 무시제 이론가들에 동의해, 시간을 3차원 공간과 더불어 가는 또 다른 차원일 뿐이라 생각한다. 또한 이들은 모든 시간, 그리고 시간 안의 모든 내용물이 똑같이 실제적이라 생각한다. 새로운 B-이론가들은 시간의 존재론에 대해서는 이처럼 예전의 B-이론가들에 동의하지만, 시제적 언어를 설명하는 데는 다른 방식을 취한다. 새로운 B-이론가들은 시제적 언어가 무시제적 언어로 번역될 수 있다고 생각하지 않는다. 그들은 A-이론가들에 동의해, 시제는 우리 언어가 갖는 제거될 수 없는 어떤 측면이라 생각한다. 그러나 그들은 A-이론가들에 반대해 다음과 같이 주장한다. 즉 시제적 언어를 제거할 수 없다는 것이 시간 그 자체가 시제화되어 있음을 보여주는 것은 아니다. 새로운 B-

이론가들은 다음과 같이 주장한다. 시제적 문장에 대한 무시제적 진리 조건을 제공할 수 있다면, B-이론은 성공적이다. 다시 말해, 각 시제적 문장 S가 참이기 위한 필요충분조건이 있는데, 그 비언어적 필요충분조건을 무시제적 용어를 통해 정식화할 수 있다면, B-이론은 성공적이다. 이들의 주장에 따르면, 이 무시제적 진리 조건이 보여주는 것은 다음과 같은 것이다. 시제적 문장들을 참이게끔 만들어주는 세계 내의 사실들은 그 자체로는 무시제적 사태들이다. 그리고 이 무시제적 사태들은 B-이론의 존재론을 구성하는 것이다. 새로운 무시제 이론가들은 이 무시제적 진리 조건을 제공할 수 있다고 주장한다. 그래서 그들은 다음과 같은 결론을 내린다. 우리는 시제적 언어를 무시제적 언어로 환원할 수는 없지만, 사태는 시제적이지 않다. 시제적 사태는 없는 것이다.

우리는 시제적 언어를 무시제적 언어로 환원하려는 예전의 B-이론가들을 A-이론가들이 어떻게 공격하는지 이미 보았다. 그들은 다음과 같이 주장한다. 다음과 같은 문장을 가정하자.

(1) 어제 눈이 왔다.

A-이론가들에 따르면, 이 문장은 다음 문장으로 번역될 수 없다.

(2) 2005년 12월 24일에 눈이 온다.

번역되지 않는 이유는 다음과 같다. 어떤 이는 문장 (1)이 표현하는 것은 참이라고 믿지만, 문장 (2)가 표현하는 것은 참이라고 믿지 않을 수 있다. 이와 마찬가지로 A-이론가들은 다음과 같이 논한다. 다음과 같은 문장이 있다.

(3) 지금 눈이 오고 있다.

이 문장은 다음 문장으로 번역될 수 없다.

(4) 이 발화와 동시에 눈이 온다.

번역되지 않는 이유는 다음과 같다. 같은 의미를 갖는 문장들은 같은 함축을 가져야 하는데, (3)과 (4)는 서로 다른 함축을 가진다. (4)는 날씨에 대한 어떤 문장이 발화되었음을 함축하는 반면, (3)은 그렇지 않다. 철학자들 대부분은 이러한 논증들이 설득력 있다고 생각했다. 그래서 그들은 다음과 같이 결론 내렸다. 즉 B-이론은 거짓이거나, 아니면 심각한 문제를 안고 있다.

그런데 1970년대에 언어철학의 발전으로 인해, 이러한 결론이 너무 성급한 것이 아니었는가 하는 주장이 제기되었다.[21] 언어철학적 작업은 상황지시어indexical에 초점을 맞추었는데, 이것은 다음과 같은 사실을 보여주는 것 같았다. 즉 우리의 언어에서 상황지시어를 제거하는 것은 불가능하다. 상황지시어란 언어적 표현으로서, 이것에 대한 의미론적 해석은 맥락에 따라 달라진다. '여기', '저기', '너', '나' 같은 언어적 표현이 그 예이다. 상황지시어에 대한 1970년대의 작업들은 다음과 같이 논한다. 상황지시적 언어를, 상황지시어를 포함하지 않는 언어로 번역하는 것은 불가능하다. 다음과 같은 문장을 보자.

(9) 여기 눈이 오고 있다.

이제 이들의 주장은 다음과 같은 것이다. 문장 (9)의 의미를 바꾸지 않으면서, '여기'라는 표현을 대체할 비상황지시어(고유명사를 포함하는 표현이든, 한정 기술구definite description를 포함하는 표현이든)를 찾는 것은 불가능하다. 대체한다면(예를 들어 '인디애나의 사우스 밴드에서'나 '큰 산 밑 계곡에서' 등으로), 문장 (9)와 다른 의미론적 내용을 갖는 문장이 나올 것이다. 그리고 이것은 상황지시어를 포함하는 어떤 문장에 대해서도 마찬가지인 것이다.

여기서 B-이론가들은 다음과 같이 생각한다. 상황지시어가 제거될 수 없다는 사실은, 시제적 언어를 무시제적 언어로 번역하려던 예전 B-이론가들의 시도가 왜 실패했는가를 보여준다. 다양한 시제적 표현들(시제적 동사나 '과거', '현재' 등과 같은 술어, '지금', '그때'와 같은 지칭적 표현들)은 모두가 상황지시어이다. 이러한 표현들에 대한 의미론적 해석은 이 표현들이 개별화되는 상황에 의존하며, 또 그러한 상황에 따라 변한다. 이 표현들이 발화되거나 글자로 쓰이는 시간적 맥락에 따라서 말이다. 시제적 문장들에 대한 예전 B-이론가들의 번역은 무시제적이었으며, 따라서 시간적 상황지시어를 포함하고 있지 않았다. 이러한 번역이 실패한 것은 시간의 본성에 대한 특정 형이상학적 사실과 관련이 있는가? 새로운 B-이론가들에 따르면 아무런 관련도 없다. 이 실패는 단지 상황지시어가 제거될 수 없음을 보여줄 뿐이다. (9)와 같은 문장에서 우리는 상황지시어 '여기'를 제거할 수 없다. 그러나 이러한 사정으로부터 다음과 같은 것이 따라 나오는 것은 아니다. 즉 다른 장소들은 가질 수 없는 형이상학적 지위를 가진 어떤 특별한 장소가 있다는 것. 이와 꼭 마찬가지이다. '지금'이나 '현재' 같은 시간적 상황지시어는 무시제적 표현들로 대체될 수는 없다. 그러나 이러한 사정으로부터 다음과 같은 것이 따라 나오는 것은 아니다. 즉 시간의 특정 순간은 형이상학적으로 특권적인 지위를 가진다는 것.

상황지시어가 제거될 수 없다는 사실을 통해 예전 B-이론가들의 언어적 환원이라는 기획이 왜 실패했는지 설명할 수 있다. 그러나 이 사실만 가지고는 B-이론의 형이상학이 옳음을 보여줄 수 없다. 이것은 내적으로 시제적인 사실들이 존재하지 않는다는 [예전 B-이론가들의] 논증이 실패하고 있음만을 보여준다. 사실 우리는 시제적 문장의 의미를 설명하기 위해 무시제적 사실들을 이용할 수는 없다. 그러나 우리는 시제적 문장이 어떻게 참이 될 수 있는가를 설명하기 위해 무시제적 사실들을 이용할 수 있다. 바로 이 지점에서 새로운 B-이론가들이 등장하게 된다. 이들의 주장은 다음과 같다. 우리는 시제적 문장들에 대한 무시제적 진리 조건들을 제공할 수 있다. 이러한 진리 조건을 제공하는 데는 서로 다른 두 전술이 제안되었다. 이 두 전술 모두 개별적인 시제 문장들에 대한 진리 조건들을 제공하려 한다. 그리고 흥미롭게도 이 두 전술 모두 예전 B-이론의 전형적 특징이던 두 가지 번역 전술에 뿌리를 두고 있다. 예전 B-이론 중 하나는 날짜를 지칭함으로써 시제적 문장의 의미를 제공했다. 반면 새로운 B-이론 중 하나(스마트J. J. C. Smart가 주장하는 이론)는 날짜를 통해 개별적 시제 문장의 진리 조건을 설명한다.[22] 예전 B-이론 중 또 다른 하나는 개별어 상관 분석을 통해 시제적 문장의 의미를 제공했다. 이제 새로운 B-이론 중 하나(멜러D. H. Mellor가 주장하는 이론)는 개별적 시제 문장에 대한 개별어 상관 진리 조건을 제공한다.[23]

이 두 전술이 어떻게 작동하는지 보기 위해 우리는 이 두 전술이 각각 제공하는 진리 조건들의 예를 살펴보는 것이 좋겠다. 스마트의 날짜 분석에 따르면, 시간 t에 개별화되는[발화되거나 필기된] '사건 e가 지금 발생한다.'라는 형태의 문장은 다음과 같은 조건에서, 그리고 오직 그 조건하에서만 참이다. 즉 e가 t에 발생할 경우. 2006년 1월 21일에 발화된 다음과 같은 개별 발화를 보자.

(3) 지금 눈이 온다.

이 문장은 2006년 1월 21일 눈이 오는 경우에 참이며, 또 이 문장이 참이라면 2006년 1월 21일 눈이 오는 것이다. 한편 멜러의 개별어 상관 분석은 다음과 같이 주장한다. '사건 e가 지금 발생한다.'라는 형태의 개별 문장은 다음과 같은 조건에서, 그리고 오직 그 조건하에서만 참이다. 즉 e가 위의 개별 발화와 동시적인 경우. 따라서 문장 (3)에 대한 발화 u는 u와 동시적으로 눈이 오는 경우에 참이며 또 발화 u가 참이라면 u와 동시적으로 눈이 오는 것이다.*

그래서 (3)의 진리 조건을 제공하는 다음과 같은 문장들이 있다.

(10) 2006년 1월 21일 눈이 온다.

(11) u와 동시적으로 눈이 온다.

이 문장들은 문장 (3)의 의미와는 다른 의미를 가진다. 문장 (3)의 진릿값은 그것이 발화/필기되는 맥락에 따라 달라진다. 어떤 경우[지금 눈이 오는 경우] (3)을 발화/필기한다면 그것은 참이다. 그러나 또 다른 경우[지금 눈이 오지 않는 경우] (3)을 발화/필기한다면 그것은 거짓이다. 반면에 (10)과 (11)은 영원히 참이다. 다시 말해 (10)과 (11)을 발화/필기하는 모든 경우에 그 발화/필기는 모두 참이다. 새로운 B-이론가들은 다음과 같이 주장한다. 문장 (3)이 이런 식으로 문장 (10)이나 (11)과 [의미가] 다르다는 사실을 통해 우리는 왜 예전 B-이론가들이 실패했는가를 설명할 수 있다. 반면 우리는 문장 (3)을 개별적으로 발화/필기할 때, 그 개별 발화/필기에 무시제적인 진리 조건만큼은 제공할 수 있다. 그렇다면 다음과 같은 사실이 드러나는 것이다. 즉 이러한 개별 발화/필기를 참이게끔 만들어주는 시제화된 사태가 있는 것은 아니다. 그리고 이러한 사실은 모든 시제적 문장에 대한 발화/필기에 대해서도 마찬

---

* '지금 눈이 온다.'라는 문장 발화와 동시에 눈이 오고 있는 경우.

가지인 것이다. 시제적 문장과 무시제적 문장은 그 의미가 다를 수 있다. 그러나 시제적 문장의 발화/필기를 참이게끔 만들어주는 것은 B-계열을 이루고 있는 무시제적 사실들인 것이다.

그러나 만약 이 모든 것이 사실이라면, 왜 우리는 시제를 필요로 하는가? 새로운 B-이론가들은 시제적 문장에 의해 표현되는 믿음에 초점을 맞추어 이 물음에 답한다. 새로운 B-이론가들은 다음과 같이 말한다. 우리의 행위가 시간적이려면, 우리는 시제화된 믿음들을 가져야 한다. 우리 자신이 수행하기 원하는 행위를 우리가 수행할 수 있으려면, 우리에게는 언제 그 행위가 수행되어야 할지에 대한 참된 무시제적 믿음 이상의 것이 필요하다. 예를 들어 우리가 철학 세미나 시간에 맞춰 가기 위해서는, 우리에게는 철학 세미나가 금요일 오후 3시에 열린다는 참된 믿음 이상의 것이 필요하다. 우리에게는 다음과 같은 제거될 수 없는 시제적 믿음 또한 필요한 것이다. 즉 지금은 금요일 오후 3시이다.

앞에서 언급했듯이 새로운 B-이론(날짜 분석이든, 개별어 상관 분석이든)은 예전의 B-이론을 대체했다. 그리고 이것이 시간에 대한 최근 형이상학적 작업의 핵심이 되었다. 그러나 예전 B-이론보다 분명 우수한데도 새로운 이 무시제 이론은 A-이론가들에게 지속적으로 비판을 받아왔다. A-이론가들은 다음과 같이 논한다. 시제적 문장의 제대로 된 진리 조건을 제공하는 데는 이 두 형태의 새로운 B-이론 모두 실패하고 있다. 이러한 비판의 세부 사항은 미묘하고 또 종종 기술적이다. 이러한 비판들이 갖는 풍미를 이해하기 위해 우리는 두 형태의 새로운 B-이론에 대해 제기되는 비판(저명한 A-이론가인 스미스Quentin Smith에 의해 제기되는 비판)을 살펴보는 것이 좋겠다.[24] 날짜를 이용해 시제적 문장에 대한 무시제적 진리 조건을 제공하고자 하는 스마트의 시도가 실패함을 보이기 위해 스미스는 1980년에 발화된 다음과 같은 문장을 고찰해 보자고 한다.

(12) 지금 1980년이다.

스마트를 따라서 우리가 다음과 같이 주장한다고 해보자. '사건 e는 지금 발생한다.'라는 문장을 시간 t에 발화된 발화 u라고 한다면, 발화 u는 다음과 같은 조건에서, 그리고 오직 그 조건하에서만 참이다. 즉 e는 시간 t에 있다. 이제 스미스는 다음과 같이 말한다. 만약 그러하다면, 우리는 다음과 같은 결론을 얻게 된다. 즉 문장 (12)에 대한 진리 조건은 다음과 같은 문장에 의해 주어진다.

(13) 1980년은 1980년에 있다.

스미스는 다음과 같이 논한다. (13)은 (12)에 대한 진리 조건을 제공할 수 없다. 왜냐하면 (12)는 실제로 우연적인 주장을 표현하는 데 반해, (13)은 단지 동어반복일 뿐이기 때문이다.

스미스는 다음과 같은 두 문장을 고찰해 보라고 주문하면서 멜러의 개별어 상관 분석을 공격한다.

(12) 지금 1980년이다.
(14) 1980년은 현재이다.

분명 (12)와 (14)는 등가적이다. 이것들은 서로를 함축한다. 스미스는 다음과 같이 주장한다. 이 두 문장이 서로를 함축한다는 사실은 이것들의 진리 조건에 반영되어야 한다. 그러나 스미스에 따르면, 멜러의 개별어 상관 분석에서는 이 사실이 문장들의 진리 조건에 반영되지 않는다. 멜러의 설명에 따르면, '사건 e는 지금 발생한다.'라는 문장에 대한 발화 u는 다음과 같은 경우 참이다. 즉 e가 u와 동시적인 경우[다시 말해, 그 사건과 그 발화가 동시적일 때]. 그러나 문장 (12)가 발화되었을 때, 임의의 발화 x에 대한 진리 조건은 x가 1980년에 발생한다는 것이다. 반면에 문장 (14)가 발화되었을 때, 임의의 발화 y에 대한 진리 조건은 y가 1980년에 발생한다는 것이다. 스미스는 다음과 같이 논한다. 이 두 진리 조건은 서로에 대해 완전히 독립적이다. (12)가 발화/필기된다는 것과 (14)가 발화/필기된다는 것은 아무런 연관이 없다. 그런데 이 두 진리 조건이 이런 식으로 서로 독립적이라면, 이것들은 자신이 해야 할 일을 하지 못하고 있는 것이다. 즉 문장 (12)와 (14)가 논리적으로 등가임을 보여주는 일 말이다.

주석

1. 아리스토텔레스의 *Physics* IV.10(217b32~218a29) 참조.
2. 여기서 핵심적인 문헌은 McTaggart(1927 : vol. II. XXXIII장, 303~333절)이다. Loux(2001)에 재수록되어 있다.
3. 아리스토텔레스의 *Physics* IV.11(218b21~219b9) 참조.
4. McTaggart(1927 : vol. II, XXXIII장, 311절).
5. B−이론의 예로는 Williams(1951), Quine(1960 : 36절), Smart(1963 : 131~142)(Loux (2001)에 재수록) 참조. 이것들은 모두 예전 B−이론의 사례이다. 예전 B이론과 새로운 B−이론 사이의 대비를 보려면, 이 장의 네 번째 절을 참조하라. 예전 B−이론에 대한 좋은 설명으로는 Gale(1967) II절의 서론 참조.
6. 예를 들면 Quine(1960 : 36절) 참조.
7. 예를 들면 Williams(1951) 참조.
8. A−이론의 예로는 Broad(1923)의 II장, Broad(1938 : vol. II, 9~23), Prior(1970)와 Taylor (1963)의 6장 참조. 뒤의 세편은 모두 Loux(2001)에 재수록되어 있다. A−이론에 대한 논의로는 Gale(1967) II절의 서론 참조. 그리고 A−이론의 한 갈래에 대한 자세한 설명을 위해서는 Gale(1968) 참조.
9. Prior(1959).
10. Schlesinger(1980 : 23).
11. Broad(1923 : II장) 참조. 다음을 주목하라. 이 그림에서 움직이는 것은 현재이다. 조금

전에 언급된 그림을 염두에 두고 있는 A-이론가들도 있는데, 이 그림에 따르면 현재는 고정되어 있고, 사건과 그 사건의 시간이 미래로부터 움직여 와서 현재를 거쳐 과거로 간다. 예를 들면 Taylor(1963)의 6장 참조.

12. A-이론가들 거의 대부분은 시간이 얼마나 빠르게, 혹은 얼마나 느리게 움직이는지 묻는 것은 의미가 없다고 본다. 그럼에도 마코지안Ned Markosian은 A-이론가들이 시간의 운동률이라는 착상을 의미 있게 다룰 수 있다고 논증했다. Markosian(1993) 참조.

13. Broad(1923 : II장).

14. 같은 책, 66~67쪽.

15. 같은 책, 66쪽.

16. 여러 유형의 4차원주의에 대한 값진 논의에 대해서는 Rea(2003) 참조.

17. 현재론에 대한 예로는 Prior(1970), Zimmerman(1998), Crisp(2003)과 Markosian(2005) 참조.

18. 이러한 유형의 대답과 관련해서는 Crisp(2003) 참조.

19. Chisholm(1990), Zimmerman(1998) 참조. 그리고 현재론자들이 이 문제를 어떻게 처리하는가와 관련해서는 Crisp(2003) 참조.

20. 새로운 B-이론을 공격하고 방어하는 여러 문헌 중 다수의 초기 문헌이 Oaklander and Smith(1994)에 수록되어 있다. 새로운 무시제 이론에 대한 더욱 최근의 논의에 대해서는 Le Poidevin(1998)의 에세이 참조.

21. 예를 들면 Castañeda(1967), Kaplan(1975), Perry(1979), Wettstein(1979), Lewis(1979) 참조.

22. Smart(1980).

23. Mellor(1981 : 2장과 5장).

24. Smith(1987).

| 더 읽을 책 |

시간에 대한 최근 이론들에 관심이 있는 사람이라면, 시간이 비실재적이라는 맥타가르트의 증명을 반드시 읽어야만 한다. 이 증명을 펼치고 있는 *The Nature of Existence*의 한 절은 Loux(2001)에 재수록되어 있다. 예전 B-이론에 대한 읽을 만한 소개서로는 Williams(1951)와 Smart(1963 : 131~142) 참조. Smart(1963 : 131~142)는 Loux(2001)에 재수록되어 있다. A-이론에 대한 유용한 소개서로는 Broad(1923), Prior(1970)와 Taylor(1963)의 6장이 있다. Prior(1970)와 Taylor(1963)는 Loux(2001)에 재수록되어 있다. Mellor(1981)의 5장도 Loux(2001)에 재수록되어 있는데, 이것과 Mellor(1981)의 2장은 시간에 대한 새로운 무시제 이론의 핵심 주제들을 분명하게 드러내주고 있다.

8

구체적 개체 II

시간을 뚫고 지속함

metaphysics

구체적 개체가 시간을 뚫고 지속한다는 것이 무엇을 뜻하는가에 대한 설명으로는 두 가지가 있다. 이동 지속 이론endurantism과 확장 지속 이론 perdurantism이 그것이다. 이동 지속 이론가들은 다음과 같이 주장한다. 구체적 개체가 시간을 뚫고 지속한다는 것은 서로 다른 각 시간에 그것이 완전히, 전체적으로 존재한다는 것이다. 반면에 확장 지속 이론가들은 수적으로 하나인 구체적 개체가 서로 다른 시간들에 존재할 수 있음을 부정한다. 이 견해에 따르면, 한 구체적 개체는 서로 다른 시간적 부분들의 집적체, 혹은 서로 다른 시간적 부분들로 이루어진 전체이다. 그리고 이러한 시간적 부분들 각각은 자기 고유의 시간에만 존재한다. 그리고 하나의 시간으로부터 다른 시간까지 개체가 지속한다는 것은 서로 다른 시간들에 존재하는 서로 다른 시간적 부분들을 그 개체가 자신의 부분으로서 가진다는 것이다.

이동 지속 이론가들의 설명은 시간에 대한 현재론적 설명과 전형적으로 연계되어 있다. 즉 오직 현재 존재하는 것만이 실제적이라는 이론과 말이다. 반면 확장 지속 이론은 시간에 대한 영원론적 개념화와 전형적으로 연계되어 있다. 이 견해에 따르면, 시간은 3차원 공간과 더불어 가는 또 하나의 차원일 뿐이다. 그리고 모든 시간과, 그 시간 내의 모든 내용물은 똑같이 실제적이다.

확장 지속 이론은 세계에 대한 우리의 상식적 그림과는 맞아 떨어지지 않는 것으로 보인다. 따라서 확장 지속 이론가들은 자신의 견해를 방어할 논변이 필요하다고 느꼈다. 그들의 전형적 논변은 변화라는 개념에 초점을 맞추고 있다. 여기서 중요한 논변 하나는 다음과 같은 것이다. 확장 지속 이론은 개체의 속성 변화에서 나타나는 특성을 일관성 있게 규정할 수 있지만, 이동 지속 이론은 그렇지 못하다. 또 다른 논변은 다음과 같다. 확장 지속은 어떤 종류의 변화, 즉 부분에서의 변화에 대한 만족스러운 설명을 제공할 수 있지만, 이동 지속 이론은 그렇지 못하다. 이동 지속 이론가들은 이러한 논변들에 도전한다. 이러한 주제들을 놓고 이동 지속 이론가들과 확장 지속 이론가들 사이에 벌어진 논쟁은 현대 형이상학의 주요한 논쟁들 중 하나이다.

지속에 대한 두 이론 : 이동 지속 이론, 확장 지속 이론

3장에서 구체적 개체는 시간적 양 끝을 갖는 엔터티라고 말했다. 특정 시간에 구체적 개체는 존재하기 시작한다. 그 후 특정 시간에 구체적 개체는 존재하기를 멈춘다. 그리고 그 사이 모든 시간 동안 구체적 개체는 존재한다. 따라서 구체적 개체는 시간을 뚫고 지속하는 사물이다. 7장의 마지막 점을 찍은 어제 나는 존재했다. 그리고 8장을 시작하는 오늘 나는 존재한다. 그리고 오늘의 루와 어제의 루는 동일인이다. 이러한 종류의 주장, 즉 어느 시간에 존재하는 개체와 다른 시간에 존재하는 개체가 같은 대상이라는 주장을 비동시적 동일성diachronic sameness에 관한 주장이라고 한다. 이러한 주장은 상식에 속한다. 또한 이 주장이 참이라는 가정은 우리 자신과 이 세계에 대한 가장 근본적인 믿음을 근거 짓고 있다. 우리는 세계에 대한 경험을 갖는 의식적 존재이다. 그러나 우리 자신을 시간을 뚫고 지속하는 존재라 믿지 않는다면, 우리는 경험이라는 개념이 어떤 의미가 있다고 해야 할지 이해하기 어려울 것이다. 그리고 우리를 둘러싼 사물들도 우리와 마찬가지로 시간을 뚫고 지속한다고 믿지 않는다면, 우리는 자신의 경험이 세계에 대한 경험이라는 착상이 어떤 의미를 갖는지 이해하기 어려울 것이다.

물론 회의론자들이 있다. 그들은 이러한 믿음[개체가 시간을 뚫고 지속함]이 정당화될 수 없다고 주장한다. 그러나 회의론자들이 자신의 주장을 뒷받침하기 위해 도입하는 전제들이 우리의 상식적 믿음만큼이나 신뢰할 만한 것인지는 대단히 의심스럽다. 회의론자들의 주장이 이렇게 의심스럽다는 것 자체가 시간을 뚫고 지속함에 대한 믿음이 절대 침해받을 수 없는 본성을 가지고 있다는 것에 대한 증거가 된다. 그러나 비동시적 동일성에 대한 주장이 참이라는 것에는 의심의 여지가 없다 하더라도, 여전히 남는 의문이 있다. 즉 이러한 믿음의 내용은 무엇인가? 대상들이 시간을 뚫고 지속한다고 가정할 때, 그 지속이라는 개념 안에는 어떤 것들이 포함되어 있는가? 이 물음에 대해 형이상학자들은 서로 다른 두 가지 답을 내놓고 있다. 이 답들은 시간을 뚫고 지속함이라는 현상에 서로 다르면서 양립할 수 없는 존재론적 구조물들을 제공한다. 한 답에 따르면, 구체적 개체는 시간을 뚫고 지속하는데, 어떻게 지속하는가 하면, 서로 다른 각각의 시간에 완전히, 전체적으로 존재하면서 지속한다. 지속을 이런 식으로 해석하는 철학자들을 이동 지속 이론가endurantist라 부른다.[1] 그들이 세계를 보는 바에 따르면, '어제의 루'라는 표현과 '오늘의 루'라는 표현은 단일한 구체적 개체를 지칭한다. 그리고 어떤 표현의 지칭체와 다른 표현의 지칭체가 동일인이라는 이 주장은 문자 그대로의 동일성에 관한 주장이다. 시간을 뚫고 지속함이라는 것은 따라서 다음과 같이 이해된다. 특정 시간에 존재하는 한 사물과, 다른 특정 시간에 존재하는 한 사물은 수적으로 동일하다.

시간을 뚫고 지속함과 관련해 이동 지속 이론과 대립하는 이론이 있다. 그 이론을 확장 지속 이론perdurantist analysis이라 한다. 이 견해에 따르면, 비동시적 동일성은 문자 그대로의 동일성이 아니다. '어제의 루'라는 표현과 '오늘의 루'라는 표현은 수적으로 단일한 대상을 지칭하는 것이 아니다. 이러한 표현들은 어떤 개체의 수적으로 서로 다른 부분들을 지칭한다. '어제의 루'라는 표현은 어제 존재한 나의 부분을 지칭하며, '오늘의 루'라는 표현은 이와는 다른 나의 부분, 즉 오늘 존재하는 나의 부분을 지칭한다. 확장 지속 이론가들은 이러한 부분들에 여러 가지 이름을 붙여주었다. 어떤 이들은 이것들을 구체적 개체의 국면phase 혹은 단계stage라고 부른다. 다른 이들은 이것들을 개체의 시간적 조각temporal slice, 혹은 시간적 부분temporal part이라고 부른다. 여기서 핵심 착상은 다음과 같은 것이다. 구체적 개체는 시간적 부분들로 이루어진 일종의 집적체aggregate이다. 구체적 개체는 서로 다른 시간에 존재하지 않는다. 서로 다른 시간에 존재하는 것은 구체적 개체와 부분-전체 관계를 이루는 어떤 것들이다. 따라서 내가 어제부터 오늘까지 지속했다는 것은 서로 다른 시간들에 내가 완전히, 전체적으로 존재함을 뜻하는 것이 아니다. 내가 이렇게 지속했다는 것은 각 날들에 존재하는 부분들을 내가 가진다는 것이다.[2]

이동 지속 이론가들은 다음과 같이 말한다. 시간을 뚫고 지속한다는 것은 서로 다른 여러 시간에 한 사물이 완전히, 전체적으로 존재한다는 것이다. 이들이 이렇게 말하면서 무엇을 주장하는지는 이제 분명하다. 이들은 한 개체가, 확장 지속 이론가들이 시간적 부분이라고 말하는 것을 가진다는 점을 부정하는 것이다. 이들이 세계를 바라보는 바에 따르면, 개체는 3차원적 존재로서, 3차원 공간에 펼쳐져 있는 것이다. 그리고 구체적 개체가 갖는 부분으로서 인정될 수 있는 것은 오직 그의 공간적 부분들뿐이다. 전체로서의 구체적 개체가 차지하는 공간 내의 각 영역을 차지하는 부분들 말이다. 이 견해에 따르면, 나는 하나의 전체로서, 내 팔, 내 다리, 그리고 내 팔과 내 다리를 구성하는 물리적 입자들을 나의 부분으로서 가진다. 그리고 나는 오직 이러한 것들만을 나의 부분으로서 가진다. 이동 지속 이론가들은 부분이라는 개념을 이러한 것들에만 한정한다. 그래서 그들은 다음과 같이 말할 수 있다. 내가 존재하는 그 어떤 시간에도 나는 완전히, 전체적으로 존재한다. 나는 특정한 시간에 나의 부분들이 되는 모든 것들과 함께 존재한다. 그래서 내가 시간을 뚫고 지속한다는 것은 서로 다른 여러 시간에 내가 위의 방식으로 존재한다는 것이다.

반면에 확장 지속 이론가들은 구체적 개체를 4차원 존재로 간주한다. 그들에 따르면 시간은 3차원 공간과 더불어 가는 또 다른 차원 중 하나일 뿐이다. 시간은 그 안에서 사물들이 펼쳐지는 또 다른 하나의 차원이다. 따라서 구체적 개체는 공간적으로만 연장되어[펼쳐져] 있는 것이 아니다. 그것은 시간적으로도 연장되어[펼쳐져] 있다. 구체적 개체는 공간을 차지하고 있지만, 시간도 차지하고 있다. 한 사물이 공간적으로 연장되어 있다는 것은 서로 다른 여러 장소를 그 사물의 공간적 부분들이 점유하고 있다는 것이다. 이와 마찬가지로, 한 사물이 시간적으로 연장되어 있다는 것은 서로 다른 여러 시간을 그 사물의 시간적 부분들이 점유하고 있다는 것이다. 확장 지속 이론가들은 다음과 같이 주장한다. '부분'이라는 용어는 공간적 부분, 시간적 부분에서 같은 의미로 사용된다. 공간적 부분, 시간적 부분은 둘 다 같은 의미에서 개체의 부분들이다. 내 팔이 자기 고유의 장소를 차지하면서 나의 부분이 되는 것처럼, 어제의 루는 자기 고유의 시간을 차지하면서 나의 부분이 된다. 그리고 내 팔이 나는 아닌 것처럼, 어제의 루도 나는 아니다. 더 나아가 확장 지속 이론가들은 다음과 같이 주장한다. 나의 시간적 부분들은 추상적 엔터티가 아니다. 나의 시간적 부분들은 집합론적인 엔터티가 아니다. 이것들은 나와 시간에 의해 구성된 순서쌍이 아니다. 내가 갖는 공간적 부분들이 나와 똑같이 물질적이며 구체적이며 개체적이듯이, 내가 갖는 시간적 부분들도 나와 똑같이 물질적이며 구체적이며 개체적이다. 내가 갖는 공간적 부분들은 여러 속성을 가진다. 이와 마찬가지로 내가 갖는 시간적 부분들도 여러 속성을 가진다. 나의 공간적 부분들이 갖는 공간적 특성들로 인해, 전체로서의 나는 특정한 공간적 특성들을 갖게 된다. 이와 마찬가지로 나의 시간적 부분들이 갖는 시간적 특성들로 인해, 전체로서의 나는 특정한 시간적 속성들을 가진다. 특정 시간에 나는 나의 모든 공간적 부분들로 구성된 공간적 전체이다. 이와 마찬가지로 나는 나의 모든 시간적 부분들로 구성된 시간적 전체이다. 나는 어제의 루, 오늘의 루, 내일의 루 등과 같은 것들로 구성된 집적체이다. 그리고 내가 시간을 뚫고 지속한다는 것은 이렇게 나의 부분을 이루는 사물들이 존재한다는 말이다. 내가 시간을 뚫고 지속한다는 것은 나의 시간적 부분들이 단일한 집적체를 이루고 있다는 것이다.

확장 지속 이론가들은 내가 나의 시간적 부분으로서 어제의 루, 오늘의 루, 내일의 루 등과 같은 것만 가진다고 생각하지 않는다. 어제의 루, 오늘의 루, 내일의 루 등도 시간을 뚫고 지속하는 것들이다. 그리고 이것들이 지속한다는 것은 이것들이 서로 다른 시간에 존재하는 자기 나름의 시간적 부분들을 가진다는 것이다. 그래서 어제의 루는 하루 동안 지속한다. 어제의 루가 하루 동안 지속한다는 것은 서로 다른 시간에 존재하는 시간적 부분들을 어제의 루가 가진다는 것이다. 즉 어제 아침의 루, 어제 오후의 루, 어제 저녁의 루. 여기서 확장 지속 이론가들은 다음과 같이 말한다. 나의 시간적 부분(어제의 루)만 이러한 것들을 갖는 것이 아니다. 이러한 것들, 즉 어제 아침의 루, 어제 오후의 루, 어제 저녁의 루 등은 전체로서의 내가 갖는 시간적 부분들이기도 하다. 이 대목에서 이 점을 공간의 경우와 비교해 보는 것이 유용하다. 내 왼손은 나의 공간적 부분이다. 그런데 내 왼손 역시 공간적 부분들을 가진다. 즉 왼손 엄지손가락, 왼손 손가락 나머지 네 개, 손바닥. 이 모든 것은 내 왼손의 공간적 부분일 뿐만 아니라 나의 공간적 부분이기도 하다. 이와 마찬가지로, 내가 갖는 시간적 부분들의 시간적 부분들은 나의 시간적 부분들이기도 하다. 그런데 어제 아침의 루와 같은 사물들도 시간적으로 지속하는 사물들이다. 따라서 어제 아침의 루 역시 서로 다른 시간들에 존재하는 시간적 부분들을 갖는 것이다. 그리고 여기서도 마찬가지로, 이러한 더 작은 시간적 부분들은 전체 루를 이루는 부분들이다. 물론 계속해서 우리는 새로운 이 시간적 부분들을 더 작은 시간적 부분들로 나눌 수 있다. 그렇다면 나는 가장 작은 시간적 부분[그래서 더 나눌 수 없는 시간적 부분]을 가질까? 만약 내가 가장 작은 시간적 부분을 가진다면, 그 시간적 부분은 시간적으로 연장되어 있지 않은 조각일 것이다. 이 조각은 단지 순간적인 엔터티로서, 오직 한 순간에만 존재하는 사물일 것이다. 이것은 나를 이루는 작은 조각으로서, 그 자체는 시간을 뚫고 지속하지는 않는 것이다. 다시 말해 이것은 작은 조각으로서, 오직 3차원 공간적으로만 연장되어 있는 것이다. 흥미롭게도 확장 지속 이론가들은 이 주제와 관련해 의견을 달리한다. 어떤 이들은 확장 지속 이론이 순간적 조각의 존재에 개입한다고 생각하며, 이 순간적 조각을 기꺼이 받아들인다. 반면 다른 이들은 이 순간적 조각에 대해 불가지론적인 입장을 취한다.[3] 이러한 입장을 취하는 확장 지속 이론가들은 이 조각이 있다는 가정에 그 어떤 비일관성도 없음을 인정하기는 한다. 순간적 3차원 조각에 대한 착상은 3차원 입체가 갖는 2차원 조각, 즉 표면에 대한 착상보다 더 문제가 있는 것은 아니다. 그럼에도 불가지론적인 입장을 취하는 확장 지속 이론가들은 다음과 같이 주장하고자 한다. 시간을 뚫고 지속함에 대한 그들의 분석에서 어떤 것도 이들로 하여금 순간적 조각의 존재에 개입하게 하지 않는다. 이들은 다음과 같은 사실이 밝혀질 수도 있다고 주장한다. 한 사물의 어떤 시간적 부분이든, 그보다 시간적으로 더 작은 부분이 언제나 존재한다.[4] [그래서 모든 시간적 부분은 무한히 나누어진다.]

나 같은 사물이 순간적 조각을 갖는가 하는 문제에 대해서는 의견이 갈리지만, 모든 확장 지속 이론가는 다음과 같은 점을 강조한다. 나는 많은 시간적 부분을 가진다. 그리고 이 시간적 부분들은 겹친다. 겹치는 시간적 부분들은 시간적 부분을 공유하는 시간적 부분들이다. 어제의 루와 오늘의 루가 있다. 그런데 어제 정오부터 오늘 정오까지 존재하는 루도 있다. 어제 정오부터 오늘 정오까지 존재하는 나의 시간적 부분은 어제의 루라는 나의 시간적 부분, 오늘의 루라는 나의 시간적 부분, 이 둘에 공통적으로 들어 있다. 시간적 부분들이 이렇게 마음대로 쪼개질 수 있다는 사실 때문에 다음과 같은 의구심이 생길지도 모른다. 어떤 것을 한 사물이 갖는 시간적 부분이라 하는가? 이 물음이 의미가 있기는 한 것인가? 시간적 부분들은 오직 형이상학자의 머릿속에서만 존재하는 것 아닌가? 시간적으로 연장되어 있는 대상을 지금 이렇게, 혹은 지금 저렇게 보는 형이상학자의 머릿속에서만 말이다. 이에 대해 확장 지속 이론가들은 다음과 같이 주장하기를 원한다. 이러한 의구심은 상황을 잘못 이해해서 생기는 것이다. 이들은 나처럼 지속하는 사물을 잘라내는 방식이 무수히 많음을 인정한다. 그러나 이들에 따르면, 이처럼 가능한 모든 분할을 통해 나누어진 시간적 부분들은 객관적으로 존재하는 것이다. 여기서 그들은 다음과 같이 생각해 보라고 주문한다. 우리는 '공간적 부분'이라는 용어를 사용할 때에도 이와 마찬가지의 자의성을 경험한다. 나의 왼손 집게손가락은 나의 공간적 부분이다. 그러나 그 손가락의 위쪽 두 마디도 나의 공간적 부분이다. 그리고 그 손가락의 아래쪽 반도 나의 공간적 부분이다. 또 그 손가락의 중간 마디도 나의 공간적 부분이다. 그러나 이 모든 부분은 실제로, 객관적으로 존재하는 것이다. 이것들은 위와 같은 방식으로 손가락을 잘라보는 이론가들의 머릿속에만 존재하는 것이 아니다. 만약 이러한 것들이 정신적인 존재성만 가진다면, 나는 내 왼손 집게손가락을 갖지도 못할 것이다. 여기서 확장 지속 이론가들은 이렇게 주장한다. 이 사실은 나의 시간적 부분들에도 마찬가지로 적용된다.

나는 많은 시간적 부분을 가진다. 이러한 부분들 각각은 자신의 시간을 가진다. 여기서 확장 지속 이론가들은 다음과 같이 주장한다. 나는, 즉 전체로서의 루는 내 시간적 부분들이 각각 존재하는 그 시간들에 존재하는 것이 아니다. 나는 그 각 시간들에 존재하기에는 너무 크다. 나는 그 각 시간들에 맞춰질 수가 없다. 여기서 우리는 다시 한 번 공간의 경우를 떠올리게 된다. 특정 시간에 나의 공간적 부분들 각각은 자신의 고유한 장소를 점유한다. 그러나 나는, 즉 전체로서의 루는 내 왼손이 점유하는 장소에 존재하지 않는다. 나는 그 장소에 맞춰지기에는 공간적으로 너무 크다. 이러한 사실은 나의 여러 시간적 부분이 점유하는 시간에도 마찬가지로 적용된다. 물론 우리는 파생적 의미에서, 내가 오늘 존재한다고 말할 수 있다. 그러나 실제로 이것이 의미하는 것은 나의 시간적 부분들 중 하나가 오늘 존재한다는 것이다. 엄격하고 제대로 된 의미에서 볼 때, 전체 루가 차지하는 전체 시간 내의 작은 시간에는 오직 나의 시간적 부분들만 존재하는 것이다.

지속과 시간의 본성

어떤 이는 다음과 같이 물을 수 있다. 지속에 대한 이 두 이론은 우리가 앞 장에서 논한 시간에 대한 여러 이론과 어떻게 연계되고 있는가? 이에 대한 답은 복잡하다. 최초의 구분은 A-이론과 B-이론 사이의 구분이었다. A-이론의 지지자들은 시간이 환원될 수 없는 시제화된 것이라 주장한다. 반면에 B-이론의 지지자들은 시제화된 사실, 혹은 시제화된 사태의 존재를 부정한다. B-이론가들은 영원론자들이다. 그들은 4차원주의를 선호하고, 또 모든 시간과 그 시간 내의 모든 내용물이 똑같이 실제적이라 생각한다. 구체적 개체는 영원론자들이 주장하는 4차원 틀 내에 자리를 차지하고 있다. 이렇게 이해된다면, 구체적 개체는 시공간 벌레spacetime worm인 것이다. 그렇다면 시간과 시간 내의 내용물들에 대한 영원론자들의 설명은 분명 다음과 같은 착상을 떠받치고 있다. 즉 구체적 개체는 시간적 부분들을 가지며, 또

한 구체적 개체가 어떤 시간부터 다른 시간까지 지속한다는 것은 이 개체가 각 시간에 놓인 서로 다른 시간적 부분들을 가진다는 것이다.[5]

따라서 B-이론은 단지 확장 지속 이론과 양립할 수 있는 것만은 아니다. 이 두 이론 사이에는 자연스럽게 맞아 떨어지는 어떤 것이 있는 것이다. B-이론은 이동 지속 이론과도 양립할 수 있을까? 어떤 철학자들은 그렇다고 생각한다. 우리는 영원론자이면서 이동 지속 이론가라 자칭하는 철학자를 보게 된다.[6] 이동 지속 이론을 선호하는 B-이론가는 '부분'이라는 용어를 사물의 공간적 부분에만 사용하게끔 제한하려고 할 것이다. 이러한 제한은 '부분'이라는 용어를 우리가 상식 차원에서 사용하는 방법과 잘 어울린다. 우리는 철학 수업에 들어오기 전에는 한 사물의 시간적 부분들에 대해 말하지 않는다. '부분'이라는 용어를 우리가 상식 차원에서 사용하는 방법은 이 용어를 이런 식으로 제한해 사용하게 하는 동기가 될 수는 있다. 그러나 B-이론가가 이러한 제한에 맘 편할 수 있는지는 불분명하다. B-이론가는 지속하는 사물을 시공간 벌레로 간주한다. 이 벌레는 특정한 구조를 가진 4차원 세계 모두에 펼쳐져 있는 사물이다. 전체로서 지속하는 구체적 개체는 특정 시-공간을 점유한다. 그리고 이 시-공간 내의 좀 더 좁은/작은 하위구역을 점유하는 것들이 있다. B-이론에 따르면, 이러한 좀 더 좁은/작은 하위구역을 점유하는 것들은 어느 모로 보나 전체 개체만큼이나 실제적이다. 따라서 이것들은 전체 개체의 부분으로서 이해될 수 있는 것이다. 그런데 공간적 연장과 시간적 연장을 모두 인정하는 B-이론을 따른다면, 하위구역을 차지하는 내용물들은, 마치 내 왼손이 나와 연결되어 있는 것처럼, 나와 연결되어 있다. 따라서 하위구역을 차지하는 내용물들은 지속하는 전체 개체의 한 부분으로 간주되어야 할 것으로 보인다. 그렇다면 B-이론가가 '부분'이라는 용어를 개체의 공간적 부분에만 제한해 쓰는 것은 매우 자의적인 것이다. 그래서 B-이론과 이동 지속 이론의 결합은 불안정한 견해를 낳는 것이다. 훨씬 자연스러운 견해는 B-이론의 영원론, 지속에 대한 확장 지속 이론이 결합해 만들어내는 견해이다. 그리고 사실 거의 모든 B-이론가는 확장 지속 이론가이기도 하다.

A-이론은 확장 지속 이론과 양립 가능한가? 적어도 몇몇 유형의 A-이론가들은 그렇게 본다. 우리가 시간과 관련해 '커져가는 덩어리 이론'이라 부른 이론을 고찰해 보자.[7] 이 견해에 따르면, 실재는 과거와 현재로 이루어져 있다. 그리고 과거나 현재로 간주되는 것들은 항상 변한다. 따라서 이 견해는 A-이론의 한 사례가 된다. 그러나 앞에서 보았듯이 이 견해는 우리가 실재라고 부르는 것에 대한 4차원적 그림을 선호한다. 실재는 항상 커져가는 4차원적 덩어리인 것이다. 따라서 이 견해에 따르면, 구체적 개체는 시공간적 벌레인 것이다. 그래서 우리는 확장 지속 이론과 양립 가능한 이론 하나를 얻게 된다. 더군다나 이 이론은 확장 지속 이론과 양립 가능할 뿐 아니라 확장 지속 이론에 대한 자연스러운 기반까지 제공하고 있다. 커져가는 덩어리 이론의 지지자들이 확장 지속 이론을 취할 수 있다면, 줄어드는 덩어리 이론의 지지자들도 그렇게 할 수 있다. 마찬가지로 우리가 시간에 대한 경찰차 라이트 이론이라 부른 이론의 지지자들도 모순 없이 확장 지속 이론가가 될 수 있다. 이 견해에 따르면, 현재는 자동차의 라이트와 같아서, 여러 시간을 가로질러 이동한다. 현재는 존재론적으로 특별한 지위를 누리고 있지만, 과거와 미래 역시 어떤 종류의 실재성, 어떤 종류의 존재를 갖는 것이다. 사실 라이트가 가로지르는 것은 4차원적 구조물인 것이다. 따라서 자동차 라이트 이론가들에게 확장 지속 이론은 단지 가능하기만 한 이론이 아니다. 라이트 이론가들에게 확장 지속 이론은 지속에 대한 적절한 이론인 것이다.

그러나 확장 지속 이론과 양립할 수 없는 유형의 A-이론(A-이론들 중 가장 인기 있는 이론)이 있다. 내가 생각하는 이론은 현재론이다. 현재론자들은 지금 존재하는 것만이 실제적이라고 주장한다. 따라서 이들은 지금 존재하지도 않는 부분들을 어떤 사물이 가질 수는 없다고 주장한다. 존재하지도 않는 부분들을 존재하는 사물이 가질 수는 없는 것이다. 따라서 현재론자들은 다음과 같이 주장한다. 오늘 존재하는 한 사물은, 어제 존재했으나 더 이상 존재하지 않는 어떤 것들을 자신의 부분으로 가질 수 없다. 또 오늘 존재하는 한 사물은, 내일 존재할 것이기는 하나 아직 존재하지는 않는 어떤 것들을 자신의 부분으로 가질 수 없다. 현재론자들은 이렇게 주장한다. 구체적 개체는 확장 지속 이론가들이 시간적 부분이라 부르는 그것을 가질 수 없다. 이 견해에 따르면, 한 사물이 가질 수 있는 부분은 그 사물이 갖는 공간적 부분들뿐이다. 결론은 이렇다. 현재론자들에게 구체적 개체는 3차원적 대상인 것이다. 그리고 그 대상이 시간을 뚫고 지속한다는 것은 그것이 서로 다른 시간들에서 완전히, 전체적으로 존재한다는 것이다.

따라서 A-이론의 한 부류는 확장 지속 이론과 양립할 수 없다. 현재론은 정말 이동 지속 이론을 함축하는 것으로 보인다. 이제 이동 지속 이론과 양립할 수 있는 또 다른 유형의 A-이론이 있을까? 현재론 외의 다른 A-이론들은 모두 4차원주의를 선호하는 것으로 보인다. 따라서 현재론 외의 다른 A-이론들과 이동 지속 이론이 결합한다면 그 결과는 우리가 앞에서 본 어떤 B-이론가의 처지와 비슷해질 것이다. 앞에서 우리는 어떤 B-이론가가 '부분'이라는 용어를 한 사물이 갖는 공간적 부분에만 제한해 사용하고자 한 것을 보았다. 그래서 이 B-이론가는 구체적 개체가 시간적 부분을 갖지 않는다고 주장한다. 그러나 우리는 이러한 제한이 자의적임을 보았다. 그래서 우리는 B-이론과 이동 지속 이론의 결합은 불안정한 견해로 귀결됨을 보았다. 4차원주의적인 형태의 A-이론과 이동 지속 이론의 결합 역시 이러한 제한('부분'이라는 용어를 공간적 의미로만 사용함)을 필요로 할 것이다. 그렇다면 이러한 결합 역시 자의적이며 불안정한 것이다.

앞에서 말했듯이, B-이론가들 중 극소수만이 이동 지속 이론을 받아들인다. 그리고 4차원주의적인 형태의 A-이론을 취하는 철학자들도 극소수이다.[8] 자연스러운 짝은 역시 B-이론의 영원론과 확장 지속 이론의 쌍, 그리고 현재론과 이동 지속 이론의 쌍, 이렇게 둘이다. 그리고 사실로 보자면, 시간과 지속에 관심이 있는 형이상학자들 거의 대부분은 이 두 쌍의 견해 중한 쌍을 선택하고 있다. 그래서 한편에는 다음과 같이 주장하는 사람들이 있다. 오직 현재 존재하는 것만이 실재적이다. 그리고 한 사물이 시간을 뚫고 지속한다는 것은 그 사물이 서로 다른 시간들에 완전히, 전체적으로 존재한다는 것이다. 다른 한편에는 영원론을 취하면서 지속을 시간적 부분들을 통해 설명하는 사람들이 있다. 시간과 지속에 대한 이 두 견해 사이의 대비는 독자들로 하여금 우리가 양상을 다룰 때 접한 대비를 떠올리게 할 것이다. 거기서 우리는 루이스의 가능주의와 플란틴가의 현실주의 사이의 대비를 접했다. 각 쌍의 견해들 사이에는 중요한 유비가 있다. 루이스는 모든 가능세계, 그리고 각 가능세계 내의 내용물들, 이 모두를 똑같이 실제적인 것으로 간주하고 있다. 이와 마찬가지로 확장 지속 이론가들은 모든 시간에 똑같은 존재론적 지위를 부여한다. 플란틴가는 현실 세계에서 발견되지 않는 그 어떤 대상도 인정하지 않고 있다. 이와 마찬가지로 이동 지속 이론가들은 지금 존재하는 것만이 실제로 존재한다는 입장을 고수한다. 루이스는 '현실 세계'라는 표현이 존재론적으로 특별한 어느 한 세계를 지칭한다고 보지 않는다. 이와 마찬가지로 확장 지속 이론가들은 다음과 같이 주장한다. 우리가 "지금"이나 "현재"라는 표현을 통해 지칭하는 시간이 형이상학적으로 특별한 시간은 아니다. 이 두 경우 모두 각 표현['현실 세계', '지금'/'현재']은 상황 지시어로 간주된다. 반면 플란틴가는 현실성이라는 것을, 오직 한 가능세계만이 갖는 존재론적으로 특별한 속성이라 생각한다. 마찬가지로 이동 지속 이론가들도 특별한 존재론적 지위를 현재임 혹은 지금 일어남 등의 시간적 개념에 부여하고 있다.

각 쌍의 이론들 사이에 또 다른 유비들이 있다. 루이스는 가능세계들의 존재론적 지위에 대해 민주주의적 견해를 취하기 때문에 통세계적 개체를 부정하게 된다. 그에 따르면 한 가능세계에 존재하는 구체적 개체가 다른 가능세계에 존재하는 구체적 개체와 문자 그대로 동일하다고 할 수 없다. 이와 마찬가지로 모든 시간을 똑같이 실제적이라 보는 확장 지속 이론가들은 통시간적 개체를 부정하고 있다. 이들에 따르면, 한 개체는 서로 다른 시간들에 완전하게, 전적으로 존재하지 않는다. 루이스는 특정한 한 개체와 관련해 세상이 달리 돌아갈 수 있었다는 상식적 직관을 보존하기 위해, 수적으로는 다르지만 이 세계의 엔터티와 특별한 관계로 연결되어 있는 저 세계 내의 어떤 엔터티를 도입한다. 이와 마찬가지로 확장 지속 이론가들은 시간을 뚫고 지속함이라는 상식적 직관을 분석하면서, 서로 다른 시간들 속에 존재하는 내용물들 사이의 특별한 관계[각 시간적 부분들이 묶임 관계에 놓여 시간적 전체(개체)를 구성한다.]를 도입한다. 또한 루이스의 개념화에 근거해 본다면, 우리가 양상적 개체modal individual라고 호칭할 수 있는 것은, 다시 말해 다른 모든 가능성이 그를 위해 존재하는 개체는 집적체라고(우리가 한 번도 이렇게 표현한 적은 없지만) 할 수 있다.[9] 루이스의 설명은 다음과 같은 견해를 암시한다. 양상적 빌 클린턴은, 즉 다른 모든 가능성(실현된 가능성뿐 아니라 실현되지 않은 가능성까지 포함한 모든 가능성)이 그를 위해 존재하는 양상적 빌 클린턴은 일종의 집적체로서, 이 집적체는 현실적인 빌 클린턴과 다른 가능세계의 모든 빌 클린턴의 상대역들로 이루어져 있다. 분명 이러한 견해는 다음과 같은 확장 지속 이론의 견해와 유비를 이루는 것이다. 즉 시간적으로 지속하는 개체는 시간적 부분들의 집적체이다.

이러한 설명들에 대해 플란틴가와 이동 지속 이론가들은 유사한 반응을 보인다. 이들은 루이스와 확장 지속 이론가들의 설명이 우리의 상식적 직관과 일치하지 않는다고 주장한다. 플란틴가는 다음과 같이 주장하고자 한다.

어떤 개체에 대한 나의 양상적 믿음은 바로 그 개체에 대한 믿음이며, 그 개체 외의 다른 어떤 것에 대한 믿음이 아니다. 이와 유사하게 이동 지속 이론가들은 다음과 같이 주장한다. 시간을 뚫고 지속함에 대한 우리의 믿음은 사물들이 시간을 통과하면서, 말 그대로 동일하게 남는다는 믿음이다. 또한 플란틴가와 이동 지속 이론가들은 다음과 같이 생각한다는 점에서 유사한 모습을 보인다. 즉 그들이 상식적 견해라고 생각하는 동일성, 즉 플란틴가의 경우에는 통세계적 동일성, 이동 지속 이론가들의 경우에는 통시간적 동일성, 이 두 동일성 모두 철학적으로 볼 때 어떤 문제도 없다. 특히 이들 모두 이러한 동일성이 다른 어떤 것을 통해 분석/설명되어야 한다고 생각하지 않는다. 플란틴가의 경우 "양상적으로 짐을 짊어 맨" 개체, 즉 모든 종류의 현실화되지 않은 가능성들이 그를 위해 존재하는 개체는 우리가 다른 것들을 이용해 "요리해 낼" 만한 것이 아니다. 이러한 개체는 존재론적 기획의 출발점에서부터 우리에게 주어져 있는 것이다. 이동 지속 이론가들도 이와 마찬가지 생각을 한다. 그들에 따르면, 한 사물이 서로 다른 시간들에서 완전히, 전체적으로 존재한다는 생각은 존재론적으로 기본적인 것이다. 그들이 보기에, 사물들이 시간을 통과하면서 문자 그대로 동일하게 남는다는 것은 구체적 개체에 대한 사실로서 더 이상 분석될 수 없는 것이며 이러한 사실에는 그 어떤 문제도 없다.

그래서 양상과 시간의 본성에 관한 견해, 그리고 통세계적 동일성과 통시간적 동일성에 관한 견해, 이 둘 사이에는 중요한 유비들이 있다. 가능세계라는 양상적 개념 틀에 초점이 맞추어지든, 아니면 시간에 대한 개념 틀에 초점이 맞추어지든, 만약 우리가 이러한 개념 틀을 이루고 있는 틀들 각각에 완전한 실제성을 부여하면, 우리는 다음과 같은 견해에 개입하게 된다. 즉 한 틀 안에 존재하는 개체는 다른 틀 안에 존재하는 개체와 문자 그대로 동일할 수 없다. 그래서 여러 틀을 가로지르는 어떤 안정적인 사물이라는 것은 결국 서로 다른 틀들 내에 있는 수적으로 서로 다른 사물들의 집적체일 뿐이다. 반면 우리가 개념 틀 내의 오직 한 틀에만 특별한 존재론적 지위를 부여한다면, 그래서 우리가 바로 그 틀 안에 있는 내용물만이 실제로 존재한다고 주장한다면, 다음과 같은 견해에 개입하게 된다. 즉 그 특권적인 틀 내의 한 개체는 다른 어떤 틀 내의 개체와 문자 그대로 동일한 것이다.

가능세계 개념 틀과 시간 개념 틀을 위의 방식과는 다르게 섞을 수도 있다. 예컨대 가능세계에 대해서는 현실주의적 입장을 취하지만 시간에 대해서는 영원론적 입장을 취하는 철학자들이 있다.[10] 또 양상 개념과 관련해서는 가능주의적 입장을 취하지만 시간에 대해서는 현재론적 입장을 취하는 철학자도 어쨌든 가능하기는 하다. 내가 이러한 철학자를 본 적이 없기는 하지만 말이다. 이 두 입장이 서로 모순되는 것은 아니다. 그럼에도 이 두 개념 틀 사이의 유비는 매우 강력한 것이다. 그래서 다음과 같은 점을 지적하는 것은 의미 있는 일일 것이다. 루이스는 양상 개념 틀과 관련해 가능주의적 입장을 취하며, 또 시간과 관련해서는 영원론적 입장을 취한다. 반면에 플란틴가는 가능세계와 관련해 현실주의적 입장을 취하며, 시간과 관련해서는 현재론적 입장을 취한다.[11]

확장 지속 이론의 존재론

지금까지 우리는 확장 지속 이론을 특징지었는데, 이 이론에 따르면, 지속하는 구체적 개체는 시간적 부분들로 이루어진 집적체이다. 이 이론을 이렇게 특징지음으로써 우리는 시간적 지속에 대한 확장 지속 이론과 이동 지속 이론의 차이를 분명히 할 수 있었다. 그러나 구체적 개체와 그것의 시간적 지속에 강조점을 두면, 확장 지속 이론과 전형적으로 연계되어 있는 존재론에 대해 그릇된 그림을 제공할 수 있다. 확장 지속 이론가들의 견지에서 보자면, 위의 설명은 다음과 같은 것을 암시한다. 즉 우리가 가진 것은 단지 상식적인 구체적 개체들과 이러한 개체들이 갖는 시간적 부분들뿐이다. 그러나 사실로 보자면 확장 지속 이론가들은 전형적으로 이보다 훨씬 더 대담한 존재론을 받아들이고 있다. 확장 지속 이론가들은 전형적으로 다음과 같이 주장한다. 상식적인 구체적 개체들을 이루면서 시간적으로 "더 작은" 것들은 서로 모인다. 그래서 이것들은 우리가 상식적으로 받아들이는 대상 외의 다른 대상들을 구성한다.[12] 확장 지속 이론가들은 다음을 인정한다. 전체로서의 루는 어제의 루, 오늘의 루, 내일의 루와 같은 사물들로 분할될 수 있다. 그러나 확장 지속 이론가들은 전형적으로 다음과 같이 주장한다. 이러한 각 사물은 전체로서의 루 말고도 다른 사물들을 구성하는 데 쓰일 수 있다. 예를 들어 그들은 다음과 같이 주장할 것이다. 어떤 사물(아타나시우스라고 부르자.)이 있는데, 이것은 자신의 부분으로서 다음과 같은 것들을 가진다. 어제의 루, 1914년 1월 15일 정오부터 1916년 2월 13일 자정까지의 빅 벤, 1994년 크리스마스 시어스 타워의 위쪽 3분의 2. 확장 지속 이론가들은 아타나시우스가 모든 면에서 전체로서의 루만큼 실제적이라고 주장할 것이다. 또한 그들은 다음과 같이 주장할 것이다. 어제의 루는 전체 루의 한 부분이지만, 그러한 것만큼이나 어제의 루는 아타나시우스의 한 부분이기도 하다. 또한 그들은 다음과 같이 주장할 것이다. 어제의 루는 아타나시우스만큼이나 이상한, 무수히 많은 사물을 구성하는 데 쓰인다.

아타나시우스처럼 기묘해 보이는 것을 한 대상으로 간주해야 한다는 착상은 매우 놀랍고 이상해 보인다. 그러나 확장 지속 이론가들에게 이 착상은 전적으로 자연스러운 것이다. 이것은 우리가 앞에서 구체적 대상들을 시간적 부분들로 잘라낼 때 쓴 자의적 분할 방식을 보여주고 있을 따름이다. 다음과 같은 확장 지속 이론가들의 주장을 다시 떠올려보자. 시간 차원을 따라서 전체 루를 잘라낼 수 있는 방식은 무수히 많다. 그리고 이러한 분할의 결과물들은 모두 똑같이 실제적이며 또 모두 똑같이 전체 루의 시간적 부분들이다. 아타나시우스와 같은 사물이 존재한다는 주장을 방어하기 위해 확장 지속 이론가들은 다음과 같이 논할 것이다. 우리는 시간적으로 연장되어 있는 대상이 무한히 많은 부분으로 나누어질 수 있다고 생각할 수 있다. 따라서 우리는 시간적으로 작은 것들이 무한히 많은 방식으로 조합될 수 있다고 생각할 수 있다. 분할을 통해 나오는 것들은 객관적이고 실제적이다. 따라서 조합을 통해 나오는 것들도 실제 세계의 내용물을 구성하는 부분인 것이다.

확장 지속 이론가들은 다음과 같이 생각한다. 어제의 루와 같은 사물들은 오직 전체로서의 루와 같은 대상들, 즉 우리에게 친숙한 대상들만을 구성하는 시간적 부분이라는 견해가 있는데, 이는 근거 없는, 어떤 깊은 편견에 기반을 둔 견해이다. 그들은 다음과 같이 주장할 것이다. 상식이 받아들이는 구체적 대상들로부터 그 대상들이 갖는 시간적 부분들로 이동하는 데[시간적으로 자르는 것]에는 형이상학적으로 신성한 어떤 것이 있는 것이 아니다. 이러한 방향으로의 이동(우리는 이것을 존재론적 분석이라 부를 수 있다.)은 적법하다. 이들은 또 다음과 같이 주장할 것이다. 반대 방향으로의 이동(우리는 이것을 존재론적 종합이라 부를 수 있다.)[시간적으로 붙이는 것]도 똑같이 적법하다. 만약 우리에게 주어진 것이 4차원적으로 펼쳐진 물질세계라면, 우리는 지속하는 대상들에서 시작해 설명을 제공할 수 있으며, 우리는 이러한 대상들이 시간적으로 "더 작은" 것들로 이루어진 것이라 말할 수 있다. 그러나 시간적으로 "더 작은" 것들은 시간적으로 "더 큰" 것들만큼이나 모든 면에서 실제적이다. 따라서 우리는 시간적으로 "더 작은" 것들에서 시작해 우리의 설명을 제공할 수 있으며, 우리는 이러한 것들이 시간적으로 "더 큰" 것들을 구성하는 재료가 된다고 말할 수 있다. 첫 번째 경우에서, 한 대상을 그 대상의 부분들로 자를 수 있는 방법은 무수히 많다. 그렇다면 두 번째 경우에서, 전체를 만들기 위해 부분들을 조합하는 방식도 무수히 많을 것이라 생각할 수 있다. 확장 지속 이론가들은 이처럼 무수히 많은 방식의 조합을 통해 나온 결과물들이, 무수히 많은 방식의 분할을 통해 나온 결과물들보다 더 관념적이거나 더 개념적이라고 하는 데에 반대한다. 두 경우 모두에서 나오게 된 사물들은 실제적이며 객관적이다. 그리고 이것들은 4차원적으로 펼쳐져 바로 이곳에 있는 것이다. 이 물질세계가 바로 그것이다.

따라서 확장 지속 이론가들에 따르면, 우리에게 있는 것은 4차원적으로 펼쳐진 물질들이다. 이 견해에 따르면, 한 물질적 대상은 물질로 채워진 시공간적 구역 내의 내용물이다.[13] 따라서 어떤 것으로 채워진 시공간적 구역이 있다면, 거기에는 물질적 대상이 있는 것이다. 아타나시우스에 의해 점유된 시공간적 구역은 채워진 구역이며, 따라서 아타나시우스는 물질적 대상 중 하나이다. 확장 지속 이론가들은 다음과 같이 주장할 것이다. 아타나시우스의 부분들이 시공간적으로 흩어져 있다는 사실 때문에 한 대상으로서 아타나시우스가 갖는 지위가 흔들리는 것은 아니다. 그들은 다음을 지적할 것이다. 우리가 아는 최고의 물리학이 옳다면, 나무, 고양이, 의자 등과 같은 것은 단지 입자들의 집적으로서, 그 사이에 공간이 있는 입자들의 집적이다. 나무, 고양이, 의자 등의 부분들은 언제든 공간적으로 흩어질 수 있다. 그럼에도 불구하고, 이들이 물질적 대상으로서 가지고 있는 지위가 이러한 사실 때문에 흔들리는 것은 아니다. 시간은 3차원 공간과 함께 가는 또 다른 차원일 뿐이다. 따라서 아타나시우스의 부분들이 시공간적으로 흩어져 있다는 사실에 근거해, 아타나시우스가 물질적 대상으로서 가지는 지위를 박탈하려는 것은 부조리한 일인 것이다.

그래서 확장 지속 이론가들은 다음과 같이 주장한다. 시공간의 채워진 그 어떤 구역도 물질적 대상 중 하나이다. 그것이 아무리 자의적으로 분할되어 있다 하더라도 말이다. 따라서 그들은 다음과 같이 주장할 것이다. 우리가 상식적으로 인정하는 물질적 대상들보다 훨씬 더 많은 물질적 대상이 있다. 그들의 견해에 따르면, 이처럼 무수히 많은 물질적 대상 중 하나를 다른 하나와 구분해 주는 것은 이것들 각각이 갖는 시공간적 위치이다. 한 물질적 대상이 갖는 시공간적 테두리가 그 대상을 한 물질적 대상으로서 마름질한다. 그리고 이 대상이 시공간의 특정 구역을 점유한다는 것은 이 물질적 대상이 갖는 본질적 속성이다. 그래서 어제의 루가 1995년 10월 19일 자정부터 1995년 10월 20일 자정까지 존재한다는 것, 그리고 그가 24시간 동안 서로 다른 여러 시간에 공간의 특정 구역을 점유한다는 것, 이 모든 것은 어제의 루에 본질적인 것이다. 그리고 이와 같은 사실은 우리의 친구 아타나시우스, 그리고 그 밖의 물질적 대상에 대해서도 마찬가지인 것이다.

그래서 확장 지속 이론가들은 우리가 처음 그들을 묘사한 것과는 다른 입장을 가진다. 우리는 처음에 그들의 견해를 다음과 같이 설명했다. 우리에게 친숙한 구체적 개체는 서로 다른 시간들에 존재하는 시간적 부분들을 가지며, 이렇듯 서로 다른 시간들에 존재하는 시간적 부분들을 가지기 때문에 시간을 뚫고 지속한다. 이제 이러한 주장을 받아들이기는 하지만, 아타나시우스 같은 사물의 존재만큼은 부정하는 철학자가 있을 수 있다. 그러나 사실로 보자면, 확장 지속 이론을 근거 짓는 그림, 즉 세계에 대한 4차원적 그림은 아주 자연스럽게 다음과 같은 견해로 이어지게 된다. 즉 상식이 인정하는 대상들은 실제 저곳에 놓여 있는 대상들 중 아주 일부일 뿐이다. 실제로 확장 지속 이론가들 중에서 이 견해를 거부하는 이론가는 거의 없다. 확장 지속 이론가들의 표준적인 견해는 4차원적으로 펼쳐진 물질들의 그 어떤 덩어리라도 다른 덩어리들만큼이나 실제적이라는 것이다. 그리고 우리의 상식이 인정하는 대상들은 4차원적으로 펼쳐진 것을 잘라내는 수많은 객관적 방식 중 단지 어느 한 방식으로 잘라낸 결과물일 뿐이다.

확장 지속 이론가들은 우리가 지금까지 논한 물질적 대상들[예를 들면 아타나시우스]까지도 물질적 대상들의 목록에 포함시킨다. 여기서 확장 지속 이론가들은 다음과 같은 질문에 대한 답을 내는 것이 철학적으로 매우 중요한 기획이라 생각한다. 여러 시간적 부분의 집적체들 중에서 우리에게 친숙한 대상이라 생각되는 집적체들은 어떤 특징을 갖고 있는가?[14] 확장 지속 이론가들은 이 질문에 답하는 것이 중요하다고 생각하는데 그 이유는 그들이 다음과 같이 믿기 때문이다. 상식은 확장 지속 이론가들이 존재한다고 주장하는 물질적 대상들 중에서 오직 손쉽게 다룰 수 있는 물질적 대상들만 인정한다. 그래서 확장 지속 이론가들은 상식이 왜 이렇게 하는지에 대해 우리에게 설명해 줄 의무가 있다. 그들은 우리에게 다음과 같은 사실을 설명해 줄 의무가 있는 것이다. 왜 우리는 4차원적으로 펼쳐져 있는 물질을 아타나시우스 같은 사물들로 잘라내지 않고, 나무로, 고양이로, 의자로 잘라내는 데 익숙한 것일까? 나무, 고양이, 의자 같은 집적체를 선호하는 우리의 상식적 편견은 이러한 집적체들의 어떤 특별한 점과 연관되어 있다. 그래서 확장 지속 이론가들은 이 특별한 점이 어떤 것인지를 우리에게 말해 주어야 한다. 확장 지속 이론가들은 모든 물질적 대상을 시간적 부분들의 집적체로서 간주한다. 따라서 이들은 다음과 같은 착상에 개입하고 있다. 우리에게 친숙한 상식적 개체들의 특별한 점은 이 개체들이 갖는 시간적 부분들 사이의 특정 관계와 연관되어 있다. 그래서 확장 지속 이론가들은 다음과 같이 말한다. 우리가 상식적으로 인정하는 대상들의 시간적 부분들은 특별한 시공간적 관계에 놓이는데, 그 관계는 유사성, 인과성이라는 관계이다. 아타나시우스처럼 흩어진 대상의 시간적 부분들과는 달리 우리에게 친숙한 개체의 시간적 부분들은 시공간적 근접성이라는 계열적 관계에 놓인다. 우리에게 친숙한 어떤 개체의 시간적 부분 x에 대해, 그 개체의 시간적 부분이면서 x와 이웃 관계에 놓이는 시간적 부분 y가 존재한다. 또 y가 이 개체의 최초/최후의 시간적 부분이 아닐 경우, 다음과 같은 조건을 만족시키는 시간적 부분 z가 존재한다. 즉 z는 x나 y의 시간적 부분이 아니며 또 y와 z는 이웃관계에 놓인다. 결론은 다음과 같다. 우리에게 친숙한 한 개체가 갖는 시간적 부분들 사이에는 어떤 시공간적 연관관계가 있으며, 그 친숙한 개체 자체는 단일한 연속적 시공간 벌레인 것이다. 이에 더해서, 우리에게 친숙한 개체의 시공간적으로 이웃하는 부분들은 서로 매우 닮았다. 따라서 전체로서의 개체는 질적 특성들이 단지 점진적으로만 변해 가는 것이다. 또한 아타나시우스 같은 사물의 시간적 부분들 사이에는 인과적 관계가 없지만, 우리에게 친숙한 대상의 시간적 부분 하나는 그 다음에 오는 시간적 부분의 존재와 성격을 인과적으로 결정한다.

그래서 확장 지속 이론가들에 따르면, 4차원으로 펼쳐진 물질적 세계를 잘라내는 방식은 무수히 많다. 잘라내는 이 방식들 중 어느 하나도 특별한 존재론적 지위를 누리지 않는다. 시공간의 채워진 구역을 어떻게 잘라내든, 그것은 '물질적 대상'이라는 이름표를 달 수 있는 것들을 만들어낸다. 물질적 대상들 중에서 상식이 받아들이는 물리적 대상들이 있는데, 이것들의 특별한 점은 단지 이것들이 어떤 관계를 포함하고 있다는 것이다. 즉 그 물리적 대상들의 부분들을 묶어내는 관계 말이다. 우리에게 친숙한 대상은 단지 한 집적체로서, 이것의 부분들은 시공간적 근접성, 유사성, 인과성이라는 관계를 통해 묶인다. 그리고 우리에게 친숙한 대상이 시간을 뚫고 지속한다는 것은 단지 그것이 근접성, 유사성, 인과성이라는 관계로 묶인 시간적 부분들을 가진다는 것이다.

이동 지속 이론가들은 이 모든 것이 잘못되었다고 주장할 것이다. 이들은 세계에 대한 4차원 그림을 거부한다. 따라서 이들은 아타나시우스처럼 시공간적으로 흩어진 대상을 거부할 것이다. 따라서 이들은 고양이, 나무, 의자 등을 선호하는 우리의 상식적 "편견"을 어떻게 해보고자 하는 확장 지속 이론가들의 기획이 쓸모없다고 생각할 것이다. 이동 지속 이론가들은 다음과 같이 주장할 것이다. 물질적 대상의 부분으로서 간주될 수 있는 것은 오직 물질적 대상의 공간적 부분들뿐이다. 이동 지속 이론가들은 시간을 뚫고 지속함이라는 개념이 다른 개념들을 통해 분석될 수 있다고 보지 않는다. 이들에 따르면, 한 사물이 서로 다른 여러 시간에 완전히, 전체적으로 존재할 수 있다는 것, 혹은 한 사물이 이동 지속endure할 수 있다는 것은 존재론적으로 근본적인 개념이다.

  이동 지속 이론가들이 확장 지속 이론에 반응하는 것을 보면, 아리스토텔레스주의적 실체 이론가들이 다발 이론과 기체 이론에 반응하는 것이 떠오른다. 실체 이론가들은 다발 이론가들이나 기체 이론가들이 구성요소와 전체에 대해 말하는 것이 잘못된 것이라 생각한다. 이와 마찬가지로, 이동 지속 이론가들은 확장 지속 이론가들이 시간적 부분들과 시간적 집적체에 대해 말하는 것이 잘못된 것이라 생각한다. 아리스토텔레스주의자들은 구체적 개체라는 개념이 존재론적으로 기본적인 것이라 주장한다. 이와 마찬가지로, 비동시적 동일성 개념에는 존재론적 분석이 필요하다는 주장에 대해 이동 지속 이론가들은 거부감을 나타낸다. 분명 3장에서 초점을 맞춘 주제와 지금 이 장에서 다루는 주제 사이에는 중요한 차이들이 있다. 3장의 맥락에서 우리는 시간을 제외했다. 거기서 우리의 핵심적 관심은 특정 시간에 구체적 개체가 갖는 존재론적 구조였다. 그리고 이 주제에 관한 물음들은 대부분 시간적 지속에 관한 물음들과는 독립적인 것이었다. 특정 시점에 구체적 개체는 어떤 존재론적 구조를 갖는가 하는 문제와 관련한 세 가지 이론에 대해, 이동 지속 이론가나 확장 지속 이론가 모두는 그 어느 이론이라도 선택할 자유가 있는 것으로 보인다. 더군다나 3장에서는 구체적 개체에 대한 환원주의적 설명, 비환원주의적 설명 사이의 대비가 이루어졌다. 다발 이론가나 기체 이론가 모두 구체적 개체를, 존재론적으로 더욱 기본적인 범주에 속하는 다른 사물들로 환원하고자 했다. 물론 확장 지속 이론가들도 시간을 뚫고 지속함이라는 것을 분석/환원하고자 한다. 그러나 확장 지속 이론가들이 제공하는 분석은 구체적 개체의 구조에 대한 환원주의적 설명으로 귀결되지 않는다.[15] 확장 지속 이론가들은 지속하는 개체를 시간적 부분들의 집적체로 분석/환원한다. 그러나 이 시간적 부분들, 그리고 이 부분들로 이루어진 전체는 같은 존재론적 범주에 속한다. 앞에서 말한 것처럼 시간적 부분들은 시간적 부분들로 이루어진 지속 대상만큼이나 모든 면에서 구체적이고, 물질적이며, 개체적이다.

이러한 사실들을 염두에 두기는 해야겠지만, 우리는 아리스토텔레스적인 실체 이론, 시간적 지속에 대한 이동 지속 이론, 이 둘 사이의 유비들을 가볍게 봐 넘겨서는 안 된다. 역사적 관점에서 보자면, 이 둘 사이의 유비는 매우 중요하다. 이동 지속 이론가들이 아리스토텔레스적인 실체 이론에 바로 개입하게 되지는 않는다. 그러나 사실로 보자면, 이 두 이론은 전형적으로 함께 간다. 왜 그런지 이해하는 것은 그리 어렵지 않다. 두 이론 모두 세계에 대한 우리의 상식적 경험을 통해 표현되는 존재론적 개념 틀을 매우 심각하게 받아들이고자 한다. 세계에 대한 우리의 상식적 개념화는 세계를 나무들, 고양이들, 인간들로 잘라내는 개념화이다. 우리는 이러한 것들이 완전히 실제적이라고, 그래서 더 실제적인 다른 어떤 것들로부터 구성된 것이 아니라고 믿는다. 그리고 우리는 이러한 것들이 서로 다른 시간들에 완전히, 전체적으로 존재한다고 믿는다. 아리스토텔레스적 실체 이론가들이나 이동 지속 이론가들 모두 다음과 같이 믿고 있다. 세계에 대한 이러한 상식적 개념화는 가장 밑바닥에서 "실재를 그것의 조각들로 잘 잘라내고" 있는 것이다. 구체적 개체는 존재론적으로 환원되지 않는다. 그리고 구체적 개체는 시간을 통과하면서 문자 그대로의 동일성을 유지한다. 이러한 믿음 모두는 세계에 대한 상식적 개념화에 근거하고 있는 것이다. 따라서 이 중 하나를 선호하는 형이상학자가 나머지 하나를 마찬가지로 선호한다는 사실은 그리 놀라운 일이 아니다.

확장 지속 이론을 옹호하는 논변 : 속성에서의 변화

지금까지 우리는 시간을 뚫고 지속함에 대한 이동 지속 이론과 확장 지속 이론의 설명을 특징지었다. 그러나 왜 이 설명들 중 어느 하나만 취해야 하는지는 아직 말하지 않았다. 앞 절 마지막 부분에서는 다음과 같은 점을 암시한 바 있다. 이동 지속 이론의 설명이 더 끌릴 수도 있는데, 왜냐하면 이 설명이 비동시적 동일성에 대한 우리의 상식적 견해와 더 잘 맞아떨어지기 때문이다.[16] 어제의 루가 오늘의 루와 같은 사람이라는 주장은 말 그대로 수적 동일성에 관한 주장으로 보인다. 그리고 이것이 바로 이동 지속 이론가들이 우리에게 말해 주고 있는 바이다. 어떤 시간에 존재하는 한 사물은 다른 시간에 존재하는 사물과 수적으로 동일한 것이다. 이동 지속 이론가들 대다수는 자신의 이론이 이렇듯 우리의 상식적 직관과 맞아떨어진다는 사실을 자신의 견해의 근거로 이해한다. 따라서 이동 지속 이론가들은 시간적 지속에 대한 자신의 설명을 그저 묘사하는 데 만족하며, 또 확장 지속 이론가들의 공격으로부터 이를 방어하는 데 주력할 뿐이다.

반면 확장 지속 이론가들은 자신의 견해를 위한 논증을 만들어내야 한다고 느낀다. 확장 지속 이론가들은 비동시적 동일성에 관한 자신의 설명이 시간적 지속에 대한 우리의 상식적 견해와 충돌할 것처럼 보인다는 것을 인정한다. 따라서 그들은 다음과 같은 것을 보이고자 노력한다. 지속에 관한 우리의 일상적 믿음, 그리고 이동 지속 이론가들의 설명, 이 둘 사이에 무언가 잘 들어맞는 부분이 있는 것처럼 보이지만, 사실 우리에게는 시간적 부분이라는 확장 지속 이론의 존재론 말고는 다른 대안이 없다. 여기서의 논변들 중 하나는 우리가 앞 장에서 본 것이다. 이 논변에 따르면, 이동 지속 이론가들의 설명은 세계에 대한 우리의 과학적 이해와 맞아떨어지지 않는다. 세계에 대한 4차원 그림은 상대성 이론이 주장하는 바이다. 시간이 3차원 공간과 더불어 가는 또 다른 차원일 뿐이라는 주장은 자연스럽게 시간적 부분들이라는 이론으로 흘러가게 된다. 이로부터 다음과 같은 주장이 제기된다. 우리 자신과 이 세계에 대한 우리의 과학적 믿음을 조절할 수 있는 유일한 방법은 시간을 뚫고 지속함에 대한 확장 지속 이론을 채택하는 것이다. 이러한 논증은 한때 꽤나 유행했다.[17] 그러나 이것은 최근 확장 지속 이론가들의 저작들 속에서 자주 보게 되는 논증은 아니다. 내가 추측하기로 그중 한 가지 이유는 다음과 같다. 최근의 확장 지속 이론가들은 수학적으로 형식화된 물리학으로부터 어떤 존재론을 추출해 내는 것이 실제로는 매우 어려운 일임을 알게 되었다. 그러나 더 핵심적인 이유는 다음과 같은 것이다. 확장 지속 이론가들은 세계에 대한 우리의 상식적/전(前) 과학적 믿음이 사실은 시간적 부분에 대한 주장과 크게 어긋나지 않음을 보여주고 싶어한다. 이들은 다음과 같이 논하기를 원한다. 시간적 지속에 대한 우리의 직관적 개념화와 이동 지속 이론이 잘 부합하는 것처럼 보이지만, 사실 단지 겉보기에만 그러할 뿐이다. 최근의 확장 지속 이론가들은 다음과 같이 주장한다. 비동시적 동일성/같음diachronic sameness을 우리는 동일성identity으로 해석하려는 듯이 보이지만, 사실 우리의 상식적 믿음들을 자세히 들여다보면, 우리의 상식적 믿음들은 이동 지속 이론가들의 설명을 전제로 하고 있는 것이 아니라, 확장 지속 이론가들의 설명을 전제로 하고 있다.

이것을 보이기 위해 확장 지속 이론가들은 변화라는 현상에 초점을 맞춘다. 그들은 다음과 같은 것을 지적한다. 시간을 뚫고 지속함에 대한 우리의 믿음은 변화라는 것을 핵심 바탕으로 삼고 있다. 우리는 사물들이 시간을 뚫고 지속한다고 믿는다. 그러나 우리는 이것만을 믿는 것이 아니다. 우리는 사물들이 시간의 흐름에 따라 변화한다는 것도 믿고 있다. 따라서 우리는 다음과 같이 믿고 있는 것이다. 우리에게 친숙한 대상들은 변화를 뚫고 지속한다. 여기서 확장 지속 이론가들은 다음과 같이 말한다. 이동 지속 이론가들은 이러한 상식적 믿음을 설명할 수 없다. 이동 지속 이론에 따르면, 지속이라는 것은 다음과 같은 동일성을 포함한다. 특정 시간에 존재하는 사물, 다른 특정 시간에 존재하는 사물, 이 둘은 동일하다. 여기서 확장 지속 이론가들은 다음과 같이 주장한다. 만약 변화를 뚫고 지속함이라는 착상 안에 수적 동일성에 관한 착상이 포함되어 있다고 가정하면, 우리는 극복할 수 없는 논리적 어려움에 빠져들게 된다. 확장 지속 이론가들은 다음과 같이 논한다. 우리에게 친숙한 개체들이 변화를 뚫고 지속한다는 상식적 믿음을 잘 살려내려면, 우리는 시간적 부분이라는 철학적 입장을 채택해야 하며, 그래서 다음과 같이 주장해야 한다. 한 사물이 변화를 뚫고 지속한다는 것은 그 사물이 서로 다른 시간들에 존재하는 서로 다른 시간적 부분들을 가진다는 것이다.

그런데 최근 확장 지속 이론가들의 저작들 속에서는 이러한 논증, 즉 변화는 이동 지속 이론가들에게 문제가 된다는 논증이 서로 다른 두 형태를 띠고 나타난다. 최근의 어떤 확장 지속 이론가들의 저작들에서 우리는 다음과 같은 일반적 논증을 만나게 된다. 우리에게 친숙한 개체와 연계된 어떤 비관계적 속성 변화도 시간적 지속에 대한 이동 지속 이론가들의 설명과 맞아떨어지지 않는다.[18] 다른 확장 지속 이론가들에게서 우리는 좀 더 제한된 목표를 가진 논증들을 보게 된다. 여기서 목적은 다음과 같은 것을 보이는 것이다. 우리에게 친숙한 개체에게 일어날 수 있는 어떤 종류의 변화, 즉 부분에서의 변화는 이동 지속 이론가들의 설명대로라면 불가능하다.[19] 앞의 일반적 논증이 성공한다면, 두 번째 논증, 즉 좀 덜 일반적인 논증은 필요치 않을 것이다. 지속에 대한 이동 지속 이론가들의 설명이 속성과 관련된 변화를 허용하지 못한다면, 이동 지속 이론가들의 설명은 한 사물의 부분들과 관련된 변화도 허용하지 못할 것이다. 우리에게 친숙한 개체의 한 부분이 될 수 있는 사물이 그 개체의 부분이어야만 그 개체가 예화할 수 있는 속성이 있는 것이다.* 그렇다면 더욱 일반적인 논증이 실패하더라도, 좀 더 제한된 논증, 즉 이동 지속 이론가들은 부분에서의 변화를 뚫고 지속함이라는 것을 설명할 수 없다는 논증은 여전히 유효할 수 있다. 어쨌든 이 두 논증을 살펴보자. 우선 첫 번째 논증, 즉 더욱 일반적인 논증부터 살펴보자.

앞에서 말했듯이 우리는 다음과 같은 믿음을 가진다. 우리에게 친숙한 구체적 개체들은 변화를 겪으며, 또 이러한 변화를 뚫고 지속한다. 이러한 일이 일어나는 경우 한 가지를 살펴보자. 헨리는 형이상학자로서 파도타기가 취미이다. 늦은 봄, 학기가 끝나자마자 헨리는 파도타기를 하며 여름을 즐기기 위해 하와이로 날아간다. 예상할 수 있듯이, 그는 곧 피부가 검어진다. 그러고 나서 8월 말 그는 학교로 돌아와 시간을 뚫고 지속함이라는 형이상학적 주제에 대한 기념비적인 논문을 작성하는 데 돌입한다. 그 작업에 너무나 열중한 나머지 그는 좀체 연구실을 떠나지 않는다. 그리고 9월 내내 그는 검은 피부를 잃어가며 창백해지고 누르스름해진다. 지난여름의 헨리를 여름-헨리Henry-in-the-summer라고 부르고, 이번 가을의 헨리를 가을-헨리 Henry-in-the-fall라고 부른다면, 우리는 헨리의 상황을 다음과 같이 묘사할 수 있다. 여름-헨리는 검고, 가을-헨리는 검지 않다. 이제 만약 우리가 이동 지속 이론가라면 다음과 같이 말할 것이다. 즉 여름-헨리와 가을-헨리는 수적으로 동일하다. 그런데 이렇게 말한다면 우리는 다음과 같은 주장에 개입하게 된다. 즉 피부색에서의 변화를 뚫고 헨리가 지속한다고 한다면, 이것은 우리가 이전 장에서 본 원리, 즉 동일자 구별 불가능성 원리를 깨게 된다. 이 원리는 우리에게 다음과 같이 말한다. 임의의 대상을 a, b, 임의의 속성을 Φ라 하고, a와 b가 동일하다고 하자. 이 경우에 Φ가 a의 속성이면 Φ는 b의 속성이기도 하고, 또 Φ가 b의 속성이면, Φ는 a의 속성이기도 하다

---

* 나는 나의 부분인 혀를 가지고 있어야만 신맛을 느낄 수 있다. 신맛을 느꼈다가 신맛을 느끼지 않게 됨, 즉 속성에서의 변화를 설명할 수 없다면, 이동 지속 이론가들은 내가 혀를 가졌다가 혀를 갖지 못함도, 즉 부분에서의 변화도 설명할 수 없을 것이다. 반대로 이동 지속 이론가들이 신맛을 느꼈다가 신맛을 느끼지 않게 됨을 설명할 수 있다고 가정해 보자. 이를 설명할 수 있다 하더라도, 이들이 내가 혀를 가졌다가 혀를 갖지 않음 역시 설명할 수 있는 것은 아니다.

는 것은 필연적이다. 앞에서 말했듯이 이 원리는 그 어떤 철학자도 포기하지 않을 원리이다. 그러나 우리가 지속에 대한 이동 지속 이론가들의 설명을 받아들인다면, 헨리가 여름부터 가을까지 지속한다는 것은 우리로 하여금 이 원리를 포기하게 한다. 왜냐하면 이동 지속 이론에 따르면, 여름-헨리와 가을-헨리는 수적으로 동일한데, 여름-헨리는 검지만 가을-헨리는 검지 않기 때문이다.

이동 지속 이론은 헨리가 변화를 뚫고 지속한다는 우리의 상식적 믿음을 설명할 수 있는 것으로 보인다. 그러나 대가를 치러야 한다. 동일자 구별 불가능성 원리를 깨게 되는 것 말이다. 이에 반해 확장 지속 이론가들은 자신의 설명이 동일자 구별 불가능성 원리를 살릴 수 있다고 주장한다. 그리고 우리의 상식적 믿음, 즉 헨리가 변화 이전에도, 변화하는 동안에도, 변화 이후에도 존재한다는 믿음 역시 살릴 수 있다고 주장한다. 확장 지속 이론가들의 설명에 따르면, 여름-헨리와 가을-헨리는 수적으로 서로 다른 사물들이다. 따라서 여름-헨리는 검지만 가을-헨리는 검지 않다는 사실이 어떤 문제를 가져오는 것은 아니다. 확장 지속 이론가들은 여름-헨리와 가을-헨리가 수적으로 서로 다름을 주장하면서도 다음과 같은 사실을 강조한다. 이 둘모두 단일한 집적체의 부분들로서, 이것들은 시공간적 연결, 유사성, 인과성 관계에 의해 묶여 있다. 그래서 우리는 단일한 존재자를 가진다. 전체로서의 헨리 말이다. 그리고 이 전체로서의 헨리가 갖는 시간적 연장체는 여름에서 가을까지 펼쳐져/확장되어 있다. 이렇게 해서 헨리가 변화를 뚫고 지속한다는 상식적 믿음은 잘 보존된다. 우리는 단일한 시공간 벌레를 가진다. 이 시공간 벌레의 서로 다른 마디마디는 서로 다른 속성을 가진다. 이 마디마디는 서로 다른 것들이므로 동일자 구별 불가능성 원리는 깨지지 않는다. 또 이 마디마디는 단일한 벌레가 갖는 서로 연결된 마디들이기 때문에 우리는 지속을 확보하게 되는 것이다.

그래서 확장 지속 이론가들은 다음과 같이 주장하기를 원한다. 처음 볼 때는 그렇지 않은 것처럼 보이지만, 사실 우리의 상식적 직관을 지키려는 것은 확장 지속 이론이지 이동 지속 이론이 아니다. 당연히 이동 지속 이론가들은 이에 반대해 다음과 같이 주장할 것이다. 변화를 뚫고 지속함에 대한 이동 지속 이론가들의 설명, 동일자 구별 불가능성 원리, 이 둘은 충돌을 일으키지 않는다. 그들은 다음과 같이 주장할 것이다. 충돌이 있어 보이는 이유는 확장 지속 이론가들이 헨리의 상황을 자신들만의 방식으로 묘사했기 때문이다. 이동 지속 이론가들은 헨리의 상황을 다음과 같이 묘사하자고 주장할 것이다. 여름-헨리는 갖지만 가을-헨리는 갖지 않는 어떤 속성 하나를 말하지 말고, 대신 서로 다른 두 속성이 있다고 하자. 즉 여름에 검음being tan in the summer, 가을에 검음being tan in the fall. 그래서 이렇게 말하자. 헨리는 여름에 검음이라는 속성은 갖지만, 가을에 검음이라는 속성은 갖지 않는다. 이동 지속 이론가들의 제안은 다음과 같은 것이다. 헨리의 상황을 묘사할 때, 시간 꼬리표 속성time-indexed property을 이용하자. 이렇게 하면, 동일자 구별 불가능성 원리와의 충돌은 사라지게 된다. 이에 대한 확장 지속 이론가들의 답변은 당연히 다음과 같은 것이 될 것이다. 이동 지속 이론가들은 지속에 관한 자신들의 설명과 동일자 구별 불가능성 원리 사이에 나타나는 충돌을 제거하는 데 성공할 수는 있다. 그러나 이들이 진정으로 성공하기 위해서는 다음과 같이 주장할 준비가 되어 있어야 한다. 즉 헨리의 상황을 묘사하는 유일한 방법은 시간 꼬리표 속성을 이용하는 방법뿐이다. 그런 다음 확장 지속 이론가들은 다음과 같이 주장할 것이다. 이동 지속 이론가들이 이렇게 주장한다면, 그 대가는 너무나 크다. 이동 지속 이론가들의 주장에 따르면, 헨리가 갖는 유일한 속성은 시간 꼬리표 속성이란 말인데, 이 견해를 받아들인다면 우리는 다음과 같은 부당한 결론에 도달하게 된다. 즉 헨리가 (그냥, 단지) 검다는 것은 참일 수 없으며, 또 헨리가 (그냥, 단지) 창백하다는 것은 참일 수 없다.

5장을 읽은 독자라면 이 모든 것에 익숙할 것이다. 왜냐하면 확장 지속 이론가들의 논증, 그리고 이에 대한 반박과 재반박은 통세계적 개체가 존재하지 않음을 보이기 위해 루이스가 시도한 논증과 그 반박을 그대로 재현하고 있기 때문이다. 나는 앞에서 다음과 같은 사실을 지적했다. 양상에 관한 루이스의 견해와 시간에 관한 그의 견해 사이에는 어떤 긴밀한 유비가 있다. 그래서 지금 요약한 논증이 루이스의 저작으로부터 직접 나왔다는 사실에 놀랄 이유는 없는 것이다.[20]

이동 지속 이론가들은 루이스의 논변에 대한 답을 갖고 있는가? 헨리의 상황을 묘사할 때 시간 꼬리표 속성을 이용해야 한다면, 시간 꼬리표가 붙지 않은 속성들을 이용해 헨리의 상황을 묘사할 수는 없는 것인가? 이동 지속 이론가들은 시간 꼬리표가 붙지 않은 속성들을 이용해 헨리의 상황을 묘사할 수 있다고 주장할 것이다.[21] 이동 지속 이론가들은 전형적으로 현재론자들이다. 따라서 그들은 다음과 같이 주장한다. 세계를 제대로 묘사하려면, 우리는 반드시 시제적인 언어를 이용해야 한다. 그들은 다음과 같이 주장할 것이다. 한 사물이 어느 시점에 어떤 속성을 가진다는 착상, 즉 겉보기에 무시제적으로 보이는 착상은 분석을 필요로 한다. 그래서 그들은 다음과 같이 말할 것이다. 한 사물 x가 시간 t에 어떤 속성 Φ를 가진다고 말하는 것은 단지 다음과 같이 말하는 것이다. t가 현재일 때(혹은 현재였을 때, 혹은 현재가 될 때), x는 Φ를 가진다(혹은 가졌다, 혹은 가질 것이다). 따라서 이동 지속 이론가들은 다음과 같이 말할 것이다. 만약 헨리가 여름에 검다는 것도 참이고 또 가을에 검지 않다는 것도 참이라면, 헨리와 관련해 사정이 어떠하리라는 것은 지금이 어떤 계절인가에 달려 있다. 지금이 여름이라면, 헨리가 지금 검다는 것은 참이다. 그러나 이 사실로부터 헨리가 지금 검으며, 또 검지 않다는 결론이 나오지는 않는다. 또 이 사실로부터 헨리가 가을에 검게 될 것이고, 또 검지 않게 될 것이라는 결론도 나오지 않는다. 마찬가지로 지금이 가을이라면, 헨리는 지금 검지 않다는 것은 참이다. 분명 헨리가 지난여름에 검었다는 것은 참이다. 그러나 이 사실로부터, 그가 지금 검으며, 또 검지 않다는 결론이 나오지는 않는다. 또 이 사실로부터, 그가 지난여름에 검었고, 또 검지 않았다는 결론이 나오지도 않는다. 간단히 말해, 이동 지속 이론가들은 다음과 같이 주장할 것이다. 만약 우리가 시제에 충실하다면, 헨리의 상황이 동일자 구별 불가능성 원리를 깨지 않음을 보일 수 있다.

따라서 이동 지속 이론가들도 변화하는 개체를 묘사할 때 시간 꼬리표가 붙지 않은 속성들을 이용할 수 있다. 그들이 시간의 본성을 이해하는 방식 때문에, 시간 꼬리표 없는 속성들을 이용한 이러한 묘사는 정말로 1차적인 것 혹은 기본적인 것이 되는 것이다. 그리고 이러한 종류의 묘사를 해낼 때, 그들은 동일자 구별 불가능성 원리와 아무런 충돌도 일으키지 않으면서, 변화하는 개체를 특징짓고 있는 것이다. 이들은 다음과 같이 주장할 것이다. 루이스는 변화를 뚫고 지속한다는 것이 확장 지속 이론을 전제로 한다고 논증하는데, 이 논증은 잘못된 것이다. 루이스의 논증이 잘못된 이유는 시간과 관련해 그가 암묵적으로 영원론이 옳다고 가정하기 때문이다. 시간에 대한 영원론적 개념화에 따르면, 한 사물이 어떤 속성을 가진다는 것은 무시제적인 것이다. 따라서 한 사물이 속성에서의 변화를 뚫고 수적으로 동일한 대상으로 남는다는 주장은 영원론자들에게 정말 문제가 되는 주장이다. 이 문제를 피할 수 있는 있는 유일한 방법은 시간 꼬리표 속성들을 이용하는 것이다. 그런데 영원론자들의 설명에서 시간 꼬리표 속성들은 분석/환원될 수 없는 것이다. 따라서 우리가 시간에 대한 영원론자라면, 수적으로 하나인 동일한 대상은 속성에서의 변화가 있기 전이든 후든 똑같이 존재한다는 주장으로부터, 다음의 두 견해 중 하나로 나아갈 수밖에 없다. 첫째 동일자 구별 불가능성 원리가 잘못되었다고 하거나, 아니면 사물들은 시간 꼬리표 없는 속성들을 통해서는 제대로 묘사될 수 없다고 하거나. 여기서 이동 지속 이론가들은 다음과 같이 생각한다. 루이스의 논변은 우리가 시간에 대한 영원론자라면 개체들이 변화를 뚫고 수적으로 동일하게 남는다고 주장할 수 없음을 보여주기는 한다. 그러나 이 지점에서 이동 지속 이론가들은 다음과 같이 주장한다. 자신은 시간에 대한 현재론적인 개념화를 취하고 있으므로, 변화를 뚫고 지속함에 대한 자신의 해석, 즉 변화를 뚫고 수적으로 동일하게 남는다는 해석은 루이스의 논변에 걸려들지 않는다. 이동 지속 이론가들은 다음과 같이 생각한다. 한 사물이 시간 꼬리표 속성을 가진다는 것은 시제를 이용해 그것이 시간 꼬리표가 붙지 않은 속성을 가진다는 것으로 분석될 수 있다. 따라서 변화하는 대상을 시간 꼬리표 속성을 통해 묘사한다 하더라도 이들은 그 대상을, 시간 꼬리표가 붙지 않은 속성을 이용해 묘사할 수 있는 것이다. 실제로, 시간 꼬리표 속성을 이용해서 하는 묘사의 밑바탕에는 시간 꼬리표가 붙지 않은 속성을 이용해서 하는 묘사가 전제되어 있다. 변화하는 대상을 시간 꼬리표가 붙지 않은 속성들을 통해 묘사할 때는 시제에 유념해야 한다는 점을 이동 지속 이론가들은 강조한다. 따라서 이들은 다음과 같이 주장할 수 있는 것이다. 변화를 뚫고 수적으로 동일하게 남는다는 것은 동일자 구별 불가능성 원리와 어떤 면에서도 충돌하지 않는다.

변화를 뚫고 지속함에 대한 이동 지속 이론가들의 설명을 반대하는 루이스의 논변과 마찬가지로, 루이스의 논변에 대한 이동 지속 이론가들의 답변 역시 독자들에게는 꽤나 친숙하게 느껴질 것이다. 왜냐하면 이 답변은 루이스의 통세계적 개체에 대한 반대 논변과 관련해서 플란틴가가 제시하고 있는 대답을 단지 시간에 응용한 것일 뿐이기 때문이다. 넓은 차원에서 보자면, 플란틴가는 다음과 같은 주장을 한다고 볼 수 있다. 통세계적 동일성에 대한 루이스의 공격은 잘못되었는데, 왜냐하면 루이스가 가능주의가 옳다고 가정하고 공격을 펼쳤기 때문이다. 플란틴가도 인정하듯이 가능주의적 존재론의 맥락에서는 통세계적 개체 같은 것은 문제가 있는 것이다. 그러나 플란 틴가는 다음과 같이 생각한다. 현실주의자에게 통세계적 동일성은 아무 문 제가 없는 개념이다. 플란틴가는 다음을 지적한다. 현실주의자의 개념 틀 내 에서는 한 사물이 세계 꼬리표 속성을 가진다는 것이 그 사물이 단순한 속성 property simpliciter을 가진다는 것으로 분석/환원될 수 있다. 그리고 그는 다 음과 같이 논한다. 우리가 통세계적 개체의 상황을 엄밀한 현실주의적 용어 로 묘사한다면(즉 그 사물이 현실적으로 갖는 속성들만을 지칭하는 용어로 묘사한 다면), 다음과 같은 것을 알게 된다. 즉 통세계적 개체의 존재와 동일자 구별 불가능성 원리 사이에는 충돌이 전혀 없다. 플란틴가의 전략과 그 전략을 수 행하기 위한 전술들을 살짝 바꿔 시간의 영역에 적용해 보라. 그럼 당신은 변화를 뚫고 동일하게 남는다는 것에 반대하는 루이스 논변에 이동 지속 이 론가들이 어떻게 답하는지 보게 될 것이다.[22]

확장 지속 이론을 옹호하는 두 번째 논변 : 부분에서의 변화

시간과 관련해 이동 지속 이론가들이 선호하는 설명을 받아들인다면, 우 리는 이동 지속 이론을 반대하는 루이스의 논변이 그렇게 강력하지는 않음 을 발견하게 된다. 그러나 내가 언급했듯이 확장 지속 이론가들은 시간적 지 속에 대한 자신의 설명을 방어하기 위해 다음과 같이 주장한다. 우리에게 친 숙한 대상들이 겪는 어떤 종류의 변화가 있는데(부분에서의 변화), 이것은 이 동 지속 이론가들에게 문젯거리가 된다. 자연에 관한 우리의 최고 이론은 다 음과 같이 말해 준다. 나는 계속해서 부분들에서의 변화를 겪는다. 나는 계 속해서 원자들을 잃고, 또 계속해서 새로운 원자들을 얻는다. 그럼에도 우리 는 다음과 같이 믿는다. 나는 이러한 변화를 뚫고 지속한다. 확장 지속 이론 가들은 시간적 지속에 대한 자신의 설명만이 이러한 믿음과 잘 조화된다고 주장한다.

이 주장을 견지하기 위해 어떤 논증을 사용할 수 있을까? 확장 지속 이론가들은 다음과 같이 주장했다. 이동 지속 이론가들은 속성 일반에서의 변화를 뚫고 지속한다는 것을 설명할 수 없다. 앞 절에서 보았듯이 확장 지속 이론가들의 이러한 일반 논증에는 커다란 어려움이 있다. 따라서 루이스의 일반 논증을 부분들에서의 변화에도 그냥 적용하는 것은 옳지 않아 보인다. 이런 식의 옳지 않은 논변을 생각해 내기는 쉽다. 그 논변은 다음과 같이 주장할 것이다. 한 사물이 부분에서의 변화를 뚫고 수적으로 동일하게 남는다는 것은 다음과 같은 원리와 충돌한다. 즉 한 사물 x와 한 사물 y가 수적으로 동일하다면, x의 부분이 되는 모든 것은 y의 부분도 되며, 또 y의 부분이 되는 모든 것은 x의 부분도 된다. 이 원리는 동일자 구별 불가능성 원리와 긴밀한 관계를 맺는다. 동일자 구별 불가능성 원리는 우리에게 다음과 같이 말한다. 수적으로 동일하다면, 속성들 차원에서의 구별이 불가능하다. 반면 위의 원리는 우리에게 다음과 같이 말한다. 수적으로 동일하다면, 부분들 차원에서의 구별이 불가능하다. 만약 이 원리에 근거해 펼쳐지는 논변에 어려움이 있다면, 그 어려움은 이 원리가 거짓이기 때문에 생기는 어려움은 아니다. 분명 이 원리는 참이다. 오히려 이 논변에 어려움이 있다면, 그것은 다음과 같은 사실 때문이다. 즉 이동 지속 이론가들은 동일자 구별 불가능성 원리와 그 적용 등을 해석할 때 현재론적인 용어들을 이용하고 있다는 것. 그래서 이동 지속 이론가들은 다시 한 번 현재론적인 용어들을 이용해 위의 원리와 그 적용 등을 해석하려 할 것이다. 결론적으로 이동 지속 이론가들은 다음과 같이 논할 것이다. 만약 우리가 시제에 충실하다면, 다음과 같은 사실을 알게 된다. 즉 우리에게 친숙한 대상들이 부분에서의 변화를 뚫고 수적으로 동일하게 남는다는 것, 그리고 위에서 우리가 언급한 원리, 이 둘은 충돌을 일으키지 않는다. 확장 지속 이론가들이 다음과 같이 주장한다고 해보자. 어제의 루와 오늘의 루는 서로 다른 원자들로 이루어졌으므로, 위의 원리에 따르면 이 둘은 수적으로 같을 수 없다. 이에 대해 이동 지속 이론가들은 다음과 같이 대답할 것이다. 위의 원리는 수적으로 동일하다면 부분들 차원에서의 구별이 불가능하다는 원리인데, 내가 가진 부분들이 변한다고 해서 이 원리가 깨지는 것은 아니다. 이들은 다음과 같이 주장할 것이다. 내가 원자들과 관련해 변한다는 것은 내가 특정 원자들을 가지는 동시에 갖지 않는다는 것이 아니다. 어제 나는 일군의 원자를 나의 부분으로 가졌다. 그러나 오늘 나는 일군의 다른 원자를 나의 부분으로 가지고 있는 것이다.

따라서 부분에서의 변화가 이동 지속 이론가들에게 정말 문제가 된다는 것을 보이고자 한다면, 확장 지속 이론가들은 앞 절에서 우리가 고찰한 논증을 살짝 바꾸는 것만으로는 성공하기 어렵다. 그들은 다른 논증이 필요한 것이다. 그러한 논증이 헬러Mark Heller에 의해 제기되었다.[23] 그의 논증은 중요하며 또 흥미롭다. 우리에게는 불행한 일이지만, 헬러의 논증은 시간적 지속에 관한 모든 문헌들에 친숙한 독자의 눈높이에 맞춰 개발되었다. 그러나 우리는 헬러가 주장하는 바, 이동 지속 이론 내에 어떤 어려움이 있는지를 보일 수 있다. 헬러의 논변과는 많은 점에서 다르지만, 헬러의 영향을 받은 어떤 논변을 고찰한다면 말이다. 독자들은 어떤 시간 t 이전의 데카르트를 생각해 보면 된다. t 이전에 데카르트는 손상되지 않은 건강한 사람이었다. 그는 정상인들이 가진 육체적 부분을 모두 가지고 있었다. 특히 그는 왼손을 가지고 있었다. t 이전의 데카르트를 지칭하기 위해, 't-이전-데카르트'라는 표현을 사용하자. 그래서 우리에게는 t-이전-데카르트가 있다. 그런데 데카르트가 t 이전에 존재했다면, 다른 어떤 것도 존재한 것이다. 우리는 이것을 데카르트-마이너스라고 부를 수 있는데 데카르트-마이너스는 데카르트의 왼손을 제외한 나머지 데카르트이다. t 이전에 존재하는 데카르트-마이너스를 지칭하기 위해 't-이전-데카르트-마이너스'라는 표현을 사용하자. 시간 t에 데카르트는 불행한 일을 당했다. 그의 왼손이 절단된 것이다.

손이 절단된 후의 데카르트를 지칭하기 위해 't-이후-데카르트'라는 표현을 사용하자. 이제 우리는 모두 다음과 같은 것을 믿는다. 즉 사물들은 부분들을 잃더라도 생존할 수 있다. 특히 우리는 다음과 같은 것을 믿는다. 인간은 자기 왼손이 절단되어도 생존할 수 있다. 그런데 만약 우리가 이동 지속 이론가라면, 이러한 생존을 엄밀한 수적 동일성의 한 사례로 해석할 것이다. 따라서 우리는 다음과 같이 주장할 것이다.

(1) t-이전-데카르트는 t-이후-데카르트와 수적으로 동일하다.

그러나 데카르트만 그 절단으로부터 생존한 것이 아니다. 데카르트-마이너스도 생존한 것이다. 데카르트-마이너스는 절단 이후에도 여전히 거기에 있다. 물론 데카르트의 왼손은 더 이상 데카르트-마이너스에 붙어 있지 않다. 그러나 이러한 사실이 데카르트-마이너스의 생존과 어떤 연관이 있다고 하기는 어렵다. 선반 위의 책은 그 옆의 책을 치워도 생존하듯이, 데카르트-마이너스도 절단 이후에 여전히 존재한다. 이제 우리가 이동 지속 이론가라면, 데카르트-마이너스의 생존을 다시 한 번 수적 동일성으로 해석할 것이다. 우리가 't-이후-데카르트-마이너스'라는 표현을 사용해서, 절단 이후에 존재하는 데카르트-마이너스를 지칭한다고 하자. 그러면 우리는 이동 지속 이론가들이 다음과 같은 문장을 참이라 여길 것이라고 말할 수 있다.

(2) t-이전-데카르트-마이너스는 t-이후-데카르트-마이너스와 수적으로 동일하다.

그래서 우리는 t-이후-데카르트와 t-이후-데카르트-마이너스를 얻게 된다. 그런데 이것들은 서로 어떻게 연계되어 있는가? 분명 이것들은 정확히 동일한 공간적 영역을 점유한다. 이것들은 정확히 동일한 세포들로 구성되어 있다. 이것들은 정확히 동일한 분자, 정확히 동일한 원자, 정확히 동일한 전자 등으로 구성되어 있다. 이것들은 부분 하나하나가 동일하다. 내가 그중 하나에 무슨 짓을 하건, 나는 다른 하나에게도 마찬가지 일을 하는 것이다. 그렇다면 우리는 다음과 같이 말할 수 있다. t-이후-데카르트, t-이후-데카르트-마이너스는 동일한 사물이지 서로 다른 두 사물이 아니다. 따라서 다음과 같은 문장은 참이다.

(3) t-이후-데카르트와 t-이후-데카르트-마이너스는 수적으로 동일하다.

따라서 만약 우리가 이동 지속 이론가라면, (1), (2), (3) 모두가 참이라고 해야 한다. 이 셋 모두 수적 동일성에 관한 진술이다. 그런데 수적 동일성은 몇 가지 중요한 논리적 속성을 가진다. 수적 동일성은 재귀적reflexive이다. 모든 대상 x에 대해, x는 x[자기 자신]와 수적으로 동일하다. 수적 동일성은 또한 대칭적symmetrical이다. 만약 한 대상 x가 어떤 대상 y와 수적으로 동일하다면, y는 x와 수적으로 동일하다. 마지막으로, 우리의 목적을 위해 가장 중요한 것이 있다. 수적 동일성은 이행적transitive이라는 것이다. 만약 어떤 사물 x가 어떤 사물 y와 수적으로 동일하고, 또 y는 어떤 사물 z와 수적으로 동일하다면, x는 z와 수적으로 동일하다. 그런데 수적 동일성이 이행적이라면, (1), (2), (3) 모두가 참이라는 사실로부터 다음과 같은 문장 역시 참이라는 사실이 도출된다.

(4) t-이전-데카르트는 t-이전-데카르트-마이너스와 수적으로 동일하다.

이것은 분명하다. 첫째, t-이후-데카르트가 t-이전-데카르트와 동일하다면, 둘째, t-이후-데카르트-마이너스가 t-이전-데카르트-마이너스와 동일하다면, 셋째, t-이후-데카르트와 t-이후-데카르트-마이너스가 동일하다면, t-이전-데카르트와 t-이전-데카르트-마이너스는 동일한 것이다.

그래서 이동 지속 이론가들은 (4)를 참이라고 해야 한다. 그런데 문제는 (4)가 거짓임을 우리가 안다는 것이다. 수적 동일성은 단순히 재귀적이며, 대칭적이며, 이행적이기만 한 것은 아니다. 수적 동일성은 속성 수준에서의 구별 불가능성도 포함하고 있다. 동일자 구별 불가능성 원리는 궁극적으로 참인 원리이다. 수적 동일성으로부터 구별 불가능성이 따라 나오는 것이다. 그러나 t-이전-데카르트와 t-이전-데카르트-마이너스는 속성 수준에서 구별 가능하다. 하나는 왼손을 가졌고, 다른 하나는 그렇지 않다. 이들 중 하나는 다른 하나보다 더 큰 질량을 가졌다. 이들은 서로 다른 모양을 가지고 있다. 이들은 공간의 서로 다른 영역을 차지하고 있다. 따라서 동일자 구별 불가능성 원리는 우리에게 다음과 같이 말해 준다.

(5) t-이전-데카르트와 t-이전-데카르트-마이너스는 수적으로 동일하지 않다.

이동 지속 이론가들은 이것을 부정할 수 없을 것이다. 그러나 그렇다고 하면, 이들은 서로 모순되는 두 명제에 개입하게 되는 것이다. (4)와 (5) 말이다.

따라서 데카르트가 왼손을 잃었다는 것에 어떤 사실이 포함되어 있는가 하는 것에 대한 이동 지속 이론가들의 설명은 모순에 봉착하는 것으로 보인다. 데카르트의 예는 부분을 잃음에 대한 매우 생생한 묘사 때문에 매력적이다. 그럼에도 불구하고 우리가 제공한 논증은 분명 우리에게 친숙한 대상들이 부분을 잃게 되는 모든 경우로 일반화될 수 있다. 궁극적으로, 데카르트-마이너스는 전자 하나만을 제외한 나머지 데카르트일 수 있다. 그래도 결론은 달라지지 않을 것이다. 지속에 대한 이동 지속 이론가들의 설명에 근거한다면, 데카르트가 왼손을 잃고 생존한다는 것은 모순으로 귀결된다. 이와 마찬가지로, 지속에 대한 이동 지속 이론가들의 설명에 근거한다면, 데카르트가 전자 단 하나를 잃고 생존한다는 것도 위와 똑같은 종류의 모순으로 귀결된다.[24]

여기서 확장 지속 이론가들은 다음과 같이 주장할 것이다. 한 사물이 자신의 부분을 잃고도 생존할 수 있다는 것에 대해 이동 지속 이론가들은 정합적인 설명을 제공할 수 없지만, 확장 지속 이론가들은 그러한 설명을 제공할 수 있다. 지속에 대한 확장 지속 이론가들의 설명에 따르면, 데카르트가 왼손을 잃고 생존할 수 있다는 것은 (1)과 (2)가 참임을 전제로 하지 않는다. 확장 지속 이론가들에 따르면, 데카르트는 시간적 부분들의 집적체이다. 그리고 데카르트가 시간을 뚫고 지속한다는 것은 그가 서로 다른 시간들에 존재하는 서로 다른 시간적 부분들을 가진다는 것이다. t-이전-데카르트와 t-이후-데카르트는 모두 이러한 시간적 부분들인 것이다. 따라서 확장 지속 이론가들의 견해에 의하면, 데카르트가 절단이라는 사건을 겪으면서 지속한다는 것은 t-이전-데카르트와 t-이후-데카르트가 수적으로 동일하다는 사실에 근거하는 것이 아니다. 데카르트가 지속한다는 것은 이보다 좀 더 약한 관계에 근거하는 것이다. 즉 t-이전-데카르트와 t-이후-데카르트는 단일한 연속적 시공간 벌레의 부분들임이라는 좀 더 약한 관계에 놓이는 것이다. 확장 지속 이론가들은 다음과 같이 제안한다. 우리는 데카르트-마이너스의 지속도 마찬가지 방식으로 다루어야 한다. 그래서 t-이전-데카르트-마이너스와 t-이후-데카르트-마이너스는 각자가 갖는 부분이 서로 다르지 않지만, 그럼에도 데카르트-마이너스라는 집적체를 구성하는, 수적으로 서로 다른 시간적 부분들인 것이다. 확장 지속 이론가들은 다음과 같이 주장할 것이다. 두 집적체, 즉 데카르트와 데카르트-마이너스는 매우 흥미로운 방식으로 연결되어 있다. 즉 이들이 연결되어 있는 방식은 문장 (3)이 참이라는 사실 속에 반영되어 있다. 서로 다름에도 불구하고, 이 둘은 부분을 공유하는 집적체들이다. 말하자면 이것들은 겹쳐진 집적체들이다. t 이전에 이들이 갖는 시간적 부분들은 서로 다르다. 그러나 t 이후에는 이것들이 갖는 시간적 부분이 하나만 있다. 우리가 t-이후-데카르트라고 부를 수도 있고, t-이후-데카르트-마이너스라고도 부를 수 있는 시간적 부분 말이다. 따라서 데카르트와 데카르트-마이너스는 t 이후에 합병하게 되는 시공간 벌레들인 것이다. 이것들은 시공간의 서로 다른 구역을 차지하고 있었다. 그러나 t 이후에 이들의 부분들은 시공간상의 동일한 영역을 점유한다.

그래서 확장 지속 이론가들은 (1)과 (2)를 거부하며, 그 결과 우리가 변형한 헬러 논증이 이동 지속 이론가들에게 부과한 모순을 피하게 된다. 그런데 이 논증이 주장하는 것처럼 정말 이동 지속 이론가들은 (4)와 (5) 모두를 인정해야만 하는 것인가? 더 구체적으로 말하자면, 이 논증이 주장하는 것처럼, 이동 지속 이론가들은 문제가 있어 보이는 (4)를 참이라고 인정해야만 하는 것인가? 이동 지속 이론가들이 (1)~(3) 모두를 참이라고 인정한다면 (4)도 참이라고 인정해야 할 것이다. 그러나 사실로 보자면, 내가 아는 모든 이동 지속 이론가는 (1)~(3) 중 적어도 하나를 부정한다.

어떤 이동 지속 이론가들은 대상이 부분에서의 변화를 뚫고 동일하게 남을 수 있음을 부정한다.[25] 그들은 부분-전체 본질주의mereological essentialism라고 불리는 철학적 입장을 취한다. 이 입장에 따르면, 어떤 사물이 어떤 부분들을 가지는 경우에 그 사물은 그 부분들을 본질적으로, 혹은 필연적으로 갖는 것이다. 이러한 이동 지속 이론가들은 시간을 뚫고 지속함을 다음과 같은 것으로 간주한다. 어느 한 시간에 존재하는 한 사물과 다른 어느 시간에 존재하는 사물은 수적으로 동일하다. 그리고 이들은 사물이 여러 종류의 변화를 뚫고 수적으로 동일하게 남을 수 있다고 생각한다. 그러나 이들은 한 사물이 자신의 부분을 잃고서도 생존할 수 있다는 것은 부정한다. 따라서 이 철학자들은 우리 논증의 첫 번째 부분을 이루는 전제를 부정함으로써 우리 논증에 걸려들지 않게 된다.

그렇다면 이들은 다음과 같은 우리 모두의 강한 믿음을 어떻게 설명할 수 있을까? 즉 원자 몇 개를 잃었음에도 불구하고, 내가 지금 글을 쓰고 있는 이 책상은 10분 전 내가 글을 쓴 그 책상과 동일한 것이라는 믿음. 이동 지속 이론을 선호하는 철학자들에게는 우리의 이러한 믿음은 잘못이다, 거짓이다 등의 대답이 그리 매력적인 선택지가 아닐 것이다. 왜냐하면 궁극적으로 볼 때, 이들이 이동 지속 이론을 선호하는 이유는 이동 지속 이론이야말로 지속에 대한 우리의 상식적 믿음과 가장 잘 부합한다고 보기 때문이다. 따라서 이동 지속 이론가들에게는 이러한 믿음들 대부분이 사실은 거짓이라는 주장이 적절치 않은 것이다. 좀 더 가망성 있는 전략이 현대의 가장 저명한 부분-전체 본질주의 옹호자인 치솜Roderick Chisholm에 의해 제기되었다.[26] 치솜은 다음과 같이 주장하기를 원한다. 우리가 사물 a와 사물 b가 서로 같다고 말할 때, 거기에는 완전히 서로 다른 두 가지 의미가 있다. '같음'에는 "엄밀하고 철학적인" 의미도 있고 또 "느슨하고 대중적인" 의미도 있다. "엄밀하고 철학적인" 의미에서의 '같음'은 수적 동일성을 표현한다. 치솜은 다음과 같이 말한다. 부분-전체 본질주의자들이 다음과 같이 주장할 때, 즉 한 사물이 부분에서의 변화를 뚫고서 같은 것으로 남는 것은 불가능하다고 주장할 때, 거기서 작동하고 있는 '같음'의 의미는 바로 수적 동일성이다. 여기서 치솜은 다음과 같이 주장한다. 이러한 주장은 다음과 같은 믿음, 즉 지금 내가 글쓰기를 하는 이 책상은 10분 전에 내가 글쓰기를 한 책상과 같은 책상이라는 믿음과 전적으로 양립 가능하다. 왜냐하면 이 믿음에 나타나는 같음이라는 개념은 "느슨하고 대중적인" 의미로 사용되고 있으며, 따라서 이 개념이 부분들의 동일성을 의미하지는 않기 때문이다.

치솜에 따르면, 기본적인 엔터티들이 있다. 이것들은 "엄밀하고 철학적인" 의미에서의 사물들이다. 이것들이 부분을 잃고 생존한다는 것은 불가능하다. 그러나 책상, 의자 등 우리에게 친숙한 물질적 대상은 기본적인 엔터티가 아니다. 이것들은 기본적인 엔터티들의 연쇄succession, 혹은 기본적인 엔터티들의 사슬chain이다. 책상, 의자 등의 개념과 관련된 어떤 기준이 있다. 이 기준에 따라 우리는 다음과 같은 것을 정한다. 즉 "느슨하고 대중적인" 의미에서 언제 우리는 동일한 책상을 갖는가, 혹은 "느슨하고 대중적인" 의미에서 언제 우리는 동일한 의자를 갖는가. 이 기준에 의해 특정 관계들이 규정된다. 일상적 언어로 우리가 동일한 책상, 동일한 의자라고 부르는 것들은 하나의 연쇄/사슬이다. 이 연쇄/사슬이 구성되려면, 이 연쇄/사슬 안에서의 기본적 엔터티들은 반드시 특정 관계를 맺어야 한다. 위의 기준이 바로 이 특정 관계들을 규정한다. 따라서 책상이나 의자 같은 것들은 대상으로서의 지위를 갖기는 하지만, 이 지위는 낮은 수준의 지위이다. 우리가 '책상'이나 '의자' 같은 용어를 사용할 때, 책상이나 의자 같은 것들은 이러한 용어 사용을 규제하는 규약을 기초로 한 정도의 대상적 지위만을 갖는 것이다. 이러한 것들은 "느슨하고 대중적인" 의미에서만 대상들인 것이다. 그러나 이 정도 지위만으로도 이것들은 다음과 같은 우리의 상식적 믿음을 만족시켜 주기에 충분하다. 책상이나 의자는 부분에서의 변화에도 불구하고 동일한 것으로 남는 사물들이다.

그러나 치솜은 다음과 같이 주장하기를 원한다. 우리의 모든 일상적 종(種) 개념은 단지 "느슨하고 대중적인" 의미에서의 개념이 아니다. 그에 따르면 인간에 대한 우리의 개념은 "느슨하고 대중적인" 의미에서의 개념일 수 없다.[27] 우리의 정신적 삶은 의식의 단일성을 드러내주고 있다. 그래서 만약 우리 인간이 수적으로 서로 다른 엔터티들로 구성된 사슬일 뿐이라면, 우리는 의식의 단일성을 갖지 못할 것이다. 우리의 의식 경험의 단일성을 설명하기 위해 우리는 반드시 다음과 같은 점을 인정해야 한다. 인간은 한 사물로서, 이것이 시간을 뚫고 지속한다는 것은 "엄밀하고 철학적인" 의미에서의 수적 동일성의 문제이다. 따라서 우리는 다음과 같이 생각해야 한다. 우리의 삶 전 과정에서 우리 각각은 단일한 기본적 엔터티이다. 그런데 내가 나의 몸이라고 부르는 것, 즉 뼈와 살 덩어리는 언제나 부분들에서의 변화를 겪는다. 따라서 다음과 같은 결론이 나오게 된다. 나는 나의 몸과는 다른 그 무엇이다. 나의 몸은 오직 "느슨하고 대중적인" 의미에서만 한 대상이다. 그러나 나는 "엄밀하고 철학적인" 의미에서 한 대상이다.

그런데 내가 이러한 유기적 몸이 아니라면 나는 무엇인가? 다음과 같은 한 가지 가능성이 있는 것으로 보인다. 즉 나는 비물질적인 것으로서, 정신적인 실체 혹은 비물질적인 실체, 다시 말해 잃어버릴 부분을 갖지 않는 것이다. 이러한 가능성을 인정함에도 불구하고 치솜은 다음과 같이 주장하고자 한다. 인간의 동일성에 관한 그의 견해는 한 인간을 물리적 대상과 동일시하는 물질주의적 설명과 양립 가능하다.[28] 정말이지, 치솜은 다음과 같은 제안을 한다. 한 인간이라는 것은 뇌의 어느 부분에 놓여 있는 미세한 대상일 수도 있다. 치솜에 따르면 부분-전체 본질주의가 요구하는 것은 단지 다음과 같은 것뿐이다. 즉 이 대상은 부분을 가질 수도 있지만, 가진다 하더라도 그 부분을 자신의 인생 전체에 걸쳐서 가진다는 것.

이러한 설명을 바탕으로 한다면, 치솜이 데카르트와 관련한 우리의 논변에 어떻게 대답할지를 보는 것은 쉬운 일이다. 다음과 같은 문장을 보자.

(1) t-이전-데카르트는 t-이후-데카르트와 수적으로 동일하다.

이 문장에 대해 치솜은 다음과 같이 주장한다. 이 문장의 진릿값은 't-이전-데카르트'와 't-이후-데카르트'가 어떤 지칭적 힘을 갖는가에 달려 있다. 이것들이 데카르트라는 인간을 지칭하는 표현들이라면, (1)은 참이다. 왜냐하면 데카르트는 왼손을 잃게 되는 유기적 몸이 아니므로 절단이라는 것이 데카르트의 동일성을 위협하지 못하기 때문이다. 이제 다음을 보자.

(3) t–이후–데카르트와 t–이후–데카르트–마이너스는 수적으로 동일하다.

여기서 치솜은 다음과 같이 주장한다. 만약 우리가 't–이후–데카르트'를 데카르트라는 인간을 지칭하는 표현이라 이해한다면, 다시 말해 유기적 몸을 지칭하는 표현이 아니라고 이해한다면, (3)은 거짓이다. 왜냐하면 t–이후–데카르트–마이너스가 어떤 것이든 간에, 이것은 복합적인 물질적 대상이기 때문이다. 다시 말해 오직 "느슨하고 대중적인" 의미에서만 한 대상인 것이다. 여기서 치솜은 다음과 같이 주장한다. 만약 우리가 't–이후–데카르트'를 이러한 "느슨하고 대중적인" 의미로 해석한다면, (3)은 참이 되지만 (1)은 거짓이 된다. 다시 말하자면 이렇다. 't–이후–데카르트'가 절단을 겪은 유기적 몸을 지칭한다고 해보자. 't–이후–데카르트'가 이런 식으로 이해된다면, 다음과 같은 결론이 나온다. 't–이전–데카르트'가 한 인간인 데카르트를 지칭하든, 아니면 't–이전–데카르트'가 수술실로 들어가는 유기적 몸을 지칭하든 (1)은 거짓이 된다. 절단을 겪은 유기적 몸은 인간 데카르트와는 다른 무엇인 것이다. 그런데 절단을 겪은 이 유기적 몸은 수술실로 들어가는 유기적 몸보다 더 작은 부분을 가진다. 따라서 이 두 몸은 동일할 수 없다. 따라서 치솜은 다음과 같이 말한다. (1)에서 작동하고 있는 지칭적 표현들을 어떤 방식으로 해석한다 하더라도, 우리는 (1)–(3) 모두가 참이라는 결론을 얻지 못한다. 따라서 그는 다음과 같은 결론을 내릴 수 있다. 변형된 헬러의 논변은 이동 지속 이론가들로 하여금 (4)를 참이라 인정하게끔 하는 것으로 보이지만, 사실 이 논변은 실패이다.

따라서 치솜 식의 부분-전체 본질주의는 이동 지속 이론가들로 하여금 (4)를 피하게 하는 전략을 제공한다. 기치Peter Geach의 저작들 속에서 우리가 만나게 되는 수적 동일성 이론도 (4)를 피하게 하는 전략을 제공해 준다.[29] 기치는 모든 것에 적용되는 단일한 수적 동일성 개념이 있음을 부정한다. 지금까지 우리는 그러한 개념이 있음을 가정해 왔다. 우리는 동일성 개념을, 모든 대상이 자기 자신에 대해 갖는 단일한 관계로 취급해 왔다. 그러나 기치는 다음과 같이 주장한다. 'a와 b는 같다.'와 같은 형태의 문장들은 완전한 의미를 결여하고 있다. 이러한 문장들에 완전한 의미를 부여하려면, 우리는 다음과 같은 물음에 대답해야 한다. '무엇이 같은가same what?' 기치는 다음과 같이 주장한다. 이러한 물음에 답변할 때에는 항상 '인간', '개', '책상' 등과 같은 종적 용어kind-term, 혹은 가산 명사count-noun들이 필요하다. 기치에 따르면, 이러한 모든 답변은 어떤 단일한 동일성 관계를 드러내 보인다. 그래서 같은 인간임이라는 관계, 같은 개임이라는 관계, 그리고 같은 책상임이라는 관계 등이 있다. 그래서 기치는 서로 다른 여러 동일성 관계가 있다고 주장한다. 그의 견해가 갖는 독특한 점은 다음과 같은 그의 생각에 놓여 있다. 어떤 사물 a와 b에 대해, 이것들은 어떤 종-개념을 통해서는 규정된 동일성 관계에 놓이지만, 다른 종-개념을 통해서는 규정된 동일성 관계에 놓이지 않을 수 있다. 이 두 번째 종-개념이 a와 b 모두에 적용된다 하더라도 말이다. 다음과 같은 것이 기치가 염두에 두고 있는 사례이다. 한 사람이 공직을 두 개 가진다고 가정해 보자. 이 사람은 인디애나 루구티 시의 시장이며, 또한 치카소 배심원단의 의장이다. 그렇다면 루구티 시의 시장이 치카소 배심원단의 의장과 같은 사람이라는 것the same person은 참이다. 그러나 루구티 시의 시장이 치카소 배심원단의 의장과 같은 공인(公人)이라는 것the same official personage은 거짓이다. 이제 기치는 다음과 같이 생각한다. 어떤 사물 a와 b는 어떤 동일성 개념과 관련해서는 일치하지만[같지만], 다른 동일성 개념과 관련해서는 다를 수 있다. 이로부터 기치는 다음과 같이 논한다. 동일성 관계가 이행적이려면, 여기서 우리는 단일한 동일성 개념을 가지고 있어야만 한다. 따라서 다음과 같은 논증, 즉 a와 b가 동일성 관계에 놓이고, 또 b와 c가 동일성 관계에 놓이므로, a와 c도 동일성 관계에 놓인다는 논증은 다음과 같은 사실을 요구한다. 즉 여기 세 경우 모두에서 우리는 단일한 동일성 관계를 갖고 있어야 한다.

동일성 관계가 이행적이려면 우리가 단일한 동일성 관계를 가져야 한다는 사실은 데카르트에 대한 우리의 논증과 어떻게 연결될 수 있을까? 우리의 논증은 동일성 관계의 이행적 특성을 이용해, 동일성에 관한 세 개의 주장, 즉 (1), (2), (3)으로부터 문제가 있어 보이는 네 번째 주장(즉 t−이전−데카르트는 t−이전−데카르트−마이너스와 수적으로 동일하다.)을 도출하고 있다. 그러나 만약 동일성에 대한 기치의 견해를 취한다면, 우리는 다음과 같이 주장하게 될 것이다. (1), (2), (3) 각각은 그 의미가 불완전하다. 각 주장에 완전한 의미를 주려면, 우리는 각 주장에 어떤 동일성 관계가 함축되어 있는지를 밝혀야 한다. 동일성 관계가 이행적이려면, 단일한 동일성 관계가 필요하다. 따라서 기치의 주장을 따른다면, 우리가 (1)~(3)으로부터 (4)를 도출하기 위해서는 (1)~(3)에 단일한 동일성 관계가 작동하고 있어야만 한다. 그러나 (1), (2), (3)에서 단일한 동일성 관계가 작동하고 있는지는 그리 분명해 보이지 않는다.

(1)은 우리에게 다음과 같이 말한다. t−이후−데카르트는 t−이전−데카르트와 같다. 무엇이 같은가? 아마 같은 인간the same human being일 것이다. 반면 주장 (2)는 우리에게 다음과 같이 말한다. t−이후−데카르트−마이너스는 t−이전−데카르트−마이너스와 같다. 무엇이 같은가? 아마도 같은 물질덩어리the same clump of matter, 혹은 같은 세포의 집합, 혹은 같은 분자, 같은 원자들의 집합 등일 것이다. 이제 (3)과 관련해, 우리가 여기서 작동하는 동일성을 같은 인간으로 이해하든, 아니면 같은 세포의 집합으로 이해하든

(3)이 참이라고 생각하는 것은 그럴듯하지 않다. 두 동일성 관계[같은 인간, 같은 세포의 집합] 중 하나가 (1)과 (2)에서 이야기하는 대상들 모두에 적용되어야만 우리는 동일성 관계의 이행적 특성을 이용해 (1)~(3)으로부터 (4)를 도출할 수 있다. 그러나 불행하게도 이 두 동일성 관계 중 어느 것도 (1)과 (2) 두 곳 모두에서 작동하지 않는다. t-이전-데카르트-마이너스와 t-이후-데카르트-마이너스가 같은 인간이라는 것은 참이 아니다. t-이전-데카르트-마이너스는 인간이 아니다. 이것은 단지 인간이 갖는 조각 중 하나일 뿐이다. 절단 수술 이전에는 오직 한 인간만 있었으며, 그는 왼손을 갖고 있었다. 또한 t-이전-데카르트와 t-이후-데카르트가 같은 세포 덩어리라는 것도 참이 아니다. 만약 우리가 이것들을 세포 덩어리라고 부른다면, 사실 이것들을 서로 다른 세포 덩어리라 불러야 한다. t-이전-데카르트가 t-이후-데카르트보다 더 많은 세포를 가지고 있으니 말이다.

따라서 이동 지속 이론가들이 동일성에 관한 기치의 견해를 취한다면, (1)~(3)으로부터 (4)가 도출된다는 것을 부정할 수 있다. 데카르트와 관련한 논증에 답하는 또 다른 방식이 있는데, 그것은 그냥 (3)이 참임을 부정하는 것이다. 이러한 대답은 부분-전체 본질주의자나 아니면 기치의 대답과 연계되는 미묘한 기술들을 포함하고 있지 않다. 이 대답은 단지 다음과 같은 단순한 착상으로부터 나오는 것이다. t-이후-데카르트와 t-이후-데카르트-마이너스는 서로 다른 역사를 가지므로, 둘은 동일할 수 없다. t-이후-데카르트는 한때 왼손을 가졌다. 그러나 t-이후-데카르트-마이너스는 그렇지 않다. t-이후-데카르트는 t-이후-데카르트-마이너스가 한 번도 점유해 보지 못한 공간 내 구역들을 점유했다. t-이후-데카르트는 t-이후-데카르트-마이너스가 한 번도 갖지 못한 모양을 가졌다. 그런데 문제가 있어 보인다. t 이후 이것들은 정확히 같은 공간상의 구역을 점유하고 있는데, 어떻게 이 둘이 서로 다르다고 할 수 있는가? 우리가 지금 고려하는 답변의 지지자들은 이렇게 대답한다. 수적으로 서로 다르지만 공간적으로는 일치하는 대상들이 있을 수 있으며, 이렇게 생각하는 것은 아무런 문제도 없다.[30] 그들은 이렇게 말한다. 사실 서로 다른 사물들이 공간적으로 일치하는 것은 우리가 반복적으로 목격하는 현상인 것이다. 우리에게 친숙한 대상들을 구성하는 물질 덩어리는 사실 친숙한 대상 그 자체와는 다른 무엇이다. 그럼에도 한 대상을 구성하는 물질 덩어리는 그 대상이 점유하는 공간상의 구역과 정확히 동일한 구역을 차지하고 있다.

따라서 이동 지속 이론가들이 공간적으로는 일치하지만 수적으로는 서로 다른 대상들이라는 착상을 채택한다면, (3)이 참임을 부정할 수 있으며, 따라서 문제 있어 보이는 (4)에 개입하지 않을 수 있는 것이다. 이동 지속 이론가들이 취할 수 있는 마지막 전략은 그냥 데카르트-마이너스 같은 것이 존재함을 부정하는 것이다. 이것은 밴인와겐Peter Van Inwagen이 제안한 전략이다.[31] 사실 데카르트의 절단 수술 이야기를 가장 먼저 한 사람이 바로 밴인와겐이다. 밴인와겐에게 데카르트-마이너스 논변은, 헬러의 저작에서와는 달리, 부분에서의 변화를 뚫고 지속함에 대한 확장 지속 이론가들의 설명을 뒷받침해 주기 위해 사용된 것이 아니다. 밴인와겐은 자신이 "상상적으로 떼어내진 부분들arbitrary undetached parts"(왼손을 제외한 나머지 전체의 데카르트)이라고 부르는 것들이 존재한다는 견해는 모순을 일으킨다는 점을 보이고자 하는데, 이 논변은 바로 거기서 사용된 것이다. 밴인와겐이 발전시킨 논변에 따르면, 데카르트-마이너스와 같은 사물이 존재한다는 가정은 우리가 (4)와 (5)에서 찾아볼 수 있는 모순으로 귀결된다. 즉 t-이전-데카르트와 t-이후-데카르트는 수적으로 동일한 동시에 동일하지 않다는 모순된 주장. 밴인와겐이 한 것처럼, 데카르트의 사례를 통해 그려낸 우리의 논증에서 데카르트-마이너스 같은 것이 존재함을 부정하는 것은 (2)를 거짓으로 처리해 버리는 효과가 있다. 그 이유는 다음과 같다. (2)는 다음과 같이 주장한다. t-이

전-데카르트-마이너스와 절단 수술 이후 데카르트의 남은 부분은 수적으로 동일하다. 따라서 (2)가 참이려면 다음과 같은 사실을 전제로 해야 한다. 즉 절단 수술 이전에는 왼손을 제외한 나머지 모든 데카르트라는 것, 즉 데카르트의 부분이 되는 어떤 것이 실제로 존재한다.[그런데 밴인와겐에 의하면 왼손을 제외한 나머지 모든 데카르트는 존재하지 않는다. 따라서 (2)는 거짓이다.]

앞의 몇 페이지에서 논의들이 보여주는 바는 분명하다. 변형된 형태의 헬러 논증은 부분에서의 변화에 대한 이동 지속 이론가들의 설명이 모순을 포함한다고 주장하지만, 이동 지속 이론가들은 이러한 모순을 피할 수 있는 아주 다양한 전략을 가지고 있다. 헬러가 그렇게 하듯, 확장 지속 이론가들은 가용한 이 모든 전략이 직관에 위배된다고 주장할 것이다.[32] 그들은 다음과 같이 주장하면서 치솜의 인간 설명을 공격할 것이다. 인간이라는 것은 데카르트주의적인 정신/영혼도 아니고, 또 이상스러운 미세 엔터티도 아니다. 인간은 살과 피를 가진, 그래서 지금 이 책상 앞에 앉아 형이상학에 대한 책을 쓰고 있는 것과 같은, 우리에게 아주 친숙한 엔터티이다. 이들은 또한 기치에 대해 다음과 같이 논할 것이다. 동일성에 대한 기치의 설명은 논리학이라는 기획에서 핵심적인 통찰과 대립한다. 논리학에서 동일성은 재귀성, 대칭성, 이행성, 속성 수준에서의 구별 불가능성으로 특징지어지는, 단일하고 보편적으로 적용 가능한 개념이다. 그러나 동일성에 대한 기치의 설명은 이러한 통찰과 대립된다. 이들은 또 다음과 같이 논할 것이다. 공간적으로 일치하는 대상들이라는 생각은 부풀려진 존재론으로서, 우리를 속이는 것이다. 우리는 물질적 대상들이 차지하고 있는 공간적 위치를 통해 그 물질적 대상들을 규정하고, 개별화한다. 그러나 부풀려진 위의 존재론은 우리의 이러한 상식적 행위를 문제가 되게끔 만들고 있다. 이들은 또한 다음과 같이 주장할 것이다. 상상적으로 떼어내진 부분을 밴인와겐이 거부한 것은 다음과 같은 명백한 사실에 저항하는 것이다. 즉 만약 여기 우리 앞에 데카르트가 존재한다면, 여기 우리 앞에는 왼손을 포함하지 않은 데카르트도 존재하는 것이다.

반대로 이동 지속 이론가들은 자신의 대답이 직관에 반하지 않는다고 주장할 것이다. 한편 이들은 공격적인 입장도 취해 다음과 같이 논할 것이다. 직관에 정말 반하는 것은 확장 지속 이론가들의 견해이다. 이들에 따르면, 세계에 대한 우리의 상식적 사유에서 시간적 부분들이라는 것은 아무런 역할도 하지 않는다. 그러나 이동 지속 이론가들의 주장이 이 정도 단순한 주장만은 아닐 것이다. 예를 들어 이동 지속 이론가들은 다음과 같이 논할 것이다. 확장 지속 이론가들은 우리에게 다음과 같이 말한다. 즉 개체들은 자신에게 본질적인 시공간적 양 끝을 가진다. 그러나 확장 지속 이론가들의 이러한 주장은 우리가 공유하는 직관에 반하는 것이다. 예를 들어 우리 모두는 다음과 같이 믿고 있다. 윈스턴 처칠은 그가 실제로 산 것보다 하루 더 오래 살다 갈 수 있었다. 그리고 또 우리 모두는 다음과 같이 생각한다. 특정 시간에 우리가 실제로 있었던 장소 말고 다른 장소에 우리는 있었을 수 있다. 여기서 이동 지속 이론가들은 다음과 같이 주장한다. 확장 지속 이론가들은 이 모든 믿음이 다 거짓이라고 주장하게끔 되어 있다.[33]

물론 확장 지속 이론가들은 이 모든 비판에 답할 준비가 되어 있을 것이다. 그리고 이들은 자신만의 또 다른 공략법을 갖게 될 것이다. 그리고 우리가 기대할 수 있듯이, 이동 지속 이론가들도 자신의 차례가 되면 이러한 공격에 대응할 것이다. 우리가 논의한 다른 논쟁들처럼 시간적 지속을 둘러싼 논쟁도 아주 끈질긴 힘을 갖고 있다. 형이상학자들은 합의를 보기 위해 정말 힘든 시간들을 보내고 있다.

주석

1. '이동 지속 이론'과 '확장 지속 이론'이라는 이름은 루이스로부터 빌려온 것이다.

Lewis(1986)에서 루이스는 '지속persist'이라는 용어를 이 두 이론 사이에서 중립적인 용어로 사용한다. 반면 루이스는 '이동 지속endure'과 '확장 지속perdure'이라는 용어를 사용하는데, 이는 시간을 뚫고 지속한다는 것을 이 두 이론이 서로 다른 방식으로 이해하고 있음을 표현하기 위해서이다.

2. 이동 지속 이론은 표준적인 견해이다. 이 견해는 지속에 대한 우리의 상식적 이해로부터 바로 흘러나오는 견해이다. 반면 확장 지속 이론은 이러한 표준적 견해 혹은 자연스러운 견해에 대한 전형적인 반대 입장으로서 소개되고 있다. "받아들여진" 견해이기 때문에, 이동 지속 이론은 더 손질될 필요가 없는 이론으로서 소개된다. 반면 확장 지속 이론가들은 자신의 견해를 세세하게 펼쳐야 하는 수고를 안고 있다. 확장 지속에 대한 설명으로는 Williams(1951), "Identity, ostension, and hypostasis" in Quine(1954), Lewis(1976), Lewis(1986: 202~205), Armstrong(1980), Heller(1990) 참조. 확장 지속 이론에 대한 그 후의 설명들은 이들 저작 속에서 나타나는 견해들에 대한 일종의 "가중 평균weighted average"이다. 확장 지속 이론을 특징짓는 이 모든 시도 앞에서 이동 지속 이론가들은 표준적 견해에 대한 설명을 제시하면서 이에 대응하고자 한다. 내가 아는 한, 이러한 설명들 중 최고는 Merricks(1994)이다.

3. 예를 들면 Heller(1990: 6) 참조.

4. 흥미로운 질문 하나는 우리가 다음과 같이 가정할 수 있는가 하는 것이다. 즉 나처럼 시간적으로 확장된/펼쳐진 대상이 오직 순간적인 단면들만으로 구성되어 있는 집적체인가 하는 것. 어떤 이는 그렇지 않다고 생각할 것이다. 여기서 다음과 같은 논증을 시도해 볼 만하다. 3차원 입체는 2차원 단면들만으로 구성되어 있다고 보기 어렵다(왜냐하면 2차원 단면들을 아무리 많이 "쌓아 놓아도" 3차원 대상이 나오지 않기 때문에). 이와 마찬가지로 3차원 부분들만으로 4차원 대상이 구성될 수 없다.

5. B-이론과 확장 지속 이론 사이의 관계에 대한 아주 분명한 그림은 Williams(1951)와 Smart(1963)에서 찾아볼 수 있다.

6. Mellor(1981)가 한 예이고 내 동료 리아Michael Rea가 또 다른 예이다. 리아는 B-이론가이다. Rea(2003) 참조. 그런데 나와 대화를 나누었을 때, 그는 시간적 부분을 통해 지속을 설명하기를 포기했음을 암시했다.

7. Broad(1923)의 II장 참조. 여기서 우리는 커져가는 덩어리라고 하는 이미지에 의해 표현되는 A-이론적 확장 지속 이론을 볼 수 있다.

8. 내가 아는 한, 요사이 이론가들 중 커져가는 덩어리 이론이나 줄어드는 덩어리 이론의 옹호자는 없다. 그러나 아마도 스미스Quentin Smith는 경찰차 라이트(혹은 각등) 이론과 유사한 어떤 이론에 개입하고 있는 것 같다. Smith(1993)의 165쪽 참조. 파니어Marie Pannier와 지머맨Dean Zimmerman이 내게 이 점을 지적해 주었다.

9. Lewis(1986: 203)에서 루이스는 이 점을 인정한다.

10. 암스트롱David Armstrong이 그 예이다. Armstrong(1980과 1989b) 참조.

11. 내가 아는 한, 플란틴가가 글을 통해 이렇게 말한 적은 없다. 그러나 나와 대화를 나누었을 때, 그는 이동 지속 이론에 동의를 표한 적이 있다.

12. 예를 들면 Heller(1990 : 49~51) 참조.

13. 같은 책.

14. Armstrong(1980 : 67~68)과 Lewis(1976 : 55~56) 참조.

15. Lewis(1976 : 77) 참조.

16. Merricks(1994) 참조.

17. 예를 들면 Grünbaum(1967)과 Putnam(1967) 참조.

18. Armstrong(1980 : 68)과 Lewis(1986 : 202~205) 참조.

19. Heller(1990 : 2~4와 19~20) 참조.

20. Lewis(1986 : 202~205). 다음에 주목하라. 만약 우리가 이 논변을 받아들이고 연속적 변화continuous change 같은 것이 있을 수 있다고 생각한다면(즉 변화가 일어나는 동안 변화하는 대상은 서로 다른 두 시점에서 같은 색, 같은 모양 등을 가질 수 없다고 생각한다면), 우리는 시간축에서 길이가 0인 시간적 부분의 존재에 개입하게 된다. 지머맨이 이 점을 내게 지적해 주었다.

21. 이 논변에 대한 이동 지속 이론가들의 상세한 답변을 보려면, Merricks(1994) 참조. 지금부터 나는 이동 지속 이론가들이 현재론자라고 가정하면서 논의를 진행할 것이다.

22. 메릭스Merricks의 논문에서 양상과 시간 사이의 유비가 강조되고 있다.

23. Heller(1990 : 2~4와 19~20) 참조.

24. 부분들의 교체라는 것(즉 어느 한 부분이 다른 새로운 부분으로 대체되는 것)은 어떤 부분의 손실을 의미하므로, 변형된 헬러 논변은 (만약 이 논변이 건전하다면) 다음과 같은 것을 보여준다. 즉 부분들의 교체에 대한 이동 지속 이론가들의 설명은 마찬가지 모순을 포함한다는 것.

25. Roderick Chisholm(1973) 참조.

26. 같은 책.

27. Chisholm(1971) 참조.

28. "Is there a mind-body problem?" in Chisholm(1989) 참조.

29. Geach(1967).

30. 예를 들면 Wiggins(1980 : 30~35) 참조.

31. Van Inwagen(1981).

32. Heller(1990 : I장, II장) 참조.

33. 이 비판은 Van Inwagen(1981 : 134~135)에서 전개되어 있다.

더 읽을 책

지속에 대한 확장 지속 이론가들의 설명은 Lewis(1976)와 Heller(1990)에 분명하게 정식화되어 있다. Heller(1990)에는 데카르트-마이너스 논변에 대한 헬러 식의 논변이 포함되어 있다. 이 논변에 대한 밴인와겐 식의 원래 논변은 Van Inwagen(1981)에 소개되어 있다. 확장 지속 이론에 대한 루이스의 논변을 보려면, Lewis(1986 : 202~205) 참조. 이동 지속 이론에 대한 분명한 표명은 Merricks(1994)에서 루이스의 논변에 대한 답변과 함께 찾아볼 수 있다. 부분-전체 본질주의에 대한 분명한 언급은 Chisholm(1976)의 3장에 나온다. Lewis(1986), Lewis(1976), Heller(1990), Merricks(1994)에서 뽑은 논문들은 모두 *Metaphysics : Contemporary Readings*에 수록되어 있다.

9

반실재론의 도전

metaphysics

전통적인 견해에 따르면, 정신 독립적 세계mind-independent world가 있고, 우리는 그것에 대해 믿음을 형성하며 또 그것에 대해 진술한다. 이러한 믿음이나 진술은 바로 그 정신 독립적 세계와 대응할 경우에 참이다. 참을 결정하는 이와 같은 대응은, 그러한 대응이 일어났는지 일어나지 않았는지를 확인하는 우리의 능력을 넘어설 수 있다. 이러한 전통적 견해를 우리는 실재론Realism(대문자 'R'를 붙여서)이라 부를 수 있다. 이러한 실재론에 반대하는 다음과 같은 견해가 있다. 즉 우리가 "세계"라고 부르는 것, 혹은 우리가 "실재"라고 부르는 것은 부분적으로는 우리의 개념적 활동에 의해 구성된 것이다. 혹은 우리가 "실재"라고 부르는 것은 탐구에서 우리가 채택하는 개념적 도구들에 의해 구성된 것이다. 요사이 이러한 견해를 반실재론anti-Realism이라 부른다. 원래 반실재론은 18세기와 19세기의 실재론 비판 활동의 산물이다. 최근 영미 철학의 맥락에서 볼 때 반실재론자들의 실재론 비판은 주로 의미론적semantical 주제에 초점을 맞추고 있다. 그래서 더밋Michael Dummett은 다음과 같이 논한다. 실재론을 근거 짓고 있는 의미론은 결정 불가능한 진술들undecidable statements(진릿값이 원리적으로 결정될 수 없는 진술들)의 의미meaning를 제대로 설명할 수 없다. 그리고 더밋은 이러한 설명이 제공될 수 없다는 사실로부터, 의미와 진리/참에 대한 반실재론이 요청되는 것이라 주장한다. 이와 비슷하게 퍼트넘Hilary Putnam은 지칭의 불가해성 inscrutability of reference에 대한 콰인W. V. Quine의 논변을 확장해 다음과 같은 사실을 보여주고자 한다. 즉 진리에 대한 실재론적 이론이 전제로 하는 것, 다시 말해 단어와 세계 사이의 대응 관계는 성립하지 않는다. 그래서 더밋과 마찬가지로 퍼트넘은 진리/참을 반실재론적으로 설명하게 된다. 이 반실재론자들에게 던져지는 핵심적 물음은 다음과 같은 것이다. 의미와 진리/참에 대한 이들의 설명이 실재론자들의 설명보다 더 성공적인가? 실재론자들은 결코 해결할 수 없다고 주장하는 문제들을 반실재론자들은 처리해 낼 수 있는가?

실재의 본성에 관한 두 견해

서문에서 우리는 형이상학에 대한 전통적 개념화와 근대적 개념화 사이의 대립에 관해 언급했다. 즉 형이상학을 존재로서의 존재being qua being를 특징짓는 것이라고 보는 것(형이상학에 대한 전통적인 개념화)과, 형이상학을 인간 정신의 개념적 구조를 특징짓는 것이라고 보는 것(형이상학에 대한 더욱 근대적인 개념화) 사이의 대립. 우리가 보았듯이, 더욱 근대적인 견해를 선호하는 사람들은 형이상학에 대한 전통적인 개념화를 거부하는데, 이들이 볼 때 형이상학에 대한 전통적인 견해는 다음과 같은 사실을 전제로 하기 때문이다. 실재를 개념화하는 수단, 혹은 실재를 알게 되는 수단, 우리가 갖는 이러한 수단들과는 독립적으로 어떤 실재가 존재하며, 또 우리는 그것에 접근할 수 있다. 반실재론자들은 이것이 불가능하다고 주장한다. 이들이 볼 때, 형이상학자들이 할 수 있는 최선의 일은 우리에 의해 개념화되는 것으로서의 사물들이 어떤 것들인지를 확인하고 묘사하는 것이다. 다시 말해 우리가 할 수 있는 최선의 일은, 흔히 이야기되는 것처럼, 우리의 개념적 도식

conceptual scheme 혹은 [개념적 도식이 하나가 아니라 여럿이라고 생각하는 철학자들이라면] 우리의 개념적 도식들을 탐구하는 것이다. 이것은 다음과 같은 점을 암시한다. 형이상학에 대한 이러한 두 개념화 사이의 대립은 사실 더 깊은 곳에 자리한 어떤 대립에 뿌리를 두고 있다. 즉 우리의 사유/언어와 세계 사이의 관계를 어떻게 볼 것인지와 관련한 대립 말이다. 우리는 형이상학에 대한 전통적인 개념화를 취해 왔다. 그러나 우리는 다음과 같은 점을 언급했다. 즉 사유와 세계 사이의 관계를 근거 짓고 있는 주제는 우리가 꼭 다루어야 할 주제라고. 나는 이 주제가 마지막 장에서 다루어질 것이라고 약속했다. 그리고 지금이 바로 그 시점이다.

우리가 지금 고찰하려는 주제는 이 책의 앞 장들에서 다룬 주제들과는 많이 다르다. 앞 장들에서 다룬 주제들은 독립적이었다. 각 장은 개별적 범주의 존재들을 다루고 있다. 즉 보편자, 개체, 명제, 사태. 그러나 지금 우리는 우리가 말하고 생각하는 사물들의 위상에 관심이 있는 것이다. 그런데 우리는 모든 것들에 대해, 다시 말해 모든 범주에 속하는 사물들에 대해 말하고 생각한다. 따라서 지금 우리의 관심은 존재의 모든 범주를 가로지르는 것이다. 그래서 만약 우리가 아리스토텔레스에 동의해 형이상학이 최대로 일반적인 학문이라 한다면, 다음과 같은 사실에 동의하게 될 것이다. 즉 우리의 마지막 주제는 가장 형이상학적이다.

우리의 관심은 형이상학에 대한 전통적 개념화와 더욱 근대적인 개념화 사이에 놓인 대립을 보는 것이다. 거칠게 말해 이 대립은 우리가 사유하고 말하는 대상들을 어떻게 이해할지에 대한 서로 다른 두 방식 사이의 대립이다. 한편에서 우리는 다음과 같은 견해를 가진다. 우리는 인간 정신과 독립적으로 존재하는 대상들로 이루어진 세계에 대해 사유하고 또 말한다. 다른 편에서 우리는 다음과 같은 견해를 가진다. 우리가 그것에 대해 말하고 생각하는 것, 즉 "세계"는 어느 정도 우리 정신에 물들어 있는 것이다. 다시 말해 세계는 적어도 부분적으로는, 우리가 탐구를 할 때 채용하는 개념적 도구들에 의해 구성된 구조물이다. 그래서 우리는 우리가 실재라고 부르는 것의 본성을 놓고 대립되는 두 견해를 갖게 된다. 하나는 실재를 정신 독립적인 구조물로 이해한다. 다른 하나는 실재를 인간의 개념적 표상 도식이 포함된 어떤 구성물로 이해한다. 그리고 당연한 것이지만, 전자의 견해가 바로 형이상학을 존재로서의 존재를 탐구하는 학문으로 개념화하고 있는 견해이다. 반면 후자는 다음과 같은 견해이다. 형이상학은 우리의 개념적 도식 혹은 그것들의 구조를 연구하는 것 이상은 할 수 없다. 적어도 잠시 동안만은 '전통적'과 '근대적'이라는 이름을 사용하자. 형이상학에 대한 어떤 견해들을 표현하기 위해서, 그리고 세계를 이루고 있는 대상들의 본성에 관한 어떤 견해들까지 표현하기 위해서 적어도 잠시 동안만은 이 이름들을 사용하자.

진리의 본성에 초점을 맞추고 있는 일련의 주장 속에서 우리는 전통적 견해의 표준적인 입장을 확인할 수 있다. 핵심 착상은 다음과 같은 것이다. 세계는 대상들로 구성되어 있는데, 이 대상들의 존재, 본성, 그리고 이 대상들 사이의 관계는 우리의 생각, 느낌, 희망과 독립적으로 고정되어 있다. 우리는 이 대상들에 대해 믿음을 형성하고 또 이 대상들에 대해 진술한다. 이 믿음과 진술들은 표상적representational이다. 이 믿음/진술 각각은 세계 전체 혹은 그 일부를 이러저러한 방식으로 그려낸다represent. 말하자면 믿음이나 진술들은 긍정적assertoric이다. 이것들 각각은 세계에 대해 어떤 주장을 한다. 이것들 각각은 사물들이 이러저러하다고 긍정한다. 이러한 긍정은 참이거나 거짓이다. 그리고 전통적 견해에 따르면, 무엇이 참이고 거짓인지 말하는 것은 쉬운 일이다. 유명한 구절에서 아리스토텔레스는 이에 대해 설명하고 있다.

그런 것을 그렇지 않다고 말하거나, 그렇지 않은 것을 그렇다고 말하는 것은 거

짓이다. 반면에 그런 것을 그렇다고 말하거나, 그렇지 않은 것을 그렇지 않다고 말
하는 것은 참이다.[1]

따라서 전통적 견해에 따르면, 진리/참은 맞아 떨어짐fit 혹은 일치match의
문제일 뿐이다. 한 믿음이나 진술은 그것들이 긍정하는 바대로 사물들이 존
재할 때 참이다. 그리고 한 믿음이나 진술은 그것들이 긍정하는 바대로 사물
들이 존재하지 않을 때 거짓이다. 흔히 말하는 것처럼, 진리/참이라는 것은
믿음/진술과 정신 독립적 세계 사이의 대응인 것이다. 그리고 이러한 대응이
라는 개념에서 핵심적인 것은 다음과 같은 것이다. 즉 이러한 대응은 우리가
그것이 일어나는지를 알 수 있는가, 없는가와 상관없이 일어나는 것이다. 다
시 말해 진리/참을 일종의 대응으로 보는 이 입장은 각 믿음/진술이 참이기
위해 필요한 대응이 실제로 일어났는지, 일어나지 않았는지를 우리가 결정하
지 못해도 상관없다는 것이다. 물론 대부분의 경우 우리는 이 대응이 일어났
는지, 일어나지 않았는지를 결정할 수 있다. 그러나 어떤 믿음/진술들은 검증
을 넘어서는 경우가 있다. 다시 말해 어떤 믿음/진술들의 경우에는 우리가 그
것들의 진릿값을 결정하려 할 때 사용하는 어떠한 방법도 다 소용없을 수 있
다는 것이다. 한편 검증을 넘어서는 진술이 하나도 없다고 가정할지라도 이
러한 사실이 진리를 대응으로 보는 전통적 개념화로부터 자동적으로 나오지
는 않는다. 진리를 대응으로 보는 전통적 개념은, 요사이 유행하는 표현을 사
용하자면, 인식론적으로 제약이 안 되어 있다epistemically unconstrained. 즉
진리를 대응으로 보는 전통적 개념에 따르면, 대응이 일어나는가 하는 문제,
그리고 우리가 우리의 인식적 도구를 사용해 얻어내는 결과, 이 둘은 독립적
이다.

그래서 전통적 견해는 일련의 착상으로 구성되어 있다. 우리의 믿음/진술
은 표상/그림이라는 착상이 있다. 각 믿음/진술은 정신 독립적 세계가 이러

저러하다고 긍정한다. 그런 만큼 각 믿음/진술은 참이거나 거짓이다. 그리고 믿음/진술들이 참임은 그 믿음/진술들과, 그 믿음/진술들이 표상하는 정신 독립적 세계 사이의 대응의 문제이다. 마지막으로, 이러한 대응이 일어나는가 하는 문제는 그것을 알아내려는 우리의 모든 노력을 넘어설 수도 있다. 이 일련의 착상에 대해 언급할 것이 여러 가지 있다. 첫째, 이 착상들은 서로 함께 꼭 붙어 있을 필요는 없는 것으로 보인다.[2] 그럼에도 전통적인 견해에 동의하는 철학자들은 이 착상들 모두를 선호한다. 따라서 우리는 이 착상들 전체를 하나로 묶어 고찰할 것이다. 둘째, 전통적 견해를 설명할 때 나는 엄밀하게 기술적인 용어들을 사용하지 않았다. 특히 진릿값의 보유자에 대해 말할 때, 그리고 정신 독립적 세계와의 대응을 통해 이 보유자가 진릿값을 가짐을 말할 때, 나의 설명은 다소간 비형식적이었다. 앞의 여러 장에서 우리는 이러한 것들에 대해 살펴보았다. 우리가 본 바에 의하면, 진릿값 보유자의 존재론적 위상에 대해 서로 다르면서도 각기 대단히 정확한 설명을 제공하는 서로 다른 여러 형이상학자가 있다. 또 그 진릿값 보유자의 진릿값을 결정해 주는 세계 내 존재물들에 대해 서로 다르면서도 각기 대단히 정확한 설명을 제공하는 서로 다른 여러 형이상학자가 있다. 그래서 어떤 철학자들은 참 혹은 거짓의 보유자로서 명제를 말한다. 반면 다른 철학자들은 참 혹은 거짓의 보유자로서 발화되거나 필기된 문장을 말한다. 그리고 어떤 철학자들은 진리 결정자로서 사태나 사실을 말한다. 반면에 다른 철학자들은 대상들과 보편자들을, 혹은 보편자들의 다발을, 혹은 트롭들의 덩어리를, 혹은 개체들의 n-항 쌍을 말한다. 우리가 본 것처럼 이 차이들이 갖는 형이상학적 함축은 중요한 것이다. 그러나 내가 전통적 견해라고 부른 것의 관점에서 본다면, 이 차이들은 대단한 것이 아니다. 내가 이해하는 바의 전통적 견해는 플라톤주의자와 유명론자를 구별 짓는 존재론적 주제와 관련해서는 중립적이다. 지금 우리에게 핵심적인 것은 우리가 믿고 말하는 것의 진릿값을 결정해 주는 정신 독립적 세계에 관한 착상이다. 이 착상은 플라톤주의자들도, 트롭 이론가들도, 극단적 유명론자들도 공유할 수 있는 것이다. 그래서 나는 전통적 견해를 묘사할 때 이론적으로 중립적인 용어들을 사용한 것이며, 또 앞으로도 계속 이런 식으로 사용할 것이다. 위에서 말한 존재론적 차이들을 가로지르는 용어들 말이다.

마지막으로, 전통적 견해를 지지하는 많은 사람들은 이 견해를 구성하는 여러 주장을 내가 좀 더 정교하게 정식화해야 한다고 주장할 수 있다. 우선 각 믿음/진술은 참이거나 거짓이라는 주장부터 살펴보자. 이 주장은 모든 믿음/진술은 두 진릿값 중 어느 하나를 가진다는 주장이다. 따라서 이 주장을 2가 원리Principle of Bivalence라 부른다. 내가 전통적 견해라고 부른 견해를 선호하는 철학자들은 종종 이 원리가 제한되어야 한다고 주장한다. 그래서 어떤 이들은 다음과 같이 주장하기를 원한다. 비지칭적non referring 단칭어를 포함하는 문장에 의해 표현되는 믿음/진술들은 2가 원리를 적용받지 않는다. 그래서 아래와 같은 믿음은 규정된 어떤 진릿값도 갖지 않는다고 주장하는 철학자들이 나오게 된다.[3]

(1) 현재 프랑스 왕은 과체중이다.

　　The current king of France is overweight.

이 철학자들에 따르면, (1)은 하나의 믿음으로서, 어떤 대상이 어떤 속성을 가지고 있다는 믿음이다. 그런데 이들에 따르면, 이 믿음은 그 대상이 실제로 존재해야만 참이 된다. 한편 전통적 견해가 취하는 일반적 가치를 선호하는 또 다른 철학자들은 다음과 같이 주장한다. 어떤 믿음/진술을 표현하는 문장에 모호한 용어가 포함될 경우, 그 믿음/진술에 2가 원리를 적용하기가 어려워진다. 예를 들어 '크다', '대머리이다', '뚱뚱하다', '빠르다' 등과 같이, 적어도 어떤 대상들에 대해서만큼은 적용될 수 있는지 없는지가 불분명한 용어들.⁴ 이 철학자들에 따르면, 예를 들어 어떤 사물이 큰지, 그렇지 않은지에 대한 믿음들 대다수는 규정된 진릿값을 가진다. 그러나 정말로 딱 중간인 경우를 만나면 우리는 다음과 같은 물음에 대한 규정된 답을 낼 수 없다. 즉 "그것은 큰가?" 따라서 이러한 철학자들은 그것이 크다는 믿음에도, 그것이 크지 않다는 믿음에도 규정된 진릿값을 부여하는 것을 거부한다. 마지막으로 의미론적 역설이 있다. 다음과 같은 주장을 보자.

(2) 이 문장은 거짓이다.

This sentence is false.

이 주장은 의미론적 개념을 채택하고 있는데, 그 때문에 다음과 같은 역설에 빠지게 된다. 즉 이 주장이 참이면 이 주장은 거짓이고, 또 이 주장이 거짓이면 이 주장은 참이다. 그래서 많은 철학자들은 다음과 같이 논한다. 규정된 어떤 진릿값을 모든 믿음에 할당해야 한다고 고집한다면, 우리는 (2)와 같은 믿음에 참 값과 거짓 값 모두를 할당해야 할 것이며, 따라서 모순에 빠지게 된다.

따라서 우리가 전통적 견해를 취한다 할지라도 2가 원리가 다소간 제한되어야 함을 보게 된다. 앞으로 우리는 여기서 요구되는 이 제한들을 그냥 받아들일 것이다. 이제 전통적 견해 지지자들이 요구하는 또 다른 종류의 제한을 보자. 이 제한은 다음과 같은 주장에 초점을 맞추고 있다. 진리는 정신 독립적 세계와의 대응이다. 즉 진리는 정신 독립적인 대상들의 세계와의 대응이다. 즉 대상들의 존재, 대상들의 특성, 대상들 사이의 관계가 인간의 사유, 인간의 욕망과는 독립적으로 고정되어 있는 세계와의 대응이다. 그런데 사실로 보자면, 우리의 믿음과 진술들 중 일부는 인간의 마음, 인간 마음의 상태, 인간 마음의 활동 등에 대한 것이다. 따라서 우리가 진리는 대응이라는 착상을 취한다면 다음과 같이 말해야 할 것이다. 즉 위와 같은 믿음이나 진술들은 어떤 의미에서 정신적인 것과의 대응을 통해 참이 된다. 그러나 이것이 전통적 견해를 수정해야 할 이유가 되지는 못한다. 진리가 정신적인 어떤 것과의 대응을 포함하는 경우가 있기는 하다. 그러나 이것은 우리의 믿음/진술이 다루고 있는 주제가 그러하기 때문이지, 진리 개념 자체가 그러하기 때문은 아닌 것이다. 진리가 정신 의존적인 것과의 대응일 수도 있지만 이 사실은 진리 개념의 본질적 부분은 아닌 것이다. 참된 믿음/진술은, 인간 정신의 내용물이나 조작 능력과 독립적이라는 의미에서 객관적으로 존재한다고 할 수 있는 사태들이나 구조물과 대응할 수 있으며, 또한 전형적으로 그러한 것들과 대응한다.

   그래서 우리는 내가 전통적 견해라고 부른 것을 구성하는 (적당히 제한된) 일련의 주장을 갖게 된다. 전통적 견해라는 이름은 제대로 된 이름이다. 철학사 전반에 걸쳐 이 견해는 표준적 견해라 할 만한 것이었으며, 근대까지 이 견해는 도전받은 적이 없었다. 참으로 이 견해는 전통 형이상학이 가정하는 구조물 중 일부였으며, 그런 만큼 철학자들은 이 견해에 어떤 이름조차 붙이지 않았다. 이 견해가 이름을 갖게 된 것은 철학자들이 이 견해에 의문을 갖기 시작한 후부터이다. 한편 이 이름은 이 책의 독자들로 하여금 혼동을 일으키게 할 수도 있는데, 왜냐하면 내가 전통적 견해라고 부른 일련의 착상에 전형적으로 실재론Realism이라는 이름이 붙어왔기 때문이다. 우리가 보았듯이 이 이름은 완전히 다른 문제들에 대한 완전히 다른 견해들을 칭하는 이름으로 사용된다. 보편자 문제를 논할 때, 우리는 처음으로 이 용어를 접했다. 그리고 나서 우리는 이 용어가 다른 종류의 추상적 엔터티들에도 확장됨을 보았다. 그래서 우리는 사태에 관한 실재론, 명제에 관한 실재론, 가능 세계에 대한 실재론 등을 접했다. 이미 언급했듯이, 전통적 견해는 여러 범주의 추상적 엔터티들을 둘러싸고 벌어지는 논쟁과 관련해서는 중립적이다. 따라서 우리가 전통적 견해를 실재론realism이라 부른다면, 트롭 이론가나 극단적 유명론자들도 실재론자가 될 수 있다고 말해야 한다. 이것은 혼돈스러운 일이다. 이 혼동을 피하기 위해 대문자 'R'를 사용하자. 그래서 전통적 견해를 이루는 일련의 착상을 실재론Realism이라고 부르자.*⁵

내가 말했듯이 실재론은 근대까지 도전받은 적이 없었다. 그러다가 이 견해는 버클리와 칸트, 19세기 관념론자들, 미국 실용주의자들의 공격을 받게 되었다. 우리의 관심은 실재론에 대한 공격에 있지만, 그냥 아무 공격에 관심을 두지는 않을 것이다. 우리가 관심을 두는 공격은 다음과 같은 생각에 바탕을 둔 것이다. 즉 우리가 세계라고 부르는 바로 그것은 적어도 부분적으로나마 우리의 개념화 방식에 의해 구성된 것이다. 실재론이라 불리는 일련의 착상에 대한 모든 공격이 이러한 생각에 바탕을 둔 것은 아니다. 우리가 4장에서 진리에 대한 잉여 이론이라 부른 이론을 선호하는 사람들은 실재론의 핵심적 요소 가운데 하나를 거부한다. 이들은 정신 독립적 세계와의 대응이라는 실체적 속성이 있다는 것, 그리고 대응이라는 이 실체적 속성이 바로 우리가 믿고 말하는 것의 진리/참을 보장해 준다는 것 등의 실재론의 핵심적 주장들을 거부한다.⁶ 잉여 이론가들은 진리/참이라는 것이 실체적 속성임을 부정한다. 그들이 볼 때, 진리/참이라는 개념은 없어도 되는 것이다. 왜냐하면 이들은 다음과 같이 생각하기 때문이다. 즉 p가 참이라고 긍정하는 것은 그냥 p를 긍정하는 것이다. 실재론의 핵심적인 측면을 거부함에도 불구하고, 잉여 이론가들은 실재를 "정신화해야 할mentalize" 이유가 없으며, 또 전형적으로 볼 때 그렇게 하기를 원치도 않는다. 우리가 관심을 두고자 하는

---

* 우리나라 말에는 대문자가 없다. 따라서 루가 제안한 표기법을 적절하게 활용할 방도가 없다. 따라서 우리는 보편자와 관련한 실재론도 '실재론'이라 표기하고, 또 전통적 견해와 관련한 실재론도 '실재론'이라 표기한다. 혼동의 여지가 있지만, 맥락상 구별이 가능하다고 생각된다.

철학자들은 실재를 정신화하기를 원하는 철학자들이다. 다시 말해 우리는 다음과 같이 생각하는 철학자들에게 관심을 둔다. 즉 세계가 어떠어떠함은 우리가 생각하는 방식에 의해 다소간 결정되며, 탐구를 하면서 우리가 채택하는 어떤 방법에 의해 결정되며, 또 우리가 증거라고 생각하는 사물들에 의해 결정되며, 아니면 어쨌든 이와 종류가 유사한 것들에 의해 결정된다. 이런 철학자들을 반실재론자anti-Realists라고 부르는 것이 추세이고(나는 대문자 'R'를 쓴다는 점을 다시 한 번 밝힌다.), 따라서 나는 이러한 추세를 따를 것이다.

나의 사용법에 의하면, '반실재론자'라는 용어는 적용 범위가 넓다. 우선 이 용어는 관념론자들idealist에게 적용된다. 관념론자들에 따르면 존재하는 모든 것은 절대적 정신Absolute Spirit의 사유의 결과물이다. 또 '반실재론자'라는 용어는 버클리와 같은 현상론자들phenomenalist에게도 적용되는데, 현상론자들에 따르면, 외부 세계는 감각 내용물이나 감각 인상들로부터 구성된 일종의 구성물로서, 이 감각 내용물이나 감각 인상들은 단지 지각하는 사람의 정신 안에서만 존재하는 것이다. '반실재론자'라는 용어는 칸트와 같은 사람에게도 적용되는데, 그는 그 자체로서의 사물들과, 우리에게 나타나는 것으로서의 사물들을 구별한다. 그러고는 다음과 같이 말한다. 우리에게 나타나는 것으로서의 사물들은 적어도 부분적으로는 우리가 그것들을 경험하는 방식에 의해 구성된 것이다. 그리고 그는 다음과 같이 강조한다. 우리가 인지적으로 접근해서 "세계" 혹은 "실재"라고 부르는 것은 전부 다 우리에게 나타나는 것으로서의 세계이다. 마지막으로 '반실재론자'라는 용어는 다음과 같이 더욱 조심스러운 주장을 하는 철학자들에게 적용된다. 즉 진리라는 개념은 증거 등과 같은 인식론적 개념들로 분석되어야 한다. 혹은 진리라는 개념은 과학적 탐구의 목적을 촉진함 등과 같은 실용주의적 개념들로 분석되어야 한다. 이 철학자들은 절대적 관념론자들의 과장된 주장을 피하고자 한다. 그럼에도 이들에 따르면, 참인 것은, 그래서 세계가 어떠어떠하다는 것은 우리의 인지적 삶에 의해 결정되는 것이다. 이러한 이유로 '반실재론자'라는 용어는 이들에게도 적용된다.

그래서 반실재론자들은 갖가지 모양새, 갖가지 크기를 지니고 등장한다. 그리고 우리의 관심은 우리가 지금까지 고찰한 견해들에 대한 반실재론자들의 공격에 쏠린다. 여기서 제일 좋은 방법은 고전적인 반실재론자들이 실재론자들에게 던져놓은 논변들을 고찰하는 것이라 생각할 수도 있다. 그리고 분명 이렇게 하는 것은 가치 있는 일이다. 그러나 버클리나 칸트, 19세기 관념론자들의 관점에서 실재론과 반실재론 사이의 논쟁을 다루는 것에는 어려운 면이 있다. 실재론에 대한 이들의 공격은 우리와는 매우 다른 철학적 풍토 속에서 생산된 결과물들이다. 그리고 이러한 사실로 인해, 그들의 주장이 정말 긴박한 것이며 또 받아들여질 만한 것인가 하는 의문이 들 수도 있는 것이다. 다행히 지난 30년 동안 반실재론적 취향을 가진 여러 저명한 영미 철학자가 전통 실재론을 공격하는 데 관심을 가져왔고, 그래서 나는 이 철학자들 중 두 사람의 비판을 다룰 것이다. 더밋Michael Dummett과 퍼트넘Hilary Putnam이 그들이다. 그리고 퍼트넘의 비판들은 콰인W. V. Quine의 매우 영향력 있는 논변으로부터 자라난 것이기 때문에 나는 이 논증에 콰인이 기여한 부분도 간략히 논할 것이다.

더밋과 퍼트넘 모두 다음과 같은 실재론자들의 주장을 공격하기를 원한다. 즉 진리/참은 인식론적으로 무제약적인 어떤 대응으로서, 이 대응은 완전히 정신 독립적인 세계와의 대응이다. 그리고 이 두 사람은 모두 우리가 다음과 같은 반실재론자들의 생각에 동의하기를 원한다. 즉 세계가 어떠어떠하다는 것은 적어도 부분적으로는 우리가 탐구를 할 때 채용하는 인식적 도구들과 방법들에 의존하는 것이다. 이 두 사람은 모두 언어 철학적 방법을 통해 실재론이란 주제에 접근하고 있는데, 실재론은 받아들여질 수 없는 의미론을 근거로 삼고 있다고 생각한다. 이들은 다음과 같이 주장하기를 원한다. 의미에 대한 이론theory of meaning, 진리론을 모두 반실재론적으로 처리하는 의미론semantical theory만이 진정 옳은 의미론이다. 그리고 이들은 다음과 같이 주장한다. 만약 이러한 사실을 알게 된다면 우리는 버클리와 칸트 이래의 반실재론자들이 주장하는 형이상학적 그림을 선호하게 될 것이다. 그래서 더밋과 퍼트넘은 다음과 같이 주장한다. 우리에 의해 부분적으로 만들어진 세계에 대한 형이상학적 그림을 얻어내려면, 우리는 그 그림을 의미론 안에서 찾아야 한다. 이런 식으로 의미론에서 시작해 정신 의존적 세계에 대한 형이상학적 개념화로 나아갈 수 있다는 착상은 실재론과 반실재론의 논쟁사에서 매우 최근에 이루어진 발전이다. 언어를 통해 전통 철학 주제들에 접근하고자 하는 20세기 분석 철학의 일반 전략의 핵심이 바로 이것이다. 이것은 분명 논쟁의 여지가 있는 착상이며, 우리는 더밋과 퍼트넘의 주장들 속에서 이루어지고 있는 의미론으로부터 형이상학으로의 이동 경로에 주의를 집중할 필요가 있다. 실재론에 반대하는 더밋의 경우부터 들여다보자.

더밋의 반실재론

더밋은 다음과 같이 주장하고자 한다. 사실 저 밑을 보면, 실재론과 반실재론 사이의 논쟁은 긍정적 담론 혹은 진술적 담론들을 위한 적절한 의미 이론theory of meaning이 어떤 것인지에 대한 논쟁이다.[7] 더밋에 따르면, 우리가 실재론이라고 부른 일련의 주장은 의미에 대한 진리 조건 이론truth-conditional theory of meaning이라 칭해진 의미 이론에 뿌리를 두고 있다. 이 이론에 따르면, 한 진술은 세계 내의 특정 상황이나 사태와 연계됨으로써 의미를 얻게 된다. 그리고 이 특정 사태가 바로 그 진술의 진리 조건이다. 그 사태가 구현될 때, 그 진술이 참이 되는 것이다. 이 설명에 따르면 진술과 진리 조건이 연계되는 것은 다음과 같은 두 가지 사실로 인해 가능하다. 첫째, 개별 단어와 세계 내 대상 사이에 지칭 관계가 있고, 둘째, 단어들이 서로 묶여 적당한 진술적 문장을 형성한다. 그래서 첫째, 어떤 단어가 인간 빌 클린턴과 적절히 연결되고, 또 어떤 단어가 대통령임이라는 속성과 적절히 연결되기 때문에, 그리고 둘째, 이러한 단어들이 주-술의 형태로 서로 묶이기 때문에 다음과 같은 문장은 빌 클린턴이 대통령임이라는 사태와 연계되는 것이다.

(3) 빌 클린턴은 대통령이다.

Bill Clinton is President.

그래서 우리는 다음과 같은 착상을 얻게 된다. 한 진술이 어떤 사태와 연계되는 것(그 사태가 구현되는 것은 이 진술이 참이 되기 위한 필요충분조건이다.)은 그 진술이 갖는 의미론적 구조 때문이다. 그리고 어떤 진술의 의미를 안다는 것은 그 진술의 진리 조건을 파악한다는 것이다. 다시 말해 어떤 진술의 의미를 안다는 것은 어떤 사태가 그 진술이 참이 되기 위한 필요충분조건인지를 안다는 것이다. 그렇다면 이 견해에 따를 경우, 의미라는 개념과 진리라는 개념은 내적으로 긴밀하게 연결되어 있는 개념이며, 또한 여기서 작동하는 진리라는 개념은 인식론적으로 무제약적인 대응이라는 실재론자들의 개념인 것이다. 한 진술이 참이라는 것은 그 진술이 세계를 있는 그대로 그린다/표상한다는 것이다. 다시 말해 한 진술이 참이라는 것은 그 진술의 진리 조건이 되는 사태가 실제로 구현된다는 것이다. 그런데 진술과 사태를 연계하고 있는 언어적 장치는 언어로 하여금 다음과 같은 사태로까지 나아가도록 한다. 즉 그것이 구현되었는지, 구현되지 않았는지를 원리상 확인할 수 없는 사태로까지. 따라서 한 진술이 참인지 거짓인지 우리가 말할 수 없다 하더라도 그 진술은 참이거나 거짓일 수 있는 것이다. 어떤 진술과 연계된 사태는 구현되거나 구현되지 않는다. 이것은 분명하다. 그런데 그렇다고 한다면, 문제의 그 진술은 우리의 인식적 상황이 어떠한지와 관계없이 참이거나 거짓일 것이다. 따라서 우리는 2가 원리를 갖게 되며(물론 적절하게 제한된 형태의 원리로서), 또 우리가 실재론이라 부른 일련의 착상 전체를 갖게 되는 것이다.

이 모든 것에 대해 반대하는 것이 바로 반실재론이다. 그리고 반실재론의 핵심은 의미에 대한 견해에 있다. 더밋의 반실재론은 진리 조건 이론을 거부한다. 대신 더밋의 반실재론은 의미에 대한 인식적 이론epistemic theory of meaning이라 불리는 이론을 채택한다. 반실재론자들은 다음과 같이 주장한다. 의미라는 것은 진술과 정신 독립적 사태 사이의 연관으로서 분석될 수 없다. 반실재론자들은 다음을 강조한다. 의미라는 것은 인식론적 용어들을 통해 이해되어야 한다. 여기서 착상은 다음과 같은 것이다. 한 진술의 의미는 그 진술의 증거로 간주되는 것에 의해 고정된다. 즉 그 진술을 긍정하는 것에 대한 보증 혹은 정당화를 제공하는 것에 의해 말이다. 따라서 이 견해에 따르면, 어떤 진술의 의미를 안다는 것은 무엇이 그 진술에 대한 궁극적인 보증 혹은 정당화가 되는지를 안다는 것이다. 의미에 대한 반실재론적 이론 내에서는 증거, 보증, 정당화 같은 인식론적 개념들이 단어와 세계 사이의 관계라는 비인식론적 개념을 대체한다. 따라서 진리를 인식론적으로 무제약적인 대응으로 보는 실재론자들의 설명에 대해 반실재론자들이 거부감을 보이는 것은 이해할 만한 것이다. 더밋의 반실재론에 따르면, 진리/참은 단지 보증된 긍정 혹은 정당화된 긍정일 뿐이다. 어떤 진술이 참이라는 것은 그 진술을 긍정한다는 것이 정당화될 수 있다는 것 혹은 보증될 수 있다는 것이다. 그렇다면 만약 어떤 진술들이 있는데, 우리가 그 진술을 긍정하거나 부정하는 것을 정당화해 줄 증거가 원리적으로 불가능한 경우에 반실재론자들은 규정된 진릿값을 이러한 진술들에 할당하지 않을 것이다. 더밋은 이러한 종류의 진술들이 많이 있다고 주장한다. 따라서 그는 다음과 같은 결론을 낸다. 어떤 진술들에는 2가 원리가 적용되지 않는다.

따라서 더밋에 의하면, 실재론이라 칭해진 일련의 견해와 관련한 논쟁은 언어 철학적 논쟁으로 전환되며, 특히 의미와 진리 개념에 관한 논쟁으로 전환된다. 그러나 더밋의 관심은 이 논쟁의 변천사에만 있는 것이 아니다. 그는 한 걸음 더 나아가 이 논쟁에 대한 판결을 내고 싶어한다. 더밋은 다음을 인정한다. 즉 의미에 대한 실재론자들의 이론이 표준적인 견해 혹은 일반적으로 받아들여지는 견해이기는 하다. 그러나 그는 다음과 같이 생각한다. 이 견해는 너무 심각한 약점을 가지고 있기 때문에 우리는 이 견해를 버리고 의미에 대한 반실재론자들의 설명을 채택해야 한다. 우리가 말했듯이 실재론자들은 다음과 같이 주장하기를 원한다. 화자가 어떤 진술을 이해한다는 것은 어떤 사태가 그 진술의 진리 조건인지를 알고 있다는 것이다. 더밋의 반박에서 핵심은 다음과 같은 것이다. 일반적으로 볼 때, 우리는 화자가 그러한 지식을 가지고 있다고 가정할 수 없다. 다시 말해 화자가 이해하는 모든 진술들에 대해, 우리는 화자가 그 진술들의 진리 조건이 되는 사태를 모두 파악하고 있다고 가정할 수 없다.[8]

더밋은 다음과 같이 주장한다. 어떤 진술의 진리 조건에 대한 화자의 이해는 두 가지 유형의 지식 중 한 부류에 들어가야 한다. 즉 그가 명시적인 지식 explicit knowledge이라고 부르는 것, 그리고 그가 암묵적인 지식 implicit knowledge이라고 부르는 것. 명시적인 지식은 말로 표현될 수 있는 지식이다. 정상적인 여덟 살짜리 아이의 구구단 지식이 그 예이다. 분명한 일이지만, 모든 지식이 명시적이지는 않다. 우리는 말로 표현할 수 없는 많은 것을 안다. 예를 들어, 자전거 타는 법 같은 지식이 바로 암묵적 지식이다. 이제 더밋은 다음을 인정한다. 화자는 어떤 진술의 진리 조건에 대한 명시적인 지식을 가질 수 있다. 즉 화자가 말로 표현할 수 있는 지식 말이다. 그러나 더밋은 다음과 같이 주장한다. 화자가 자신이 이해하는 모든 진술의 진리 조건에 대한 명시적인 지식을 가질 수 있는 것은 아니다. 그에 따르면, 모든 진술의 진리 조건에 대한 명시적인 지식을 가질 수 있다는 가정은 순환이나 무한 퇴행에 빠지게 된다. 화자가 이해하고 있는 임의의 진술 S를 가정하자. 모든 진술의 진리 조건에 대한 명시적인 지식을 가질 수 있다는 가정은 다음과 같은 것이다. 첫째, S를 이해한다는 것은 S의 진리 조건이 무엇인지를 안다는 것이며, 둘째, 진리 조건에 대한 이러한 앎/지식은 명시적인 것이다. 따라서 진리 조건에 대한 이러한 지식은 말로 표현될 수 있다. 그런데 화자는 어떻게 말로 표현할 수 있을까? S 그 자체를 사용하거나 아니면 다른 어떤 진술 S′를 사용함으로써 그렇게 할 수 있을 것이다. 화자가 S 그 자체를 사용한다고 해보자. 그렇다면 우리는 다음을 인정해야 한다. 화자는 진리 조건을 말로 표현했지만, 그것은 우리가 설명하고자 한 것, 즉 화자가 S를 이해한다는 것을 미리 전제로 하고 있는 것이다. 반대로 화자가 다른 진술 S′를 사용한다고 해보자. 그렇다면 우리는 다음을 인정해야 한다. 화자는 진리 조건을 말로 표현했지만, 그것은 화자가 S′를 이해한다는 것을 미리 전제로 하고 있는 것이다. 그렇다면 S와 관련해 나타나는 문제와 똑같은 문제가 S′와 관련해 다시 나타나는 것이다. 애초의 가정은 다음과 같은 것이었다. 즉 의미론적 지식은 진리 조건에 대한 명시적 지식이다. 따라서 여기서 화자가 S′를 이해하고 있음이 틀림없다면, 화자는 그것을 말로 표현해야 한다. 여기서 또 한 번 우리는 순환이나 무한 퇴행 중 하나를 선택해야 한다.

따라서 진리 조건 이론가들은 다음을 인정해야 한다. 즉 진술들의 의미에 대한 화자의 지식은 암묵적 지식인 경우가 있다. 그런데 더밋은 다음을 강조한다. 화자가 어떤 암묵적 지식을 가지고 있으려면, 그 지식은 표명되거나 manifested 대중적으로 표현될 수 있어야 한다. 만약 그렇지 않다면, 우리는 사적 인식 상태private epistemic state라는 착상에 개입하게 된다. 사적 인식 상태는 그 상태에 놓여 있는 사람 외의 다른 어떤 사람도 원리적으로 접근할 수 없는 인식 상태를 말한다. 더밋은 후기 비트겐슈타인을 따라, 이 착상이 일관적이지 않다고 생각한다. 이제 더밋은 다음과 같이 생각한다. 많은 경우에서 진술들의 진리 조건에 대한 화자의 암묵적 지식은 행위를 통해 직접 표명된다. 이러한 진술들의 진리 조건과 관련해 우리는 이러한 진리 조건이 구현되었는지, 그러지 않았는지를 인지할 만한 위치에 놓일 수 있다. 이러한 것들에 대해 더밋은 결정 가능한 진술decidable statement이라고 말한다. 이러한 진술들에 적당한 진리 조건이 있을 때, 화자가 그 진술에 동의하는 것은 충분한 행위적 표명이 된다. 그리고 이 경우 우리는 화자에게 암묵적 지식이 있다고 말할 수 있다. 다음과 같은 진술을 보자.

(4) 잔디는 초록색이다.

Grass is green.

화자는 이 진술의 진리 조건에 대한 자신의 지식을 표현하거나 표명할 수 있다. 한여름 잔디 앞에서 이 진술에 동의를 표하면서 말이다.

불행하게도 한 언어를 구성하는 많은 진술이 비결정적이다. 우리는 이러한 비결정적 진술들이 참인지, 거짓인지 결정할 만한 위치에 원리상 놓일 수 없다. 아주 먼 옛날에 대한 진술들이 한 예가 된다.

(5) 자홍색은 샤를마뉴가 가장 좋아하는 색이었다.

Magenta was Charlemagne's favorite color.[9]

이 진술은 정말로 비결정적 진술로 보인다. 또 다른 예는 다음과 같은 진술로서, 이 진술은 무한한 대상들의 총체에 대한 양화quantification를 포함하고 있다.[10]

(6) 이 지점에는 결코 도시가 세워지지 않을 것이다.

A city will never be built on this spot.

또 다른 예는 다음과 같은 진술로서, 이 진술은 가정적 조건문 혹은 '___ 이면, ___이다'라는 구절을 사용하고 있다.

(7) 클린턴이 당선되지 않았다면 미국은 경기 후퇴에 접어들었을 것이다.

If Clinton had not been elected, the US would have fallen into recession.

이제 더밋은 다음과 같은 점을 지적한다. 진리 조건 이론이 옳다고 해보자. 그렇다면 비결정적 진술들 각각은 각 사태와 연계될 텐데, 이러한 사태가 구현되었는지, 그러지 않았는지는 그것을 추적해 볼 화자의 능력을 넘어서는 것이다. 그리고 더밋은 다음과 같이 말한다. 어떤 비결정적 진술의 의미를 파악한 화자는 그 진술이 그에 대응하는 사태를 그려내고/표상하고 있음을 알아야 한다. 그러나 더밋이 생각하기에 이러한 앎/지식은 분명 암묵적 지식이다. 여기서 더밋은 다음과 같이 주장한다. 진리 조건에 대한 화자의 암묵적 지식이 표명되거나 겉으로 표현될 방도가 없다. 그렇다면 화자가 어떤 진술의 진리 조건에 대한 암묵적 지식을 갖고 있다는 주장은 대가를 치러야 한다. 즉 사적인 인식 상태의 존재에 개입함이라는 대가. 다시 말해 화자외에 누구도 검증할 수 없는 지식 상태의 존재에 대한 개입. 그리고 우리가 보았듯이 더밋은 이 상태가 있다는 생각이 정합적이지 않다고 보고 있다. 따라서 그는 다음과 같이 결론 내린다. 이 대가는 누구도 치르려 하지 않을 대가이다.

따라서 진리 조건 이론가들, 즉 실재론자들은 화자가 가진다고 보기 어려운 인식 상태를 화자에게 부여한다. 더밋의 이러한 일련의 논증을 표명 논증

Manifestation Argument이라 한다. 더밋은 종종 이와 관련된 또 다른 논증을 이 용해 실재론에 대한 자신의 공격을 강화한다. 이 논증을 획득 논증Acquisition Argument이라고 하는데,[11] 이 논증은 다음과 같은 사실을 보이고자 한다. 진 리 조건 이론이 옳다면, 그 어떤 화자도 결정 불가능한 진술의 의미를 배울 수 없었을 것이다. 우리가 보았듯이 진리 조건 이론에 따르면, 어떤 진술의 의미를 안다는 것은 그 진술을 적당한 사태와 짝지을 수 있다는 것이다. 그 런데 언어를 배울 때 우리는 적당한 상황에서 어떤 진술들에 동의하게끔 훈 련을 받는다. 그리고 이러한 상황들은 다음과 같은 것이어야 함이 분명하다. 즉 이러한 상황이 구현될 때, 언어를 배우는 사람은 그 상황이 구현된다는 것을 알 수 있어야 한다는 것. 진리 조건 이론에서 결정 가능한 진술들의 경 우에는 이 조건이 충족된다. 왜냐하면 결정 가능한 진술들의 경우, 언어를 배우는 사람은 그 진술들에 대응하는 사태들이 구현되었는지, 그러지 않았 는지를 결정할 만한 위치에 놓일 수 있기 때문이다. 그러나 결정 불가능한 진술들의 경우, 상황은 달라진다. 실재론자들에 따르면, 결정 불가능한 진술 의 의미를 배우기 위해서는 우리가 사태를 파악해야만 한다. 그러나 이러한 사태는 언어를 배우는 사람이 접근할 수 없는 사태이다. 따라서 진리 조건 이론을 따른다면, 결정 불가능한 진술의 의미 혹은 검증 초월적 진술의 의미 를 배울 방도가 없는 것이다. 그런데 분명 우리는 이러한 진술들의 의미를 배웠다. 따라서 진리 조건 이론은 의미에 대한 이론으로서는 불만족스러운 이론인 것이다.

그래서 더밋은 다음과 같이 생각한다. 의미에 대한 표준적 이론 혹은 널리 받아들여지고 있는 이론은 넘어설 수 없는 인식론적 문제들을 갖고 있다. 이 에 반해, 의미에 대한 인식 이론은 이러한 문제들을 피할 수 있다. 진리 조건 이론에 대한 더밋의 공격에서 핵심적 주제는 다음과 같은 것이다. 즉 언어적 이해라는 것은 공개적으로 표명될 수 있는 실행적 기술practical skill이어야 한다. 그런데 더밋에 따르면, 한 진술에 대한 증거가 되는 것을 인지하는 능력이 바로 그 기술이다. 그리고 인식 이론에서 그 기술이 바로 언어적 이해가 되는 것이다. 물론 의미에 대한 인식 이론이라는 착상에 어떤 살이 붙을 수 있는 방식은 다양하다. 여기서 더밋은 전형적으로 결정적 정당화 conclusive justification라는 착상에 호소하면서 다음과 같이 말한다. 한 진술을 이해한다는 것은 그 진술에 대한 결정적 보증을 제공하는 것이 어떤 것인지를 인지한다는 것이다.[12] 여기서 한 진술에 대한 결정적 보증을 한다는 것은 그 진술을 검증한다는 것이다. 따라서 더밋은 종종 자신이 선호하는 형태의 인식 이론을 검증주의적 의미론verificationist semantics이라 부른다. 더밋의 인식 이론과는 다른 유형의 인식 이론들은 진술의 반증, 진술의 일치, 진술의 불일치 등의 착상을 포함할 수 있다. 그러나 이러한 착상들이 어떻게 되건 간에 우리는 다음과 같은 결론에 도달하게 된다. 즉 어떤 진술의 의미론적 내용물로 간주되는 것은 다른 화자들도 파악할 수 있는 것이다. 그리고 더밋은 다음을 강조한다. 이러한 사실은 결정 가능한 진술, 결정 불가능한 진술에 모두 적용된다. 화자가 특정 진술의 진릿값을 결정할 수 없다 하더라도 그 진술의 증거, 뒷받침 혹은 보증으로서 간주되는 것을 인지할 수는 있는 것이다.

그래서 더밋에 따르면, 우리는 진리 조건에 대해 말하지 말고, 대신에 증거의 뒷받침, 정당화 혹은 보증 등과 같은 개념을 중심에 놓는 의미 이론을 채택해야 한다. 그리고 더밋은 의미에 대한 인식 이론을 선호하는 그 누구라도 진리에 대한 반실재론적 이론을 선호할 것이라 생각한다. 검증주의자들의 설명에 따르면, 어떤 진술의 의미는 그 진술을 결정적으로 정당화하는 증거적 정황들evidential conditions이 무엇인지를 밝힘으로써 주어진다. 그렇다면 어떤 진술이 참이라는 것은 이러한 증거적 정황들이 구현된다는 것이 아니겠는가? 따라서 의미에 대한 검증주의적 이론을 선호하는 사람이라면, 다음과 같이 주장할 것이다. 즉 진리는 인식론적으로 무제약적인 대응일 수 없다. 진리는 정당화된 긍정 혹은 보증된 긍정이어야 하는 것이다. 그래서 우리는 의미에 대한 인식 이론과 함께 가는, 진리에 대한 인식 이론을 갖게 된다.[13] 한 진술이 참/거짓이라고 말하는 것은 그 진술에 대한 긍정/부정이 결정적으로 정당화될 수 있다고, 혹은 결정적으로 보증될 수 있다고 말하는 것이다. 그런데 결정 불가능한 진술에 대한 긍정이나 부정에 대해서는 결정적인 정당화가 불가능하다. 따라서 진리에 대한 인식적 이론을 선호하는 사람이라면, (5), (6), (7)과 같은 결정 불가능한 진술에는 2가 원리가 적용되지 않는다고 주장할 것이다. 그리고 실제로 더밋은 다음과 같이 말하고 있다. 2가 원리는 어떤 철학자가 실재론을 선호하는지, 반실재론을 선호하는지를 결정하기에 가장 좋은 테스트가 된다. 어떤 사람이 결정 불가능한 진술들에도 2가 원리를 적용한다면, 그는 실재론자이다. 그러나 어떤 사람이 결정 불가능한 진술들에는 2가 원리를 적용하기를 거부한다면, 그는 반실재론자인 것이다.

정신 독립적 세계라는 전통 실재론의 핵심적 착상과 관련해 보자면, 우리가 결정적인 증거를 가질 때에만 규정된 진릿값을 얻을 수 있다는 착상은 전통 실재론과 정확히 대립하는 형이상학적 견해를 산출하는 것으로 보인다. 다음과 같은 두 착상이 우리로 하여금 의미론으로부터 형이상학으로 나아가도록 한다. 첫째, 우리는 진리(참인 진술)를 가질 때, 사실fact을 가진다. 둘째, 세계는 사실들의 총체이다. 첫 번째 착상은 다음과 같은 것이다. 즉 P가 참일 경우, 오직 그 경우에 P라는 사실이 있다.* 4장에서 사실에 대해 논할 때 보았듯이, 사실과 진리/참은 함께 간다. 두 번째 착상은 비트겐슈타인의 『트락타투스Tractatus』의 첫 부분에서 만나게 되는 착상이다. 즉 "세계는 이러저러한 모든 것이다."** 그리고 세계는 "사실들의 총체이다."[14] 그런데 이 두

---

* 원문은 다음과 같다. "there is a fact that P if and only if it is true that P."
** 원문은 다음과 같다. "the world is all that is the case."

착상이 주어진다면, 우리는 다음과 같은 결과에 도달하게 된다. 즉 진리/참을 "인식화하는epistemologize" 어떤 이론이라도(즉 진리라는 개념 속에 어떤 인식론적인 기준들을 넣는 어떤 이론이라도), 세계 역시 "인식화한다". 어떤 것이 참이라는 것이 우리가 그것을 알 수 있는가 하는 것에 의존한다면, 이러저러한 것이 무엇인지, 혹은 사실이 무엇인지 역시 우리가 그것을 알 수 있는가 하는 것에 의존하는 것이다. 따라서 궁극적으로 볼 때, 완전히 정신 독립적인 사실들은 없는 것이다. 정신은 이러저러한 모든 것 속에 포함되어 있다. 왜냐하면 임의의 P가 사실인지 아닌지는 **우리가 알 수 있는 것**에, **우리가 확인할 수 있는 증거**에 의존하기 때문이다. 더밋은 그의 반실재론이 주관적 관념론subjective idealism과 연결될 필요는 없다고 생각한다.[15] 내가 이해하기로는, 더밋이 주관적 관념론이라고 부르는 것은 다음과 같은 견해를 말한다. 즉 우리가 모든 것을 만들어낸다. 분명 의미와 진리에 대한 인식적 이론은 이처럼 극단적인 견해를 함축하지 않는다. 그럼에도 의미와 진리에 대한 인식적 이론은 실재론자들의 생각, 즉 우리의 믿음과 진술들을 규제하는 정신 독립적 세계라는 생각과는 정확히 반대되는 견해를 포함하고 있다. 왜냐하면 이 이론이 포함하는 견해는 우리가 세계라고 부르는 것을, 우리의 믿음과 진술들을 근거 짓는 탐구 과정에 의존하도록 만들기 때문이다.

지난 몇 십 년 동안 더밋의 견해에 대해서 방대한 양의 비판들이 제기되어 온 것은 그리 놀라운 일이 아니다. 어떤 비판자들은 진리 조건 의미론을 공격하는 더밋의 논변에 비판을 가한다. 그들은 다음과 같이 주장한다. 실재론에 대한 더밋의 공격은 사실상 방어될 수 있다.[16] 그래서 어떤 철학자들은 다음과 같이 논한다. 결정 불가능한 진술들의 진리 조건에 대한 화자의 암묵적 지식은 사실 공개적으로 표명될 수 있다. 이들은 다음과 같이 주장한다. 말하는 사람들은 어떤 진술의 의미를 파악하고 있다. 그리고 그들은 그 진술과 다른 진술들 사이에 놓이는 증거적 관계, 추론적 관계를 인지한다. 반실재론자들은 이러한 인지력이 수행될 수 있다고 본다. 그리고 반실재론자들은 결정 불가능한 진술들의 경우에도 화자가 이러한 증거적 관계, 추론적 관계를 인지할 수 있다고 한다. 그렇다면 진술의 의미를 파악하는 것은 진리 조건을 파악하는 것이라는 실재론자들의 주장이 왜 부정[더밋의 부정]되어야 하는가? 이에 대한 이유도 제시하지 않고 그냥 초월적 진리 조건을 화자가 파악하는 것이 공개적으로 표명될 수 없다고 하는 것은 해결해야 할 문제를 그냥 상정해 버리는 것일 뿐이다.

실재론자들은 획득 논증에 대해서도 이와 유사하게 답한다. 그래서 어떤 이들은 언어를 배우는 것에 대한 더밋의 묘사를 거부한다. 더밋은 이렇게 말한다. 어떤 진술의 의미를 배운다는 것은 적당한 맥락에서 그 진술에 동의하는 것을 배우는 것이다. 따라서 더밋의 생각에 따르면, 어떤 진술의 의미를 배운다는 것은 단지 그 진술을, 관찰 가능한 적당한 상황과 짝짓는 문제일 뿐이다. 그러나 비판자들은 다음과 같이 주장한다. 우리가 이러한 식으로 그 의미를 배우게 되는 진술의 수는 매우 적다.[17] 우리는 무수히 많은 진술의 의미를 안다. 이렇게 무수히 많은 진술의 의미를 안다는 것으로부터 언어 학습에 대한 조합적 설명의 가능성을 끌어낼 수 있다. 요구되는 설명은 단순하다. 우리는 진술들 대부분의 의미를 다음과 같은 방식을 통해 배운다. 우선 그 진술들을 구성하는 용어들의 의미를 배운다. 그리고 이 용어들을 함께 조합하는 방식을 배운다. 비판자들은 다음과 같이 주장한다. 이것은 결정 가능한 진술에도, 결정 불가능한 진술에도 모두 적용된다. 따라서 다시 한 번 비판자들은 다음과 같은 결론을 내린다. 의미를 안다는 것은 진리 조건을 파악한다는 것이다. 그리고 이러한 사실을 부정할 때 더밋은 아무런 근거도 갖지 못하고 있다. 따라서 결정 불가능한 진술들과 관련해 진리 조건 이론이 어떤 문제를 가지고 있다는 더밋의 논변은 무너진다.

진리 조건 이론에 반대하는 더밋의 논변을 공격하는 실재론자들도 있지만, 다른 실재론자들은 더밋 설명의 능동적인 측면을 비판하기도 한다. 즉 의미와 진리/참에 대한 반실재론적 이론 혹은 인식적 이론 말이다. 어떤 이들은 한 진술의 증거로서 간주되는 것이 그 진술의 의미를 구성한다는 생각에 반대한다. 그들은 다음과 같이 주장한다. 한 진술에 대한 증거, 뒷받침 혹은 보증 등으로 간주되는 것이 무엇인지를 우리가 결정할 수 있는 이유는 우리가 이미 그 진술의 의미를 이해하고 있기 때문이다. 따라서 한 진술의 의미는 증거 등의 개념을 포함하지 않는 용어로 분석되어야 한다. 다른 이들은 다음과 같이 주장한다. 의미에 대한 더밋의 설명은 더밋이 실재론자들의 설명에서 발견된다고 주장하는 어려움과 마찬가지의 어려움에 봉착한다. 더밋은 진리 조건 이론이, 결정 불가능한 진술의 의미에 대한 지식이 어떻게 가능한지를 설명할 때 어떤 어려움을 드러낸다고 생각한다. 그리고 더밋은 인식 이론이 이러한 지식에 대한 직접적 설명을 제공할 수 있다고 주장한다. 비판자들은 여기에 잘못이 있다고 주장한다.[18] 더밋은 다음과 같이 말한다. 한 진술의 의미를 안다는 것은 어떤 것이 그 진술의 긍정을 보증해 주는지를 안다는 것이다. 다시 말해 무엇이 그 진술을 검증하는지 안다는 것이다. 여기서 비판자들은 다음을 지적한다. 결정 불가능한 진술들은 그것에 대한 긍정이나 부정이 결정적으로 정당화될 수 없는 진술들이다. 우리가 보았듯이 이러한 어려움에 대해 답하면서 더밋은 다음과 같이 주장한다. 의미에 대한 우리의 지식은 실행적, 인지적 기술이다. 즉 무엇이 결정적인 증거로서 간주될 수 있는지를 인지할 수 있는 능력이다. 그러나 비판자들은 다음과 같이 주장한다. 이러한 기술, 이러한 능력은 원리상 수행될 수 없는 것이다. 그래서 비판자들은 다음과 같이 주장한다. 진리 조건 이론과 마찬가지로 더밋의 반실재론도 공개적 표명이 불가능한 인식 상태에 빠지게 된다.

비슷한 방식으로 비판자들은 반실재론적 의미 이론과 연계되어 있는 진리 이론도 공격한다. 어떤 이들은 다음과 같이 논한다. 진리를 보증된 긍정 혹은 정당화된 긍정이라고 보는 더밋의 견해는 잘못되었다. 왜냐하면 진리는 한 진술의 변하지 않는 속성이기 때문이다.[19] 여기서 핵심은 다음과 같은 것이다. 한 진술은 증거들이 바뀜에 따라 보증을 잃을 수도 있고 얻을 수도 있다. 그러나 만약 한 진술이 참이라면, 그것은 영원히 참이다. 또 다른 이들은 다음과 같이 논한다. 진리 개념을 증거, 뒷받침, 정당화, 보증 등과 같은 개념을 통해 설명하려는 시도는 반드시 실패한다. 왜냐하면 이러한 개념들은 진리/참이라는 진정한 실재론적 개념을 통해서만 이해될 수 있기 때문이다.[20] 그래서 무엇이 어떤 진술의 증거가 된다는 것은 그것이 그 진술이 참임에 대한 신호/기미가 된다는 것이다. 그리고 무엇이 어떤 진술을 정당화하거나 보증할 수 있는 이유는 그것이 그 진술이 참일 확률을 높이기 때문이다. 반실재론자들은 위의 마지막 문장에 나오는 '참'이라는 용어에 대한 인식적 독해법을 제공할 수 없다. 왜냐하면 그렇게 할 경우 순환이나 무한 퇴행에 빠지기 때문이다.

지칭의 불가해성

더밋에 따르면, 우리의 사유와 언어에 의해 표상되는 정신 독립적 세계라는 전통 실재론의 착상은 다음과 같은 견해로 표현된다. 우리의 진술은 의미를 갖는데, 이 의미는 진술로 하여금 사태에 도달하게끔 해준다. 그런데 사태들이 구현되는 것은 우리가 그것을 추적할 수 있는가 하는 것, 즉 우리의 추적 능력을 넘어설 수도 있는 것이다. 여기서 더밋의 비판은 다음과 같다. 이러한 견해는 결정 불가능한 진술들을 화자가 어떻게 이해할 수 있는가를 만족스럽게 설명할 수 없다. 이해라는 것은 우리의 인지 능력을 넘어서는 사태를 파악하는 것일 수 없다. 오직 의미에 관한 인식 이론만이 결정 불가능한 진술들의 의미에 대한 우리의 지식을 설명할 수 있다. 물론 그는 모든 진술적 담론을 설명할 수 있는 단일한 통일적 이론을 원한다. 그래서 그는 다음과 같이 주장한다. 결정 가능한 진술이든 결정 불가능한 진술이든 간에, 모든 진술은 그것에 대한 증거, 뒷받침 혹은 보증이 되는 것이 명시됨으로써 의미가 주어진다. 그럼에도 진리 조건 이론에 반대하는 더밋의 논변은 결정 불가능한 진술의 경우에 한정된다. 모든 경우를 포괄해 진리 조건 이론보다는 인식 이론을 선호하지만, 그럼에도 더밋은 다음을 인정한다. 결정 가능한 진술들에 대해서는 진리 조건 이론가들의 설명을 거부할 수 없다. 이유는 분명하다. 결정 가능한 진술의 의미를 제공하는 것이라고 실재론자들이 주장하는 사태는 인지 가능한 어떤 상황으로서, 반실재론자들이 보기에 이러한 상황은 그 진술에 대한 증거, 뒷받침, 보증이 되기 때문이다.

따라서 결정 불가능한 진술들의 경우에까지 진리 조건에 관한 착상이 확대되어야만, 더밋은 의미에 대한 실재론자들의 이론을 공격하기 위한 전략을 개시할 수 있다. 우리는 앞에서 다음과 같이 주장하고자 하는 비판자들을 보았다. 즉 여기서 인식적 이론의 지지자들은 어떤 전략적 우위도 갖지 못한다. 그러나 당연히 더밋은 그렇게 생각하지 않는다. 이 논쟁적 상황에 대한 그의 평가는 이렇다. 실재론자들은 단어와 세계 사이의 관계(진술과 사태 사이의 형식적 관계)가 모든 진술의 의미를 근거 짓는다고 주장하지만, 반실재론자들은 결정 불가능한 진술들의 경우만큼은 이러한 관계가 성립하지 않음을 증명할 수 있다. 퍼트넘Hilary Putnam의 몇몇 저작에서 나타나는 실재론에 대한 도전은 이보다 훨씬 더 급진적이다. 왜냐하면 퍼트넘은 다음과 같은 사실을 보일 수 있다고 생각하기 때문이다. 즉 어떠한 진술에서도 실재론이 주장하는 단어-세계 사이의 규정된 관계는 성립하지 않는다.

더밋은 진술에 대해 말하지만, 퍼트넘은 문장에 대해 말하는 것을 선호한다. 이 점에서 그를 따른다면, 우리는 의미에 대한 실재론적 설명의 핵심을 다음과 같이 표현할 수 있다. 진술적 문장과, 그것의 진리 조건이 되는 사태 사이의 관계는 다음을 통해 얻어진다. 첫째, 문장을 구성하는 용어들과 세계에 놓여 있는 사물들 사이의 지칭적 관계를 통해. 둘째, 이 용어들이 함께 묶이는 방식을 통해. 우리가 보았듯이, '빌 클린턴'이 인간 빌 클린턴과 지칭적으로 묶인다. 또 '대통령'이 대통령임이라는 속성을 표현한다. 그리고 이 두 용어가 주−술 형태로 연결된다. 그 결과 다음과 같은 문장은 특정 사태를 집어내게 되는 것이다.

(3) 빌 클린턴은 대통령이다.

Bill Clinton is President.

따라서 문장을 구성하는 용어들, 비언어적 세계 내의 대상과 속성, 이것들이 규정된 지칭 관계에 놓인다는 사실로 인해, 진술적 문장은 자신의 진리조건이 되는 사태에 다다를 수 있는 것이다. 퍼트넘은 다음과 같이 논하길 원한다. 우리의 문장들을 이루는 용어들이 이렇듯 규정된 지칭 관계에 놓인다고 가정하는 것은 잘못이다. 이렇게 규정된 지칭 관계는 없다. 따라서 문장들이 정신 독립적 세계 내의 상황이나 사태와 짝지어진다는 착상은 전혀 맞지 않다. 우리의 생각과 언어가 정신 독립적 세계를 표현하거나 반영하거나 표상한다는 실재론자들의 핵심 착상은 허구이다.

이를 보이기 위해 퍼트넘은 콰인W. V. Quine의 저작에서 볼 수 있는 견해들로부터 얻어온 일련의 논증을 채택한다. 여기서 퍼트넘이 염두에 두고 있는 견해는 콰인의 매우 중요한 저작 『말과 대상Word and Object』의 2장에 나오는 것이다.[21] 거기서 관심은 콰인이 원초적 번역radical translation이라고 부르는 것, 즉 "지금까지 한 번도 우리와 접해 보지 못한 사람들"의 언어에 대한 번역이다.[22] 콰인은 다음과 같이 한번 생각해 보라고 주문한다. 어떤 언어학자가 그 언어를 한국어로 번역할 지침서를 만들고자 노력하는 중이다. 이 언어학자가 의지할 유일한 증거는 다양한 상황 속에서 이 원주민 화자가 드러내는 행위(언어적이든 비언어적이든)뿐이다. 콰인이 방어하고자 하는 핵심 주장은 그가 원초적 번역의 비결정성 논제thesis of the indeterminacy of radical translation라고 부르는 것이다. 그 착상은 이러한 것이다. 자신에게 주어지는 행위적 증거들의 총체로부터 언어학자는 서로 다르면서 양립 불가능한 여러 번역 지침서를 만들어낼 수 있다. 그리고 이러한 비결정성의 핵심적 요소 가운데 하나가 바로 지칭의 불가해성inscrutability of reference이라고 불리는 것으로서, 그것은 다음과 같은 사실을 말한다. 원주민 언어의 지칭 장치를 언어학자의 언어, 즉 여기서는 한국어로 일대일 대응시키는map 올바른 한 가지 방법은 없다. 콰인의 유명한 예는 그가 상상해 만든 언어 표현 '가바가이 gavagai'이다. 다음과 같이 가정해 보자. 한국어 화자가 한 단어 문장 '토끼'라고 말할 상황에서 원주민 화자가 '가바가이'라고 말하는 것을 그 언어학자가 보았다.[23] 콰인은 다음을 인정한다. 즉 그 언어학자가 그 원주민 문장을 한국어 문장으로 번역하는 것은 일단 정당화된다. 그러나 콰인은 다음과 같이 주장한다. 그 언어학자가 다음과 같은 결론을 내리는 것, 즉 '가바가이'(토끼라고 발음하는 문장 그 자체로서가 아니라, 어떤 한 문장에서 나타날 수 있는 용어로서 이해되는)를 우리의 일반 용어 '토끼'와 동치라고 결론을 내리는 것은 정당화될 수 없다. 콰인은 다음과 같이 말한다. 이 두 용어는 범주적으로 동일한 종류의 대상들에 대해 참인지조차도 보장되지 않는다. 일반 용어로서의 '토끼'는 어떤 동물들에 대해 참이 되는 언어 표현이다. 즉 시간을 뚫고 지속하는 3차원 대상들 말이다. 그러나 원주민 문장 '가바가이'가 한국어 문장 '토끼'라고 올바르게 번역되었다는 사실로부터, '가바가이'라는 용어가 토끼들을 집어내는 언어 표현이라는 사실이 따라 나오지는 않는다. '가바가이'는 토끼의 시간적 부분들에 대해 참이 되는 용어로 이해될 수도 있으며, 토끼의 상상적으로 떼어진 부분에 대해 참이 되는 용어로도 이해될 수 있으며, 또한 토끼 트롭들[24]에 대해 참이 되는 용어로도 이해될 수 있다. 언어학자에게 열려 있는 번역 가능성들 중 이것들만이 전부는 아니다. '가바가이'라는 언어 표현은 꼭 일반 용어로 간주될 필요도 없는 것이다. 이 용어는 토끼임이라는 보편자를 지칭하는 단칭어로 분류될 수도 있다. 혹은 이 용어는 콰인이 모든 토끼의 융합체fusion of all rabbits라고 부르는 것을 지칭할 수도 있다. 즉 토끼들을 포함하는, 세계의 시공간적으로 불연속적인 어떤 영역 말이다.

콰인의 주장은 다음과 같다. 원주민의 행위를 보고서 언어학자가 단어 '가바가이'에 대한 가능한 여러 해석 중 하나를 골라 그것을 배제할 수 있는 가능성은 없다. 예를 들어, 어떤 토끼 하나를 가리킨 다음 그 원주민에게 '가바가이'가 이것에 적용되는지 묻는다는 것은 소용없는 일이다. 왜냐하면 토끼를 가리킨다는 것은 똑같이 토끼의 시간적 부분을 가리키는 것이며, 토끼의 상상적으로 떼어진 부분을 가리키는 것이며, 토끼 트롭을 가리키는 것이며, 토끼임이라는 보편자를 가리키는 것이며, 모든 토끼의 융합체를 가리키는 것이기도 하기 때문이다. 물론 언어학자가 동일성과 차이에 대한 원주민의 언어 표현을 알아낼 수 있다면, 그 언어학자는 콰인이 제시한 목록상의 번역어들 중 어떤 것들을 배제할 수 있을 것이다. 그래서 그 언어학자는 단일한 토끼를 서로 다른 시간에 가리키면서 원주민에게 다음과 같이 물을 수 있을 것이다. 내가 서로 다른 시간에 가리킨 사물이 수적으로 하나인 사물인가? 만약 그렇다면 '가바가이'는 토끼의 시간적 부분들에 대해 참이 되는 용어는 아닐 것이다. 단일한 토끼의 서로 다른 여러 부분을 연속적으로 가리키면서 위와 똑같은 질문을 한다면[그리고 원주민은 위에서와 마찬가지로 그렇다고 한다면], 언어학자는 위에서와 마찬가지로 다음과 같은 결론을 낼 수 있다. 즉 '가바가이'는 토끼의 상상적으로 떼어진 부분들에 대해 참이 되는 용어가 아니다. 서로 다른 여러 토끼를 앞에 놓고서 위와 똑같은 질문을 한다면, 언어학자는 다음과 같은 결론을 낼 수 있다. '가바가이'는 토끼임이라는 보편자 혹은 토끼 융합체를 지칭하는 단칭어가 아니다. 따라서 원주민의 언어 표현들 중 어떤 언어 표현이 수적 동일성 개념을 표현하는지 결정할 수만 있다면, 언어학자는 가능한 번역들 중 하나를 골라 그것이 옳은 번역이라고 할 수 있을 것이다. 그러나 콰인은 다음과 같이 주장한다. 어려운 점은 원주민의 행위 중에 어떤 것도 원주민의 언어 표현들 중 어느 것이 수적 동일성에 대한 표현인지를 선택하게 해주지 않는다는 것이다. 어느 언어학자가 동일성에 대한 언어 표현으로 간주하는 것을 다른 언어학자는 번역 때마다 적절히 수정해, '똑같은 것에 속함'으로 번역할 수 있을 것이다. 그렇다면 첫 번째 언어학자는 원주민이 다음과 같이 말한다고 생각할 것이다. 즉 어떤 사물 x가 어떤 사물 y와 수적으로 동일하다. 똑같은 상황에서 두 번째 언어학자는 원주민이 다음과 같이 말한다고 생각할 것이다. 즉 어떤 사물 x는 어떤 사물 y와 똑같은 것에 속한다. 그러나 어느 번역이 옳은지 결정할 수 없다면, 이러한 언어 표현을 사용한다 하더라도 원주민이 3차원의 이동 지속하는 대상들을 말하고 있는지, 대상들의 시간적 부분들을 말하고 있는지, 대상들의 상상적으로 떼어진 공간적 부분들을 말하고 있는지는 결정하기 힘든 것이다. 그리고 '가바가이'가 일반 용어인지, 단칭어인지를 결정하려는 시도에서도 이와 마찬가지의 일이 진행되는 것이다.

그래서 원주민의 행위 중 그 어떤 것도 '가바가이'라는 원주민 용어의 지칭체를 고정하지 않는다. 이 용어의 지칭체에 대한 서로 다르면서 양립하지 않는 설명들 모두는 언어학자에게 주어지는 행위적 증거들 총체와 똑같이 맞아떨어진다. 여기서 콰인은 다음과 같이 생각한다. 이러한 증거 외의 어떠한 것도 여기서의 여러 번역 중 어느 하나가 옳은 것이고 다른 것들은 그른 것이라 결정해 주지 못한다. 따라서 그는 다음과 같이 결론 내린다. '가바가이'라는 용어의 지칭체에 대한 어떤 사실은 없는 것이다. 이 용어의 지칭체는 불가해하다. 다시 말해 콰인이 제시하는 여러 번역 중에는 다음과 같은 물음에 대한 올바른 답을 제시하는 번역이 없는 것이다. 즉 "'가바가이'는 무엇을 지칭하는가?"[25] 그리고 당연한 일이지만, 이러한 사실은 원주민 언어의 다른 모든 지칭적 표현에 대해서도 마찬가지인 것이다. 원주민 언어에서 어떤 용어가 대략 우리가 갯과(科), 솟과(科), 인간과(科)라고 부르는 부류에 속하는 것들을 지시하는가 정도는 우리가 알 수 있다. 그러나 우리는 이러한 것들이 이동 지속하는 3차원 대상인지, 시간적 부분들인지, 상상적으로 떼어진 부분들인지, 트롭들인지, 보편자들인지, 융합체들인지 알 수 없다. 그리고 우리가 이러한 것들을 알 수 없는 이유는 우리에게 숨겨진 어떤 사실이 있기 때문이 아니다. 우리가 이러한 것들을 알 수 없는 이유는 우리가 알게 될 그러한 사실이 없기 때문이다.

콰인은 지칭의 불가해성이라는 논제를 원초적 번역이라는 작업과 관련해 소개하고 있다. 그러나 그는 이러한 논제가 원초적 번역뿐 아니라 모든 번역에도 적용된다고 주장하기를 원한다.[26] 콰인은 우리와 멀리 떨어진 언어권의 경우를 먼저 다루었는데, 왜 그런가 하면 이 경우 우리는 잘 갖추어진 문법과 사전, 공통적인 언어사(言語史)와 문화사들이 없기 때문이다. 그런데 이렇게 할 경우 오해가 생길 수 있다. 즉 우리는 다음과 같이 믿을 수도 있는 것이다. 가까운 언어권이라면, 우리는 그 언어의 용어들의 지칭체를 고정할 올바른 방법(전통적 방법)을 가질 수 있다. 그러나 가까운 언어권의 경우에서조차도 우리는 현재 통용되는 번역 규칙을 제쳐놓고, 또 우리가 공유하는 언어적, 문화적 유산을 무시하면서, 무로부터 출발해 번역 지침서를 만들고자 하는 상황을 상상해 볼 수 있다. 콰인은 이렇게 말한다. 이러한 기획에 개입하게 되면, 우리는 원초적 번역의 경우에 부딪혔던 어려움에 다시 직면하게 된다. 우리는 다음과 같은 사실을 발견하게 될 것이다. 즉 어떤 용어의 지칭체를 고정하기 위한 서로 다르면서 양립 불가능한 여러 번역은 우리에게 주어진 행위적 증거들의 총체에 똑같이 잘 맞아떨어진다. 그래서 우리는 다음과 같은 결론을 내야 할 것이다. 이웃 언어권의 용어들의 지칭체와 관련해서도 어떤 사실도 없는 것이다.

그래서 번역을 할 때마다 우리는 지칭이 불가해함을 발견하게 된다. 그러나 콰인은 서로 다른 언어들 사이에서만 번역이 이루어진다고 생각하지 않는다. 그에 따르면, 번역이라는 것은 문장들의 한 집합을 문장들의 다른 집합에 일대일 대응시키는 것일 뿐이다. 그래서 콰인은 다음과 같이 주장한다. 단일 언어권의 화자들이 서로 의사소통하는 경우에도 번역이 이루어진다. 단일 언어권의 의사소통을 규제하는 규칙을 콰인은 동음 규칙homophonic rule이라 부른다. 이 규칙 하에서 화자들은 이웃 화자의 입에서 나오는 일련의 소리를 자신의 입에서 나오는 일련의 비슷한 소리와 일대일 대응시킨다.[27] 그래서 우리 이웃이 '토끼'라는 단어를 사용할 때, 우리는 그 단어를 번역하게 되는 것이다. 여기서 우리는 그 단어를 다음과 같은 것으로 이해한다. 우리 이웃의 입에서 나온 이 단어는 어떤 것을 지칭하는 장치로서, 우리가 이 단어를 사용할 때 지칭하게 되는 바로 그 사물을 지칭하는 장치이다. 여기서 콰인은 다음과 같이 주장한다. 우리 이웃의 행위 중 그 어떤 것도 이단어를 이런 식으로 이해할 수 있게 해주지 않는다. 이웃의 "개인 언어 idiolect"라고 부를 수 있는 여러 언어 표현을 내가 번역할 때 어느 정도 적절한 교정이 가능하다고 전제한다면, 나에게 주어진 모든 행위적 증거를 바탕으로 나는 완전히 정당하게 다음과 같은 일을 할 수 있다. 즉 내 이웃의 용어 '토끼'를 나의 용어 '토끼의 시간적 부분', '토끼의 상상적으로 떼어진 부분들', '토끼 트롭' 등에 일대일 대응시키는 일.

그 결과, "같은 언어권" 내에서조차 지칭은 불가해할 수 있는 것이다. 콰인은 서로 다른 언어권에서 번역이 이루어지는 경우에는 지칭과 관련한 그 어떤 사실도 없다고 주장한다. 이와 마찬가지로 그는 다음과 같이 주장하게 된다. 즉 내 이웃이 '토끼'라는 단어를 사용하면서 토끼를 지칭하는지, 토끼의 시간적 부분들을 지칭하는지, 토끼의 부분들을 지칭하는지를 결정할 수 있다고 가정하는 것은 의미 없는 일이다. 콰인은 이러한 사실이 한층 더 깊은 함축을 가진다고 생각한다. 왜냐하면 분명 내 이웃도 내가 '토끼'라는 용어를 사용할 때 이와 마찬가지의 상황에 놓이기 때문이다. 그런데 내 이웃이 이 용어를 사용함으로써 말하고자 한 어떤 사실도 없다면, 내가 그 용어를 사용함으로써 말하고자 한 어떤 사실도 없는 것이다. 만약 그렇지 않다면 그것에 대해 옳은 어떤 것이 있어야 할 텐데, 그것은 우리가 결코 알 수 없는 것이다. 바로 이 점에서 콰인은 실재론자들의 의미론에 반대하는 더밋의 논증을 성립해 주는 바로 그 철학적 입장에 호소한다. 즉 사적인 인식 상태는 있을 수 없다는 철학적 입장. 다시 말해 비트겐슈타인이 사적 언어라고 부른 언어의 사례는 결코 없다는 철학적 입장. 이 입장은 다음과 같은 것이다. 즉 나 자신만의 정신적 삶에 대한 사실들(여기서는 내가 어떤 용어를 사용할 때 지칭하는 것에 대한 사실들)은 불가능한 것이다. 즉 나는 [인지적으로] 접근할 수 있지만, 다른 사람들은 원리상 접근할 수 없는 사실들은 불가능하다.[28]

따라서 지칭의 불가해성은 나 자신의 경우에서도 드러난다. '토끼'라는 용어를 가지고서 내가 말하고자 한 바를 고정하려고 할 때, 나는 원초적인 번역을 수행하고자 하는 언어학자가 직면한 일련의 선택지들과 똑같은 선택지들 사이에 놓이게 된다. 그리고 언어학자와 마찬가지로 나는 다음과 같은 것을 발견하게 된다. 즉 이 선택지들 중 어느 하나를 객관적으로 옳은 선택으로 만들어줄 사실은 없다는 것. 이러한 주장은 정신이 마비되는 것과 같은 느낌을 우리에게 줄 수 있다. 내가 '토끼'에 대해 생각할 때, 내가 생각하고 있는 것과 관련해 규정된 사실이 아무것도 없다면, 일관적인 사유의 가능성은 사라져버리는 것으로 보이기 때문이다. 그러나 콰인은 다음과 같이 주장한다. 이러한 비관적 반응은 지칭에 관한 자신의 주장을 잘못 독해한 결과라고. 그는 다음과 같이 말한다. 지칭의 불가해성이 보여주는 것은 다음과 같은 것이다. 즉 절대적인 방식으로는 지칭 대상들을 정할 수 없다. 지칭체를 고정하는 것은 언제나 배경 언어background language에 상대적이다. 그리고 그는 다음과 같이 말하고자 한다. 일단 우리가 이 점을 이해하게 되면, 지칭의 불가해성이 아무런 문제도 드러내지 않음을 보게 될 것이다.[29]

　그래서 지칭이 불가해하다는 것이 정합적인 사유와 대화의 가능성을 위협한다고 우리가 잘못 생각하는 이유는 우리가 사유/언어와 세계 사이의 관계에 대한 잘못된 그림을 채택하고 있기 때문인 것이다. 그런데 어떤 그림이 잘못된 그림인가? 그리고 콰인이 제안하는 대안적 그림은 어떤 그림인가? 또 이 대안적 그림이 어떻게 부정합성의 위협을 제거하게 되는가? 불행하게도 이러한 물음들에 대한 답들은 그리 분명하지 않다. 그럼에도 콰인의 견해에 대한 그럴듯한 한 가지 해석은 가능하다. 이 해석에 따르면, 콰인이 왜 정신 독립적 세계를 부정하는지, 그리고 그가 왜 정신 독립적 세계를 이루는 대상과 우리의 말/생각 사이의 무매개적인 지칭 관계를 부정하는지 알 수 있다. 이 해석에 따르면, 콰인이 비판하고자 하는 것은 다음과 같은 실재론자들의 착상이다. 즉 우리의 말과 생각들이 우리가 말하고 생각하는 것과 독립적으로 존재하는 사물들에 직접적으로 닿을 수 있다는 착상. 그리고 콰인의 주장은 다음과 같은 것이다. 지칭의 불가해성은 이 착상이 잘못되었음을 보여준다. 왜냐하면 지칭의 불가해성은 다음과 같은 사실을 함축하기 때문이다. 한 단어와 어떤 사물을 규정적으로 묶어내는 단 하나의 특권적인 연관 관계는 없다. 따라서 실재론자들의 그림이 옳다면, 정합적인 사유와 의사소통은 불가능할 것이다. 콰인은 이렇게 말한다. 불합리한 이 결론을 피하려면, 우리는 무매개적인 지칭 관계라는 실재론자들의 생각을 버려야 하며, 대신 다음과 같은 견해를 채택해야 한다. 즉 우리 언어와 세계 사이의 지칭 관계는 언제나 배경 언어를 매개로 해 이루어진다. 다음과 같은 질문에 대한 절대적인, 그래서 상대적이지 않은 어떤 답이 있다고 가정하는 것은 잘못된 것이다. 즉 " 'T'라는 용어를 통해 그 사람이 말하고자 하는 것은 무엇인가?"

지칭의 불가해성이 보여주는 바는 이에 대한 답이 있을 수 없다는 것이다. 그럼에도 상대적인 방식으로는 이 물음에 답할 수 있다. 이 물음과 이 물음에 대한 우리의 답을 의미 있게 하기 위해서 우리는 특정 언어 표현들이 갖는 지칭적 힘을 고정된 것 혹은 주어진 것으로 간주해야 한다. 우리는 이 표현들의 지칭체에 대해서는 묻지 않는다. 대신 우리는 이 표현들을 일종의 좌표coordinate system로 사용한다. 그렇게 함으로써 우리는 특정 단어들의 지칭체에 관한 물음에 대한 이해 가능한 답을 제공할 수 있다. 그래서 우리가 한국어 용어를 액면 그대로 취한다면, 다른 언어권의 용어가 갖는 지칭적 힘에 관해 물을 수 있다. 그러나 우리는 한 걸음 더 물러날 수도 있다. 그래서 한국어 화자가 사용하는 용어의 지칭적 힘에 대해 물을 수도 있다. 그러나 이 질문이 이해 가능한 질문이 되기 위해서는 새로운 배경 언어가 필요하다. 그리고 새로운 이 배경 언어는 나 자신만의 개인 언어에 의해 제공된다. 즉 나의 '토끼' 사용법, 나의 '개' 사용법 등. 이러한 새로운 맥락에서 나는 나 자신이 위 용어를 사용하는 방법을 액면 그대로 취한다. 그리고 나는 이러한 용어들을 다른 한국어 사용자가 말하는 것을 평가하기 위한 좌표로 사용한다. 위의 두 경우 모두에서 우리의 물음들과 이에 대한 답들은 의미를 갖게 된다. 그러나 이것들은 각 경우에 배경 언어와 상대적으로만 의미를 갖게 되는 것이다.

따라서 지칭의 불가해성이라는 것이 주는 교훈은 다음과 같은 것이다. 지칭은 언제나 배경 언어를 바탕으로 해서만 이루어진다. 그리고 내가 제안한 해석에 따른다면, 지칭의 상대성이라는 착상은 다음과 같은 착상에 대한 거부인 것이다. 즉 우리의 말/생각과 정신 독립적 세계 내의 사물들 사이에 무매개적인 지칭 관계가 있다는 실재론자들의 착상. 콰인은 이렇게 말하고 있는 것이다. 우리의 말/생각과 세계 사이에는 언제나 또 다른 말/생각들이 있는 것이다. 따라서 이 주장에 따르면, 정신 독립적 세계라는 착상, 즉 우리의 말과 생각에 독립적으로 존재하는 세계가 있다는 착상은 폐기되어야 하는 것이다. 만약 우리가 담론이라는 것을 이해 가능한 것이라 생각한다면, 다음과 같은 사실을 이해해야만 하는 것이다. 즉 우리가 말하고 생각하는 것에는 언제나 사유와 언어가 선험적으로 부과되어 있다. 따라서 나의 해석에 따른다면, 지칭의 상대성이라는 콰인의 철학적 입장은 반실재론이라는 형태를 띠고 있는 것이다.

그런데 내가 이해하는 바에 의하면, 지칭의 불가해성, 지칭의 상대성이라는 주장은 실재론과 반실재론 사이의 논쟁과 관련해서만 중요한 함의를 갖는 것이 아니다. 이러한 주장은 이 책의 앞 장에서 다룬 논쟁들과도 예민하게 얽혀 있다. 주의 깊은 독자라면 이 사실을 놓쳤을 리 없다. 왜냐하면 지칭의 불가해성이라는 주장을 소개하면서 콰인은 언어학자에게 열려 있는 번역들을 열거하는데, 이렇게 하면서 그는 존재론에 대한 전통적인 논의들에서 주된 요소가 되는 개념들을 사용하고 있기 때문이다. 즉 이동 지속하는 3차원 대상들, 시간적 부분들, 상상적으로 떼어진 공간적 부분들, 보편자들 등. 그리고 지칭의 불가해성이라는 주장이 말해 주는 바는 다음과 같은 질문에 대한 규정된 답이 없다는 것이다. 즉 위와 같은 것들 중에서 어떤 사람이 지칭하거나 말하는 바로 그것은 어떤 것인가? 혹은 지칭의 불가해성이라는 주장이 말해 주는 바는 적어도 다음과 같은 것이다. 즉 이 물음에 대한 규정된 답이나 상대적이지 않은 답은 결코 없다. 그렇다면 어떤 의미에서 보자면, 주어진 일련의 믿음 혹은 진술과 관련해 우리가 존재론적으로 어떤 것에 개입하는지 최종 결정한다는 것은 불가능한 것이다. 그리고 당연한 말이지만 우리가 존재론적으로 어떤 것에 개입하는지를 최종 결정하려는 것이 바로 우리가 이 책 전반에 걸쳐 하려고 한 일이었다. 따라서 범주 이론으로 이해되는 전통 형이상학이 추구한 일은 어떤 수준에서는 불가능한 것이다. 그리고 다음과 같이 말하면서 콰인은 정말 그러한 일이 불가능하다고 말한다.

"어떤 이론을 어떻게 다른 이론으로 해석/재해석할지 말하지 않는다면, 그 이론 내의 대상들이 어떤 것인지 말하는 것은 의미 없는 일이다."[30] 한 이론이 어떤 존재론에 개입하는지를 정하고자 할 때, 우리가 할 수 있는 최선의 일은 이 이론 내의 문장들을 다른 이론 내의 문장들에 일대일 대응시키는 것이다. 그리고 그러한 다른 이론이 어떤 존재론에 개입하는지 물어서는 안 된다. 이 이상의 일을 하려는 사람들, 예를 들어 "무엇이 존재하는가?"라는 물음에 대한 궁극적인 답을 제시하고자 하는 사람들은 이해 불가능성에 빠져들게끔 되어 있는 것이다. 이렇게 볼 때, 콰인이 지칭은 언제나 배경 언어와 상대적으로만 이루어진다는 착상을 "존재론적 상대성ontological relativity"이라는 어구로서 잡아내고 있다는 사실은 어찌 보면 당연한 일이다.

퍼트넘의 반실재론

그래서 콰인의 견해들이 갖는 함축은 폭넓게 영향을 끼친다. 그러나 우리의 관심은 이 견해들이 지금 이 장의 핵심 주제가 되는 논쟁과 어떻게 연관되는가 하는 것이다. 지칭의 불가해성이라는 논제는 전통적 실재론이 그린 그림을 훼손하기 위한 의도로 주어졌고, 또 지칭의 상대성 혹은 존재론적 상대성이라는 논제는 분명 극단적인 형태의 반실재론적 표현인 것이다. 적어도 나는 이 논제들을 이렇게 해석했다. 콰인의 견해들을 해석하는 것은 모험 같은 일이다. 그리고 콰인의 견해들에 대한 나의 독해법에 모두가 동의하지는 않을 것이다. 그러나 중요한 것은 퍼트넘이 콰인을 나처럼 읽는다는 것이다. 그는 지칭의 불가해성이 다음과 같은 사실을 보여준다고 생각한다. 전통적 실재론 내에서 작동하는 핵심적 그림은 일관적이지 않다. 즉 대상들을 두 집합으로 나누는 그림. 그래서 한 집합은 언어적인 것들만을 포함하고, 또 다른 집합은 정신 독립적인 것들만을 포함해서, 이 둘은 규정된 지칭적 관계에 놓인다고 보는 그림. 퍼트넘은 대상이라는 개념 자체가 묘사description,

분류classification 등의 선험적 도식에 상대적이라는 견해를 선호한다. 그리고 그는 이러한 견해가 전통적 실재론에 대한 칸트의 대안과 비슷한 것이라 생각한다.[31]

퍼트넘은 다음과 같이 생각한다. 우리는 지칭의 불가해성이라는 콰인의 논증을 더욱 극적인 방식으로, 다시 말해 전통 실재론의 부정합성을 더욱 신랄하게 보여주는 방식으로 확장할 수 있다. 지칭의 불가해성이라는 논제를 정식화할 때 콰인은 해석자가 특정 용어를 읽어낼 수 있게 해주는 여러 가지 독해법의 목록을 제시한다. 앞에서 언급했듯이, 콰인이 언급하고 있는 서로 다른 여러 독해법은 형이상학에서의 뿌리 깊은 의견 불일치들을 표현하고 있다. 특정 언어 표현의 지칭체를 독해할 수 있는 여러 방법은 서로 많이 다르기는 하다. 하지만 이것들은, 우리가 앞에서 말한 바와 같이, 모두 한 과(科)family에 속한다. 초점이 '토끼'라는 용어의 지칭체에 맞추어진다면, 서로 다른 여러 독해법은 크게 말해 모두 "토낏"과(科)에 속하는 것들을 가리키게 된다. 다시 말해 이것들 모두는 "토끼"라는 중립적인 한 단어 문장에 의해 표명될 수 있는 것들이다. 그리고 이러한 사실은 초점이 '개', '고양이', '인간' 등의 용어에 맞추어지는 경우에도 마찬가지로 적용된다. 따라서 콰인의 목록에는 범주적 차이들이 있기는 하지만, 지칭 개념에 대한 불확정성 혹은 지칭 개념에 대한 불가해성은 그 적용 범위에 제한이 있는 것이다. 퍼트넘은 다음과 같이 주장하고자 한다. 여기서 불확정성/불가해성은 콰인의 논증이 제안하는 것 이상으로 넓게 확장될 수 있다. 예를 들어 '토끼'라는 용어의 지칭체에 대한 설명은 내가 "토낏"과(科)라고 부른 것을 구성하는 사물들에만 제한되지 않는다. 더 극단적인 용어-지칭체 연결이 가능하다.[32]

퍼트넘에 따르면, 한 언어를 구성하는 문장들을 해석하려는 시도(즉 의미라는 것에 대한 설명을 제공하려는 시도)는 두 가지 제약을 받게 된다. 이것을 그는 조작적 제약operational constraint, 이론적 제약theoretical constraint이라 부른다. 어떤 해석자에게 주어지는 관찰 가능한 데이터(특히 그 언어권 내의 화자들의 언어적 행위)가 선자를 구성한다. 그리고 이론 선택을 인도하는 표준적인 방법론적 원리들이 후자를 구성한다.[33] 퍼트넘은 다음과 같이 주장하고자 한다. 이 제약들은 해석될 문장의 진리 조건을 해석자가 결정할 수 있도록 해준다. 이 제약들은 가능한 여러 상황 내에서 문장의 진릿값을 고정할 수 있도록 해준다. 혹은 퍼트넘이 말하듯이, 이 제약들은 여러 가능 세계 내에서 문장의 진릿값을 고정할 수 있도록 해준다. 그러나 퍼트넘은 다음과 같이 생각한다. 이것이 사실이라 하더라도 우리는 문장을 구성하는 용어들의 지칭체를 고정할 수 없다. 퍼트넘은 우리에게 다음과 같이 가정해 보라고 주문한다. 즉 우리는 다음과 같은 문장에 대한 적절한 진릿값을 할당할 수 있다.

(8) 고양이가 침대 위에 있다.
The cat is on the mat.

그가 논증하고자 하는 것은 다음과 같은 것이다. 즉 이러한 진릿값 할당은 '고양이'와 '침대'라는 용어의 지칭체를 규정되지 않는 것으로 남겨 놓는다. 그리고 단순히 이것은 이동 지속하는 3차원 대상들에 대해 위 용어들이 참이 되도록 해석될 수도 있으며, 시간적 부분들에 대해 참이 되도록 해석될 수도 있으며, 또한 상상적으로 떼어진 부분들에 대해 참이 되도록 해석될 수도 있기 때문만은 아니다. 퍼트넘은 다음과 같이 주장하고자 한다. 이러한 결정에서 불확실성은 매우 극단적이어서, 문장 (8)을 고양이와 침대에 관한 주장으로 간주하는 해석만큼이나, 문장 (8)을 버찌와 나무에 관한 주장으로 간주하는 해석도 모든 면에서 문장 (8)에 대한 우리의 진릿값 할당과 잘 맞아떨어진다.

퍼트넘의 독해법에 따르면, 문장 (8)은 무시제적이다. 따라서 문장 (8)은 다음과 같은 주장이 된다. 즉 어떤 시간(과거, 현재 혹은 미래)에 어떤 고양이가 어떤 침대 위에 있다. 혹은 적어도 처음에 우리는 이렇게 읽어야 한다고 생각하게 된다. 여기서 어떻게 진리 조건이 지칭을 비결정적인 상태로 남겨 놓게 되는가를 보이기 위해 퍼트넘은 '고양이′', '침대′'라는 용어들을 도입한다. 이 용어들은 내가 A-상황, B-상황, C-상황이라고 부르는 것에 의해 정의된다. A-상황은 오직 다음과 같은 경우에 발생한다. 즉 (a) 어떤 고양이가 어떤 침대 위에 있고, (b) 어떤 버찌가 어떤 나무 위에 있는 경우. 반면 B-상황은 오직 다음과 같은 경우에 발생한다. 즉 (a) 어떤 고양이가 어떤 침대 위에 있지만, (b) 그 어떤 버찌도 나무 위에 있지 않은 경우. 그리고 마지막으로 C-상황은 오직 다음과 같은 경우에 발생한다. 즉 그 어떤 고양이도 침대 위에 있지 않을 때. 이 개념들을 염두에 두면, 우리는 다음과 같이 말할 수 있다.

오직 다음과 같은 경우일 때, 한 대상 x는 고양이′ 이다. 즉 (1) A-상황이 발생하고 x가 버찌일 경우, 혹은 C-상황이 발생하고 x가 버찌일 경우. 혹은 (2) B-상황이 발생하고 x가 고양이일 경우.

그리고 우리는 다음과 같이 말할 수 있다.

오직 다음과 같은 경우일 때, 한 대상 x는 침대′ 이다. 즉 (1) A-상황이 발생하고 x가 나무일 경우. 혹은 (2) B-상황이 발생하고 x가 침대일 경우. 혹은 (3) C-상황이 발생하고 x가 쿼크일 경우.

따라서 고양이′ 가 된다는 것, 침대′ 가 된다는 것은 어떤 일이 일어나는가에 달려 있다. 적당한 방식으로 상황이 달라진다고 하자. 그리고 '고양이′'와

'침대''라는 용어에 의해 지칭되는 사물들도 그에 따라 달라진다고 하자. 이제 퍼트넘이 주장하고 싶어하는 바는 다음과 같은 것이다. 즉 임의의 가능 세계에서 문장 (8)의 진릿값을 변화시키지 않고도 우리는 문장 (8) 안에서 나타나는 용어인 '고양이'와 '침대'를, 고양이들과 침대들을 지칭하는 용어가 아니라 고양이들'와 침대들'를 지칭하는 용어로 해석할 수 있다. 그런데 이렇게 해석한다면 그 결과는 문장 (8)을 버찌와 나무에 대한 주장으로 만들어 버리게 되는 것이다.

이것이 어떤 식으로 작동하는지를 보기 위해 우리는 단지 다음과 같은 문장에 초점을 맞추기만 하면 된다.

(8′) 어떤 고양이′가 침대′ 위에 있다.

A cat′ is on a mat′.

만약 우리가 문장 (8′)의 동사를 문장 (8)에서 동사를 읽는 방식으로 읽는다면, 즉 무시제적인 동사로 읽는다면 우리는 다음과 같은 결론을 얻게 된다. 문장 (8′)는 문장 (8)이 참이 되는 모든 가능 세계에서, 그리고 오직 문장 (8)이 참이 되는 가능 세계에서만 참이다. A-상황이 발생하는 가능 세계들을 A-세계들이라 부르자. A-세계들은 어떤 고양이가 어떤 침대 위에 있는 세계들이다. 따라서 (8)은 모든 A-세계들에서 참이다. 그런데 (8′)도 모든 A-세계에서 참이다. 왜냐하면 A-세계는 어떤 버찌가 어떤 나무 위에 있는 세계이기도 한데, 이 세계에서 고양이들'는 버찌들이며, 침대들'는 나무들이기 때문이다. 또한 각 B-세계에서 문장 (8)은 참이다. 왜냐하면 각 B-세계에서 어떤 고양이는 어떤 침대 위에 있기 때문이다. 그런데 B-세계는 어떤 고양이가 어떤 침대 위에 있는 세계일 뿐만 아니라, 어떤 버찌도 나무 위에 있지 않은 세계이기도 하다. 그리고 이 세계에서는 고양이들'는 고양이들이고, 침대들´는 침대들이다. 따라서 문장 (8´)는 모든 B-세계에서 참인 것으로 드러난다. 마지막으로 C-세계에서는 그 어떤 고양이도 침대 위에 있지 않다. 따라서 (8)은 모든 C-세계에서 거짓이다. 그런데 (8´)도 모든 C-세계에서 거짓이다. 왜냐하면 C-세계에서는 고양이들´가 버찌들이고, 침대들´가 쿼크들인데, 어떤 버찌도 쿼크 위에 있을 수 없기 때문이다.[34]

따라서 (8)과 (8´)는 모든 가능 세계에서 같은 진릿값을 가진다. 그렇다면 우리가 문장 (8)을 구성하는 용어들이 고양이들과 침대들을 지칭하는 것이라고 해도, 혹은 그것들이 고양이들´와 침대들´를 지칭하는 것이라고 해도, 이 둘 중 어느 것이든 문장 (8)에 같은 진릿값을 할당하게 되는 것이다. '고양이'와 '침대'라는 용어들의 지칭체에 대한 이 두 해석 모두 조작적, 이론적 제약 하에서의 어떠한 진릿값 할당과도 양립 가능하다. 그런데 만약 문장 (8)을 고양이들´와 침대들´에 대한 것이라 할 수 있다면, 현실 세계는 A-세계이고, A-세계에서는 고양이들´는 버찌들이고, 침대들´는 나무들이므로, 우리는 문장 (8)이 어떤 버찌가 어떤 나무 위에 있다는 주장이라고 간주할 수 있는 것이다.

따라서 문장 (8)에 대한 우리의 해석을 규제하는 두 가지 제약은 문장 (8)을 완전히 규정하지 않은 채로 남겨 놓는다. 문장 (8)에서 나타나는 '고양이'라는 용어가 고양이들에 대해 참이 되는지, 버찌들에 대해 참이 되는지가 규정되지 않는 것이다. 그리고 또 문장 (8)에서 나타나는 '침대'라는 용어가 침대들에 대해 참이 되는지, 나무들에 대해 참이 되는지가 규정되지 않는 것이다. 이제 다음과 같은 사실을 이해할 때 어떤 철학적 상상력이 필요하지는 않을 것이다. 즉 문장 (8)의 진릿값을 바꾸지 않으면서 우리는 '고양이'와 '침대'라는 용어의 지칭체에 대한 다른 해석들을 조작해 낼 수 있다. 즉 문장 (8)이 거미들과 거미줄들에 대한 주장인 것으로, 종이들과 책상들에 대한 주장인 것으로, 또 바위들과 산들에 대한 주장인 것으로 해석할 수 있는 것이다.

따라서 문장들을 구성하는 용어들의 지칭체에 대한 극단적으로 서로 다른 해석들은 우리가 이러한 문장들을 해석할 때 가질 수 있는 증거들의 총체와 양립할 수 있는 것이다. 그러나 사실이 이렇다면, 지칭은 근본적으로 비규정적인 것이다. 그리고 우리는 지칭의 불가해성이라는 콰인의 논증보다 더 극단적인 논증을 얻게 되는 것이다. 실재론이 주장하고 있는 논증, 즉 말과 세계 사이의 관계가 전혀 성립하지 않음을 보여주는 극단적인 논증 말이다. 실재론의 견해에 따르면, 우리의 긍정적 문장 혹은 진술적 문장들이 참임은 다음과 같은 사실에 근거한다. 즉 문장들은 정신 독립적 세계 내에서 구현되는 사태들과 일치하고, 맞아떨어지고, 그것을 반영하고, 그것에 대응한다. 그런데 이러한 일이 이루어지려면, 이 문장들을 구성하는 단어들과, 사태들을 구성하는 대상들 사이의 일대일 연관 관계를 제공해 주는 규정된 지칭적 관계가 있어야 한다. 그런데 지금 우리는 다음과 같은 사실을 발견하게 된 것이다. 즉 '고양이' 등과 같은 용어가 단지 이동 지속하는 3차원적 실체들을 지칭하는지, 아니면 이러한 실체들의 시간적 부분들을 지칭하는지만 비규정적인 것이 아니라, '고양이'라는 용어가 동물을 지칭하는지, 과일을 지칭하는지에 대해서도 규정된 것이 없다.

퍼트넘은 다음과 같이 주장한다. 가능한 여러 지칭체 할당 중 어느 하나를 특권적인 것이라 할 방도는 없다. 다음과 같이 말해 봤자 소용이 없다. 즉 고양이임cathood이 고양이′ 임cat′ -hood보다 더 자연스러운 속성이기 때문에, 고양이들을 단어 '고양이'와 연계하는 지칭체 할당이 다른 지칭체 할당들보다 더 선호되어야 한다. 그러나 퍼트넘에 따르면, '고양이′'와 관련해 그 어떤 부자연스러움이나 기묘함은 없다. 그는 다음과 같이 주장한다. 만약 우리가 이와 다르게 생각한다면, 그것은 우리가 '고양이′'에 대한 특정 정의definition와 관련해 잘못된 생각을 하기 때문이다. 이 정의는 다음과 같이 생각하도록 해줄지도 모른다. 즉 '고양이'는 단순한 속성, 그래서 근본적인 속성을 표현하지만, '고양이''는 가망 없는 이론적 합성물을 표현한다. 그러나 퍼트넘은 이러한 정의와 관련해 어떤 형이상학적인 신성함도 있을 수 없다고 주장한다. 이 정의는 '고양이'를 기본적인 것으로 간주하고, 이에 근거해 '고양이''를 정의하고 있지만, 우리는 '고양이''를 기본적인 것으로 간주하고, 이에 근거해 '고양이'를 정의할 수도 있는 것이다. 그리고 만약 우리가 이렇게 한다면, 가망 없는 이질적 합성물처럼 보이는 것은 '고양이''가 아니라 '고양이'가 될 것이다.[35]

퍼트넘은 실재론자들이 다음과 같이 가정할 수도 없다고 주장한다. 즉 각 화자는 직접적인 직관 작용을 통해 여러 해석 중 하나를 특권적인 것으로 간주할 수 있다. 그래서 이러한 직접적 직관 작용을 통해 각 화자는 '고양이'라는 용어가 고양이들'가 아니라 고양이들과 연계됨을 즉각적으로 파악하게 된다. 퍼트넘에 의하면, 화자들이 이렇게 할 수 있다고 가정하는 것은 신비롭고 거의 마술적인 인지력을 전제로 하는 것이다. 그리고 이러한 인지력은 직관하는 사람만이 행사할 수 있는 것이며, 따라서 이러한 인지력을 전제로 하는 사람은 필연적으로 사적일 수밖에 없는 심적 상태의 존재에 개입하게 되는 것이다.[36]

마지막으로 퍼트넘은 실재론자들이 다음과 같이 생각할 수 있음도 부정한다. 즉 세계 그 자체는 올바른 지칭체 할당 하나를 골라낸다.[37] 여기에서 실재론자들의 생각은 다음과 같은 것이다. 즉 직접적으로 인과적(따라서 비지향적nonintentional)인 관계 C가 있고, 이 인과적 관계 C는 단어들과 세계 내 사물들을 연결한다. 그리고 이러한 주장에 따르면, '고양이'라는 단어에 대한 지칭체 할당, 다시 말해 단어 '고양이', 그리고 이 단어와 관계 C를 맺는 사물들, 이 둘을 연결하는 지칭체 할당은 특권적인 지칭체 할당이다. 단어와 사물 사이의 유일하게 올바른 연결 관계를 제공해 주는 지칭체 할당 말이다. 퍼트넘은 이런 식의 인과적 설명을 거부한다. 왜냐하면 'C'라는 용어를 사용할 경우, 우리는 이 용어가 도입됨으로써 제거될 것이라 가정한 바로 그 지칭의 비결정성에 노출되기 때문이다. 실재론자들은 지칭체를 고정하는 역할을 하는 어떤 인과적 관계를 설정한다. 그리고 그렇게 하는 동안 그들은 'C'라는 용어를 사용한다. 그러나 이를 통해 형편이 나아지는 것은 아니다. 왜냐하면 다른 모든 지칭적 표현과 마찬가지로 'C'도 무수히 많은 해석에 노출되어 있으며, 이 해석들 각각은 'C'에 의해 표현되는 관계를 서로 다른 여러 관계로 만들기 때문이다. 따라서 지칭체 할당이 여럿이라는 점이 문제를 안고 있다면, 실재론자들은 이에 대한 진정으로 단일한 해결책을 낼 수 없는 것이다.

여기서 퍼트넘은 다음과 같이 주장한다. 가능한 여러 지칭체 할당과 관련해 실재론자들은 넘어설 수 없는 어려움을 갖고 있다. 그러나 퍼트넘이 내재론internalism이라고 부르는 반실재론을 선호하는 철학자들은 이러한 어려움에 봉착하지 않는다.[38] 콰인처럼 퍼트넘도 지칭의 비결정성/불가해성이 다음과 같은 교훈을 준다고 생각한다. 즉 지칭은 언제나 어떤 배경 구조물background structure에 상대적이다. 전형적으로 퍼트넘은 개념적 도식들conceptual schemes이라는 용어를 사용한다. 그는 다음과 같이 주장한다. 지칭에 대해 말할 때 문제가 생기는 것은 우리가 실재론자들의 다음과 같은 착상에 동조하기 때문이다. 즉 단어들이, 완전히 정신 독립적인 대상들과 어떤 직접적 관계를 맺는 지점이 있다. 그러나 퍼트넘은 완전히 정신 독립적인 대상들이 있다는 착상은 일관적이지 않다고 주장한다. 그는 개념 틀 너머에 존재하는 것으로서의 대상 개념을 거부한다. 그는 다음과 같이 주장한다. 대상이라는 개념은 언제나 특정 개념 도식 내에서의 묘사 수단, 분류 수단 등에 상대적이다. 이러한 내재론적 그림에 따르면, 우리가 우리의 말/사유를 정신 독립적인 대상들과, 다시 말해 모든 개념적 구조물들 밖에 있는 대상들과 올바르게 대응시킬 수 있는 방법은 없다. 그렇다면 내재론자들은 지칭에 대해 말할 자격이 없는 것인가? 그렇지 않다. 내재론이 의도하는 바는 다음과 같은 것이다. 즉 지칭에 대해 말한다는 것은 언제나 어떤 단일한 개념 도식 내의 사물들 사이에서 성립하는 연관 관계를 명시한다는 것이다. 어떤 용어가 무엇을 지칭한다고 말할 때, 우리는 단지 한 개념 도식 내의 어떤 대상과, 그 개념 도식 내의 다른 대상들을 연결하고 있는 것일 뿐이다. 그리고 우리가 아무렇게나 말하지는 않을 것이다. 예를 들어 우리는 '고양이'는 고양이들에 대해 참이 되고, '침대'는 침대들에 대해 참이 된다고 말할 것이다.

따라서 지칭은 언제나 단일한 개념 도식 내에서 대상들 사이의 관계이다. 퍼트넘은 다음과 같이 생각한다. 지칭은 단어, 그리고 개념 도식 밖에 있는 사물, 이 둘을 연결하는 것이 아니다. 이와 마찬가지로 퍼트넘은 다음과 같이 생각한다. 진리/참은 문장들, 그리고 완전히 정신 독립적 사태들, 이 둘 사이의 대응 관계가 아니다. 진리/참에 대한 그의 설명은 지칭에 대한 그의 설명만큼이나 내재론적이다. 그는 다음과 같이 말한다. 진리라는 개념은 한 개념 도식 내에서 작동한다. 여기서 퍼트넘은 더밋을 따라, 우리가 앞에서 진리에 대한 인식적 이론이라 부른 이론을 취한다. 즉 진리/참은 정당화 혹은 보증 같은 인식적 개념들에 의해 정의된다는 이론 말이다. 그러나 그는 우리가 앞에서 언급한 더밋 비판자들에 합류한다. 즉 그는 진리/참을 보증된 긍정 혹은 보증된 수용 가능성acceptability과 동일시하는 더밋에 반대한다.[39] 한편에서 퍼트넘은 다음과 같이 생각한다. 보증된 긍정이라는 것은 한 개인에 대해 상대적이다. 어떤 사람이 어떤 주장을 하면 보증받을 수도 있지만, 다른 사람은 그렇지 않을 수도 있다. 그러나 퍼트넘에 따르면 진리/참은 상대적인 속성이 아니다. 이 사람과 관련해, 혹은 저 사람과 관련해 한 문장이 참이나 거짓이 되는 것이 아니다. 한 문장은 그냥 참이거나 거짓인 것이다. 다른 한편에서 퍼트넘은 다음과 같이 생각한다. 보증된 긍정 혹은 보증된 수용 가능성이라는 것은 어떤 주장이 얻을 수도 있고 잃을 수도 있는 속성이다. 우리에게 주어지는 증거들이 변함에 따라 말이다. 그러나 더밋을 논하는 자리에서 우리가 언급한 것처럼 진리/참은 안정된 속성 혹은 변하지 않는 속성이다. 그렇다면 어떻게 우리는 진리에 대한 인식적 이론을 추동하는 핵심적 통찰력을 보존할 수 있을까? 진리에 대한 이야기를 이상화함으로써 그렇게 할 수 있다. 퍼트넘은 다음과 같이 말한다. 어떤 주장이 참이라고 말하는 것은 그것을 긍정하거나 받아들이는 것이 인식론적으로 이상적인 상황들 속에서 보증된다고 말하는 것이다.

실재론인가, 반실재론인가?

우리가 본 바에 의하면, 퍼트넘은 다음과 같은 주장을 하고 있다. 즉 조작적 제약과 이론적 제약을 만족시키면서 모든 가능 세계를 가로지르는 완전한 진릿값 할당이 있다 하더라도 우리는 문장들을 이루는 용어들의 지칭체를 결정적으로 고정할 수 없다. 그리고 지칭의 불가해성 논제에 대한 콰인의 정식화가 다른 어떤 함의를 가지고 있을 수는 있지만 콰인의 주장과 퍼트넘의 주장은 매우 가까운 것이다. 콰인은 다음과 같이 말한다. 번역자에게 주어지는 행위적 증거의 총체는 지칭체를 결정하지 못한다. 그런데 여기서 번역자가 주시하게 될 핵심적 증거들은 번역될 언어권의 문장들에 대해 원주민 화자가 동의하는지, 동의하지 않는지 등을 구별할 수 있는 패턴이다. 그리고 퍼트넘이 말하는 가능 세계들을 가로지르는 진릿값 할당이라는 개념도 바로 이 패턴에 대한 착상을 잡아내고 있는 것이라 생각될 수 있다.

퍼트넘은 적절한 진릿값 할당도 지칭을 결정적으로 고정하지 못한다는 사실을 이론적으로 의미 있는 것이라 생각한다. 그러나 어떤 이는 다음과 같이 반박할지 모른다. 이러한 사실에 놀랍거나 혼돈스러운 것은 전혀 없다. 논점은 다음과 같은 것이다. 가능 세계를 가로지르는 진릿값 할당은 진술적 문장들이 갖는 의미론적 속성들을 완전히 설명하지 못한다. 따라서 이러한 진릿값 할당이 위 문장들의 요소들이 갖는 의미론적 속성들을 고정하지 못한다는 것은 그리 놀라운 일이 아니며, 따라서 우리가 이에 대해 고민할 필요는 없다. 여기서 어려움은 우리가 5장에서 가능 세계를 논할 때 이미 본 것이다. 거기서 우리는 다음과 같은 사실을 보았다. 즉 가능 세계 개념 틀은 속성이나 명제와 같은 추상적 엔터티에 대한 동일성 조건을 만족스럽게 설명해 주지 못한다. 어떤 속성 P_1과 P_2는 모든 가능 세계를 가로질러 똑같이 함께 예화될 수 있지만, 수적으로 서로 다른 속성일 수 있다. 삼각형임이라는 속성과 삼변형임이라는 속성이 그 예가 된다. 마찬가지로, 서로 다른 두 명제가 모든 가능 세계에서 같은 진릿값을 가질 수 있다. 모든 총각은 결혼하지 않았다는 명제와, 모든 처녀는 여자라는 명제가 그 예가 된다. 어려움은 이런 것이다. 가능 세계 분석 틀은 우리가 속성이나 명제의 개념적 내용이라고 부를 만한 것에 대해 충분히 섬세하게 설명하지 못한다. 그리고 우리가 진술적 문장들의 의미를 설명하면서 가능 세계 개념 틀을 이용하고자 할 때에도 마찬가지 문제에 봉착하게 된다. 다음의 문장들을 보자.

(9) 모든 삼각형은 세 변을 가진다.
(10) 모든 삼각형은 세 각을 가진다.

이 두 문장은 모든 가능 세계에서 같은 진릿값 할당(참 값)을 얻지만, 그 의미는 서로 다르다. 여기서 우리가 고찰하고 있는 퍼트넘에 대한 반론은 다음과 같이 전개된다. 가능 세계들을 가로질러 이루어지는 진릿값 할당이라는 것을 통해서 우리가 (9)와 (10)의 의미가 서로 다름을 설명할 수 없다면, 이러한 진릿값 할당이 문장 (9)와 (10)을 구성하는 용어들의 지칭체를 고정하지 못한다는 사실에 대해 걱정할 필요가 없다. 가능 세계를 가로질러 진릿값을 할당함으로써 단어의 의미를 분석하려는 전략은 사실 너무 약하다. 따라서 지칭체가 결정되지 못한다는 것도 사실 이론적으로 볼 때 별반 흥미로운 것이 아닌 셈이다. 퍼트넘의 전술은 반실재론의 근본적인 형이상학적 함축을 보장해 주는 역할을 하지 못함이 분명하다!

그러나 퍼트넘이 할 말이 없는 것은 아니다. 비판자들은 반론을 전개할 때 의미에 대한 섬세한 개념화를 말하고 있는데, 퍼트넘은 여기에 도전할 수 있는 것이다. 퍼트넘이 말할 수 있는 것은 다음과 같다. 문장의 의미에 대해 가능 세계적 설명이 제공하는 개념화보다 더 세밀한 개념화는 문장을 구성하는 용어들의 의미론적 속성을 우리가 이미 알고 있음을 전제로 한다.[40] 따라서 퍼트넘은 다음과 같이 주장할 수 있다. 자신에 대한 비판은 문장 (9)와 (10)의 의미가 서로 다르다는 점을 전제로 하고 있는데, 이 비판이 정당화되기 위해서는 우선 '변'이라는 술어와 '각'이라는 술어의 의미가 서로 다르다는 주장 자체가 먼저 정당화되어야 한다. 퍼트넘은 다음을 지적할 수 있다. 이러한 술어들이 일의적으로 규정된 의미론적 속성을 가진다는 주장 자체에 벌써 의문의 여지가 있다. 그래서 퍼트넘은 다음과 같이 결론내릴 수 있다. 이 용어들 각각에 단일한 지칭체를 할당함으로써 그것들이 갖는 의미를 고정하게 해줄 어떤 설명도 없는 이상, 가능 세계 설명 틀이야말로 문장의 의미에 대한 설명과 관련해 우리가 희망할 수 있는 최고의 것이다. 물론 이러한 대답이 퍼트넘 비판자들을 만족시켜 주지는 않을 것이다. 비판자들은 다음과 같이 주장할 것이다. (9)와 (10) 같은 문장들의 의미가 서로 다름을 알기 위해 우리가 어떤 특별한 이론적 틀을 필요로 하지는 않는다. 우리는 어떤 철학적 이론을 통해 이것들이 서로 다름을 알게 된 것이 아니다. 반대로 이것은 일종의 상식적 데이터로서, 이것을 바탕으로 우리는 철학 이론들을 검증해 나가는 것이다. 여기에서 퍼트넘은 다음과 같이 주장할 것이다. 의미에서의 이러한 세밀한 차이가 있다는 믿음, 그것의 기원이 무엇이든 간에 그 믿음은 바로 자신이 논증들을 통해 깨려고 하는 믿음이다.

전형적인 철학적 무승부가 여기에 있다. 실재론자들이 취할 수 있는 최고의 전략은 문장의 의미에 대한 퍼트넘의 가정이 옳다고 놓고, 대신에 이러한 가정으로부터 지칭이 불가해하다는 결론으로 옮겨가는 논증에 주목해 보는 것이다. 이 논증에서 핵심적인 전제는 다음과 같은 주장이다. 즉 사적인 인식 상태나 언어는 있을 수 없다. 이 전제는 다음과 같은 제안을 미리 막기 위해 사용되고 있다. 즉 각 화자는 한 용어에 어떤 지칭체가 규정적으로 할당되는지 즉각적으로 인지할 수 있다는 제안. 이 전제는 또한 지칭의 불가해성이라는 콰인의 논증에서도 핵심적인 역할을 수행하고 있다. 콰인의 논증에서 이 전제는 다리 역할을 하는데, 이 다리를 통과해 우리는 동일 언어권 내의 화자들이 의사소통하는 경우에서의 지칭의 불가해성으로부터, 한 개인이 자신의 개인 언어 내의 용어들의 지칭체를 확인하려고 하는 경우에서의 지칭의 불가해성으로 옮겨간다. 원주민 언어 내의 용어들의 지칭체를 결정하고자 하는 언어학자의 경우에 지칭이 불가해함을 확립하고자 하는 콰인의 논증에서도 우리는 이와 비슷한 주장을 보게 된다. 왜냐하면 콰인은 다음과 같이 가정한다는 것은 의미 없는 일이라 생각하기 때문이다. 즉 원주민 화자는 파악할 수 있지만, 언어학자는 파악할 수 없는 규정된 그 무엇이 있다. 콰인에 따르면, 원주민 화자가 이러저러한 지칭적 표현을 통해 말하고 있는 사실은 없다. 사적 언어의 가능성을 부정하는 위의 전제는 다음과 같은 것을 보이고자 하는 더밋의 시도에서도 작동하고 있다. 즉 원리상 공개적인 방식으로 표출될 수 없는 암묵적 지식은 있을 수 없다. 세 철학자 모두에게서 위의 전제와 그에 대한 약간의 변형은 어떤 한 화자는 접근할 수 있지만 다른 화자는 접근할 수 없는 의미론적 지식의 가능성을 배제하기 위해 사용되고 있다. 이제 실재론자들은 실재론에 반대하는 논증들 모두에 공히 나타나는 이 전제에 대해 어떤 정당화를 제공해 보라고 요구할 권리가 있다. 이 세 철학자가 제공하는 정당화는 모두 똑같다. 즉 원리상 증거가 있을 수 없는 사실들은 절대 없다. 그런데 증거 초월적 사태의 존재를 함축한다는 이유에서 이러한 사적 인식 상태가 거부된다면, 실재론자들에게는 사적 언어의 가능성을 부정하는 이러한 전제를 받아들이는 것에 대해 공격할 권리가 분명 있는 것이다. 이 전제에 대한 정당화는 단지 실재론과 반실재론을 갈라놓는 전형적인 주장일 뿐이다. 따라서 이 전제에 대한 근거라고 제시된 것이 반실재론의 핵심 주장이라면, 이 전제는 실재론을 논파하기 위한 논증들에 나타나서는 안 되는 것이다.

또 다른 유망한 비판은 다음과 같은 사실을 보이고자 한다. 즉 지칭의 불가해성을 보이고자 하는 퍼트넘의 논증 내에는 자기 모순적인 어떤 것이 있다.[41] 퍼트넘의 논증은 다음과 같은 사실로부터 출발한다. 즉 서로 다른 여러 지칭체를 한 용어에 할당하는 것이 가능하다. 그리고 이러한 사실로부터 퍼트넘의 논증은 다음과 같은 결론에 도달한다. 화자가 이러한 용어를 사용해 말하게 되는 사실은 아무것도 없다. 따라서 우리는 다음과 같은 주장을 갖게 된다. 즉 각 지칭적 표현에 대해 여러 개의 지칭체를 할당할 수 있으므로, 이 표현들이 사용될 때 규정적으로 의미하는 것은 아무것도 없다. 그러나 이러한 논증에는 어려움이 있다. 이 논증의 결론은 지칭적 표현이 갖는 규정된 의미가 없다는 것이다. 그러나 이러한 결론은 이 결론을 뒷받침해 주는 증거를 이해할 수 없게 만든다. 우리가 '고양이', '고양이′', '침대', '침대′' 등과 같은 용어를 사용할 때 딱히 정해진 의미가 없다면, 지칭이 불가해함을 보여주는 서로 다른 여러 지칭체 할당을 우리가 어떻게 확인해 낼 수 있겠는가? 여러 지칭체 할당이 가능함을 보이기 위해서 우리는 '고양이', '고양이′', '침대', '침대′' 등의 용어를 사용해야 한다. 그리고 우리는 다음과 같이 말해야 한다. '고양이'라는 단어는 고양이들로 해석될 수도 있고 고양이들′로 해석될 수도 있으며, '침대'는 침대들로 해석될 수도 있고 침대들′로 해석될 수도 있다. 그리고 이렇게 말할 때 우리는 이 단어들이 무엇을 의미하고 있는지 알고 있어야 하는 것이다. 그런데 이 단어들이 무엇을 의미하고 있는지 안다는 것은 이 단어들이 사용될 때 규정된 어떤 의미가 있음을 전제로 하는 것이다. 퍼트넘 논변의 결론은 이것을 부정하고자 한다. 따라서 지칭의 불가해성이라는 논제를 뒷받침해 주는 증거가 정합적이라면[각 단어가 갖는 규정된 의미가 있다면], 그 논제는 거짓임이 분명하다.

우리는 이러한 반박에 대해 퍼트넘이 어떻게 답하는지 이미 보았다. 그는 이러한 비판자들이 자신의 입장을 잘못 이해하고 있다고 주장한다. 그는 다음과 같이 주장한다. 토끼를 지칭하는 것과 토끼의 시간적 부분을 지칭하는 것, 고양이를 지칭하는 것과 버찌를 지칭하는 것, 그리고 침대를 지칭하는 것과 나무를 지칭하는 것, 그 사이에 아무런 차이도 없다는 것은 자신의 견해가 아니다. 퍼트넘에 따르면, 우리는 이러한 구분을 할 수 있고 또 실제로 하고 있다. 오히려 그의 주장은 다음과 같은 것이다. 즉 실재론이 옳다면, 우리는 이러한 지칭체 구분을 해낼 수 없다. 따라서 퍼트넘의 논변은 (콰인도 마찬가지지만) 귀류법reductio의 형태를 띠는 것이다. 퍼트넘은 지칭에 관한 실재론자들의 설명이 옳다고 가정해 보라 한다. 그리고 그는 우리 모두가 거짓임을 알고 있는 어떤 주장, 즉 지칭이 불가능하다는 주장을 실재론자들의 설명으로부터 도출한다. 그렇게 해서 그는 실재론자들의 설명이 받아들여질 수 없음을 보이고자 한다. 그리고 여기서 실재론자들이 지칭이 불가능하다는 주장에 개입하게 되는 이유는 바로 지칭의 불가해성 때문이다. [이것은 부조리하므로] 우리는 궁극적으로 사유와 언어가 어떻게 세계에 관한 것이 될 수 있는지에 대한 반실재론자들의 설명을 받아들여야 한다는 것이다. 우리는 단어들이 정신 독립적인 대상들과 규정된 관계에 놓인다는 실재론자들의 착상을 버려야 한다. 대신 우리는 지칭은 언제나 개념적 구조에 의해 매개된다는 반실재론자들의 견해를 받아들여야 한다.

그런데 퍼트넘이 고수하고자 하는 입장[반실재론]이 옳으려면, 다음과 같은 사실이 밝혀져야 한다. 첫째, 실재론자들은 지칭의 불가해성을 해결하기 위한 퍼트넘(과 콰인)의 전략을 사용할 수 없어야 한다. 둘째, 퍼트넘이 마련한 전략들은 지칭의 불가해성을 성공적으로 해결해야 한다. 불행하게도 이 두 사실 모두 의심의 여지가 있다. 퍼트넘은 다음과 같이 주장한다. 그가 제기하는 반실재론적 관점을 받아들이는 사람은 지칭의 불가해성과 관련한 어떤 이론적 문제도 느끼지 못할 것이다. 그러나 반실재론적 관점이 지칭의 불가해성을 어떻게 해결하는지 설명할 때 그는 우리가 기대하는 만큼 분명하지 못하다. 그리고 이 점과 관련해서는 콰인도 마찬가지이다. 이 두 철학자 모두 다음과 같은 사실을 보여주고자 한다. 지칭이 불가해한 것은 사실이지만, 지칭에 대한 반실재론자들의 주장은 합리적으로 받아들여질 수 있다. 그리고 이 두 철학자는 다음과 같이 주장한다. 사물들을 규정하고 묘사하게 해주는 배경 틀이 일종의 좌표 체계를 제공한다. 그렇게 해서 우리는 이러한 배경 틀이 없다면 불합리할 수밖에 없는 질문들을 제기할 수 있으며 또 거기에 답할 수 있다. 이들의 제안은 이런 것이다. 우리는 특정 집단의 화자들이 사용하는 특정한 용어들의 지칭체를 이미 주어진 것으로 간주함으로써 지칭에 대한 우리의 주장을 합리적으로 만들 수 있다. 우리는 이 용어들을 액면 그대로 받아들인다. 즉 우리는 이 용어들의 지칭적 힘에 대해 아무것도 묻지 않는다. 그리고 난 다음, 이 용어들에 근거해서 우리는 다른 용어들의 지칭체에 관해 물을 수 있고 또 그에 대답할 수 있다. 혹 우리는 특정 집단의 화자들이 사용하는 용어들을 액면 그대로 받아들여서, 다른 집단의 화자들이 이 용어들을 사용할 때 어떤 지칭체가 할당되는지 물을 수 있으며, 또 그에 대답할 수 있다. 그래서 만약 내가 '고양이'와 '체리'라는 단어를 사용할 때, 내가 이 단어를 사용하는 것이 그냥 주어진 것[액면 그대로인 것]이라 간주하면, 나는 내 이웃이 '고양이'라는 단어를 사용함으로써 고양이를 말하는지 아니면 버찌를 말하는지를 물을 수 있는 것이다.

그래서 이들의 주장은 다음과 같은 것으로 보인다. 반실재론자들은 어떤 용어들의 지칭적 힘을 그냥 주어진 것으로 간주할 수 있으며, 바로 이 용어들을 준거점으로 삼아 지칭에 대해 말할 수 있다. 그리고 이러한 방식으로 합리성에 대한 위협은 저지되는 것이다. 그런데 만약 반실재론자들이 어떤 지칭적 표현들을 액면 그대로 취함으로써 지칭에 대한 이야기를 합리적으로 만들 수 있다면, 왜 실재론자들은 그렇게 하지 못한다는 것인가? 실재론자들은 다음과 같이 생각한다. 단어/사유는 정신 독립적 세계 내의 대상들과 어떤 특별한 관계를 맺는다. 그런데 이러한 견해를 가지면 다음과 같은 자명한 주장을 취할 수 없는가? 즉 우리가 갖는 용어들의 지칭적 힘에 대해 의미 있는 진술을 하려면 우리는 몇 가지 표현에 대한 지칭적 사용을 그냥 주어진 것으로 간주해야 한다는 주장. 분명 실재론자들은 이러한 주장을 취할 수 있다. 단어를 사용해 우리가 무엇을 말하고 있는지에 대해 이야기하려면 어쨌든 우리는 단어들이 필요하다. 그리고 실재론을 구성하는 어떤 주장도 이와 반대되는 이야기를 하지 않는다.

따라서 반실재론자들이 지칭의 불가해성으로 인해 제기되는 위협으로부터 벗어날 방책을 가진다면, 실재론자들도 마찬가지의 방책을 갖는 것으로 보인다. 그런데 배경 언어나 개념적 도식을 말한다고 해서 정말 콰인이나 퍼트넘이 자기 주장의 목표를 성취하게 되는가? 배경 언어를 받아들이면 정말로 지칭에 대한 이야기들이 의미 있어지는가? 퍼트넘이 제기하는 극단적인 방식대로 정말 지칭이 무규정적이라면, 어떻게 지칭이 의미 있어지는지 알기는 매우 어려운 일이다.[42] 어떤 용어들을 액면 그대로 받아들이자는 것이 원래의 착상이다. 그런데 만약 '고양이'가 고양이를 지칭하는지, 버찌를 지칭하는지 정말로 규정할 수 없다면, '고양이'를 액면 그대로 받아들인다는 것이 어떻게 귀결될지는 그리 분명치 않다. 포괄적인 의미에서의 지칭의 비결정성은 결국 다음과 같은 결론에 도달하지 않을까 한다. 즉 지칭적 표현이 갖는 "액면"이라는 것은 없다. 우리는 선택된 일련의 지칭적 표현에 대해서는 지칭에 대한 물음을 제기하지 말자고 할 수 있다. 그렇게 하면 우리는 우리가 제기하는 지칭에 대한 물음들과 관련해 안도감을 느낄 수 있을 것이다. 우리는 지칭에 대한 물음들에 대한 우리의 답이 분명한 의미를 가진다고까지 우리 자신을 위로할 수 있을 것이다. 그러나 이렇게 생각하는 동안, 우리가 우리 자신을 현혹하고 있다는 사실은 여전히 남는다. 지칭이 불가해하다면, 그 불가해성은 배경 구조물에까지 침투해 가게 되는 것이다. 그리고 만약 지칭체에 관한 이야기가 오직 그러한 배경 구조물과 상관적으로만 의미를 가진다면, 지칭체에 관한 그 어떤 이야기도 의미를 갖지 못하는 것이다.

지칭에 대한 담론만이 여기서 위협받는 것은 아니다. 퍼트넘이 주장하는 식으로 정말 지칭이 무규정적이라면, 우리는 이보다 더 일반적인 절망 속에 빠지게 된다. 즉 우리는 우리가 말하고 생각하는 바로 그것을 전혀 알지 못하는 수도 있는 것이다. 그래서 만약 지칭이 무규정적이라는 퍼트넘의 논변이 성공한다면, 우리는 다음과 같은 결론을 피할 수 없을 것이다. 모든 사유와 말은 일관적이지 않다. 그러나 이와 같은 결론은 아무도 받아들이지 않을 것이다. 왜냐하면 이 결론은 이 결론을 도출한 논변 그 자체에도 적용되기 때문이다. 이 논변의 일관성 자체가 의심스러운 것이다. 이처럼 만약 콰인/퍼트넘 논변의 결론이 합리적일 수 없다면, 우리는 이 논변 자체를 기각할 수 있는 것이다. 그리고 이 논변이 실재론에 대한 퍼트넘의 공격에서 핵심이니만큼, 실재론자들은 다음과 같이 결론 내릴 수 있는 것이다. 즉 실재론에 대한 퍼트넘의 비판은 그리 위협적이지 않다. 더밋을 논할 때도 우리는 이와 유사한 점을 보았다. 실재론자들은 더밋의 논변에 대응할 재료들을 갖고 있다. 이처럼 실재론에 대한 더밋의 공격도, 퍼트넘의 공격도 성공적이지 못하다면, 우리는 이렇게 물을 수 있을 것이다. 실재론자들이 국면을 전환해, 더밋과 퍼트넘이 방어하고자 하는 반실재론을 공격하는 데 성공할 수 있지 않을까?

　이미 말했듯이 콰인은 실재론/반실재론 논쟁과 관련해 직접적인 언급을 하지 않는다. 그에게 반실재론적 입장을 부여하기는 했지만 그것은 몇몇 암시를 기반으로 한 것이며 또 그에 대한 퍼트넘의 매우 흥미로운 해석을 따라서, 그리고 지칭에 대한 콰인의 견해를 퍼트넘이 확장한 바에 따라서 그렇게 한 것이다. 이처럼 콰인은 반실재론적 입장을 대놓고 정식화하지는 않고 있다. 그러나 분명 더밋과 퍼트넘은 그렇게 하고 있다. 이들의 저작에는 논조와 스타일의 차이가 있기는 하지만, 퍼트넘이 생각하듯이 이들의 반실재론적 관점에는 일련의 핵심적인 주제들이 공통적으로 나타나고 있다. 실재론자들은 진술의 의미라는 것을 정신 독립적 사태와의 규정된 관계로 이해한다. 이에 반해 더밋과 퍼트넘은 진술의 의미에 대한 실재론자들의 설명을 거부한다. 그 대신에 이 둘 모두는 의미에 대한 인식 이론을 채택한다. 더밋의 경우 이러한 사실은 분명하다. 퍼트넘 역시 다음과 같이 말하고 있다. 의미에 대한 만족스러운 설명을 제공하고자 한다면, 의미는 바로 사용·use이라는 비트겐슈타인의 견해[43]를 받아들여야 할 것이다. 그리고 퍼트넘이 그렇게 이해하듯이, 사용 이론은 분명 인식 이론이다. 왜냐하면 이 이론에 따르면, 어떤 진술의 의미를 안다는 것은 어떤 경우에 그 진술의 긍정/수용이 보증되는가를 안다는 것이기 때문이다. 또한 더밋과 퍼트넘은 모두 진리에 대한 대응 이론적 개념화를 거부한다. 대신 이들은 진리라는 것이 보증 혹은 정당화 등의 개념으로 분석되어야 한다는 견해를 취한다. 이들은 진리에 대한 실재론자들의 설명을 거부하는데, 그 이유는 그들이 다음과 같이 믿기 때문이다. "이미 만들어진 세계ready-made world"라는 착상, 그래서 발견되기를 기다리며 또 묘사되기를 기다리는 "이미 만들어진 세계"라는 착상에는 의심의 여지가 있다. 퍼트넘의 경우, 이러한 착상은 전반적으로 대폭 의심받고 있다. 반면 더밋은 조금 더 조심스럽다. 그래서 그는 다음과 같이 주장한다. 정신 독립적 세계라는 실재론자들의 그림은 결정 불가능한 진술들과 관련해서는 옳지 않다. 그러나 어쨌든 이 둘 모두 진리를 정당화 혹은 보증으로 보고 있다(바로 여기서 지금 이루어지는 보증/정당화[더밋의 경우], 혹은 인식적으로 이상화된 상황에서 이루어지는 보증/정당화[퍼트넘의 경우]). 그리고 앞에서 언급한 두 가지 착상(첫째, 사실과 진리는 함께 간다. 둘째, 세계는 사실들의 총체이다.)을 놓고 본다면, 더밋과 퍼트넘의 위와 같은 의미론적 주장은 이 두 철학자들로 하여금 다음과 같은 형이상학적 주장에 개입하게 한다. 이러저러한 모든 것, 다시 말해 세계는 우리의 현실적이거나 가능적인 인식적 상황에 의존한다. 그리고 이러한 주장을 받아들인다는 것은 세계를 "정신화하거나" 세계를 "인식화하는" 반실재론자들의 전형적 투쟁에 동참하는 것이다.

우리가 알고 싶은 것은 이러한 일련의 주제에 대한 실재론자들의 공격이 얼마나 성공적일 수 있는가 하는 것이다. 어떤 이는 여기서 실재론자들의 전망이 매우 밝다고 생각할지 모른다. 더밋과 퍼트넘이 제기하는 반실재론에 공격을 가할 분명한 지점이 있는 듯 보인다. 진리를 보증된/정당화된 긍정으로 정의하는 지점이 바로 그곳이다. 왜냐하면 반실재론자들이 지금 바로 여기서의 보증을 말하든, 아니면 인식적으로 이상화된 상황에서의 보증을 말하든, 실재론자들은 위의 정의에 대한 반례들을 제조해 낼 수 있는 것으로 보이기 때문이다. 정말로 실재론자들은 다음과 같은 두 가지 방향으로 반례들을 만들어낼 수 있는 것으로 보인다. 첫째, 어떤 진술에 대한 적정 수준의 보증이 있지만, 그 진술이 거짓인 경우. 둘째, 어떤 진술에 대한 적당한 보증이 없지만(아마도 원리적으로 없지만), 그 진술이 참인 경우.

그러나 여기서 매우 중요한 사실이 있다. 반실재론자들은 실재론자들의 이 반례를 진정한 반례로 여기지 않을 것이라는 사실 말이다. 위의 첫 번째 경우부터 보자. 진술 S가 있다고 해보자. 그런데 S를 긍정하는 것에 대한 보증도 없고, 또 S를 부정하는 것에 대한 보증도 없다. 또한 이상화된 상황에서

조차 S를 긍정하거나 부정하는 데 필요한 보증이 없다. 여기서 실재론자들은 S가 참이라고(혹은 거짓이라고) 주장할 것이다. 따라서 실재론자들은 이 경우 반실재론자들이 방어하고자 하는 진리에 대한 인식 이론의 반례가 구성되었다고 주장할 것이다. 그러나 반실재론자들은 여기서 더밋을 따를 것임이 거의 확실하다. 그래서 그들은 다음과 같이 주장할 것이다. 진술 S는 원리상 결정 불가능하다. 따라서 진릿값을 갖지 못한다. 두 번째 경우와 관련해서도 마찬가지이다. 진술의 긍정에 대한 보증은 있지만 거짓인 진술이 발견되었다고 해보자. 이 경우 반실재론자들은 이 진술이 거짓이라고 하지 않을 것이다. 무슨 근거에서? 단지 진리라는 것은 보증된 긍정이라는 근거에서!

실재론자들은 반례에 대한 반실재론자들의 대응 방식이 실망스럽다고 생각할 것이다. 다음과 같은 진술을 보자.

(5) 자홍색은 샤를마뉴가 가장 좋아하는 색이었다.

이 진술에 대한 증거를 찾는 것은 원리상 불가능하다. 그럼에도 실재론자들은 이 진술이 참일 수 있다고 생각한다. 마찬가지로 실재론자들은 다음과 같이 널리 알려진 진술에 증거가 있을 수는 있지만 이 진술은 거짓일 수 있다고 생각한다.

(11) 빅뱅이 있었다.

따라서 반실재론자들을 공격하려면 실재론자들은 전술을 바꿔야 한다. 등가 원리라고 불리는 것을 이용한다면 성공할 수 있을 것 같다. 이 원리는 다음과 같다.

S가 참이면 S가 사실이고, S가 사실이면 S는 참이다.

It is true that S if and only if S.

우리는 논의 과정 중 여러 곳에서 이 원리에 대해 암묵적으로 표명했다. 실재론자들은 이 원리에 대해 다음과 같이 주장할 것이다. 어떤 진리 이론이라도 이 원리의 제약을 받는다. 어떤 설명이 진리 이론이려면, 그 설명은 이 원리에 부합해야 한다. 실재론자들은 반실재론자들의 설명이 이 원리에 부합하지 않는다고 주장할 것이다. 진리에 대한 반실재론자들의 정의가 옳다면, 우리가 진술 S에 대한 보증을 가질 때 S는 사실이고, S가 사실일 때 우리는 진술 S에 대한 보증을 갖게 될 것이다. 여기서 실재론자들은 다음과 같은 공격을 가할 것이다. S가 사실이라는 것, 그리고 우리가 진술 S에 대한 보증을 가진다는 것, 이 둘은 완전히 서로 다른 것이다. 우리가 이 둘 중 어느 하나만 갖고 다른 하나는 갖지 않는 것은 충분히 가능한 일이다.

반실재론자들은 진리 이론이 등가 원리의 제약을 받아야 함을 인정할 수 있다. 다만 등가 원리가 단순히 진리에 대한 대응 이론 식으로 이해되지만 않는다면 말이다. 반실재론자들은 다음과 같이 주장할 것이다. 등가 원리가 진리에 대한 여러 이론 사이에서 중립적인 원리라고 이해된다면, 진리에 대한 반실재론자들의 설명은 이 원리에 부합한다. 이 원리에 따르면, 진술 S가 참이면 S는 사실이고, S가 사실이면 진술 S는 참이다. 반실재론자들은 진리를 보증 혹은 정당화의 문제로 이해한다. 따라서 반실재론자들은 다음과 같은 착상에 개입하는 것이다. 즉 S에 대한 적정 수준의 보증이 있다면 S는 사실이고, S가 사실이면 S에 대한 적정 수준의 보증이 있다. 그런데 반실재론자들은 자신의 이 주장에는 반례가 있을 수 없다고 주장한다. 왜냐하면 반실재론자들은 우리가 의미에 대한 인식 이론이라 부른 이론을 받아들이기 때문이다. 인식 이론에 따르면, 어떤 진술의 의미는 그 진술에 대한 결정적 증거, 정당화 혹은 보증 등에 의해서만 주어진다. 그렇다면 이 견해에 따르면, 우리가 진술 S에 대한 적정 수준의 증거 혹은 보증을 가질 경우(혹은 이상화된 상황에서 우리가 이것들을 가질 경우), S는 사실인 것이다. 그리고 S가 사실이면, 우리는 적당한 증거, 보증 혹은 정당화를 갖는(가질 수 있는) 것이다.

이 지점에서 실재론자들의 좌절감은 극에 달할 것이다. 그러나 실재론자들이 적절한 공격 방법을 만들어낼 수 있다면, 그것은 반실재론자들에게는 짐이 될 것이다. 즉 반실재론자들은 다음과 같은 비난에 직면하게 된다. 실재론자들의 반박을 처리할 때 반실재론자들은 우리가 말하는 모든 것을 체계적으로 재해석한다.[같은 의미를 갖는 다른 문장으로 바꾼다.] 실재론자들은 이렇게 말할 것이다. 당신이 하는 일은 (11)과 같은 진술을 (12)와 같은 진술로 재해석하는 것이다.

(11) 빅뱅이 있었다.
(12) 우리는 (11)을 긍정하는 것에 대한 보증을 가진다.

실재론자들에 따르면, 이러한 재해석은 우리가 말하는 것을 잘못 읽는 것이다. 실재론자들은 다음과 같이 비난할 것이다. 당신들의 재해석에 따른다면, 우리는 우리가 원하는 것을 결코 말할 수 없다. 우리는 잔디, 책상, 컴퓨터, 별 등에 대해 말할 수 없다. 대신 우리는 언제나 한 발 더 나아가 우리가 갖는 증거, 혹은 이상화된 상황에서 우리가 가질 수 있는 증거에 대해 말해야만 한다. 여기서 반실재론자들은 자신이 진술들을 재해석하지 않고 있다고 대답할 것이다. 그들은 진술 (11)과 (12)가 의미론적으로 동치가 아니라고 주장할 것이다. 그들은 다음과 같이 주장할 것이다. (11)은 천문학 혹은 우주론에서의 [우주의 기원에 대한] 주장이지만, (12)는 천문학 혹은 우주론에 대한 진술과 관련해서 우리 인간이 놓이게 되는 인식 상황에 대한 주장이다. 반실재론자들은 다음을 인정할 것이다. (11)이 참이려면, 인식적으로 이상화된 상황에서 우리에게는 빅뱅이 일어났다는 주장을 보증해 줄 만한 증거가 충분히 있어야만 한다. 그러나 그들은 다음과 같이 주장할 것이다. 이러한 사실로부터 (11)과 (12)가 같은 것을 의미한다는 것이 따라 나오는 것은 아니다. (11)이 의미하는 것은 그냥 그것이 말하고 있는 바이다. 즉 빅뱅이 일어났다는 것. 반면 (12)는 다음과 같이 완전히 다른 진술이 참일 경우에만 참이다.

(13) 우리는 (12)를 긍정하는 것에 대한 충분한 증거를 가진다(가질 수 있다).

그래서 반실재론자들은 다시 한 번 실재론자들의 공격을 피하게 된다. 그리고 마찬가지 패턴이 계속 반복될 것이라 생각하는 것이 합당할 것이다. 그렇다면 왜 실재론자들은 자신의 비난을 결정적인 것으로 만들지 못하는가? 내 생각에 답은 다음과 같은 사실에 있다. 실재론자들과 반실재론자들은 진술들을 서로 다른 방식으로 읽는다. 실재론자들의 경우, 한 진술은 정신 독립적 사태와 연계됨으로써 자신의 의미를 갖게 된다. 반면 반실재론자들은 똑같은 진술을 완전히 다른 방식으로 이해한다. 한 진술은 그 진술을 긍정하는 것을 보증해 주는 어떤 증거가 주어질 때 자신의 의미를 가진다. 실재론자들은 이러한 차이를 어렴풋하게만 인식하고 있고, 따라서 반실재론자들을 특징지을 때 반실재론자들이 우리에게 친숙한 주장들을 재해석한다고 생각한다. 실재론자들이 이해하는 바에 따르면, 반실재론자들은 (14)와 같은 진술을 (15)와 같은 진술로 재해석한다.

(14) 잔디는 초록색이다.
(15) 우리는 잔디는 초록색이라는 주장에 대한 보증을 가진다.(혹은 이상화된 상황에서 우리는 그러한 보증을 가질 수 있다.)

그렇다면 이제 실재론자들이 주장할 것은 다음과 같은 것이다. 반실재론자들의 설명은 원래의 진술을 의미론적 사다리의 한 계단 위로 밀어 올리는 효과를 띤다. 그 결과 잔디에 관한 주장처럼 보이던 것이 이와 다른 주장으로 바뀌는 것이다. 즉 잔디에 관한 원래 주장에 대해 우리가 갖게 되는 증거에 대한 주장으로 말이다. 따라서 불만스러운 점이 있는 것이다. 반실재론자들의 설명을 따른다면, 우리는 자신이 원하는 것을 결코 말할 수 없다. 잔디에 대해 어떤 것을 주장하고자 할 때, 사실 우리는 우리의 인식 상황에 대해 말하고 있는 우리 자신을 발견하게 되는 것이다.

반실재론자들은 (14)와 같은 주장에 대한 자신의 설명이 이런 식으로 재해석되는 것에 반대한다. 그들은 자신이 (14)와 같은 주장을 액면 그대로 받아들인다고 주장한다. 따라서 (14)는 잔디에 관한 주장인 것이다. 그들은 다음과 같이 말할 것이다. 우리에 관한 주장, 그리고 우리가 갖는 증거적 상황에 대한 주장을 구성하는 것은 (14)가 아니라 (15)와 같은 진술뿐이다. 이제 반실재론자들이 이러한 대답을 할 수 있다는 것은 처음 볼 때 좀 이상해 보인다. 왜냐하면 그들은 (14)를 (15)로 분석하는 것처럼 보이기 때문이다. 그러나 다음과 같은 사실을 알아차리는 것이 중요하다. 실재론자들이 이렇게 생각할 수 있는 이유는 그들이 (14)와 같은 진술의 의미에 대해 실재론적 설명을 이미 암묵적으로 받아들이기 때문이라는 것. 정신 독립적 사태와의 연계라는 실재론자들의 의미 이론에 근거해 볼 때, 반실재론자들의 설명은 분명 재해석이다. 원래의 주장을 의미론적 사다리의 너무 높은 곳에 올려놓는 재해석 말이다. 왜냐하면 실재론자들의 의미 이론에 따르면, 진술 (14)는 정신 독립적 사태가 구현됨을 말하는 것이지 가용한 증거가 있음을 말하는 것이 아니기 때문이다. 따라서 의미에 대한 실재론적 이론을 선호하는 사람은 다음과 같이 말할 것이다. (14)를 인식적으로 읽는 사람은 잔디에 관한 사태를 표현하는 진술을, 이와는 전혀 다른 사태, 즉 우리의 증거적 상황을 표현하는 진술로 분석하고 있는 것이다. 그러나 반실재론자들은 의미에 대한 인식 이론을 모든 경우를 포괄해 전면적으로 사용한다. 반실재론자들은 우리가 (14)를 이해한다는 것이 어떤 정신 독립적 사태에 대한 파악에 근거함을 부정한다. 반실재론자들에 따르면 (14)를 이해한다는 것은 (14)를 긍정하면서 언제 우리가 정당화되는지를 안다는 것이다. 이러한 관점에서 본다면, 반실재론자들의 기획을 재해석으로 간주하는 것, 혹은 정당하지 못하게 의미론적 사다리 위로 올리는 것이라 간주하는 것 등은 그들의 기획을 완전히 잘못 이해한 데서 기인하는 것이다. 반실재론자들에 따르면, 재해석해야 하거나 의미론적 사다리 위로 올려버릴 만한 비인식적[정신 독립적] 사태는 없다. 증거 말고는 없는 것이다.

반실재론자들이 실재론자들의 공격을 이러한 식으로 물리칠 수 있다 하더라도, 그 성공에는 치러야 할 대가가 따른다. 왜냐하면 우리에게 친숙한 진술들을 이해할 때 반실재론자들은 우리 모두가 이단적이라고 느끼는 방식으로 그 진술들을 이해하기 때문이다. 다음과 같은 진술을 보자.

(5) 자홍색은 샤를마뉴가 가장 좋아하는 색이었다.

우리 대다수는 이 진술이 참인지 아닌지를 확인할 수 없다 하더라도 참일 수 있다고 믿는다. 또 다음과 같은 진술을 보자.

(11) 빅뱅이 있었다.

이 진술에 대해 우리 대다수는 다음과 같이 생각한다. 이 진술에 대한 결정적 증거를 우리가 가질 수 있을지라도, 이 진술을 받아들이는 것이 잘못되었을 수 있다. 이러한 사실이 의미하는 바는 다음과 같다. 우리 모두는 (5)와

(11) 같은 진술을 실재론자들이 이해하는 방식으로 이해한다는 것. 이제 의미에 대한 실재론자들의 이론에 대적하는 강력한 논증이 나온다면, (5)와 (11) 같은 진술을 실재론적으로 읽는 사람들 중 어떤 이는 세상을 달리 생각하게 될 수도 있고 또 진술에 대한 반실재론자들의 인식적 독해법을 채용할 수도 있다. 혹 그는 정신이 스머든 세계라는 반실재론자들의 그림을 채택할 수도 있을 것이다. 그러나 우리는 더밋이나 퍼트넘 같은 반실재론자들의 논증이 실재론자들의 설명을 무력화하는 데 실패한 것을 이미 보았다. 그렇다면 반실재론자들이 실재론자들의 공격을 잘 피한다고 해서 실재론자들이 걱정해야 할 이유는 없는 것이다. 우리는 올바른 양식을 갖고서 정신 독립적 실재에 대한 믿음을 잘 유지할 수 있을 것이다. 그리고 형이상학은 우리로 하여금 존재로서의 존재의 본성에 다가갈 수 있도록 해주는 분과라는 우리의 믿음은 앞으로도 계속 유지될 수 있을 것이다.

주석

1. 아리스토텔레스, *Metaphysics Γ*. 7(1011b26~7).
2. 예를 들어 어떤 사람은 진리가 대응이라는 착상은 거부하면서도 정신 독립적 세계라는 착상은 간직할 수 있다. 뒤에서 짧게 언급하겠지만, 진리에 대한 잉여 이론을 선호하는 철학자들은 종종 이런 입장을 취한다. 여기서 작동하는 견해들의 묶음 속에 서로 다른 요소들이 어떻게 연결되어 있는지를 연구한 엄청난 양의 문헌들이 있다. 예를 들면 Devitt(1984) 참조.
3. 예를 들면 Frege(1892), Strawson(1950) 참조.
4. 예를 들면 Vision(1988 : 180), Wright(1987 : 4) 참조.
5. 여기서 나는 Van Inwagen(1993 : 4장)을 따랐다.
6. 예를 들면 Ramsey(1927)와, 특별히 Mellor(1990)의 38~39쪽 참조.
7. 이 주제들에 대한 개략적인 설명을 보려면, Dummett(1963), Dummett(1976) 참조. Dummett(1963)에서 더밋은 다음과 같은 물음을 던지면서 실재론/반실재론이라는 주제에 접근하고 있다. "서로 다른 종류의 여러 논쟁에서 어느 한 편이 실재론자라 불리는데, 이 다양한 논쟁들을 하나로 묶는 것은 무엇인가?" 더밋은 다음과 같이 말한다. "어떤 사

람은 이 논쟁들 중 어느 한 논쟁과 관련해서는 실재론자이지만, 또 다른 논쟁과 관련해서는 실재론자가 아닐 수 있다." 그러나 내가 여기서 설명하고자 하는 것처럼, 실재론과 반실재론을 구분하는 주제는 의미론적 주제들이다. 그리고 이러한 주제들과 관련해 더밋은 어떤 사람이 [보편자와 관련해서 실재론자인지, 아니면 의미론과 관련해서 실재론자인지 하는] 맥락 없이 그냥 실재론자 아니면 반실재론자라고 생각하는 것 같다. 이 견해와 관련해 Dummett(1976) 참조. 내가 여기서 소개하고 있는 실재론은 분명히 의미론과 관련된 실재론이다.

8. Dummett(1976 : 97 이하), Dummett(1973), Dummett(1978)의 223~225쪽 참조.

9. 내가 믿기로 이 예는 라이트Crispin Wright의 것이다.

10. 이 예는 더밋의 것이다. Dummett(1959), Dummett(1978)의 16쪽 참조.

11. Dummett(1973), Dummett(1978)의 225~226쪽 참조.

12. Dummett(1976 : 107 이하) 참조.

13. 예를 들면 Dummett(1963)의 146쪽과 155쪽 참조.

14. Wittgenstein(1961 : 7).

15. Dummett(1959), Dummett(1978)의 19쪽 참조.

16. Appiah(1986 : 23~24쪽) 참조.

17. 예를 들면 Hale(1997 : 279~280), Alston(1996 : 113~114) 참조.

18. Appiah(1986 : 35~53) 참조.

19. Putnam(1981 : 54~56) 참조.

20. Vision(1988 : 97~101, 189~196) 참조.

21. Quine(1960 : 26~79).

22. 같은 책, 28쪽.

23. 더 정확히 말해, 콰인이 두 문장의 자극-동의어stimulus-synonymy라고 부르는 것을 얻기 위해서는 각 문장과 연계된 동의와 비동의의 패턴이 일치해야 한다. 나는 설명을 단순화하기 위해 여기서 설명을 조금 압축했다.

24. 콰인은 가능한 번역 목록에 트롭을 포함시키지 않았다. 이 책 앞 부분의 논의와 연결하고자 내가 추가로 넣은 것이다.

25. Quine(1960 : 73), Quine(1969 : 47) 참조.

26. 같은 책, 28쪽과 Quine(1969 : 45 이하).

27. 같은 책, 46쪽.

28. 같은 책, 47쪽. 지칭의 불가해성을 보이기 위해 우리가 전개한 일련의 논변을 종종 "밑으로부터의 논변the argument from below"이라고 부른다. 또 다른 논변("위로부터의 논변the argument from above"이라고 부른다.)이 있는데, 이 논변은 관찰을 바탕으로 해서는 이론을 결정할 수 없다는 사실로부터 출발해 지칭의 불가해성을 도출하고자 하

는 논변이다. 이 두 논변에 대한 더 자세한 설명을 보려면, Quine(1970) 참조.

29. 같은 책, 47~51쪽.

30. 같은 책, 50쪽.

31. Putnam(1981 : 60 이하).

32. 전체 논변은 Putnam(1981 : 27~48)에서 펼쳐진다.

33. 같은 책, 29~32쪽. 단순성의 원리 혹은 절약의 원리는 이론적 제약에 대한 한 예이다. 두 개의 이론이 모든 면에서 동일하다면, 존재론적으로 가벼운 이론이 선호된다.

34. 같은 책, 33~35쪽.

35. 같은 책, 35~38쪽.

36. 같은 책, 41~43쪽, 69~74쪽.

37. 같은 책, 45~48쪽. 이 논증에 대한 비판(종종 "하나 더 이론just more theory"이라고 부른다.)으로는 Lewis(1984) 참조.

38. 같은 책, 49~74쪽. 특히 49~56쪽.

39. 같은 책, 54~56쪽.

40. Hale and Wright(1997b : 435) 참조.

41. Loux and Solomon(1974) 참조.

42. 이 어려움에 대한 매우 설득력 있는 소개로는 Blackburn(1994)이 있다.

43. 예를 들면 Putnam(1980) 참조.

더 읽을 책

이 주제들에 대한 훌륭한 개론으로는 Dummett(1963), Quine(1969), Putnam(1981)의 2장과 3장을 보면 좋다. 실재론적 입장은 밴인와겐의 "Objectivity" in Van Inwagen(1993) 참조. 이 모든 글은 *Metaphysics: Contemporary Readings*에 재수록되어 있다.

■ 참고문헌

Adams, R.(1974) "Theories of actuality," *Nous*, in Loux(1979).

Allaire, E.(1963) "Bare particulars," *Philosophical Studies*, in Loux(1976a) and Loux(2001).

Alston, W.(1996) *A Realist Conception of Truth*, Ithaca, NY: Cornell University Press.

Ancombe, G. E. M.(1964) "Substance," *Proceedings of the Aristotelian Society*, supp. vol.

─────── (1971) *Causation and Determination*, Cambridge: Cambridge University Press. Reprinted in Sosa and Tooley(1993).

Appiah, A.(1986) *For Truth in Semantics*, Oxford: Blackwell.

Aristotle, *Categories*, in McKeon(1941).

─────── *De Anima*, in McKeon(1941).

─────── *Metaphysics*, in McKeon(1941).

─────── *Physics*, in McKeon(1941).

Armstrong, D.(1997) *A World of States of Affairs*, Cambridge: Cambridge University Press.

─────── (1980) "Identity through time," in Van Inwagen(1980).

─────── (1989a) *Universals*, Boulder, CO: Westview Press.

─────── (1989b) *A Combinatorial Theory of Possibility*, Cambridge: Cambridge University press.

Ayer, A. J.(1936) *Language, Truth, and Logic*, London: Gollancz.

─────── (1954) "The identity of indiscernibles," in Loux(1976a); from A. J. Ayer, *Philosophical Essays*, London: St Martin's Press.

Bacon, J.(1995) *Universals and Property Instances: The Alphabet of Being*, Oxford: Blackwell.

Beanblossom, R. and Lehrer, K. (eds)(1983) *Thomas Reid: Inquiry and Essays*,

Indianapolis: Hackett.

Bennett, J.(1988) *Events and Their Names*, Indianapolis: Hackett.

Bergmann, G.(1954) *The Metaphysics of Logical Positivism*, Madison, WI: University of Wisconsin Press.

――――― (1959) *Meaning and Existence*, Madison, WI: University of Wisconsin Press.

――――― (1964) *Logic and Reality*, Madison, WI: University of Wisconsin Press.

――――― (1967) *Realism*, Madison, WI: University of Wisconsin Press.

Berkeley, G.(1710) *A Treatise Concerning Human Knowledge*, Colin Turbayne (ed.) New York: Liberal Arts Press, 1957.

Black, M.(1952) "The identity of indiscernibles," *Mind*, in Loux(1976a).

Blackburn, S.(1994) "Enchanting views," in Clark and Hale(1994).

Bolzano, B.(1972) *Theory of Science*, Rolf George(ed. and trans.) Oxford: Blackwell. First published 1837.

Bradley, F. H.(1930) *Appearance and Reality*, Oxford: Oxford University Press.

Broad, C. D.(1923) *Scientific Thought*, London: Kegan Paul.

――――― (1938) *An Examination of McTaggart's Philosophy*, 2 vols, Cambridge: Cambridge University Press.

Burge, T.(1979) "Individualism and the mental," *Midwest Studies in Philosophy*.

Burgess, J. and Rosen, G.(1997) *A Subject with No Object*, Oxford: Oxford University Press.

Butler, R.(1962) *Analytical Philosophy*, vol. I, Oxford: Blackwell.

Campbell, K.(1990) *Abstract Particulars*, Oxford: Blackwell.

Capitan, W. and Merrill, D.(1964) *Metaphysics and Explanation*, Pittsburgh: University of Pittsburgh Press.

Carnap, R.(1959) *The Logical Syntax of Language*, Paterson, NJ: Littlefield, Adams and Co.

Cartwright, R.(1962) "Propositions," in Butler(1962).

Castañeda, H. N.(1967) "Indicators and quasi-indicators," *American Philosophical Quarterly*.

――――― (1974) "Thinking and the structure of the world," *Philosophia*.

――――― (ed.)(1975) *Action, Knowledge, and Reality: Critical Studies in Honor of Wilfrid Sellars*, Indianapolis: Bobbs-Merrill.

Casullo, A.(1984) "The contingent identity of particulars and universals," *Mind*.

――――― (1988) "A fourth version of the bundle theory," *Philosophical Studies*, in

Loux(2001).

Chisholm, R.(1964) *Human Freedom and the Self*, Lindley Lecture, Department of Philosophy, University of Kansas; in Watson(1983).

———— (1971) "Problems of identity," in Munitz(1971).

———— (1973) "Parts as essential to their wholes," *Review of Metaphysics*.

———— (1976) *Person and Object*, LaSalle, IL: Open Court.

———— (1989) *On Metaphysics*, Minneapolis: University of Minnesota Press.

———— (1990) "Referring to things that no longer exist," *Philosophical Perspectives*.

Church, Alonzo(1956) "Propositions and sentences," in *The Problem of Universals*, Notre Dame, IN: University of Notre Dame Press.

Churchland, P.(1990) *Matter and Consciousness*, Cambridge, MA: MIT Press.

Clark, P. and Hale, B.(1994) *Reading Putnam*, Oxford: Blackwell.

Collingwood, R. G.(1940) *An Essay on Metaphysics*, Oxford: Oxford University Press.

Cresswell, M.(1972) "The world is everything that is the case," *Australasian Journal of Philosophy*; in Loux(1979).

Crisp, T.(2003) "Presentism", in Loux and Zimmerman(2003).

David, Marian(1994) *Truth and Disquotation*, Oxford: Oxford University Press.

Davidson, D.(1980) *Essays on Actions and Events*, Oxford: Oxford University Press.

Davidson, D. and Harman, G.(1972) *Semantics of Natural Language*, Dordrecht: Reidel.

Devitt, M.(1984) *Realism and Truth*, Oxford: Blackwell.

Donagan, A.(1963) "Universals and metaphysical realism," *Monist*, in Loux(1976a).

Ducasse, C.(1951) *Nature, Mind, and Death*, LaSalle, IL: Open Court.

Dummett, M.(1959) "Truth," *Proceedings of the Aristotelian Society*.

———— (1963) "Realism," given before the Oxford Philosophical Society. First published in Dummett(1978); in Loux(2001).

———— (1973) "The philosophical basis of intuitionist logic," in H. E. Rose and J. C. Shepherdson, *Logic Colloquium* 1973. Reprinted in Dummett(1978).

———— (1976) "What is a theory of meaning? (II)," in Evans and McDowell(1976).

———— (1978) *Truth and Other Enigmas*, Cambridge, MA: Harvard University Press.

Edwards, P.(1967) *Encyclopedia of Philosophy*, New York: Macmillan.

Ewing, A. C.(1951) *The Fundamental Questions of Philosophy*, London: Routledge and Kegan Paul.

Feigl, H. and Sellars, W.(1949) *Readings in Philosophical Analysis*, New York:

Appleton—Century—Crofts.

Field, H.(1989a) *Realism, Mathematics, and Modality*, Oxford: Oxford University Press.

———— (1989b) "Fictionalism, epistemology, and modality," in Field(1989a).

Frege, G.(1892) "Sense and reference," in Geach and Black(1952).

———— (1919) "The thought," in Klemke(1987).

Gale, R.(1967) *The Philosophy of Time*, Garden City, NY: Doubleday.

———— (1968) *The Language of Time*, London: Routledge.

Gasking, D.(1960) "Clusters," *Australasian Journal of Philosophy*.

Geach, P.(1967) "Identity," *Review of Metaphysics*.

Geach, P. and Black, M.(1952) *Translations from the Philosophical Writings of Gottlieb Frege*, Oxford: Blackwell.

Grünbaum, A.(1967) *Modern Science and Zeno's Paradoxes*, Middletown, CT.

Hale, B.(1997) "Realism and its oppositions," in Hale and Wright(1997a).

Hale, B. and Wright, C.(1997a) *A Companion to the Philosophy of Language*, Oxford: Blackwell.

———— (1997b) "Putnam's model—theoretic argument," in Hale and Wright(1997a).

Hamilton, E. and Cairns, H. (eds)(1961) *Plato: The Collected Works*, New York: Pantheon Books.

Haslanger, S.(1989) "Endurance and temporary intrinsics," *Analysis*.

Heller, M.(1990) *The Ontology of Physical Objects*, Cambridge: Cambridge University Press.

Hintikka, J.(1975) *The Intentions of Intentionality*, Dordrecht: Reidel.

Hochberg, H.(1964) "Things and qualities," in Capitan and Merrill(1964).

Hoffman, J. and Rosenkrantz, G.(1994) *Substance among Other Categories*, Cambridge: Cambridge University Press.

Hume, D.(1739) *Treatise of Human Nature*, L. A. Selby—Bigge(ed.) with revisions by P. H. Nidditch, Oxford: Oxford University Press, 1978.

———— (1748) *An Enquiry Concerning Human Understanding*, E. Steinbeg (ed.) Indianapolis: Hackett, 1977.

Johnston, M.(1987) "Is there a problem about persistence?" *Proceedings of the Aristotelian Society*, supp. vol.

Kant, I.(1787) *Critique of Pure Reason*, trans. N. K. Smith, London: Macmillan, 1929.

Kaplan, D.(1975) "How to Russell a Frege Church," *Journal of Philosophy*, in Loux(1979).

———— (1979) "Dthat," *Midwest Studies in Philosophy*.

Kim, J.(1973) "Causes and counterfactuals," *Journal of Philosophy*.

———— (1993) *Supervenience and Mind*, Cambridge: Cambridge University Press.

Klemke, E.(1968) *Essays on Frege*, Urbana, IL: University of Illinois Press.

Körner, S.(1974) *Categorial Frameworks*, Oxford: Blackwell.

Kripke, S.(1963) "Semantical considerations on modal logic," *Acta Philosophica Fennica*.

———— (1971) "Identity and necessity," in Munitz(1971); in Loux(2001).

———— (1972) "Naming and necessity," in Davidson and Harman(1972).

Lemmon, E.(1966) "Sentences, statements, and propositions," in Williams and Montefiore(1966).

LePoidevin, R.(1998) *Questions of Time and Tense*, Oxford: Oxford University Press.

LePoidevin, R. and MacBeath, M.(1993) *The Philosophy of Time*, Oxford: Oxford University Press.

Lewis, D.(1968) "Counterpart theory and quantified modal logic," *Journal of Philosophy*, in Loux(1979).

———— (1972) "General semantics," in Davidson and Harman(1972).

———— (1973) "Causation," *Journal of Philosophy* 70 and Lewis(1986a: vol. II). Reprinted in Sosa and Tooley(1993).

———— (1973) *Counterfactuals*, Cambridge, MA: Harvard University Press.

———— (1976) "Survival and identity," in Rorty(1976).

———— (1979) "Attitudes *De Dicto* and *De Se*," *Philosophical Review*.

———— (1983) "New work for a theory of universals," *Australasian Journal of Philosophy*.

———— (1984) "Putnam's paradox," *Ausralasian Journal of Philosophy*.

———— (1986) *On the Plurality of Worlds*, Oxford: Blackwell.

———— (1986a) *Philosophical Papers*, 2 vols, Oxford: Oxford University Press.

———— (1986b) Postscripts to 'Causation' in Lewis(1986a: vol. II).

Locke, J.(1690) *Essay Concerning Human Understanding*, John Yolton(ed.) London: Dent, 2 vols, 1961.

Loux, M. J.(1974) *Ockham's Theory of Terms: Part I of Ockham's Summa Logicae*, Notre Dame, IN: University of Notre Dame Press.

———— (1976a) *Universals and Particulars*, 2nd edn, Notre Dame, IN: University of Notre Dame Press.

———— (1976b) "The concept of a kind," *Philosophical Studies*.

———— (1978a) *Substance and Attribute*, Dordrecht: Reidel.

———— (1978b) "Rules, roles, and ontological commitment," in Pitt(1978).

———— (1979) *The Possible and the Actual*, Ithaca, NY: Cornell University Press.

———— (2001) *Metaphysics: Contemporary Readings*, London: Routledge.

Loux, M. J. and Solomon, W. D.(1974) "Quine on the inscrutability and relativity of reference," *Notre Dame Journal of Formal Logic*.

Loux, M. and Zimmerman, D.(2003) *The Oxford Handbook of Metaphysics*, Oxford: Oxford University Press.

McKeon, R.(1929) *Selections from Medieval Philosophers*, 2 vols, New York: Scribner's.

———— (1941) *The Basic Works of Aristotle*, New York: Random House.

McTaggart, J. M. E.(1927) *The Nature of Existence*, 2 vols, Cambridge: Cambridge University Press.

Mackie, J.(1965) "Causes and conditions," *American Philosophy Quarterly* 2. Reprinted in Sosa and Tooley(1993).

Markosian, N.(1993) "How fast does time pass?" *Philosophy and Phenomenological Research*.

———— (2005) "A defense of presentism," in Zimmerman(2005).

Martin, C. B.(1980) "Substance substantiated," *Australasian Journal of Philosophy*.

Mellor, D. H.(1979) "Counterfactual dependence and time's arrow," *Nous* 13. Reprinted with postscripts in Lewis(1986a), vol. II.

———— (1981) *Real Time*, Cambridge: Cambridge University Press.

———— (ed.)(1990) *F. P. Ramsey: Philosophical Papers*, Cambridge: Cambridge University Press.

Merricks, T.(1994) "Endurance and indiscernibility," *Journal of Philosophy*.

Mill, J. S.(1843) *A System of Logic*, 2 vols, London.

Moore, G. E.(1953) *Some Main Problems in Philosophy*, New York: Macmillan.

Munitz, M.(1971) *Identity and Individuation*, New York: New York University Press.

———— (1973) *Logic and Ontology*, New York: New York University press.

Oaklander, L. N. and Smith, Q. (eds)(1994) *The New Theory of Time*, New Haven, CT: Yale University Press.

O'Connor, T.(2000) *Persons and Causes*, Oxford: Oxford University Press.

O'Leary-Hawthorne, J.(1995) "The bundle theory of substance and the identity of indiscernibles," *Analysis*.

Pears, D. F.(1951) "Universals," *Philosophical Quarterly,* in Loux(1976a).

Perry, J.(1979) "The Problem of the essential indexical," *Nous.*

Pitcher, G.(1964) *Truth,* Englewood Cliffs, NJ: Prentice Hall.

Pitt, J.(1978) *The Philosophy of Wilfrid Sellars,* Dordrecht: Reidel.

Plantinga, A.(1970) "World and essence," *Philosophical Review,* in Loux(1976a).

———— (1973) "Transworld identity or worldbound individuals," in Loux(1979); from Munitz(1973).

———— (1974) *The Nature of Necessity,* Oxford: Oxford University Press.

———— (1976) "Actualism and possible worlds," *Theoria,* in Loux(1979) and Loux(2001).

———— (1987) "Two concepts of modality," *Philosophical Perspectives.*

Plato, *Parmenides,* in Hamilton and Cairns(1961).

———— *Phaedo,* in Hamilton and Cairns(1961).

———— *Philebus,* in Hamilton and Cairns(1961).

———— *Republic,* in Hamilton and Cairns(1961).

Price, H. H.(1953) *Thinking and Experience,* London: Hutchinson.

Prior, A.(1959) "Thank goodness that's over," *Philosophy.*

———— (1970) "The notion of the present," *Studium Generale,* in Loux(2001).

———— (1971) *Objects of Thought,* P. Geach and A. Kenny (eds) Oxford: Oxford University Press.

Putnam, H.(1967) "Time and physical geometry," *Journal of Philosophy.*

———— (1975) "The meaning of 'meaning'," in *Minnesota Studies in the Philosophy of Science,* vol. VII.

———— (1980) "Models and Reality," *Journal of Symbolic Logic.* Reprinted in Putnam(1983).

———— (1981) *Reason, Truth, and History,* Cambridge: Cambridge University Press.

———— (1983) *Philosophical Papers,* vol. 3: *Realism and Reason,* Cambridge: Cambridge University Press.

———— (1987) *The Many Faces of Realism,* LaSalle, IL: Open Court.

Quine, W. V.(1947) "The problem of interpreting modal logic," *Journal of Symbolic Logic.*

———— (1953) "Three grades of modal involvement," *Proceedings of Xth International Congress of Philosophy*(Brussels).

———— (1954) *From a Logical Point of View,* Cambridge, MA: Harvard University

Press.

———— (1960) *Word and Object*, Cambridge, MA: MIT Press.

———— (1969) *Ontological Relativity and Other Essays*, New York: Columbia University Press.

———— (1970) "On the reasons for the indeterminacy of translation," *Journal of Philosophy*.

Ramsey, F. P.(1927) "Facts and propositions," in Mellor(1990). From *Proceedings of Aristotelian Society*, supp. vol., 1927.

Rea, M.(2003) "Four dimensionalism," in Loux and Zimmerman(2003).

Reid, T.(1788) *Essays on the Active Powers of Man*, in Beanblossom and Lehrer(1983).

Rescher, N.(1968) *Studies in Logical Theory*, Oxford: Blackwell.

———— (1973) *Conceptual Idealism*, Oxford: Blackwell.

Rorty, A. (ed.)(1976) *The Identity of Persons*, Berkeley: University of California Press.

Rorty, R.(1979) *Philosophy and the Mirror of Nature*, Princeton, NJ: Princeton University Press.

Russell, B.(1904) *Principles of Mathematics*, New York: Norton.

———— (1912) *Problems of Philosophy*, Oxford: Clarendon Press.

———— (1940) *Inquiry into Meaning and Truth*, London: Allen and Unwin.

———— (1956) *Logic and Knowledge*, R. Marsh (ed.) London: Allen and Unwin.

Schlesinger, G.(1980) *Aspects of Time*, Indianapolis: Hackett.

Schlick, M.(1932) "Causality in everyday life and in recent science," in Feigl and Sellars(1949).

Sellars, W.(1963a) *Science, Perception, and Reality*, London: Routledge and Kegan Paul.

———— (1963b) "Abstract entities," *Review of Metaphysics*, in Loux(1976a).

———— (1975) "The structure of knowledge II," in Castañeda(1975).

Simons, P.(1994) "Particulars in particular clothing: three trope theories of substance," *Philosophy and Phenomenological Research*.

Smart, J. J. C.(1963) *Philosophy and Scientific Realism*, London: Routledge.

———— (1980) "Time and becoming," in Van Inwagen(1980).

Smith, Q.(1987) "Problems with the new tenseless theory of time," *Philosophical Studies*.

———— (1993) *Language and Time*, Oxford: Oxford University Press.

Sosa, E. and Tooley, M.(1993) *Causation*, Oxford: Oxford University Press.

Stalnaker, R.(1968) "A theory of conditionals," in Rescher(1968: 98–112).

———— (1976) "Possible worlds," *Nous*, in Loux(1978a).

Stout, G. F.(1914) "On the nature of universals and propositions," British Academy Lecture, 1914; in Stout(1930).

———— (1930) *Studies in Philosophy and Psychology*, London: Macmillan.

Strawson, P. F.(1950) "On referring," *Mind*.

———— (1959) *Individuals*, London: Methuen.

Szabo, Z. "Nominalism," in Loux and Zimmerman(2003).

Taylor, R.(1963) *Metaphysics*, Garden City, NJ: Prentice Hall.

———— (1966) *Action and Purpose*, Englewood Cliffs, NJ: Prentice-Hall.

Tooley, M.(2003) "Causation and supervenience," in Loux and Zimmerman(2003: 386–434)

Van Cleve, J.(1985) "Three versions of the bundle theory," *Philosophical Studies*.

Van Inwagen, P.(ed.)(1980) *Time and Change*, Dordrecht: Reidel.

———— (1981) "The doctrine of arbitrary undetached parts," *Pacific Philosophical Quarterly*.

———— (1986) "Two concepts of possible worlds," *Midwest Studies in Philosophy*.

———— (1990) *Material Beings*, Ithaca, NY: Cornell University Press.

———— (1993) *Metaphysics*, Boulder, CO: Westview Press.

Van Inwagen, P. and Zimmerman, D.(1998) *Metaphysics: The Big Questions*, Oxford: Blackwell.

Vision, G.(1988) *Modern Anti-Realism and Manufactured Truth*, London: Routledge.

Watson, G.(1983) *Free Will*, Oxford: Oxford University Press.

Wettstein, H.(1979) "Indexical reference and propositional content," *Philosophical Review*.

Wiggins, D.(1980) *Sameness and Substance*, Cambridge, MA: Harvard University Press.

Williams, B. and Montefiore, A.(1966) *British Analytical Philosophy*, London: Routledge and Kegan Paul.

Williams, D. C.(1951) "The myth of passage," *Journal of Philosophy*.

———— (1953) "The elements of being I," *Review of Metaphysics*.

Wittgenstein, L.(1953) *Philosophical Investigations*, G. E. M. Anscombe (trans.) London: Macmillan.

———— (1961) *Tractatus Logico-Philosophicus*, D. Pears and B. McGuiness (trans.) London: Routledge and Kegan Paul.

Wolterstorff, N.(1973) *On Universals*, Chicago: University of Chicago Press.

Wright, C.(1987) *Realism, Meaning and Truth*, Oxford: Blackwell.

Zimmerman, D.(1998) "Temporary intrinsics and presentism," in Van Inwagen and Zimmerman(1998).

————— (2005) *Oxford Studies in Metaphysics*, I, Oxford: Oxford University Press.

■ 찾아보기

■ 역자 후기

이 책은 마이클 루Michael J. Loux 교수의 *Metaphysics : A contemporary Introduction*을 번역한 것이다. 루 교수의 책은 1998년 첫 판이 나온 이후 2006년 세 번째 판이 나왔다. 이 번역서는 마지막 세 번째 판을 대상으로 한 것이다.

이 책을 처음 접한 것은 2003년도의 일이다. 이때 나는 라이프니츠의 형이 상학을 주제로 박사학위 논문을 준비하고 있었다. 나는 이 책의 전체 내용을 훑어보면서 루가 다룬 형이상학의 여러 문제에 대해 흥미를 갖게 되었다. 그리고 논문 작성에 큰 도움이 되리라 생각하게 되었다. 개론서의 성격을 띠고 있지만, 이 책에는 높은 수준의 전문적인 내용들이 담겨 있다. 그래서 이해하기 어려운 부분들도 많았다. 그러나 루의 문체가 명료하고, 또 구성이 체계적이어서 전체 내용을 빠르게 이해할 수 있었고, 그간 내가 가졌던 형이상학에 관한 사유를 확장하는 데 큰 도움을 받을 수 있었다.

이 책이 가진 장점은 크게 두 가지이다. 하나는 이 책이 무엇보다도 형이 상학의 핵심 주제들을 다루고 있다는 점이다. 보편자 실재론, 유명론, 기체 이론, 다발 이론, 실체 이론, 명제, 가능 세계, 인과성, 시간, 개체의 지속, 실 재론과 반실재론 등은 형이상학 분과의 핵심 과제들이며, 형이상학이라는

615

학문을 이해하기 위해서는 이 주제들에 익숙해져야만 한다. 이 책은 형이상학의 핵심 주제들과 관련한 여러 논쟁을 소개하고 있으며, 또 그 논쟁을 둘러싼 각 진영의 정교한 논변들을 자세하게 설명해 주어 독자들의 이해를 돕는다.

다른 하나는 이 책이 이와 같은 주제들을 매우 체계적으로 다루고 있다는 점이다. 아홉 개의 장으로 나뉜 각 장은 독립적으로 구성되어 있다. 그러나 각 장은 점층적 상호관계를 갖고 있다. 이전 장을 이해하지 않고는 다음 장을 이해하기 어렵게 되어 있는 것이다. 비교적 상식적이며 단순한 주제에서 시작해 점차 추상적이며 복잡한 주제로 이동하는 식이다. 이러한 구성은 형이상학이 안고 있는 과제들을 유기적으로 이해할 수 있도록 해준다. 각 장을 차례로 읽은 독자는 각 장들의 연결 고리를 떠올리는 것만으로도 이 책이 다루고 있는 모든 주제의 위치를 선명하게 파악할 수 있을 것이다. 그런 만큼 이 책을 읽은 독자들은 형이상학이 어떤 학문인지에 대한 큰 그림을 그릴 수 있게 될 것이다.

이 책의 원제인 *Metaphysics : A Contemporary Introduction*을 직역하자면 "현대 형이상학 개론" 정도가 될 것이다. 그러나 나는 이 번역서에 『형이상학 강의 : 전통 형이상학에 대한 분석적 탐구』라는 제목을 붙였다. 여기에는 몇 가지 이유가 있다. 첫째 이유는 "현대 형이상학 개론"이라고 제목을 붙이기에는 이 책의 내용이 개론적 범위에서 많이 벗어나 있다는 점이다. 둘째 이유는 이 책이 노터데임 대학의 철학과 학생들을 위한 형이상학 수업 교재로 기획된 것이라는 점이다. 그래서 "형이상학 개론"이라는 제목이 가진 상식적 이미지보다는 내용과 목적을 동시에 고려한 이미지를 보여주는 것이 좋겠다고 생각했다. 셋째 이유는 이 책은 현대 미국 철학자들의 논쟁과 논변을 주재료로 삼아 쓴 것이지만 몇몇 주제를 제외하면 멀게는 2500년 전부터, 가깝게는 300년 전부터 논의된 주제들을 다루고 있다는 점이다. 따라서 이 주제들은 현대에만 국한된 것이 아니라 형이상학 분과의 전체 역사에 걸쳐 있는 것이다. 이러한 이유에서 "전통 형이상학에 대한 분석적 탐구"라는 부제를 붙이기로 했다.

이 책은 명료하고 체계적이지만 이해하기 쉽지 않은 부분들도 많다. 그러한 부분에는 독자의 이해를 돕기 위해 역주를 달았다. 특히 5장 마지막 부분에는 「역자 보론」을 달아 양상 논리학의 발전 과정에 대한 이해를 돕고자 했다. 그리고 원주는 원래 책에서 그런 것처럼 각 장의 마지막 부분에 실었다.

이 책을 처음 프랑스에서 접하고 학위 논문 작성과 함께 번역을 시작한 지 벌써 7년의 세월이 흘렀다. 이 책의 번역을 포함해 그간 많은 어려움을 뛰어넘도록 도와주신 많은 분들께 감사드린다. 책을 함께 읽고 토론하며 세미나를 같이 한 후배들, 귀국 후 학회 활동에서 많은 학문적 도움을 주신 철학계 선배님들, 한국에 귀국하자마자 강의를 맡겨 학문의 길에 서도록 해 주신 서강대, 세종대, 서울시립대의 철학과 교수님들, 그리고 그간 많은 어려움을 견뎌준 아내에게도 고마운 마음을 전한다. 무엇보다도 석사학위 후 유학을 갈 수 있도록 격려해 주신 모교 서강대의 강영안 선생님과, 소르본 대학의 지도교수 미셸 피샹Michel Fichant 선생님께 특별히 감사를 드린다. 이 분들의 도움이 없었다면 학문을 하기 어려웠을 것이다. 아카넷의 모든 분들께도 감사드린다. 몇 차례나 원고를 검토해 주신 덕분에 이 번역서가 읽을 만하게 되었다. 진심으로 감사드린다.

2010년 8월
박제철

형이상학 강의

1판 1쇄 펴냄 | 2010년 8월 25일
1판 6쇄 펴냄 | 2025년 3월 21일

지은이 | 마이클 루
옮긴이 | 박제철
펴낸이 | 김정호

펴낸곳 | 아카넷
출판등록 2000년 1월 24일(제406-2000-000012호)
10881 경기도 파주시 회동길 445-3
전화 031-955-9511(편집) · 031-955-9514(주문) | 팩시밀리 031-955-9519
www.acanet.co.kr

Printed in Paju, Korea.

ISBN 978-89-5733-187-3 93160